U0448106

欧 洲 史

［法］雅克·奥尔德伯特 等 ◎ 著

杨旭航　杨一文　梁睿佳　葛　放 ◎ 译

海南出版社
·海口·

Das europäische Geschichtsbuch. Von den Anfängen bis zur Gegenwart
Revised and enlarged German language edition (12 chapters)
published by Klett-Cotta - J.G. Cotta'sche Buchhandlung Nachfolger GmbH, gegr. 1659, Stuttgart
edited by Frédéric Delouche

Simplified Chinese edition published by arrangement with Big Apple Agency, Inc.

© 1992, 1998, 2011, 2018 by Klett-Cotta – J.G. Cotta'sche Buchhandlung Nachfolger GmbH, gegr. 1659, Stuttgart

Contributors：
M. Jan Kieniewicz (Editorial supervision; Poland)　Jacques Aldebert (France)　Johan Bender (Denmark)
M. Jan Krzysztof Bielecki (Poland)　Jiři Gruša (Czech Republic)　Scipione Guarraccino (Italy)
Ignace Masson (Belgium)　Kenneth Milne (Ireland)　Foula Pispiringou (Greece)
Juan Antonio Sanchez y García Saùco (Spain)　António Simões Rodrigues (Portugal)
Ben W. M. Smulders (The Netherlands)　Dieter Tiemann (Germany)　Robert Unwin (Great Britain)
Edgar Wolfrum (Germany)

版权合同登记号：图字：30-2023-060 号

图书在版编目（CIP）数据

欧洲史 /（法）雅克·奥尔德伯特等著；杨旭航等译 . -- 海口：海南出版社，2024.10
ISBN 978-7-5730-1311-8

Ⅰ . ①欧⋯ Ⅱ . ①雅⋯ ②杨⋯ Ⅲ . ①欧洲 – 历史 Ⅳ . ① K500

中国国家版本馆 CIP 数据核字 (2023) 第 174955 号

欧洲史
OUZHOU SHI

作　者：	[法] 雅克·奥尔德伯特 等	译　者：	杨旭航　杨一文　梁睿佳　葛放
责任编辑：	周梦旋　张雪	封面设计：	
责任印制：	杨程	印刷装订：	三河市中晟雅豪印务有限公司
读者服务：	唐雪飞	出版发行：	海南出版社
邮　编：	570216	总社地址：	海口市金盘开发区建设三横路 2 号
电子邮箱：	hnbook@263.net	北京地址：	北京市朝阳区黄厂路 3 号院 7 号楼 101 室
电　话：	0898-66812392　010-87336670	经　销：	全国新华书店
版　次：	2024 年 10 月第 1 版	印　次：	2024 年 10 月第 1 次印刷
开　本：	787 mm×1 092 mm　1/16	印　张：	32.25
字　数：	550 千字	审 图 号：	GS(2023)1681 号
书　号：	ISBN 978-7-5730-1311-8	定　价：	298.00 元

【版权所有，请勿翻印、转载，违者必究】
如有缺页、破损、倒装等印装质量问题，请寄回本社更换。
内页用纸：UPM 丽印 * 纯质纸 80 克

来自13个欧洲国家的15位作者

编写指导　扬·基尼维奇（波兰）

雅克·奥尔德伯特（法国）

约翰·本德（丹麦）

扬·克日什托夫·别莱茨基（波兰）

伊日·格鲁扎（捷克）

希皮奥内·瓜拉奇诺（意大利）

伊尼亚斯·马松（比利时）

肯内特·米尔恩（爱尔兰）

富拉·皮斯皮林欧（希腊）

胡安·安东尼奥·桑谢斯·加西亚·绍科（西班牙）

安东尼奥·西蒙斯·罗德里格斯（葡萄牙）

本·斯马尔德斯（荷兰）

迪特尔·蒂曼（德国）

罗伯特·昂温（英国）

埃德加·沃尔夫鲁姆（德国）

目 录

欧洲的特征 ·· 04
   1. 欧洲的地理特点 ·· 06
   2. 一个欧洲文明与多种欧洲文化 ·· 09
   3. 语言多样性是分裂的原因吗 ··· 11
   4. 经济与社会的一体化 ··· 16

有关欧洲历史的几个问题 ·· 20

1 Chapter
从冻原到神庙 ·· 34
   1. 欧洲最初的人类 ·· 36
   2. 欧洲最早的耕种者 ··· 39
   3. 金属时代与地中海地区的贸易 ·· 42
   4. 古希腊殖民 ·· 47
   5. 新的欧洲权力中心 ··· 53
   6. 古典时代 ··· 55
   7. 统一还是分裂 ··· 62

Chapter 2
罗马帝国 — 70

1. 罗马：从七座山丘到庞大帝国 — 72
2. 罗马的欧洲 — 81
3. 入侵与转变：迈向新欧洲 — 91

Chapter 3
拜占庭帝国与欧洲西部 — 104

1. 查士丁尼与6—7世纪的拜占庭帝国 — 106
2. 拜占庭与8—9世纪的欧洲新势力 — 117
3. 10—11世纪拜占庭帝国的再次繁荣 — 123
4. 10—11世纪的欧洲西部 — 127
5. 6—11世纪欧洲东部与西部的宗教生活 — 130

Chapter 4
中世纪的欧洲与基督教 — 136

1. 中世纪的欧洲与基督教 — 138
2. 欧洲与封建制度 — 143
3. 皇帝与教皇 — 152
4. 城市与道路 — 154
5. 走出欧洲的欧洲人 — 161
6. 文化的统一与政治的分裂 — 163

Chapter 5
文艺复兴 ———————————————————————— **172**

1. 经济 —————————————————————————— 174
2. 社会 —————————————————————————— 182
3. 政治和政府 ———————————————————————— 185
4. 宗教与精神生活 —————————————————————— 193
5. 文化变迁 ————————————————————————— 197

Chapter 6
与世界相会 ———————————————————————— **206**

1. 欧洲扩张的开始与条件 ———————————————————— 208
2. 15—16 世纪西班牙人与葡萄牙人的地理大发现 ———————————— 213
3. 15—18 世纪英国人、法国人与荷兰人的地理大发现 ——————————— 223
4. 殖民帝国的形成 —————————————————————— 229
5. 全球经济关系 ——————————————————————— 235
6. 文化的碰撞 ———————————————————————— 238

Chapter 7
宗教改革与绝对君主制 ——————————————————— **242**

1. 文艺复兴运动：欧洲师从意大利 ———————————————— 244
2. 信仰分裂 ————————————————————————— 255
3. 反宗教改革和天主教的革新运动 ———————————————— 263
4. 宗教战争中的欧洲 ————————————————————— 266
5. 绝对君主制时期的欧洲 ——————————————————— 272

Chapter 8 启蒙运动与自由思想 — 284

1. 学徒及游历岁月——欧式教育 — 286
2. 王朝与战争 — 291
3. 社会与经济 — 296
4. 启蒙运动 — 300
5. 从"波士顿倾茶事件"到攻占巴士底狱 — 304
6. 拿破仑的崛起与跌落 — 313

Chapter 9 欧洲的现代化 — 320

1. 自由主义与民族主义 — 322
2. 人口与城市化 — 329
3. 农业革新 — 333
4. 欧洲的工业化 — 335
5. 政治秩序与社会改革 — 344
6. 19世纪的文化和艺术 — 348

Chapter 10 走向自我毁灭 — 354

1. 1900年前后的欧洲 — 356
2. 第一次世界大战（1914—1918） — 361
3. 欧洲的战后秩序 — 366
4. 经济复苏和危机 — 373
5. 战争准备 — 378
6. 第二次世界大战（1939—1945） — 383

Chapter 11
从分裂到开放 ……………………………………………………… **392**

1. 被摧毁、分裂和控制的欧洲 …………………………………… 394
2. 欧洲重建 ………………………………………………………… 403
3. 东欧停滞与西欧繁荣 …………………………………………… 412
4. 危机和解决方案 ………………………………………………… 418

Chapter 12
欧洲的回归、转型与危机 ……………………………………… **428**

1. 西欧一体化与东欧革命 ………………………………………… 431
2. "两个欧洲"的终结与新的世界秩序 …………………………… 438
3. 流动的文化和新的时代精神 …………………………………… 447
4. 欧洲内外的新战争 ……………………………………………… 450
5. 货币联盟面临的严峻考验 ……………………………………… 456
6. 难民危机造成的分裂局面 ……………………………………… 464
7. 恐怖袭击震惊欧洲 ……………………………………………… 473
8. 欧洲的全球责任 ………………………………………………… 477
9. 欧洲人正逐渐消亡吗 …………………………………………… 482
10. 欧盟中的不稳定因素 …………………………………………… 484
11. 欧洲将走向何方 ………………………………………………… 492

推荐序（中文版）

我们很高兴也很荣幸地见证《欧洲史》在中国的出版。这段历史论述了在经历了几个世纪的竞争和冲突之后，自1945年第二次世界大战结束以来，欧洲各国自愿逐渐走到一起，为所有人民建立了一个和平繁荣的联盟。

我们非常感谢克莱特-柯塔出版社对新版《欧洲史》的不懈关注和支持。也要特别感谢海南出版社主动将这本书带到中国，并希望它将有助于促进我们两个快速变化的遥远世界之间的更大理解。

弗雷德里克·德卢什　总编辑

2024年

编者序（德文版）

自本书首次出版已过去三十年的时间，距第二版问世，也有二十年之久。现在，我很荣幸向您介绍本书的第三版——经过重新修订并增添了大量内容。克莱特·柯塔出版社为该版本进行了精心设计和巧妙排版。

欧洲变化的速度日益加快，这便是编写新版本的缘由。从理论上讲，欧洲是一个联盟，而从实际上来看，它缺少一种对任何联盟而言都至关重要的组成部分——缺少同属于一个经济、文化、政治共同体的归属感。在我看来，欧洲人在政治层面上之所以缺少共识，是因为目前普及的教育尚未能让人们的思想完全开放，去探求欧盟的最终意义。欧洲是一个拥有丰富多彩的文化的大洲，欧洲各国却又共享着同一种文明。几百年的时间里，欧洲不断受内外各种因素影响，又将其吸纳至自身。

聪明人往往更倾向于播撒怀疑，而非传递信心。但是欧洲共同体怀抱一种信念，它使得老对手们自发地坐在同一张桌边，共商大事。倘若这项致力于互相理解从而达成统一行动的实验失败，那将是非常可悲的。本书的作者们相信，过时的偏见和扭曲的历史观会令欧洲人之间产生隔阂，这是不应该存在的。

接连不断的金融危机清楚地表明了欧洲的政治"粘合剂"作用已经在逐渐减弱。被称为"欧洲之父"的让·莫内曾说过："人来人往，机构永在。"在尚不清楚使用同一货币需要各国分担哪些责任时，就在不同国家和不同经济体中推行欧元，或许有些操之过急。而在地球另一边，美元却在一个由众多联邦州组成的国家经受住了时间的考验——尽管那些联邦州亦如欧洲几个较为古老的国家一样，在经济、社会、文化乃至政治方面都有若干差异和分歧。美元的成功得益于一种政治意愿，即成为美国的一部分、属于一个共同体的意愿。它已被灌输至每一位美国公民的脑海中——无论他是在美国出生的，还是移民到美国的。虽然美国与欧洲的发展道路不同，但这并不影响我们参考对方的做法。

在技术和经济转型的全球化进程中，随着欧洲与美国的距离感不断增强，以及面对俄罗斯的挑战、中国的蓬勃发展、英国脱欧和民族主义在世界范围内的抬头等诸多现实问题，在欧洲尚不清楚自己前路该如何走时，不妨回顾历史，以寻找方向。因为欧洲的历史本身就是一个不断变化的过程。就在几个世纪以前，当今欧洲各国的雏形还尚未形成，也不存在我们今天所知的身份认同感和安全感。因此作者们相信，了解共同的历史有着至关重要的作用。在本书中，我们将学习欧洲历史，并由此来思考欧洲的未来。我要感谢克莱特·柯塔出版社一如既往的信任，也要感谢我的妻子，感谢她在这些年里始终给予的理解与支持。

弗雷德里克·德卢什

阿尔贝托·贾科梅蒂（1901—1966）的《基座上的四个女人》（1950）

出版者序（德文版）

三十多年前发生的巨大变革给欧洲带来了全新的面貌和强劲的动力。与之相关的历史材料隔着几乎一代人的时间距离，今人才得以窥其全貌。1992年出版的《欧洲史》成功地介绍了从欧洲初始到这一大变革之间的历史进程和发生的诸多事件，并在展现欧洲统一性的同时分析了其多样性，从而避免了以某一国家为中心的片面视角和解读。

今日来看，祖籍挪威同时拥有英法两国国籍的"欧洲人"弗雷德里克·德卢什在20世纪80年代高瞻远瞩，他与来自欧洲不同国家的14名历史学家共同编写了《欧洲史》的第一版，共计13章。这几乎是创造了一个奇迹。该书于1992年由恩斯特·克莱特出版社作为教科书出版，在德国、其他大部分欧洲国家，乃至世界范围内，都有很高的发行量。这一成就非常喜人。欧洲历史上各国并不总是在进行和平竞争，传统历史观也迥然不同，而来自不同国家的作者编写的历史书却得到了读者的广泛接纳，这已出乎该书策划者的预料。这本书不仅受到学生和社会人士的好评，在专业领域，历史学家们——包括欧洲范围之外的历史学家，也纷纷为其喝彩。

1998年《欧洲史》的第二版问世，新增了大变革十年的相关内容，也对文字和图片进行了全面修订。第一版原本是为德国的学生量身定做的，但通过媒体大量不断的报道，大众读者也显示了对该书的浓厚兴趣。《欧洲史》的第二版由克莱特·柯塔出版社作为通识类图书出版，再次取得巨大的成功，多次重印便是最好的证明。

从当代的全球视角来看，这个具有内陆海和崎岖海岸线的大洲正不断发展，其局部政治气候和社会生态也在日益变化。所以就有必要出版一个经过再次全面修订和增补的新版本，于是第三版应运而生。毫不夸张地讲，《欧洲史》本身已成为欧洲历史发展中一个微小的组成部分。

来自德国海德堡的埃德加·沃尔夫鲁姆自2011年起负责撰写此书的最后一章，他提出了不同的声音——欧洲罕见的较长的和平状态、由此达到的前所未有的生活水平以及欧洲的发展速度，这些都令人难以置信。与此同时欧盟也面临着种种挑战，例如移民和英国脱欧问题。

这本最新版的《欧洲史》不仅对历史进行了回顾和评价，也对当下欧洲的状态进行了概括和展望。

迈克尔·克莱特

欧洲的特征

希腊神话中的欧罗巴

宙斯被欧罗巴的美貌吸引，诱拐并强占了她，使其成为米诺斯王朝的先祖。

和谐的欧洲（左页）

这幅名为《好政府的寓言》的壁画绘制于 1337 年至 1339 年间[①]。上层阶级提出了他们理想中的城市图景，并将其作为典范传达给全体市民。广场上的集市是进行贸易的地方，呈现出一派热闹繁华的景象；城市周围属于富裕市民的别墅，也体现了此处生活的富足；长有翅膀的天使是安宁的象征。数个世纪以来，由广场、喷泉、街道、民居和教堂构成的生活空间一直被视为典型的欧洲城市样貌。

在希腊神话中，欧罗巴是腓尼基国王的女儿。宙斯化身为一头公牛，将她诱拐到克里特岛。在那里，欧罗巴生下了米诺斯，他后来成为该地的国王。那时中东的字母文化已经非常发达，或许这个传说也说明了文字从中东传到希腊的过程。

"欧洲"一词最早出现在希腊诗人赫西俄德的作品中，这位诗人生活在公元前 8 世纪。但人们至今尚不清楚这个大洲因何而得名——也许与闪米特语中的单词"晚上"有关。尽管"欧洲"一词来源不明，但并不影响人们使用它。

欧洲这一地理概念由数条边界线框定，随着当地人对欧洲大陆的理解不断加深，他们对欧洲的范围也有了新的认识。由于多样的地形和山川河流等天然分界线的存在，数个世纪以来这个大洲上形成了种类繁多的语言和丰富多彩的文化，这正是欧洲区域划分的根本依据。

而人们在欧洲内部可以持不同的语言交流往来，这便解释了为何拥有不同文化背景的人们能够在同一种大陆文明中共处。

早在古典时代，人们便已对亚洲、欧洲和非洲在地理上进行了相应的划分。当大流士一世（前 522—前 486）和薛西斯一世（前 486—前 465）于公元前 5 世纪发动对希腊的波西战争时，"欧洲"一词便拥有了政治上的概念。此后，查理·马特和他的追随者在普瓦提埃战役（公元 732 年）中取胜，他们被阿拉伯人称为"欧洲人"，该词由此也具有政治意义。欧洲这一政治概念随着时代的发展，相对一体化的阶段和分裂的阶段都曾反复出现。这自然也与欧洲人对欧洲的看法有一定关系。或许在近几年，人们才把"欧洲"理解为一种政治目标。欧洲内部日益完善的交通网络也为各国人民的交往提供了便利。由此，根据所处社会环境的不同，各国人民的生活方式或多或少地变得相似。这一现象既是欧洲一体化的结果，同时又是其原因。

[①]　一说绘制于 1338 至 1339 年。

1. 欧洲的地理特点

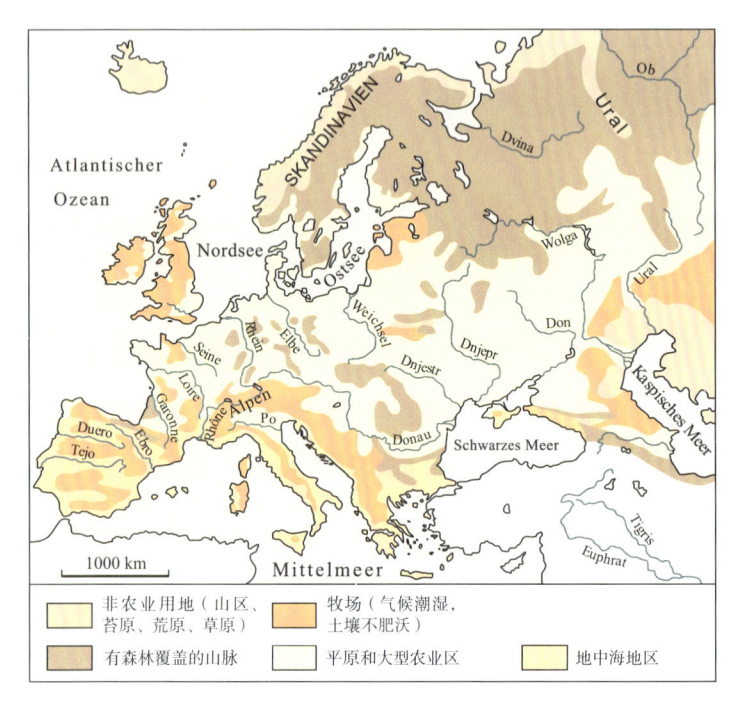

图例：
- 非农业用地（山区、苔原、荒原、草原）
- 牧场（气候潮湿，土壤不肥沃）
- 有森林覆盖的山脉
- 平原和大型农业区
- 地中海地区

地形区[1]

欧洲——欧亚大陆的一座半岛

从亚洲的视角来看，欧洲像是旧世界[2]西部的一座半岛，或者更确切地说，像是欧亚大陆西部的一座半岛。在东西方向上，欧洲从大西洋一直延伸到被认为是欧洲东部边界的乌拉尔山脉。在南北方向上，欧洲包括从北角到克里特岛之间的整片区域。在17世纪以前，俄罗斯并不被视为欧洲的一部分。直到彼得一世从瑞典手中夺取波罗的海的控制权，并在芬兰湾东岸建立了新的帝都——圣彼得堡，才将俄罗斯与欧洲连接起来。与此同时，他的势力范围也越过了乌拉尔山脉，继续向东扩张。实际上，俄罗斯与欧洲结缘既是出于政治原因，也是出于地理原因。因为乌拉尔山脉的另一侧是无边无际的西伯利亚草原和森林，它们绵延数千里直至蒙古国和中国，到达太平洋沿岸。模糊的边界不只存在于欧洲东面。尽管由于地球地质史上的巧合，欧洲的整体轮廓看上去比较清晰，但人们很快就会认识到另一个事实——直布罗陀海峡和博斯普鲁斯海峡将那些具有相同地貌的区域分割开，使其分别被

---

[1] 本书地图来自德文原版书。
[2] 旧世界：指在哥伦布发现新大陆之前，欧洲人所认识的世界，包括欧洲、亚洲和非洲。——译者注

划入非洲与亚洲的版图。

地表形态

欧洲大陆与其他大陆相比面积小很多，却拥有多种多样的地貌。它既没有北美洲那样单调的大平原，也没有非洲、亚洲和大洋洲的荒漠。除了位于北极附近的区域和俄罗斯平原，欧洲的其他地区均位于温带气候区，这是欧洲的一大优势。欧洲的风景多姿多彩，如位于海平面以下的荷兰低地（由此产生了一句俗语"上帝创造了世界，而人类创造了荷兰"）、重峦叠嶂的阿尔卑斯山脉、西班牙的连绵群山和冰岛的茫茫冰川。这些地理差异造就了不同的民族，他们拥有不同的外貌特征和思维方式，也生活在不同的文化环境中。

移居的乐土

欧洲的地势决定了交通大道的走向，它

日耳曼人大迁徙时期
罗马帝国随着哥特人、汪达尔人和勃艮第人的不断涌入而走向衰亡。这块土地后来又被亚洲的游牧民族如奄蔡人和匈奴人轮番占领。这幅油画描述的就是4世纪至5世纪这段动荡不安的时代。

们既是商业贸易之路，也是外来入侵者的通道。这在东欧地区体现得尤为明显，来自亚洲的入侵者经由这些道路蜂拥而至——例如公元前2世纪的凯尔特人，他们对一些欧洲语言造成的影响一直延续至今。

匈奴人、保加利亚人、阿瓦尔人、匈牙利人和蒙古人从东欧平原陆续进入中欧。其中一部分人定居下来，融入了当地；另一部分人则又回到了东方。自公元前2世纪起，越来越多的日耳曼人涌入罗马帝国。他们穿过莱茵河，越过高卢，直到伊比利亚半岛和北非。无论如何，大规模的移民以及由此产生的民族融合都对欧洲的文化多样性有着重要意义。

民族大迁徙

多民族的人口流动和入侵背后有许多原因，例如本国的贫穷和饥饿、邻国的威胁，或是出于贪婪和对冒险的渴望。希腊人自公元前8世纪起，就向西或向小亚细亚和黑海的方向殖民。居住在今日挪威所在地的维京人入侵苏格兰、爱尔兰和冰岛，抵达格陵兰岛，并于公元1000年左右抵达北美海岸。丹麦的维京人于1016年征服英格兰，此后又继续入侵诺曼底、葡萄牙、普罗旺斯和托斯卡纳等地区。瑞典人向东穿过波罗的海到达俄罗斯西部，又向南经水路远征至黑海。

意大利人继承了罗马人口中的"我们的海"，把注意力集中在地中海附近区域。15世纪时，西班牙人和葡萄牙人借助他们在大西洋沿岸的有利地理位置，派遣船只探索非洲的西海岸，甚至进一步向西开拓通往印度的海路。自16世纪起，英格兰跻身海上强国之列，而后主宰了世界各大洋。法国地处西欧的中心，试图征服中欧和欧洲以外的地区。德意志民族神圣罗马帝国则主要专注于在亚平宁半岛、波罗的海地区以及欧洲大陆的发展。因此，在历史的发展过程中，欧洲各国的地理位置和各个强权中心的势力范围对于形成具有不同政治、经济和文化特色的民族起了推动作用。任何山川或河流都不会成为阻挡语言传播的天堑。得益于此，数个世纪以来，欧洲各国人民之间始终进行着思想交流和民族融合。欧洲逐渐成为今天的样子，即一个包容不同民族和文化的大陆。

2. 一个欧洲文明与多种欧洲文化

欧洲各种语言中的"母亲"一词

梵语：matar	萨尔特语：matres matrebo
希腊语：mhthr	法语：mère
拉丁语：mater	德语：Mutter
亚美尼亚语：magr	英语：mother
盖尔语：mathair	意大利语：madre
吐火罗语：macar, madhar	西班牙语：madre
瑞典语：moder	俄罗斯语：mat', materi

梵文是欧洲最初的语言吗？

欧洲语言的种类繁多，而且在很多语言里都能找到希腊语、拉丁语、凯尔特语或日耳曼语的词根。在欧洲历史上，总有一种语言被欧洲各国精英阶层广泛使用，以便彼此交流。例如罗马帝国时期的希腊语、中世纪的拉丁语、18世纪的法语，如今或许就是英语。

书写是从中东传入欧洲的，字母是由腓尼基人带到欧洲的，这些都是经过科学验证的事实。但是欧洲语言的确切起源至今仍不得而知。它们或许是从源于印欧语系的梵语演变而来的——梵语是印度婆罗门教的语言，它与希腊语和拉丁语有许多相似之处。欧洲各国所使用的语言似乎都是由同一种语言发展而来的，但其演变因地而异，最终成为完全不同的语言。

43种语言

欧洲共有43种语言。它们都以辅音体系为基础，且分别属于三种文字系统，即希腊字母、拉丁字母和西里尔字母。其中希腊字母由腓尼基字母演变而来，西里尔字母又源于希腊大写字母。此外，许多技术用语或表示概念的词语都源自古希腊语或拉丁语，这也体现出欧洲语言的统一性。如果没有这些共同的根源，来自不同国家的科学家就会遇到沟通障碍，因为表示某个概念的专业术语往往很难被准确地翻译为其他语言。

语言的多样性也扩大了欧洲各国人民间的差异。在宗教改革时期，《圣经》被翻译成各种语言——例如波希米亚的克拉里斯《圣经》和德国人马丁·路德的《圣经》译本，这促进了各民族文化的发展。这些译本使用了通俗易懂的表达方式，体现出一种新意识的觉醒。在欧洲其他地区，民族认同感也通过语言被唤醒。15—16世纪时，法国、西班牙和意大利的著名诗人和作家们推动了这一转变。

语言是统一的基础

通过使用统一的语言，中央集权政权和殖民者在不同程度上巩固了其统治。19世纪时，原本使用盖尔语的地区如威尔士、苏格兰和爱尔兰就强制居民使用英语。自法国的旧制度结束时起，特别是法国大革命以来，法语便在整个法国范围内使用。在西班牙王国，政府强制人民使用卡斯蒂利亚语，弗里斯王国使用的则是荷兰语。在奥匈帝国的统治下，波希米亚、摩拉维亚、斯洛伐克、斯洛文尼亚、克罗地亚和其他一些地区的政府官员必须使用德语。波兰第三次遭到分割后，人民只被允许说德语或俄语。所有这些把外来语言和文化强加于人的政治措施都会激发民族情感，而这种情感又会使人们迫切渴望恢复本民族的语言。

自20世纪中叶起，欧洲人便尝试克服由语言差异产生的分裂问题，但与此同时他们也把多样的语言视为宝贵的文化财富。

3. 语言多样性是分裂的原因吗

在我们讨论"一个欧洲文明还是多种欧洲文化"这一问题前,首先要弄清"文明"和"文化"这两个概念。在一个轮廓较为模糊的地理空间内,文明指的是在某个社会环境中,人们所见到的各种政治、社会、经济、宗教、法律现象的总体。传统意义上的文化指的往往是艺术、文学和科学。获取这些文化主要通过家庭教育、学校、书籍和现代媒体。现在文明和文化这两个概念的区别已不再明显。

纪念诸神

希腊人在亚平宁半岛南部和西西里岛留下了许多建筑遗迹,例如照片中位于帕埃斯图姆的赫拉神庙——也有人认为这是为海神波塞冬而建。这大概是有史以来保存最为完好的,使用多立克柱式的神庙。不加修饰的柱子让建筑显得更加气势恢宏。

> **基督教与个人责任**
>
> 下面这则寓言说明基督徒有选择上帝的自由以及要为此承担的责任。该寓言名为《按才授银》，记载于《路加福音》第19章第12—25节。
>
> 有个贵胄往远方去，想在那里获得王位。他叫来10个仆人，分给每人1锭银子，然后说："你们拿去做生意吧，直到我回来！"
>
> 他达成愿望回来后便唤回那些领了银子的仆人，想知道他们的生意做得怎么样。第一位仆人走上前来说："我用1锭银子赚了10锭。"他回应道："好，你是个能干的仆人，在小事上也能忠心耿耿，你可以掌管10座城。"第二位走上前来说："主人，我用您的1锭银子赚了5锭。"主人回应道："你可以掌管5座城。"第三位说道："主人您看，您的1锭银子还在这里，我把它包在毛巾里存着。我一直很怕您，知道您是很严厉的人。您还没有放下就想再拿起，还没有播种就想要收获。"主人对他说："你怎么不把钱放到银行呢？这样我回来的时候还能连本带利收回来。"贵胄对身边的人说："把这个人的钱收回来，拿给那个赚了10锭银子的人。"

人们应该记住，教育也可能被专制政权扭曲和滥用。这种强制的文化教育的内容和目的有时甚至与真正的教育相矛盾，而专制者却仍强调其正确性和理想性。这种例子在历史上屡见不鲜，比如在纳粹德国发生过的那些事情。

时至今日，人类学家把文化的定义扩展为在一个特定群体内人们各种常规活动的总和。这便有了所谓的"苏格兰文化""拉普兰文化"和"撒丁文化"。于是文明和文化成了两个相近的概念。

欧洲思想

民主思想源于古希腊。它基于一种理念，即公共福祉能够通过每个公民积极参与城邦生活的行为而得以实现——当时所谓的公民仅指上层社会的男性。在两千多年的时光里，民主已逐渐扩展到各个社会阶层。民主思想也在和平时期的日耳曼部落有所体现，在那里，部落成员与部落首领的意愿同等重要。

1762年，法国哲学家让－雅克·卢梭在《社会契约论》一书中指出：主权是公意的运用，不可转让，不可分割。此后，民主逐渐演变为自由选举产生的代议制。

古希腊为后人留下了民主思想，而罗马帝国也为欧洲人民，乃至全世界人民留下了特殊的遗产——成文法。罗马把各个权力机构间的关系编入法典，此举为欧洲的思想增添了重要组成部分。罗马的法律思想与北欧的政治传统相融合，欧洲的宪法基础由此形成。17—18世纪时英国人洛克和法国人孟德斯鸠使其进一步发展为现代的分权制度，即立法、行政和司法的分权。

随着时间的推移，成文法在公共生活和个人生活的方方面面都有所体现。书面合同取代了口头协议，从而使受法律保护的协议免于被任意解读。罗马的法条于中世纪传播至整个欧洲，之后又遍及世界。

关于个人自由的思想也源自欧洲。每个人能为其命运负责，基督教早期已有这样的说法。灵魂得救被视为最大的幸福，这只能

孟德斯鸠

每一个国家有三种权力：立法权力、有关国际法事项的行政权力、有关民政法规事项的行政权力。依据第一种权力，君主或执政官可以制定临时或永久的法律，并修正或废除已制定的法律。依据第二种权力，他们可以讲和或宣战，派遣或接受使节，维护公共安全，抵御外来侵略。依据第三种权力，他们可以惩罚犯罪或裁决私人讼争。我们称第三种权力为司法权，而将第二种权力简称为国家的行政权。……如果单由某个人或某个机构——不论是贵族或平民，行使这三种权力，即立法权、执行公共决议权和裁判私人犯罪或争讼权，一切便都完了。

由主动向上帝靠近的个体来实现，而不能以群体的形式实现。基督教认为个人的价值与其出身、财富、地位和名誉等外部因素无关。基督教由此树立起一种新的世界观，从这一点出发，欧洲人得以再次发展其精神思想。

15世纪文艺复兴时期，人们将希腊和罗马的精神遗产与基督教思想相结合。随后，民主思想、由法律规定且受法律保护的人人平等思想，以及建立在个人自由基础上的个人幸福等思想共同构成了一种欧洲精神。在启蒙运动阶段，英国和法国的哲学家使这些欧洲的核心思想得到进一步发展。1774年，德尼·狄德罗说："我希望整个社会幸福，但也希望我自己能够幸福。"

社会应保证个体的自由，这种思想在欧洲逐渐深入人心。因此酷刑和奴隶买卖都会受到批判。相关运动最终促成了联合国于1948年发表《世界人权宣言》。

上述源于欧洲的思想已得到其他大洲的许多居民的认同，包括澳大利亚人和美国人。他们与欧洲人有着相同的生活方式，因为他们的共同起源都是欧洲。

有教养的欧洲人

古希腊时期，人们通过学习哲学家、作家和艺术家的作品来提高修养。亚历山大大帝执政时期，东方文明传至希腊，对希腊文化产生影响。罗马帝国继承了希腊的语言和文化，还在整个帝国范围内教授相关内容。

而对于中世纪时罗马教皇统治下的基督徒而言，拉丁语是每个有教养的人的必修课。各个大学都使用拉丁语进行授课，教授和学生因此可以在欧洲范围内的其他大学进修或学习。拉丁语和基督教对当时欧洲的教育产生了很大影响。从16世纪开始，各国的民族语言逐渐兴起，渐渐取代此前通用的拉丁语。

随着民族主义于19世纪在欧洲兴起，各国共享欧洲文化遗产的意识开始减弱。人们把欧洲的过去简单划入本国历史——无论它究竟是不是在本国的疆界内发生的。这样便产生了一些争议。德国人和法国人都声称查理大帝是本国人；意大利虽珍视艺术大师们的不朽杰作，却对过去城邦分裂、彼此敌对的历史轻描淡写。各国在重写本国历史时有意强调重要的历史事件或名人，却忽略那些不利于国家统一的事情，这样的例子比比皆是。

第二次世界大战过后，西欧各国联合图强，苏联主导东欧，教育逐渐被视为一项需要由欧洲各国共同努力来完成的任务。但

感谢上帝

中世纪时,人们对上帝的虔诚体现在宏伟的教堂建筑中,位于法国帕赖勒莫尼亚勒的这座教堂便是如此。它由克吕尼改革派修道院院长圣雨果下令建造,施工从 1090 年持续至 1110 年。它是勃艮第罗马式建筑中的瑰宝。足有 56 米高的钟楼耸立在教堂中厅与十字型翼部的交叉处。

"铁幕"的两边对教育的目标和内容有着截然不同的理解。

从 16 世纪起，随着新大陆被发现和殖民帝国的形成，欧洲对知识和教育的理解输出到其他大洲。一方面，欧洲的思想、语言和生活方式被传播到世界其他地区，另一方面，欧洲也获得了新的知识经验和艺术灵感。那么从某种意义上来讲，欧洲人是否可以将自己视为世界公民？美国人也会有这样的感受吗？受过教育的欧洲人是否已经彻底被"西化"了？

欧洲的文化多样性

若是将一个群体的全部生活方式和行为方式理解为广义层面上的文化，那么欧洲的文化多样性无疑会让人感到惊奇。罗马帝国衰亡后，欧洲大陆可分为三类文化区。第一类是希腊文化区，从巴尔干半岛延伸到原东罗马帝国的领土，甚至也包括部分中东地区。该区域在 15—19 世纪时受到伊斯兰教的影响。第二类是斯拉夫文化区，包括东欧地区，它受到亚洲文化、拜占庭文化、伊斯兰文化和欧洲西部文化的影响。第三类是西欧的罗马－日耳曼文化区，北欧文化、盎格鲁－撒克逊文化与希腊－拉丁文化皆汇聚于此。16 世纪以来，这三类文化区一直在不断互相影响和渗透。

若是对比不同城市的文化，便能发现许多明显的特征和差异。一个法国人的生活习惯肯定与一个捷克人、意大利人或者德国人的生活习惯不同。科西嘉人、威尔士人、加泰罗尼亚人、巴伐利亚人和萨伏依人都有自己的文化。意大利人、德国人、英国人、丹麦人和欧洲其他地方的人都喜欢强调他们各自的民族文化特性。在不同的地区和民族之间，关于文化认同的争吵往往最为激烈，有时甚至会因此爆发激烈的冲突。生活在比利牛斯山脉两侧的加泰罗尼亚人和巴斯克人就是这样的例子。与之相反，有时文化特性也能促进团结，例如生活在法语区的人们。雅克·布雷尔便是这样一个例子，他受到法国文化和比利时文化的双重影响。北爱尔兰地区兼有爱尔兰和英国双方的文化，却因此遭受残酷的战争。而在瑞士，讲着不同语言的群体则能够和平相处、毗邻而居。

最晚在青铜器时代，欧洲便已呈现出多样的文化。现在我们面临这样一个问题：由居住地和历史原因形成的每个群体都希望保留各自的文化特性，我们该把这些差异视为欧洲的特性并加以保护吗？欧洲一体化始于 1957 年欧洲经济共同体的建立，这一进程屡屡遭到那些坚持民族文化特性的人士的反对。我们该把这视为欧洲一体化进程中的阻碍吗？又或者，我们是否该积极地评价这种重视民族特性的欧洲传统观念？欧洲各国人民之间也会产生北美人民的那种内聚力吗？这是欧洲人所希望的吗？或是还有其他良策？

4. 经济与社会的一体化

缺少社会责任的经济

古希腊人已拥有了相对发达的经济体系。他们建立殖民地一方面是为了缓解原居住地人口过剩的压力,另一方面是为了确保物资可以顺利供应。同样,罗马帝国的建立不只是出于政治考量,也是为了经济利益。然而在古希腊和罗马帝国,能够从生产和贸易中获利的只有上层阶级。奴隶完全属于主人,穷人依赖富人,必要生存物资不需要被重新分配。奴隶和穷人的所得全靠有产者发善心——或是他们不得不发动起义,对方出于对死亡的恐惧被迫作出让步。

修道院的成立

基督教改变了这一状况。它的教义承认每个人的价值——无论其身份或财富如何,

努西亚的圣本笃与西方基督教国家
大约在公元529年,圣本笃在意大利创办了卡西诺山修道院,并于公元540年前后制定了73条修道院规章。阿尼亚纳的本笃革新了这些规章并使其在查理大帝所统治的法国范围内广为传播。圣本笃的规章中要求修士坚持清贫、谦卑、贞洁、顺从,而且也要从事体力和脑力劳动。图中最右侧的是努西亚的圣本笃和传道者约翰,最左侧是圣伯尔纳铎和抹大拉的玛利亚,中间描绘的则是圣母玛利亚跪在基督的十字架下的画面。

欧洲的特征　17

> **"一个幽灵，共产主义的幽灵，在欧洲游荡。"**
>
> 19世纪工人的普遍贫困引发了人们的广泛思考，人们将原因归结于资本主义制度。卡尔·马克思对历史和经济制度进行了科学的分析。1848年他与弗里德里希·恩格斯共同发表了《共产党宣言》。他的理论引起巨大反响，许多国家都接纳了这些观点。
>
> "在过去的各个历史时代，我们几乎到处都可以看到社会被划分为各个不同的等级，看到社会地位被分成多种多样的层次。在古罗马，有贵族、骑士、平民、奴隶，在中世纪，有封建主、臣仆、行会师傅、帮工、农奴……从封建社会的灭亡中产生出来的现代资产阶级社会并没有消灭阶级对立。它只是用新的阶级、新的压迫条件、新的斗争形式代替了旧的。但是，我们的时代，资产阶级时代，却有一个特点：它使阶级对立简单化了。整个社会日益分裂为两大敌对的阵营，分裂为两大相互直接对立的阶级：资产阶级和无产阶级。……总之，共产党人支持一切反对现存的社会制度和政治制度的革命运动。在所有这些运动中，他们都特别强调所有制问题，把它作为运动的基本问题，不管这个问题当时的发展程度怎样。最后，共产党人都努力争取全世界的民主政党之间的团结和协调。共产党人不屑于隐瞒自己的观点和意图。他们公开宣布：他们的目的只有用暴力推翻全部现存的社会制度才能达到。让统治阶级在共产主义革命面前发抖吧。无产者在这个革命中失去的只是锁链。他们获得的将是整个世界。
>
> 全世界无产者，联合起来！"

从而保证了基督徒间人人平等，上帝还非常乐意向穷人伸出援手。罗马帝国灭亡后，修道院的建立和发展使宗教、经济与社会责任间产生关联。在6世纪初，努西亚的圣本笃为修道院制定了规章，从此修道院可以自给自足，用劳动生产保证获取足够的食物和生活用品，每个修道院成员可以获得相应的份额。除此之外，修道院也收留需要帮助的人，为他们提供照护或落脚歇息的地方。直到19世纪，修道院还在承担整个欧洲的社会责任。与现代国家所能提供的社会福利相比，修道院所提供的或许微不足道，但毋庸置疑的是，修道院在那个时代功不可没。

资本主义与社会主义

15世纪时，佛罗伦萨和奥格斯堡的银行家们取得了巨大成功，早期的资本主义随之形成，并很快摆脱了教会的控制。随着国家权力的巩固和扩大，许多大银行家被吸收至宫廷，他们的意见被统治者欣然听取，他们的财富被用于战事。直到19世纪，国家尚未干预经济领域。

在18世纪末至19世纪，工业革命从英国传播到欧洲。它带来了全新的生产模式，并引发了空前的社会动荡。

财富集中在几个大家族手中，农民不得不背井离乡来到城市和工业区寻找就业机会。财富再分配的问题亟待解决。

早期的社会主义者，如英国人罗伯特·欧文或法国人克劳德·昂利·圣西门，尝试在19世纪初通过建立"世界修道院"的方式解决财富再分配问题，但未能取得成

卡尔·马克思

念从欧洲传播至全世界。如今国家对经济的干预已司空见惯，这种手段的主要作用是消除社会不公正。

福利国家

现代再分配制度的雏形可以追溯到 19 世纪的个人慈善行为，以及 1929 年经济大萧条时期政府采取的相关措施。1987 年，俾斯麦为工人建立了欧洲第一个保险制度。类似于 1933 年的罗斯福新政，西欧多国也提出多种面向失业者和老年人的社会保障方案。但是这些措施的效果仍是很有限的。

自 1945 年起，现代社会保障制度逐渐形成。面对战后的废墟，欧洲的政治家们意识到除了重建工作，社会保障也应在国家层面上开展和调控。在 1950 年至 1980 年这段时间里，欧洲各国在团结互助的基础上逐渐建立起一套真正的社会保障体系，为每个需要帮助的公民提供安全和保障。

1973 年以来，随着事业人员和退休人员的数量倍增，纳税人的负担加重，这种不平衡动摇了原有的分配制度，新自由主义经济秩序的支持者更是向其发起了挑战。但是无论如何，历史上从未有过今日这样好的社会保障体系。我们不禁要问，今日欧洲的吸引力应更多地归因于这一社会保障体系，还是欧洲本身的财富呢？

功。其他社会革命者提出了更有效的方法。英国的工会运动发展为一股强大的力量，他们与资产阶级形成对抗，并迫使政府参与交涉。然而不久后，工会便不再作为社会改革的先锋，而将注意力转向一般政治领域。卡尔·马克思把世界的历史进程解释为阶级斗争，即资本家与劳动者间的对立。在这一基础上，他构想出一种无阶级的社会，这一理

有关欧洲历史的
几个问题

许多因素在欧洲的历史中反复出现，久而久之它们发展成为前文所述的种种欧洲特征。在了解欧洲历史的重要主题和特点之后，我们不妨从几个世纪以来各个国家和文化如何互相影响的角度，对其中一些内容做更进一步的探讨。

欧洲历史是由欧洲各族人民在互相影响、彼此联合或对立抗衡下写就的。这一点也引发了本书作者们的关注，促使他们研究欧洲历史上的一些重要阶段。当欧洲因新思想或新知识而进入新的历史阶段时，世界历史往往也在同步向前推进。

在这一章里，您将读到的并不只是针对某些历史时期的简单叙述，而是一个由若干历史共同点串联起来的统一整体。欧洲历史上曾多次出现欧洲内部相对和谐统一的时期，以及欧洲对世界较为开放的时期。

为了充分发挥这种历史划分的优势，接下来的几页将讨论一系列问题，这些问题既与欧洲的历史有关，也与历史中的欧洲有关。自人类开始在欧洲大陆生活时起，他们便始终在互相影响、彼此联合或对立抗衡。欧洲历史首先便是一部欧洲人的历史。

欧洲委员会

成员国：

阿尔巴尼亚	马耳他
安道尔	北马其顿
亚美尼亚	摩尔多瓦
阿塞拜疆	摩纳哥
比利时	黑山
波斯尼亚和黑塞哥维那	荷兰
保加利亚	挪威
丹麦	奥地利
德国	波兰
爱沙尼亚	葡萄牙
芬兰	罗马尼亚
法国	圣马力诺
格鲁吉亚	瑞典
希腊	瑞士
英国	塞尔维亚
爱尔兰	斯洛伐克
冰岛	斯洛文尼亚
意大利	西班牙
克罗地亚	捷克
拉脱维亚	土耳其
列支敦士登	乌克兰
立陶宛	匈牙利
卢森堡	塞浦路斯

欧洲委员会与欧洲议会的所在地（左图）

欧洲委员会成立于1949年5月5日，总部位于法国的斯特拉斯堡，与欧洲议会在同一地点。欧洲委员会最初的任务是在欧洲各国之间建立一个政治、经济、社会和文化的联盟。46个成员国享有独立的国家主权。在政治领域之外，欧洲委员会的主要成就之一便是制定了《保护人权与基本自由公约》。①

---

① 据《辞海》，至2017年10月，有47个成员国。

定居欧洲

距今约150万年前，人类的先祖从非洲迁移到欧洲南部。大约10万年前，尼安德特人在欧洲留下了许多生活痕迹。大约4万年前，克罗马农人遍布整个欧洲。他们被视为欧洲人的直系祖先。

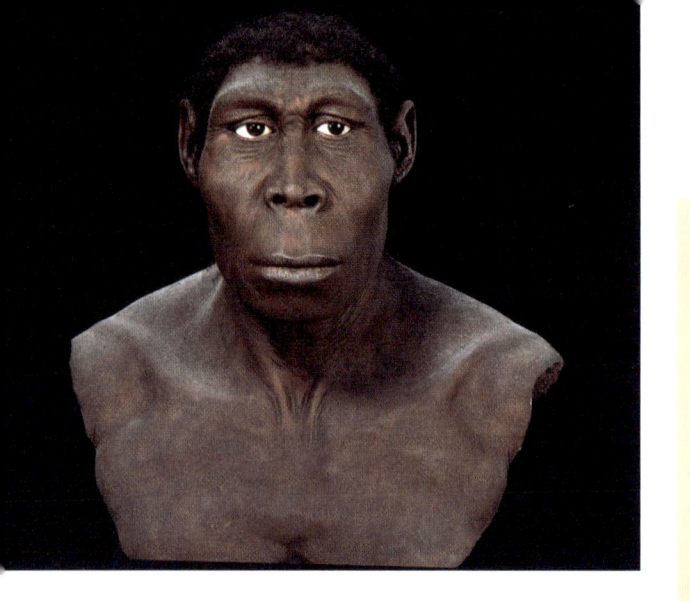

托塔韦人

"直立人"能够直立行走,他们源于非洲,后来迁徙至欧洲。他们生活在距今150万到65万年前,活动范围遍布温带地区。考古学家在1971年于托塔韦勒(东比利牛斯)地区发现了直立人的颅骨和身体其他部位的骸骨,这种直立人因此得以被复原,并被命名为"托塔韦人"。

马拉松战役、萨拉米海战和普拉提亚战役:古希腊战胜波斯帝国

古希腊戏剧《波斯人》于公元前472年(即萨拉米海战后的第8年)在雅典首次上演。剧作家埃斯库罗斯将故事背景设定在薛西斯一世位于波斯苏萨的王宫里。国王的母亲和大流士一世的未亡人得知了波斯船队惨败的消息。

唱诗班的歌词揭示了这一事件的意义:

王后:这群人的统治者是谁?

唱诗班领唱:他们不是谁的仆人,他们不受任何人差遣。

唱诗班(第三首哀歌):亚洲土地上的人们啊,再也不会向波斯人低头,再也不必向那统治者进贡,再也不用屈膝跪拜。国王的权力一去不复返了!

欧洲的地理环境曾经发生过很大变化。在很长一段时间里,欧洲北部和中部都被冰川覆盖。大不列颠诸岛与大陆相连,海平面也比现在的低很多。公元前1.5万年至公元前1万年,冰川融化,欧洲地形成为我们今日所见的样子。除了北部高纬度地区以外,欧洲各地都属于温带气候区。旧石器时代早期的欧洲人以渔猎和采摘为生,而到了新石器时代晚期,他们已成为农民或牧民,开始定居生活。一些学者将这一过程称为"变革"。这种生活方式是从美索不达米亚逐渐传到欧洲的吗?抑或是新石器时期的欧洲已经孕育了其独有的文明,甚至是多种共存的文化?

公元前3500年,美索不达米亚平原的苏美尔人发明了文字,埃及人建起了第一座金字塔,而欧洲人还在用石制工具耕种土地。公元前3000年前后,埃及人发明了青铜冶炼技术,随后从爱琴海地区到印度河流域的人们逐渐掌握了这一技术。而该技术传遍欧洲竟耗时2000年之久。用青铜制造武器、工具、手工艺品或艺术品的技术由安纳托利亚和希腊依次传播到伊比利亚半岛、波希米亚、莱茵河谷、意大利,最终传到英国、爱尔兰和斯堪的纳维亚半岛上的各个国家。或许这种传播速度正是区域性的、截然不同的多种文化形态产生的原因之一。

卡尔特人、希腊人和波斯人

公元前1500年左右,安纳托利亚和高加索周边地区的人们掌握了铁的冶炼和加工技术。比起向东传向亚洲,这种技术向西传播至欧洲的速度更快。而这却未能给欧洲带来统一的文化。希腊人很早便学会了炼铁(约公元前1200年),并在爱琴海沿岸形成一种

独特的生活方式。

大约在同时期，即公元前10世纪至公元前5世纪，卡尔特人逐渐占领了西欧和中欧地区。他们从现在的德国南部向波希米亚、法国、伊比利亚半岛、亚科宁半岛、巴尔干半岛和不列颠群岛的方向扩张，他们虽然形成了统一的文化，却未达成政治上的一致，也没有建立帝国。广泛分散的各个部落只在各自的定居点附近活动。

希腊人分布在许多城邦中，各行其是。对他们而言，威胁来自东方。波斯人征服了小亚细亚半岛上的王国以及美索不达米亚平原上由亚述人和巴比伦人创建的显赫帝国，还企图把统治范围扩大到整个希腊地区。但他们却在马拉松战役（公元前490年）中败给雅典人，之后又在海上进行的萨拉米海战（公元前480年）中溃败。这些败仗有哪些重要意义呢？两种社会体系间是否会形成对抗？希腊人是否认为他们的民主精神优于东方的统治思想？是否可以把这一点视为欧洲和亚洲的差异呢？

欧洲的边界是否到了印度河流域和撒哈拉沙漠？

对马其顿王国的亚历山大大帝而言，这个边界并不存在。公元前325年，他率领军队抵达印度河流域，试图令希腊文化与波斯文化融为一体。他去世后，这一文化融合的趋势仍在继续，被称为"希腊化时代"。

罗马人也没有在意大利的沿海地区止步。公元前2世纪，他们征服了希腊和小亚细亚。奥古斯都在公元前20年将幼发拉底河定为罗

欧洲延伸至阿尔及利亚沙漠

公元100年前后，图拉真下令在北非罗马帝国的边境建造了提姆加德城。这座城市的布局宛若棋盘，街道彼此垂直相交。无论是这种布局还是城内著名的图书馆，都是罗马文化的体现。然而，在来自罗马的征服者们离开后，这座城市很快便成为废墟，被黄沙掩埋。

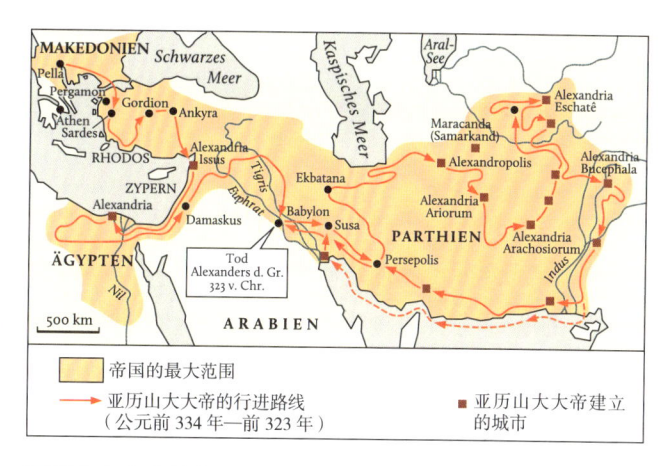

亚历山大大帝的帝国

马帝国的东部边界。公元前10世纪左右，腓尼基人定居北非沿海地区。公元前146年，迦太基城被罗马军队夷为平地，城市和海岸均被纳入罗马帝国的版图。埃及后来也成为

罗马的图拉真柱

这个记功柱上展示了图拉真（53—117）征服达契亚的史诗。达契亚位于多瑙河下游，盛产金银。柱上雕刻的2500个人物形象逼真地再现了达契亚战争的情形，主要呈现了军队登船、挖掘战壕、围城、小型战斗和大型战役等画面。这是关于罗马皇帝的最早的图画式记录之一。

狄奥多西一世（347—395）

狄奥多西一世是古典时代晚期最著名的罗马皇帝。在他的统治下，罗马发生了翻天覆地的变化。

狄奥多西一世在东部帝国成功击溃哥特人，将他们纳入帝国，而后又为西部帝国提供支援。他将基督教定为国教，也为日后罗马帝国的分裂埋下了伏笔。他去世后，他的两个儿子，即阿卡狄乌斯和霍诺留分别成为东罗马帝国和西罗马帝国的皇帝。

罗马在北非地区的行省。

在经历了日耳曼帝国汪达尔人的短暂统治（公元前5世纪）和查士丁尼一世的再次征服（公元6世纪）后，罗马人在非洲的领地开始受到伊斯兰教的影响。自此，地中海便被视为不同文化间的分水岭，时至今日仍是如此。然而，19—20世纪法国、英国和意大利的殖民政策再次将北非与欧洲联结起来。

欧洲的边界是否到了莱茵河和多瑙河流域？

公元前50年左右，罗马人开始向中欧和北欧地区发动进攻。几千年以来，莱茵河和多瑙河都是商贸和运输的重要路线，而在这一时期，它们成为保卫罗马帝国的水上屏障。恺撒大帝征服了英格兰的南部。公元101年，图拉真率领军队越过多瑙河，征服了达契亚（大致在如今的罗马尼亚境内），使其成为罗马的一个行省。

无论是欧洲北部被征服并被纳入罗马帝国的各个民族，还是生活在国界另一侧的"日耳曼人"，他们都渐渐采用了罗马人的生活方式。公元5世纪，罗马帝国的边界墙被日耳曼民族攻破，逐渐失去其作用。人们也习惯称这一过程为"民族大迁徙"。在这一时期，北海与北非阿特拉斯山脉之间的这片原属于罗马帝国的土地上出现了几个短暂的日耳曼王国。

由希腊语和拉丁语划分的界限

实际上，希腊文化和罗马文化的融合与基督教的统一之间几乎没有什么关系。民族大迁徙时，这种文化上的统一被打破。狄奥多西一世去世后，他的两个儿子于公元395年将罗马帝国分为东罗马帝国和西罗马帝国。各自的势力范围是按照居民常用语言来确定的，即东罗马说希腊语，西罗马说拉丁语。在此前的罗马帝国时期，希腊语便是东部居民的日常语言。由于这一划分，19世纪以前希腊与欧洲的其他地区始终保持着距离。西罗马帝国于公元476年灭亡，而东罗马帝国成为拜占庭帝国，地中海区域仍在它的势力范围之内。

基督教——这一联结东西两帝国的纽带，随着1054年的教会分裂而不复存在。拜占庭罗马人与奥斯曼土耳其人之间的一连串军事冲突以及1453年君士坦丁堡的陷落又加深了这种分裂，也将巴尔干半岛上的各国置于土耳其的影响之下。直到19世纪，奥斯曼帝国走向没落，希腊才终于重获独立。

查理大帝是欧洲之父吗？

在西罗马帝国的废墟上建立的日耳曼诸国各自为政，很快就陷入了纷争，此前它们共同继承的罗马帝国的文化遗产也在渐渐消失。那么日耳曼诸王及其人民能否通过信奉基督教来留住这一遗产呢？

8世纪，阿拉伯人征服西班牙，对法兰

查理大帝（742—814）

被称为"法兰克国王"的查理大帝曾统治着一个庞大的帝国，其范围包括今天的德国、法国、意大利、荷兰、比利时、卢森堡、瑞士和奥地利。公元800年的圣诞节，罗马教皇为查理大帝加冕，这一仪式体现了西方基督教的理念。

克帝国形成威胁。帝国中的诸王为争夺王位陷入流血冲突，国力日渐衰微，西欧的形势十分危急。6世纪，伦巴第人在意大利定居，可他们没能实现半岛的统一，到处都处于分裂和混乱之中。在大不列颠岛，盎格鲁-撒克逊人毁掉了罗马人的遗产。

这时，加洛林家族为欧洲带来了转机。墨洛温王朝的统治者查理·马特于公元732年在普瓦提埃之战中击败阿拉伯军队，阻止他们继续向中欧推进。这次战役在西欧历史上具有重要意义，它标志着穆斯林开始从欧洲撤退。同时也为加洛林家族建立加洛林王朝做好了铺垫，不久后罗马教皇也依附于加洛林王朝。

公元800年，罗马教皇为查理大帝加冕，帝国重获威望，并继承了罗马帝国的传统。查理大帝去世后，这个深受基督教影响的帝国再次解体。根据公元843年缔结的《凡尔登条约》，加洛林王朝被分给查理大帝的三个后代。经过多场战争，这三个国家后来渐渐发展为德国、法国和意大利。查理大帝将拉丁文化、日耳曼文化和基督教这三种中世纪的思想有机地融为一体，从这个角度来看，"欧洲之父"这一称呼他当之无愧。

封建主义和教会

加洛林王朝分裂之前，常常受到来自北方维京人和东方匈牙利游牧民族的袭击。在南欧地区，阿拉伯人入侵地中海沿岸国家，迫使居民逃往地势较高处避难。在这一阶段，封建制度在加洛林王朝不断发展。查理大帝的继任者们拥有王权和威信，处于权力金字塔的顶端。奥托一世（936—973）于公元962年加冕，建立德意志民族神圣罗马帝国。于格·卡佩则于987年成为法兰西国王。

每个贵族封建领主宣誓效忠于更高一级的领主，他们由此获得一块土地作为封地，并有权处置生活在这片土地上的人。这种封建制度扩大了低等级贵族与国家最高统治者间的距离，削弱了国家的凝聚力。但在这个混乱的时代，封建领主的城堡也为农民提供了庇护。

罗马教会起初被封建制度削弱，但渐渐地也开始融入封建制度中。随着克鲁尼修道院发起改革和格列高利七世当选教皇，基督教开始产生重要转变。教廷逐渐摆脱了对德意志国王的依赖，拥有掌控整个欧洲的强大势力。自此罗马教廷的权力便居于皇帝和王爵之上。针对伊比利亚半岛的"异教徒"，教廷甚至发起了十字军东征行动，不久后教廷又主张解放巴勒斯坦圣地。

拜占庭和欧洲

6世纪时，在查士丁尼的领导下，拜占庭帝国试图从日耳曼人手中夺回原本属于西罗马帝国的领土。到了7世纪，随着阿拉伯人的攻入，地中海东部地区形势变得危急。公元677年，阿拉伯军队围攻君士坦丁堡，但未能成功。由于这次失利，伊斯兰教未能继续向北传播，欧洲因而仍是基督教的天下。在此之后，拜占庭帝国将注意力转向东方。直到13世纪，君士坦丁堡都是世界上最富有、最繁华的城市之一。尽管拜占庭帝国与西欧各国的关系不断恶化，却没有彻底断绝交往。1054年东西教会分裂，随后的多次十字军东征也使二者的关系进一步恶化。拜占庭帝国数次陷入与土耳其的战争，它频频向西欧各国求救，却直到1453年君士坦丁堡被攻陷都未获得支援。九个世纪以来，拜占庭帝国一直为信仰基督教的欧洲提供保护，为其抵挡来自阿拉伯和亚洲的袭击。

斯拉夫人的融入

斯拉夫人融入基督教世界主要是从拜占

圣索菲亚大教堂在伊斯坦布尔（古称君士坦丁堡）熠熠生辉

"这是属于上帝的荣耀，是他给予我达成这一功绩的资格。所罗门，我战胜你了！"公元537年12月7日，查士丁尼在为圣索菲亚大教堂揭幕时如是说。为了建成一座精美绝伦的大教堂，查士丁尼让人从各地找来白色、绿色、粉色、红色和黄色的大理石，又从埃及运来各种花岗石。还有一些石料来自异教徒修筑的纪念碑。对查士丁尼而言，这座圆顶大教堂满足了他所有的想象。在经历了地震、地面下沉和翻修之后，该建筑依然光彩夺目。

庭时期开始的。大约在公元前500年，他们定居在喀尔巴阡山脉的另一侧，几乎没有接触过希腊-罗马文化。民族大迁徙时期，许多斯拉夫人被日耳曼人从原定居地驱逐出去，被迫迁至多瑙河与亚得里亚海之间的地区。广袤的东欧土地上生活着大量斯拉夫人，可以大致将他们分为三个族群：生活在今日俄罗斯和乌克兰一带的东部斯拉夫人、西部斯拉夫人（其中只有波兰长期保持自治），以及在15世纪受制于土耳其的南部斯拉夫人。在中欧历史上，斯拉夫人与日耳曼人之间的冲突一直不断。

9世纪时，东部斯拉夫人与南部斯拉夫人——尤其是塞尔维亚人和保加利亚人，都信仰了东正教。来自塞萨洛尼基的基里尔和美多德二人奉命从公元863年起在斯拉夫地区传教。西部斯拉夫人（波兰人、捷克人和斯洛伐克人）以及部分南部斯拉夫人则接受了法兰克的日耳曼传教士的洗礼，信奉基督教。在斯拉夫人逐渐成为基督徒的过程中，为他们传教的是来自不同文化区且属于不同教派的传教士，这也为日后斯拉夫人之间的矛盾埋下了种子。

第一个东部斯拉夫人的国家，即基辅罗

普鲁士的"哲学皇帝"腓特烈二世

哲学家伏尔泰的出现和无忧宫内的哲学圆桌会议都足以证明当时文化的繁荣兴盛。

斯公国的建立要归功于在波罗的海和黑海之间活跃的军人和商人,他们来自今日挪威所在的地区,被称为瓦良格人或罗斯人。基辅罗斯公国成立于公元前882年,首都是基辅。大约一个世纪之后,随着弗拉基米尔大公受洗,基辅罗斯成为基督教国家。13世纪时蒙古人建立金帐汗国,此后他们占领了俄罗斯和西西伯利亚,又在1240年占领了基辅。生活在俄罗斯的斯拉夫人从此与中欧和西欧地区断了联系。蒙古人信仰伊斯兰教,这些斯拉夫人也受到阿拉伯文化的影响。但东正教信仰并未被禁止,东正教徒也没因此遭受迫害。此后,沙皇彼得大帝从莫斯科和诺夫哥罗德开始,重新统一了俄罗斯。在他的统治下,到17世纪末,俄罗斯发展成为对欧洲其他地区富有影响力的大国。

向民族国家的转型

在西欧地区,一些政治、经济和文化因素动摇了中世纪的封建制度。法国的百年战争(1339—1453)[1]破坏了王室的权威,也让国家饱受蹂躏。可怕的流行病——如1348年前后的黑死病,导致整个地区的人口骤减,幸存者们不得不忍饥挨饿或被迫发动起义。德意志民族神圣罗马帝国的统治者逐渐放弃亚平宁半岛,也不敢奢望做统领欧洲的皇帝。1378—1417年,教会分裂为罗马教廷和阿维尼翁教廷,基督教的统一被打破。这导致了信徒间的不和,并为16世纪的宗教改革做了铺垫。

面对这些危机,各国人民纷纷希望能紧紧依靠自己的君王。例如英国、与英国交战已久的法国、意大利各个城邦、瓦茨拉夫二世的波希米亚王国、马加什一世的匈牙利王国等都纷纷成为独立的政治体。在伊比利亚半岛,1479年卡斯蒂利亚和阿拉贡合并,君主由此获得能与贵族和宗教势力对抗的权力。与之相对,立陶宛大公维陶塔斯和波兰大公亚盖洛选择通过联姻实现结盟。1499年,由施维茨、乌里和下瓦尔登这三个州组成的瑞士诞生了,它们都曾是日耳曼皇帝的领地。

随着民族观念的增强,欧洲的一些统治者做出在几个世纪前还难以想象的事来。英格兰的亨利八世为了休妻另娶新欢,与教皇反目,并在1531年使国家脱离罗马天主教的管辖,宣布自己为教会领袖。

各国语言也取代了此前通用的拉丁语。

---

[1]《辞海》,百年战争,1337—1453年英法两国间的战争。

德国在巴洛克和洛可可时期的辉煌

在经历了三十年战争的破坏之后,原隶属于德意志帝国的地区在 17 世纪晚期恢复了繁荣,这在宏伟的私人住宅、教堂和城堡等建筑上体现得尤为明显。这是洛可可时代的巅峰,意大利的巴洛克风格和法国的贝克风格在此融为一体。修道院、教堂和礼拜厅里到处都是镀金的灰塑、淡紫色和粉色的壁画以及栩栩如生的雕塑。抽象的绘画和繁复的建筑设计巧妙地模糊了幻象与现实的界限。

1539年弗朗索瓦一世规定法语为本国的官方语言。

进入近代后，统治者的独立意识增强，国家渐渐向着民族国家的方向发展。这一意识贯穿整个欧洲历史，直到酿成20世纪发生的两次世界大战。

欧洲的各个王朝到了近代仍采用联姻政策。因此在世界政治中，欧洲如同一个贵族大家庭，尽管内部纷争不断，但对外仍能团结一致。在学者和艺术家的作品中，欧洲被塑造为"知识和教育的共和国"。15—18世纪，欧洲在文化方面奉行世界主义。人文主义将人置于世界的中心，这也预示着一个新时代的到来。在这一阶段，许多名家脱颖而出，如伊拉斯谟、托马斯·莫尔、约翰·加尔文、依纳爵·罗耀拉、笛卡儿、约翰·洛克、孟德斯鸠和伏尔泰。

文艺复兴运动发源于意大利，随后扩展至欧洲各国，特别是在法国、弗拉芒大区和英国。紧随其后的是17世纪法国的古典主义，它起源于凡尔赛，后来影响了整个欧洲。在同一时期，天主教反改革运动中产生了巴洛克艺术，它兴起于罗马，传播至阿尔卑斯山的另一侧，在法国和德国的艺术作品中都有所体现。

民族自治的欧洲

"欧洲的世界主义"这一说法是否与欧洲精神的传播相矛盾呢？事实也确实令人震惊，现代一些标榜世界主义的大型革命运动最终都过分强调民族观念，甚至发展为过分强调民族主义思想。18世纪时哲学的发展没有受到国界的限制，但它却只局限在"开明"的贵族和资产阶级，只涉及欧洲社会中的小部分人。

1789年后，法国人只能依靠民族感情才得以继续与奉行君主主义的欧洲联合势力对抗，来捍卫本国的革命成果。外部的威胁和革命热情让民族感情急剧升温。18世纪末以来，战争主要发生于不同民族之间。主权意识逐渐形成，人们认为国家是具有确切边界的连续的地理区域。

19世纪时，"在固定的边界内建立国家"的意愿促进了民族思想的觉醒，即"人民有权自行决定"。凭借这一思想，被征服的人民开始反抗拿破仑，德国和意大利相继发生民族运动。奥斯曼帝国和作为二元君主国的奥匈帝国纷纷解体，20世纪时几个较大的欧洲殖民帝国也消失了。希特勒和纳粹分子倒行逆施，违背民族思想的本意，为了所谓的"德意志民族的种族纯洁性"犯下奴役、驱逐、禁锢平民和系统性大屠杀的滔天罪行。

欧洲能否获得新面貌？

第二次世界大战始于纳粹的狂热，当战争结束时，欧洲已满目疮痍，受制于美国和苏联这两个超级大国。

在经历了独裁和战争之后，西欧地区凸显出三条重要原则：基于普遍选举和自由选举的民主、市场经济的再次引入以及欧洲人民间的和解（主要是法国人与德国人的和解）。在这三条原则的基础上，比利时、卢森堡与荷兰三国于1946年结为关税和经济同盟。曾多次面临危机却延续至今的欧洲经济

从 1968 年的"布拉格之春"到 1989 年的"天鹅绒革命"

1968 年 8 月,抗议者们正在布拉格的大街上阻止苏联坦克继续前进。以亚历山大·杜布切克为首的改革支持者试图建立"富有韧性的社会主义",该尝试最终以苏联及其他华约成员国武装入侵捷克斯洛伐克告终。20 多年之后,柏林墙倒塌,所谓的"天鹅绒革命"也取得成功。1989 年 11 月 20 日,共产党政府辞职,一直在反抗极权主义政权的瓦茨拉夫·哈维尔开始带领国家进入民主的新阶段。

共同体(今欧盟)以 1957 年的《罗马条约》为基础,它也同样基于上述三条重要原则。

而在东欧,苏联掌握了领导权,并将其社会和经济政策的模式推行到其势力范围内的各个国家。在东柏林(1953)、匈牙利(1956)、捷克斯洛伐克(1968)和波兰(1956、1970、1981),争取民主和自由的起义不断遭到军事镇压。

苏联从 20 世纪 80 年代中期开始改革,这最终导致了各个卫星国的独立。1991 年,苏联解体。这是否动摇了欧洲的平衡体系?今日的西欧,是否在殚精竭虑地维护着和平和财富?苏联解体后,侵略性的民族主义势力卷土重来。整个欧洲的民族主义倒退是出于实实在在的恐惧,还是出于无缘由的、故意煽动制造出的恐惧呢? 21 世纪的人们该如何抵抗它?若干年后,欧洲人将如何评价英国脱欧这一事件呢?英国脱欧会带来新的曙光,还是会导致欧盟进一步解体?

在本书中我们将探讨有关欧洲特性和历史的各个问题。在阅读和思考的过程中你能够找到答案,但并非全部答案,因为历史本身就是对过往的反思。在你通过阅读本书回顾历史、展望未来的同时,新的问题也将出现。

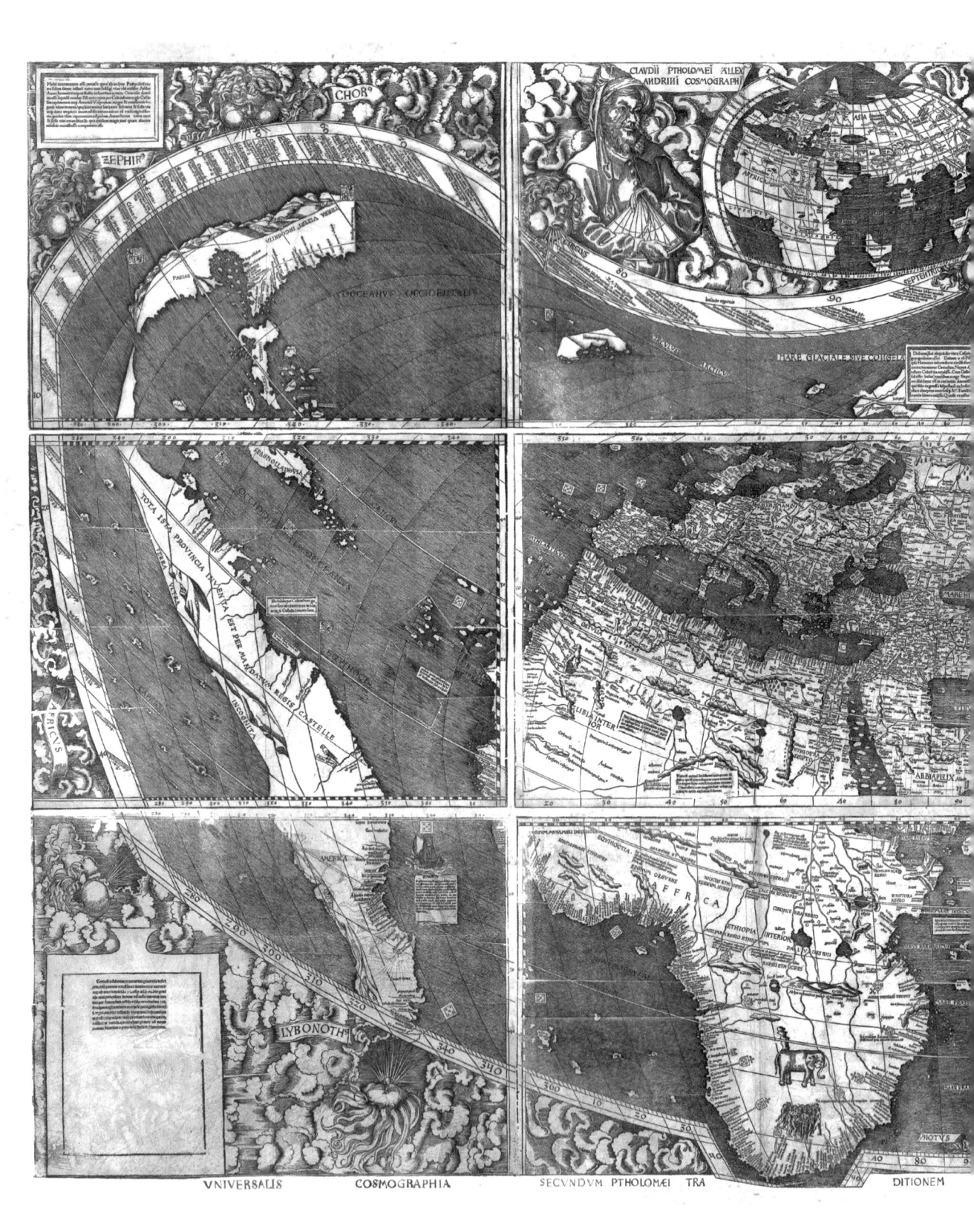

美国的两位欧洲"教父"

欧洲不断影响着其他大陆。马丁·瓦尔德泽米勒(1470—1520)制作的地图和地球仪就证明了这一点。这两样物品都是重要的历史文物。在这张地图上,美洲首次被绘制为独立大洲,这可以追溯到意大利航海家阿美利哥·维斯普西(1454—1512)。瓦尔德泽米勒把维斯普西看作美洲的命名者,因为在很长一段时间内,人们

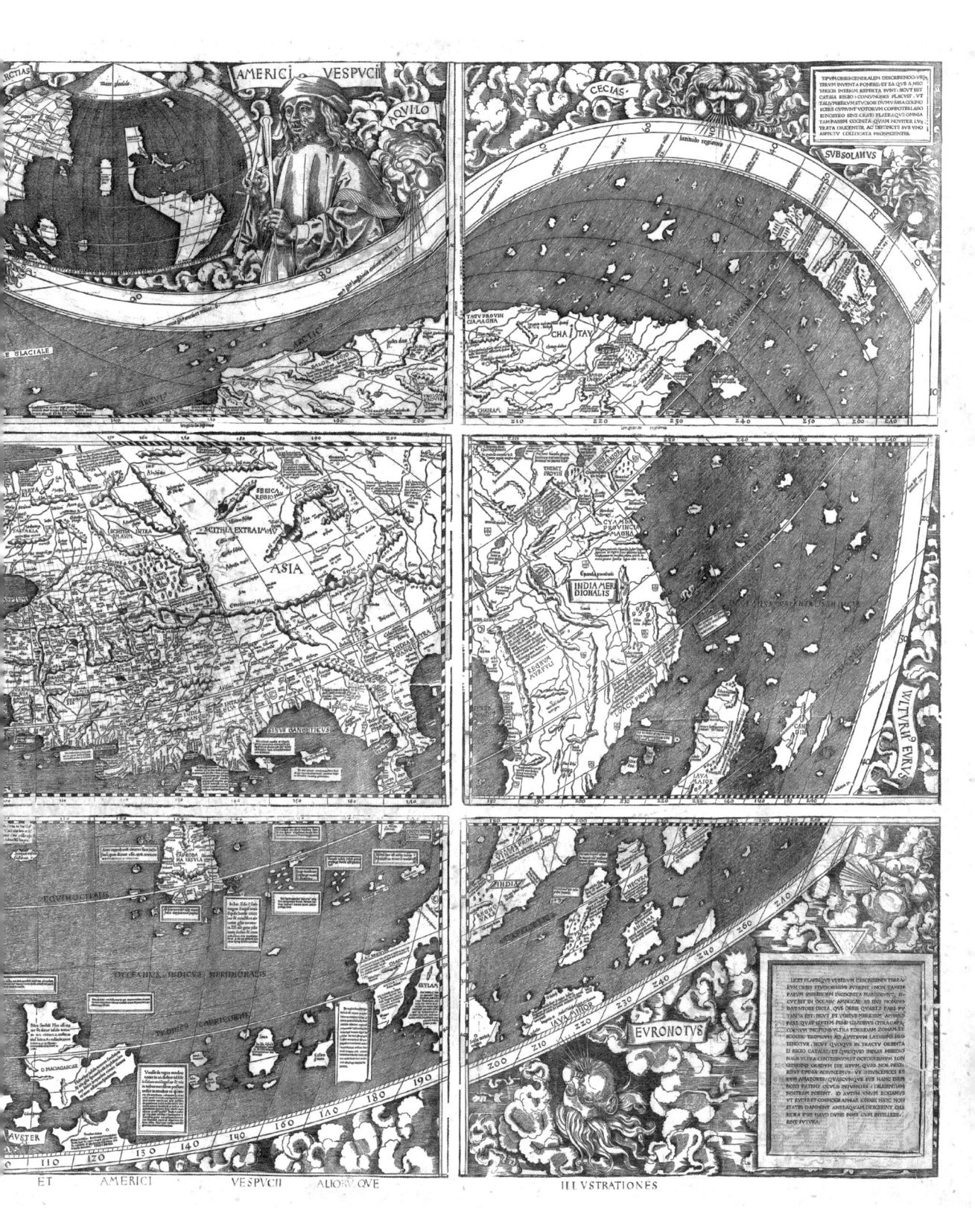

认为是维斯普西发现了这片新大陆。这张瓦尔德泽米勒在1507年制作的地图是世界上最贵的地图——2001年美国国会图书馆以1000万美元的价格买下了它。现在它被展示在位于华盛顿的美国国会图书馆的一个常设展览室内。

从冻原到神庙

公元前 150 万年　公元前 1 万年　公元前 1000 年　公元前 500 年　公元前 250 年　公元元年

公元前 150 万年 欧洲首次出现人类
公元前 15 万年 尼安德特人出现
公元前 3.5 万年 克罗马农人出现
公元前 1.2 万年 覆盖北欧的冰川融化
公元前 4000 年 出现定居的耕种者，建立巨石阵
公元前 2000 年 克里特岛的米诺斯文化，青铜器时代
公元前 1250 年 迈锡尼文明的全盛期
公元前 1100 年前后 特洛伊城的毁灭，铁器时代
公元前 800 年起 伊特鲁里亚人居住在亚平宁半岛、凯尔特人居住在中欧地区
公元前 750 年—前 600 年 希腊殖民
公元前 700 年 吕底亚人开始使用货币
公元前 594 年 雅典的梭伦改革
公元前 560 年—前 527 年 雅典僭主庇西特拉图
希波战争：马拉松战役和萨拉米海战　公元前 490 年—前 479 年
伯里克利执政期　公元前 443 年—前 429 年
伯罗奔尼撒战争　公元前 431 年—前 404 年
马其顿国王腓力二世征服整个希腊　公元前 338 年
亚历山大大帝执政　公元前 336 年—前 323 年
希腊成为罗马的行省　公元前 148—前 146 年

雅典的一座神庙

这座神庙中供奉着火神和工匠之神赫菲斯托斯,建成于公元前450年前后。

本章涉及欧洲历史中一个较长的时期,即从最早的穴居原始人到较为发达的古希腊城邦。这段历史以恶劣环境中的原始生活开始,以繁荣的文化结束,也就是从冻原到神庙的这一过程。

数十万年以来,欧洲人的先祖就不断与野生动物以及贫瘠又寒冷的自然环境进行斗争。他们以渔猎和采摘为生,居无定所,而这个大洲也有相当大的一部分陆地长期被冰川覆盖。

公元前1.2万年前后,北欧的冰川终于融化,原始人全新的生活方式也形成了。在之后的几个世纪里,耕种者逐渐取代了冰川时代的捕猎者和采摘者。来自不同地貌区的人们能够交流往来,久而久之在他们之间出现了一些共通的文化,例如凯尔特文化,其所涉范围从黑海一直延伸到大西洋。

地中海周边地区的天然环境为贸易的蓬勃发展提供了有利条件,也促进了东方文化的传播。在欧洲范围内,城市型社会最早出现于希腊。神庙、剧院和学校陆续涌现,人民选出的议会有权制定法律。后世的欧洲民主国家皆视雅典城邦为典范。

希腊的繁荣引起波斯统治者的觊觎,公元前5世纪初,波斯首次进犯希腊,被希腊人击退。随后,希腊进入黄金时期。

冻原

冰河时期的欧洲看上去就像图片中模拟的这样。大地荒凉广袤,不适宜人类生存。

1. 欧洲最初的人类

石制工具

已知最早的石制工具是手斧。原始人对扁平的石头进行加工,将其作为手臂的延伸。公元前4万年前后,它们被更精致的工具代替。

尼安德特人

很久以前,欧洲就已出现人类的足迹,而我们对那远古时期还知之甚少。近期在法国和意大利的考古发掘中,出土了大约180万年前的石器。由此可以推断出,早在这样的史前时代,欧洲就已经有人类居住。或许最早的"欧洲人"来自非洲。在那里,考古学家们发现了300万—350万年前的人类生活痕迹。

一直到公元前1.2万年,北欧和中欧大部分地区仍被冰川覆盖。间冰期很短暂,只出现了3次,每次持续约1万年,在此期间气候变暖,冰川融化。然而气候条件仍然不利于人类生存,土地贫瘠而荒凉,如同西伯利亚的冻原。只有穴居熊、披毛犀、驯鹿和野马在此处活动。冰川退至北方时,动物们来到无冰的区域,人类随后而至。

考古学家曾发掘出生活在第三个间冰期(10万—15万年前)的人类骸骨。这说明最后一次冰河时代之前已有人类存在,他们的外貌与猴子相近,额头平坦,眉骨突出,颌骨明显,骨骼结实强壮,能够适应当时的自然环境。最重要的遗骸发现地位于杜塞尔多夫附近的尼安德特河谷,因此这些原始人被命名为尼安德特人。毫无疑问他们是人类而非动物,因为他们能够直立行走,也能够用手制作和使用工具,可以彼此交流也懂得如何使用火——这意味着他们已具备观察和抽象思考的能力。

考古学家发现了一些尼安德特人的住处,这说明他们以小群体的形式生活在一起,互相扶持。他们通过采集和捕猎获取食物,在

阿尔塔米拉洞窟壁画

石器时代的人类在所居洞穴的侧壁和顶壁画了一些动物形象，他们有意给动物形象巧妙变形，使其看起来头小、肚子大、四肢短。这些壁画大概绘制于1.5万年前，也就是所谓的马格德林文化时期。

杀死大型野兽时使用了原始的手斧。为躲避严寒和潮湿，他们会住进深深的洞穴。最早的关于自然之力和鬼魂的传说或许就形成于这个时期。他们将死者小心翼翼地安葬在简陋的坟墓中，并把尸体摆放成安睡的姿势，还在周围放置一些燧石作为随葬品。从这种丧葬习俗中也能够看出，冰河时期的人类已经能够理解死亡，他们的思考内容已远不止寻找住处和食物。

克罗马农人

显然，尼安德特人在距今4万年前的最后一个冰河期灭绝了。他们或许是被自然因素打败了，亦或许是被冰河时期末期出现的新人类驱逐。还有一种可能就是尼安德特人的外貌和生活习惯发生了改变，这些变化渐渐构成演变。其他人种的出现或许促进了这种演变的发生。

无论如何，考古学家和人种志学者能够确认的是，那时出现了一种新的人类，其头部形状、脑容量和整体骨骼结构都与我们今天所知的现代人类相似——欧洲出现了智人。

大部分欧洲史前人类遗址都是在西班牙北部、法国和德国等地发现的。那里距离被冰川覆盖的北欧相对较远。当时的人类能在那儿找到许多洞窟，而且河里鱼虾充足，山林里也有许多野兽可供猎食。迄今为止最重要的发掘工作是在西班牙北部的阿尔塔米拉洞窟和法国南部的克罗马农山洞进行的，发掘成果包括人类骸骨和自制工具。因此，这一冰河时代的人类通常被称为克罗马农人。此后人们又陆续地发现了一些无人居住的洞

维伦多尔夫的维纳斯

这座雕像高约 25 厘米，制作于距今大约 2.5 万年前。雕像呈现的可能是一位庇佑生育和狩猎的女神。在大西洋和乌拉尔山脉之间已发掘出许多类似的雕塑。

布拉桑普伊的维纳斯

由猛犸象的象牙雕刻而成，高约 3 厘米。这件在法国发现的雕塑头像或许属于一位掌管生育的女神。

这个微型洞狮雕塑也是用猛犸象的象牙雕刻而成的，它在德国南部的沃格尔赫德洞穴中被发现。

这两件让人叹为观止的象牙制品都有 2 万—4.5 万年的历史。它们展现出了旧石器时代人类的非凡手工艺技巧。

穴，岩壁上布满极具艺术价值的绘画。这些绘画不仅仅是装饰，它们还具备宗教或巫术意义。

到了冰河时代末期，狩猎活动逐渐变得更具目的性和计划性。或许猎人们会在狩猎准备期间聚集在这些造型巧妙的动物画像前，共同完成某种巫术或宗教仪式。此外，部落成员也会在收获满满的狩猎活动结束后再次聚在同一地点进行庆祝。

在距今约 3 万年前，冰河时期的岩洞绘画艺术已发展到了顶峰。不仅如此，在这一时期，人类在工具制造方面也取得了革命性突破：原有的石器工具得到改进，新的工具也被发明出来。显然人类的生活环境变得更加安全，部落内部以及部落之间的联系也变得更加紧密。狩猎者不再居无定所，不再过一天算一天地生活。渐渐地，稳定的、有固定居住地的社群出现了。冰河时期的这一变化标志着欧洲新一阶段的开始。

2. 欧洲最早的耕种者

新石器革命

相较冰河时代猎人的技术革新，欧洲大陆在冰河时代末期发生了更重要的变化。随着冰川的消融，北欧不再被冰雪覆盖。自公元前1万年起，东方逐渐出现了最初的农业定居族群。在随后的几千年里，这种生活方式渐渐传播到西方。这场农业革命又被称为新石器革命，它在公元前4世纪时传至斯堪的纳维亚半岛和大不列颠诸岛。

随着农业社会的到来，石器时代狩猎者和采集者那种自由但不安全的生活方式逐渐被一种安全但不那么自由的新生活方式所取代。直到19世纪工业革命爆发和1945年后高科技原子时代的到来，欧洲才再次经历了可与农业革命相比的彻底的社会变革。

历史学家曾认为，农业革命为人类带来了莫大的好处，因此它的发生可谓自然而然。而近代兴起的生态学讨论令研究者不断意识到，比起惯于过度利用大自然的耕种者，狩猎者或采集者的族群与大自然有着更为紧密的联系。另外，耕种土地或饲养动物也意味着人类要付出更多的辛劳。因此，研究人员不禁要问，狩猎者和采集者究竟因为什么而转变成了耕种者？

其中一个原因无疑是人口的增加。石器时代末期，狩猎所需的武器和工具被不断改良，捕获的动物数量起初能够养活一群人，而渐渐地在这群人的居住范围内可供捕猎的动物存量已不能满足人口增长的需要。所以人类必须通过其他办法来获得足够多的食物，于是本来居无定所的人类变成了定居的耕种者。

此前还有另一种看法，即认为农业传入欧洲应归功于来自东方的移民，他们逐渐取代了狩猎者和采集者，或是与这些部落相融合。而现在，这种观点再次受到了质疑。当今的学者更倾向于认为，东方的农耕文化以其他方式对欧洲产生了影响，抑或是欧洲人经过独立的发展过程而形成了这种新的生活方式。当然，这也有可能是上述多种因素共同作用的结果。

从打制石器到磨制石器

公元前5世纪至前4世纪的气候变化也是农业革命发生的前提和原因之一。早在2000年前，随着北欧冰雪消融，气候变化就已经开始了。从那时起，人类开始在土地上耕种作物。种子很有可能是来自南欧。在此基础上，人类还需要的便是更有利于耕种的工具。

随着农业文明的出现，石器加工技术有了明显的改进，特别是磨制石斧的技术。此时的耕种者能够开垦大片森林作为田地。从打制石器到磨制石器的变化意义重大，其标志着从旧石器时代到新石器时代的转变。通过是否发掘出磨制石器可以准确地判断出某处遗址是否属于新石器农耕文化时期。

更加温和的气候以及通过改良工具实现的土地开发活动促使欧洲的原始人离开洞穴，来到开阔地带定居。耕种者们挑选合适的位置建造长方形的房屋，欧洲开始出现最初的村落。居无定所的部落生活被稳定的、定居的社会生活所取代。从发掘出的骸骨能够知道，此前从事狩猎和采摘的人类的平均寿命在20到30岁，而到了农业社会，人类的寿命得到大幅度延长。

人类不再完全受制于自然，而是开始掌控自然并根据自己的需要改造自然。树木被砍伐和焚烧，草木灰被用作肥料。人们使用一种新型工具来耕地——它的外形像是一根木棍，由驯鹿或水牛等牲畜拉着前进。农民收割谷物、脱粒，再存储起来。为此他们改进陶器制造技术，薄壁的大型陶器被研制出来。人们还发明了轮子和木车。除了种植粮食，农民的主要劳动还包括饲养牲畜。旧石器时代的人类猎杀野生动物，而新石器时代的农民捕获动物并驯养它们。家畜可作为长期的食物储备。

有了可贮存的食物，农业社会的人们就能摆脱对变化无常的大自然的某些依赖，同时也节省了劳动力，使劳动的专业化和分工成为可能。耕种者可以将剩余的农产品与手工艺者进行交换。石匠、陶匠和织工等新的职业也产生了。

劳动的专业化和分工，生产能力的提高，以及食物的盈余等因素导致了贫富差距的产生。拥有土地、牲畜、制陶作坊和织布设备的人，比起其他只能用双手出力的人有更强的经济实力和更大的社会影响力。渐渐地，一个按照所有物多寡来划分阶级的社会就形成了，一些家族比其他家族拥有更多的财富。阶级分化的现象在狩猎社会中并不存在，那时部落成员共同从事相同的劳动，人与人也彼此平等。

石器时代的大型墓葬建筑

生产条件的变化使人们拥有了更多空闲时间，这促进了另一领域的发展——人们开始对生与死，人的命运与神的影响做更进一步的思考。随着时间的推移，这一阶段甚至出现了神职人员。

不同于旧石器时代的简易坟墓，新石器时代出现了巨大的墓葬建筑，有的甚至留存至今。人种志方面的专家对这些墓葬内部进行了考察，以便了解当时人类的宗教习俗。在西欧大部分地区，人们习惯于将巨石拖拽到某处并将其竖立起来，最常见的形式包括石柱、石棚和排列成环型的石阵。墓葬所在地往往也被视为部落里的宗教或祭祀场所。整个部落的人都得参与修建坟墓的过程，这也体现了部落社会的文化凝聚力。此外，这些墓葬或许也起到标记部落领地的作用。

石棚通常由垂直竖立的4块或更多的巨石组成。上面盖有一块或多块石板，有的重量可达20吨。环形石阵由一圈竖立的巨石组成，它们守卫着中间的神圣区域。而有土堆

英国巨石阵

据推测这一著名的巨石阵建于公元前1848年，是目前已知最大的巨石阵。它或许曾被当作宗教活动场所或观测站。100块巨石构成两个马蹄铁的形状，其中竖立着的巨石有42块。整个巨石阵朝向6月21日当天太阳升起的位置，而那天正好是夏至日。

覆盖的环形石阵被称为"墓室"。仅在丹麦就有3000多座巨石墓葬，法国有5000座石棚，不列颠诸岛也有2000座。墓室往往是几代人的家族墓地，墓室里的通道可长达10米，人们可以通过一个覆有遮盖物的入口进到墓室内。

石器时期最令人惊奇的"工程"就是法国、英国、爱尔兰和马耳他等国都有的巨石阵。尽管不同国家的巨石阵有所差异，但巨石文化却有许多相似之处。研究人员据此推测，西欧沿海国家间或许曾有一种共同的欧洲文明。

此前有人认为这种石头建筑文化是受到古老的埃及金字塔的启发，随着西欧沿海人口的迁徙而传播。而最新的科学研究表明，巨石文化之所以传播开，并非由于人口迁徙，而是因为西欧各地居民之间频繁的往来接触。这些接触并未对欧洲内陆地区产生影响。在这之后，思想、手工艺技术和宗教信仰也从一个地区传到另一个地区，而不仅仅局限在某个定居的民族内部。这些从石器时期开始的交流往来促进了一种共同的欧洲文明的产生。

3. 金属时代与地中海地区的贸易

欧洲的青铜时代

公元前20世纪至公元前10世纪，金属冶炼技术在欧洲传播开来。公元前3世纪前后，东方人掌握了青铜器的锻造技术。制造青铜器所需的金属，欧洲大部分地区都依赖进口。制造青铜器需要锌或铜，或是两种金属都需要，这促进了贸易的繁荣。在这一时期，地中海地区成为新的经济中心。各条贸易路线交会于克里特岛。从克诺索斯宫殿遗址能够看出，在这个时期，社会已具备严格的秩序和管理机制，国王拥有最高权力。这里诞生了欧洲第一个国家。克里特岛可以说是联结东方的桥头堡。来自这座岛屿的商人在欧洲与两河流域、欧洲与埃及之间建立起最早的文化沟通的桥梁。

克里特人越过塞浦路斯购买黄铜，又从伊比利亚半岛或是遥远的英格兰（康沃尔郡）买来锌。他们从埃及购买粮食、黄金、象牙和莎草纸，也源源不断地将悠久成熟的文化传播给新兴的文明。克里特岛的艺术、

地中海地区的贸易（公元前2000年—前1450年）

锡拉岛壁画（圣托里尼）

锡拉岛是基克拉泽斯群岛中位于最南端的岛屿。岛上发现的壁画能够证明早在公元前2000年以前，那里就已经存在一种与克里特文明相似的文明。

动物崇拜和宗教等领域的发展都受到埃及的影响。克里特人也使用了一种类似于埃及象形文字的文字，即"线形文字A"，此后它渐渐演变为音节文字。到目前为止，这种文字尚未被破解，因为以此为基础的米诺斯语言与希腊语之间没有任何相似之处。倘若我们能够破解克里特人的这种语言，读懂许多泥板上的记录，就能对岛上当时的生活状况有更进一步的了解，而这还需要更多的考古发现去解答。

克里特岛是一座富饶的岛屿，岛上盛产酒、橄榄和纺织品。岛上生活着许多手工艺人和艺术家——出土的大量陶罐、壶、雕像和装饰品都足以证明这一点。

公元前2000年至公元前1450年克里特岛上的经济和文化蓬勃发展，人们称之为米诺斯文明。"米诺斯"这个名字源于古希腊神话中的克里特国王米诺斯。尽管这些传说是虚构的，但挖掘工作也证明了其中的一些情节并非空穴来风。例如，众所周知的欧罗巴和公牛的传说，以及弥诺陶洛斯的传说（被困在迷宫中的弥诺陶洛斯企图杀死勇敢的英雄忒修斯，忒修斯最终被公主阿里阿德涅所救）。

最初的文字

大约在公元前1450年，克诺索斯宫殿被毁。专家们对其损毁的原因持不同意见。当今学者认为是自然灾害造成的，克里特岛北部的锡拉火山爆发导致宫殿坍塌。经火山学家证实，火山喷发引起了海啸，克里特岛确实曾被火山灰覆盖。

迈锡尼的狮子门（公元前1600年—前1200年）

1874年，海因里希·谢里曼带领的考古团队发现了迈锡尼的卫城。荷马、希罗多德和欧里庇得斯都认为狮子门和宏伟的城墙是由独眼巨人建造的。考古队在皇家陵墓中发掘出了宝藏，包括近2万件由黄金和青铜制成的物品。

实际上，在米诺斯文明时期，古希腊文明也在伯罗奔尼撒半岛上蓬勃发展。有城墙环绕的城邦不断涌现，比如西海岸的皮洛斯、提林斯及迈锡尼。城墙由巨大的岩石建成，古希腊诗人荷马称之为"巨石工程",他相信只有独眼巨人库克罗普斯才能搬动这些巨石,每块巨石的平均重量高达15吨。德国籍考古学家海因里希·谢里曼在约150年前进行的挖掘工作中所得到的成果与荷马的描述相呼应。

在这些城邦中生活着尚武的居民和强大的统治者。农民服务于上层阶级,他们在城墙外为统治者耕种土地。荷马在史诗《伊利亚特》中描述了特洛伊战争,也提到了这些统治者。

米诺斯艺术对迈锡尼文化产生了很大的影响。带有弧形线条的优美图画描绘了自由自在的海上生活,但艺术在尚武的迈锡尼社会中逐渐僵化,变得单调和形式主义。

古希腊人也采用了米诺斯文明的线形文字A,并在此基础上创造了线形文字B,这是一种非常古老的希腊文字,1953年英国学者迈克尔·文特里斯将它破译了出来。无论是对使用这种文字的社会而言,还是在历史学家的眼中,这都标志着一个重要的转折——文字的发明意味着从无字的"史前史"到有文字记载的"历史"的跃进。

古希腊人从伯罗奔尼撒出发,往返于海上各处,与克里特、塞浦路斯和埃及进行贸易。特洛伊战争是他们试图进入黑海的过程中的一段插曲。他们也与多瑙河、奥得河、易北河等河流沿岸以及斯堪的纳维亚半岛上的居民做生意。在迈锡尼和皮洛斯地区已发现近1500块来自波罗的海地区的琥珀,这证明当时的贸易范围已辐射到了相当远的地方。

公元前1600年至公元前1100年是迈锡尼青铜器文化的全盛时期,连中欧地区的部落也都受到它的影响。贵族阶级统治着中欧地区,他们墓葬中的随葬品彰显了其生前的财富——其中有很多饰品都是从地中海地区进口的。

铁器时代和古希腊文化的崩溃（前1100—前750）

公元前12世纪,迈锡尼繁荣的青铜文化遭到了严重打击。考古学家确信,迈锡尼、提林斯和伯罗奔尼撒半岛上的几个城市均被摧毁。发掘出的属于这个阶段的文物在数量上明显少一些,艺术价值也较低。很可能人口数量也减少了——因为只发现了少量相关墓葬,而且它们不如早期墓葬那般华丽,随葬品也少很多。在贫困年代,尸体往往被火葬。黄金或青铜首饰、陶器和生活器皿的生产几乎完全停滞,贸易往来也中断了。远距

武士双耳爵
这件陶器上展现了公元前13世纪的迈锡尼艺术。它是用非常细的黏土在陶轮上制成的。从上面的图案能够看出,这一时期发生过战争。

离贸易被区域性贸易和自给自足的生活模式所取代。经济和文化的衰落也使得书写艺术显得多余，线形文字消失了，人们渐渐地忘记了如何阅读和书写。属于这个阶段的陶器上仅有简单朴素的几何图形或抽象图案作为装饰。一段时间后，非写实的人像绘画在器皿上再次出现，但已不再是米诺斯或迈锡尼文化时期那种富丽的风格。

公元前1100年至公元前750年的这段时间往往被称为"希腊的中世纪"，与欧洲的中世纪类似。这个时期的艺术风格被称为"几何艺术"。随着冶铁技术从亚洲传播过来，欧洲从辉煌的青铜时代步入粗陋的铁器时代。当时许多人开始从希腊本土向爱琴海群岛和小亚细亚西海岸的爱奥尼亚移民。后来爱奥尼亚因繁荣的经济、建筑和学术成就成为希腊文化重要的组成部分。

历史学家往往将迈锡尼文明的消亡和向小亚细亚半岛的移民归因于所谓的"多利安人入侵"。好战的多利安人是最后一支入侵半岛的希腊部族，他们懂得在战斗中使用马匹和铁制武器。公元前12世纪末，多利安人摧毁了迈锡尼城，破坏了贸易路线，赶走了富有创造力且热爱艺术的爱奥尼亚人，而他们自己却在很长一段时间内无法创造出新的文化。在同一时期，特洛伊被亚加亚人（古希腊部族之一）摧毁。

然而最新的考古研究却指向了一个完全不同的因素。干旱导致作物歉收，引发了饥荒。或许这些伯罗奔尼撒半岛上的希腊城邦之所以衰落，并不是因为多利安人的入侵，而是天灾。

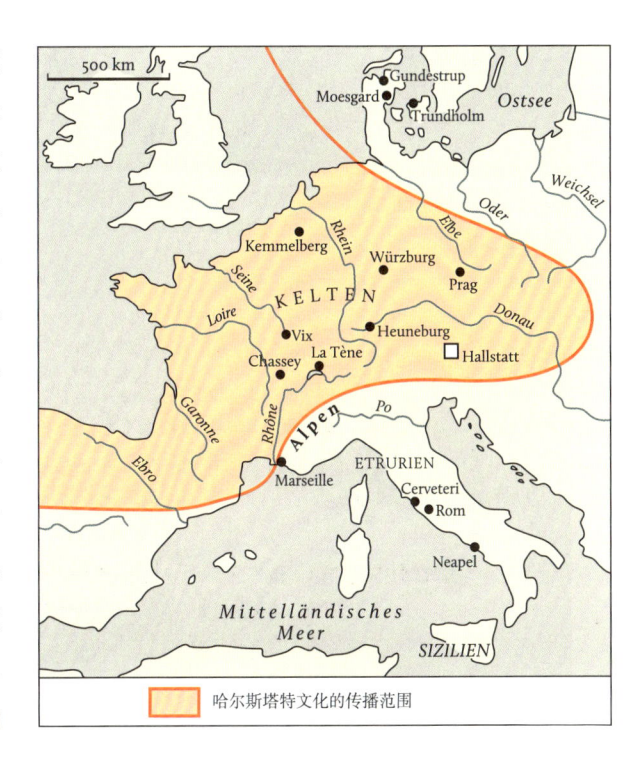

哈尔斯塔特文化（公元前800年—前400年）

始于公元前10世纪的欧洲文明

无论是否归因于多利安人的入侵，历史学家们都认为，迈锡尼文明的衰落导致了长达数个世纪的文化倒退期，直到希腊古典文化出现。后来经过罗马帝国时期的发展成熟，希腊古典文化成为欧洲文明的基础。

古希腊人的生活条件与先人相比得到改善，这为希腊文明成为欧洲文明的先驱奠定了基础。欧洲其他地区也经历了与之相似的发展过程，只是延迟了两个世纪。整个中欧、伊比利亚半岛、不列颠诸岛以及北欧地区都在青铜或铁制武器、陶器、首饰、丧葬习俗、房屋样式等方面与希腊呈现出诸多相似性。这些共同点意味着不同的民族间曾存在频繁

殉葬战车

这辆载有许多小人偶的铁制殉葬车于1824年出土于哈尔斯塔特。该地是一个重要的矿区，也是中欧和地中海地区的贸易中心。

的交流。这并不是民族或政治上的共同点，而仅仅是一种共同的生活方式。

欧洲的多瑙河到大西洋沿岸分布着一些部落，这些部落内部没有什么严密的组织形式，仅由军事首领统帅。部落与部落之间接触频繁，他们交易商品、交流思想，但彼此间也会爆发冲突和战争——出土的种类繁多的兵器能够证明这一点。早在19世纪，考古学家就将注意力集中到公元前10世纪的这个欧洲统一体，这个时期和对应的区域被称为"哈尔斯塔特文化"。在上奥地利州不计其数的墓葬中，已发掘出2万多件相关物品。

从丰富多样的随葬品和墓穴装饰能够看出，当时的社会已发展出清晰的组织结构。人民由武装集团统治，在统治者的墓葬内，逝者四周往往放置有象征权力的物品，包括制作精良的武器、锻造的青铜礼器、磨制的首饰和烧造的带有纹样的花瓶。这些物品也证明他们与古希腊存在文化交流。

公元前10世纪后，火葬的习俗从希腊传播开来。欧洲各地已发掘出不计其数的骨灰坛。与此同时，铁器的使用也逐渐得到普及，先是从希腊到小亚细亚半岛，随后传遍整个欧洲。有证据表明，从大约公元前5世纪起，欧洲人已经能够批量生产统一规格的铁制武器和工具。在金属冶炼技术的影响下，中欧地区不同民族的生活方式逐渐趋于一致。

4. 古希腊殖民

> **荷马的《奥德赛》中**
> **奥赛德向缪斯的祈祷**
>
> 缪斯，给我讲讲那位聪颖睿智的凡人的经历吧。他在攻破神圣的特洛伊城之后，又游历四方。他到过许多民族的城邦，了解到他们的思想。他挣扎在浩瀚的大洋，受尽了痛苦和磨难，争取保全自己和同伴的性命，期盼着重返家园。虽然耗尽所有力气，却无法救出那些同伴。他们死于愚蠢和狂妄，这些家伙竟然吞下太阳神的牛，因此被夺走还乡的时光。
>
> 来吧，女神，宙斯的女儿，请你随便从哪里开讲。
>
> 那时其他的勇士都穿越海洋，离开战场，回到了家乡。只有奥赛德一人，怀着对妻子的想念和对归乡的渴望，被卡鲁普索囚禁在深旷的岩洞。那高贵的神女一心要他做自己的夫君。

公元前 750 年左右地中海地区的活动

公元前 8 世纪时，古希腊的中世纪结束，一个蓬勃发展的新阶段由此开始并持续了 400 年。古希腊成为经济强国和地中海地区的文化中心，它的政治制度和文化传统影响了后来的整个欧洲。

在经历了物资匮乏的几个世纪之后，人口数量在这个阶段迅速增加。考古学家们发现了大量公元前 8 世纪的坟墓，数量比那之前的 400 年多很多。同时，在阿卡提半岛和古希腊其他地区都出现了许多新的城市。希腊产的陶器也遍布整个地中海地区。人口数量增长如此之快，以至于古希腊母邦已无法养活这么多人。

有资料表明，在接下来的几个世纪里曾出现移民潮。古希腊人在整个地中海地区建立了殖民地，最早的一些位于西西里岛东部、意大利南部和非洲北部。希腊人不得不在这些地区与腓尼基人展开竞争。腓尼基人擅长航海和经商，他们从今日黎巴嫩的所在地出发，建立了遍布整个地中海的贸易网络。北非沿海城市迦太基是他们最重要的居住地。由于腓尼基人的存在，尽管古希腊人在法国南部的马赛利亚建立了殖民地，并从那北上到达罗讷河流域，他们却始终无法在地中海西部拥有较大的影响力。

希腊殖民的第二个目的地是黑海。随着希腊的不断扩张，拜占庭发展成为重要的贸易枢纽。古希腊人也在马其顿和色雷斯建立了殖民地。

起初，这些地方只是农业殖民地，负责为母邦提供粮食。渐渐地，许多地区转变为纯粹的贸易殖民地。工匠们移居到殖民地，在居住地或是附近的城市出售商品。殖民地

古希腊人和腓尼基人在地中海地区的殖民活动

的城市都是按照古希腊母邦的模式建立的，居民们吸纳了古希腊原有的对诸神的崇拜，在政治方面却是完全独立自主的。古希腊的殖民活动并不含有现代殖民主义中的剥削特性，殖民地与母邦之间的交流往往和睦友好。母邦为殖民城市提供军事支援，也为其建造宏伟的神庙或其他公共设施，以此来彰显母邦的富有。

殖民的原因

古希腊人离开希腊城邦向外殖民的最主要原因是人口增长。当时耕地匮乏，大部分良田又掌握在贵族手中，因此许多所谓的"自由人"也不得不给大地主打工。肥沃的土地愈发匮乏，这导致了经济危机和社会动荡，贵族和其他居民之间的政治冲突也日益升级，正如亚里士多德在《雅典政制》中所描述的那样：穷人及其家人只能像奴隶一样劳作，毫无政治权利可言。

古希腊社会的动荡局面也促使大量人口选择离开家园，到遥远的沿海地区建立新的城市。他们被迫背井离乡，然而这个过程并不等同于被"驱逐"。他们的选择中也含有"激情"的成分——对于一个擅长航海且喜爱

金币和银币

这些金币和银币锻造于公元前5世纪至公元前3世纪。第一行左侧的钱币上刻的是骑着海豚的塔拉斯，右侧钱币上是法兰图斯，这两人都被认为是意大利城市塔兰托的建立者。第二行钱币上的图案分别是牧神潘、酒神狄俄尼索斯和智慧女神雅典娜。

绘有黑色人像的花瓶

在长达200年的时间里，黑色人像图案在陶器艺术中占主导地位。绘画风格高度相似——人物肢体僵硬、没有表情、面孔单一，而且几乎都是侧面像。描绘的往往是传说中的场景，以及荷马史诗中的英雄和诸神。图中这个花瓶上画的是戴着头盔、手持长矛的雅典娜。

亚里士多德的《雅典政制》

哲学家亚里士多德（前384—前322）在《政治学》一书里分析了当时已知的150部宪法。在历史部分的开头他引用了一段出自《雅典政制》的文字，可能写于公元前330年。

库伦企图建立僭主政治，但政变失败，在此后的很长一段时间内，贵族与平民处于矛盾冲突之中。这一阶段的政治制度总体而言属于寡头统治，即权力掌握在一小部分人的手中，穷人及其妻子、儿女很容易沦落为富人的奴隶。农民被称为"被保护民"或"六一汉"，因为他们整天为富人耕种，自己却只能获得六分之一的收成作为报酬。土地归少数人所有，倘若农民交不起地租，他们及其家人就不得不成为奴隶，因为一切借贷都以借债人的人身自由为担保。直到梭伦执政的时期，这种情况才得到改变。他是第一位平民党派的领袖。

冒险的民族来说，登船起航和探索海洋的热情与生俱来，正如《奥德赛》中描述的英雄们那样。文学作品折射出殖民时期希腊人的生活态度，这些态度更是逐渐内化为"欧洲人"的性格特质——好奇心强、热爱冒险、意志坚定、百折不挠、勇于突破未知的边界，并为每一个挑战找到解决方案。

古希腊人建立了一个庞大的长途贸易网络，将地中海各国和人民联系起来，其中包括腓尼基人、埃及人、伊特鲁里亚人、意大利人和凯尔特人。地中海地区出现了首个统一的贸易区。

货币的出现和社会的变革

希腊殖民时期出现了一种"国际性"的劳动分工——每个地区都因地制宜地专门生产某类产品。与此前的封闭式经济模式相比，此时的贸易活动更加开放。

最初有限的以物易物的交易模式限制了贸易的发展。公元前700年前后，货币首次出现。最初的硬币开始在小亚细亚半岛的吕底亚流通。但在本地市场之外使用货币进行交易，即在国际范围内流通，则最早发生在爱奥尼亚的希腊城邦之间。此后欧洲各个民族也开始使用货币。

贵族的权力不仅来自手中的土地，他们还控制着军事力量。他们的军队装备精良，配有青铜武器，往往还有马匹和战车。新出现的中产阶级为了防范军队的威胁，也开始武装自己。自公元前700年起，古希腊陶器花瓶的装饰画中就出现了步兵和重装步兵——后者的装备中有相对便宜的皮制甲胄和长矛，在战场上他们以封闭的方阵队形作战。士兵由有能力置备武器的普通民众组成，这种具有民主性质的新型军事组织结构优于贵族的骑兵军团。这些人在战场上的表现都非常勇猛，因为他们不仅在保卫城邦，也在保护自己所在的社会阶层的利益。因此，重装步兵方阵也在一定程度上为日后希腊城邦的民主政治提供了雏形。

社会矛盾

在殖民过程中，一个新的、富有影响力的社会阶层形成了，与此同时，农民阶层却饱经苦难。希腊各城邦开始从地中海其他地区进口粮食，这导致国内粮食价格下跌，粮食交易也变得更加困难。贵族们选择不再种植廉价的谷物，转而生产葡萄酒或种橄榄，以此来减轻粮食进口带来的压力。

转产的前提条件是拥有资本，而这恰恰是小农不具备的。果树不仅需要更精心的照管，有的甚至还要等上整整一代人的时间才能结果并带来利润。因此，那些没有选择移民而留在本邦的农民不得不以土地作抵押向大地主借贷，或者干脆卖掉自己的土地，以佃农的身份继续耕作。许多人无力偿还债务，沦为奴隶，从此被排除在城邦的公民集体之外。

农民阶级和新兴的资产阶级都希望改变社会现有的统治模式，城市居民希望参与政治生活，农民希望最基本的生活条件能得到满足。为争取权利，许多城市爆发了武装冲突。有时失败的一方会选择离开，去开辟新的殖民地。

随着经济的发展，一个新群体出现了——外来移民奴隶。除了家务奴隶，现在又出现了手工业奴隶和矿业奴隶。雅典的阿提卡银矿中就有很多奴隶在劳作。他们中的大多数并非来自城市，而是来自遥远的"野蛮

古希腊的奴隶

这块黏土板上绘有4个工作中的奴隶。位于画面最左侧的奴隶从岩壁上凿下矿石，第二个奴隶把矿石铲到篮子里。第三个奴隶把篮子抬到推车上，第四个奴隶把它运走。在雅典附近的拉夫里奥银矿中也有类似的劳动场面。

部落或是敌对国家。奴隶在社会总人口中的占比可达四分之一，有的地方奴隶人口甚至占到一半。

社会矛盾在殖民阶段不断加剧，贵族们不得不承认，若想避免无休止的内战并保留特权，就必须得把一部分权力让给其他居民。在一些城邦，贵族建立了专制体制，自立为王，即所谓的"僭主"。有几位僭主励精图治，改革了统治模式，所辖地区的居民逐渐能够参与国家管理并享有一定的政治权利。

成文法的出现和艺术的兴起

在部分城邦，贵族会亲自委派一位德高望重的公民来对现有法律进行改革，以消除明显的不公正现象，雅典的梭伦便是接受委托的改革者之一。公元前594年，他被任命为执政官。经他修改后的法律有利于建立更加公正的社会秩序——农民的生活条件得到了改善，土地抵押被废除，债务方面的严苛法律也变得缓和了。所有自由公民都有权在雅典人民议会投票，但只有城市中的富裕男性公民才有资格在政府任职。

梭伦改革并没有完全消除社会矛盾，但它为普通民众参与政治生活开辟了先河。在一些城邦，民众要求法律书面化，在此之前，法律仅以约定俗成为依据。公元前560年至公元前527年，庇西特拉图是雅典僭主。他大力支持梭伦改革，将贵族的部分土地归还给小农，并致力于发展城市经济。庇西特拉图执政期间，制陶业得到蓬勃发展，人们发明了一种新的焙烧技术，可以制造出红色的人像陶罐，取代了此前单一的黑色人像陶罐。

诗人和法律改革家梭伦

梭伦（约前638—约前559）不仅是一位政治家，也是一位诗人。诗的原作未能保留至今，但曾多次被亚里士多德引用。

"我给予民众足够的尊敬，对他们应得的荣誉和权利不增也不减。而自诩有财富或权势的公民，我不会让他们的权利不受约束。我用坚固的盾牌保护双方，防止某一方遭受另一方的不公正对待。"

此外，他也指出应如何对待民众：

"对民众的态度如果既不粗暴也不过分放纵，他们便会追随其领导者。过分放纵将导致混乱，就好比将大笔财富交到缺少理智的人手中。"

最初的哲学家

古希腊殖民时期的经济发展、社会动荡、长途贸易、农业变革、奴隶制度以及货币制度促进了新的思想和新的艺术风尚的形成。

无论是在艺术领域还是在哲学领域，都涌现出了更多充满自信也更具备自我意识的人。最初的一批哲学家在这一阶段诞生，他们试图依靠人类的判断力，为原始文明中要用神力来解释的自然现象作出符合逻辑的说明——他们试图用已知的事物来解释未知的事物，而不是编造更多的神话传说。他们的各种推理以真实存在的自然为出发点，首次揭示了一些普遍的自然规律，为自然科学的发展奠定了基础，直至今日某些原理还在科研中得到应用。

欧洲的第一批学者来自小亚细亚半岛的爱奥尼亚，这里是古老的东方文明与新兴的

《米洛斯的维纳斯》

这座大理石雕像于 1820 年在希腊米洛斯岛被人发现，并因此得名。它高 1.98 米，呈现的是希腊神话中爱与美的女神维纳斯。

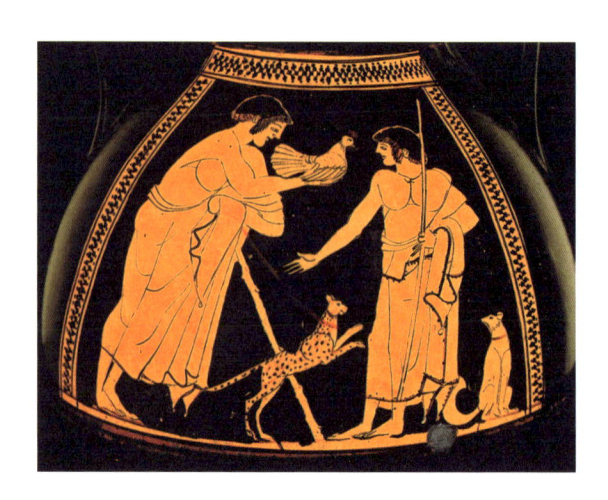

陶器艺术的巅峰期

阿提卡陶器标志着古希腊陶器艺术的巅峰。这些陶器往往具有黑色的表面、香桃木叶的边饰以及精致细腻的图案等易于辨认的特点。陶器表面所描绘的图案往往是日常生活场景。

西方文明的交会处。我们将他们的流派称为"前苏格拉底哲学"，因为这些希腊思想家生活的时期早于苏格拉底和柏拉图。毋庸置疑，社会的飞速变化对他们的世界观、人生观和价值观产生了巨大的影响。

当时刚出现的货币以及对形形色色物品的抽象赋值都为他们提供了值得思考的课题。这个时期的哲学家有一个共同的愿望——试图找出一种能够衍生出万物的原始因素，它应该从宇宙起源时就已经存在。他们所探寻的是一种思想或是一个原则，以便能以此来解释世间的万事万物。

米利都的泰勒斯认为水是万物之源。赫拉克利特则指出变化才是万物的本质，"万物皆流变"是他的思想的核心。那个动荡的时代确实符合他的这一判断。赫拉克利特同时也认为，矛盾对立能推动发展，这一看法基于"战争是万物之父"。在希腊语中，"战争"也包括其他形式的冲突，例如意见的对立和性别的对立。他利用弓和竖琴来进一步说明他的思想，即内部的对立可以产生力量与和

赫拉克利特

自然哲学家赫拉克利特（约前 540—约前 480 与前 470 之间）来自爱奥尼亚，他的只言片语通过其他希腊人的记述流传下来。他的哲学体系建立在一切都在不断变化的认识之上，即"万物皆流变"。他留下的思想片段非常难领会，因此人们又将他称为"晦涩哲人"。下面的引文能够让我们对他的思想有初步的了解。

"他们不懂对立之物如何实现和谐统一，好比弓和竖琴通过松与弛发挥作用。"

"无形的和谐比有形的和谐更强。"

"战争是万物之父，万物之王，它令一些人成为神，一些人成为人，一些人成为奴隶，还有一些人成为自由人。"

"世界秩序适用于万物，它的创造者既非神明，也非某些人类，它在过去和将来保持永恒——它是一团永恒的活火，按一定尺度燃烧，一定尺度熄灭。"

"万物能在火中变幻，火亦能在万物中变幻，好比货物可以换成黄金，黄金也可换成货物。"

5. 新的欧洲权力中心

伊特鲁里亚人

伊特鲁里亚人定居在意大利中部的伊特鲁里亚，他们或许是从小亚细亚半岛移民到这里的。公元前8世纪起，他们开始形成独有的文化，伊特鲁里亚文明持续了大约500年。后来伊特鲁里亚人遭受到来自北方的凯尔特人和来自南方的罗马人的攻击，他们的文明被摧毁了。伊特鲁里亚人的居住地主要由12个军事独立且彼此结盟的城邦构成。起初每个城邦由各自的国王统治，后来贵族的影响力不断扩大。在数个世纪的时间里，伊特鲁里亚人控制着亚平宁半岛上从波河流域到南部希腊人定居地的整片区域。公元前500年之前，几个伊特鲁里亚国王轮流统治过罗马。

伊特鲁里亚人的强大势力来自其丰富的矿产资源，特别是铁矿。他们在厄尔巴半岛找到了大量铁矿。希腊人想从他们那里买矿石，一些希腊工匠干脆移居到了伊特鲁里亚。在韦伊、塔奎尼、奇维塔维基亚等伊特鲁里亚城市都曾出土过大量古希腊陶罐。除此之外，伊特鲁里亚人也使用希腊字母，拉丁字母就是从希腊字母演变而来的。伊特鲁里亚语写成的铭文易于辨认却难以破解——它既不像拉丁语，也不像希腊语或凯尔特语，而且已经完全消亡，未能流传至今日。

伊特鲁里亚人是卓越的建筑师和城市建设者。他们发明了半圆形的拱顶，这种结构承受的负荷越重，反而越牢固。罗马人继承了这种建筑技术，能在拱桥上建渡槽、城墙和凯旋门。罗马人也从伊特鲁里亚人那里学会如何建造神庙，并开始崇拜神明。

凯尔特人：一个泛欧洲民族

伊特鲁里亚人和古希腊人均与北欧居民有接触和往来。定居在阿尔卑斯山以北的凯尔特人从伊特鲁里亚人和古希腊人那里学会了冶铁和其他手工业技术。得益于大西洋沿岸与巴尔干半岛之间的丰富铁矿资源，他们

伊特鲁里亚陶棺

伊特鲁里亚人擅长用彩色黏土制作雕塑。这对夫妇的雕塑位于一副陶棺的盖子上，呈现了两人在长椅上休息的形象，栩栩如生。

在整个欧洲独占优势。在随后几个世纪的时间里，凯尔特文明逐渐在这个区域发展起来。每个部落都有一套固定的社会秩序，由首领家族和尚武的贵族统治。

凯尔特人的政治影响力曾几度达到阿尔卑斯山的南部。公元前387年，他们甚至对新兴且强大的罗马帝国造成了威胁，而这也意味着伊特鲁里亚人强盛时期的终结。凯尔特人开始在整个欧洲地区称雄，直到他们最终在阿尔卑斯山南北两麓被罗马人击退。

凯尔特人在他们的居住地建起最早的一批城市。这些城市拥有强大的防御工事，可以为工匠和商人提供军事庇护。贸易活动不仅存在于各个凯尔特人城市之间，还扩展到地中海周边地区。凯尔特人开始使用货币后，贸易往来愈发频繁。

在如今瑞士的拉坦诺曾出土大量的武器、珠宝和各式各样的工具，例如镰刀、剪刀、斧头、楔子、锯，等等。它们可能是献给凯尔特神明的祭品，因为这些东西与在凯尔特人定居地发现的物品颇为相似。铁器的出现促成了许多新的发明和创造，这些在石器时代和青铜时代是无法实现的。

从出土的兵器能够看出，凯尔特人已能够按照某种基本规格制造性能良好的武器。这样一来，他们不仅能组建具有一定规模的兵团，民兵也能得到武器。这便解释了为什么凯尔特人遍布从黑海到大西洋的整个区域，势力范围一直推进到意大利和希腊。然而这是一个纯粹的贵族社会，只有军事首领和他的追随者享有权势。那些装饰富丽的坟墓足以证明这一点，领袖的坟墓里往往随葬有镶着青铜的木质战车。

德鲁伊，即巫师，是凯尔特人中很重要的一类人，类似后来出现的术士。这些人属于有文化的阶层，一般担任祭司或贤人的职务。他们负责主持宗教仪式，也可以解读法条。他们是少数通晓文字的人，并因此获得特权。总的来说，凯尔特人未能在希腊字母的基础上创造独有的文字，直到基督教传来，凯尔特人才有了书面文字。

凯尔特艺术在一定程度上受到希腊艺术的影响，但它形成了自己的风格，并因此成为欧洲文明中的一抹亮色。尽管凯尔特人未能形成一个民族，但他们与北方的日耳曼人和东部的斯拉夫人有着明显的不同。他们创造了史前史的一个巅峰期。凯尔特文明是中欧地区最古老的文明之一。

贡讷斯特鲁普大锅（制作于公元元年前后）
这口锅直径69厘米，高42厘米。外侧7面雕刻着男女神像，内侧5面描绘了战争和祭祀的场景。

6. 古典时代

来自波斯人的威胁

希腊人在西部不断加深与伊特鲁里亚人、凯尔特人的沟通往来，与此同时，东方的波斯帝国日渐强盛。波斯帝国的崛起以及希腊城市的结盟都与铁器加工技术的进步、货币制度的成熟和长途贸易的发展密切相关，因为各国都希望获取原材料和开辟新的市场。

东方邻国对希腊构成的威胁不断扩大。公元前500年之前的几个世纪里，骑兵部队和弓箭手部队在波斯诸王的领导下征服了大片土地，其势力范围从印度延伸到小亚细亚西部的希腊城邦。波斯国王在被征服的城市中扶持僭主，强迫希腊人纳税，并在贸易中更倾向希腊人的竞争对手——腓尼基人。

波斯人与希腊人之间的紧张关系是多种因素共同作用的结果。首先，两国的统治形式和信奉的价值观迥然不同；其次，两国一直在争夺贸易路线、市场和原材料；最后，在发展战略方面，波斯人想把帝国范围扩大到希腊和欧洲其他地区。当时的历史学家希罗多德曾这样描述波斯的侵略野心："欧洲风景如画，那里生长着各种树木，土壤非常肥沃。在世间凡人之中，唯有波斯国王觉得他才有资格拥有这一切。"

希罗多德是首位使用"欧洲"一词的历

海神波塞冬

雕像《海神波塞冬》在阿尔特米西昂海角被人发现，它制成于公元前460年前后，海神呈现出胜利者的姿态。这座神像或许是为了纪念战胜波斯人而铸造的。雕像的右手中本应握有三叉戟，海神或许正用它指着敌人的方向。

希波战争

史学家。他之所以会使用这样的措辞，是因为欧洲人正与欧洲以外的其他民族相对抗。由于双方都希望扩大自己的势力范围，战争将难以避免。

波斯和希腊间的第一次战争发生在小亚细亚半岛。公元前499年，古希腊城邦米利都试图摆脱波斯人的控制，然而5年后反抗最终宣告失败，城市被毁，居民或被杀或被流放至巴比伦。

雅典人为米利都和其他位于小亚细亚半岛的希腊城市提供支援，这成为第二次战争的导火索。公元前490年，雅典人在执政官地米斯托克利的领导下修建比雷埃夫斯港，扩建海军。波斯国王试图先发制人，便派遣了一支含有1万~1.5万名精兵的舰队来到希腊。在距离雅典42公里的马拉松平原上，波斯弓箭手部队被使用长矛的古希腊重装步兵方阵击溃。波斯人的扩张计划受阻，他们对欧洲的首次侵略以失败告终。

经过10年的准备，波斯人又对古希腊发起全面进攻。公元前480年，波斯国王薛西斯率领大部队经博斯普鲁斯海峡直达希腊。希罗多德称这支军队足有几百万人，但现代历史学家认为，10万~30万人的可能性更大。随着波斯军队的推进，希腊北部的各个城邦纷纷投降，但雅典和斯巴达决心为自由而战，不愿落得与米利都同样的下场。

这两个城邦结成联盟，斯巴达指挥陆地上的部队，而雅典负责统领海上的兵力——自公元前482年以来，雅典就致力于打造一支大规模舰队。当斯巴达国王列奥尼达率领300名重装步兵在温泉关牵制波斯陆军时，雅典人也在为决定性的战斗做着准备。雅典人根据地米斯托克利的建议，放弃已成为波斯攻打目标的城市，躲到伯罗奔尼撒半岛和萨拉米。与此同时，地米斯托克利将古希腊舰队集结到萨拉米。薛西斯虽然占领并摧毁了已成为一座空城的雅典，但要想为手下规模庞大的海军找到补给，只有击溃希腊舰队才行。尽管波斯舰队的规模是希腊舰队的3倍，足有1200艘船，却在公元前480年的萨拉米海战中被对方打得溃不成军。公元前479年，波斯陆军又在普拉提亚战役中吃了败仗。至此大局已定，希腊人争取到了自由，欧洲也暂时得以免于被外人统治。

重建和再次崛起

希罗多德出生于希波战争时期。他认为

雅典卫城

雅典卫城于公元前432年落成，图中复原了公元前4世纪初城市的景观。帕提侬神庙长70米，宽31米，在一众建筑中显得格外醒目，里面供奉的是雅典的守护女神雅典娜。画面中间从左到右依次是绘画陈列馆、柱廊式入口和雅典娜胜利神庙。

这些战争的本质是专制与民主、自由与暴政的斗争。他也认为，东方人与西方人之间的战争令古希腊人更加团结，这也是希腊历史前进的推动力。

区区几个希腊城邦竟然战胜了世界上拥有最强军事力量的国家，对此希罗多德只能用"神明的助力"来解释。这种宗教思维是他那一代人的特点，在这个时期的戏剧、神庙和表演艺术中均有体现。直到公元前4世纪中期，雕塑作品的脸上才不再带有"古老的微笑"，严肃的古典风格成为主流。

埃斯库罗斯根据他在希波战争中的亲身经历创作了许多悲剧作品，《波斯人》在萨拉米海战过去8年后上演。他在这部作品中写到长矛最终战胜了弓箭，战争的结局掌握在诸神手中。对诸神而言，希腊人仅仅是惩罚傲慢的波斯人的工具。

今日的历史学家更倾向于这样解释古希腊人的胜利——他们具有巨大的决心和强大的生存意志，他们熟悉水域和地形，作战经验丰富。在生死存亡的关键时刻，希腊人更是被激发出强烈的团结意识。波斯人明显拥有更多武器，但武器并不是决定战争结果的唯一因素，战士们的士气也十分重要。这一点在马拉松战役和萨拉米海战中体现得非常明显。

为了纪念这次胜利并答谢众神，古希腊各城邦达成一致，决定修复奥林匹亚神庙，即古希腊运动会的举办地。公元前470年后，古希腊人又在同一地点建造了宏伟的宙斯神庙，里面立着一座巨大的宙斯雕像。雅典人起初决定保留雅典卫城的废墟，作为波斯人洗劫雅典的永久纪念。但公元前461年，雅典在伯里克利的领导下进入新的蓬勃发展阶段，卫城也随之被重建。

波斯弓箭手

这个釉面浮雕展示了大流士一世在苏萨的宫殿中阅兵的场景。浮雕中的士兵有真人大小。他们被称为"长生军"。

伯里克利和雅典政治

雅典历史学家修昔底德（约前460—约前400）在他的著作《伯罗奔尼撒战争史》中记录了伯里克利为雅典战士所作的悼词。这些人牺牲于战争开始后的第一个冬天（公元前430年）。

"我们生活在一种政治制度中，并没有照搬他人的法律；我们也没有模仿他人，我们自身就是典范。我们称其为民主政治，因为它并非为了少数人的利益而立，而是为了保障大多数人的利益。在特定的纠纷面前，所有人都享有法律所赋予的平等权利；在公共职务方面，一个人可以根据他处理国家事务的才干获得地位，而不是凭借他所处的社会阶层；同样地，任何有才能的人也不该因为身份低微而被埋没……

你们也应该以他们为榜样，坚信幸福基于自由，而自由基于勇敢，要时刻警惕战争的危险。"

伯里克利和古典主义时期

希波战争期间，许多希腊城邦在雅典的领导下结为同盟。它们要么自己建立并装备军队，要么缴纳相应的费用，让雅典负责装备和指挥军队，大部分城邦选择了较为便捷的后者。因为同盟的总部设置在提洛岛，该同盟又名"提洛同盟"。这样一来，这些城邦便依附于雅典，但不久后各个城邦却因此爆发了一些冲突。

公元前449年，希腊和波斯终于结束战争，签署了和平协议。伯里克利致力于重建雅典，并将其打造为商业化城邦。为了保证雅典的安全和资源供给，他下令在雅典和比雷埃夫斯港之间修建双层城墙。这道工事彰显了雅典的强国愿景。在经济方面，比雷埃夫斯港成为整个地中海地区的转运港。随着人们对希波战争的回忆逐渐模糊，提洛同盟积累的财富逐渐被用于重建雅典。这个海上联盟是在希波战争和萨拉米海战（公元前480年）之后在雅典的领导下成立的，联盟包括许多小亚细亚半岛的城市和几个邻近的岛屿。实际上这笔钱该被用来保护海上贸易路线，以及用来防止波斯人进入爱琴海及希腊人定居的岛屿和周边地区。

伯里克利把改造雅典卫城的任务交给了建筑大师和雕塑家菲狄亚斯。人们建造了数座神庙，其中最著名的是帕提侬神庙，提洛

伯里克利

伯里克利出身于贵族世家，是阿提卡民主制度的创始人克里斯提尼的后代。公元前462年到公元前429年他治理着雅典。在他的领导下，雅典经历了一个短暂的巅峰期。

同盟的金库就保存在那里面。神庙内部有一座高12米、用黄金和象牙装饰的雅典娜雕像。菲狄亚斯还造了另一座非常高大的神像，当水手们在阿提卡南端的苏尼翁角附近航行时，可以通过神像手中的长矛辨认方向。500年后希腊作家普鲁塔克描述伯里克利的事迹时，着重强调了重建雅典的政治作用。

伯里克利在公民大会赢得了人民对重建卫城的支持，然而这一政策并不只是为了满足人民的宗教需求。他生于战后，倾向于从政治意义的角度进行理性分析。庞大的建筑工程既可以推动经济的发展，也可以促进建筑艺术的发展。工匠和从事其他职业的人纷纷来到城里寻求工作机会，由此一来，由工匠、商人和长途贸易者组成的新资产阶级开始发展壮大。他们成为伯里克利的支持者，这加强了对抗当时政治寡头的力量。雅典在城邦同盟中占据主导地位，将人民和财富都吸引到了城中，从而为希腊古典文化的全盛时期奠定了物质基础。

古希腊的民主

古希腊经历了从王权统治到贵族政权再到民主政体的转变，这一转变过程最终在公元前5世纪中叶的伯里克利统治时期结束。殖民时期的经济发展对各个社会阶层都产生了影响。公元前6世纪时，在僭主的统治下，公民开始越来越多地参与政治——尽管只有富人才能在政府任职。

希波战争期间，所有人团结对外，按照自己的社会地位去履行相应的公民职责，奴隶们也纷纷为国家而战。这种关于团结和平等的意识延续到了战争结束之后，并发展到了政治领域，所有的男性公民都在参与国家管理方面享有同等的权利。伯里克利认为，在一个民主的社会中，贫穷不应该成为阻碍某个公民参与政治的原因。为了保证每个人都能平等地参与政治生活，伯里克利引入了公职津贴制度，为法官和议会成员支付薪水，并规定了抽签选择公职人员的办法。这些公职人员的任期仅为一年，以便更多的人能有机会参与其中。

古希腊的民主政治是保证法律面前人人平等的一种尝试。然而，现代西方的民主制度与古希腊的民主并不相同。比如说当时雅典的所有男性公民都有权提出诉求并参与相

阿提卡出土的红色人像盘子，它展现了学习的场景
教授文学和音乐的老师向学生讲解如何演奏弦乐器，传授关于节奏的基础知识。

陶片放逐制
在公民大会上，人们用碎陶片当选票，投票选出应处流放10年刑罚的罪犯。他们用这种方法来削弱被流放之人的政治影响力。

应的投票表决。这是一种直接民主，不同于现在的代议制民主。此外，当时有很大一部分人并没有投票权，包括奴隶和女性。移民来的商人和手工业者也没有此类政治权利。当雅典的公民参与政治活动时，这些人在忙于各自的生计。在伯里克利统治时期的雅典，大约生活着15万名自由公民（包括其家庭成员）、12.5万名奴隶和4万名外来移民。

古希腊人并没有觉得这种区别对待有什么不妥或对其表示反感。古代社会是基于私有制的奴隶社会，那些靠双手劳动过活的人没有时间参与政治生活，他们不算"积极公民"，而被视为"私人"。亚里士多德称，只有那些能够积极参与集体事务的人才是完整的人，因此女性、奴隶和外来移民都被排除在外。古希腊人并未意识到这种政治制度的不平等和歧视。

民主政治的机构

公民大会是民主政治的灵魂，也是人民发声的渠道。在雅典，公民大会每9天召开一次，为各种事情做决定。18岁以上的男性公民都有权参会、发言和投票表决。但并不是每个人都会参加每场会议，特别是阿提卡周边地区的农民，他们经常缺席。不过，参与人数多达五六千人的场面也并不罕见。像这样的参与人数众多的大会肯定需要一定的纪律，所有要讨论的话题都会由理事会事先进行准备。理事会就是公民大会和市政府之间的中介。

理事会由500人组成，每年从10个次级行政区各抽出50个人，通过抽签决定成员人选。每个次级行政区的理事要履行各自的行政职责，任期为一年中的十分之一时间。他们在雅典的政治集会广场与官职最高的公职人员一起治理城市。公职人员任职满一年后会自动离职，或改任其他职务。其中最年长且最有经验的公职人员能够进入位于雅典亚略巴古的城邦法院。然而在伯里克利时期，随着民主的发展，这个最高理事会逐渐失去影响力。司法权逐渐移至陪审法庭，法官从公民中选出。在大型审判中，最多可有1501名公民出身的陪审员参加。法律是最高权威，它将全体公民联系在一起，法官负责监督法律的实施。为了保护民主、避免专制，公民大会可以通过陶片放逐制将某些思想偏激的政治人物流放。

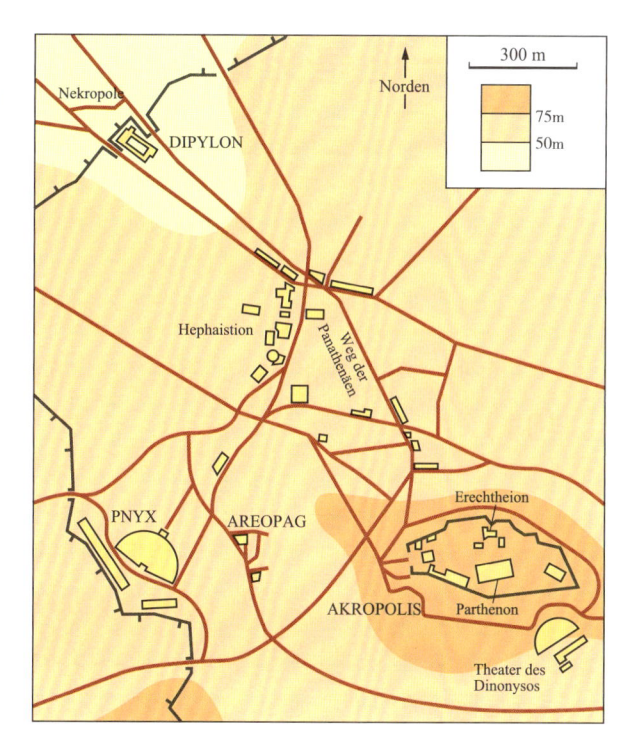

伯里克利时期的雅典

其他希腊城邦也纷纷开始效仿雅典的民主政治制度。该制度得到手工业者和商人的支持，但也有一些反对者——例如生活在城邦外围农业地区的地主。他们同样反对提洛同盟的扩张活动、雅典的重建和强国政策。他们更喜欢保守的、崇尚寡头政治的斯巴达。

在共同面对波斯人的威胁时，雅典和斯巴达这两个城邦结成了联盟，但当波斯的威胁不再，双方之间又爆发了冲突。斯巴达的战士训练有素，服务于几个有较大影响力的家族，帮其控制那些被征服的地区。斯巴达男性公民的首要任务是为国家服务，尤其是在军事方面。那些像斯巴达一样奉行寡头政治的希腊城邦逐渐联合起来，组成了伯罗奔尼撒同盟。

7. 统一还是分裂

伯罗奔尼撒战争（前431—前404）

尽管自希波战争时起，雅典与斯巴达这两个盟友都在尽量避免冲突，但他们之间的分歧还是过于明显。公元前431年，双方终于开战。雅典人凭借强大的舰队，洗劫了伯罗奔尼撒半岛的沿海地区；而拥有陆军优势的斯巴达人每年夏天都会攻击阿提卡，居民们纷纷逃到雅典和比雷埃夫斯港之间的城墙后面寻求庇护。在开战后的第二年夏天，这个人口稠密的城市中瘟疫肆虐，人口大幅减少。伯里克利也未能幸免。

长远来看，伯罗奔尼撒联盟更具优势。斯巴达人受过严格的军事训练，他们能更好地应对鏖战。雅典人内部爆发的冲突则暴露

战士

这座公元前5世纪的雕塑定格了战士倒下的悲剧性时刻，这一动作预示着他即将走向死亡。

出了民主的弱点——阿提卡的农民渴望和平，但城邦内的市民却想打仗。与此同时，雅典的一些盟友过河拆桥，趁机摆脱了雅典这个经济强权的束缚。斯巴达人在波斯国王的资助下组建了一支舰队，这对战争的结果起到决定性作用。他们从黑海一侧封锁了博斯普鲁斯海峡，并在海战中对雅典军队造成致命性打击。公元前404年，雅典投降。

根据苛刻的和平协议，雅典必须交出舰队、解散提洛同盟并拆除长墙。此外，雅典还必须同意让一个由30人组成的委员会监督寡头政治制度的引进。斯巴达战士进了雅典卫城并驻扎了下来。

从修昔底德的历史著作《伯罗奔尼撒战争史》中，我们可以详细了解战争的过程。他与希罗多德同为历史学家，但使用的研究方法有很大的不同。希罗多德在讲述历史时强调神明的作用，而修昔底德则着重描述真实事件，并努力对原始资料进行客观的分析。他被视为"历史研究的奠基人"。凭借这种做学问的方式，他成为希波战争后的一代人的代表。与伯里克利类似，他崇尚理性，而非神明的力量。然而，这并不妨碍他从道德的角度对事件进行判断。

诡辩家和苏格拉底

早在伯罗奔尼撒战争之前，原有的宗教价值观念就已开始逐渐淡化，其中不乏诡辩家造成的影响。"诡辩家"一词源于希腊语中的"sophía"，原意为智慧。诡辩家延续了公元前6世纪爱奥尼亚哲学家的传统，不同的是他们将人置于哲学的中心。他们开辟了多

诡辩家和真理

苏格拉底：你对知识的解释并不错，普罗泰戈拉也给出了一个解释，只是他用了其他的表达方式。"人是万物的尺度，是存在的事物存在的尺度，也是不存在的事物不存在的尺度。"你读到过这句话吧？

泰阿泰德：我读到过很多次。

苏格拉底：他的意思是不是这样——每个东西对我显得怎样，那么它于我而言就是怎样，对你显得怎样，那么它于你而言就是怎样，因为你我都是人？

泰阿泰德：他正是这个意思。

苏格拉底：智者一定不会说无稽之谈，那让我们跟上他的思路。当一阵风吹过，我们当中有人觉得冷，也有人觉得不冷。抑或是有人觉得很冷，有人觉得有一点儿冷，对吧？

泰阿泰德：对。

苏格拉底：在这种情况下，我们该说风本身冷还是不冷，还是说，我们应该像普罗泰戈拉所说的那样来解释，对畏寒的人而言风是冷的，对不畏寒的人而言则不冷。

泰阿泰德：似乎就是这样。

苏格拉底：这阵风给人的感觉是不同的，对吧。

泰阿泰德：是的。

苏格拉底："显得的"也就是"感知到的"。

泰阿泰德：正是这样。

苏格拉底：所以，就"温暖"和类似的东西而言，"显得的"也就是人"感知到的"。那么，每个人感觉到如何，这事物对他而言就是如何的。

泰阿泰德：这样说得通。

个单独的学科，这些学科后来被西方哲学的不同流派继承并深入研究。对诡辩家而言，逻辑学和修辞学是最重要的学科，他们训练学生进行逻辑思考和发表富有感染力的演说。

苏格拉底

柏拉图

时至今日，这两种能力仍是在政治领域和社会上通向成功的敲门砖。

诡辩家认为，判断善恶的既非社会亦非神明，而是人类个体。正如著名诡辩家普罗泰戈拉所说的："人是万物的尺度。"根据这个观点，世界与人所感知的一致，并不存在适用于每个人的行为规范，也没有普遍的是非观念。只要善用修辞，一切观点都能被论证。

诡辩是一把双刃剑。一方面，思想自由为民主辩论打下了良好基础，而另一方面，它最终会导致主观主义（即以自我为中心）的产生和集体道德的沦丧。公元前5世纪末，许多雅典人都认为诡辩家动摇了国家的思想基础。于是，当雅典居民饱受伯罗奔尼撒战

争之苦时，便急于找到替罪羊。他们的目光落到城邦内的一个特殊人物身上——哲学家苏格拉底，他被误认为是诡辩家。与许多诡辩家类似，他周围常聚集着一批忠实听众，他也常常提出许多棘手的问题，鼓励听众去探寻真理。他的罪名是否认诸神的存在，以及以诡辩的方式蛊惑青年人。

这一指控是毫无根据的。苏格拉底一生都在反对诡辩家，他视其为毫无道德且没有固定观点的一群人。他相信存在着不以个人意志为转移的绝对价值，即正义、真理和命运。在他看来，人的命运和生活的意义就在于加深对这些思想的理解，并按照这些思想来生活，人们能够通过教育、学习和对谈实现这一目标。但在审判过程中，苏格拉底未能向陪审法官们证明自己是无辜的——他平日树敌实在太多。公元前399年，苏格拉底被判处死刑。

亚历山大大帝
公元前323年，年仅33岁的亚历山大大帝去世，他留下的庞大帝国从希腊一直延伸到印度河流域，但这一帝国在他死后不久就解体了。亚历山大曾致力于将古希腊文化与东方文化融合在一起。这一努力产生了深远的影响。

战场上的亚历山大大帝
这是一口制作于公元前4世纪末的石棺，在黎巴嫩的西顿被发现。图中最右端的是骑在马上的亚历山大大帝，地面上有一具波斯士兵的尸体。

希腊的危机——亚历山大大帝的统一

伯罗奔尼撒战争之后,希腊发生了翻天覆地的变化。公元前5世纪是古典文化发展的巅峰期,随后出现的便是危机和衰落。

公元前387年,苏格拉底的学生柏拉图在雅典创建了柏拉图学园,在此后的一千多年里,这里始终是古典文化的中心。柏拉图为当时种种衰落的征兆感到不安,他竭尽才智建立起一种哲学,试图将社会从对肤浅幸福的追求中,即从诡辩的任意性中,拯救出来。根据他的学说,外部现象的背后存在着一种永恒不灭的理念。外部现象是这一理念的反映,人应追求这一理念,以便能正确地生活。他的著作《理想国》中记录了柏拉图与老师苏格拉底以及朋友们围绕如何实现理想国而展开的哲学探讨。

当时地中海地区出现了一些新的帝国,古希腊城邦的民主也因内部纷争而瓦解,希腊城邦皆面临失去自由的风险。在东方,波斯帝国已发展成为由强大君主统治的多民族国家。在地中海地区,腓尼基人围绕迦太基建立起一个帝国。在西方,罗马帝国崛起,而凯尔特人也逐渐扩大了他们在欧洲的影响。

对希腊城邦造成最大威胁的是马其顿国王腓力二世。公元前338年,他征服了整个希腊。两年后,他的儿子亚历山大成为新的君主。亚历山大率领希腊-马其顿军队征服了整个波斯帝国,并一路打到印度河流域。他致力于消除长期以来波斯人造成的威胁,并为古希腊开辟了东方的贸易市场。他令人打开波斯国库,将里面所有的金银铸成金币和银币并投入流通市场,这样便促进了生产

游戏与科学

古希腊人也玩曲棍球。

和贸易。在亚历山大的帝国内，许多新兴城市得到迅速发展，其中多个城市的名字中都带有亚历山大。

至此，一个拥有共同文化的经济大区形成了。希腊语成为各地的通用语言，古希腊的艺术和思想也在整个帝国范围内传播开来，西方的某些风俗甚至传到了东方。尽管古希腊文化影响着当时整个世界，但希腊的政治和经济影响力却日渐衰退，罗马帝国即将成为新的世界强国。罗马人于公元前146年征服了古希腊，但他们仍非常仰慕并尊重古希腊的文化。

古希腊的遗产

尽管古希腊没有形成统一的国家，但高度统一的古希腊文化已成为整个西方文化的基础。古希腊人从东方文明中习得了文字、数学和天文学，但他们同时也是许多领域的奠基人。

古希腊是首个公民能够参与政治的国家，他们的民主政治制度基于自由和平等。言论自由为批评提供了可能，继而促进新思想的形成。希腊文化的特别之处在于它创造了一种可能，使人们能够摆脱现实，来想象其他的情况（如乌托邦）。

古希腊哲学摆脱了过去用神话解释事物的古老模式，力求用已知事物和逻辑思考来解释未知事物。因此，古希腊人为西方的实验科学奠定了基础。

教育在古希腊的发展中起到了重要作用，因为若是没有文化，公民就无法积极地参与到政治生活中。"学校"的概念源自希腊语，它最初是指自由的时间，后来才引申到学习和学堂。古希腊人将课程划分为多个学科：数学、自然科学、语法、逻辑学和社会科学，这些学科都是欧洲课程体系的基础。

对古希腊人而言，竞争既是一种挑战，也是一种激励，无论在体育场上还是在战场上都是如此，公民议会上的唇枪舌剑亦是如此。人们能够表达不同的观点，进而共同探寻解决方案。相应地，哲学和科学领域的思辨也带来了新知。甚至连写悲剧和戏剧的作家每年都会举办竞赛，评选出年度最佳剧作。

戏剧及其两种表现形式，即悲剧和喜剧，是古希腊的发明。戏剧演出不仅仅是为了娱乐观众，也是为了纪念诸神。一些喜剧反映了当时的现实问题，引导公众参与城邦的政治生活。

在文学领域，希腊人也很有创造力。"史诗""戏剧""悲剧""喜剧""诗歌"等文学术语都源自希腊语。古希腊的剧院、神庙、体育场等建筑形式也经过罗马帝国时期和文艺复兴时期的发扬光大，一直延续至今。

雅典卫城位于希腊市中心的山丘，是世界上最著名的古代堡垒之一。它曾被波斯人摧毁，后来在公元前5世纪下半叶时在伯里克利的主持下，由雕塑家菲狄亚斯负责，雅典市最古老的这部分城区得到重建。雅典卫城山、各各他山和卡比托利欧山这三座山可谓是欧洲文化的摇篮。

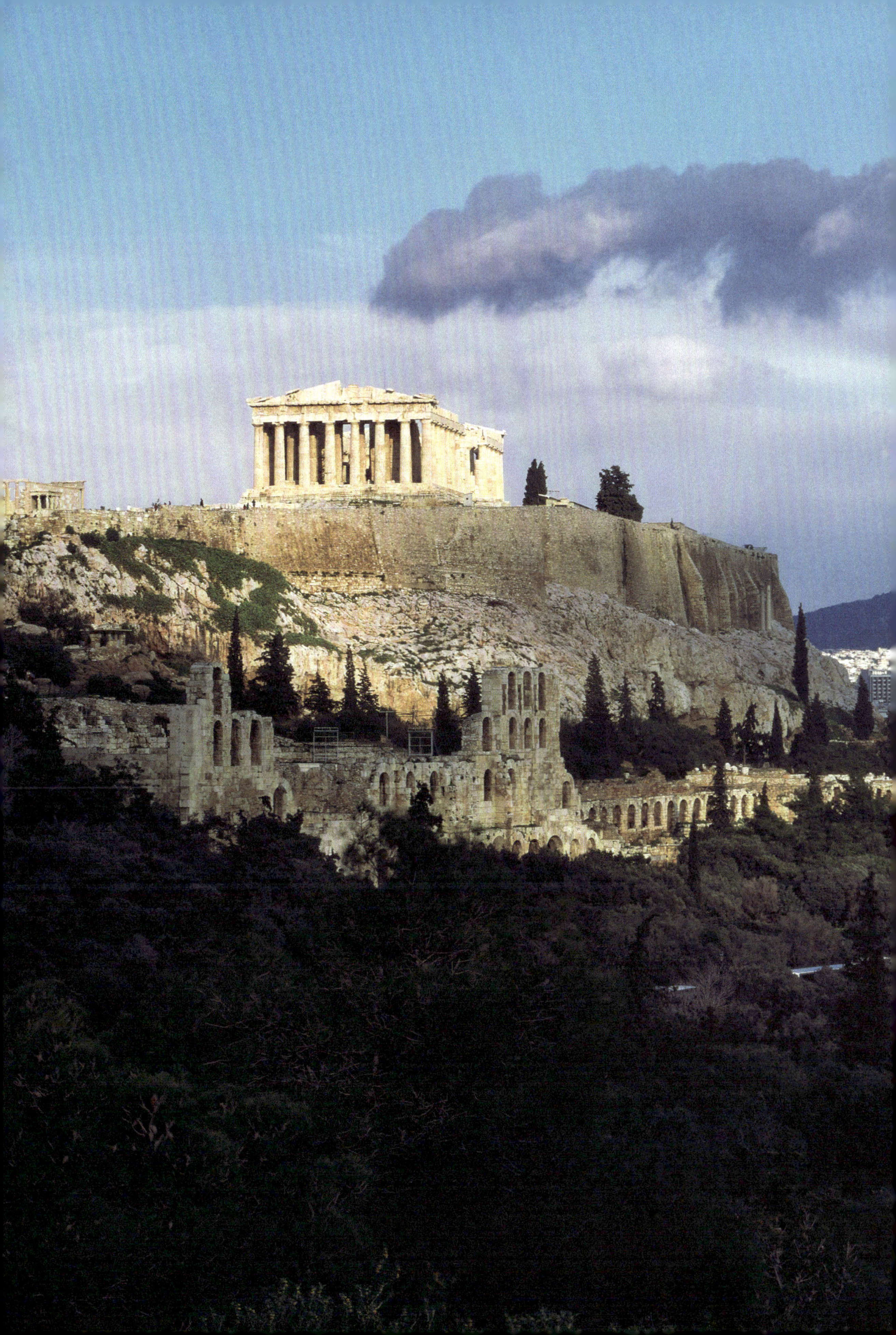

罗马帝国

公元前 750 年	公元前 500 年	公元前 250 年	公元元年	公元 250 年	公元 600 年

- 公元前 753 年 罗马建城
- 公元前 509 年前后 塔克文王朝覆灭，罗马共和国建立
- 公元前 218 年—前 201 年 第二次布匿战争
- 公元前 82 年—前 79 年 苏拉独裁
- 公元前 44 年 恺撒遇刺身亡
- 公元前 31 年 屋大维在亚克兴战役中打败安东尼
- 公元前 27 年 屋大维被元老院任命为奥古斯都，罗马帝国时代开
- 公元 9 年 阿米尼乌斯歼灭瓦卢斯军团
- 公元 14 年 奥古斯都逝世
- 公元 43 年 罗马征服今日的英格兰地区
- 公元 98 年—117 年 图拉真统治时期
- 三世纪危机 公元 235 年—284 年
- 戴克里先称皇，四帝共治 公元 284 年—305 年
- 君士坦丁大帝执政 公元 312 年—337 年
- 承认基督教（《米兰敕令》） 公元 313 年
- 君士坦丁堡新都落成，"第二个罗马" 公元 330 年
- 狄奥多西去世，帝国一分为二 公元 395 年
- 圣帕特里克在爱尔兰传教 公元 430 年—460
- 匈奴人在阿提拉的领导下攻入西欧 公元 449 年—452
- 西罗马帝国灭亡 公元 476 年

古罗马母狼

根据传说，母狼用乳汁哺育了被遗弃的双胞胎罗慕路斯和勒莫斯，兄弟俩后来建造了罗马城。

从传说中罗马建城起（公元前753年）到西罗马帝国灭亡（公元476年），有一千多年的时间，这一阶段的欧洲深受罗马帝国的影响。我们在探讨这个历史时期时，要重点关注以下三个方面。

首先，当古希腊文化还处在繁盛期时，罗马帝国开始在重重困难中崛起。这是史上第一个世界性的帝国，它覆盖了欧洲的大部分地区——即从地中海到苏格兰和美索不达米亚平原、从撒哈拉沙漠到喀尔巴阡山脉的广袤大地。拉丁姆地区的几个小村落是如何发展成为这个帝国的大都市的？

其次，公元2世纪初，罗马帝国在图拉真和哈德良的统治下疆域范围达到史上最广。我们有必要仔细研究这个阶段，来探讨这个时期对后世的意义。毫无疑问，欧洲在罗马帝国的统治下实现了一定程度上的统一。罗马帝国对欧洲各个地区造成了或多或少的影响，而且这些影响都不可磨灭。

最后，随着日耳曼诸国的兴起，罗马帝国日渐衰落解体，无法再吸引边境地区的外邦主动融入。罗马帝国虽然与迁徙的部落还算相处和睦，但有时也难免会爆发一些战争。某些学者称这个阶段为日耳曼人大迁徙时期。无论如何，人们不会忘记罗马帝国曾经的辽阔疆域和辉煌历史。后来，东罗马帝国继续存在了数个世纪，而在西部，查理大帝和奥托大帝也重现了罗马帝国的辉煌。

奥古斯都（公元1世纪）

这位罗马帝国的创始人身穿铠甲，看上去正在向士兵们发表讲话。铠甲上的图案——安息国的国王将军旗归还给罗马特使的场景，令人联想到奥古斯都奉行的和平外交政策（公元前20年）。这面军旗原本是公元前53年他于幼发拉底河击败克拉苏时的战利品。维纳斯之子朱庇特位于他的右腿边，以此彰显其被神化的皇室血统。

1. 罗马：从七座山丘到庞大帝国

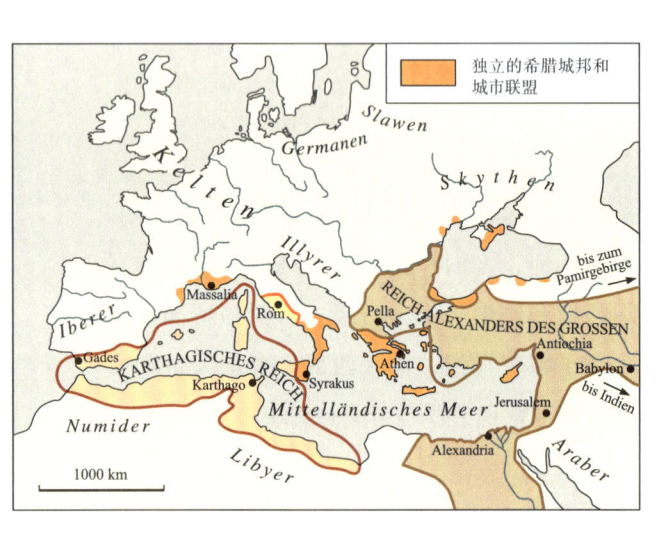

亚历山大大帝去世时的罗马领地和地中海地区（公元前 323 年）

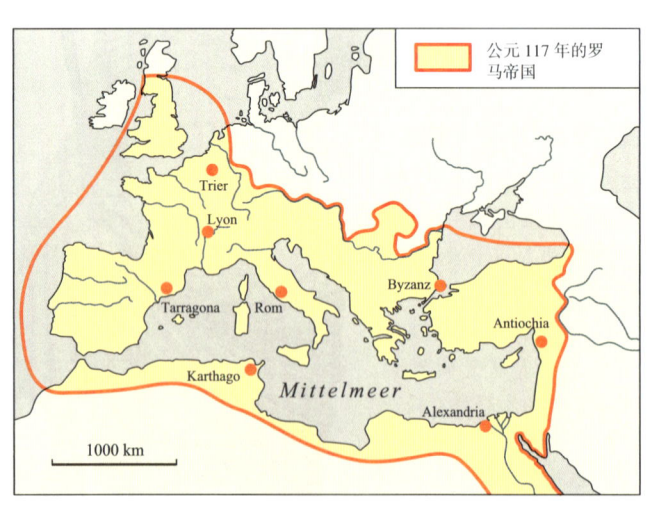

图拉真去世时的罗马帝国（公元 117 年）

罗马最初只是一片被七座山丘环绕的沼泽地（传说中是七座，其实不止这些），旁边有一条河流，名为台伯河。若是有人穿越沼泽地，便立刻会被附近的村民发现。特殊的地形使罗马拥有战略优势，而这却还不足以解释这座"永恒之城"的崛起和独特的命运。

一座伊特鲁里亚人的城市

由于种种原因，罗马的起源已经无从考证。从城市诞生之际到相关记载出现，中间隔着数个世纪。公元前 1 世纪以前的历史著作均已遗失，而现存最早的记录写于奥古斯都建立罗马帝国的时期，他希望通过新的帝国重现曾经的辉煌。诗人维吉尔（前 70—前 19）在《埃涅阿斯纪》中写道，拉丁人的先祖是特洛伊人。据此，这个传说将建立罗马城的罗慕路斯塑造成了神的后代。无独有偶，蒂托·李维（前 59—后 17）也在《罗马史》中饱含激情地讲述了罗马建城的传奇故事。

在很长的一段时间里，人们接受了这种关于罗马起源的半真半假的说法，但到了 19 世纪末，现代历史学家不再承认这种叙述历史的方式，对这一问题进行了更谨慎的研究。当时在古罗马广场、帕拉蒂尼山及其他地区进行的针对古罗马时期的考古研究都能够说明，这些带有神话色彩的叙述在一定程度上

罗马帝国　73

埃涅阿斯和安喀塞斯

在希腊人焚毁特洛伊城的可怕夜晚，埃涅阿斯听从母亲女神维纳斯的指示，背着虚弱的父亲安喀塞斯逃出了城。公元前1世纪，维吉尔将这个传说记录在史诗《埃涅阿斯纪》中。埃涅阿斯在海上漂泊了7年之后，终于在意大利的台伯河口附近靠岸。埃涅阿斯被视为罗马人的先祖，按照该传说，罗马人起源于特洛伊。

公元6世纪初的日耳曼帝国

确实符合历史事实。尽管我们对历史的细节仍缺乏了解，但这些神话确实传达出了一些深层含义。

考古学家在七座山丘之一的帕拉蒂尼山及其他地方发现了人类居址的遗迹，这些遗迹出现的时间应早于公元前8世纪。根据传说，罗马于公元前753年建城，这与考古发现的结果相符。但当时的罗马还不能算作城市，只是一片有几间简陋房屋的小村落。从发现的遗迹中能看出房屋的浅浅地基。

蒂托·李维在《罗马史》中提到了劫掠萨宾妇女的事情——罗马人中的女性数量较少，有时甚至得出去抢女人，这引发了罗马人与萨宾人的战争。成为罗马人妻子和母亲的萨宾妇女站在敌对双方之间，为双方调解。罗马人与萨宾人最终握手言和，后来两个民族干脆彼此融为一体。这个故事也体现了古罗马时期女性的地位：尽管在法律层面男女还并不平等，但女性被视为和平的缔造者和维护者。这个传说也说明罗马是由不同民族组成的，包括原本生活在沿海地区的拉丁人，还有从附近的山丘上搬来的萨宾人。

《罗马史》的其他一些章节中说明了罗马对伊特鲁里亚人的重要意义。在他们看来，控制罗马才能获得有利的战略位置，可以更快到达已被他们征服的坎帕尼亚。因此能够确定，公元前7世纪末或公元前6世纪时，罗马已处在伊特鲁里亚人的控制之下。伊特鲁里亚人促使村落发展为城市，并修筑城墙来保护里面的居民。这些城墙是在国王塞尔维乌斯·图利乌斯执政时期建立的，因此被称为塞维安城墙。伊特鲁里亚人用石头房屋取代了原来的茅草屋，在原是沼泽地的地方修建下水道（马克西姆下水道），又在上面修建广场。这个广场后来成为罗马城乃至当时整个世界的经济和政治中心。

除此之外，罗马人的宗教信仰也深受伊特鲁里亚人的影响。神明无处不在，信徒应努力解读神明给予人类的种种信号。于是，他们会观察鸟类的飞行情况，也会检查祭祀动物的肝脏。罗马人采用了伊特鲁里亚人的文字，这一点也意义重大。欧洲和世界大部分地区都在使用的拉丁字母正是从伊特鲁里亚字母演变而来的。

罗马共和国

伊特鲁里亚人在亚平宁半岛南部遇到希腊人的抵抗，在北部又受到凯尔特人的威胁——此地后来被称为内高卢。趁着伊特鲁里亚人的势力开始衰弱，罗马人赶走了塔克文王，由此结束了伊特鲁里亚人的统治。公元前509年前后，罗马共和国成立，这是罗马历史上的关键转折点——从这时起，君主制的统治模式被罗马人排除在政治考量之外。不过人们不该因"共和国"这三个字而对罗马产生错误的理解。君主制也曾获得人民的信任，例如之前的一些希腊僭主。共和国的成立其实是罗马贵族的一次胜利。

与古罗马历史学家的说法不同，贵族与平民的社会对立并非始于罗马成立之时。实际上在公元前6世纪末，罗马的贵族才开始拥有显赫地位，成为最受尊敬的阶层。他们会在一定程度上神化自家的祖先，并招揽众多追随者，使自己与平民区别开来。贵族中的某些精英借机脱颖而出，独揽国家大权。有的平民发起反抗，甚至尝试移居到圣山和阿文提诺山，并在那儿建立不同于贵族邦的平民邦。

后来贵族作出了一些让步，平民在城市的政治生活中也获得了一席之地。公元前5世纪中叶，《十二铜表法》颁布。它作为法典被刻在罗马广场的12块铜表上，不过只有一小部分内容流传至今。尽管它维护的主要是贵族阶级的利益，但法律得以用文字的形式呈现出来，则是一个史无前例的进步。《十二铜表法》对近代欧洲法学和世界法学同样产生了重要的影响，其出现的意义非比寻常。

共和国实行三权分立，各个政府机关互相监督。人民大会负责选出执政官员，有权

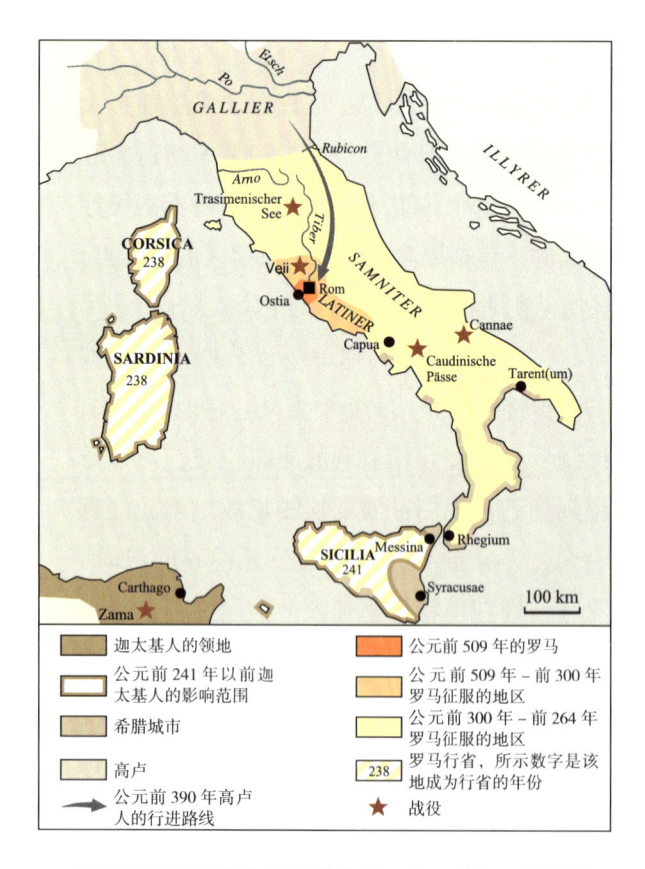

罗马在亚平宁半岛的扩张（公元前5世纪—公元前2世纪）

对国家大事进行投票表决。人民大会看似民主，但实际上还是由富人控制。执政官拥有行政权，为了避免他们倒行逆施，任期都只有一年。久而久之，一种晋升体系形成了。有抱负想干一番事业的人必须依次担任军事官、财务官、市政官，在这之后才能最终成为执政官或监察官。除此之外，公元前494年之后，又增添了"保民官"这一官职。任职者必须是平民出身，保民官有权否决其他行政官员的决定，同时还享有豁免权。元老院由往届行政官组成，仍带有贵族政治的特性。实际上，元老院才掌握着罗马的核心政治权力。

罗马的征服：罗马和意大利（公元前4世纪—公元前3世纪）

公元前4世纪中叶之前，负责制定对外政策的元老院一直非常谨慎明智，他们拒绝向外扩张。但元老院也不得不应对周边地区各种迫在眉睫的威胁，还需要化解拉丁人与伊特鲁里亚人之间的种种冲突——在位于罗马以北17公里处的维爱城中发生的战争便是其中的典型。另外，一些来自山区的牧民开始向平原地区迁徙，元老院也要处理这些外来牧民与平原地区农民之间的冲突。还有凯尔特的塞农人，他们在公元前387年占领了除卡比托利欧山之外的整个罗马，对共和国造成致命的威胁。

公元前4世纪末，罗马对位于罗马以南200公里的萨莫奈人定居地发起攻击。公元前343年至公元前290年之间共发生了三场残酷的萨莫奈战争，罗马在经历多次惨痛失败后取得了最终的胜利。

公元前3世纪起，罗马控制了整个意大利半岛，半岛南部的几个古希腊城邦也在接下来的十年里陆续成为罗马共和国的领地。公元前272年，最后一个希腊城邦塔兰托也被征服。罗马与迦太基因争夺西西里岛陷入冲突。迦太基人定居在西西里岛的西部，认为该岛自古以来就是他们的领地。随着罗马在海上的势力愈发强大，迦太基人日益感到威胁。对此，他们于公元前355年在奥斯提亚修建了港口。

罗马的征服：罗马和地中海（公元前3世纪—公元前1世纪）

罗马与迦太基间的冲突，即布匿战争，

新的武器——战象

当皮洛士为支援塔兰托向罗马开战时，大象被首次用于战争。汉尼拔也曾在与罗马人的战争中使用过大象。

罗马征服地中海地区

海上强国罗马

为了对抗迦太基,罗马不得不成立海军并不断改良战船,以保障英吉利海峡(大西洋与北海之间)和地中海地区的贸易往来。

充分体现了罗马的政治野心。不同于此前几个世纪里非常克制的对外政策,罗马此时采取的是极具侵略性的强权政策。罗马人仅用了约250年就占领了整个地中海区域。

第一次布匿战争时(前264—前241),战场就在西西里岛上。罗马人获胜后,西西里岛成为罗马的一处行省。后来,迦太基人又在伊比利亚半岛建立起新的帝国,与此同时罗马人也把势力范围扩大到内高卢和整个亚德里亚沿海地区。到第二次布匿战争时(前218—前201),战场涵盖了伊比利亚半岛、亚平宁半岛、北非和古希腊地区,这意味着战线被大大拉长。迦太基军队由汉尼拔统帅,他展现了杰出的军事才能。在公元前

217年的特拉西米诺湖战役和公元前216年的坎尼战役中，罗马军队损失惨重，但他们还是坚持了下来。公元前202年，大西庇阿进军北非，在扎马战役中击败了迦太基人。

将近60年后，第三次布匿战争（前149—前146）宣告结束，迦太基在战争中灭亡。被征服的地区成为罗马的非洲行省，为其提供粮食。

在地中海东部，亚历山大的继任者们仍控制着从前的领土。起初，罗马人对这些分裂后纷争不断的国家并没有清晰的对策。但是他们知道，这几个东部的国家不同于西部，它们组织严明，还拥有发达的经济和文化。

罗马人的两次进攻迫使马其顿的腓力五世放弃之前由他控制的古希腊城邦。紧接着，塞琉西王国国王安条克三世也不得不放弃位于爱琴海、小亚细亚和博斯普鲁斯海峡一带的领土。帕加马国王将部分亚洲领土以及纳博讷高卢（如今法国的地中海沿岸）拱手让给罗马。这两个地方成了罗马的新行省。

公元前2世纪末，罗马人几乎主宰了整个地中海地区。此外，公元前1世纪，恺撒征服了高卢地区，屋大维（奥古斯都）占领了埃及。尽管古罗马是欧洲的帝国，却也包括部分非洲和亚洲地区。它是一个世界性帝国，而地中海也已成为"我们的海"（拉丁语Mare nostrum）。

征服的手段和目的

领土的迅速扩张要归功于罗马共和国军团。罗马共和国军团由罗马的公民组成，他们深知自己为何而战，而当时的其他大

罗马共和国军团的战士
战士手中的盾牌是由木头制成的，长矛则由金属枪尖和木柄组成。

国——如迦太基和希腊诸国，只有雇佣军。

罗马人在征服各地的过程中要面对种种激烈而持续的抵抗，例如安比奥里克斯领导下的不屈不挠的内维尔人和埃比龙人。维钦托利也曾在短时间内号召了几乎所有高卢人发动起义，英格兰爱西尼人女王布狄卡也曾率领子民奋起抵抗。切鲁西人酋长之子阿米尼乌斯于公元9年歼灭了瓦卢斯的军团，以阻止罗马人进犯日耳曼人的定居地。公元前133年罗马人围攻努曼西亚（位于现在的西

班牙东北部）时发生了非常壮烈的一幕——被围困的努曼西亚人宁愿放火烧毁自己的城市，集体自杀，也不肯投降。这堪称反抗罗马侵略者的重大标志性事件，被侵略者的英勇举动也令小西庇阿的胜利显得不甚光彩。

征服只为少数罗马人——准确地说是罗马公民，带来了好处。士兵私藏了大量战利品，各省总督也从中获利（特别是臭名昭著的威勒斯），人民也得到了不少好处——自公元前167年起，他们便无须缴纳直接的赋税。

为了更好地治理国家，元老院对被征服的各个地区采取了不同的应对方式，这也是各地法律存在巨大差异的原因。有的城市屈从于征服者，任凭统治者摆布；有的城市沦为殖民地，罗马人直接搬过去居住。这些罗马人离开故土到新的地方建设罗马风格的城市，同时也对周边地区产生了影响，推动了当地的罗马化进程。除了上述的两种极端情况，被征服的城市还有多种政治身份，例如作为同盟城市或加入共同体。它们可以保留原有的行政机构，其公民也能享有罗马公民的全部或部分公民权利以及政治利益。

但在亚平宁半岛，这些区别在公元前1世纪初就消失了。为争取与罗马公民拥有同样的公民权，同盟城市与罗马共和国之间爆发了同盟者战争，虽然遭到罗马共和国军团的残酷镇压，但最终它们还是从元老院争取到了公民权。

其他行省的人们就没有这样的待遇了，他们仍饱受剥削。倘若罗马共和国最终没修改这一政策，那么今日的欧洲人也不可能如此珍视古罗马文化。

共和国的衰落（公元前2世纪—公元前1世纪）

领土面积的迅速扩大也为共和国带来了许多问题，共和国在一个世纪的时间里频繁遭遇各种危机，最终走向帝制。事实证明，共和国的政治机构难以统治这个庞大的世界性帝国。此外，经济、社会以及罗马人的思维方式都发生了变化。

兼并土地的斗争导致小农破产。农民必须每年服兵役，无法定期料理田地或补种农作物。即便他们有时间做这些事情，也得面临市场竞争——从行省进口的粮食更便宜。于是他们离开了农村，搬到城市寻找生计，结果市民的数量增加了。他们往往愿意效力于此前的军事首领，以获得政治权利。公民身份不再囿于出身，而只关乎家境。

而贵族，也就是那些通过权力敛财的元老或其他富人，瓜分了战争的果实，买下被占领的土地。他们利用大田庄饲养牲畜，让奴隶们劳作。与此同时，一个由商人和金融家组成的新阶级出现了，他们拥有动产，从贸易发展和货币经济中获利。这些人也不乏政治野心，他们时而站在元老一边，时而站在平民一侧。

在这个时期，信仰和思想领域也发生了许多变化。毫无疑问，平民百姓更青睐古老的迷信思想和传统习俗。但社会中受教育程度较高的那部分人则受到了来自希腊和东方的影响。古希腊传说逐渐渗透到罗马的宗教信仰中。于是伊特鲁里亚-罗马信仰中的朱庇特被等同于统领人间和神界的众神之王，类似希腊神话中的宙斯。渐渐地，两种文化中的神明都有了对应关系。哲学也成为热门学科之一，特别是斯多葛学派，它崇尚清心寡欲和自律，这也符合罗马的传统道德。当时名门子弟都选择在希腊求学几年"镀金"，逐渐形成了希腊-罗马文化。罗马人的实用主义与希腊人的艺术素养相结合，并传播到整个欧洲。

这个阶段的罗马政治家大多追求个人目标或所属社会阶层的目标，却没有意识到罗马发生的深刻变革急需进行相应制度上的调整。他们要么没有意识到制度改革的必要性，要么根本不想改革。这导致了内战的爆发。

担任保民官的提比留·格拉古和弟弟盖约·格拉古发起了一场旨在将贵族和大地主的部分土地分给平民的改革。格拉古兄弟首先获得了部分贵族的支持，这些贵族相信他们能够从这场改革中获利。但在公元前133年，提比留被一群元老院贵族打死，公元前121年，盖约也被迫自杀。后世将他们视为激进的改革者，但他们原本的政治目标只是想恢复早先的土地制度。随着格拉古兄弟的失败，和平改革的阶段结束，政治权力落入军方手中。

王政的诱惑

罗马的共和制已经逐渐衰落，而与此同时，国家的领土范围仍在不断扩大。凯旋的将军们跃跃欲试，试图凭借各自的势力施行王政。元老院贵族的权势也因此受损。

苏拉（前138—前78）

苏拉击败了小亚细亚的米特里达梯六世，于公元前83年以武力夺取罗马。此后他在罗马施行多年的独裁统治，最后于公元前79年退位。

恺撒（前102或前100—前44）

恺撒打败了高卢人，这大大提高了他在罗马的地位和声誉。他被质疑企图施行王政，并因此被元老派成员谋杀。

屋大维（前63—14）

恺撒被谋杀时，屋大维年仅19岁。元老院认为他不构成威胁，于是支持他对抗恺撒一派的首领安东尼。

格拉古兄弟的追随者盖乌斯·马略将军于公元前107年被选为执政官。他向大量平民和失业者敞开军队的大门，让他们成为能领到军饷的士兵，于是这些人便全心全意地为他效力并拥护他成为国家首领。但马略的政治才能远不及他的军事才能，他没意识到他的军事改革造成的政治影响之大。苏拉不同于马略，他用军事力量夺取政权后残忍地清除了政敌，实施了长久的独裁统治，这实际上是一种王政。但出于某种未知的原因，他在公元前79年选择退位。

庞培和后来的恺撒也是从军队起家的，军队只服从于其领导人，罗马共和国的机构丧失了影响力。庞培在东方作战，恺撒在西方。他们都不是为了罗马共和国的利益，而是为了赢得个人声望、实现政治抱负并为政治前途筹备资金。他们因派别斗争先后被谋杀。重建罗马共和国的可能性变得愈发渺茫。

作为恺撒的侄子兼养子的屋大维没有重蹈前人的覆辙，起初他与安东尼等人结盟，打压谋害恺撒的元老院共和派贵族。后来屋大维主动结束了这场争斗，展现出罗马的传统美德，而他此前的盟友却转而投靠克娄巴特拉七世（即"埃及艳后"）。在亚克兴战役中，屋大维彻底击败了这两个敌人。

屋大维谨慎又循序渐进地对国家结构进行了改革，以至于历史学家也无法确定共和国究竟是在何时结束的。元老院看似保留了一切权力，而屋大维担任的只是"元首"——意为他在与其平起平坐的许多人中位列第一。以前的政府机构依然存在，屋大维多年来一直与其他罗马公民一起担任这样或那样的不同职务，他看似也在遵守合议制和每年换届改选的相关规定。

但他为自己加了"大元帅"的荣誉头衔。这个词本来是用于欢迎凯旋的将军，屋大维显然是想突出其战无不胜的能力。元老院奉以他"奥古斯都"（意为神圣伟大）的尊号，这本是个宗教封号，相当于承认他带有神的血统，他的后代也能继续使用这个名字。至此，在共和国的外表下，罗马实际施行着与希腊类似的君主制。

2. 罗马的欧洲

罗马帝国以地中海为中心，包括整个沿海地区，其大部分领土位于欧洲，希腊-罗马文化在整个帝国范围内传播开。所以，罗马帝国具备一定的统一性，各个地区都或多或少地带有罗马特色。

罗马和平

所谓的"罗马和平"是对外的和平吗？

罗马帝国起初并未打算停止向外扩张，但奥古斯都和后继者最终不得不放弃易北河附近的日耳曼人定居地。除了个别地区，他们的势力范围为莱茵河流域和多瑙河流域。不列颠，即不列颠岛南部苏格兰以北的地区，也被罗马帝国占领。图拉真征服了今日罗马尼亚的大部分地区。公元117年图拉真去世，他的继任者哈德良仅满足于维持现有领土的完整。

公元2世纪的罗马帝国
意大利和其他行省

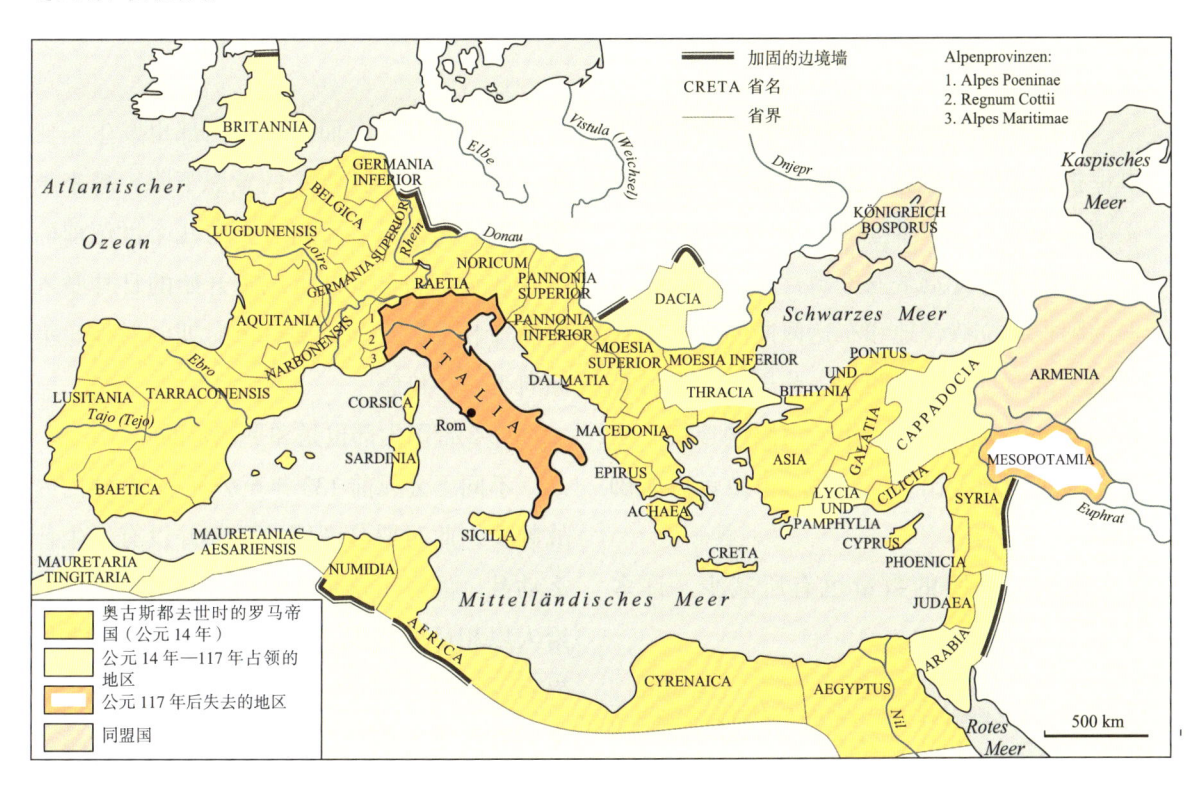

哈德良长城

罗马人在北海和爱尔兰海之间的不列颠岛上修建了一道长达 112 公里[①]的城墙，城墙之后还设有街道和军队驻地。这样的防御工事保证了边境地区的安全。

哈德良命人修建的长城和复杂的防御工事保护着帝国的边界。在壕沟和栅栏组成的工事后面有军团长期驻扎，形成固定营地，例如美因茨的莫贡蒂亚库姆营地、斯特拉斯堡的阿根托拉特营地和布达佩斯的阿昆库姆营地。营地与营地之间是一些规模较小的军营和堡垒，它们通过密集的道路网连接。从这一安排不难看出，当时的军事政策以防御为主。

此外，军团的数量也有所减少。许多行省都没有驻军，而且军队内部也发生了变化——罗马本地人参军的意愿下降，越来越多的军人是来自各个行省。与几个世纪前的扩张政策和自公元 2 世纪末开始的日耳曼入侵阶段相比，罗马帝国这个时期的对外政策倾向于维护和平。

那么帝国内部也是和平稳定的吗？

不同于公元前 133 年至公元前 30 年的内战频发，此时罗马帝国的内部并没有发生什么动乱。但写于这个阶段的一些历史著作却给人以相反的印象，卡利古拉、尼禄、多米提安努斯等人正是因此臭名远扬。尽管这些史书有重要价值，有时却也显得有失公正或

[①] 关于哈德良长城的长度，学界有不同说法，此说法来自德文原版书。

不够全面。之所以说不公正，是因为苏埃托尼乌斯和塔西佗这两位历史学家都是元老院贵族出身，他们为共和国感到惋惜。因此他们在作品中突出强调了帝国政府的失误，并极力丑化当时的政策。而之所以说片面，是因为作品中提到的种种变化只涉及帝国宫廷或罗马城，而非整个罗马帝国。

久而久之，帝国的专制逐渐暴露出来，许多政府官员逐渐失去实权，被皇帝亲自任命的官员取代。这些新官大多为骑士出身，这就意味着骑士阶级的整体地位得到了提升。

为满足皇帝的各种需求和处理纷繁的事务，官僚体系应运而生。帝国办公厅是政府的中央机构，可以算作现代国家相应行政机构的前身，尽管当时消息传达的速度较慢，传达的途径也非常有限。

公元2世纪，元老院逐渐被皇帝的顾问团取代，而顾问团由皇帝的亲密顾问、高级官员和部门长官组成。

君主制的一个重要特点消失了——如今的皇帝不希望或不敢采用世袭制。这在罗马帝国的安东尼王朝（又被称为收养王朝）的鼎盛时期体现得尤为明显。王位继承人是通过收养决定的，因为帝国办公厅应该交给最有能力的人领导。但从整体上看，王位继承的问题从未得到彻底解决。

罗马社会仍有许多不公平的现象存在，但人们仍有提升社会阶层的机会。因此，没有人打算废除奴隶制，但奴隶制同时又是生产技术止步不前的原因和后果。"罗马和平"使奴隶数量有所减少，他们的境遇也得到大大改观。自由人的数量不断增加，其中一些人甚至在商业和政治领域颇有成就。

罗马人对外国人的态度也发生了转变。越来越多的人或群体被赋予拉丁公民权或罗马公民权。公元212年，皇帝卡拉卡拉颁布赦令，称所有罗马帝国的自由人都拥有完整的罗马公民权。共同的罗马公民身份也让人们感受到他们都属于同一种文明，而不仅仅属于不同的族群。在此之前，罗马人与非罗马人间的通婚已经在一定程度上实际地消除了身份差异。

这个过程当然也与罗马人的家庭观念有关。因为比起种族的延续，他们更希望能保留父辈的姓氏。若是某个家族没有男性后裔，

奥斯提亚的"因苏拉"（罗马的多层公寓）

这些建筑通常有三四层，底层是商店，楼顶有露台，但卫生条件非常有限。

各行省的城市纪念碑

第一排与第二排从左到右的图片依次为：阿尔勒（法国）的剧场、特里尔（德国）的罗马浴场、塞哥维亚（西班牙）的输水道、埃武拉（葡萄牙）的神庙。

他们便会收养儿子来解决这个问题。这种情况非常普遍，不同于血亲，人们在选择养子方面比较自由。或许这正是古罗马出生率长期下降的原因之一。

公元前1世纪初，女性在罗马帝国的地位发生改变。在此之前，女性终其一生——

包括婚后，都仅拥有与未成年人相同的权利。婚前女性的监护权归其父亲所有，婚后则归丈夫。渐渐地，"无夫权婚姻"制度开始出现。陪嫁物虽然还归丈夫所有，但妻子可以按照个人意愿管理私有财产。此外，随着习俗的改变，女性得到更多的人身自由，她们在婚姻中的话语权变得重要起来。

罗马及其行省

在"罗马和平"时期，各个行省得到顺利发展，但各地罗马化的程度不同。最早成为罗马行省的地区，如纳博讷高卢，其罗马化的程度明显比其他地区更高。莱茵河和多瑙河沿岸的边境地带的罗马化程度也很高，这是因为受到长期驻扎在那儿的罗马军团的影响。无论在物质方面还是在精神方面，他们都改变了当地。

罗马城被各地视为典范。在图拉真统治时期，这里的居民数量已超过50万。人口如此之多，以至于要依靠整个罗马帝国的收成才能养活这座城，政府只得扩建奥斯提亚港，加强运输能力。从那时起，罗马就紧紧依赖着海上运输。

城里最贫困的阶层一般住在被称为"因苏拉"的多层公寓里，罗马本地达官显贵的房子则建在城市附近的山丘上，带有开放的庭院、中庭以及环绕花园的门廊。

位于城市中心的是公共建筑和配套设施。罗马在城市规划方面参考了希腊，建筑物兼具实用性和观赏性，公共设施都力图满足居民对美好舒适生活的需要。

因此，古罗马城市广场的设计考虑到了不断增长的人口，建设者们也希望通过这个宏伟的建筑而流芳千古。他们非常重视广场的整体布局，有三座凯旋门环绕着广场中间的空地，广场附近有神庙、法院、集会堂和图书馆。后来各个行省的广场都是仿照罗马的城市广场来修建的。

罗马到处都有神庙、祭坛、市场、剧院、圆形的斗兽场和战车竞技场。罗马浴场与土耳其浴室颇为相似。浴场有不同温度的热水浴室，还有专门的冷水浴室、按摩室和运动场所。浴场比其他建筑更能体现罗马贵族的生活方式。由于浴场的用水量很大，当时的人们修建了引水渠，从山上取水。经验丰富的水利工程师可以准确地计算出坡度和水流速度。

罗马对各行省的影响在城市的发展和布局方面体现得尤为明显。每个城市都在财力允许的范围内，以罗马城为蓝本搞建设。城市以广场为中心，而城市的南北向轴线和东西向轴线也恰好在广场相交。城市之间还有道路网连接。一些行省至今仍保留着罗马帝国时期修建的引水渠，例如塞哥维亚的输水道和尼姆的加尔水道桥。里昂的引水渠甚至带有抽水装置。阿尔勒有圆形剧场，而奥朗日则有凯旋门。值得一提的是，在奥朗日的古罗马剧场，舞台后面的高墙至今仍保存完好，这是世上绝无仅有的。路易十四称它为"我的王国里最美的一面墙"。在众多浴场之中，要数德国特里尔的浴场和英国巴斯的浴场最为壮观。

每个城市中最重要的建筑往往是献给罗马或奥古斯都的神庙和祭坛。这些皇帝将民众对自己的个人崇拜与对国家的崇拜结合起来，使他们的形象显得更加抽象，以此摆脱时代的局限性。

对帝国的崇拜主要体现为每个城市对罗马帝国和罗马文化的忠诚和依附。这种崇拜与普通民众的关系不大，往往只能从地方官的行为上看出来。

像对待城市建设一样，各行省也把罗马的制度当作典范。各个城市每年都重新选举行政官员，并奉行合议制度。官职的叫法各不相同，但职责与罗马的大同小异。城市由100名城市顾问组成的城市元老院领导，顾问们都是往届的行政人员。其中一些人甚至可以晋升到罗马元老院。和罗马一样，每个城市都被当地最富裕的一批人掌控，市政府也欣然接受这些人的财物捐赠。

那么农村地区也被罗马化了吗？长期以来人们是这样猜想的，因为现有书面材料并没有提供相关信息。得益于考古学的发展进步，我们能更准确地了解到当时的情况。借助航拍技术，如今可以了解到法国北部（特别是皮卡第地区）大型谷物种植区的农村居民点的分布情况。

使用同一种方法也能测算出古罗马时期法国其他地区、英格兰和德国南部耕种用地所占的比例。显然，当时的农业已经较为发达。地主的富有与耕种者的贫困形成了鲜明的对比。城市发展依赖富人的捐赠，而富人的财富则是通过对农村地区的剥削获得的。

然而，农村地区也没有完全被忽视。根据最新的考古发现，一些较小的农业中心周围并没有城市或庄园，这说明它们是独立存在的。在这些地方发现了神庙遗迹，个别地方还有浴场甚至是观看角斗的圆形剧场，这些也是罗马化的体现。古高卢地区共发现了15处这样的地区。或许这些建筑能够时不时地让周围分散生活的农民聚在一起。

经济统一

罗马帝国全盛时期的面积将近350万平方公里，国界线长约1万公里，人口约有7000万。帝国的疆域包含在非洲的占领区、小亚细亚诸国、叙利亚和巴勒斯坦，因此罗马帝国并不是完全意义上的欧洲帝国。正是这些欧洲范围之外的地区对帝国的经济发展起到了决定性的作用。与此同时，帝国并未覆盖整个欧洲地区，因为罗马军团没能推进到莱茵河和多瑙河的另一侧。欧洲的日耳曼地区、斯堪的纳维亚地区和斯拉夫人居住的地区都不属于罗马帝国。爱尔兰的大部分地区也是如此，因此那儿如今还保留着凯尔特文化。但是爱尔兰的罗马领地与非罗马领地间往来频繁，因此爱尔兰也在一定程度上受到罗马文化的影响。

地中海是罗马帝国的中心，它已完全成为帝国内的水域。地中海之所以成为罗马帝国的"内海"，主要是因为罗马帝国在经济层面上的统一，尽管每年从11月中旬到来年3月初的海上运输不得不因恶劣的天气而暂停。人们优化了港口的基础设施，克劳狄一世让人在奥斯提亚修了灯塔，图拉真也下令建设防波堤和码头。如今仍屹立在滨海布洛涅的灯塔是卡利古拉下令修建的，它为英格兰与罗马帝国间的海运提供了便利，到12世纪时

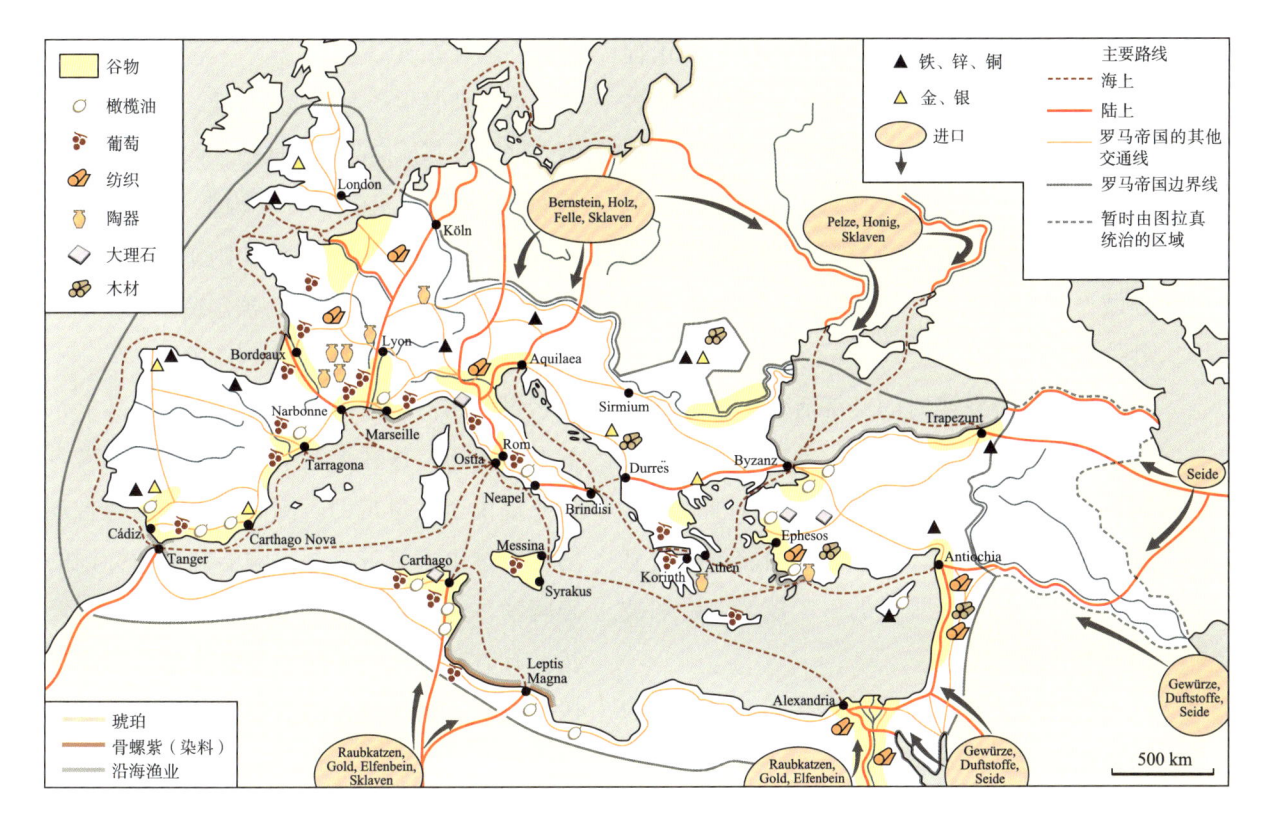

公元 2 世纪时罗马帝国的经济情况

仍在使用。地中海地区的船主纷纷开设了代理机构和货栈,然而海洋考古学家根据船只残骸确定,造船技术在这一阶段并没有太大的发展,水手们在航海时要冒很大的风险。通过船只残骸也能推测出当时运送货物的种类和数量。

随着海上贸易的发展,内河航运也逐渐发达起来。例如,阿尔勒港与纳博讷港相比更具经济价值和军事价值,因为从阿尔勒港出发,货物可以沿着罗讷河和索恩河被运送到莱茵河周边的军营所在地。

除了内河贸易,罗马人还完善了道路网络。道路的政治意义和军事意义远大于它们的经济作用。道路的布局与此前的线路并无太大差异,但令人惊奇的是,城市与城市之间的道路均选择了最佳路线,几乎没有绕路。

奥古斯都建立了帝国邮政,并在沿途设立了带有马厩的驿站,这样邮差可以换马继续赶路。驿站配有马车的停车位和暂存货物的仓库,以及为旅客准备的旅店和饭店。这些邮政驿站与东方的商队驿站类似,其中一些发展成了市场或城市,例如阿尔萨斯(法国)的萨维尔纳市(Saverne),这个城市的名字令人联想起"tabernae"(商店、旅店)一词。

尽管和如今的情况相比,当时的交通和通讯都不够发达,但罗马帝国很有可能已在一定程度上实现了经济统一,各地的经济能够互相影响。帝国范围内使用的统一货币促进了这一发展。同样地，罗马的法律也在各地通行，尤其是在财产和贸易方面。个别地方也保留了习惯法。当时的情况显然还不能被称作"共同市场"，但在货币和司法等特定领域，罗马帝国的统一程度比现在的欧洲更胜一筹。

农业经济在当时的经济活动中占首要地位。土地所有权的情况都记录在地籍上，人们曾在奥兰治发现刻在石头上的地籍残片，其内容与波河河谷、罗讷河谷的航拍画面显示的相符。起初大规模的田产较多，后来被逐渐划分成小块。

当时的农业生产效率不高，二区轮作的种植模式最为常见。农民主要用木犁耕地，后来高卢人发明了轮犁，它更适合在当地肥沃却不易翻耕的土壤上使用。小麦等谷物是最主要的农产品，其次是用于酿酒的葡萄，葡萄种植业逐渐从南方向北方扩展，橄榄油产业则在西班牙行省和纳博讷高卢发展起来。

捕鱼业形成了一个重要的分支产业，即鱼酱生产。鱼酱是一种口感辛辣且营养丰富的酱汁，西班牙行省从该产业中获利颇丰。

除此之外，生产制造主要依靠人力劳动。建设离不开采石场，而采矿业在西班牙非常发达，采石与采矿这两个行业均被国家垄断。纺织是家庭劳动或公共劳作的一部分，在一些盛产羊毛和骨螺紫染料的地区甚至实现了纺织品的量产。帕多瓦的纺织业因生产西班牙毛呢大衣而闻名，高卢地区，尤其是桑特地区（位于法国南部）的人特别喜欢穿这种大衣。但是，最重要的纺织业中心不在罗马帝国，而在东方。

制陶业是生产力最强的行业。谷物、葡萄酒、油以及其他商品都需要放在陶罐里贮藏或运输，当时最常见的是双耳陶罐。高卢人发明了木桶，但只在本地区使用。阿雷佐和波佐利是亚平宁半岛上最重要的陶器制造中心，但它们要面对与高卢制陶业的激烈竞争。

每个陶器制造商都会在自己的产品上留下专属标记，这在无意中为历史学家和考古学家提供了大量帮助。例如在埃及的考古现场曾发掘出大量带有高卢陶器制造商标记的碎陶片，这说明高卢的双耳陶罐曾被运到埃及。有时通过这些碎陶片也能推测出当时运送的货物。对碎陶片的数量和地理分布进行分析后，还能对罗马帝国内部以及帝国与其他地区间的贸易情况有个整体的了解。

帝国东部的贸易活动比西部的更加活跃，但东部和西部都各有一个非常重要的贸易区，其中一个便是罗马城。罗马的粮食采购部门从其他行省（主要是从非洲）购入谷物、油和酒。贸易促进了奥斯提亚港的繁荣，碎陶片堆积在台伯河里，天长日久竟然形成一座小山（泰斯塔西奥山）。另一个贸易中心在罗马长墙后的军队驻扎地。罗讷河和索恩河的航运将阿尔勒港与整个莱茵河流域相连。尽管有阿尔卑斯山的阻隔，诺里库姆和潘诺尼亚这两个行省的人仍愿意从亚得里亚海最北端的阿奎莱亚购买商品。

罗马帝国时期欧洲文化的多样性

罗马帝国并未使欧洲成为统一的经济体，但在经济方面，地区与地区之间确实存在着或多或少的统一性。从表面来看，罗马帝国内部也有一定的文化统一性：整个罗马帝国都使用拉丁语，地中海地区的城市景观都很相似，各地人民都崇拜希腊 – 罗马文化里的众神。乍一看情况貌似是这样，但稍做观察后不难发现，这种统一之中还有许多差异。

真的是整个罗马帝国内部都使用拉丁语吗？并不是，因为在东部，除了拉丁语，希腊语也是官方语言。此外，官方语言、书面语言和口头语言可能不是源于同一种语言，人们在生活中也不会只用一种语言——例如在城市里讲拉丁语，在农村地区讲凯尔特语或伊比利亚语。渐渐地，高卢和伊比利亚半岛上的本地语言消失了——在不列颠岛、莱茵河流域和多瑙河流域也是如此——但原有语言在词汇和语法方面留下了影响。据推测，高卢地区使用的是一种特殊的拉丁语，它不同于西班牙行省使用的拉丁语，整个帝国范围内或许有多个版本的拉丁语。这些方言就是罗马语族中各种语言的雏形。很难确定这些语言是何时从拉丁语中独立出来的，在受罗马影响较小的地区或许发生在"三世纪危机"时，而在帝国的其他地区则更晚一些。

在帝国的宗教习俗方面，研究人员也发现了许多有趣之处。

尽管罗马的各个行省都立有石碑（刻有铭文的柱子），这些石碑上除了刻着希腊 – 罗马众神的名字，还往往标记有这些神明在当地的别名。例如在 19 世纪，人们在比利牛斯山的山脚下靠近卢格杜南姆 – 贡伏纳罗姆（今日的科曼日 – 圣贝特朗）的一个小镇上发掘出了 20 块造型朴素的石碑。其中有的是献给"玛尔斯"，有的是献给"玛尔斯·勒埃尔恩"，还有的只写了献给"勒埃尔恩"，而这些称呼只在当地出现过。显然，"勒埃尔恩"是当地人崇拜的一个神的名字，"玛尔斯"才是通用的神名。仅在高卢地区，罗马的玛尔斯神就有几十个别名。

从神明的画像来看，除了常见的传统样式的画像，还有一些画像带有当地古老神灵的特征。例如头上长有鹿角的科尔努诺斯神，还有以背着三只鹤的公牛形象示人的塔沃斯特瑞伽拉努斯神。

祭祀的地点往往也有当地特色。乡村里通常有名为"圣所"的宗教建筑，它们在外观上与传统的神庙有明显区别。其规模较小，一般呈正方形、多边形或圆形，门口朝向太阳升起的方向。

诸多宗教信仰中最常见的是对位于特洛伊附近伊达山的"大地之母"库伯勒和她的爱人阿提斯的崇拜。人们相信杀牛祭神的仪式能让参与者获得永生。在仪式过程中，人们坐在顶盖有洞的沟渠里，牛血会通过孔洞溅到他们身上。后来又出现了源自伊朗的密特拉教，信徒以士兵为主，他们认为太阳神密特拉能给予人们生命活力和道德纪律。罗马帝国各地都发现了相应的太阳神庙。神庙内部的小房间墙边一般都放有长凳，墙壁上挂着神明屠牛的画，溅出的牛血被视为生命力的象征。

犹太教和基督教因为只信奉一位主神（一神教）而处于特殊地位。从古希腊末期起，罗马帝国各地都可见到犹太人的身影。

犹太人在这里能够继续信奉原有宗教，于是他们很好地融入了罗马帝国。巴勒斯坦的情况则与此不同——在民族主义的煽动下，公元66年和公元132年分别爆发了两次起义，被称为犹太战争，又被称为犹太人起义。然而这两次起义分别被尼禄和哈德良残忍镇压。公元70年，耶路撒冷圣殿被焚，犹太人被驱逐。尽管罗马人成功镇压了起义，却没有对犹太教采取任何进一步的措施。

基督教的情况则有所不同，罗马帝国认为一神论的基督教对罗马的统一造成了威胁，由于基督教已传播到社会各个阶层，所以原则上它是被禁止的，但当时并未发生整个帝国范围的对基督徒的迫害。

统一中保有差异——这一描述最符合鼎盛时期的罗马帝国。这是一个由罗马和皇帝统治的城市和地区联盟，每个组成部分仍保留着一定的独立性，也都享受着罗马和平带来的种种好处，罗马的统治也没给它们带来过度的压迫。"胜利者"收编了"失败者"，给予对方公民的权利。罗马帝国通过此举积聚了力量，也变得更加巩固，从而能够经受住公元2世纪末的种种考验。正因如此，罗马帝国才成为欧洲历史中意义非凡的存在。

密特拉教

身穿波斯长袍的密特拉神割断了公牛的喉咙，狗和蛇急不可耐地凑上去要痛饮牛血。密特拉被视为整个罗马帝国的守护神。密特拉教则吸纳了各种古老的信仰，例如血被视为生命的源泉。

3. 入侵与转变：迈向新欧洲

在公元 2 世纪的最后 30 多年里，一个内外交困的阶段开始了。这一局面与罗马和平时期形成了鲜明的对比，并一直持续到公元 10 世纪。大规模的人口迁徙使整个欧洲大陆动荡不安，不同民族和地区在迁徙的过程中互相影响。日耳曼人和斯拉夫人的迁徙在一定程度上是出于自愿，而更主要的原因则是遭到以匈奴人为主的游牧民族的袭击。大规模的人口迁徙是导致西罗马帝国灭亡的原因之一，欧洲的统一局面也随之消失。

罗马帝国的灭亡是许多因素共同作用的结果。帝国的迅速扩张造成了诸多无法解决的问题，例如帝位继承问题、不断增长的国家预算，以及经济和社会问题，这些因素从内部削弱了帝国的力量，加速了它的灭亡。

早在危机爆发之前，一个重要变革就已经发生了，它影响了欧洲人的信仰和文化，人们在很久之后才意识到其影响居然如此之大，那便是基督教的传播。尽管帝国对基督教采取打压政策，但也为基督教的传播提供了条件。然而，帝国灭亡却让基督教教会和主教成为希腊-罗马文化的守护者。于是，一个与此前古代欧洲截然不同的、继承欧洲早期文明的新欧洲诞生了。

人口大迁徙和罗马文明的延续

公元 166 年，在罗马皇帝马可·奥勒留的统治时期，日耳曼部落中的夸迪人、马科曼尼人、伦巴第人突破了罗马界墙。他们越过多瑙河，几经波折于公元 170 年到达亚德里亚海的阿奎莱雅港。这便是"人口大迁徙"这个历史阶段的开端。在长达三个世纪的时间里，人口大迁徙在方方面面都影响了罗马帝国的历史。

罗马人当时仍与毗邻而居的日耳曼人保持和平相处。毫无疑问，他们将日耳曼人视为野蛮民族，因为对方生活在罗马文化区之外。但是，罗马人也清楚地意识到，这些生活在罗马界墙附近的民族已经或多或少地受

罗马的奥勒良城墙

奥勒良城墙环绕着罗马，作用是防范日耳曼人。这些城墙是在皇帝奥勒良（270—275 年在位）统治时期修建的。

狄奥多里克大帝的皇宫

西罗马帝国的皇帝霍诺留（384—423年在位）于公元404年定都拉韦纳。拉韦纳也是狄奥多里克大帝（约451/456—526年在位）统治时期的首都。后来查士丁尼（482—565年在位）收复该地，使其成为拜占庭的权力中心。这幅图以马赛克的形式呈现了狄奥多里克的皇宫。公元5世纪和6世纪的许多建筑都含有马赛克艺术，这足以说明拉韦纳的政治影响力。[①]

到了罗马的影响。出于维护自身安全的目的，罗马的军事指挥官在帝国境内安置了一些日耳曼人。尽管听起来很奇怪——这样一来，罗马军队就"日耳曼化"了。

日耳曼人的部落并没形成一个整体，他们彼此之间冲突不断。各部落只在宗教、习俗和生产技术方面存在一些共同点。一旦日耳曼人定居在某处，他们就会成为农民或牧民。他们既没有创造出城市文明，也没形成国家概念，而这两样都是罗马文明的重要组成部分。日耳曼社会是由自由人，即武士组成的。他们立誓为盟，每个人都与其他武士以及首领保持联系。在战争期间，他们会无条件地服从于首领，但在和平时期他们便是自由人，在集会上可以共同作出政治决定，这个决定甚至可以与部落首领的意见相反——我们不妨将此视为现代政治议会的雏形。这种模式尊重个人权利，不过与雅典的情况类似，日耳曼人的模式同样只适用于人数不多的情况。

日耳曼人入侵从外部对罗马帝国造成打击，而军事管理混乱和君主权力不稳则从内部削弱了罗马帝国。公元3世纪，帝国已支离破碎、风雨飘摇。但皇帝戴克里先（284—305）又重振了帝国。为了更好地抵御外来入侵，他将帝国分为东罗马帝国和西罗马帝国，由四个皇帝共同统治。在君士坦丁大帝的统治下，帝国进一步复兴，但到了公元4世纪后半叶，帝国再次陷入内战，同时伴随的还有日耳曼人的再次入侵。公元406年12月31日，汪达尔人、苏维汇人和奄蔡人越过冰冻的莱茵河，侵入整个高卢地区。

皇帝对此无能为力，只能视日耳曼部落为盟友，并把他们安置在罗马帝国内，允许他们保留自己的律法、习俗和首领。由此可

[①] 据《辞海》，霍诺留（393—423年在位），狄奥多里克大帝（493—526年在位），查士丁尼（527—565年在位）。

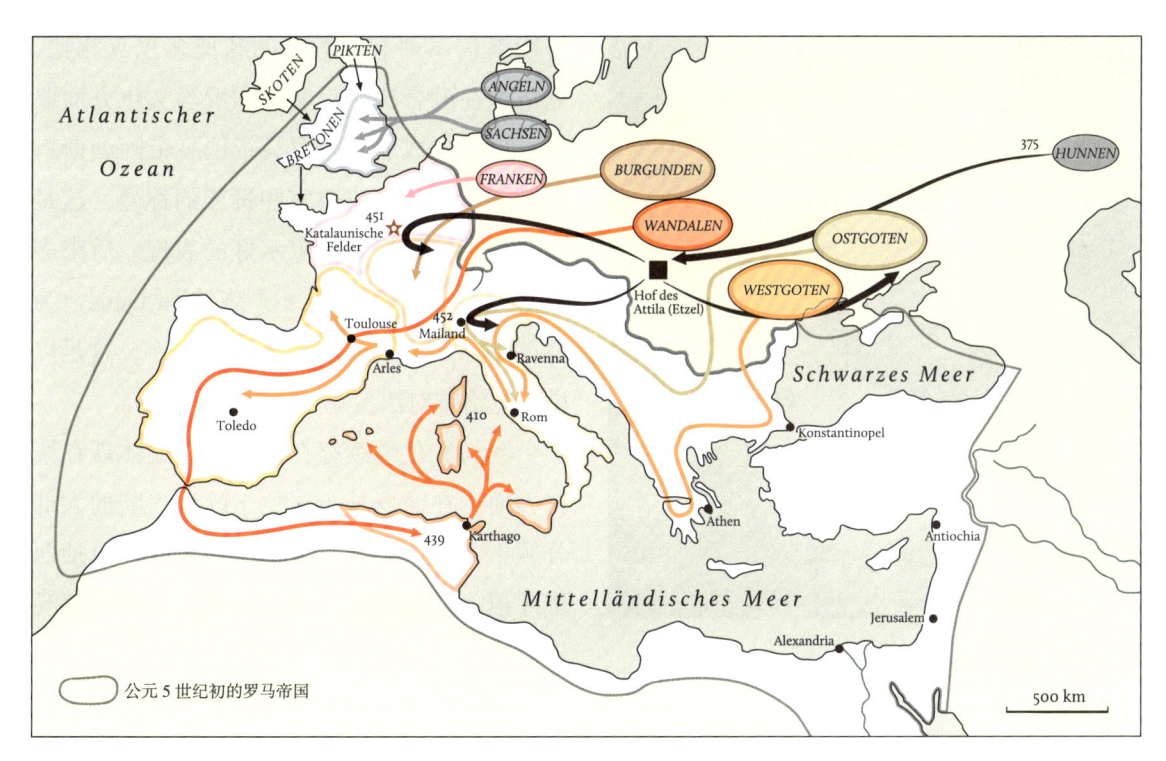

人口大迁徙

见，罗马对日耳曼部落的控制有名无实。公元476年，赫鲁利人（日耳曼部落）的国王奥多亚塞令罗慕路斯·奥古斯都退位[①]，并将帝国标志送至君士坦丁堡。该事件标志着罗马帝国形式上的统治也彻底宣告结束。

日耳曼部落逐渐占领了西罗马帝国的领土。起初边界线处在不断变化之中，到了公元5世纪，日耳曼人的统治范围已基本确定。可以说，两种文化的碰撞令欧洲动荡不安。

入侵者的数量远少于罗马和罗马化地区的人数。这或许是罗马文化能在此前罗马帝国的庞大领土范围内继续留存的原因之一。

日耳曼人将自己视为西罗马帝国的继承者，正是出于这个原因，在公元451年，他们才与罗马人和西哥特人携手共同对抗由阿提拉领导的匈奴人，并将其赶出高卢地区。这些西哥特人最初住在阿基坦（位于今日的法国南部），后来定居于伊比利亚半岛，并在那里建立了西哥特王国。到了国王雷卡雷德（586—601）统治时期，他们从拥有较多日耳曼信众的阿利乌教派脱离，与拉丁人进一步融合。这便解释了为何西哥特文明是西班牙文化的重要组成部分。

还有一个更典型的例子：东哥特王国的国王狄奥多里克在7岁时曾作为人质被送到芝诺皇帝位于君士坦丁堡的王宫。狄奥多里克会讲拉丁语和希腊语，深知帝国的优势和弱点。在东罗马帝国皇帝的支持下，他重回

[①]《辞海》，476年罗慕路斯·奥古斯都鲁被奥多亚塞废黜。

君士坦丁大帝（280—337）

图片上是君士坦丁大帝巨型雕像的残部，他是欧洲历史上最重要也最具争议的人物之一。在他的统治下，罗马帝国与基督教形成了紧密的联系，基督教徒不再遭受迫害。

意大利并率领人民赶走奥多亚塞。后来他定都拉韦纳，并在那里造了许多知名建筑。他认为哥特人和罗马人可以利用彼此间的差异形成互补关系——哥特人抵御外敌，罗马人治理国家。但东哥特帝国与君士坦丁堡之间的关系复杂而矛盾，这最终促使查士丁尼出兵征服意大利。

值得注意的是，只有一个日耳曼王国存在了较长时间，即法兰克帝国。法兰克帝国最初既不是一个统一的民族，也不是独立的部落。克洛维一世（481—511）放弃了大多数日耳曼人的信仰，改信基督教，成为第一位和高卢罗马人拥有相同信仰的日耳曼国王。他与高卢罗马人住在一起，将巴黎定为首都。

与始终信奉阿利乌教派的狄奥多里克相比，克洛维在融合法兰克文化和罗马文化方面取得了更大的成就。东罗马帝国皇帝阿纳斯塔修斯授予他最高执政官和贵族的称号，这是东罗马帝国对西方国家示好的表现。后来多位法兰克国王都使用了"路易"（Louis，为"克洛维"对应的法语名）这个名字，这足以说明克洛维对法兰克帝国的重要作用。

罗马文化继续存在这一事实还体现在语言方面。在西罗马帝国位于欧洲大陆的大部分领土上，人们继续使用罗马方言，包括西班牙语、葡萄牙语、意大利语、法语和罗马尼亚语。

只有约12%的地区转而使用日耳曼语族的语言，包括弗拉芒、莱茵兰以及阿尔卑斯地区的雷蒂亚和诺里库姆。两种语言以莱茵河以西和多瑙河以北为界线——这种划分与如今罗曼语族和日耳曼语族的地域划分并不相同。这条语言分界线的形成受到偶然因素的影响，例如现在的比利时便分属两个部分。然而我们还得考虑到一点，即日耳曼人定居地的人口密度增加了，这一变化可能在征服完成之前就已产生，但这还只是一个猜想。

不列颠的情况则完全不同。来自北海岸的弗里斯兰人、朱特人、盎格鲁-撒克逊人，以及来自爱尔兰的斯科特人分别从海上入侵不列颠，在一次次的冲击过后，当地的罗马文化几乎荡然无存。日耳曼人也没有把岛上的居民纳为新日耳曼人，而是将这里作为他们的殖民地。岛上的居民开始使用盎格鲁-撒克逊语，罗马语族被逐渐取代，而凯尔特语也只有极小部分被保留下来——现代英语中只有 15 个词来自布列塔尼语（一种凯尔特语言）。

只有位于半岛西部的威尔士和康沃尔免于被日耳曼化，其他地区的凯尔特土著则逃到了布列塔尼和加利西亚。除了爱尔兰之外，只有这些沿海地区还生活有凯尔特人。

罗马帝国的内部变化

在欧洲人口迁徙的同时，罗马帝国内部也爆发了一场严重的危机。在抵抗日耳曼人以及在东部与安息帝国作战的过程中，军队及其长官的政治权力不断扩大，他们甚至能够选择或废黜皇帝。公元 284 年，戴克里先被他的士兵们拥立为皇帝，这与此前的情况相类似，但他成功结束了这种持续了近一个世纪的军人干政的局面，让帝国重新恢复了一定程度上的稳定。

此时最大的困难在于如何使罗马帝国的内部秩序满足防御的需要。戴克里先对国家的政治结构和行政机构进行了调整，并越来越多地对经济和社会生活进行干预。这便是他创建"四帝共治"模式的缘由。整个帝国被分为四个部分，分别由两位奥古斯都和两位恺撒统治。在必要情况下，恺撒可以接管奥古斯都的统治权。

四位统治者的驻地分别在特里尔、米兰、锡尔米乌姆（如今的斯雷姆斯卡米特罗维察，位于塞尔维亚首都贝尔格莱德西部）及尼科米底亚（位于小亚细亚半岛上君士坦丁堡以北 100 公里）。罗马城不再是帝国的首都，这在历史上是史无前例的。

然而四帝共治的模式并未取得预期效果，君士坦丁大帝重新独揽大权。公元 330 年，他将拜占庭，即后来的君士坦丁堡，设为首都。正如他所判断的那样，这个"新罗马"比罗马城更易于抵抗来自日耳曼人和安息帝国的侵袭。迁都也证明了东部比西部更具优势。在经济和文化领域，东部也优于西部，这是因为东部直接继承了古希腊文明，而且雅典、帕加马、安条克等城市以及亚历山大港都位于东部。这样便为拜占庭帝国奠定了基础。但狄奥多西一世的做法再次令帝国分裂——他将东部和西部分别给了长子阿卡丢

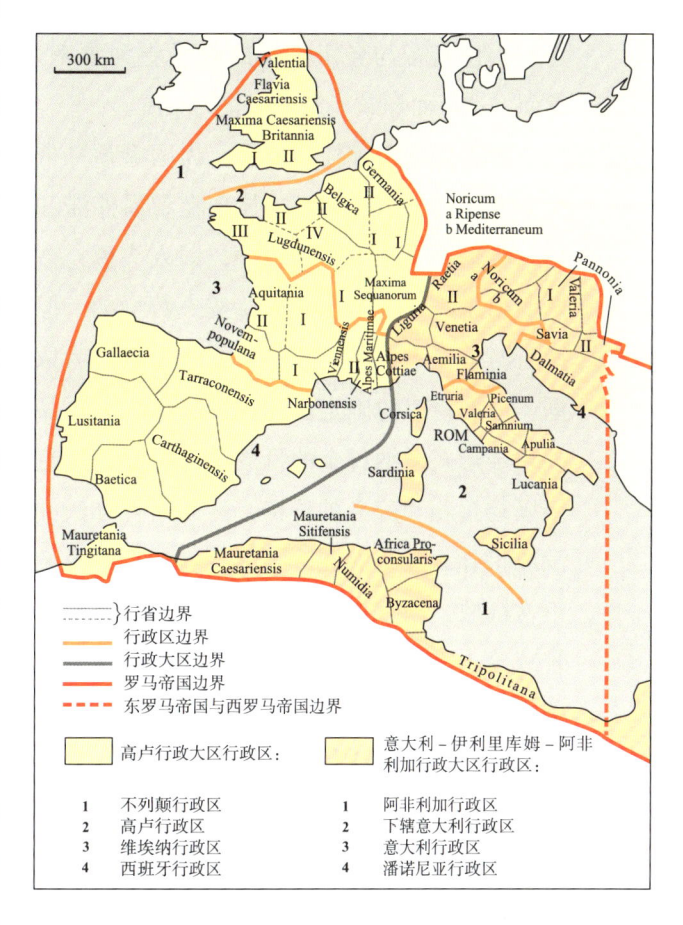

公元 3 世纪行政改革后的西罗马帝国

罗马帝国新的政治结构旨在缩小管理者与被管理者间的距离。东罗马帝国也对行政区域进行了类似划分。

（383—408年在位）和小儿子霍诺留。这意味着，公元395年他去世后，罗马帝国的历史彻底宣告结束，解体为东罗马帝国和西罗马帝国。

政治改革涉及各级行政机构。行省的规模变小，以便缩短总督与人民的距离，此前的40个行省被细分为约100个行省。意大利失去了特殊地位，也被划分成了多个区域。行省组成行政区，由行政区总督管理。这些行政区构成了3个由皇帝直接管理的行政大区，后来行政大区变为4个。

这次行政结构调整的目的本是加强中央集权，使皇帝与各级官员的联系更为紧密。然而，这反而导致了地方主义的发展。

种种防御措施耗资巨大，为国家预算带来了沉重的负担，这直接体现在贸易停滞和货币贬值上。一个新的税种，即人头税，被发明出来。原则上这种税应按人数缴纳，但执行时却变本加厉，同时以人数和财产为依据，最终税值的确定往往惹人不快。以食品或现金形式缴纳税金的目的是可以让国家直接操控食物和劳务的价格，然而这种办法并没取得什么效果。同时，为了确保土地税的正常征收，国家强制所有农民不得迁居。尽管理论上农民仍是自由身，但他们活得越来越像奴隶。国家干预和各种歧视迫使穷人选择逃亡或干脆成为盗贼。

在人口大迁徙阶段，城市居民又回到城墙后面居住。这些城墙往往是在被"野蛮人"摧毁的建筑物的废墟上建立的。1000多年来，这些环绕着城市的城墙定义了城市的范围。不同于广为流传的一种看法，这些城市其实并没有随着西罗马帝国的衰落而彻底消失，它们将希腊-罗马文化保留了下来。

富人、元老院贵族及其后代为了躲避战乱便离开了城市，搬到了他们位于乡间的庄园。那里既有农业也有手工业，可以实现自给自足。庄园主及其手中的财产吸引来一批定居者和自由的农民，于是一种乡间的独立经济模式就形成了。庄园主为庄园里的人提供庇护，使其免于沉重的赋税。负责征税的是来自城市的官员，他们以个人财产为收税额担保，因此常常陷入破产或被迫逃亡的境地。

经济和社会的农村化发展趋势最终削弱了城市官员和国家的权力，他们手上能保留多少权力取决于大庄园主们是否愿意"发善心"作出让步。这或许便是欧洲封建制度的起源。

无论如何，国家的概念在帝国的西部逐渐消失，公元476年西罗马帝国的灭亡再次证明了这一事实。不同的民族共同生活在一起，却各自遵守本民族的习俗和制度。而这些习俗和制度往往拥有截然相反的价值观，这便导致了同样的情形下却出现了各不相同的法律判决。罗马帝国时期，受帝国管辖的各个地区均遵守统一的罗马法律，而现在，各民族各行其是。

但是，罗马人与非罗马人的法律，并不像目前为止学者们所认为的那样泾渭分明。西哥特王国的《尤利克法典》和勃艮第王国的《勃艮第法典》都有从罗马法借鉴的部分。而将法律写下来这件事本身就不符合日耳曼人的习俗，更像是罗马人的作风。

长期以来，日耳曼的军事首领都表示效

最初的基督教艺术

这是罗马一处地下墓穴中的壁画，画面中央有一位站立的祈祷者，他将手掌心朝向天堂的方向（下跪祈祷的姿势出现得较晚）。这里正是埋葬遭迫害的基督徒的地方。

忠罗马帝国，而他们的所作所为最终却导致帝国走向衰败。然而他们仍然仰慕帝国，正是他们促进了罗马文化和日耳曼文化的融合，让欧洲呈现出崭新的面貌。

基督教的欧洲

基督教的传播也为欧洲带来巨变。因基督徒不愿为其他诸神献祭，他们与帝国之间很快便产生了冲突。

尽管如此，这时期的基督徒并未受到全方位的迫害，大规模的迫害也很少发生。大量关于基督教殉道者的传说也在一定程度上反映出人们对天堂生活的狂热向往。在基督教迅速传播的过程中，东部的传播速度比西部还要快。

公元4世纪时，基督教经历了决定性的转折。公元303年戴克里先宣布基督教不合法，这是他为复兴帝国所采取的宗教策略。这造成了历史上对基督徒最残忍的迫害，但也是最后一次迫害。公元313年，君士坦丁大帝和李锡尼颁布《米兰敕令》，公开承认基督教为罗马帝国的宗教之一。君士坦丁大帝或许还在逝世前接受了洗礼。公元381年至392年间，狄奥多西一世禁止其他宗教举行宗教仪式。异教的寺庙被拆毁或被改建为教堂，奥运会也在公元393年被取消。罗马帝国至此已成为一个基督教帝国。

这一情况也并未因日耳曼诸国的建立而受到影响。只有法兰克帝国里的几个民族例外，他们早在定居罗马帝国之前就已信奉基督教的阿利乌教派。

基督教最早在城市里传播，拉丁语中的"paganus"一词兼有"农民，农村的"和"异教的"两重含义，便足以说明这一点。到了公元5世纪和6世纪，农村地区的教区数量才大幅上升。教皇格列高利一世（590—604）采取的一系列措施使基督教得到蓬勃发展。

起初每个城市的基督教团体中都有一位主教，即监督人。他是由信徒选出来的，不仅是宗教方面的权威，更是城市里最有权势的人之一。随着教堂数量的增加，不久之后就只有大城市中才有主教，在其他城市里，长老代替了主教的角色。希腊语中的"长老"（presbyteroi）意为"最年长的人"，而"牧师"（priester）一词正是从这个词衍生而来的。罗马主教被视为"使徒彼得的后继者"，

最初的教堂

这些教堂可以容纳大量信徒。它们的平面图呈矩形,都是仿照古罗马的巴西利卡建造的。圣坛一般位于后殿,柱子的表面、地面、墙裙用的都是大理石。壁画或马赛克图案都是以圣经故事作为主题。

拥有最高权威。但直到公元6世纪末，罗马主教才被赋予"教皇"的称号，成为整个教会的首脑。

当基督教刚成为罗马帝国的国教时，皇帝可以干预教会事务，尤其是在任命主教方面。这为后来精神领袖与世俗领袖之间的冲突埋下了种子。公元325年，在君士坦丁大帝的倡议下，第一次尼西亚会议召开。会上确立了教义，并宣布阿利乌教派为异端。

会上围绕正确教义的讨论中出现了一些分歧，主教们对《新约》经文的真实性达成了一致，却对其内容有不同的阐释，尤其在核心问题——如何使上帝的唯一性与三个位格（即圣父、圣子和圣灵）相协调这点上意见不一。阿利乌主义是亚历山大港教会长老阿利乌提出的。他否认基督的神性，并因此在尼西亚会议上遭到谴责。相比于西部，这些神学上的争论更多地发生在东部地区。基督教与犹太教本属同源，但它很快便明确地与犹太教区别开来，特别是在狄奥多西将基督教宣布为国教之后。就在这时，反犹太的言论首次出现，但这是出于纯粹的宗教原因。在基督教徒的眼中，犹太人应为基督的死负责。基督教对犹太人的迫害不是为了彻底消灭犹太人，而是想把他们排挤到社会的边缘。犹太人不准从事体面的职业，奴隶也不准信仰基督教。

与此同时，基督教也制定了新的礼拜模式，这使其进一步区别于犹太教。犹太人的安息日是每周的星期六，而基督教的礼拜日是星期日。教徒们在那一天聚在一起祈祷、诵读《圣经》中的经文、唱圣诗和聆听讲道。只有接受过洗礼仪式的人才能加入教会。最初接受洗礼的人大多是成年人而非新生儿——因为教会的扩大是通过人们改信基督教实现的，并非由于新生儿的数量增多。当时基督教最重要的仪式是圣餐会，后来发展为聚餐，即友爱宴，目的是令基督徒不要忘记耶稣那顿最后的晚餐。后来只保留了这个仪式的基本符号，即面包和酒，并由此衍生出了天主教的各种弥撒形式。

随着时间的推移，礼拜的地点也发生了变化。最初人们聚在私人住宅中礼拜，后来开始建造教堂，最初的教堂平面图与古罗马的巴西利卡非常相似，都呈十字型，祭坛代替了讲坛。直到今日，大多数教堂都是这样建造的。这一时期新出现的还有教堂绘画，它们往往带有一定的寓意，此前在地下墓穴中也出现过类似的绘画。这样的墓穴通常建在城市周围，目前仍可进入的最著名的地下墓穴在罗马。

起初，基督教徒是准备好随时殉道的、

基督教文化的发展之路

塞泽尔在成为阿尔勒主教之前，是莱林（现在的法国蓝色海岸）修道院的修道士。

"我谦恭地请求有学问的人能耐心地倾听那些简单朴实的语言，不要抱怨，以便主的所有信徒都能从这通俗易懂的语言中获得精神食粮。因为无知的人和平庸的人不会达到有识之士的高度，那么就希望有学问的人能够屈尊照顾未受过教育的人。受过教育的人能够理解平庸之人所讲的话，但这些平庸的人难以从有学问的人的话中获得启发。"

摘自塞泽尔的《讲道》（86）

拉韦纳的东正教洗礼堂

公元5世纪，人们在接受洗礼时要将整个身体浸入水中。穹顶的马赛克装饰画中展示的是耶稣在约旦河中受洗的场景。

信仰坚定的一小拨人。但随着基督教越来越普及，信众越来越多，就有些人开始放松了对自身的约束，某些基督徒在日常生活中不再严格遵守十诫。在这种氛围下，3世纪末埃及出现了许多隐士，他们以不同常人的生活方式表达对懈怠信仰者的抗议。

隐士们躲到沙漠里进行祈祷和冥想，过着艰苦的生活。他们被一些人视为智者和圣人，他们的清修偶尔会被慕名而来的人打扰。一些遵守相同生活准则的修道士聚在一起，便形成了最早的一批修道院，东部按照巴西流的教义，西部按照卡西安或图尔的马丁的教义。公元5世纪，爱尔兰深受圣帕特里克讲道的影响；公元6世纪，隐修的形式已经在当地蓬勃开展起来。从地理位置来看，爱尔兰位于欧洲边缘，但它却成为基督教传教的辐射中心。意大利卡西诺山修道院的努西亚的圣本笃制定出一套供修士遵守的准则，这套准则后来被许多修道院采用。

根据这些准则，修道士一辈子都要住在修道院，发誓安贫、贞洁以及服从修道院院长。修道院可以为陌生人提供住宿、为有需要的人提供帮助并支持当地学校的发展。修道院逐渐成为一地的文化中心，修道士们记录历史、复刻各种文本、从事农业生产和其他劳动。

许多领域都发生了巨变，文化和教育也不例外。尽管希腊－罗马传统仍然存在，但由于人们不再学习希腊语，有部分希腊的哲学和科学知识便遗失了，而这些恰好是希腊－罗马文化的根本组成部分。不过雄辩和诗歌方面的传统没有改变，得以继续留存。总体而言，古希腊和古罗马的思想被逐渐遗忘了。

但古典文化对日耳曼人产生了巨大的影响，正如公元前3世纪和前2世纪时古罗马文化深受古希腊文化影响那样。与罗马文化的接触让各个日耳曼民族逐渐从口头文化转向书面文化。然而，古典文化也为这个全新的欧洲带来两方面的问题：一方面，罗马鼓励公民去参加广场上的政治辩论，然而在新的日耳曼诸国这样做还有必要吗？另一方面，古代文化被视为异教文化，这是否会对基督教构成威胁？

来自上层阶级的罗马年轻人接受的是传统教育——这种教育大多只能在城市里获得，学成后却往往担任低级职务。当高级官员都出身军队的时候，学习所谓的知识还有什么意义呢？因此针对罗马年轻人的教育内容变得更加贴合日耳曼人的习俗，并更加注重身体训练和武器的使用。

在很长的一段时间里，教会都依附于所谓的"基督教古典文化"，它将古罗马的传统文化与新的宗教信仰融合起来。古典文明中有关诗歌和传说的部分对基督教不构成威胁，只有少数纯粹主义者在谴责这种文化中模棱两可的内容。他们认为，若想争取到底层群众，就必须明确地将异教和基督教的文化内容区分开来。《福音书》应该"讲给有罪的人，而不是讲给雄辩家"。在教育方面，学习圣经中的内容取代了希腊－罗马的传统文化教育。公元529年发生的两件事情非常有代表性，即新柏拉图学派的学院被下令封闭以及努西亚的圣本笃建立卡西诺修道院，这两件事意味着古代教育的终结和对基督教思想的肯定。

从公元6世纪初开始，欧洲彻底被基督教征服，基督教甚至开始在北非和中东的大部分地区传播开来。

爱尔兰基督教

像那些居住在埃及沙漠里的隐士一样，爱尔兰的修道士也总是结成小群体共同生活，例如住在斯凯利格·迈克尔岛（位于爱尔兰西部丁格尔海湾）的修道士，他们就生活在这座小岛的陡峭山坡上。他们一般在防水的小房间或祈祷室里起居，这些小屋由干净的石灰石垒成，看起来像蜂房。这些朴素的"修道院"与爱尔兰传教士在欧洲的豪宅形成了鲜明的对比。

斗兽场——罗马的地标性建筑

建造于公元 70 年至 82 年的斗兽场是古罗马最大的封闭式建筑，同时也是古罗马最大的圆形露天剧场，并因其中发生的残酷的角斗令世人永远铭记。英国盎格鲁-撒克逊时期的本笃会修士、历史学家、神学家比德（672/673—735）被斗兽场深深震撼，留下了名言："斗兽场不倒，罗马便会永存；罗马不倒，世界便会永存。"

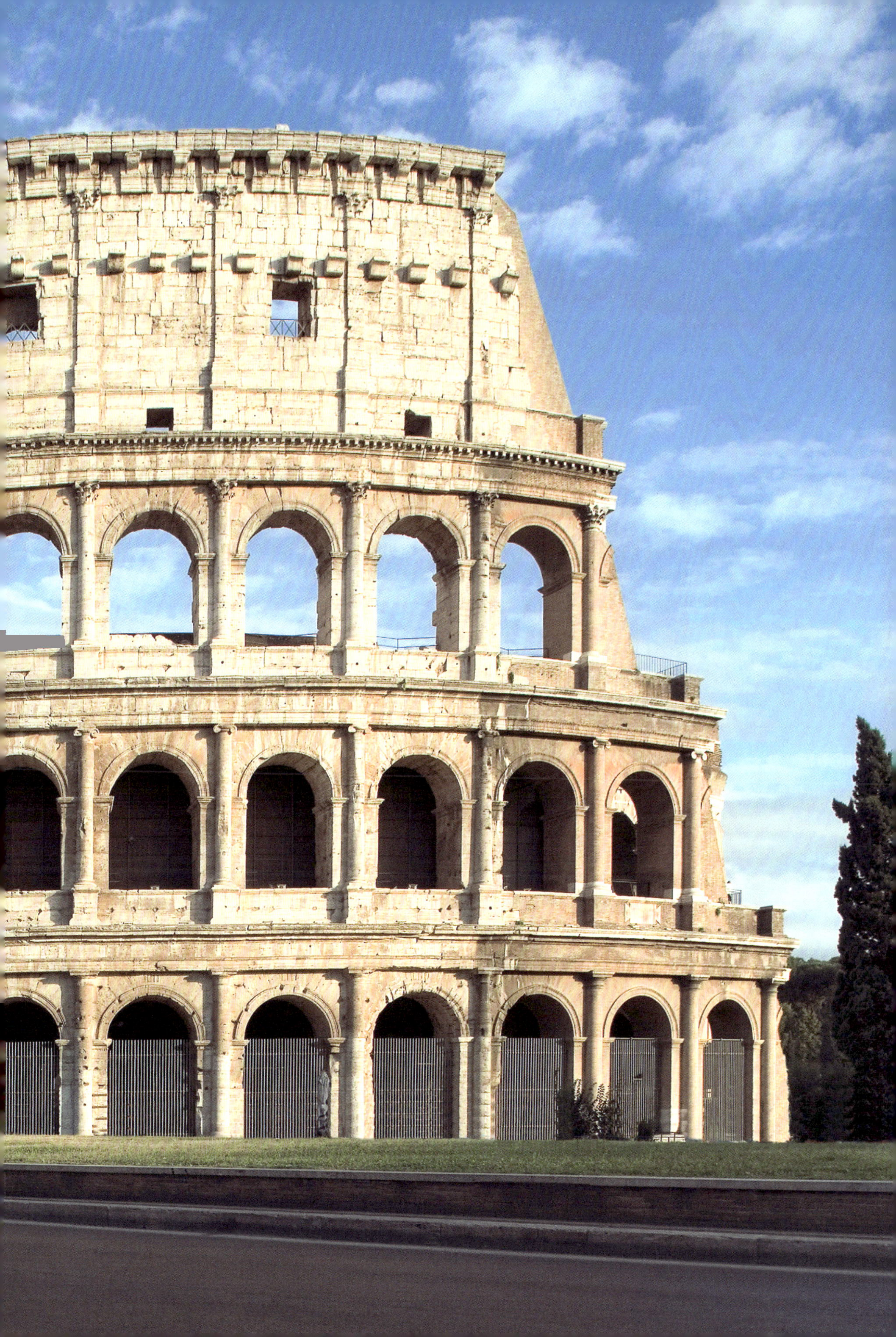

拜占庭帝国与欧洲西部

公元 500 年　公元 600 年　公元 700 年　公元 800 年　公元 900 年　公元 1000 年　公元 1100

■ 公元 527 年—565 年 查士丁尼统治时期
■ 公元 528 年—529 年 《查士丁尼法典》
■ 公元 622 年 希吉拉（伊斯兰教历元年），穆罕默德从麦加迁至麦地那
■ 公元 626 年 阿拉伯人与拜占庭人的首次较量
■ 公元 680 年 保加利亚第一帝国成立
■ 公元 717 年—718 年 阿拉伯人围攻君士坦丁堡
■ 公元 732 年 查理·马特在普瓦提埃之战中战胜摩尔人
■ 公元 754 年 建立教皇国
■ 公元 768 年—814 年 查理大帝统治时期
■ 公元 842 年 《斯特拉斯堡誓言》
《凡尔登条约》和法兰克帝国的分裂，拜占庭帝国的"圣像破坏运动"结束 ■ 公元 843 年
西里尔与美多德传教，佛西亚斯分裂 ■ 公元 863 年
维京人首领罗洛被西法兰克国王查理三世任命为诺曼底公爵 ■ 公元 911 年
奥托一世统治阶段 ■ 公元 936 年—973 年
莱希菲尔德战役，匈牙利战败 ■ 公元 955 年
阿索斯山上的修道院 ■ 公元 963 年
基辅罗斯基督教化 ■ 公元 989 年
保加利亚王国灭亡 ■ 公元 1018 年
英格兰国王"忏悔者"爱德华 ■ 公元 1042 年—106
基督教大分裂 ■ 公元 1054 年
威廉一世战胜盎格鲁-撒克逊人 ■ 公元 1066 年

皇帝查士丁尼

公元527年至565年，皇帝查士丁尼统治着东罗马帝国，他是基督教的捍卫者、伟大的建造者和法律制定者。王后狄奥多拉、将军贝利撒留和纳尔塞斯均为查士丁尼复兴罗马帝国的伟业提供了许多支持。

公元6世纪，在皇帝查士丁尼的统治阶段，有一些新思想彻底改变了东罗马帝国的面貌。这个阶段社会矛盾重重，一方面新占领的地区还不够稳定，而另一方面，文化却得到了蓬勃发展。领土的大规模扩张令帝国处于历史的转折点——帝国从此与古典文化和自身的历史渐行渐远。

统一的民族和占主导地位的希腊文化是拜占庭帝国在这个阶段的两大特点。后来的权力下放、经济形势变化、针对基督教的政策、信仰之争以及封建社会秩序的形成等因素都使这两个特点变得更加突出。这个阶段在10世纪和11世纪之交时结束，当时帝国疆界不断变化，新的机构也不断涌现出来。

欧洲的局势发生了变化，一批新的国家出现了。在这个阶段，无论在东部还是西部都没有形成庞大的世界性帝国，这种帝国仿佛只是与现实相反的美好幻想。尽管权力分散，但欧洲还是在这几个世纪里度过了重要的发展阶段。狭隘封闭的观念逐渐被淘汰，人们开始追求普遍性、连续性、团结和稳定。这个历史时期为后人留下了不可估量的宝贵遗产，也展现了人类和谐共存的可能性。

查士丁尼统治时期的帝国

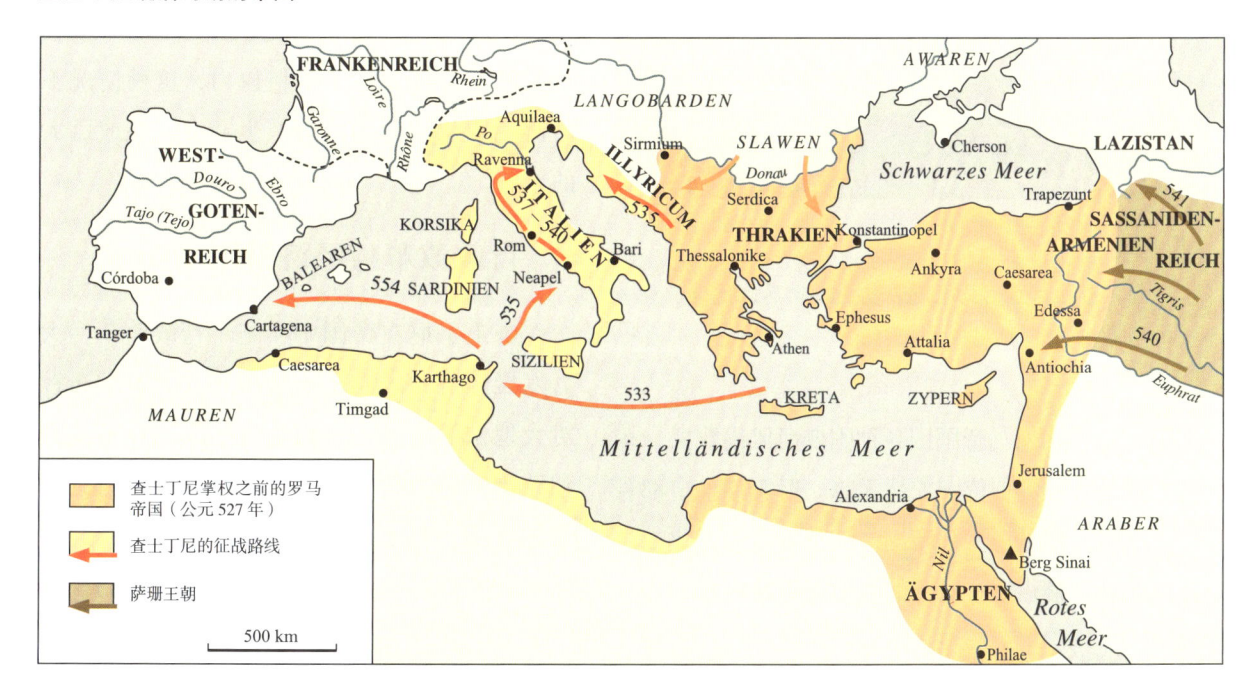

1. 查士丁尼与 6—7 世纪的拜占庭帝国

皇帝

皇帝是上帝属意的人选，他主宰世界，是政教合一的象征。

当西罗马帝国因各种剧变而风雨飘摇，东罗马帝国看似依旧安然无恙。但实际上定都君士坦丁堡的东罗马帝国内部也发生了变化，这仅从"拜占庭帝国"的名称就能看出来。

"一个国家，一种信仰"

查士丁尼的统治时期可以分为两个阶段，即公元 527 年至公元 533 年间的蓬勃发展阶段和公元 540 年至公元 565 年间的困难重重阶段。

查士丁尼希望实现地理上的统一，以便更好地治理国家。他试图借助基督教来实现社会的统一和民族的统一。"一个国家，一种信仰"是他和后继者们的核心政策。教会服务于政治需要，反过来，国家也只推行一种基督教教义。皇帝的这种极端政策导致冲突不断，信仰其他流派的基督教徒被镇压，只承认基督神性的基督一性论者也受到抵制。柏拉图在雅典创建的学院于公元 529 年被勒令关闭。教会屈从于世俗权力，这种情况不可避免地与信仰的内涵产生冲突，造成巨大的矛盾。

行政改革与经济措施

查士丁尼在帝国中实施了行政改革，大力发展经济并限制了土地所有权。他颁布针对大地主的法令——因为这些人的经济实力和政治影响力日益增强，这势必会威胁到皇帝的权威。查士丁尼并未采取激进的做法，但对公共部门的监管和旨在保护小农的税收

君士坦丁堡的地下水宫

君士坦丁堡的居民并不为饮用水发愁,然而查士丁尼想要做得更好。他下令修建的工程能让水沿着水渠流到遍布整个城市的地下蓄水池中。图中所示的这座蓄水池是为巨大的宫殿和花园供水的,被称为"地下水宫",里面有 336 根 8 米高的柱子,它们在长 140 米、宽 70 米的地面上排成 12 行。

措施都足以对大地主造成打压。

查士丁尼采取的经济措施以加强贸易流通为目的。起初地中海西部地区的贸易陷入停滞,许多城市无法开展长途贸易。于是,拜占庭帝国转向东方,从中国和印度购买奢侈品,特别是丝绸。然而海路和陆路的贸易路线都被波斯人控制,查士丁尼努力与波斯人维持友好关系,但这并不容易——即使在和平时期,拜占庭帝国也不得不向波斯人进贡以求平安。查士丁尼希望能开辟通往中国的新道路,拜占庭人曾经越过克里米亚半岛的赫尔松、辛梅里亚人的博斯普鲁斯海峡,经过拉兹人的领地,再穿过高加索地区。他们也尝试渡过红海到达印度洋。尽管如此,在对东方的贸易中波斯人仍掌握着主动权,直到拜占庭人能够自己生产丝绸。这要感谢两个传教士——他们把蚕茧放在挖空的手杖里偷偷带了回来。一直到 12 世纪,拜占庭帝国的贸易和手工业都处于蓬勃发展之中,君士坦丁堡和塞萨洛尼基成为重要程度不相上下的两大贸易中心。城市主街上的大型店铺里可以买到各种商品。尽管农产品的贸易仍占主导地位,但贸易的重要性在不断增加,特别是活跃的海上运输为当地产品的出口提供了便利,出口商品主要有珠宝、器皿、毛织物、亚麻和皮革等。

拜占庭帝国的威望以基督教和希腊文明为基础,皇帝独揽大权。举行体育比赛的跑马场是人们唯一能目睹皇帝真容的地方,各个团体也借机在这里表达政治主张,"绿党"和"蓝党"都曾多次坚决地争取各自的权利。公元 532 年著名的"尼卡暴动"("尼卡"是

克拉塞的圣亚坡理纳圣殿（左）

这座位于拉韦纳港的教堂建于公元543年。圣亚坡理纳的遗物被存放于此。

圣索菲亚大教堂（右）

这座大教堂由君士坦丁大帝下令修建，位于拜占庭都城前的山丘上。它于公元532年被烧毁，并在查士丁尼统治时期重建。它有一个中央大穹顶和两个次穹顶，含中庭、前廊和外前庭。中央穹顶的最高点距离地面足有55米，给人一种气势恢宏的印象。

反抗者的口号，意为"胜利"）便是在这种情形下发生的，当时查士丁尼为避免内战采取姑息政策，但这两个党派的人却联合起来胁迫查士丁尼下台。在狄奥多拉的唆使下，查士丁尼对反抗者进行了残酷的镇压，保住了王位。但人们从此失去了这个表达意见的途径，专制制度逐渐占了上风。

立法工作

查士丁尼最主要的也是影响最为深远的成就便是他下令编著的《民法大全》。罗马帝国的全部法律都以书面形式被记录了下来。为了避免在立法过程中出现混乱，他要求法学家特里波尼亚努斯领导的委员会在短时间内就完成这部巨著。其内容包括：

- 《查士丁尼法典》（528—529）：记录了自哈德良皇帝（2世纪）以来的全部皇帝诏令。编撰工作依据《狄奥多西法典》（5世纪）、《海默根法典》（4世纪）、《格列高利法典》（3世纪）以及两部由哈德良和戴克里先两位皇帝委托编写的法律汇编。
- 《学说汇纂》（533）：一部罗马法学家的著作及评析的摘录集。
- 《法理汇要》：给法学生使用的教材。
- 《新律》（514—565）：有关社会和民众生活的168项法律的汇编。

《查士丁尼法典》《学说汇纂》《法理汇要》和《新律》均以拉丁文发表，但《新律》的大部分则是用希腊语写成，便于公职人员和百姓理解和应用。

《民法大全》并没有简单地复制古罗马法律，法学家们对法条进行了修订，使其与受基督教伦理和习惯法影响的新社会相适应。后来出现的新法律和新的政治思想都足以证明《民法大全》对拜占庭帝国乃至整个西欧地区的重要影响。

即便拜占庭帝国后来灭亡了，《民法大全》仍是随后几个世纪里西欧国家的立法基础，《拿破仑法典》和其他一些衍生法典都是参考它来制定的。

公共建筑和艺术作品

守护在拜占庭帝国在欧洲和亚洲边界的堡垒不计其数，在多瑙河沿岸尤其如此。查

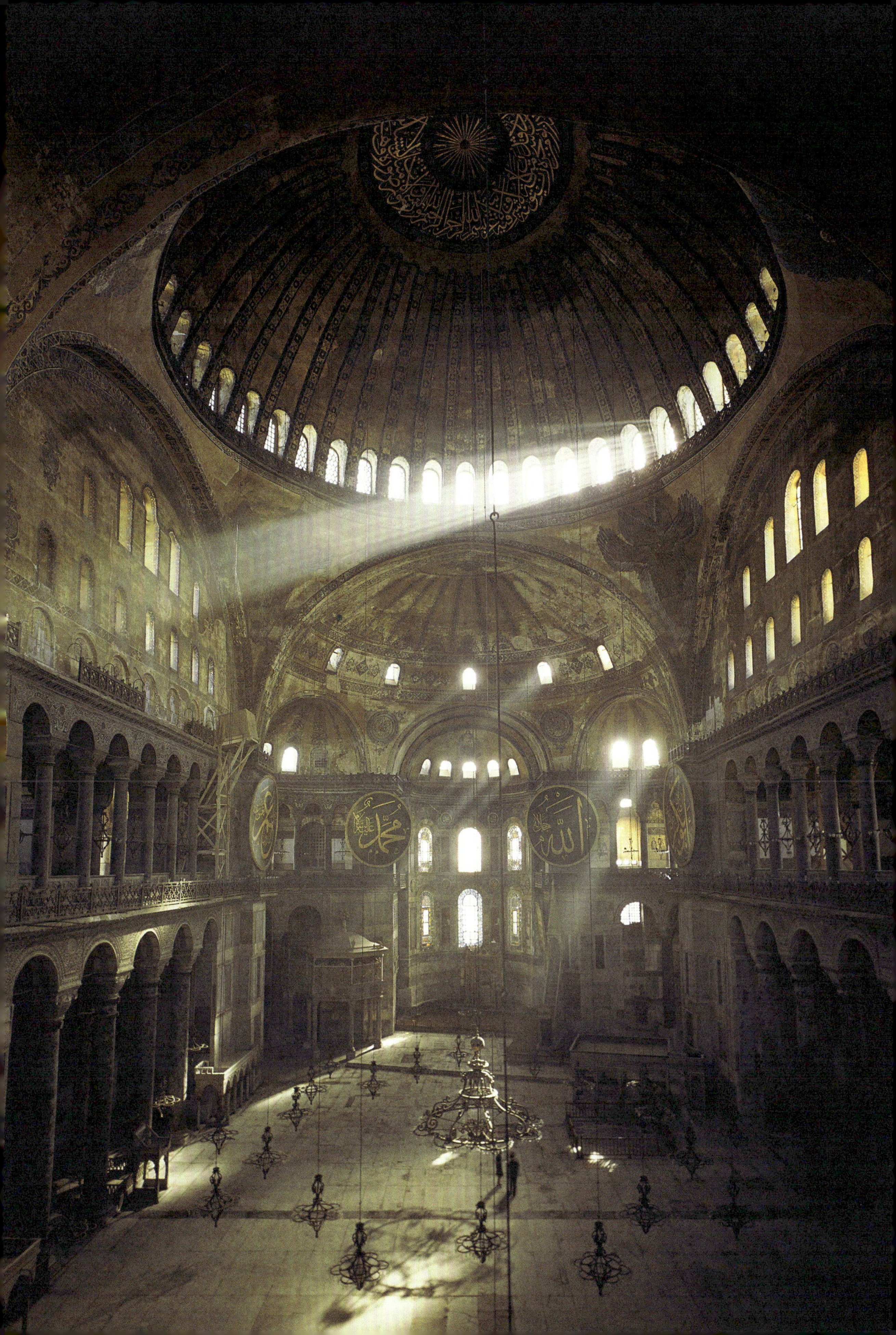

耶路撒冷的奥马尔清真寺（又名圆顶清真寺）

在蓝色和金色组成的马赛克镶嵌穹顶下有一块巨石，它对犹太教徒和穆斯林而言都意义非凡。对犹太教徒来说，其族长亚伯拉罕曾打算在此用儿子献燔祭；而对穆斯林来说，它是先知穆罕默德"夜行登宵"时用的踏脚石。

士丁尼派人修建了大量防护墙、行政大楼、福利设施和大教堂等建筑。这时期建造的圣索菲亚大教堂堪称圆顶大教堂的典范。建筑、绘画和雕塑都遵循新的宗教信仰，所有的艺术形式都受到基督教的影响。希腊的古典艺术消失了，因为它不符合拜占庭宗教艺术的主导思想。

雕塑有亵渎神明的嫌疑，而马赛克镶嵌艺术和绘画则体现了新的艺术观念。在接下来的几百年时间，作为政治和宗教的最高统治者的皇帝成为艺术作品中最常见的形象。

保卫边境

查士丁尼尝试用类似"普世教会运动"的策略重建古老的帝国，将军贝利撒留和纳尔塞斯努力协助他实现这一目标，却在不久后就意识到这根本无法实现。汪达尔王国（公元533—534年）、东哥特帝国（公元555年）和西哥特帝国（公元711年）的覆灭表

公元7—8世纪时伊斯兰教的动向

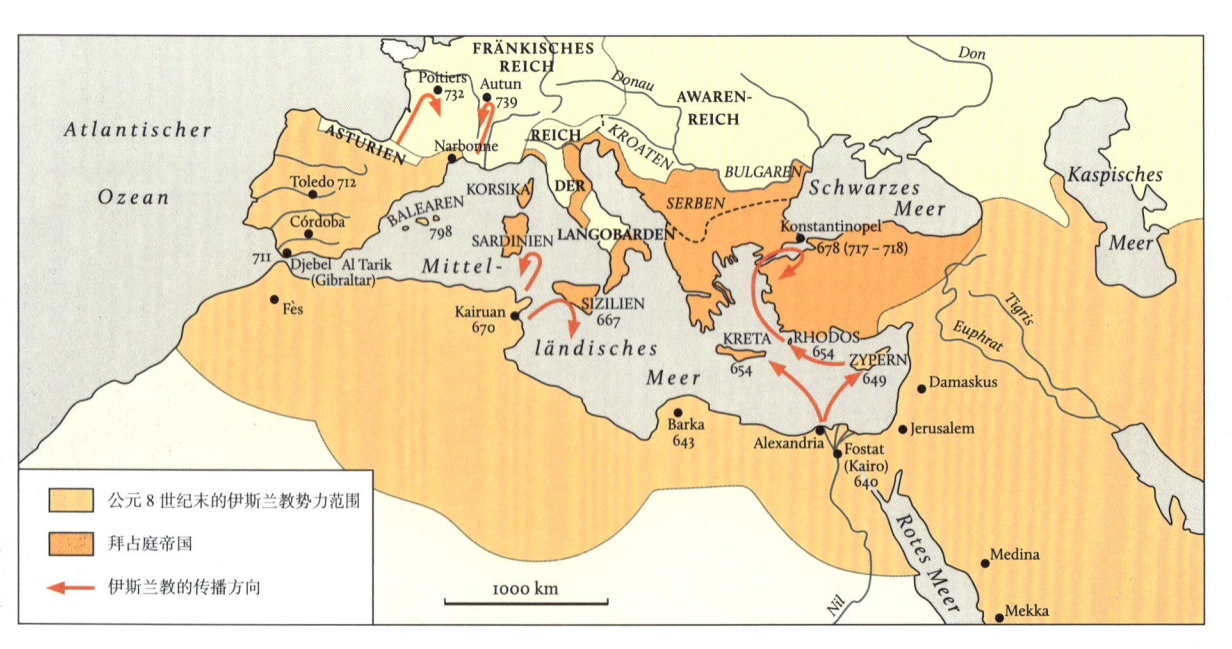

明这些国家已变得非常脆弱，但这也给拜占庭帝国带来了许多麻烦。同样地，尽管地中海和黑海再次成为帝国的"内海"，但发起的每次征服行动也都为帝国带来了负面影响，尤其是在财政方面。于是帝国只能提高赋税，这引发了人民的不满。在此期间，多瑙河未能抵挡住斯拉夫人的进攻，皇帝也不得不屈从波斯人的要挟。随着新的外来民族在此定居，整个巴尔干半岛都陷入了动荡。

查士丁尼的后继者竭力保住庞大的帝国版图，但他们不得不一再对波斯人作出让步。与此同时，来自北方的新对手阿瓦尔人也对拜占庭帝国发动袭击，他们最终定居在巴尔干地区。

为了保住已征服的领土，"军事总督管辖区"这种新的行政单位被创建出来，用在拉韦纳和迦太基等地。相应的行政制度也随之建立，它后来变得格外重要。战争使国库紧张，而高赋税让人民陷入贫困。军队的战斗力下降，难以抵挡波斯人、斯拉夫人和阿瓦尔人的进攻。这一切都使民众感到不安。不同社会阶层间的矛盾增多，人民与中央政府之间也不断爆发冲突。最终拜占庭帝国无法应对这种局面，动乱蔓延到东部的各个行省。

这种情况一直延续到迦太基总督希拉克略即位。他将帝国变成了神权国家，政权基于宗教信仰，并将希腊语定为官方语言。为了对抗外敌，希拉克略重整帝国内部秩序。他制定了"军区制"，这是一种新的行政区划。通过这一改革，他支持了小地主、赶走了外国商人，同时也推动了经济的发展。新的军事总督需要自行筹措发展军区的资金并

保加利亚骑士
金杯上所雕刻的图案体现了一个新的民族在欧洲为争夺定居地而战的决心。

置办装备。在对行省实施行政改革的同时，中央政府也进行了改革，希拉克略设立了新的行政部门，以此让权力变得更加集中。

完成这些改革之后，公元622年，拜占庭对"没有信仰"的波斯人发起攻击。对他们而言，非基督徒就等于"没有信仰的人"和"野蛮人"，这是一场宗教战争。也或许可以把它视为十字军东征的开端。6年后，波斯人不得不将亚美尼亚、叙利亚、巴基斯坦、埃及和美索不达米亚归还给拜占庭帝国。

公元626年，阿瓦尔人试图保卫君士坦丁堡，但这次行动以失败告终，并动摇了他们在巴尔干地区的统治地位。斯拉夫人从中受到鼓舞，开始尝试摆脱阿瓦尔人的控制，争取独立自主。

但真正的危险来自阿拉伯人，自公元622

拉韦纳新圣亚坡理纳教堂

这座教堂是狄奥多里克大帝为阿利乌教派的信徒建造的。

年起,他们就开始为一个共同的愿望做着准备。"希吉拉"(迁徙)之年被视为伊斯兰教历的元年,也标志着伊斯兰教传播的开始。先知穆罕默德从麦加来到麦地那,创建了伊斯兰教,取代了此前无关政治的阿拉伯信仰。

穆罕默德去世后,阿拉伯人开始进犯拜占庭帝国和波斯人的领地。其势力扩张势如破竹,很快便征服了叙利亚、美索不达米亚和埃及。帝国被战事拖累得疲惫不堪,阿拉伯人则借助宗教的力量征服人心。被占领地区的人们视阿拉伯人为救星,认为他们能将自己从拜占庭帝国的压迫中解救出来。不久后,成立于公元649年的阿拉伯舰队也对拜占庭人在地中海东部的霸主地位造成威胁。

地中海曾是世界的中心之一,如今它是否变成了一道边界呢?地中海无疑是宗教的分界线,但并没有隔开经济上的交流。因为阿拉伯世界横跨欧洲、亚洲和非洲,地中海正处于经济枢纽的位置。借着地理优势,阿拉伯人已成为国际贸易中重要的一环。他们控制着出入印度洋的海上通道,买卖香料、珍贵木材、纺织品和象牙,甚至是奴隶。

阿拉伯人在艺术和科学领域也成就斐然,他们翻译了亚里士多德和希波克拉底的作品,数学、建筑、装饰等领域同样留下了他们的成果。哈里发,即最高宗教和政治权威的名号,成为多方激烈争夺的目标。起初是倭马亚王朝,后来阿拔斯王朝通过武力取而代之。尽管发生了这些内部纷争,阿拉伯人仍对拜占庭帝国构成威胁。

公元626年,来自中亚地区的保加利亚人向西迁徙。在领袖库拉特的率领下,他们推翻

西哥特式小教堂

西哥特人没有修建大型建筑，只满足于对原有的古希腊或古罗马建筑进行改造。

了阿瓦尔人的统治，在库班河和亚速海间建立起自己的王国。不久后，阿塞里的突厥人降服了部分保加利亚人。剩下的人则跟随首领阿斯巴鲁赫继续迁徙，于公元 681 年在多瑙河和巴尔干山脉间的默西亚定居下来。这个新的保加利亚王国是拜占庭帝国的一部分，是其附属国。

公元 7 世纪，拜占庭帝国最终失去了东部的几个行省，因而在宗教和政治上体现出了一定的统一性，而在这些东部行省，其他宗教已经传播开来。这时两个皇帝合议，共同行使权力，王位继承问题也已解决。

政府机构和经济方面都组织良好，小地主继续获得政策支持。塞尔维亚人在多瑙河两岸的行省定居，克罗地亚人选择在达尔马提亚扎根，保加利亚王国成立了，阿瓦尔人又挑起了战事——这些人口迁徙使拜占庭帝国仅局限在高度希腊化的地区。因此，完全希腊化而且已改信基督教的各个小亚细亚民族得以保留各自的特色。

新民族，新王国

在西欧，各个日耳曼王国早在公元 476 年西罗马帝国灭亡之前就走上了不同的发展

法兰克帝国

道路。它们的边界不稳定，统治也不稳定。

经过东罗马帝国皇帝的准许，狄奥多里克在亚平宁半岛建立东哥特帝国。该国最先灭亡，因为查士丁尼企图重新征服此前西罗马帝国的领地，恢复完整的罗马帝国。贝利撒留和随后的纳尔塞斯插手东哥特帝国的内部纷争，镇压东哥特人的反抗。尽管首都拉韦纳早在公元540年就已被征服，但拜占庭帝国征服整个亚平宁半岛耗时20年之久——从公元535年到555年。东哥特人至此销声匿迹，在后来的意大利人和意大利语中没有留下任何痕迹。

与此同时，西哥特人不得不撤回伊比利亚半岛，因为他们在武耶战役（公元507年）中不敌法兰克人，失去了阿基坦。查士丁尼的重新征服最远到达从前的贝提卡行省，但这个地区又在50年后失守。尽管西哥特帝国的国王们放弃了阿利乌教派并得到了拜占庭帝国的官方承认，但因贵族和宗教的势力扩张，他们在7世纪时逐渐失去权力。阿拉伯人（主要是伊斯兰化的柏柏尔人）从这种王权的弱化中找到可乘之机。公元711年至713年间，他们占领了除北部以外的整个伊比利亚半岛。数个世纪以来，伊斯兰教始终是那里占主导地位的宗教。

伦巴第人从易北河口迁至潘诺尼亚。之后他们越过了阿尔卑斯山脉，花了四年时间占领了整个波河平原。公元568年，国王阿尔博因将帕维亚定为首都。武装首领们也纷纷画地为王，他们的辖区是各自独立的。君士坦丁堡的势力范围仅限于意大利南部和拉韦纳军事总督管辖区——包括罗马和大片沿海地区。伦巴第人在7世纪中叶时改信罗马天主教，这使得他们与当地居民的关系更加亲密，但从长远来看，他们的帝国内部仍缺乏稳定性。

法兰克帝国在克洛维的统治下领土延伸到中欧和西欧地区。公元511年克洛维去世，尽管帝国被他的四个儿子瓜分，但依旧十分强大。公元532年勃艮第国王战败后，该国被法兰克帝国兼并。在东面，法兰克帝国将势力范围扩展到图林根和巴伐利亚。此前的高卢地区和日耳曼人领地首次属于同一个政治体。

公元6世纪末，纽斯特利亚、奥斯特拉西亚和勃艮第这三个法兰克王国的附属国陷入混战，帝国的扩张步伐暂时停滞。610年后，克洛泰尔二世和随后的达戈贝尔特让帝国再次统一。

到了7世纪末，墨洛温王朝（该王朝得名于克洛维的祖先墨洛温）的大权掌握在贵族手里，其中最有权势的人成为"宫相"。起初宫相只负责处理宫廷内部事宜，后来逐渐染指政治和军事领域。奥斯特拉西亚的宫相丕平最具威望，他在公元687年兼任了三个法兰克王国的宫相。其子查理·马特（即"铁锤查理"）于714年继任宫相。他再次征服纽斯特利亚，并对萨克森和阿勒曼尼亚开战。公元732年，他在普瓦提埃之战中战胜了定居在伊比利亚的摩尔人，阻碍了伊斯兰教在西欧的进一步传播，因此大获人心。741年，他在去世前像国王一样将国土分给两个儿子，即卡洛曼和"矮子丕平"。

与此同时，英格兰的盎格鲁-撒克逊王国较为平静，这个局面一直延续到9世纪维京人入侵为止。格列高利一世把修道士奥古斯丁派到英格兰传教，奥古斯丁令肯特国王改信基督教，并于公元597年建立坎特伯雷主教区。爱尔兰修道士高隆邦在苏格兰和英格兰北部传教。但是由于爱尔兰当地惯用的礼拜仪式与罗马天主教的有所不同，他的传教引发了一些争议。公元669年，希腊修道士狄奥多尔平息了这些争端，被教皇任命为坎特伯雷主教。

当时不列颠诸岛在知识领域硕果累累，特别值得一提的是出生于诺森布里亚王国威尔茅斯的圣彼得（673？—735）。他是历史学家也是神学家，他记录了盎格鲁-撒克逊人的基督教历史，包含从恺撒征服高卢到公元731年为止的整个阶段。

从不列颠出发的一些修道士也对日耳曼人信仰基督教产生过重要影响，包括高隆邦、威利布罗德、波尼法和加仑等人。瑞士城市圣加仑便取自修道士加仑的名字。努西亚的圣本笃于公元540年前后制定的修道士规章也在整个西欧地区传播开来。

这些修道士在修道院内反复抄写拉丁文的著作，为早期文化的延续起到重要作用。除此之外他们还为宗教书籍配上精美的插图，特别是爱尔兰画师的作品尤其出色，他们为基督教艺术的发展作出了巨大贡献。

《凯尔经》

《凯尔经》是一本华丽的《福音书》手抄本，它是在凯尔被发现的，因此得名。图上所示的是书中的一页。据推测该书成书于8世纪初，当时爱尔兰和英格兰的一些修道院开始制作带有艺术绘画的经书手抄本。与此同时，盎格鲁-撒克逊修道士们来到法兰克帝国，向当地人传教。

2. 拜占庭与 8—9 世纪的欧洲新势力

拜占庭帝国的特点包括希腊文化、统一的基督教信仰以及稳定的政局。阿拉伯人和斯拉夫人占领了非希腊语地区，使这些地区从帝国中脱离出来，因而帝国内部变得更加统一。希腊语是拜占庭帝国的通用语言，旧时的头衔"恺撒"和"奥古斯都"也保留了下来。到最后，行政机构都直接隶属于皇帝，权力集中在首都。只有在面对外部威胁时，行省才有一定的自治权。这种自治由"军区"的法律保障。

经济、行政和立法

经济政策越来越倾向于扶持农业，因为重要的贸易路线都由阿拉伯人控制，而军区制的行政划分也导致无法施行统一的经济政策。与西欧的情况相似，农村地区变得愈发重要，而城市则变得孤立。社会也随之发生变化，如今不同的社会阶层是根据拥有土地的多少来划分的。这样便形成了大地主（包括拥有大量地产的修道院）、小地主和没有土地的农民这三个阶层。法律汇编也体现了经济政策与农业的密切关系。

与此同时，帝国的军事任务也很繁重。军区宪法的内容符合防御的需要，也真实地反映了当时的情况，即政治权力和军事权力往往集于一人之手。此外，726 年和 811 年颁布的两部法律也都为新政策提供了法律基础：防务由各行省的总督负责，农民缴纳的赋税为国家财政提供保障。

新老对手

在公元 8—9 世纪，拜占庭帝国既要面对原有的敌人，还要迎战新的对手。公元 717 年到 718 年，阿拉伯人从海上和陆上兵分两路围攻君士坦丁堡。拜占庭人使用希腊火硝御敌，这种武器非常危险，它产生的火焰难以被扑灭。此外严寒和饥饿也让阿拉伯军队的情况雪上加霜，而被困的拜占庭人却得到了保加利亚人和位于阿塞里的匈奴人的支援。最终阿拉伯人停止了进攻，暂时放下以武力开辟欧洲的想法。公元 740 年，阿拉伯人再次对小亚细亚半岛发起攻击，在那儿与皇帝利奥三世开战。

然而不久之后，阿拉伯人由于内部纷争不断而停止对外扩张。公元 750 年，倭马亚家族在大马士革被阿拔斯屠杀，只有阿卜杜拉赫曼一世本人幸免于难，他在西班牙建立了独立的酋长国，名为阿拔斯王朝（公元 929 年改称后倭马亚王朝），定都巴格达。公元 786 年—809 年，巴格达在哈伦·拉希德的统治下进入繁荣发展的阶段。而在地中海一带，萨拉森人的海盗行径颇为猖獗。他们占领了克里特岛,并在公元 827 年至 961 年间将其作为海盗基地。

与此同时,保加利亚也对拜占庭帝国的边境地区造成威胁。他们与斯拉夫人结盟,建立了一个王国。这个联合王国与拜占庭帝国的第一次战争(755—775)中双方各有胜败,不分上下。公元 762 年,保加利亚人在布尔加斯湾的安奇亚卢斯战败,但同年他们又在马尔科莱要塞赢得胜利。查理大帝的军队在公元 795 年后的几次战役中推翻了阿瓦尔帝国,于是保加利亚人得以继续向北扩张。811 年,保加利亚人发动猛烈的袭击,拜占庭人大败。813 年,保加利亚人袭击君士坦丁堡,但他们最后选择了撤退,并签署了一项和平协议。

公元 9 世纪中叶,拜占庭帝国的内部政策和外交政策都发生了重要转变,在皇帝米海尔三世(842—867)的统治下国家进入全盛时期。他派修道士美多德和西里尔到斯拉夫人居住的地区传教。他们用斯拉夫语布道,还把圣经翻译成格拉哥里字母(目前已知的最古老的斯拉夫文字),这种文字后来在 10 世纪时被希腊的西里尔字母取代。

拜占庭帝国在公元 864 年向保加利亚人传教时也使用了同样的方式,因此使用同一种语言且信奉同一种宗教的保加利亚人和斯拉夫人团结起来,为斯拉夫文字的发展作出了贡献,彼此之间也产生了一种文化认同。

米海尔三世在君士坦丁堡建立了一所大学。在追求知识进步的同时,艺术领域也得到发展。受到"圣像破坏运动"的影响,人们不再热爱雕塑,马赛克镶嵌画和壁画也遭到破坏,取而代之的是以赛马场和动物为主题的绘画。然而艺术家们还是找到了新的艺术表达方式,例如在修道院形成的书籍插画艺术。

西欧的新兴强国

8—9 世纪时,法兰克帝国在西欧获得了主导地位。伦巴第国王利乌特普兰德(712—744)及后继者试图将势力范围扩展到整个亚平宁半岛。公元 752 年,他们夺取了拉韦纳。法兰克帝国的扩张令教皇感到不安,他很清楚拜占庭人在半岛的势力以及他们对教会的支持都在减退,于是他转而向法兰克人寻求支持。"矮子丕平"予以回应,战争胜利后,他将从伦巴第人手中夺来的土地献给了教皇,这一事件被后世称为"丕平献土",它为"教皇国"的成立奠定了基础。

伦巴第的铁王冠

据说这个铁王冠是由伦巴第国王奥塔里的遗孀泰奥德琳德命人制作的。公元 774 年,查理大帝戴上了这顶铁王冠,宣布自己为伦巴第国王。此后又有多位国王戴过这个王冠,拿破仑也在 1805 年戴过它。

加洛林帝国

- 公元751年的帝国范围
- "矮子丕平"征服的地区
- 查理大帝征服的地区
- 需要向查理大帝进贡的地区
- 814年加洛林王朝的势力范围
- 843年《凡尔登条约》确定的加洛林帝国的边界
- 阿拉伯人占领的地区
- 拜占庭人占领的地区

而在此之前，教皇已经承认宫相"矮子丕平"为法兰克国王，他取代了墨洛温王朝的最后一位国王。美因茨主教波尼法率先称丕平为国王，之后教皇又亲自进行了任命。自此，法兰克国王便成为被上帝及其子民选中的人，加洛林王朝也随之正式建立。

拜占庭默认了教皇国的存在，并没有采取任何行动。这使拜占庭逐渐失去了亚平宁半岛上的领土，罗马天主教会的势力随之增强，形势对加洛林王朝来说一片大好。

查理大帝

经过了动荡多变的几个世纪之后，欧洲出现了一个相对稳定的局面，这时的边境线也相对平静。加洛林王朝内部的语言和习俗并不统一，最终分裂出德意志和法兰西两个民族。丕平在768年去世前重新从摩尔人手中夺回塞普提曼尼亚（现在的朗格多克），将势力范围扩展到阿基坦。他的两个儿子卡洛曼和查理应共同继承王国，但卡洛曼英年早逝，查理最终成为唯一的继承人。查理英勇善战也积极实施改革，同时也是文化复兴的发起者。

公元 774 年，查理吞并伦巴第王国，又在数次苦战过后征服萨克森。在西班牙北部与摩尔人抗争的过程中，他的侄子罗兰不幸在比利牛斯山的龙塞斯瓦耶斯牺牲，最美的中世纪史诗《罗兰之歌》便是据此写成。查理在潘诺尼亚（今日的匈牙利）击败阿瓦尔人后，法兰克帝国正式成为欧洲强国，从此他获得了"查理大帝"的称号。

查理大帝在帝国内部颁布了新的制度和法律，适用于全体人民，但实际执行时也要考虑到被征服地区的习俗，法律与帝国内各民族的特殊需要应相符。此外，查理大帝还任命了多位伯爵，他们镇守在较偏远的地方，听命于皇帝。另外还设有"巡按使"，他们巡视帝国各地，监督地方权力机构。查理大帝要求最有权势的贵族宣誓效忠自己，每年都要把他们召集到他最喜欢的城市亚琛开会。将军、主教和部分民众也能参与讨论国家大事。

查理大帝把知名的学者叫到宫廷开设课程，促进了对民众的教育。盎格鲁－撒克逊人阿尔琴还开办了一所著名的学校，学生们可以抄写他从意大利和拜占庭搜集来的拉丁文著作。他还创办了神学院，并编写教材。据说查理大帝本人也曾在阿尔琴的学校里听过课。

为查理大帝撰写个人传记的艾因哈德也为所谓的"加洛林王朝的文艺复兴"作出过贡献。伦巴第人保罗·迪亚克、哥特人狄奥多尔夫和法兰克人昂吉尔贝组成皇帝顾问团，负责管理文化事务。加洛林王朝时期的建筑摆脱了拜占庭风格的影响，形成了后来的罗马式风格。

公元 800 年，查理大帝来到罗马。在圣诞节当天，教皇利奥三世为他举行了加冕仪式。这意味着罗马帝国在西欧重获新生了吗？拜占庭帝国表示反对，但经过漫长的外交谈判，问题得到了妥善解决，这样便有两个帝国同时存在。这个新的罗马帝国——尽管名义上如此——实际上是一个日耳曼国家。

然而查理大帝的后继者没能守护好这份遗产。他的孙子路易和"秃头查理"结盟，对抗兄长洛泰尔。公元 842 年，他们在斯特拉斯堡的士兵面前宣誓，宣读誓言时使用的语言是古法语和古高地德语。在法兰克帝国的数次领土分割中，依据《凡尔登条约》在公元 843 年进行的划分对帝国的影响最为深远。在接下来的几个世纪里，西法兰克帝国发展为法国，东法兰克帝国发展为德国，而洛泰尔的中法兰克成为东西双方的必争之地。随着《凡尔登条约》的签订，意大利也开始独立发展。

此外，法兰克帝国在 9 世纪时受到诺曼人、萨拉森人和匈牙利人的轮番攻击，法兰克国家只有联合起来才能抵挡这些入侵。而权力分散最终促成了中世纪封建制度的形成。

维京人

公元 9 世纪，斯堪的纳维亚半岛和不列颠诸岛上的居民都与欧洲人交往密切。起源于日耳曼人的斯堪的纳维亚人分为三个民族，即丹麦人、挪威人和瑞典人。

既当海盗又做正经生意的瑞典人——也被称为瓦良格人,向着芬兰湾的方向顺流而下最终到达黑海一带定居。他们加固并发展了海盗基地,在此基础上组成了一个个小国家,其中包括成立于公元 840 年的基辅罗斯和 850 年的诺夫哥罗德。起初他们与拜占庭帝国间只是普通的贸易关系,但到了 10 世纪,他们凭借海上压倒性的军事实力迫使拜占庭帝国接受了不平等的贸易条件。

挪威人和丹麦人则分别向西和向南推进,两个世纪以来,他们的劫掠和破坏行为让西欧居民苦不堪言。爱尔兰、不列颠诸岛、法兰克帝国北部和地中海等地都受到过袭击。这个阶段的西欧局势动荡不安,而侵略者又使不确定性进一步增强。维京人的船只速度快且用途广,无论是在波涛汹涌的大海上还是在水很浅的小河里,他们都能灵活地操纵船桨和船帆自由来去。而且斯堪的纳维亚半岛的森林也为他们提供了建造船只所需的充足的木材。

维京人不仅是杰出的水手和勇猛的战士,他们还是精明的商人。他们建立了城市和港口,例如靠近英格兰的格里姆斯比港和爱尔兰的沃特福德,斯堪的纳维亚地区的经济因此更加繁荣,政治影响力也不断扩大。

挪威人入侵了爱尔兰并在那里建立了王国,之后他们又在公元 875 年前后来到冰岛海岸,于 930 年召开了议会——这次冰岛议会被视为欧洲史上最早的议会。挪威人接着从冰岛继续出发,去探索新的国家。如今人们推测,挪威人到达美洲的时间或许比克里

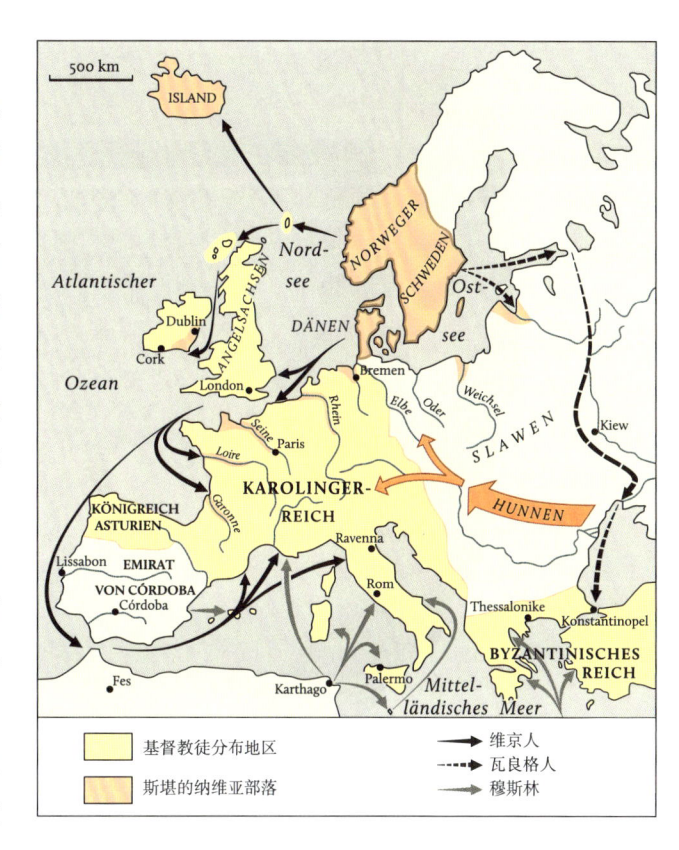

9 世纪入侵

斯托弗·哥伦布还要早五个世纪。然而由于距离遥远且缺乏技术支持,当时建立的海上联系很快便被废弃了。

对西欧地区发起攻击的主要是来自丹麦的维京人。他们逆流而上,沿途洗劫多个国家。公元 834 年,丹麦人袭击法兰克帝国,不久后又来到爱尔兰。他们在那里定居,并把当地作为远征的基地。英格兰受到的攻击最为猛烈,它完全被维京人占领了。盎格鲁-撒克逊的阿尔弗雷德大帝于公元 885 年夺回了伦敦,并将侵略者赶走。他实现了英格兰的统一,建立了盎格鲁-撒克逊王国。

经过多次尝试,维京人于 885 年到达巴

刻有维京人船只的瑞典石碑

这座石碑是在哥得兰岛被发现的，那里不仅是重要的贸易中心，更是海盗的藏身之处。维京人用这样的船只对拜占庭帝国发动攻击，迫使对方给予某些贸易特权。

黎一带，并对城市展开围攻。公元911年，查理三世，即"胖子查理"，与维京人的首领罗洛签署协议。根据这份协议，查理三世将塞纳河口被罗洛占领的领土割让给对方，而罗洛则负责西法兰克帝国的防务，抵御其他维京人的攻击，他也因此被封为诺曼底公爵。

在维京人称霸的时代里，斯堪的纳维亚人接触到了基督教。公元826年传教士安斯加尔在赫德比（位于施莱湾，如今的德国的石勒苏益格附近）建造了第一座教堂，维京国王哈拉尔便是在这里接受洗礼。

斯堪的纳维亚人不久后便集体信仰基督教，他们的劫掠和攻击也给当地造成了一系列深远的影响。诺曼人在法国永久定居，随后又将定居地延伸至英格兰、意大利南部和西西里岛。维京人令受袭地区的居民感到不安，从而削弱了法兰克国王在人们心中的威信。恐慌心理促使当时的人们修建了许多坚固的城堡，后来这些城堡便成为封建制度的象征。

3. 10—11世纪拜占庭帝国的再次繁荣

随着马其顿王朝（867—1081）[①]的建立，拜占庭帝国迎来新的全盛阶段，疆域几乎与查士丁尼执政时期一样辽阔。拜占庭帝国多次击退外敌，这也让它在其他民族面前重获威信。在这一时期国家内部治理有方，经济得到蓬勃发展，边境太平，这一切为文化复兴提供了条件。但后期来自外部的侵略和统治者的无能最终导致了拜占庭帝国再次走向衰败。

夺回领土的阶段

公元963年至1025年是拜占庭帝国的辉煌阶段，出了尼基弗鲁斯二世、约翰一世和巴西尔二世（976—1025）等杰出的皇帝。他们率领军队连打胜仗，夺回了失去的领土，使拜占庭再次成为世界帝国。

起初，战争的矛头指向实力已大不如从前的阿拉伯军队。10世纪初，阿拉伯人组建了一支舰队，在西西里岛和克里特岛跟拜占庭人打了起来。地中海成为战场，给当地居民带来了深重的灾难。公元904年，塞萨洛尼基城内发生的抢劫和屠杀成为这个时期的一大浩劫。拜占庭人成功肃清海盗后，阿拉伯人也节节败退。他们先是在公元961年失去克里特岛，之后又失去了西里西亚、叙利亚、美索不达米亚的部分地区以及巴勒斯坦。11世纪初，拜占庭帝国的军队推进到耶路撒冷，1036年，双方签署了保护圣地的条约。此外，拜占庭帝国的势力范围甚至扩展到亚美尼亚以及位于北方高加索地区的格鲁吉亚。

拜占庭与保加利亚长期以来和平共处，但保加利亚皇帝西美昂一世和塞缪尔即位后，局面发生了变化。在他们的统治阶段，源自基督教的共同信仰不再是联结保加利亚人和拜占庭人的纽带。经过漫长的战争，拜占庭人最终取得胜利。1018年，保加利亚彻底被拜占庭吞并，并被划分为两个"军区"。原有的保加利亚教会被解散，新的、独立的奥赫里德总教区取而代之。直到150年后，保加利亚才重新获得独立。

后来阿拉伯人再次对意大利和亚德里亚海周边地区发动袭击，拜占庭帝国希望借机重塑威信。然而，当奥托一世于962年加冕为皇帝并建立神圣罗马帝国后，新的问题也随之出现，最终两个王室间通过巧妙的联姻策略使关系得到缓和。此外，诺曼人也对拜占庭帝国造成威胁。起初，他们为拜占庭帝国服务，充当雇佣军，但后来他们占领了亚平宁半岛南部和西西里岛。

[①] 《辞海》，马其顿王朝（867—1057），创立者为马其顿人巴西尔一世，后为科穆宁王朝取代。

拜占庭帝国的金银加工工艺

11世纪时，修道院长迪特尔派了一名修道士去君士坦丁堡，让他为修道院定制10幅雕刻在银片上的圣像。这张《福音书》的封面便是其中一枚圣像的复制品。天使长米迦勒由黄金和珐琅制作而成。他的四周环绕着圣徒们的半身像。

瓦良格人从斯堪的纳维亚半岛出发，经过波罗的海向东欧方向挺进，他们被称为"罗斯人"。罗斯人也成为拜占庭帝国的新威胁，但他们在公元989年信仰基督教之后，双方间的冲突便停息了。罗斯的教会隶属君士坦丁堡主教区，自此罗斯人被纳入拜占庭文化圈。

1025年到1055年间，拜占庭皇帝的权势逐渐被削弱，巴西尔二世去世后，帝国开始显示出衰落的迹象。他的后继者既无力反抗国内贵族的施压，也难以应对外敌的威胁。1071年，塞尔柱的土耳其人在曼齐刻尔特战役中取胜，定居在小亚细亚半岛，同年，罗伯特·吉斯卡尔率领诺曼人占领了巴里。

拜占庭帝国在全盛阶段奉行"威望源于正义"的策略，这在他们的征服战争中也有所体现。拜占庭人认为，不论选择战争还是和解，都应以维护"正义"国家的形象和威望为目标。尽管如此，所有军事行动和外交手段其实都是为了巩固权力。几位博学的皇帝如利奥六世（绰号"智者"）和君士坦丁七世，以及几位军人出身的皇帝如福卡斯、齐米斯基斯、保加罗克多纳等，他们都是这一策略的支持者和实践者。教会与君主间虽然存在一些矛盾，但教会仍然选择支持这些国王。

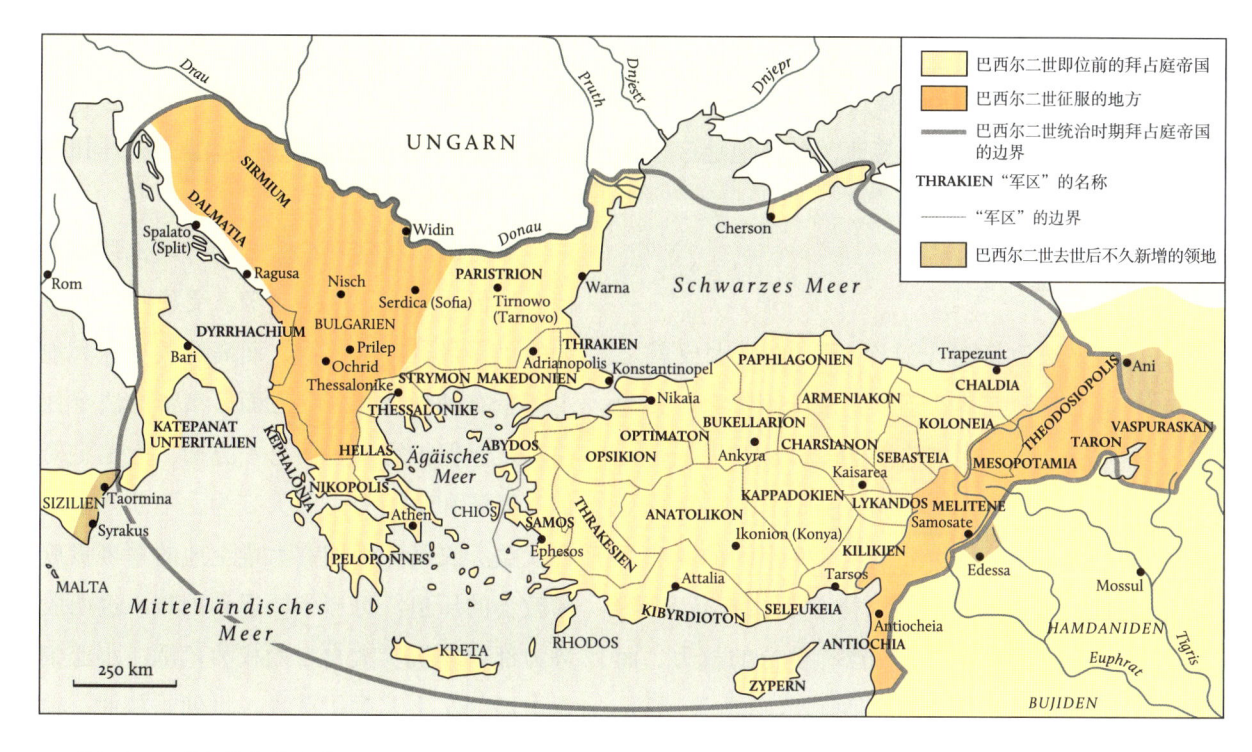

10 世纪和 11 世纪的拜占庭帝国

拜占庭精神和拜占庭文化

当帝国内外的安全得到保证，知识和文化便有机会获得蓬勃发展。或许"圣像破坏运动"也对 10—11 世纪艺术领域和知识领域的革新起到过促进作用。

当时的有识之士大多在君士坦丁堡大学受过教育。那里鼓励创造性思维，课堂上教授大量古代文化，也得到了皇帝的支持。知识渊博的人通过撰写百科全书，为教育作出贡献。后来被任命为牧首的佛提乌是当时最知名的学者，他在编撰的《群书摘要》中对许多古希腊作品进行了评析。一百年后，米海尔·普塞洛斯重新阐释柏拉图的教义，掀起了一股更

具哲学意义的思潮。此外这个阶段也有许多讲述历史或描述圣徒生活的著作问世。《苏达辞书》解释了大量词语的含义，并介绍了众多古代作家的生平及其作品。除了这些学术著作，这时还涌现出许多民间作品，如《第格尼斯·阿克里塔斯》便讲述了英雄们在卡帕多西亚抵抗并驱逐阿拉伯人的故事，叙述中带有夸张的成分和传说色彩。

建筑、绘画和手工艺等领域也硕果累累。这些成就都体现出当时的艺术家对艺术性、精确性和完美性的高度关切。教堂通常建成十字形，并冠有穹顶。绘画变得更具象征性和抽象性，而书籍插图的绘制则有细致的规则，这与苦修主义相符。带有精美插图的书

籍手稿和高超的马赛克镶嵌艺术都体现出拜占庭艺术的创造性。拜占庭艺术逐渐传播到希腊、意大利和罗斯等地，在其他地区也享有盛誉。

立法

立法改革也是这个时代的伟大成就之一。马其顿王朝希望以此来巩固势力，并为各个社会群体提供法律保障。从9世纪初开始，皇帝颁布的多项法令都旨在恢复罗马法。发表于公元870年至879年间的《法学手册》是一本简明的法律手册。成书于879年的《序言》规定了牧首和皇帝的权力。而最重要的法典则是《巴西利卡法典》，它是《查士丁尼法典》的简化和修订版。这是历史上首次将该拉丁语法典翻译为希腊语并进行改编，新的法典中还包括6—7世纪时的希腊语评注。很显然，这样一来普通民众和专家一样都能够看懂法律的内容。此外，收录有皇帝诏令的《新律》最能体现这个阶段的特征。

行政、经济和社会

皇帝的权力由法律规定。法律也催生出一个涉及经济和社会生活中各个领域的官僚制度。一个中央机构负责监管首都君士坦丁堡的经济状况，并维护各行会间的关系，还要制定他们应该遵守的规则。皇帝试图通过法律限制贵族势力。一项于公元928年颁布的法令规定了向贫农出售不动产的相关事宜，从而打压了大地主的野心，使其无法再从农民的不幸中获利。巴西尔二世提出的"联保税"也是针对富人的，这项税收政策为国家带来双重好处：国家在向穷人征税的同时，也要求富人缴纳更高的税款。

然而，在财富和权力分配方面，拜占庭社会中仍然充满不平等现象。受税收影响最大的仍是最贫困的人群，而高级教士和大地主却享有种种特权。一方面，皇帝的法令往往不足以保护穷人；而另一方面，大地主倚仗其经济和政治势力胆大妄为，不断要求更多权益。农民受到拥有大量土地的军事贵族和教会的压迫。每当帝国遇到困难，这两股势力都要趁机扩大自身的权力范围。小亚细亚半岛的军事首领伊萨克一世便是如此，他于1057年成功篡夺了王位。

比起国家大事，马其顿王朝的后继者更热衷于搞宫廷阴谋。拜占庭帝国对各行省疏于管理，军队力量也日渐衰弱，越来越难以抵挡土耳其人和诺曼人的攻击。局势愈发严峻，而拜占庭人却没有意识到情况的危急，甚至连联保税都被取消了，这为大地主带来诸多便利。作为为国效力的回报，他们得到大量土地，但需要交税。起初这项措施的有效期只有一年，但最后土地变成了世袭的。

制度被破坏，管理机构逐渐崩溃，但人民手中的权力仍然有限。民兵纷纷花钱免去兵役，宁愿当普通的纳税人。这种做法大大削弱了兵力，国家防务变得愈发困难重重，11世纪时，帝国的衰落已成定局。帝国开始使用外国雇佣兵，货币大幅贬值，经济形势恶化。拜占庭帝国受到内忧外患的夹击。

4. 10—11 世纪的欧洲西部

随着外来民族的入侵，西欧局势发生了变化，从 9 世纪中叶到 11 世纪，新的帝国和新的社会秩序出现了。加洛林帝国分裂后，东法兰克的公爵们选出了各自的国王。其中最著名的是奥托一世（936—973），他也被称为奥托大帝。他战胜了多个对手，于公元 962 年加冕为王。与此同时，他重新制定了封建领主制度，建立了宫廷大会，后来发展为议会。

奥托一世强力介入教会事务，亲自任命主教，授予其头衔和土地。与此同时，他希望与拜占庭帝国和解，打算通过帝国的承认来强化自己的权力。当时的拜占庭帝国正疲于应对保加利亚人和罗斯人，因此他想要达到目的并不困难。他想出的办法就是让自己的儿子，即后来的奥托二世，于公元 972 年

奥托二世迎娶特奥法诺
公元 972 年，奥托二世与拜占庭公主特奥法诺的婚礼在罗马举行。特奥法诺是拜占庭皇帝约翰一世的侄女。

奥托一世统治下的帝国

丹麦和英格兰国王克努特大帝

克努特大帝和皇后爱玛将十字架放置在祭坛上。他信仰基督教，获得国王称号。

迎娶拜占庭公主特奥法诺。通过这次联姻，拜占庭文化对中欧地区也产生了很大影响。

欧洲的新国家

匈牙利人，或者叫马扎尔人，最初生活在高加索和乌拉尔山脉一带，语言属于芬兰-乌戈尔语族。他们的领地一度延伸到顿河河口，但后来被拜占庭人霸占。

在阿尔帕德（890—907）的领导下，匈牙利人越过喀尔巴阡山脉，在多瑙河和蒂萨河之间的平原定居下来。随后他们从这里出发，劫掠中欧和西欧多地，引起当地人的恐慌。阿尔帕德于公元899年来到威尼斯，并于公元905年对东法兰克帝国发起攻击。公元955年，马扎尔人在莱希菲尔德之战中不敌奥托一世，最终撤退到如今匈牙利的所在地。伊什特万一世（1001—1038）信仰基督教，接受了教皇西尔维斯特二世的加冕。他按照奥托帝国的模式建立了新的国家，并于1083年被封圣。

与波兰人传说中的祖先皮雅斯特相比，梅什科一世为波兰建国作出了实实在在的贡献——他令几个定居于此且信仰基督教的民族联合起来。他的儿子波列斯瓦夫一世（992—1025）成为波兰的第一位国王。当他努力扩大国家的版图时，与日耳曼皇帝亨利二世发生了冲突。然而波列斯瓦夫一世的后代不懂得如何与不安分的波兰贵族们相处，最后使得日耳曼人渔翁得利。

9世纪末，捷克和摩拉维亚成立。大摩拉维亚公国接受了拜占庭修道士美多德和西里尔的希腊东正教信仰，而波希米亚人接受法兰克传教士的传教，信奉罗马天主教。虽然信仰异教的波列斯瓦夫一世谋杀了他的基督徒兄弟瓦茨拉夫一世，然而却未能阻止基督教的传播，布拉格于975年成为主教区，圣瓦茨拉夫成为波希米亚人的守护人。

在法国，势力强大的独立封建领主大大削弱了王权。加洛林王朝的最后一位国王去世后，封建领主们于987年拥立于格·卡佩为王——在他们看来于格·卡佩手中只有桑利斯和奥尔良两座城市，权力十分有限，不会对他们造成威胁。然而，他的后代却统治法兰克帝国长达800年之久。三百年间，卡佩王朝的男性继承人源源不断地出生，因而在继承问题上从未发生任何危机，而原来的选举制也变成了世袭君主制。

结束了与丹麦的漫长战争后，英格兰王国建立了。此前因丹麦人入侵而关闭的国门也再次对欧洲开放。阿尔弗雷德大帝（871—899）原本是不列颠岛西南部威塞克斯的国王，他多次击退丹麦人，最后占领了伦敦，将势力范围扩大到整个英格兰。埃塞尔斯坦（924—941）继承了阿尔弗雷德大帝的大业，但后来在战争中不敌克努特大帝（1016—1035），英格兰再次成为丹麦的一部分。尽管克努特大帝曾掌控丹麦、挪威和英格兰，但他去世后国内局势再次陷入混乱。1042年"忏悔者"爱德华成为盎格鲁-撒克逊国王。

爱德华将国家分成若干郡，并修建了威斯敏斯特修道院。他于1066年去世，没有留下子嗣。哈罗德二世与诺曼底公爵威廉为争夺帝位开战，1066年10月14日，诺曼底公爵在黑斯廷斯之战中取胜，于圣诞节当天加冕为英格兰国王，称为威廉一世。威廉一世将封建领主制引入这片"自由人"的土地，以此来巩固王权。诺曼底的男爵们只得到了分散在全国各地的零星领地。这样一来，他们的势力范围都十分有限。郡长负责管理各个郡，但他们并不拥有任何土地。威廉一世在牧师兰弗朗克的帮助下恢复了英国教会，并任命这位博学的牧师为坎特伯雷大主教。后来他与罗马教皇格列高利七世就授职问题产生冲突，但并没有发展到决裂的地步。此外他还创建了多座修道院，引进了希腊语和拉丁语著作。

巴约挂毯（玛蒂达女王的挂毯）

这幅挂毯是在11世纪末织成的，可以将其视为欧洲最古老的"连环画"。挂毯长70米，宽0.5米，用58幅图描绘出黑斯廷斯战役的场景。

5. 6—11 世纪欧洲东部与西部的宗教生活

修道院的生活

拜占庭帝国时期出现了一种修行制度，即修道士要安贫、参与修道院集体生活、服从教会并从事劳动。该制度的发展过程与世俗统治密切相关，直到公元9世纪，"帝国"和"教会"都是两个非常相似的概念。9世纪时的修道士狄奥多尔对修道院的生活做出了更严格的规定，新的规则涉及修道士日常生活的方方面面。在这个时期，修道士要从事一些义务工作，例如受过教育的修道士要抄写古代著作。修道院往往拥有大量田产，还不用交税，从长远来看，这一点势必会导致宗教与世俗权力间的冲突。

皇帝和牧首负责建立和维护修道院。尽管皇帝与教会的关系并不总是和谐融洽，但他们仍互相依靠，支持彼此。而修道院的选址往往也是出于外交考量，阿索斯山上建于972年的瓦托派季乌修道院便是这样一个例子，因为它的存在使巴尔干半岛受到了拜占庭的影响。

而在另一些地区，当外来人口对拜占庭帝国造成威胁时，修道院也能起到维护帝国稳定的作用。许多修道士都为帝国效忠，他们试图借助宗教的力量振兴国家，其中包括美多德、西里尔、佛提乌、亚他那修和数学家利奥等人。阿索斯山成为重要的文化和宗教中心，名声甚至传到了帝国以外的地方。公元10世纪，高加索人、阿马尔菲人和信仰基督教的斯拉夫人在这里定居下来。

到了10世纪末，瓦良格人和保加利亚人出现了。他们也修建了修道院，所在地后来都成为经济中心。贫瘠的土地被养护成了肥

柱头修士圣西门

柱头修士一生中的大部分时间都是在高柱上度过的，西门·斯蒂利特在公元5世纪时发明了这种修行模式。这种极端的苦修模式一度非常流行。

沃的农田，修道院发展为大型田庄。经济得到了迅速发展，修道院周围形成了许多城市。随着经济发展和文化进步，巴尔干半岛上的几个国家对西欧的发展起到重要作用。

西欧各国在政治上是分裂的，但他们都有统一的罗马天主教信仰，视罗马教皇为最高精神领袖。自10世纪起，教皇的权威已不容置疑。组织完善且等级分明的罗马天主教会在各地都有影响力。

修道起源于东方，从4世纪起开始沿着地中海向北传播。修道士的生活方式和价值观念给西欧人民的生活带来许多影响。皇帝们纷纷建立修道院，例如克洛维在巴黎修了圣女日南斐法修道院，希尔佩里克一世也在勃艮第建了修道院。但从7世纪开始，主教们有了钱也有了权，也开始主持建造修道院的工作。修道士起初采用的是东方修道院的规章制度，后来努西亚的圣本笃和爱尔兰的修道院对这些规则进行了调整。

修士要遵守严格的戒律，他们还得研修宗教和哲学著作，并建立学校，努力把他们对信仰的热忱传递给其他人。他们支持教皇进行权力扩张，提高其在整个西欧地区的影

阿索斯山上的瓦托派季乌修道院

7世纪时，一些修道士为了躲避阿拉伯人的袭击，回到了希腊的阿索斯山上。他们在那里建了大约20座修道院，阿索斯山成为希腊东正教的中心。这里也成为最后一处修道士团体的所在地。

修道院里的生活

书写是修道士的重要任务之一。他们抄写并翻译神学、哲学、历史、数学和医学等多个领域的古籍，使得这些历史文献得以继续流传下去。修道士也会在工作间里制作珍贵的礼拜用具、绘制精美的插图和壁画。

响力和权威。尽管并不是所有的欧洲人都笃信基督教，但修道士的生活方式对各地人民的生活确实带来了许多影响。一些修道院后来直接从属于教皇，例如建于公元910年的克吕尼修道院。后来戒律逐渐放宽，修道士越来越多地投入到世俗工作中。

无论在欧洲东部还是西部，尽管存在着一些差异，但修道士确实为基督教的传播和创建共同的欧洲文化作出了贡献。希腊的修道士几乎不与外界接触，而罗马教会则更多地参与到世俗事务中。修道士也让一些传统异教节日变为基督教节日，例如圣诞节便取代了原有的冬至庆祝活动。

罗马和君士坦丁堡的关系

从查士丁尼统治阶段到拜占庭帝国的马其顿王朝，教会与国家间的关系不断发生变化，这对帝国内部事务和外交事务都产生了影响。

查士丁尼企图借助基督教实现统一。然而他却强制规定何为"正确的信仰"，反而催生出了异教和异端。他监督并操控着教会，控制着君士坦丁堡的牧首和罗马的教皇，采取的各项措施都是为了让整个基督教世界服务于他的王权。

他对那些被征服的民族施以惩罚，包括没收财产、革除公职、关闭柏拉图学院等，迫使一些有识之士逃亡到波斯宫廷，而这些人也将希腊文化带去了那里。

8—9世纪时，激烈的冲突带来了严重的后果——"圣像破坏运动"开始了。这不仅导致了中央政权和民众在思想意识上的对立，还造成了宗教上的冲突。

在拜占庭人看来，对圣像的崇拜是信仰虔诚的体现，受希腊影响的地区尤其如此。然而东部行省的居民则是"圣像破坏运动"的支持者。这些人支持基督一性论，强调基督人性和神性的统一。此外，这也与伊斯兰教的影响有关，因为伊斯兰教禁止对先知做具象化的描绘。

冲突可分为两个阶段，第一个阶段是公元726年至787年，第二个阶段是公元815年至843年。冲突始于利奥三世的一项诏令——他要求人民移除圣像，却引发了暴动。国王对教会事务的干涉严重影响了东西教会，即君士坦丁堡与罗马之间的关系。教皇格列高利二世提出异议，皇帝却剥夺了他对卡拉布里亚、西西里岛和伊利里亚教会的管辖权。于是教皇转投法兰克人。公元787年举行的第七次主教会议重新准许圣像崇拜，冲突的第一阶段随之结束。

在查理大帝的统治阶段，教皇于公元800年要求撤销"圣像破坏运动"期间制定的各项措施。实际上，他是希望恢复从前教皇对伊利里亚和意大利南部的管辖权。

在这场冲突的两个阶段中，拜占庭的政策都旨在抵制修道院和修道士，这在皇帝狄奥斐卢斯（829—842）的统治阶段以及修道士狄奥多尔宣扬圣象崇拜的阶段体现得尤为明显。在当时，修道院已经享有一定的特权，修道士不必服兵役，修道院也不用交税。皇帝利用"圣像破坏运动"限制了修道院的影响力。

公元843年，圣像崇拜彻底被允许，教会战胜了皇帝。这场胜利也改变了罗马和君士坦丁堡之间的关系。从那时起，拜占庭人的"东方"和拉丁人的"西方"开始疏远了。

公元863年，牧首佛提乌和教皇尼古拉一世之间又发生了冲突，这是由宗教、神学和政治方面的争端引起。他们都声称要将对方逐出教会，这是教会的第一次分裂。中欧成为罗马和君士坦丁堡双方的必争之地。拜占庭修道士向斯拉夫人和保加利亚人传教，匈牙利人、波兰人、捷克人以及斯洛伐克人则接受罗马修道士的传教，这引发了9—10世纪的多次重大冲突。9世纪时，两个帝国在政治、语言和信仰上已显现出明显的差异。

罗马和君士坦丁堡的彻底分裂只是个时间问题。精神和信仰的统一不复存在，社会背景已经改变。在政治领域和文化领域，西方的基督教世界已经四分五裂。

最后一次冲突发生在牧首米海尔一世与教皇利奥九世的枢机宏伯特这二人之间，他们都是坚定而果敢的人，互不相让。1054年7月16日，宏伯特在圣索菲亚大教堂革除了米海尔一世的教籍，而米海尔一世也在皇帝的许可下将教皇枢机驱逐出教。这一事件起初并未引起基督教世界的足够重视，只被视为长期争斗中的一个小插曲。谁也没预料到这最终导致了教会的决裂，更不会料到日后东欧与西欧间会因此产生很深的隔阂。

罗马式艺术

10世纪下半叶，中欧和西欧地区建起了大量城市教堂、修道院和乡间小教堂。维京人、匈牙利人和萨拉森人的袭击消失之后，人口数量开始增多，教堂数量也随之增多。

罗马式艺术主要体现在建筑、雕塑、绘

讷韦尔的圣艾蒂安教堂

这座曾经的熙笃会教堂建于1063—1097年，是罗马式建筑艺术的典范。教堂的正殿上方是半圆拱腹式桶形石拱顶，由附墙柱上的扶拱支撑，墙的下部抵消了拱推力。由于窗户的数量不多，内部呈现出罗马教堂典型的安稳且深邃的氛围。

画以及宗教祭祀物品的制作上。由于建筑物的用途不同、地区间的经济条件差异以及建筑材料的多样化，不同地区的建筑风格略有差异。人们尝试用不同方式建造教堂拱顶——木桁架容易毁于火灾，而石头拱顶需要较厚的侧壁，就不能开大量窗口，使得教堂内部光线不足。后来哥特式交叉穹窿完美地解决了这个问题。米兰的圣盎博罗削教堂、卡昂的圣艾蒂安教堂、西班牙的圣地亚哥-德孔波斯特拉主教座堂以及施派尔的教堂都是11—12世纪的建筑杰作。

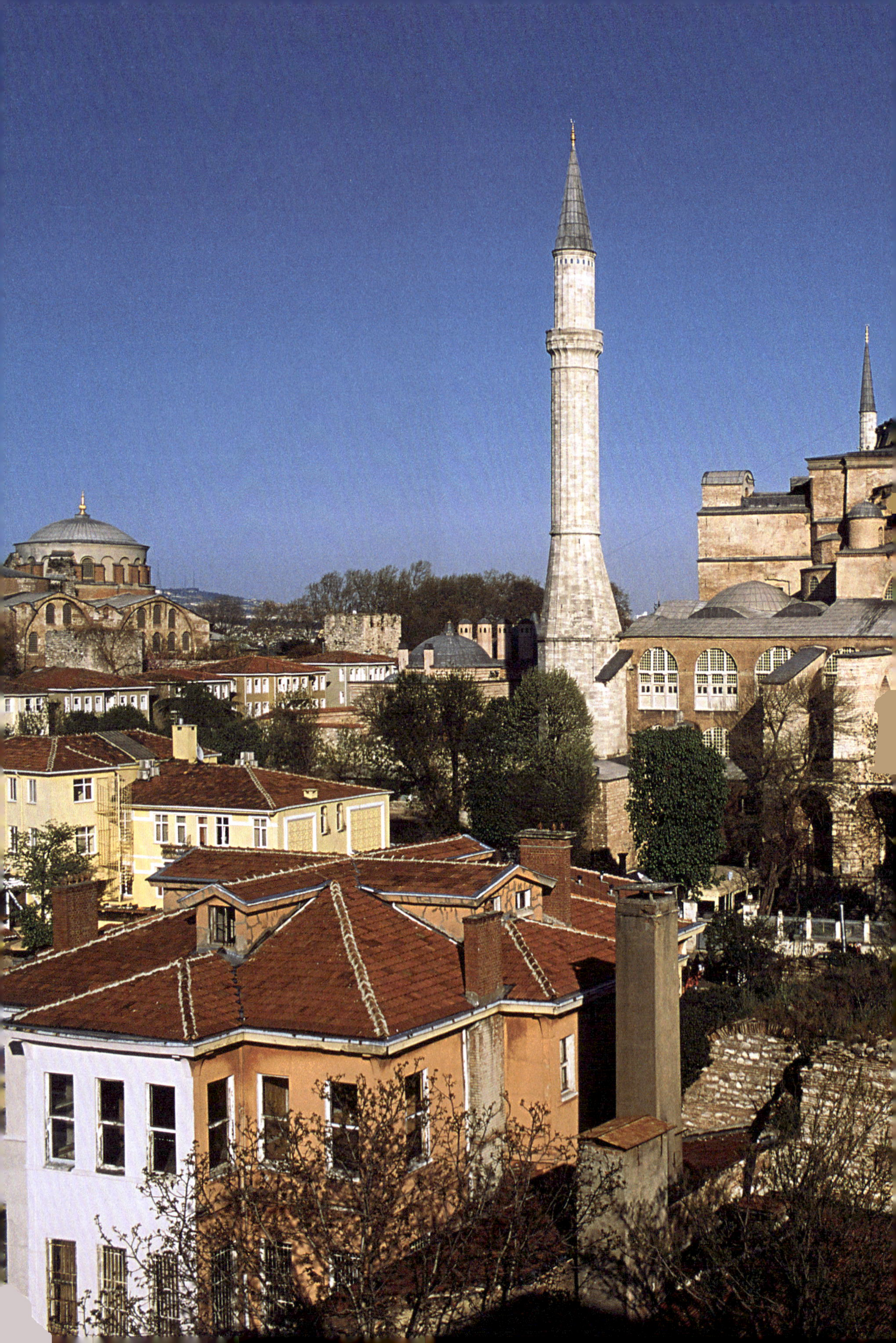

圣索菲亚大教堂——拜占庭帝国的象征和伊斯坦布尔的地标

带有穹顶的圣索菲亚大教堂建成于公元6世纪，它超越了原有的建筑标准，是古典时代晚期最后的建筑杰作，对东正教和拜占庭帝国而言都意义非凡。自641年起，圣索菲亚教堂就成为举行皇帝加冕典礼的教堂。它与拜占庭帝国兴衰与共，同时也是东正教的中心。

这座教堂因见证了东西教会大分裂的开端而具有特殊的历史意义。1054年7月16日，按照教皇利奥九世的遗诏，牧首米海尔一世在圣索菲亚大教堂被逐出教会。这一事件最终导致罗马教皇与拜占庭牧首彻底决裂，同时也让东方世界与西方国家渐行渐远，其影响一直延续到今日。

1453年5月29日，君士坦丁堡陷落后，圣索菲亚大教堂被改为清真寺，后来又被改建为博物馆。它至今仍屹立在那里。

中世纪的欧洲与基督教

公元 900 年　　公元 1000 年　　公元 1100 年　　公元 1200 年　　公元 1300 年

- 962 年 奥托一世加冕
- 987 年 于格·卡佩成为西法兰克王国的国王
- 1018 年—1035 年 克努特大帝统治丹麦和英格兰（自 1016 年起）
- 1054 年 基督教大分裂
- 1059 年 教皇尼古拉二世通谕，规定教皇由枢机选出
- 1066 年 诺曼底公爵威廉征服英格兰
- 1075 年 格列高利七世关于神职授予的通谕
- 1077 年 国王亨利四世的卡诺莎之行
- 1085 年 基督教势力夺回托莱多
- 1096 年—1099 年 第一次十字军东征，十字军征服耶路撒冷
- 国王腓特烈一世（"红胡子腓特烈"）在位 1152 年—1190 年
- 金雀花王朝的亨利二世成为英格兰国王 1154 年—1189 年
- 腓力二世成为法兰西国王 1180 年—1223 年
- 苏丹的萨拉丁占领耶路撒冷 1187 年
- 理查一世（"狮心王"）成为英格兰国王 1189 年—1199 年
- 教皇依诺增爵三世 1198 年—1216 年
- 十字军占领君士坦丁堡 1204 年
- 亚西西的方济各创建方济各会 1209 年
- 布汶战役 1214 年
- 《大宪章》颁布 1215 年
- 皇帝腓特烈二世在位 1212 年—1250 年

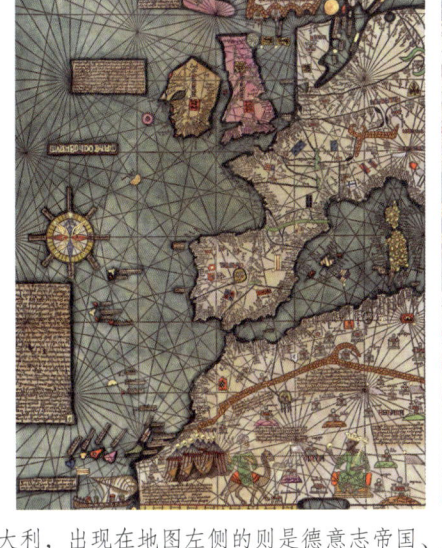

12 世纪的欧洲

据这张地图的制作者给出的信息，这是人类首次尝试绘制能够展现地球全貌的地图。地图上欧洲和非洲各占四分之一，亚洲占剩下的一半。绘制者没有标出海岸和河流的走向，只能通过地图上的文字标注，才能从右侧自下而上地识别出西班牙、比利牛斯山、法国、阿尔卑斯山和意大利，出现在地图左侧的则是德意志帝国、莱茵河三角洲、东欧和南欧。这张地图的说教意义大于地理价值——它旨在强调罗马和教会的重要地位。这个阶段出现的地图也有将耶路撒冷置于世界中心的，它们都带有一定的宗教意义。而含有距离和方向等精确信息的地图在13世纪才出现，它们在航海中起到了重要作用。

中世纪的欧洲主要受到三股力量的影响，即罗马帝国、基督教和日耳曼人。罗马帝国和古典文化覆盖整个地中海地区，并延伸到近东、北非以及整个欧洲。罗马帝国拥有的庞大疆域为基督教的发展带来启示，基督教会也试图将影响范围扩大到欧洲以外的地区。

中世纪的西欧在以下两方面明显有别于过去：一方面，地中海不再是一个统一体；另一方面，人口迁移令北欧与中欧紧密相连，也让受罗马文化影响的世界与受希腊文化影响的世界产生隔阂。

公元313年，君士坦丁大帝颁布的赦令促进了基督教信仰与罗马传统文化的融合，这种统一是在地中海文化的基础上形成的。而另一个具有象征意义的重大事件，即公元800年查理大帝的加冕，则为欧洲提供了完全不同的发展方向。

作为法兰克帝国的皇帝，查理大帝统治着从北海到意大利中部、从比利牛斯山到易北河的大片区域。位于帝国边境的罗马实际上是帝国的核心所在。主教和罗马人民将王冠授予查理大帝，希望新的国家能够继承罗马帝国的辉煌，然而他们迎来的却是一个完全不同的帝国。

9世纪末，法兰克帝国开始走向衰败。直到公元1000年前后，新的欧洲才逐渐形成。

城市的蓬勃发展

图中所示的是一幅寓言式壁画的一部分，呈现了城市治理有方的盛景（另一部分则为治理不善的情况）。画面的左上角是正在干活的泥瓦匠，这是城市正在蓬勃发展的体现。城市正逐渐变得更大、更安全也更有秩序。

1. 中世纪的欧洲与基督教

地中海文明的起源

与古典时代一样,"欧洲"一词在地中海地区出现时最初表达的是一个地理概念,它与"亚洲"和"斯基泰人地区"相对应。"斯基泰人地区"指的是游牧民族的家乡,包括从多瑙河中下游到黑海北岸的地区。

是否属于同一种文化并不能简单地根据地理位置来判断。罗马人和希腊人都自认为身处"文明世界",将其他民族视为"蛮族",且罗马人比希腊人更加确信"蛮族"能够得到开化。他们没有从地理角度划分文明世界的界限,而是根据当地是否具备罗马文化的特征,即城市、道路、行政官员、法律以及较为发达的农业。

罗马帝国在地中海地区发展起来,并逐渐向欧洲大陆推进,对被征服地区的政治领域和文化领域产生影响。在罗马帝国内部,各地保留了因特殊历史原因形成的文化差异,尽管如此,帝国仍是一个文化统一体。从伊比利亚半岛到西西里岛,乃至北非的行省,这些地区都属于同一种文明。与之相对应,莱茵河上游、雷蒂亚和诺里库姆(如今的瑞士、奥地利和部分巴伐利亚地区)则被视为属于"蛮族"的地方。

从地中海到欧洲

公元4—6世纪的人口大迁徙并未改变这一状况。于是,较为恒定的语言边界形成了。

除去不列颠诸岛,从地理上来看,只有如今的弗拉芒、莱茵兰以及莱茵河以东的地

圣地亚哥朝圣之路

为天使长米迦勒而建的艾古力圣弥厄尔教堂是法国奥弗涅大区勒皮市的著名景点,这座城市在前往圣地亚哥朝圣的人们的必经之路上。这座教堂受到从君士坦丁堡归来的十字军士兵和朝圣者的影响,呈现出阿拉伯和拜占庭相融合的风格。

区（雷蒂亚和诺里库姆）使用日耳曼语族的语言。而西欧的其他地区都使用拉丁语，该语种后来发展为意大利语、法语、西班牙语和葡萄牙语。除了少量借用词以外，日耳曼语对新兴罗曼语族的影响微乎其微。

在日耳曼人聚居的地区，继承自罗马帝国的城市生活几乎没有发生什么变化，或者所受的影响暂时被人们忽视了。在从古典时期末期向中世纪的过渡阶段，罗马的城市网络被保留了下来。而因伊斯兰教及其文化的传播，巴尔干地区和北非地区（特别是在斯拉夫人定居后）的城市文化则发生了巨大的转变。

在从地中海文明到后来的欧洲文明的过渡中，7世纪末到10世纪中叶的这个阶段尤为关键。这主要有四点原因：

首先是伊斯兰世界的扩张。8世纪时，整个地中海西部都在阿拉伯人的统治之下，与此同时，拜占庭与西欧的联系变得愈发松散，并最终只存在于亚得里亚海地区。

其次是罗马教会日益独立于拜占庭帝国。8世纪时，无论是对位于不列颠诸岛的盎格鲁-撒克逊人传教，还是在欧洲其他地区传播基督教，拜占庭皇帝都没有作出任何贡献。波尼法等盎格鲁-撒克逊民族出身的修道士是在罗马主教的指示下对莱茵河以东的日耳曼民族传教的。

加洛林王朝是第三个重要影响因素。精明的日耳曼领袖以及在欧洲大陆扩张领土的行为令加洛林王朝具备双重身份——它既是罗马文明的继承者，也是基督教信仰的继承者。

第四点原因是诺曼人、萨拉森人以及匈

爱尔兰的凯尔特高十字架

耶稣的形象位于十字架的交叉处，他的脚边有一条蛇，头顶有一只代表着圣灵的鸽子。他的左肩扛着十字架，右手拿着象征复活的棕榈枝。公元5世纪，随着爱尔兰圣帕特里克的大力传教，爱尔兰教会进入辉煌阶段。自6世纪时起，爱尔兰的修道院作为精神世界的中心，对整个欧洲产生了深远的影响。

牙利人在9—10世纪时的入侵，匈牙利人甚至一度挺进到中欧地区。成功击溃这些入侵者之后的一个世纪里都未再发生对现有局势产生重大影响的事件。欧洲各地不仅在地理上相互联结在一起，更是信奉着一套统一的基督教价值观。

公元 1000 年前后的欧洲

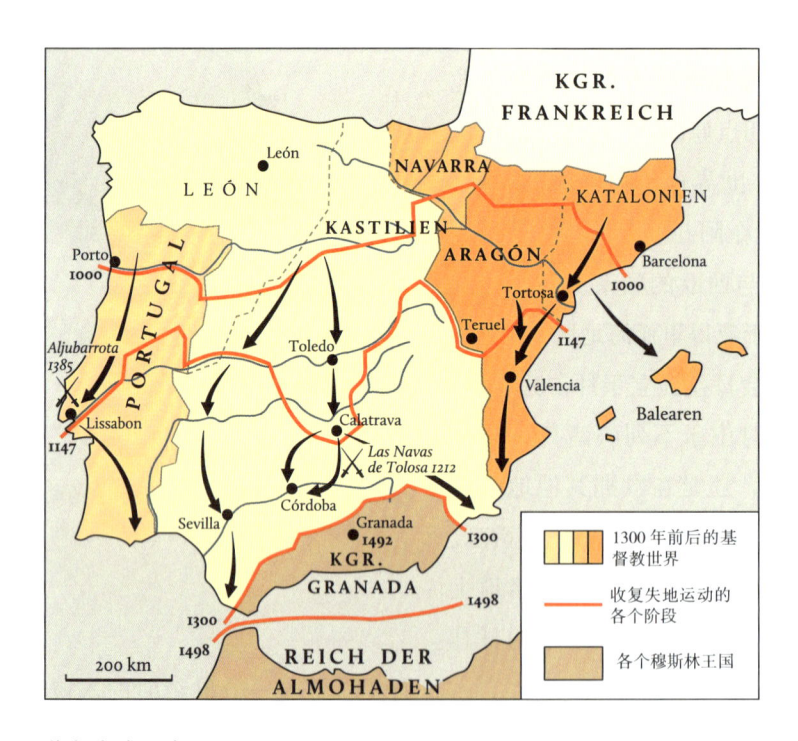

收复失地运动

11 世纪时，摩尔人所在的西班牙形成多个独立的王国，这种分裂的局面对基督教十字军夺回土地十分有利。尽管收复失地运动加强了人民在精神层面上的共识，却没有实现政治层面的统一。与此同时，当时的掌权者还组织了系统性的移民，撂荒的土地再次得到利用。于是法国南部有大量农民被吸引至西班牙。

新的对立关系，即基督徒与"不信教者"间的对立，取代了原有的罗马人与"蛮族"间的对立。"基督教世界"的概念变得更加确切，它将罗马天主教会以外的基督徒排除在外，也不再包括继承了罗马帝国的拜占庭人。

公元1000年前后的西欧基督教边界

公元962年，随着奥托一世的加冕，罗马帝国再次崛起。萨克森公国在经历数次由查理大帝指挥的战争的洗礼后，被强行并入基督教世界，如今它处于新帝国的核心地带，逐渐失去了原有的法兰克特征。

然而奥托帝国的边界与加洛林王朝的基督教势力范围并不一致。10世纪末到11世纪初的这段时间里，"异教"逐渐侵入北欧和东欧的边缘地带。

欧洲北部和东部人口稀少的地区几乎没有受到基督教的影响，欧洲还远未形成统一的局面。尽管公元943年就已设立了与斯拉夫和斯堪的纳维亚地区接壤的汉堡主教区，但直到970年在奥托一世和教皇的共同倡议下成立了马格德堡主教区和布拉格主教区，基督教和城市文明才得以在易北河以东、波兰和波希米亚等地传播开来。

匈牙利人在莱希菲尔德之战中不敌奥托一世，此后便不再继续向前推进。在这之前的十几年里，数位匈牙利侯爵已接受洗礼，他们的臣民随之信仰基督教。1001年匈牙利领袖被教皇加冕，称伊什特万一世，并在不久后得到教皇祝圣。

25年后，罗马教会也承认了波兰王室。

阿马尔菲主教座谈堂（又名圣安德烈大教堂）

图中所示是11世纪时在阿马尔菲建造的圣安德烈大教堂。在两百年的时间里，位于坎帕尼亚的这座城市是一个繁荣的共和国，也是热那亚和比萨的竞争对手。

最后，多位诺曼底公爵也在1010年至1030年间陆续信仰基督教，挪威人、瑞典人和丹麦人也跟随他们的国王加入了信教的行列。

而在欧洲另一端的地中海地区，罗马帝国的影响仍清晰可见，例如在城市体系方面。

这一地区直接受到阿拉伯文化和拜占庭文化的影响，而这两种文明均视北欧、西欧和中欧为尚未开化的地区。

10世纪时，欧洲和东方的贸易往来相当频繁。东方售卖奢侈品（如丝绸制品）和珍贵的独有产品（如香料），西方则提供奴隶和原材料（如木材和金属）。除了与拜占庭的商业往来（威尼斯人的经商水平首屈一指），欧洲也与伊斯兰国家开展贸易，尽管这在当时是被明令禁止的。10世纪和11世纪初，来自阿马尔菲和亚历山大港的商人非常活跃。此外还有来自坎帕尼亚和比萨的商人，他们在埃及、突尼斯和西西里岛做生意。

到了10世纪下半叶，科尔多瓦哈里发国家进入鼎盛阶段，对卡斯蒂利亚和里昂这两个基督教小国构成威胁。萨拉森人在公元915年和972年不得不放弃他们在普罗旺斯和加埃塔的基地（位于罗马与那不勒斯之间），但他们开始从西西里岛和突尼斯出发向意大利南部进军。

10世纪接近尾声时，北欧和西欧的边境地区稳定下来，亚平宁半岛南部却变得动荡不安。拜占庭人似乎决心巩固他们在这一地区的势力。这个阶段战事不断，联盟也数次重组。拜占庭人在亚平宁半岛南部与伦巴第公国作战，也在坎帕尼亚海岸与阿马尔菲、那不勒斯等较小的公国作战，这些公国此前表面上附属于拜占庭帝国，但实际上早已逐渐从拜占庭帝国脱离出来。

11世纪中叶发生的诸多事件彻底地改变了南欧边界地区的局势。从1040年起，巴格达的哈里发国家和拜占庭都不得不面对塞尔柱土耳其人的入侵。

1040年至1075年间，拜占庭人彻底失去对亚平宁半岛南部的控制，这是因为他们在这个时期遇到了比这还要严重的国内问题，无力再抵御游牧民族对亚平宁半岛南部的袭击。早在10世纪初，这些游牧民族及其雇佣兵就出现在了这个地区。除此之外，罗马教会和希腊教会之间的关系变得越来越紧张，在1054年彻底决裂。

与此同时，基督教势力一直在加强边界上的军事防御力量，当确保能够抵挡其他民族的入侵和来自拜占庭的影响后，便开始对伊斯兰教势力发动反击。从11世纪中叶开始，伊比利亚半岛北部的基督教王国在法兰克骑士的支持下开始夺回领地，即所谓的收复失地运动。莱多便是在1085年收复的。

由此能够明显看出，至少在欧洲范围内，伊斯兰教势力与基督教势力的对比局势已经被扭转。5年后，阿拉伯人在西西里岛的统治结束，该岛落入了诺曼人手中，成为欧特维尔王朝的中心，该王朝控制着整个亚平宁半岛南部地区。

然而奇怪的是，尽管拜占庭和伊斯兰教势力在军事上接连败北，其文化对基督教占绝对优势的西欧世界却产生了越来越大的影响。例如在托莱多教区，公元1130年前后就已开始翻译阿拉伯文的著作，这足以证明这种发展趋势。科尔多瓦的哈里发友好地接待了拥有不同文化背景的学者，他们将阿拉伯文写成的科学著作或哲学著作翻译成拉丁语，并把此前失传的部分亚里士多德作品从阿拉伯文译回拉丁文，这些作品后来被收藏在一些欧洲大学里。

2. 欧洲与封建制度

封建的领主附庸关系

在中世纪早期，即8—9世纪，欧洲便形成了一种以个人对土地的所有权以及对该地居民的处置权为基础的社会模式。

罗马帝国早已解体，此时个人关系为公共生活和私人生活创造了新的纽带，这些关系本质上是不同等级间的从属关系。起初在这种关系中，有权势的人为自由人提供保护，但作为回报，有权势的人可以要求对方服从他的命令，宣誓效忠。依附他人而生存的人被称为"附庸"或"封臣"。人数众多的奴隶阶级却并不在这种关系网内。

这种复杂的效忠体系取代了此前不掺杂私人关系的制度。在旧制度中，武装人员的忠心显得尤为关键，日耳曼部落里每个能够武装自己的自由人都有权利和义务出征作战。但从公元7世纪起，这种社会制度逐渐开始消失。在此期间发生了两个不可逆转且相互关联的变化：一是作战行动的专业化，骑士逐渐取代了步兵；二是装备和训练方面的开支不断增加。这些变化对社会、经济和文化的影响一直延续到10—11世纪，在加洛林王朝时就已经非常明显。

附庸从领主那里获得封地。这不仅是一块土地，也包括在上面生活和劳作的人们。

新的骑士

经过黑斯廷斯之战，整个欧洲都被诺曼人的精良装备所折服。他们的军马都配有马镫，骑兵不容易从马上摔下来。士兵均戴有头盔，身穿锁子甲，擅长使用长矛这种新武器。

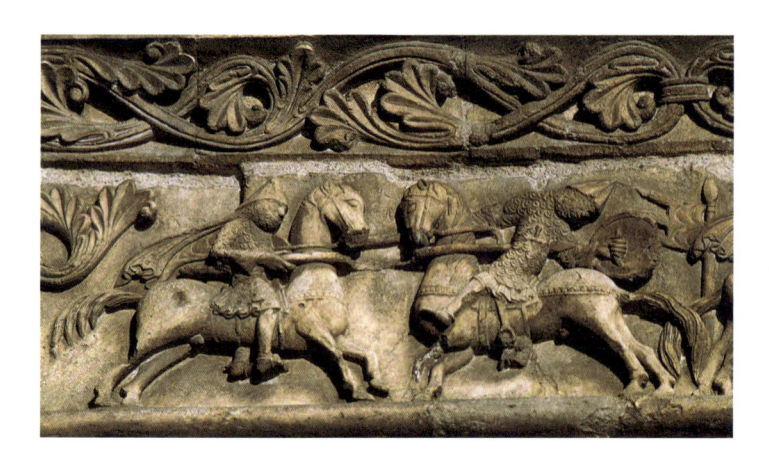

长矛的使用

长矛被用于战争或比赛中，使用目的就是在正面攻击中把对手掀下马来。人们根据被折断长矛的数量来判断胜负。

有了固定资产作为后盾，附庸便能够专心投入到战事中。自8世纪末起，就有关于封地授予仪式的书面记载。其中包括"臣从礼"，这是仪式中最重要的部分，附庸承诺尽责并向领主宣誓效忠。

领主附庸制度最早起源于高卢西北部，法兰克人占当地人口的大部分。随后，这一制度从卢瓦尔河传播到莱茵河流域并最终在欧洲绝大部分地区施行。9世纪时，查理大帝的附庸将该制度推广至亚平宁半岛北部和中部，诺曼人又将其传播到英格兰和西西里岛，在此之前这种制度还从未在这两个地区出现过。

在1066年黑斯廷斯之战后的几十年里，英格兰开始采用领主附庸制度，而西西里岛上的居民则是在旷日持久的征服战争中逐渐接受了这种制度，这一系列战争始于1040年，直到50年后阿拉伯人统治结束时才停止。封建制度在法国南部和西班牙发展较慢。在那里，骑士参与了收复失地运动，并在其中发挥了重要的作用。在各个德意志公国，引入封建制度的过程历时两个世纪，即从10世纪初到11世纪末。

封地和城堡

然而，历史学家所说的"封建主义"不仅仅包括封地、附庸以及从这个阶段开始将长矛作为刺戳武器（此前长矛被用作投掷武器）的全副武装的骑士。

封建主义往往也意味着政权面临严重危机，以及权力在混乱局势下被分散到各个地方领主手中的情况。"封建"和"封建主义"这两个概念往往被使用得不够准确或是完全被误用。封建制度在查理大帝时期就已具备特殊意义，但若是用封建来形容加洛林王朝则是错误的，用来描述加洛林王朝结束后的阶段也有失妥当。在"虔诚者路易"的后继者挑起的战争中，以及在随后的几十年时间里，军权、行政权和司法权仍掌握在法兰克王国和亚平宁半岛这两地的当权者手里。这种情况在德国地区和德国公爵所拥有的权力上体现得更加明显，他们选出了国王，其权势几乎没有因封建混乱状态而受到影响。

9世纪末出现了一种现象，并在10世纪变得愈发普遍——加洛林王朝所辖各地都在

中世纪的城堡

自公元 10 世纪起，城堡就成为北欧乡间风光的重要组成部分。即使在城市化已经高度发展的意大利，城堡在农村地区也不鲜见。当危险来临，农民可以躲到城堡中去。

围绕城市中心修建防御工事以及在战略要地修建大量防御性质的城堡。城堡所在地往往是天然形成的地势较高的地方，但也有人工堆砌出来的土岗。在乡间的空旷地带修建城堡看似奇怪，但考虑到当时社会面临的问题，便不难理解人们这样做的原因。教会势力和地方的封建领主共同促进了这一发展趋势，起初他们希望建立有效的防御设施，来防范诺曼人、萨拉森人和匈牙利人的进攻。然而 10 世纪上半叶过后，敌人的袭击次数逐渐减少，人们却继续修建防御堡垒。

在法国和意大利北部，随着封建制度的出现，国王和伯爵的权力受到重创，而在德国，中央政权则保持不变。地方领主的势力范围非常有限，他们效力于远方的君主。针对动荡的局势，这显然是一种易于接受的统治模式。

尽管地方领主与 10 世纪时这种混乱局面的形成脱不了关系，但他们的所作所为实际上是对无政府状态的一种反抗，而非导致这一局面的根本原因。国王和贵族阶层的权力依然十分有限，他们希望建立一个新的政治和社会制度。封建制度和封地的形成不该完全被视为一种消极的现象，即中央政权的消失，我们也应从中看到积极的变化：这是地方权力对整个社会自下而上的重建，整个过程没有依据任何法令，因为本来就缺少具有约束力的通用秩序。

变革和设防

10 世纪之后，仍有许多新的城堡被建造出来，这导致了农民生活方式的转变，他们在城堡周围开始了新的生活。

到了 11 世纪，城堡才发展成我们今天所熟知的带有围墙和塔楼的样式。在这之前，防御工事往往是环绕村庄建设的。后来农民都选择在城堡周围定居。

伯爵和男爵，即加洛林王朝时期地方权

设防的城市

创作这幅画的安杰利科修士将耶路撒冷想象成当时托斯卡纳城市的样子,城市周围的城堡和城墙为市民提供了庇护。

力的拥有者,对社会变革起到重要的推动作用。在争夺权力的过程中,他们与教会力量和封建领主形成对立关系。教会与封建领主力图扩大势力范围,因而拒绝其他势力插手城堡的修建事宜。而伯爵和男爵则把个人权力变成了世代相传的特权。

领主的家族中也出现了许多骑士。长期以来(最晚始于7世纪),领主有权任意处置他们的奴隶,同时也对附庸和其他拥有自由身份的领民有广泛的管理权。领主不仅拥有整个庄园,还能对当地居民行使司法权。为了维护城堡以及供养骑士,他们还对赋税和徭役进行了强制性规定——人们甚至还要为领主的磨坊和烤炉支付使用费。

前面介绍了封建制度的种种特点,但这一制度并非在整个欧洲同时出现。诺曼底公爵的权力就丝毫未受到影响。英格兰的情况与之类似,诺曼人将封建制度引入英格兰以及被他们征服的爱尔兰。在西西里岛的诺曼人王国,骑士和当地领主所拥有的特权也十分有限。

封建主义在12—13世纪时才在德国境内传播开。在法国,封建主义在10世纪末得到进一步发展。加洛林王朝的最后几位国王不得不面对王权衰微的这一事实。即使是于格·卡佩在987年被选立为王时,这种情况也没有发生改变。在他的儿子罗贝尔二世的统治阶段,即996年至1031年间,王权面临的威胁最为严重,中央权力的分散程度也达到了极点。

与之相比,11世纪时在封建主义的影响下,意大利北部和中部政权分散的过程则不那么明显。除了拥有世袭伯爵或公爵头衔的大领主家族之外,还出现了强大的教会封建势力。许多主教都被当时的统治者(即10世纪的国王或撒克逊皇帝)授予伯爵头衔,有些尽管没有获得头衔却也手握相同的权力。

1037年,皇帝康拉德二世颁布《封地法令》,保证其封臣的封臣(即世俗领主与教会领主的军事附庸)能够世袭主教或伯爵给予他的封地。这项法令在法律层面认可了地方领主,为封建制度提供了全新的、更有力的法律基础。尽管如此,还应当注意,意大利的情况与欧洲其他国家截然不同——大部分的军事附庸倾向于将主要住所安置在城市里,并因此放弃了城堡。在封建制度在意大利北部和中部传播开的同时，一种新的独立力量正在崛起，即城市。

教会和骑士阶级

最后一个重大转变发生在 980 年—1030 年，尤其是在法国和意大利。一些历史学家认为，这半个世纪的时间里发生过一场"封建革命"。

骑士阶级对封建制度的形成起到决定性作用，他们也从中获得了一些权力。在很长一段时间里，他们都被视为造成混乱、暴力和权力滥用的主要因素。

在这个阶段即将结束时，国王的权力已经无法与贵族或封建领主的势力相抗衡，教会开始重新考虑应如何看待骑士阶层。许多主教纷纷抨击当时的情况，追思过去，怀念国王统治时期和平公正的社会氛围。但是更多的主教和修道院院长则以克吕尼修道院为榜样，一马当先地参与到抵制骑士暴行的大规模运动中去。

封建领主及其附庸被召集到一起，要求他们必须庄严宣誓尊重"上帝的和平"，违者将被逐出教会。后来（根据现有资料大约是在 11 世纪末），基督教会不仅禁止了骑士的部分行为，还企图让他们彻底信奉基督教。

骑士组织变得类似行会或兄弟会。新成员入会要经过某种仪式，还必须有一位牧师在场，由他为武器赐福。此外，骑士规章还要求他们应保护教会和弱者。

教会的这些尝试最初起到了什么效果已很难确定。西班牙的收复失地运动和随后的十字军东征在一定程度上转移了骑士们的关

成为骑士
授予骑士武器的仪式最初只是一个纯粹的世俗仪式，类似成人礼。后来逐渐带有宗教性质。

注点，但他们仍对手无寸铁的普通百姓造成威胁。12 世纪中叶，有句调侃骑士的俏皮话叫作"non militia sed malitia"，大意为"勇气不多，坏心眼却不少"。

无论如何，"上帝的和平"及规章制度都让骑士的形象随着时间的推移有了改观。到了 12 世纪末，人们不再把骑士与暴行联系在一起，有些人甚至被视为宗教榜样或道德楷模。

授予骑士身份的仪式就证明了这一点。举行仪式时，18 岁的年轻人需独自或者在其他骑士的陪伴下祈祷一整晚，第二天早上领主会把剑和马刺交给他。新加入团体的骑士要宣誓效忠，并承诺保护寡妇、孤儿和上帝的全部仆人。

村庄

新的封建统治彻底改变了农村的人口结构。与此同时，自公元950年前后开始，欧洲各地的人口数量都呈增长趋势。此前的人口数量变化情况是怎样的呢？古典时代末期，几场疫病在地中海地区肆虐传播。而高卢地区也在542年—544年这段时间和7世纪末因鼠疫损失了大量人口。这些流行病在地中海东部地区持续的时间较长，大约波及了两三代人。但除了意大利中部与拜占庭帝国有接触的地区以外，疫病对西欧的影响不大。经过三个世纪，即从公元650年到950年，欧洲的人口总数再次增加——尽管不同地区的人口增长速度有所不同。除了个别地区，当时的人口数量已与5世纪时的情况持平。有些地区甚至在8世纪出现了人口过剩的情况。到了9世纪，欧洲的农民很可能仍主要从森林中获取食物，即以饲养牲畜、打猎或采集为生，很少系统地种植谷物。森林对人们的日常生活至关重要，所以人们不会轻易地破坏森林。

从现有资料中能够清楚地发现，9—10世纪的大型地产往往由森林和未开发的土地组成。数据还显示，农村人口总量不大，但个别地区的人口密度较高。在这种情况下（大规模地产，广种薄收，林业优于粮食种植业），人与大自然的关系受到多种因素的制约，因而欧洲的人口数量很难超越9世纪时的情况。由耕地和均匀分布的村落组成的典型的欧式生活图景在加洛林王朝还未形成。那时起人们刚开始开发定居点周围的土地，但土地的分配还不够均衡。

在这个阶段，欧洲人已经掌握将森林变为耕地的技术和必要的工具。古典时代为地中海地区留下了城市生活和乡村生活的模式，以及结合了粮食种植、蔬菜种植、葡萄栽培和橄榄利用的农业经济，此时这种模式被再次起用。

而中欧地区的农民却没有可供参考的先例，他们必须找到一种全新的方式，应对一些未知的情况。变化主要发生在三个方面：

1. 能够制造简单工具（如犁、马蹄铁和钉子等）的金属加工技术；
2. 发明了含有犁骨和犁壁的重型犁，用它可以开垦较硬的土地；
3. 通过"三区轮作"，需要休耕的土地从50%降至30%，有利于在春天播种燕麦等作物。

人们此前便对这三方面有所了解，到了10世纪，为满足新增人口的需要，农民不得不在新开垦出的土地上尝试利用并发展这些知识。从林业向农业的过渡不仅仅是纯粹的技术问题，它还对社会和文化产生影响，这一过程持续了三个世纪之久，即从公元950年到1250年。

人口增长和农业发展

欧洲的人口数量在这个时期不断增长，到了14世纪初，已从3800万人增至7500万人。农业经济的发展使森林、沼泽和荒地的面积大量缩减，农业技术领域也取得了长足的发展。这里要注意到一个逻辑：人口增长使大量森林遭到砍伐，农业技术的进步反过

用镰刀收割

在很长一段时间里，收割技术都很原始。14世纪时长柄镰刀已经得到普及，但短镰仍是当时人们最常用的收割工具。农民把麦穗切下来，把麦秆留给牲口吃。

正在开垦土地的修道士

当时的修道院往往位于乡间。根据戒律，修道士要从事一定的田间工作，游手好闲被视为修道的大敌。

来又降低了砍伐的难度。与此同时，种植面积的增加和生产技术的进步提高了农业产量，增加了农产品的种类，进而促进了人口的增长。

除了前面提到的金属加工技术、重型犁的出现和三区轮作制之外，还有其他的革新。通过种植燕麦，人们能够在任何地方养马，马匹能够拉动更重也更有力的犁。水磨和风车的发明大大解放了劳动力，1086年时英格兰有5624座磨坊，它们共计节省了750万天的人力工作。

"公用开放田"制度在整个北欧和中欧地区得到推广，它基于三区轮作制和重型犁的广泛使用。大片土地被划分为许多个长条区域，成为个人耕地。按照精确的农业时间表，收割后的土地会成为公用开放田，作为集体的公共牧场使用。这种习俗增强了村庄内的凝聚力，成为欧洲大陆和英格兰地区农业文化的典型特征。

从人们对田地的全新使用方式上能够看出，农业、饮食习惯（耕地出产的粮食逐渐取代来自森林的食物）和思维方式都发生了重大的转变。但密集的畜牧业还未形成，因而土地缺乏肥料。所以，这个阶段的农业在本质上仍是粗放型的。

这种粗放型农业在当时并不是问题，因为耕地易于转化（由森林、沼泽转化而来），村庄的范围也随之不断变化。在这个阶段，许多农民从德国来到人口稀少的易北河两岸，那片地区的北部生活着波罗的海民族，南部居住着斯拉夫民族，其中一些是波兰王国的臣民。人口向东的迁移也令帝国的边界转移至奥得河及其他地区。

西欧的村民从领主那里获得自由身份和相关证明，但却无力捍卫自由，仍处于被剥削的地位。帝国东部的情况与之相反，在勃兰登堡、梅克伦堡、波美拉尼亚和普鲁士，主教、修道院院长和世俗领主为了加快殖民的进程，愿意作出更大让步。于是东欧出现了多种介于自由和不自由之间的身份形式。

斯堪的纳维亚国家从未出现过农奴制，在荷兰，农奴制结束得相对较早。在伊比利亚半岛，奴隶在收复失地运动中得到解放，纷纷从军或成为新领地的定居者。当时通过战争就能获得奴隶，新兴的贸易也使农奴制度形同虚设。

人身自由、村庄自治和佃租较低，这些都是易北河沿岸地区的特征。而在帝国西部，农民不得不承担沉重的徭役，受到农奴制对家庭权益和私有财产的剥削。

12世纪时，情况变得更加严重。当时，拉丁语"servus"（奴隶）一词的含义已被淡忘。身为农奴便意味着未经领主许可不得与封地以外的人结婚、不支付被称为"死手权"的继承税便无法继承父母的财产，此外每年还要向领主缴纳一定数额的金钱，以示效忠。

德意志帝国在东欧的殖民

3. 皇帝与教皇

奥托一世（912—973）

奥托一世在936年成为东法兰克王国的国王，这座王国便是随后的一个世纪里形成的德意志国家的前身。奥托一世加强了对洛林和意大利的统治，并推进了在斯拉夫地区的基督教传教活动。962年2月，他于罗马被加冕为神圣罗马帝国的皇帝。他与教皇的争端最终演变为围绕主教叙任权展开的斗争。

政治策略和教会改革

在加洛林王朝时代，人们普遍认为皇权直接来自上帝的赐予。此外，无人对任命主教必须经皇帝同意之事提出过异议。根据教规，主教通过本教区的教士自由选举产生，然而皇帝有权利和义务阻止不合格的神职人员担任主教。依照这一时期的普遍观点，担任这类高级神职的人不仅要牧养信徒，还必须参与世俗政务。

在萨克森王朝的皇帝奥托一世在位期间，主教肩负的宗教与世俗的双重任务反而成为维护神圣罗马帝国统治的一个重要手段。因为皇帝能够通过赠予主教土地，从而将该区域划入主教的职权范围，所以奥托一世更倾向于在德国而不是在意大利授予主教爵位，将当地的世俗权力转移到他们手中。统治者委任亲信当主教或帝国修道院的院长，并授予他们与职务相应的宗教权力及世俗封地，这已成为惯例。统治者还会授予主教象征宗教权力的指环和权杖。独身的神职人员去世后，由于无人继承财产，他们的封地便会重回统治者手中，随后再转封给其他亲信。

皇帝与教皇间的关系也很复杂，皇帝由教皇加冕，因此，他不仅要防止罗马贵族操控教皇选举，还要干预选举过程，让自己信任的候选人担任这一最高宗教职务。例如，奥托大帝就曾在罗马的宗教会议上凭借阴谋废黜了曾为他加冕的教皇。《奥托特权协定》使皇帝有了影响教皇选举的法律依据。

自1030年起，教会改革运动愈演愈烈。该运动得到了法兰克尼亚王朝国王亨利三世（1039—1056）的鼎力支持，然而，他也是在为自己的利益考虑。改革运动的领导者是修道士，他们大多来自克吕尼修道院，以及1012年在托斯卡纳地区的卡马尔多利和1039年在同一地区的瓦隆罗萨建立的隐修院。这些修道士对当时的教士表现出极大的不信任，并指责主教滥用政治权力。

改革派攻击的对象包括大批不遵守独身制的神父，同时也包括贩卖圣职的教皇。教皇则认为，同国王和主教进行职位交易是完全正当的，因为自己就是由他们选任的。凭借着和教会内部改革派相似的观点，亨利三世废黜了"不称职"的教皇，借此他第一次得到了改革派的认可。1046年，当包括腐败的本笃九世在内的几位候选人争夺教皇宝座之时，亨利三世以极大的魄力击碎了他们的阴谋。1046年至1057年间，他亲自任命了三名教皇，并大举推进第四位教皇的选任，而这四位都是德意志人。

叙任权斗争

亨利三世去世后，他的宗教政策随即受到了质疑。1057年，米兰人民奋起反抗由皇帝任命的教区主教；1068年，一场针对佛罗伦萨主教的大规模的群众运动爆发了，主教被指控犯有买卖圣职罪。在此期间，教皇尼古拉二世于1059年召开了一场宗教会议，会议决定将选举教皇的权力交给枢机团，而枢机团由罗马教省的七位主教和几座大型教堂的教士构成。

自此，改革派与主教间的斗争不断加剧，改革派的领导者主要来自修道院，而主教由皇帝任命。米兰就有两位主教，他们视对方为死敌。1073年，当来自索瓦纳的希尔德布兰德以格列高利七世之名成为教皇之时，这场斗争达到了顶峰。他与亨利四世之间爆发了一场具有决定意义的冲突，有诸多著名情节流传至今，如亨利四世在卡诺莎向格列高利七世表现出了戏剧性的屈服姿态，以及后来格列高利七世在德国煽动起了反对亨利四世的激烈的内部斗争。

在经历了这些戏剧性的事件之后，双方于1122年达成妥协，签署了《沃尔姆斯宗教协定》，冲突最终得以结束。追根究底，皇帝的要求与主教的世俗权力及财产紧密相连。1122年后，两项原则得以确立：一方面，主教授职从此杜绝世俗权力的干预，教皇的权威得到加强；另一方面，主教需从国王手中接过象征世俗权力的权杖，所以仍是国王的附庸。

然而，对教皇亦产生了巨大影响的群众改革运动很快就不了了之。教士内部也变得等级森严。改革希望的破灭为各种异端运动的爆发奠定了基础。

4. 城市与道路

城市建设：复兴还是创造？

在历史学家曾笼统地称为"黑暗时代"的几个世纪里，欧洲的城市规模很小，居民数量基本不超过5000人。城市的典型功能转移到了其他地方。大多数人定居在大庄园与修道院周边，由于当时贸易量有限，货币经济也不发达，他们不需要住在城市里也能生活得很好。古罗马的"城市（civitates）"之所以尚存，是因为主教依旧居住在那里。只有凭借着主教的存在，城市才能作为人们共同生活的地方存在下去。

除了"黑暗时代"的说法，有些历史学家还提出了一种"城市复兴"的论点，即城市在1000年后重新发展起来，这被看作是从前的危机和衰退的反向作用。然而，也有一些历史学家极为重视这"黑暗"的10世纪本身的革新力量。依照这个论点，欧洲中世纪被证明是历史上的新篇章，而非5世纪或6世纪的久远过去的延续。

只要稍加仔细研究中世纪的城市，这一论点就能得以证实。古代城市有两种类型：在欧洲东部，城市主要是大型贸易中心，例如亚历山大港和安条克；在欧洲西部，城市则是乡绅和贵族的居住地，拥有典型建筑和聚会场所，如广场、温泉浴场、斗兽场与剧场。地中海西部地区的城市发展几乎不依赖工商业。

自10世纪下半叶以来，欧洲有两个值得注意的发展方向：一方面，西罗马帝国的旧边界内形成了新的城市发展中心；另一方面，古罗马时期就存在的城市发生了根本性的变化。即使古罗马的城市体系延续到了中世纪，经过时代变迁，一些城市的地位却有了根本上的转变。例如米兰和里昂在3世纪就已经成为重要的中心，而锡耶纳和佛罗伦萨到了10世纪才占据领导地位。

中世纪的城市

为了更好地理解中世纪城市发展的原因与情况，可以将其划分为三种类型。

第一类城市是意大利南部的城市，其中的典型就是阿马尔菲。这些城市自10世纪起就在与东罗马帝国及伊斯兰国家间的贸易交流中发挥重要作用。土耳其人的入侵对地中海地区产生了直接影响，使得通往东方的主要贸易路线从波斯湾转移到了红海和埃及，从而在很长一段时间里增强了意大利对东西方贸易的重要性。

与此同时，意大利对君士坦丁堡的影响也随着意大利人的涌入而增强。凭借着贯穿中亚的陆路，这座大都市与远东地区仍有贸

锡耶纳：一座新城市的诞生

锡耶纳位于法国至罗马与威尼斯至罗马的道路交会处。10世纪起，这座城市开始成为重要的商业及金融中心，因而与佛罗伦萨形成竞争关系。13世纪中期，锡耶纳大学在此建立（如图所示）。哥特式的宏伟教堂和砖砌宫殿装点着这座城市。

易来往。由于欧洲贵族对异国商品和奢侈品的需求不断增加，东西方贸易于11世纪与12世纪之交得到繁荣发展，意大利商人的活动中心也进一步向北转移，威尼斯、比萨和热那亚取代了阿马尔菲。

第一类城市确实可以称得上是地中海地区复兴的标志。与之相对，第二类城市大多是新建的，作为工业中心，它们与欧洲市场紧密相连。欧洲市场虽然尚未完善，但胜在范围广阔。根特、伊珀尔以及布鲁日等位于佛兰德斯地区的城市主要生产亚麻织物，它们打破了旧时的垄断。卢卡的丝绸生产，伦巴第大区各城市的纺织品生产以及13世纪佛罗伦萨的纺织品生产也同样冲破了传统的束缚。

欧洲的工业中心和商业金融中心相辅相成。意大利在商业领域处于领导地位，除了上述港口城市，意大利一方面有工业中心佛罗伦萨和米兰，另一方面还有金融中心皮亚琴察和阿斯蒂。

随着时间的推移，德意志的势力范围扩展到易北河以东，波罗的海沿岸形成了新的北欧贸易区，一批新型贸易城市兴起了，例如汉堡、吕贝克，和更东边的但泽及里加。这些城市于13世纪中叶联合起来，组成了商业联盟"汉萨同盟"。之后，位于莱茵和威斯特法伦一带的城市如科隆和多特蒙德也加入其中。汉萨同盟发展为长期统治整片波罗的海及北海地区的城市同盟，直到16世纪，其影响力才逐渐下降，被英格兰与尼德兰赶超。

意大利城邦

第三类城市位于意大利的中部与北部，它们实际上是由贵族创建的，其中的典型就是米兰以及波河平原最重要的中心——维罗纳、帕多瓦及博洛尼亚。这三座城市不仅仅是重要的工商业中心，它们还颇具规模，在14世纪初就已拥有四五万居民。同属这类城市的还有热那亚和比萨。在这类城市的发展中，贵族发挥了主导作用。

在11—12世纪，不同于欧洲其他的中心城市，意大利城市得到蓬勃发展，而这所谓的"城市自治运动"得归功于精英阶层。在欧洲，几乎所有其他城市的发展都受到当地统治阶级（国王、公爵和男爵等）的严格控制。与此相反，由于德意志皇帝在意大利的影响力始终有限，意大利城市能够在自身领土及周边地区摆脱其束缚，从而在很大程度上实现自治。

被意大利人称为"巴巴罗萨"（意为红胡子）的霍亨斯陶芬王朝皇帝腓特烈一世在1162年至1183年间曾试图侵占意大利北部的城邦，但他最后还是不得已作出让步，接受对其统治权的限制。当他于1190年去世之后，城邦纷纷崛起，成为意大利发展的主导力量。

在13世纪，激烈的内战席卷了各城邦，贵族阶层以"人民"为敌——这里的"人民"事实上指的是市民阶层中的商人。然而，内战几乎没有对米兰和佛罗伦萨等重要商业中心周围的领土扩张趋势造成阻碍。

无论城市自治运动是由作为城市贵族代表的执政官领导，还是以商人行会的胜利而告终，它都对城乡关系产生了许多影响。

欧洲其他地区的城市始终是严格的字面意义上的"市民的"[①]城市：它们被城堡的围墙所包围，并受与乡村地区风俗截然不同的城市法规所管辖。在意大利，城市极为迅速地获得新的土地，对城堡领主的封建主权提出了挑战，并剥夺其对农民的统治权。在意大利的北部与中部地区，当城市推行全面的农民解放后，农奴制和徭役被废除。土地租赁制和分成制等土地契约形式解除了农民的终身义务，并消灭了与这些义务相关联的封建领主对农民的支配权。城乡间的关系更为紧密，这使土地成为投资的对象，而不再是权力的象征。

朝圣之路

在公元1000年前后，欧洲的特征只能不完全地用两个对立的概念来描述——物质（地理）和精神（西方基督教思想）。价值观都以普世教会与普世帝国为基础，所谓的文化上的国界并不存在。而与此相对，封建制

---

① 译者注：此处的形容词"市民的（德语：bürgerlich）"由名词"市民（德语：Bürger）"变化而来，而"市民（德语：Bürger）"的词源为"城堡（德语：Burg）"，本句中的"字面意义"指的便是该词语词源上的意义。

圣地亚哥－德孔波斯特拉

大雅各（西庇太之子）是西班牙的主保圣人。他是福音传道者约翰的兄长，在西班牙传过道的可能性不大。直到7世纪，他的传道活动才在西班牙文献中有所记载，而在一个世纪之后，当一颗星星照亮了据称是大雅各坟墓的地点，人们对其的信仰才传播开来，这个地方随即被称为"德孔波斯特拉"（意为星之野）。从10世纪起，这一地点就成了整个基督教世界最著名的朝圣地之一。图中所示为大雅各的遗体被带往海对岸的圣地亚哥-德孔波斯特拉。

度致使国家被分割为无数封地，只有商人、高级神职人员和统治者才具备更广阔的空间概念。

欧洲各国人民间建立起的联络网是欧洲统一的开端，在11世纪，联络网开始加深和扩展，而朝圣的人潮又极大地促进了这一发展。值得注意的是，朝圣之路有两条主要路线——一条通往罗马，另一条通往圣地亚哥-德孔波斯特拉。

第一条路线从法国通向罗马，它形成于8—9世纪。这条路线完全是中世纪文明的独特产物，与高卢的罗马大道无关。它的起源可以追溯到伦巴第人和拜占庭人争夺意大利中部地区的时代。伦巴第人为了将波河平原与托斯卡纳连通起来，在奇萨山口修建了通道，从而开辟了一条从卢卡到佛罗伦萨的新路线，其后这条道路又并入古老的"艾米利亚大道"。接下来的一段路从卢卡通向锡耶纳，再通往博尔塞纳湖，这段路是法兰克人进军罗马时开拓的。这条朝圣之路继续向北延伸，在帕维亚分为两条支线：一条经过塞尼山通往里昂和香槟；一条经过大圣伯纳德山口通往洛桑，再通向香槟或莱茵河流域的城市。因围绕教会和教皇展开的长期斗争，朝圣活动曾一度中断，但在这之后很快又得以恢复，朝圣者继续涌向罗马。在11—12世纪，这条通往罗马的朝圣之路是整个欧洲最繁忙的道路。

西欧恢复使用金币

意大利的大型商业城市里会用到金币进行交易，这些金币也是意大利与欧洲各国及东方开展贸易活动的推动力之一。图中展示的是1252年在佛罗伦萨铸造的弗罗林金币，币面上所印制的图案是佛罗伦萨的百合花市徽和主保圣人施洗约翰。

第二条重要的朝圣之路通向西班牙西北部加利西亚地区的圣地亚哥－德孔波斯特拉。据称，使徒大雅各的圣髑通过神迹降临至此。这里的第一座巴西利卡式教堂建于9世纪初，供信徒使用。该教堂在公元1000年之前被阿拉伯人毁坏，于1020年左右得到重建。当时，来自欧洲各地的朝圣者络绎不绝，连法兰克的骑士也来到加利西亚忏悔自己在战争中犯下的罪过。这些骑士后来在克吕尼修道士的祝福下参加了1080年至1085年西班牙的收复失地运动，并发挥了决定性的作用，这场运动以攻占托莱多为标志告一段落。这条朝圣之路在法国境内分为四条主要路线，它们于纳瓦拉地区的潘普洛纳附近的蓬特拉雷纳会合：其中两条的起点分别为卢瓦尔河和香槟；第三条始于勃艮第，是德意志朝圣者的首选；第四条始于阿尔勒，是意大利朝圣者的必经之路。

从伦敦到坎特伯雷的朝圣之路虽然途经范围较小，但同样也很繁忙，这条路线的终点是坎特伯雷大教堂。1170年，大主教托马斯·贝克特就是在这里被金雀花王朝国王亨利二世手下的骑士刺杀。

商人之路

在12世纪，通向罗马的大道发展成为贸易路线，而通向圣地亚哥－德孔波斯特拉的大道也被参与收复失地运动的骑士选用。卢卡商人很可能是第一批经常利用途经塞尼山的这条路线的意大利商人。伦巴第人已将卢卡定为托斯卡纳地区的首府，随后的一段时间里，这座城市因成为商人的固定落脚点而受益颇多。同样因这条贸易路线而得益的还有北部的皮亚琴察和阿斯蒂以及南部的锡耶纳，许多银行家和货币兑换商都选择在这些城市定居。

卢卡的居民很早就开始从东方进口原材料生产丝绸制品。最迟从1153年开始，他们就参加了香槟集市，这个集市每年会定期在四座城市分别举办：特鲁瓦（一年两场）、普罗万（一年两场）、奥布河畔巴尔（一年一场）和马恩河畔拉尼（一年一场）。随后，香槟集市成为地中海地区和北欧之间贸易的首选交易点。意大利商人在这里购买佛兰德斯出产的亚麻织物，并出售手中的丝绸制品和从东方进口的香料。

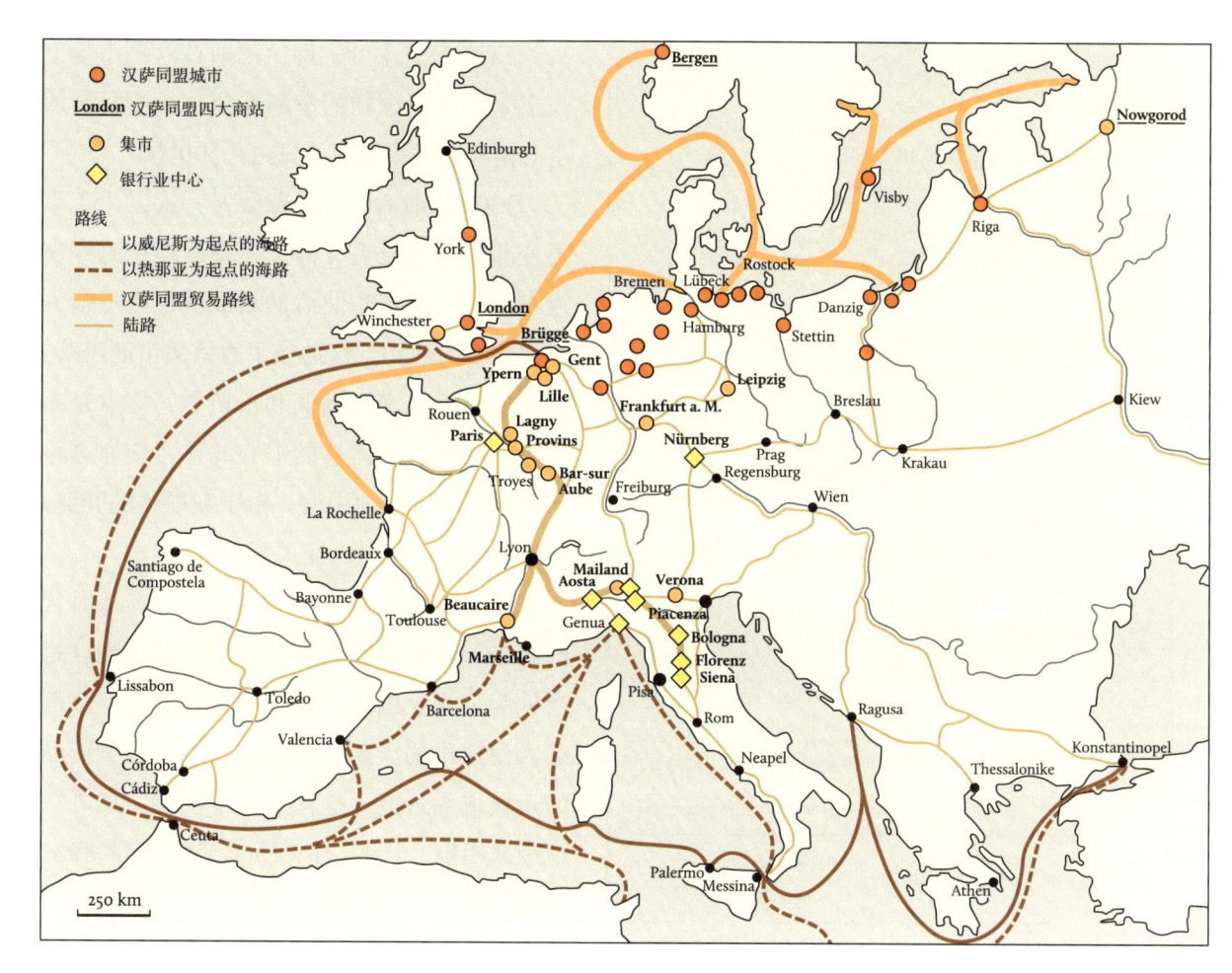

13 世纪末的贸易路线和贸易中心

　　在 12 世纪，数条交通大道被建造出来，这主要是为了满足长途贸易的需要，而非出于朝圣的目的。在阿尔卑斯山脉沿线，除了两条途经塞尼山和大圣伯纳德山的古老道路之外，在公元 1000 年前后，一条途经圣哥达山的道路也成型了，选择这条线路的大多是威尼斯商人。这条道路将波河平原与莱茵河上游流域连接了起来，从而使波河平原的城市与勃艮第王国及施瓦本公国的城市能够互通有无。11 世纪末，米兰人在辛普朗山口修造了贸易通道，以便将产自伦巴第的布料运到隆河谷的北部，再从那里运往德国和法国。

　　13 世纪末，威尼斯人扩建了布伦纳通道，使其连通茵斯布鲁克、奥格斯堡、纽伦堡和法兰克福。威尼斯的各种商品从这里启程，进一步向东经过尤利安山附近的塔尔维西奥，被运往维也纳、布达佩斯和中欧最重要的贸易城市之一布拉格。威尼斯商人卖出棉花、糖、胡椒及香料，同时向德国购买金属，从匈牙利平原购进肉类。

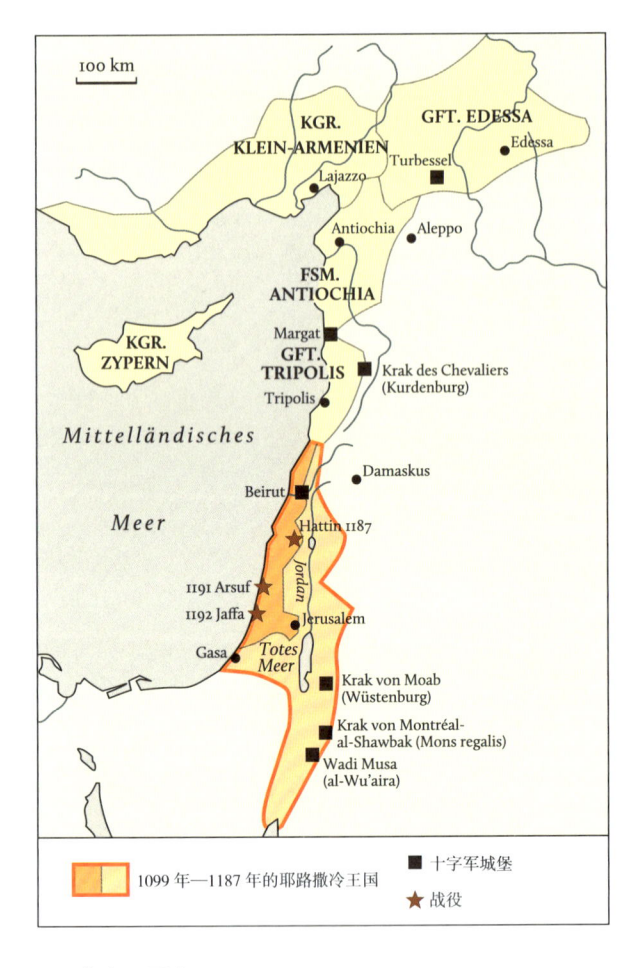

十字军国家

13世纪下半叶，佛兰德斯在欧洲市场上失去了对亚麻织物的垄断地位。长途贸易的重心南移至香槟集市、日内瓦和里昂。

1300年前后，贸易路线又一次发生了重要变化。热那亚人开辟了一条从地中海穿越直布罗陀海峡直达北海的新航线，威尼斯人很快也纷纷效仿，这加速了香槟集市的没落。这条航线途经塞维利亚和里斯本，终点是布鲁日。欧洲贸易体系的中心北移，交通道路从此连通北欧与地中海。由于新航线的开辟，新的贸易中心得到迅速扩张。

此外，两项技术发明促进了贸易新时代的到来，即指南针和大吨位船舶的出现。指南针为公海上的航行节省了大量时间，热那亚人建造出的大船则使多品种、大批量商品的运输成为可能。这些船只不仅能一如既往地装载胡椒、丝绸、香料及亚麻等轻量货物，还能装载重型及大型货物，如盐、矾、油、葡萄酒、鱼、羊毛、木材与金属。

5. 走出欧洲的欧洲人

十字军东征

1085年西班牙攻占托莱多后不久，由于摩洛哥的柏柏尔人入侵伊比利亚半岛，收复失地运动停滞了将近一个世纪。与此同时，主要来自法国的信仰基督教的骑士继续与远方的伊斯兰教信徒进行斗争。总体而言，耶路撒冷的阿拉伯统治者表现得既不狭隘也不偏执，在11世纪，整个叙利亚尚且有许多基督教教堂，而当土耳其人占领了叙利亚和巴勒斯坦，这一情况似乎也随之改变。但无论如何，教皇乌尔班二世以解放圣地为由发动了第一次十字军东征。在骑士大军动身前，1.2万名成年男女和孩童组成的"贫民十字军"就在隐修士彼得的带领下先行出发，但随后被土耳其人歼灭，最后由约3万名骑士组成的十字军军队在1099年攻下了耶路撒冷。此后，一个以西欧国家为蓝本的基督教王国——耶路撒冷王国诞生了，圣殿骑士团、医院骑士团和条顿骑士团共同负责王国的护卫工作。十字军东征使西方基督教与东方文化间的关系严重恶化。第一次十字军东征的号召一经发出，莱茵兰地区就发生了针对犹太人的暴行。此外，十字军还针对圣地附近的城市居民发起了骇人听闻的屠杀。对于盟国拜占庭帝国，他们也采取了不人道的行为——1204年，十字军在第四次东征期间占领并洗劫了君士坦丁堡。十字军东征的想法无疑有助于巩固基督教守护者骑士的形象，但这一形象显然具有狭隘性和排他性。

依据一个较早被提出的论点，十字军对圣地港口城市的征服标志着意大利在地中海地区开始占据统治地位，中世纪的城市和商业由此逐渐发展形成。然而，十字军东征并没有与其宗教动机相一致的经济动机可供遵循。在这一时期，获取经济利益主要依靠两种途径：土耳其人入侵阿拉伯和拜占庭所导致的巨变，以及意大利在地中海东部地区的长期垄断。早在1099年以前，意大利城市就与埃及、叙利亚的哈里发国家以及拜占庭有着密切的贸易往来。

1135年起，所有的十字军兵团均被阿拉伯人和土耳其人相继击溃。1187年，耶路撒冷重回穆斯林的手中，而其统治者苏丹萨拉丁正是以宽容而闻名。

与十字军第一次东征相反，第二次和第三次东征是由欧洲重要的统治者领导的，但他们并没有取得胜利。第四次东征中，渴求土地的十字军受威尼斯人引诱，将军事目标转移至君士坦丁堡，使威尼斯在拜占庭帝国的贸易网络中确立了自己的地位。

安条克之围（1097—1098）

1095年，教皇乌尔班二世号召进行第一次基督教十字军东征，目的在于从穆斯林手中夺回巴勒斯坦地区。图中描绘的是十字军第一次包围安条克的景象，这次围城从1097年10月21日持续到1098年6月2日①。1099年，第一次十字军东征以十字军成功占领耶路撒冷而宣告结束。

13世纪的欧洲和亚洲

1240年起，游牧民族对多瑙河下游地区的威胁与日俱增。除了匈奴人入侵，另一个前所未有的事件震惊了整个欧亚大陆——那便是蒙古骑兵西征。在所有信仰基督教的民族中，只有俄罗斯人处于蒙古统治之下长达200年。蒙古军队于1241年在西里西亚的里戈尼茨战役中战胜了波兰和德意志联军，但在1242年因可汗去世而退兵，在此之后，西欧在与蒙古帝国的往来中收获颇多。

贯穿中亚的贸易路线重新被启用，此时全程都归蒙古帝国所有，沿线无战事。它从中国通向撒马尔罕，再从伏尔加河下游通往亚速海和克里米亚半岛，辐射区域极广。在很短的一段时间内，基督教传教士曾沿着这条线路东进，试图说服蒙古可汗改信基督教。马可·波罗1271年至1295年间在沿线的旅行经历也颇为著名。继商人之后，方济各会的修士也动身前往可汗所在的蒙古包群。

西方基督教徒虽然长期接触来自叙利亚的阿拉伯文化，但他们对东方的伊斯兰文化却知之甚少。只有在伊比利亚半岛的伊斯兰地区，即托莱多和科尔多瓦等城市，他们才能在文化和艺术方面对此有所感悟。他们对遥远的中亚诸国、中国甚至印度都十分好奇且乐于探索，关于这些地方的见闻流传甚广，主题便是那些地方无与伦比的富裕和文明。

无论是圣地的失陷还是拜占庭帝国在1261年的重建，对威尼斯和热那亚商人而言都是利大于弊。尽管被明令禁止，威尼斯商人还是偷偷恢复了与埃及、苏丹的往来；热那亚商人则启程去寻找君士坦丁堡之外的东方财富，并在黑海沿岸建立起了殖民地，其中最重要的是位于克里米亚半岛的卡法。在14世纪，卡法成了多民族的聚居地，热那亚人、犹太人、鞑靼人、土耳其人、保加利亚人、匈牙利人和波兰人在此地共同生活。

---

① 一说持续到1098年6月3日。

6. 文化的统一与政治的分裂

> **克莱尔沃的圣伯纳德批评教堂铺张浪费**
>
> 在12世纪，教会圣师克莱尔沃的圣伯纳德成了奉行禁欲主义的熙笃会的代言人。他对圣但尼大教堂装饰物的评价如下：
>
> "噢，这真是虚荣至极，甚至可以说是愚昧！教堂的每个角落都闪闪发光，而穷人却饥肠辘辘！教堂的墙壁金碧辉煌，而信徒的孩子们却依然赤身裸体……告诉我，你们这些可怜的修士——如果你们也同样贫穷——黄金在这圣所中有什么用？说白了，贪婪才是万恶之源，是偶像崇拜的奴隶……因为奢华迷人的虚荣景象会引诱人们去花钱，而不是去祈祷。这样一来，财富引来财富，金钱引来金钱。我不知道这是为什么，但越是见别人炫耀财富，人们就越是愿意花费更多。遮盖圣髑的纯金屋顶和展示圣髑的精美神龛让人眼花缭乱。人们用精美的器物去供奉圣人，所用的色彩越多，圣人就越是令人起敬。"

哥特式大教堂

数个世纪以来，只有神职人员才能接触到一直使用拉丁语的书面材料，因此统治者在很长一段时间里都依赖神职人员处理政务。这些神职人员生活在宫廷之中，担任顾问，负责起草法令和文书，此外他们还要撰写国王的传记和王朝编年史。12世纪起，巴黎大区圣但尼修道院的修士就负责记录国王的生活起居。自墨洛温王朝以来，法国历代国王都葬于这座修道院。修道院院长絮热管理了这一法国君主制的中心场所将近30年。他是两代国王的顾问，于1144年创立了修士编纂正史的新模式。同年，圣但尼修道院教堂的建设工程竣工，该工程始于1129年，由絮热提供设计方案并指导工作。这座教堂普遍被认为是首座哥特式建筑。

哥特式建筑风格以光线充足、色彩鲜艳和装饰多样而著称。阳光透过大面积的彩色玻璃窗射入，光彩充盈着整座教堂。絮热的同伴想出了更合适的建筑技术，用平板玻璃替代外墙砖石，以拱式结构和塔式结构共同构成承重体系。同一时期，克莱尔沃的圣伯纳德却对教堂建筑风格有着完全不同的见解，他主张回归严肃、简约、昏暗的教堂风格，排斥教堂里巨大繁复的雕塑并谴责克吕尼修道院的过度奢华。

从巴黎周边地区开始，哥特式建筑风格最终在所有基督教国家盛行。这一风格将宗教经典中的人物和神迹生动地展现给信徒。同时，哥特式建筑艺术还反映了12—13世纪民众普遍的思维方式，如博韦市民想要为大教堂建造一个前所未有的48米高的拱顶，然而圣坛上方的部分拱顶建成后却不幸于1284年坍塌了。

微笑的天使

兰斯大教堂是哥特式建筑，其主要部分建于1211年至1228年。图上展示的微笑天使石雕位于教堂西立面的北门上方，于1236年至1245年间制成。

这一坍塌事件被解读为中世纪社会"追求高度"的思维方式即将转变的讯号，而这时社会正处于全盛期。兰斯大教堂门上的微笑天使石雕也传递了13世纪的乐观主义。与此相对，罗马式的欧坦大教堂里展示的则是加略人犹大在魔鬼的包围之中自杀的场景。

骑士文化

在教会之外，有一类长期没有文字记载的文化，那就是骑士文化。它以果敢、英勇和忠贞等品质为基础，然而这些品质很容易就会转为滥用武力、私通敌寇和背信弃义等不良行径，因而在公元1000年前后的文献中，对骑士信念的描述常常是负面的，骑士本身也大多被视为野蛮人。

在这一时期，教会领导下的"上帝的和平运动"试图与最恶劣的暴行作斗争。上帝的和平为骑士的自我意识增添了新内容——对"异教徒"的宣战及克莱尔沃的圣伯纳德奉行的新骑士精神下的作战方式。

11—12世纪新成立的军事骑士团极大程度上促进了这一发展，他们限制并批判骑士的暴力行为，使其理想化和精神化。圣殿骑士团成立于1119年，十多年后，耶路撒冷圣约翰医院骑士团（又称圣约翰骑士团）也正式成为一个军事化组织。

文学作品《罗兰之歌》创作于1050年至1080年间，这部史诗以指示和劝诫的方式向武装者宣传基督教。12世纪上半叶的英雄诗歌中全方位地体现了骑士文化，诗歌的中心内容包括封建主义道德标准——忠诚和荣誉，以及与之有关的背叛和复仇，例如以拉乌尔·德·康布雷之名命名的武功歌，以及赞扬威廉·德·格隆英雄事迹的诗歌——此人是查理大帝的追随者。

在这个时代，傲慢被认为是一种弥天大罪，是万恶之源。直到12世纪末，骑士和神职人员才将贸易和金钱看作是新的、更严重的罪恶之源，他们认为贪婪破坏了所有的社会和道德秩序。

骑士文化逐渐变得文明而高雅，这一点在12世纪末体现得尤为明显。当时的骑士文化有两种不同的主题——爱情和忠诚。骑士乐于向宫廷里的贵族已婚妇女表达尊敬与爱慕之情，还为她们献上恋歌，并以此鞭策自己规范言行举止、培养骑士气度。克雷蒂安·德·特鲁瓦于 1160 年至 1190 年间创作的诗体小说中深入地描绘了这两种主题——例如《兰斯洛特》中的宫廷爱情与《帕西瓦尔》中的忠诚精神，后者还开创了以圣杯传说为主题的写作新潮流（圣杯诗文）。传说中圣杯是耶稣在最后的晚餐上所用的酒杯，十分神秘。据称亚利马太的约瑟在埋葬耶稣时曾用它来盛放圣血。

城市文化

在骑士文学之外，另一类世俗文学也应运而生。这类文学源于公证人撰写的法律文书，且在 10 世纪时仅在意大利盛行。直到 12 世纪中叶，公证人乔瓦尼·斯克里巴开创了整个欧洲独一无二的文书新体裁。同一时期，比萨和热那亚等城市因拥有城市编年史而享有盛名。

后来，在 13—14 世纪时，一种主要在市民阶层盛行的文化逐渐形成，这种市民文化通过两类文体传播：一是记录了所有家庭生活和公共生活细节的商人回忆录，二是记录了贸易习惯、旅行路线、货币形式、计量单位和各国特色货物的贸易手册。

12 世纪末，"异端信仰"逐渐产生，且主要出现在文化和社会高度发展地区（意大利的中部与北部及朗格多克）的城市中。

所谓的异端信仰从本质上说有两种主要形式。第一种是 12 世纪教会改革运动的延续，力求回归原始的基督教。根据当时盛行的瓦勒度派的教义，其特点如下：追求清贫的生活、否认神职人员的特殊地位以及一般信徒也要求有传播福音的权利。

第二种异端信仰即"清洁派"，该派系传入朗格多克后又被称为阿尔比派。从清洁派的社会伦理思想、组织宣传方法以及其受摩尼教影响的教义中可以看出，它与基督教的教义大相径庭。

这些异端信仰尽管受到了残酷的镇压，但依然对教会产生了间接影响，令教会不得不正视城市的社会和文化特性。小兄弟会（又称法兰西斯派或方济各会）和布道兄弟会（又称多明我会）试图通过各种方式吸纳这股抗议浪潮的力量，他们同意了对方提出的两项基本要求——清贫的集体生活以及用通俗的语言传道。

在城市中，另一个全新的元素——大学诞生了，它对后来欧洲文化的统一起到了决定性的作用。第一批教师和学生联合会成立于萨莱诺和博洛尼亚。12 世纪时，大学的数量迅速攀升，从巴黎到牛津、剑桥，从瓦伦西亚、萨拉曼卡到帕多瓦，很多城市都拥有了自己的大学。一所集神学、哲学、法律和医学教育于一身的大学是城市发展极大的推动力，博洛尼亚就是典型例子，巴黎在某种程度上也是如此。

大学自成一体，坚决捍卫自己的独立性，反对当局的干预。在开始教授亚里士多德哲学时，大学就面临着极大的阻力。摩尔人统治下的伊比利亚半岛上的哈里发国拥有众多学者和翻译，他们将亚里士多德的著作从阿拉

蒙塞居尔城堡

这座城堡坐落于比利牛斯山斜坡之上海拔 1215 米处，俯瞰朗格多克平原。这座要塞曾被认为是坚不可摧的，它是清洁派最后的避难所之一。1244 年 3 月 16 日，215 名清洁派"完人"为了自己坚定的信仰而葬身于此。

伯文翻译为拉丁文，并传入了欧洲。因此这位希腊哲学家对教会而言就带有双重嫌疑——他既是异教徒又被穆斯林推崇备至，间接成了第一次学术自由危机的导火索。在 1270 年和 1277 年，巴黎主教两度谴责亚里士多德学派，终结了巴黎自神学家阿伯拉的时代以来盛行了 20 余年的学术自由（索邦学院成立于 1253 年）[①]。格外矛盾的是，几年后多明我会修士托马斯·阿奎纳对亚里士多德哲学的解释却得到认可，成为教会的官方教义。

[①]《辞海》，1257 年由神学家索邦创立于巴黎。

基督教世界与世俗的欧洲

在中世纪，绝大多数人一生都没离开过家乡，除了邻近城市的市场外，他们对外界一无所知。只有神职人员、朝圣者、骑士、学者和商人才对人类生存空间之广阔有所体会，他们跨越了家乡的狭窄边界，前往朝圣地、大学城、港口和集市，有的商人甚至到过黑海沿岸的热那亚殖民地。

在教会和领主庇佑之下生活的人们因共同信仰基督教而与广阔的世界有了联系，他们共同的圣地是耶路撒冷。1300 年，教皇

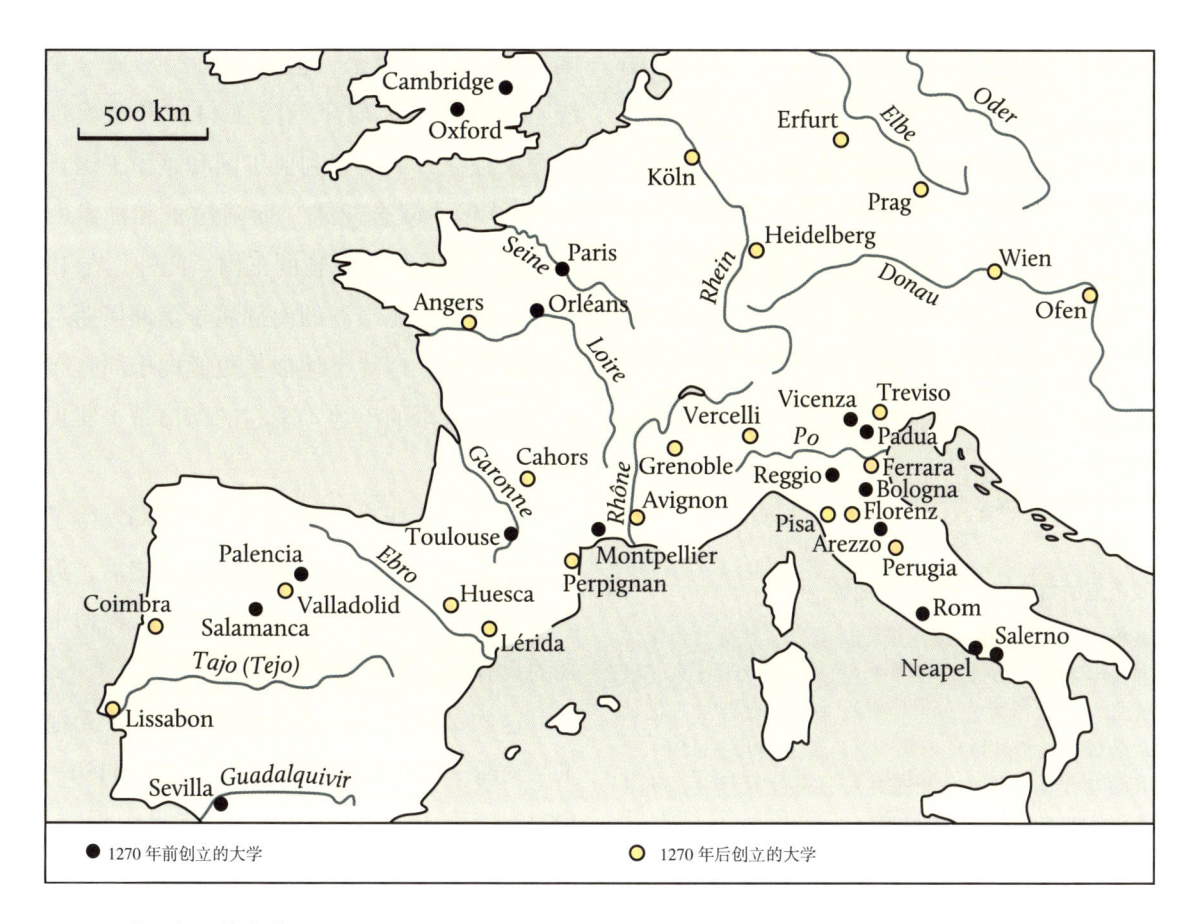

12—14 世纪创立的大学

- ● 1270 年前创立的大学
- ○ 1270 年后创立的大学

卜尼法斯八世宣布该年为"圣年",这使整个欧洲因此亢奋了起来。这一年,将近 200 万人前往圣地朝圣。同时,这一事件最后一次表现出了基督教世界的统一和强大,因为在这之后,教皇很快就深陷困境。中世纪秩序瓦解的另一个征兆出现在 1250 年:比起加洛林王朝和萨克森王朝的世袭领地,霍亨斯陶芬王朝皇帝腓特烈二世更关心意大利的事务,尤其是他的故乡西西里岛。他去世之后,帝位长期空缺,从前极盛的皇权也随之衰落。

如前文所述,一方面,欧洲在地理上四分五裂,民众日常生活范围非常狭小;另一方面,基督教世界的范围却十分广阔。直到 14 世纪末才有迹象表明,个别国家出现了现代意义上的民族国家的萌芽。当时,封建领主政权之间的关系密不可分、错综复杂,国家间的边界因而无法固定下来,例如诺曼底公爵是法兰西国王封臣的同时也是英格兰国王。

在金雀花王朝国王亨利二世(1154—1189)的统治之下,法国西部从布列塔尼到阿基坦的领土都属于英国国王。同一时期,隆河东部包括里昂和多菲内在内的大片区域属于神圣罗马帝国,这片区域名为"勃艮第王国"。后来法国版图内的南部地区在这时与卡佩王朝毫不相干。巴塞罗那和加泰罗尼亚伯爵同时也是阿拉贡国王,普罗旺斯处于其统治之下;图卢兹伯国则是完全独立的,与卢瓦尔河以北的法兰西本土相比,它在文化和历史上更接近于加泰罗尼亚。

伊比利亚半岛被数个王国瓜分,尽管各国王室间关系紧密,但绝无可能形成一个统一的帝国。葡萄牙王国在1139年就实现了国家独立,卡斯蒂利亚王国和莱昂王国直到1230年才联合起来,而阿拉贡和加泰罗尼亚此时仍是两个单独的王国。此外,在12世纪,伊比利亚半岛的南部属于信仰伊斯兰教的摩尔人,这片土地似乎更倾向于同直布罗陀海峡对岸的土地(现在的摩洛哥)实现统一。

13世纪上半叶,欧洲的政治格局发生了根本性变化。在1214年的布汶战役之后,英国几乎失去了其在法国的所有领地,保留下来的只有波尔多周边地区。

这次战败对英国本土也有影响。"无地王"约翰一世败于法国国王腓力二世(1180—1223),不得不成为教皇英诺森三世的附庸,同时他还需应对男爵的叛乱。他于1215年被迫签署了《大宪章》,这份宪法性文件为英国议会享有对国家财政的自主决策权奠定了基础,并保障了每位自由民的权利——未经正式法律审判不得被拘捕或监禁。

三年前,即1212年,托洛萨会战大为削弱了摩尔人对伊比利亚半岛的影响力,使其龟缩于格拉纳达王国,这一形势一直持续到1492年。摩尔人在半岛的领地大部分归于卡斯蒂利亚王国和莱昂王国,小部分归于加泰罗尼亚王国和阿拉贡王国。葡萄牙人成功将摩尔人赶出了阿尔加维,葡萄牙公国成了1252年来第一个以及在很长时间内唯一一个拥有如今边界的国家。

卡佩王朝自12世纪30年代起就力图加强法国国王对大封建主的影响力,布汶战役

西西里的鲁杰罗二世受耶稣加冕

这幅12世纪的拜占庭式镶嵌画来自巴勒莫的海军元帅圣母教堂,如今这座教堂内仍在坚持举行东正教仪式。尽管不同的文化和宗教并存,西西里王国的政局仍保持相对稳定。鲁杰罗二世(1095—1154)极具领导才能,他对西西里的统治高效且开放,使其达到了空前绝后的繁荣昌盛。

标志着这一漫长过程的结束。起初，法国国王仅在从巴黎到奥尔良的领地内拥有统治权。11世纪时，国王的权力很薄弱，但他们仍设法建立起封建领主与皇室间的紧密联系。腓力二世完成了前人未竟之事，夺回了英国封地诺曼底、安茹和阿基坦，将香槟伯国和佛兰德新伯国纳入了统治范围。

1208年，法国国王对图卢兹伯爵发动了"十字军东征"，指责其支持清洁派的异端运动。与骑士文学中描述的大不相同，现实中的骑士军团暴力摧毁了古老且高度发达的文化，其惨烈程度不亚于他们曾在叙利亚和巴勒斯坦对穆斯林实施的暴行。

阿拉贡国王的干预失败了，朗格多克与加泰罗尼亚间的联系被彻底截断。法国筹谋准备对图卢兹的吞并计划长达数十年，直到1271年才终于实现了该计划。普罗旺斯此时处于安茹王朝的统治之下，该王朝由圣路易九世的弟弟查理一世创立。200年后，普罗旺斯才归属于法国。15世纪中叶前，这些领土争端都尚无定论。

当时，那不勒斯和西西里王国的边界最为稳定。在11—14世纪，三个不同的王朝相继统治这片区域——诺曼底王朝、霍亨斯陶芬王朝和安茹王朝，1302年，西西里被纳入第四个王朝，即阿拉贡王国的巴塞罗那王朝的统治范围。

意大利的北部和中部依旧与欧洲其他地方全然不同，这片地区不受任何国王管辖，它由几十个大小城邦组成，这些城邦面临着诸多危机。

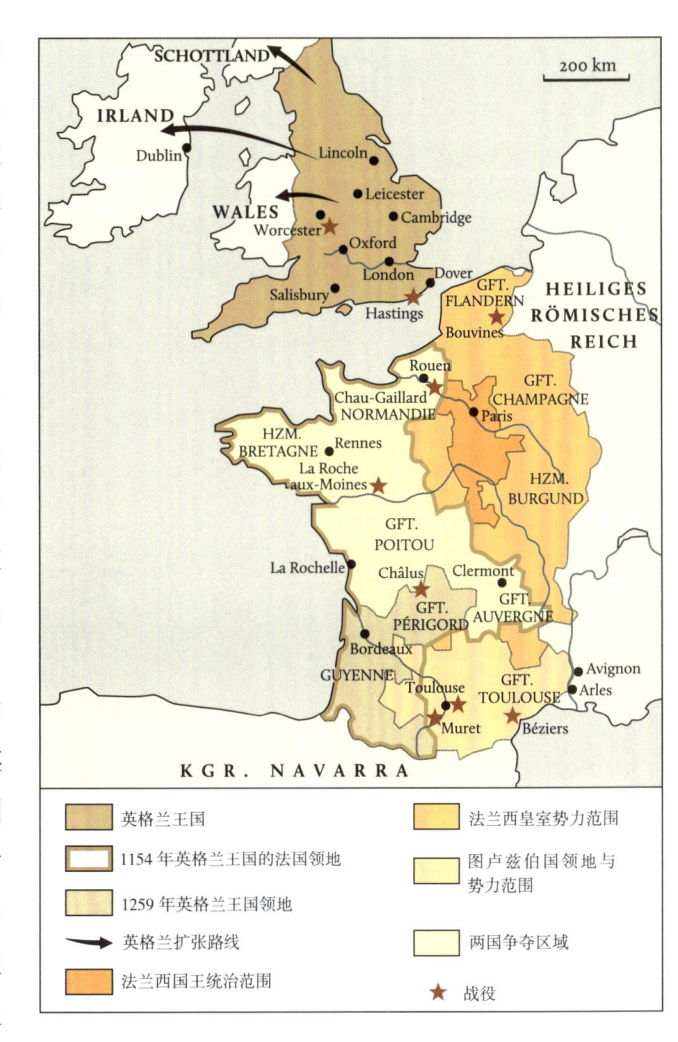

11—12世纪的法兰西和英格兰

13世纪下半叶，德国经历了一个新的重大发展。理论上与帝位息息相关的王权逐渐衰落，取而代之的是无数地方的、局部的、世俗的和教会的小规模统治，局面一度非常混乱。在德国，领土分裂的现实问题与统一世界的理想追求之间的矛盾愈加突出，这对之后的德国历史也产生了影响。

巴黎圣母院

1163 年，在莫里斯·德·苏利和路易七世的领导下，巴黎圣母院的建设工程正式开工。这座教堂是法国最古老的哥特式教堂之一，标志着建筑风格开始从罗马式向哥特式过渡。巴黎圣母院独特而优美的轮廓矗立在巴黎市中心塞纳河畔的西堤岛之上。建筑工作持续了将近 200 年，直到 1345 年教堂才正式竣工。刚开始建造的圣坛主要采用的还是罗马式风格，随着建筑工程向西推进，哥特式风格也愈加显著。从 1250 年起，当教堂基本完工后，人们换掉了旧的建筑构件，并以哥特式风格对教堂进行了扩建和装修。

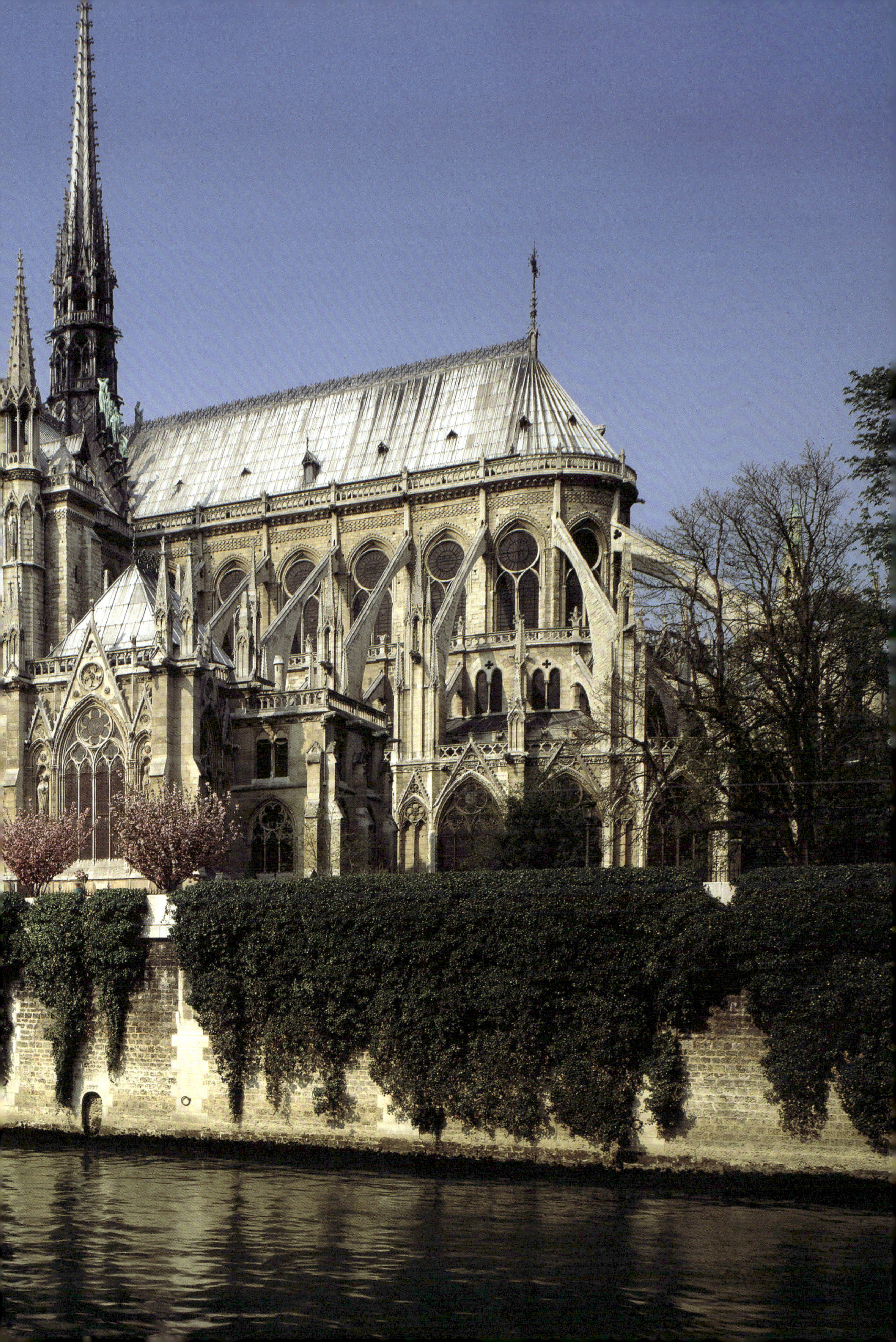

Chapter 5

文艺复兴

| 1300 年 | 1350 年 | 1400 年 | 1450 年 | 1500 年 |

1300 年前后 南欧和北欧的海运发达、集市衰落

1309 年—1376 年 阿维尼翁教皇

1316 年 欧洲大饥荒，农业出现危机

1339 年—1453 年 百年战争

1347 年—1374 年 欧洲人口锐减，鼠疫爆发

1353 年 薄伽丘完成《十日谈》

1356 年《金玺诏书》：神圣罗马帝国国王与皇帝的选举规范

奥斯曼帝国进军欧洲——汉萨同盟繁荣伊始

勃艮第蓬勃发展 1350 年—1470 年

1378 年—1382 年 起义席卷欧洲

1378 年—1417 年 天主教会大分裂

1389 年 科索沃战役

1400 年前后 意大利文艺复兴之始

1410 年 波兰和立陶宛联军战胜条顿骑士团

伯鲁涅列斯基设计建造了佛罗伦萨大教堂穹顶 1417 年—1419 年

1414 年—1418 年 康斯坦茨大公会议：教会结束分裂

列奥纳多·达·芬奇 1452 年—1519 年

奥斯曼帝国占领君士坦丁堡 1453 年

西班牙统一的开端 1469 年

昂热的"启示录挂毯"

"启示录挂毯"完成于1375年至1380年间,总长144米,高6米,由6个部分组成。共包含90个场景,其中71个尚存于世。图中所示的挂毯图案线条简洁,人物造型与色彩对比强烈,是现存的中世纪时期描绘末日审判的代表作品。

14世纪,欧洲遭遇了一系列灾难。饥荒反复来袭,流行病的爆发更是令人们的生活雪上加霜,典型的就是造成大规模死亡的黑死病(鼠疫)。连绵不断的战争带来了灾难性的后果——国家政局动荡、人民税负沉重、士兵劫掠无度。

经济增长陷入停滞,其中农村人口受到的影响尤为严重。农民为谋生而逃往城市,却也难以摆脱苦难与贫穷的生活。社会动荡屡见不鲜。

上述情况绝不仅限于一个地区,而是在整个欧洲都以不同的形式有所体现。同时,13世纪尚存的统一的欧洲开始迅速瓦解,帝国和教会同样陷入了漫长的衰退期。

然而,这一时期的特点不能仅被概括为破坏和衰落。在1300年至1500年间,主权国家取代了小封建主统治,为新的权力结构的形成提供了生存土壤。繁荣得以恢复,工商业重又蓬勃发展。在天主教会大分裂之后,教会的统一局面曾一度岌岌可危,但在此后重新得到了巩固,宗教生活的其他表现形式也有所显现。佛兰德斯艺术家和意大利文艺复兴开启了新的文化发展繁荣期。因此,欧洲仅仅在两个世纪内就经历了惊人的转变。

1. 经济

14 世纪的海上贸易

14 世纪时欧洲的海上贸易得到繁荣发展，对先前主要依赖内部贸易的城市产生了极为不利的影响。

自公元 1000 年起，欧洲人口稳步增长，贸易和城市建设也随之蓬勃发展。12 世纪时水运在地中海地区兴盛起来，陆上商路的旅人数量与货运量也有显著增加，途经香槟连接南欧和北欧的几条商道正是如此，前往香槟集市的商人数量与日俱增。

14 世纪初，这一增长势头陷入停滞。从爆发了大饥荒的 1316 年到 15 世纪中叶，欧洲面临着接踵而来的动荡与危机。许多地区的经济发展停滞，甚至陷入衰退。

然而，并不是所有的行业都在衰败和倒退。一个经济部门衰落了，另一个经济部门却可能因此得到蓬勃发展。此外，同一时期各个地区的情况也大不相同。例如，由于流行病和农作物歉收造成的暂时性贫困以及百年战争引发的动乱，法国经济全面崩溃了；而与之相反，佛兰德斯和布拉班特的经济发展势头却颇为活跃。总体而言，繁荣与衰退一波接一波席卷了整个欧洲。

有不少例子能够成为上述结论的佐证。佛兰德斯的纺织业衰落之时，同样的产业却在布拉班特兴起。香槟集市失去了作为欧洲贸易枢纽的主导地位之时，法兰克福、莱比锡等德国城市以及日内瓦先后接替了这一地位。波尔多周边的葡萄种植业在很大程度上被地中海地区、勃艮第和莱茵河地区的葡萄种植

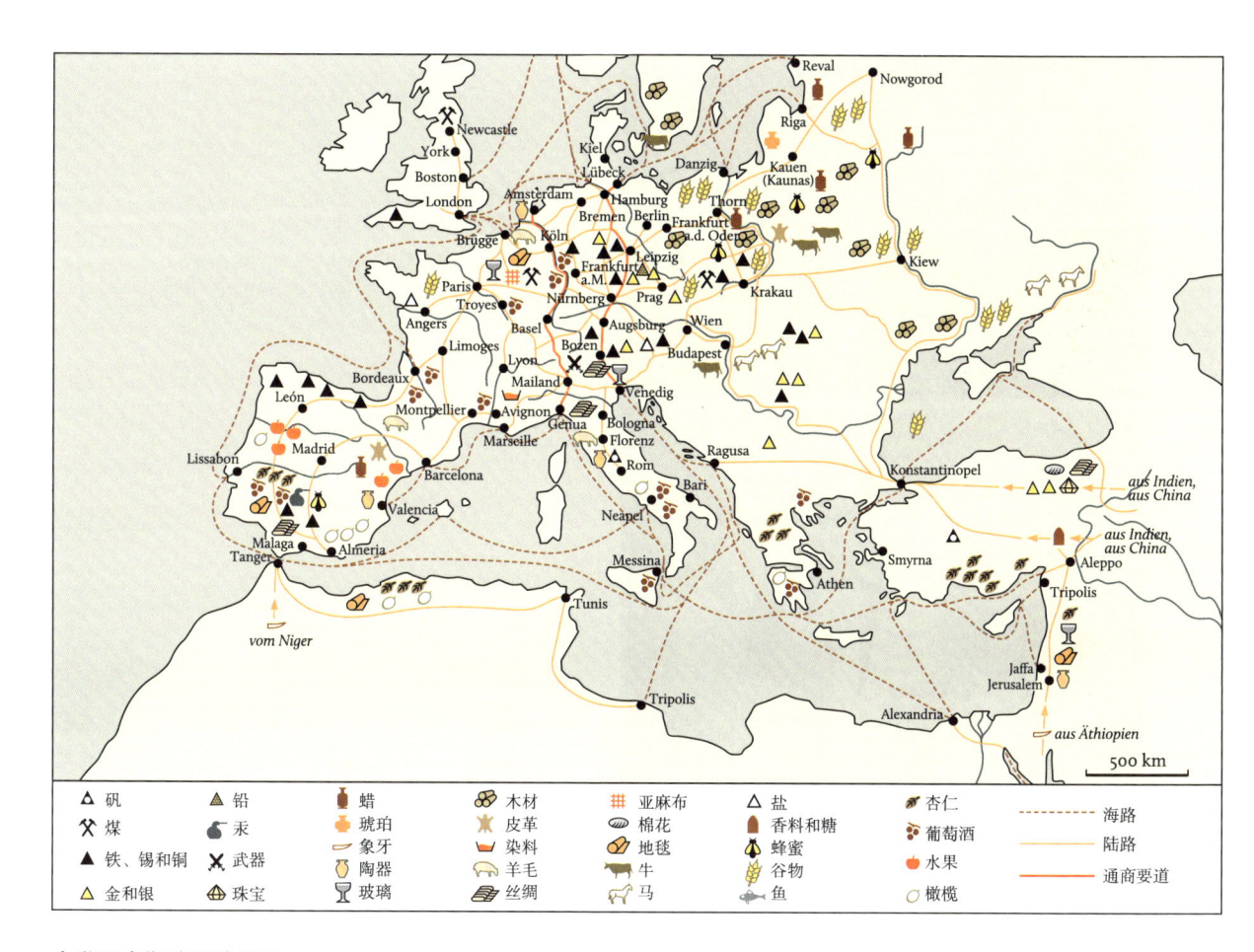

中世纪末期欧洲的贸易

业所替代，因此陷入颓势。由于诺曼底被战火笼罩，丹麦黄油取代了诺曼底黄油的地位。同样也是战争的原因，葡萄牙的塞图巴尔取代了法国西部的布尔讷夫，成了新的盐产地。总而言之，这一时期的经济经历了调整和重组，并不能被统称为衰退。所有暗藏危机的局面都伴随着与之相对应的经济增长。

贸易

运输业的发展使欧洲的长途贸易发生了巨大变化。由于种种原因，陆上贸易衰落，而海上贸易得到了稳步发展。陆路运输需要用到四轮牛车或马车，但道路条件差，很容易发生意外。内河运输有时就代替了道路运输，仅仅一艘内河船的载货量就是几十辆畜力车的总和。鉴于使用这种运输方式所得利润比陆路运输高许多，河流两岸出现了越来越多的城市。但是，道路和河流运输的共同弊端在于某些特定的关卡要征收关税。新贸易路线的出现使传统贸易路线的影响力下降。

1300年左右，热那亚、威尼斯等意大利城市将其与北方和西北方的贸易路线转移至一条海路，这条海路穿越直布罗陀海峡，沿大西洋海岸北上直抵北海。德、英、法三国

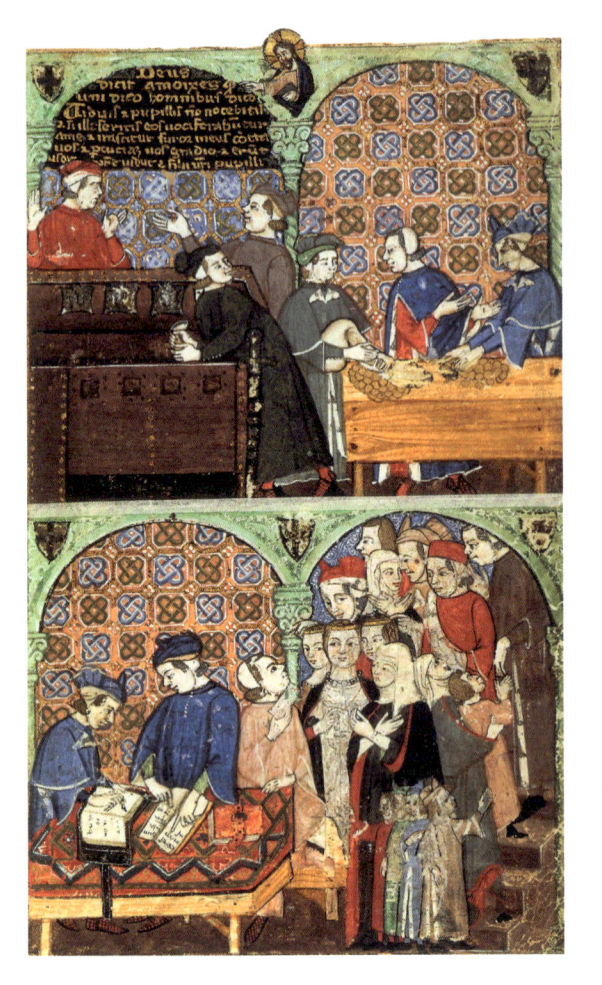

一家意大利银行

图中所绘的场景发生在热那亚的银行里。商人在国外采购时开始使用汇票。这种付款方式便捷且相对安全,很快得到了普及。银行家也鼓励商人们使用汇票,他们觉得这是很好的信用工具。

的商人也选择走这条海路,漫长而危险的陆路越来越少被使用。著名的香槟集市为中世纪的"国际贸易"作出了跨时代的重要贡献,但在14世纪初却完全失去了昔日的重要地位,在这之后仅作为地方性集市存在,来自其他欧洲国家的商人逐渐不再参与。

当时的海船尽管体积不是很大,但载货量却远远超过任何其他运输工具。不仅如此,港口货物的装卸费还低于道路和河流的通行费。因此,海船是最为便宜和安全的运输工具。

这一时期,新的导航工具也得到了普及,尤其是船尾舵、指南针和标有沙洲及洋流的海图。有了这些工具的辅助,船只的航行范围不再只依赖海员的经验或视野,完全可以选择最便利的路线。

南欧和北欧间新海上航线沿线的许多港口城市迅速发展起来,如马略卡岛、塞维利亚、里斯本、波尔多和拉罗谢尔。布鲁日的港口成为欧洲西北部的贸易枢纽。

另一项重大变化在于商人开始选择定居生活。此前他们都是带着满载货物的马车在武装人员的护卫下往返于各个地方。而在这时,他们定居在某座城市,并联合创立商业组织,这样可以将先前几乎不可估量的经济风险控制在一定范围内。佛罗伦萨的佩鲁齐公司(1275—1343)便分别在伦敦、比萨、那不勒斯、阿维尼翁、布鲁日和塞浦路斯等城市设立了分支机构以开展贸易活动。

汉萨同盟城市的港口

几艘柯克船停泊在汉堡港，船员正在船主的监督下使用起重机卸货。图中左侧是商人们在交谈，右侧是船长在发号施令。

　　另一种商业合作的模式是汉萨联盟——商人们共同开展业务，以便更好地维护商业利益和在城市获得商业特权，货物运输也得到了保障。许多国家都有这样的商人团体，他们在诺夫哥罗德、卑尔根、伦敦和布鲁日等大城市都设立了办事处。

　　有时，城市联盟比商人联盟更能维护商业利益，吕贝克的例子恰恰证明了这一点。1356年，各城市代表于吕贝克首次会面并结成了联盟，这个城市联盟作为"汉萨同盟"被载入史册。汉萨同盟在鼎盛时期主导着东北欧和中欧的贸易事务。尼德兰和德意志北部的60多座城市都加入了汉萨同盟。谷物、蜂蜜和琥珀由船只从诺夫哥罗德途经但泽运往吕贝克，再从吕贝克通过陆路被运到汉堡，继而再由内河船或海船运往坎彭或布鲁日。许多其他种类的货物（尤其是布料和盐）从这些城市再被运向其他目的地。然而，汉萨同盟于15世纪中叶开始逐渐解体。

　　起初，硬币仍是主要的支付手段。欧洲有大量不同种类的硬币，其中既有由金和银这样的贵金属铸成的真币，也有掺杂着劣质金属的假币。因此，货币兑换商就显得十分重要，因为他们能够根据经验对流通硬币的价值作出可靠的评估。出于安全考虑，行商往往将金钱存放在货币兑换商处，并取得一张写有账户金额的收据。久而久之，货币兑换商这一职业逐渐演变为银行家。

在 14 世纪，汇票成了新的支付方式。汇票是一种证券，出票人可以凭借汇票委托付款人在指定日期支付确定的金额给指定收款人。除了上述信息，汇票上还详细注明了货币种类。如果一名布鲁日商人想要在威尼斯采购货物，就可以先去他的威尼斯贸易伙伴在布鲁日设立的分支机构付款，并取得一张汇票作为证明，再将汇票和订货单一起寄往威尼斯。这张汇票在威尼斯能够作为支付手段继续被使用。长途贸易不再需要携带大量现金，现金可以留在布鲁日，威尼斯商人还能用这笔钱在布鲁日继续进行采购。由于从开具汇票到提取款项间隔的时间可能会相当长，除票面所示金额外，通常还需结算利息。

银行将汇票交易发展为一项常规业务，这很快成为令人垂涎的收入来源。佛罗伦萨、博洛尼亚、米兰、威尼斯和罗马都是重要的金融中心，巴塞罗那、瓦伦西亚、巴黎、阿维尼翁、日内瓦和伦敦也很快开展了这项新业务。布鲁日成了整个欧洲北部和西北部的银行业中心。

富裕的金融业家族对所在城市的政治以及国王和教皇都产生了显著的影响。他们赞助艺术文化事业，从而获得了很高的声望，自身影响力也随之增强。例如，意大利的美第奇家族和斯特罗齐家族，德意志的富格尔家族和韦尔瑟家族，还有传奇的法国商人雅克·科尔。

工业

在 13 世纪，布料是重要的出口商品，在很大程度上左右着经济的发展走势。纺织业的主要生产基地位于佛兰德斯（根特、伊珀尔、布鲁日）和法国北部（巴黎、博韦、普罗万）。由于佛兰德斯的纺织业中心发生了社会动荡，一部分纺织业被移至其他城市，另一部分从城市迁往周围的乡村。这样一来，布拉班特（梅赫伦、布鲁塞尔、鲁汶）于 1320 年前后成了佛兰德斯在纺织领域不容忽视的竞争对手。

当时，布拉班特产的猩红色织物风靡宫廷。尽管如此，由于潮流风尚的变化，布拉班特的布料贸易日渐式微，而诺曼底和英格兰的布料此时备受欢迎。英格兰还限制了羊毛出口，以促进本国的纺织品生产。没有任何地区能够独自主导布料贸易。鉴于羊毛供应受限，布鲁塞尔效仿巴黎和图尔奈，转而生产挂毯；而佛兰德斯则向北方发展，从汉萨同盟的繁荣中获得了益处。

纺织品贸易衰退造成的缺口被优质产品和奢侈品制造业的发展弥补了——很大程度上甚至可以说是成功地弥补了。各种各样的新兴产业出现了，比如地毯织造、细木工、珐琅业、皮革与金属加工、裁缝业、武器锻造和建筑。

纺织业所需的原材料除羊毛外还有亚麻、大麻和棉花。棉花的需求量随着衬衫的普及而增加。棉花的应用还促进了另一个工业部门的兴旺——13 世纪时用从废旧布头中提取的原料制成的纸逐渐取代了羊皮纸。

14 世纪，欧洲人的饮食习惯也发生了改变。从前，谷物制成的面包、粥和饼是膳食的基础。而在此时，人们越来越多地食用蔬菜和肉类。由于保存肉类和鱼类需要用到大量的盐，盐的需求量增加了。从此，盐成了欧洲长途贸易最重要的货品之一。

盐矿

盐被称为"白色黄金",是凯尔特文化的重要基础,哈尔斯塔特地区很早就出现盐矿开采行业。在中世纪,采矿业复兴且日益机械化,进入飞速发展时期。左侧的尼德兰绘画出自一部15世纪出版的世界史,名为《历史真相》。

同时,采矿活动也更加频繁。由于采矿技术的改进,矿山数量有所增加。除了锡、铜和银,开采铁矿在这时也得以实现。直到14世纪初,铁制品都相对罕见,而水力风箱的推广简化了锻造工作。施泰尔马克和列日附近的炼铁厂可以向市场供应大量的生铁。

农业

1150年至1300年间,欧洲人口的快速增长导致粮食需求量大幅上升,粮食价格也水涨船高。为了满足这一需求,农民将不太适合农作物生产的土地也纳入了耕种范围。尼德兰的农民开垦了泥炭沼泽;法、德、英三国的农民砍伐森林,尤其是易北河以东的地区被大规模开荒;居住在阿尔卑斯山山谷的农民试图在高海拔区域耕作土地。显然,在这些贫瘠的土壤上无法获得丰收。

尽管农业的整体生产力提升了,农民的收入却减少了,而人口依旧持续增长。粮食储备常常面临短缺,一场严寒或一次歉收都可能会引发饥荒。

许多农民离开了他们的农场,在城市里定居。但即使是城市也难以提供任何救济,因为已经有太多的非技术工人在谋求工作。劳动力市场供大于求,收入因此下降。

1316年,饥荒侵袭了整个欧洲,而这只是粮食危机的开始,这场危机持续了150多年。13世纪时,人们尚能维持温饱;然而在14世纪,欧洲的大部分地区频频遭受饥荒。

饥荒造成了进一步的灾难性后果。出生率和结婚率下降,流行病迅速蔓延,社会动荡屡见不鲜。人口数量重又减少,农业因而再次出现生产过剩,导致农产品价格下跌,从而再度加剧农业危机。

欧洲各地都是大片休耕的土地。在德国,有些村庄荒无人烟;在英国,许多农田被改造为牧羊场,这里也有空无一人的荒村。

葡萄采收

许多城市的失业率居高不下，因此采收葡萄的工作很受日工的青睐。每一处庄园都附有葡萄园，葡萄经过压榨而获取的葡萄汁在城堡中被装进木桶中发酵成为葡萄酒。

农业产量大幅下降，连续几年的严冬或是气候突变都可能造成减产，但经济因素可能才是问题的根本所在。每个农民都试图从耕种的田地中获取最大利润。畜牧业和提供给特权阶层的特殊作物种植业（如葡萄种植业）所得利润高于普通的谷物种植业，其主要原因在于饮食习惯的改变。

如果农民转而从事这类生产，就能攒下足够的钱财来购买欧洲其他地区大规模种植的谷物以满足自身需求。长途谷物贸易因此有利可图，对热那亚商人而言尤其如此，他们从黑海地区、西西里岛、克里特岛和撒丁岛购进谷物。在北欧，汉萨同盟进口东普鲁士和波兰产的谷物，其中的主要品种是黑麦。

畜牧业此时得到了大力发展。由于羊毛的需求量大，羊群数量大幅增加。英国是佛兰德斯和法国纺织业主要的羊毛供应商。尽管羊毛产量持续上升，但英国限制了羊毛的出口份额，以促进本国纺织业的发展。佛兰德斯和意大利的羊毛买主不得不寻找新的供货来源。

早在罗马时代，伊比利亚半岛就有了饲养本地羊以获取羊毛的产业。1340年左右，这类羊被源自南非且羊毛更优质的美利奴羊所替代。14世纪初，随着羊毛需求量不断增加，伊比利亚半岛的地主将许多耕地改为牧羊场，造成谷物产量不足，不得不依赖进口。在欧洲其他地区，羊群数量也有所增加，休耕地被用于牧羊。在法国的一些地区（如奥弗涅），这样的饲养方式使得大部分的肉类需求得到了满足。

随着饮食习惯的改变，猪油的消费量也下降了，被黄油所超越，这影响了挪威、瑞典、丹麦、尼德兰和诺曼底的畜牧业。此外，弗里斯兰、卡马尔格和艾米利亚-罗马涅（意大利北部的省）专门从事马匹养殖。在法国，人们修建了大型鱼塘以养殖淡水鱼，这在斋戒制度普及的情况下显得更有意义——按照该制度的要求，星期五应守小斋，四旬期守大斋。

为了应对人们对新鲜蔬果的强劲需求，意大利和葡萄牙广为种植橙子、柠檬、无花果和葡萄，以供出口。

田间劳作

乡村生活条件和土地利用方式因地区而异。此外，人们的饮食习惯逐渐有了改变，肉类和蔬菜取代了野味和谷物的地位。在修道院里，人们用牛奶制作奶酪。各地都建立起一定程度上的分工机制，从衣着就能看出一个人的职业。

在经济作物中，葡萄带来的贸易利润最高，因为葡萄酒相对其他商品而言价格很稳定。产自希腊、伊比利亚半岛、塞浦路斯和罗德岛的葡萄酒在西欧市场上都受到了欢迎。莱茵河流域、阿尔萨斯和勃艮第产的葡萄酒也颇受青睐。与此同时，纺织品的产量因布料需求增多而稳步上升，用于生产纺织品的经济作物也因此得到广泛种植，像是亚麻、大麻和可以提炼出染料的植物（如藏红花）等。

与畜牧业、蔬菜种植业和经济作物产业的蓬勃发展相对应的是谷物产量的下跌，这本身并不具有灾难性，但仍是影响农业转变过程的一个重要因素。

2. 社会

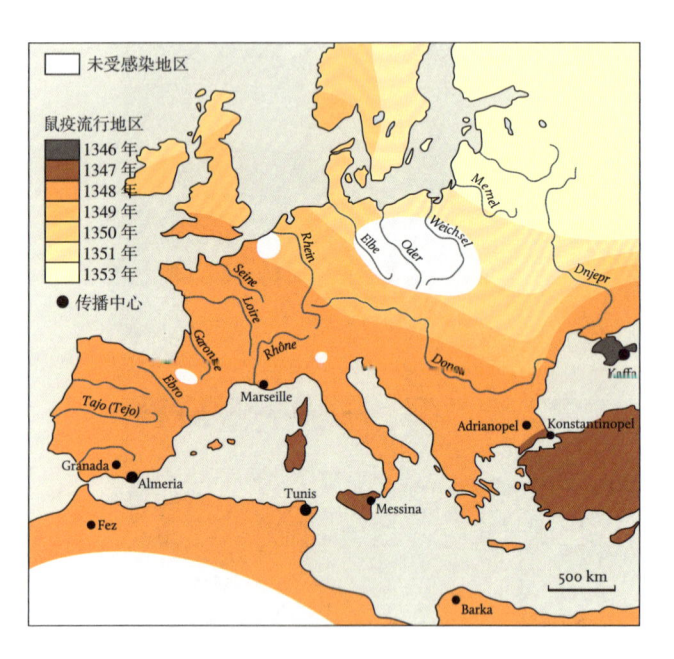

鼠疫的传播（1346—1353）

鼠疫浩劫

13世纪的欧洲人口稠密，而14世纪的欧洲却人烟稀少。1150年至1300年间，欧洲人口从5000万增至7300万；1350年时欧洲尚有5100万人口，而到了1400年仅剩4500万。人口减少的主要原因是1347年至1351年在欧洲大部分地区蔓延的鼠疫。

这场瘟疫的爆发是由多种因素共同作用而导致的——饥荒，疾病（如天花、流感）和战争。14世纪，欧洲农作物歉收对贫民阶层产生了尤为严重的影响，而最容易感染鼠疫的正是因营养不良而免疫力低下的人群。尼德兰沿海地区的居民有食用鱼类多于谷物制品的饮食习惯，这里的死亡率相对较低。

在欧洲肆虐了四年之久的鼠疫分为两类——腺鼠疫（病死率80%）和肺鼠疫（病死率100%）。鼠疫在东方颇为常见，极有可能是通过热那亚船只传播到欧洲的。热那亚在黑海沿岸设有商站，其中的卡法商站于1346年遭到蒙古军队围攻。当时蒙古军中爆发了鼠疫，他们将病死者的尸体抛入了卡法城。城中居民惊慌失措，乘船逃往西西里岛，将鼠疫也带去了那里。1347年末，鼠疫传播到了意大利北部和普罗旺斯，之后沿隆河北上攻向巴黎。它于1348年蔓延至英国和葡萄牙，次年波及佛兰德斯和德国，随后疫情来到斯堪的纳维亚半岛，最后抵达俄罗斯北部。由于腺鼠疫在这时转变为了肺鼠疫，社会各个阶层的恐惧都达到了顶点，民众情绪濒临崩溃。腺鼠疫通过鼠蚤传播，而肺鼠疫通过飞沫传播。黑死病是欧洲历史上最大的悲剧之一，在仅仅几个月的时间里，欧洲就损失了三分之一的人口。

鼠疫在1360年、1369年和1374年反复爆发，在15世纪里又几度出现。它再次造成了极为严重的后果。尽管结婚和出生人数增加

图尔奈的鼠疫（1349）

迫害犹太人

当鼠疫在中欧肆虐之时，居住在斯特拉斯堡的犹太人于1349年2月14日被指控在该市水井中投毒。他们中没有受洗为基督徒的人被活活烧死。

了，但人口平均预期寿命却急剧下降——1348年英国的人口平均预期寿命为25岁，1376年这一数值仅为17岁。直到16世纪末，欧洲的人口总数才恢复到1316年的水平。

当时无人知晓瘟疫的来源，于是人们便四处寻找替罪羊。许多人声称见到犹太人往井水和泉水中投毒。为了躲避迫害，犹太人或是逃亡至法国南部的维奈桑伯爵领地寻求教皇的庇护，或是逃往给予过他们诸多特权的卡齐米日三世统治下的波兰，或是逃往更遥远的立陶宛。

社会动荡

在14世纪上半叶，欧洲掀起了一波起义的浪潮。这类冲突此前也曾出现过，但大多都发生在城市。而在这一时期，农村也同样陷入风波。欧洲各地几乎在同一时间都爆发了反抗运动。

城市蓬勃发展，而农村却危机四伏，城乡间的巨大差距致使社会局势日益紧张。农村人口的大量涌入给城市造成了极大的困扰——物价上涨，劳动力市场供过于求。尽管当地政府及行会都作出了努力，但情况几乎没有得到改善，因为除了谷物制品（如面包）之外，物价普遍上涨，其涨幅远远超过了收入的涨幅。

显著的贫富差距更是加剧了紧张局势。部分贵族陷入贫穷的境地，而富有的城市新贵和商人借此通过联姻跻身贵族行列。他们试图模仿当时仍被看作是榜样的贵族的生活方式：穿着昂贵的服装，购买珠宝、雪花石膏和地毯等罕见的奢侈品。在陷入普遍贫困的社会里，贫富间的鲜明对比必然会激起普通民众的仇恨情绪。

与此同时，从前在行会中盛行的团结友爱精神也不复存在。匠师自认是独立的精英群体，几乎不给后起之秀留下任何机会。融入这一群体的条件变得十分苛刻，学徒数量也减少了。对于许多帮工而言，创作结业作品的成本过高，几乎是晋升匠师的道路上不可逾越的阻碍。15世纪末的社会流动率低于12世纪及13世纪。

农村的紧张局面也在恶化。战争和粮食危机迫使许多农民成为雇佣兵或以抢劫为生。然而，发动起义的并不是这类贫穷的农民，而是较为富裕的农民，因为他们的损失更惨重。他们眼见自己的利益受威胁，于是群起抗议国家财政管理不善、肆意征税、货币贬值、贵族阶级贪得无厌以及神职人员滥用职权。"扎克"一词是法国贵族对农民的蔑称，"扎克雷起义"便因此得名。该起义的目的不在于改变社会秩序或推翻国王统治；相反，除了反对不公正的税收之外，其目的主要在于反抗司法专制。在城市中，最初作乱的也并非是最贫穷的阶层。

城市居民有时会支持周边农村地区的抗议运动。1323年，佛兰德斯沿海地区的一场起义得到了伊珀尔和布鲁日的支持。当法国北部爆发了一系列大规模起义之时，巴黎人民也在艾蒂安·马赛尔的领导下发动起义，此人正是巴黎商人行会1354年至1358年间的行首。

1378年—1382年，这类起义遍及整个欧洲。佛罗伦萨的纺织工人占领了市政府。以根特的织布工人为榜样，整个佛兰德斯掀起了第二波起义的浪潮。随着"根特万岁"的口号广泛流传，这一浪潮蔓延至鲁昂、贝济耶和蒙彼利埃。朗格多克的"平民百姓"和匪徒团伙合作破坏了整个省的管理机构。加泰罗尼亚的农民奋起反抗贵族的压迫。在英国，愤怒不满的农民在领袖瓦特·泰勒的号召下向伦敦进军。在德国，动乱主要发生在城市里，直到1524年的农民战争爆发，农村地区才显现出重大的冲突。

15世纪初，法国、加泰罗尼亚和波希米亚爆发了新一波的反抗运动。这些运动最初的起因各有不同，宗教、经济和社会因素盘根错节。人民为争取更加良好、公正的社会秩序而斗争。总体而言，根本原因在于这一时期的深刻变革使人民长期缺乏安全感。

乞丐

许多鼠疫、战争和饥荒的幸存者在宫殿和教堂门前行乞。除此之外他们别无选择。

3. 政治和政府

14世纪初，普世政权的思想盛行。从罗马帝国，到查理大帝统治下的法兰克王国，再到奥托大帝962年建立的神圣罗马帝国，这一思想流传下来，影响深远。因此，神圣罗马帝国掌握着尊贵的皇权并享有远超疆界的权威。尽管1073年的格列高利改革认定教皇为圣伯多禄的继承者、基督教界的领袖与普世教会的辩护人，但1054年的东西教会大分裂使教皇的统治范围缩小，权力受限。

在14世纪，普世观念被民族观念所取代。神圣罗马帝国失去了在世界范围内的重要地位，法兰西和英格兰后来居上，只有这两座王国能够挑战神圣罗马帝国的霸主地位。勃艮第出现了两个独立的领地。在意大利，除了那不勒斯王国、西西里王国和教皇国之外，城邦和小国林立，且经常陷入争斗。伊比利亚半岛分为三个王国——阿拉贡、卡斯蒂利亚和葡萄牙。在北欧和东欧，王国和公国得以建立，如立陶宛、波兰、匈牙利与斯堪的纳维亚半岛的各国以及莫斯科大公国。

领土变迁

在中世纪晚期，一些欧洲政权衰落了，而另一些则崛起壮大。

在神圣罗马帝国，国王和皇帝的旧有权力日益被王侯们瓜分。中央权力逐渐衰落的原因有两个：一方面，帝国由世俗领地、教会领地与自由城市组成，随着时间的推移，这些城市独立于王权控制之外；另一方面，

国王查理五世（1338—1380）[①] 与皇帝查理四世（1316—1378）

1378年，法兰西国王查理五世在卢浮宫设宴款待神圣罗马帝国皇帝查理四世和他的儿子波希米亚的瓦茨拉夫四世，以澄清波兰王位继承等悬而未决的问题。

[①] 一说1337—1380。

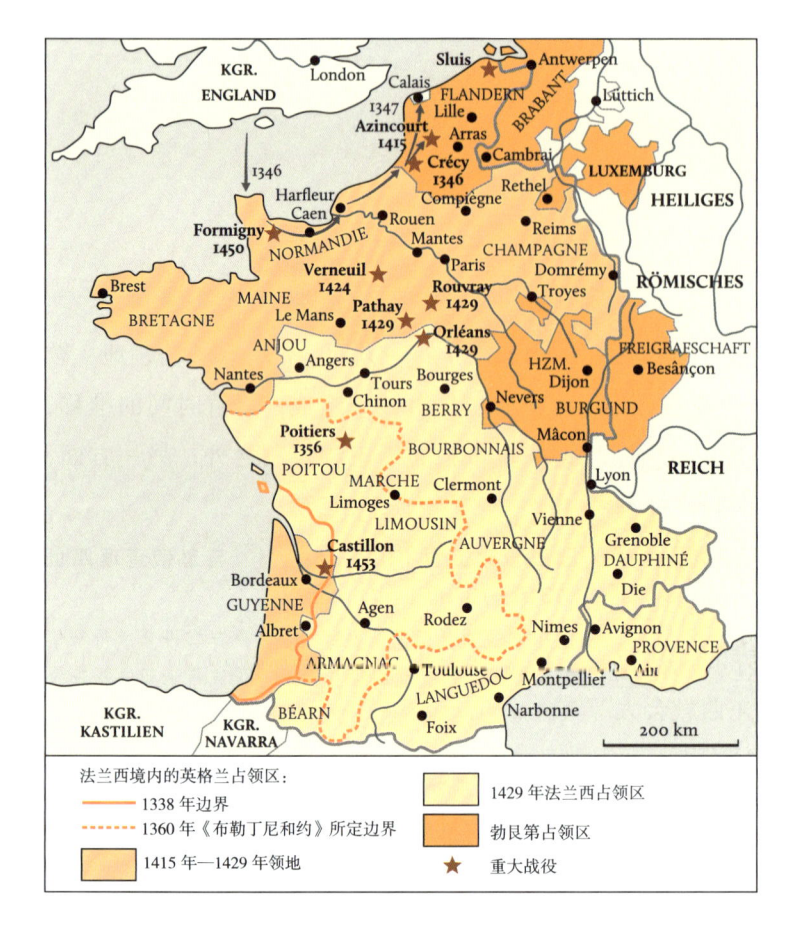

百年战争

英格兰国王爱德华三世与瓦卢瓦的腓力六世围绕法兰西王位继承权展开的争端是百年战争的起因。在此基础之上，法兰西内部的权势之争与英格兰国王在法兰西的领地所有权之争也加剧了冲突。在1453年，历时百余年的战争以瓦卢瓦王朝的胜利而告终，这尤其要归功于农家女贞德（1412—1431）的英勇表现。

帝国实行选举制，而非世袭制，1356年颁布的"金玺诏书"规定德意志国王由7位选帝侯选举产生。这些选帝侯来自地位崇高的宗教和世俗王侯群体，他们选出的国王从一开始就无法拥有世袭君主普遍享有的权威。

意大利北部名义上属于神圣罗马帝国，然而在这里，皇权也只是摆设，实际权力掌握在城市共和国的统治者手里。威尼斯、热那亚、佛罗伦萨和米兰正处于激烈的商业竞争之中，无法或是不愿结成长期联盟。这些城市由有权势的家族统治。在威尼斯，总督是最高行政官，由选举产生，不可自行任命。总督负责大议会事务，只有贵族才在大议会中拥有席位。在热那亚，少数精英把持着城邦的政治。米兰则处于维斯孔蒂家族的领导之下。自14世纪末起，佛罗伦萨受美第奇家族统治。

相比之下，伊比利亚半岛则呈现出趋于统一的政治局面。巴塞罗那伯国、巴伦西亚王国和阿拉贡王国共同组成阿拉贡联合王国。此外，该王国还与西西里王国结成了共主邦联，将自身影响范围扩大到撒丁岛和科西嘉岛，且最后于1442年延伸至那不勒斯。如此一来，阿拉贡联合王国崛起为地中海西部重要的海上强国。

位于阿拉贡联合王国西边的卡斯蒂利亚

文艺复兴　187

《金玺诏书》

1356年，查理四世在纽伦堡的帝国会议上提出了一项帝国法律，意在明确规定选帝侯的权利。根据该法律，只有选帝侯有资格选举"罗马国王"，而"罗马国王"在加冕仪式后才拥有皇帝头衔。布告法令的诏书上盖有黄金印玺，这部诏书因而被称为"金玺诏书"。

王国试图以牺牲葡萄牙王国的利益为代价来获取大西洋沿岸的港口，在成立两国共主邦联的计划失败之后，卡斯蒂利亚发动了战争。然而在葡萄牙，科英布拉议会组织了抗议运动。1385年，葡萄牙在阿尔茹巴罗塔之战中获得了胜利，成功捍卫了自身的独立。卡斯蒂利亚与阿拉贡联合对抗东方的摩尔人，以此来弥补与葡萄牙的战争中遭受的损失，这次的联合行动也使两个王国生出了同仇敌忾之感。1469年，卡斯蒂利亚的伊莎贝拉与阿拉贡的费尔南多缔结了婚约，这是西班牙统一的开端，为收复失地运动的圆满结束奠定了基础，该运动的最后一场战役为1492年的格拉纳达战役，从此整个伊比利亚半岛重新基督教化，犹太人和阿拉伯人不得不离开半岛或是改信基督教。

在欧洲民族国家的诞生史中，英法两国的关系尤为重要。两国间爆发了百年战争（1339—1453），对政治和经济造成了极大影响。百年战争由一系列单独的战役与穿插其中的长期休战组成，是第一场扩展至整个欧洲范围的战争——除了法兰西和英格兰之外，阿拉贡、卡斯蒂利亚、安茹、勃艮第和苏格兰也被卷入其中。

这场争端始于一个纯粹的封建制度问题。英格兰国王是"征服者"威廉一世和诺曼底公爵的继承人，因而仍是法兰西国王的附庸。自1066年起，由于英格兰国王不断扩张其在法兰西西部的领地，两国的矛盾进一步加深。当英格兰国王不再宣誓效忠法兰西国王时，腓力六世领导下的法兰西政府对英格兰在吉耶纳（该领地位于阿基坦）的统治实施了干预，这就是第一波对抗的诱因。在冲突即将结束之际，随着农家女贞德的出现，法兰西的民族意识觉醒了。

勃艮第坐落在莱茵河和隆河之间，是新兴的权力中心。勃艮第公爵菲利普二世是法兰西国王查理五世的兄弟，他与佛兰德斯世袭女伯爵玛格丽特三世的联姻为勃艮第的崛起奠定了基础。1400年左右，勃艮第伯爵

马尔堡城堡

1309年，马尔堡城堡成为条顿骑士团总团长府邸。这座城堡坐落在维斯瓦河支流诺加特河的河畔。

或是通过婚姻或是通过继承而获得了大量领土——弗朗什-孔泰、佛兰德斯、阿拉斯、布拉班特、林堡公国、荷兰、泽兰和埃诺。此外，那慕尔伯国和卢森堡公国也通过买卖土地的方式被纳入了勃艮第的版图。勃艮第公爵的种种行为表明，其目标是重现洛林的雄风——洛林在843年加洛林王朝分裂之后属中法兰克王国。这个梦想几乎要成为现实，但后来的勃艮第公爵"大胆的查理"野心勃勃，却遭到法兰西国王路易十一的极力抵抗，这一梦想因此破灭。1477年，"大胆的查理"在南锡战役中阵亡。

在北欧，斯堪的纳维亚的三个王国（丹麦、瑞典和挪威）于1397年组成卡尔马联盟，共同拥戴玛格丽特一世为君主，三国政治从而达到新的平衡。

在东欧，德意志人于12—13世纪这段时间内逐步在原斯拉夫人的领土上定居。这一殖民运动很快朝着经济和文化统治的方向发展，斯拉夫人对此担忧不已并试图反抗。1226年，条顿骑士团在皇帝腓特烈二世和马佐夫舍公爵康拉德一世的号召之下，以武力而非言语征服了普鲁士。条顿骑士团镇压了斯拉夫人争取独立的所有反抗运动，且在不久之后的1240年，来自亚洲的蒙古军队入侵，使这片土地陷入了危险。这双重的威胁促使东欧人民形成了统一战线。

1241年，匈牙利遭到了蒙古人的彻底破

坏，一度险些灭国。匈牙利国王贝拉四世召集德意志、意大利和瓦隆的移民来到匈牙利，在他们的帮助下，萧条的农业得以恢复，城镇得以重建。随着安茹家族和后来的哈布斯堡家族的成员登上匈牙利王位，匈牙利与西欧的联系变得更为紧密。为抵御来自奥斯曼帝国的新威胁，亚诺什·匈雅提率军反击，他的儿子马加什·科尔温于1458年成为匈牙利国王。

捷克人和波兰人或多或少都建立了独立王国。然而，德意志的影响力依旧很大，尤其是在波希米亚。在神学教授扬·胡斯的领导下，民族宗教独立运动首先于1402年在布拉格大学展开。胡斯在讲道中指责神职人员滥用职权，同时要求保障波希米亚的自由。在1415年胡斯被判有罪并处以火刑之后，独立运动演变成了所谓的胡斯战争，激起了捷克人民最初的民族情感，然而直到1993年，捷克才成为独立的国家。

波兰渴望实现文化和政治独立，因而与神圣罗马帝国交恶。条顿骑士团放弃了与伊斯兰教徒的斗争，转而在立陶宛传教，然而这次传教却更像是一种征服。1386年，立陶宛大公亚盖洛与波兰王储雅德维加缔结婚约，改信基督教，签订了规定波兰、立陶宛两国联合的《克列沃协定》，并在此之后被选为波兰国王。1410年，亚盖洛在格伦瓦尔德战役中打败了条顿骑士团，这是促进波兰民族国家诞生的决定性胜利。

在13世纪，俄罗斯有义务向蒙古帝国（钦察汗国）纳贡。后来俄罗斯分崩离析的趋势颇为明显，到了14世纪初，已不再是独立的政治实体。大公死后，权力落入他的附庸手中。权贵间展开了激烈的权力斗争，尤其是莫斯科和特维尔的统治者，他们为大公头衔而争斗不休。1327年，莫斯科的伊凡一世获得了大公头衔，该头衔的拥有者有权代表蒙古征税。伊凡将主教驻地迁至莫斯科。他的继承人得到了教会的支持，着手将俄罗斯各公国纳入统治范围。1380年，大公德米特里战胜了钦察汗国的骑兵部队，这标志着蒙古帝国开始走向衰落。

在13世纪，欧洲东南部的拜占庭帝国仅由前王室家族成员分治的小国组成，结构松散。巴列奥略王朝是拜占庭帝国的最后一个王朝。14世纪初，帝国的国土仅剩至君士坦丁堡一城，沦为小国。由于热那亚拥有贸易特权，帝国最终的剩余部分完全依赖于热那亚。

在东方，对拜占庭帝国而言更为危险的土耳其人初露锋芒。土耳其战士建立了一个帝国，为纪念部落首领奥斯曼一世，将其命名为"奥斯曼帝国"。1356年，土耳其人越过达达尼尔海峡，进入巴尔干半岛。1389年，他们在科索沃平原战胜了塞尔维亚人，终结了塞尔维亚的独立。不久后，穆斯林在阿尔巴尼亚和波斯尼亚总人口中所占的比例逐渐增大。作为基督教世界的前哨，拜占庭得到了来自匈牙利的十字军的支援，然而该军队于1396年在尼科波利斯战败。尽管蒙古可汗帖木儿从东面威胁着奥斯曼帝国，从而使拜占庭燃起了新的希望，但土耳其人在苏丹穆拉德一世的领导下继续向西侵扰。土耳其人拥有一支精锐部队——耶尼切里军团，这

Le siege du grant turc auec ij deles pncipaulx coseaulx
Le siege du capiteine gnal de la turquie

支军队的士兵都是从小被人从基督教家庭中劫走，后来信仰了伊斯兰教，并接受军事的训练。

1453年，苏丹穆罕默德二世用巨型火炮突破了君士坦丁堡的防线，这座城市陷落。西罗马帝国灭亡1000年后，东罗马帝国也走向衰亡。

从封建国家到近代民族国家

14—15世纪，欧洲的政治格局发生了重大变化。在这漫长的时期内，拥有国家机构及行政机关的新型中央政府逐渐形成。12—13世纪盛行的封建制度日渐式微。

然而，由于新旧制度交叠，具体的时间节点难以被确立。例如，封建管理颇为混乱，因为它完全建立在个体间的忠诚纽带之上。附庸和封建领主的地位呈金字塔式排列，国王位于塔顶。各级间的从属关系构成了错综复杂的网络，这阻碍了政治结构的统一。尽管如此，各国国王仍成功抵御了贵族的阻挠，扩大了自己在国内的势力。

在罗马法中备受重视的"公共利益"的概念重又受到青睐，这使得国王的目标与臣民的愿望在一定程度上达成了一致，臣民不再被束缚在封建秩序中的特定位置，他们越

金羊毛骑士团

1430年，勃艮第公爵菲利普三世以骑士团模式为蓝本创立了金羊毛骑士团，通过此举将高等贵族团结在自己身边。奥地利的马克西米利安成为勃艮第公爵后，将金羊毛骑士团引入了奥地利。金羊毛勋章逐渐成为现代勋章的典范。

君士坦丁堡战役（左图）

1453年5月29日，穆罕默德二世攻占了君士坦丁堡，将其设为首都。从图上可以看出，这座要塞城市位于博斯普鲁斯海峡与金角湾之间，拜占庭封锁了金角湾，以抵御土耳其船队。图中左侧是围攻者正利用滑道将船只从陆地牵引至金角湾。

来越多地被看作是一个群体，一个被称为"等级"的社会群体。在等级制度之下，市民群体崭露头角。此前，社会就已有三个等级——教士、贵族和"第三等级"，第三等级中可能包含个别市民，但生活在城乡中的广大平民百姓却并没有包含其中。

各等级代表召开的集会即是议会，与会代表在这时不再一味去满足国王的要求，而是愈加明确地表达自己的诉求。国王需要经

由议会批准才能提高税收。权力不再单方面掌握在国王手中,而是由国王和各等级代表共享,而后者的权利受到宪法和法律的保障。不过,与会代表的目的不在于解决政治问题或治理国家,他们的作用仅限于捍卫自己的权利,以及防止国王获得更大的权力。

在整个欧洲,许多国家先后成立了这样的新型政府,不过各政府间有所不同。个体间的忠诚关系转变为群体内的团结意识,这使一些地方产生了后来所谓的民族情感。

然而,除去英国这个明显的例外,这样的民族情感在很大程度上仍缺乏能够构建文化认同的共同价值观。法兰西王国的居民并不认为自己是法兰西人,而是法兰西国王的臣民。最初类似于民族意识的观念源于反抗共同敌人时产生的团结意识:在法国,人们反抗英国侵略者;在西班牙,人们反抗不信仰基督教的摩尔人;在东欧,斯拉夫人抵御条顿骑士团和蒙古骑兵的侵袭。

欧洲诞生了在政治和地理上有明确界限的国家,这必然意味着由教皇或皇帝领导的唯一的基督教世界将走向终结。

国家的职能范围扩大了,国王不得不任用直接归属于他的官员。这些职位大多由低等贵族和市民阶层担任。例如,法国的钦定执行官代表国王处理司法管理等公共事务。王宫内聚集了具有学术资质的法学家和经济专家。随着国家机构和专业公职人员数量的持续增长,君主制中央政权的影响力也上升了。同时,比起与国王本人,王国官员自认与国家机构间的联系更为紧密。

通过建立一支常备军,王室的权力也有所加强。为此,国王有时会向富有的商人借款,以维持军队开销。

在14—15世纪,欧洲国家的发展模式不是直线式的或均衡的,而是处在不稳定的状态,发展进程往往被打断。如百年战争时期,战争结束后,国王才得以重新扩大自身权力。法国国王路易十一(1461—1483)和继任者创立了近代国家。玫瑰战争时期贵族权力衰弱,英国国王亨利七世(1485—1509)利用这个机会加强了君主制的影响。

尽管勃艮第从封建国家转为近代国家的趋势同样明显可见,但这里的情况有所不同。对于一个由分散的领土组合而成的联盟而言,建立一个有效而统一的秩序来加强公爵的权力,则要困难许多。因此,勃艮第公爵将领土划分为行政区,根据各区的相应情况设立不同的机构,以负责法律、税收等重要的国家事务。为了在多样性的基础上实现统一的国家结构,中央政府机构得以建立,如大议会和三级会议(由教士、贵族与市民这三个等级的代表会议)。尽管勃艮第的独立计划随着大胆的查理败于路易十一而宣告破产,这些新成立的机构仍为其他欧洲国家开创了先例。

4. 宗教与精神生活

教皇与教会

自11世纪的格列高利改革以来，罗马教会就主张统治世界，同时强调教皇的至高无上，这在"双剑论"中就有所体现——象征宗教权力的一把剑供教会使用，象征世俗权力的另一把剑为教会所用。教皇为皇帝加冕也体现了这一理论。而主教叙任权之争表明，宗教权力与世俗权力间的关系极为紧张。在13世纪，教皇表面上获得了胜利，但这胜利极为短暂，因为他的地位很快又受到了法国国王的挑战。

1294年，枢机主教加塔尼当选为教皇，称卜尼法斯八世。他好勇斗狠、野心勃勃，想要巩固自身职权。他宣布教皇拥有全面的统治权，象征着教会与上帝间的直接联系，并将世俗统治者看作是自己的附庸。然而，这样的观点与现实相去甚远。为了实现自身目的，卜尼法斯八世与法国国王腓力四世（1285—1314）发生冲突，于1303年被腓力四世的追随者俘虏。不久之后，卜尼法斯八世就去世了。下一任教皇是克雷芒五世，他曾是波尔多大主教。克雷芒五世并不住在罗马，从1309年起，他就在阿维尼翁定居。尽管阿维尼翁当时属于那不勒斯王国，但教廷自那时起就处于法国的势力范围之内。教会历史上被称作"巴比伦囚房"的时期就此开始了。

阿维尼翁教皇宫

1309年，克雷芒五世定居在阿维尼翁。这座城市位于隆河河畔，克雷芒五世的继任者在这里建立了教皇宫，并购买了一处飞地。直到1377年，教皇的"巴比伦囚房"生活才随着圣座迁回罗马而告终。

昂热大教堂的玫瑰窗

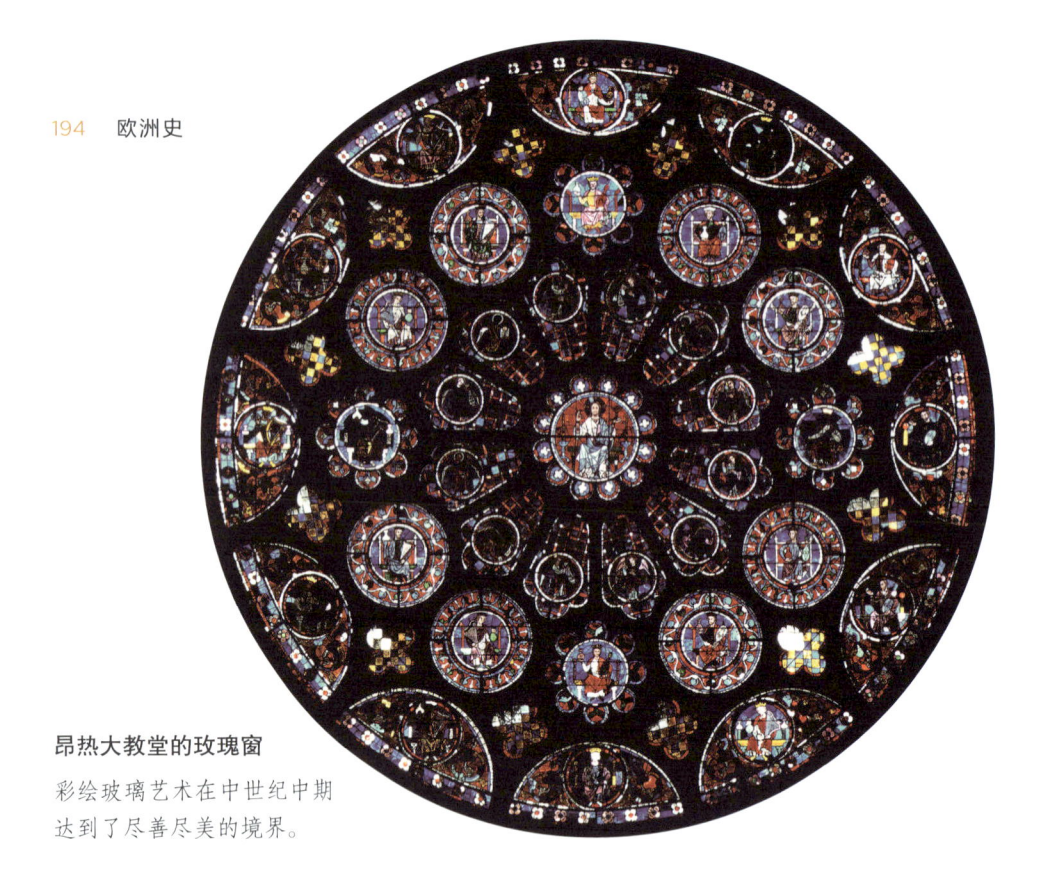

彩绘玻璃艺术在中世纪中期达到了尽善尽美的境界。

直到 1377 年，当教皇格列高利十一世（1370—1378）重回"永恒之城"罗马，所谓的囚虏生活才宣告结束。他于 1378 年去世之后，罗马居民坚持要求选一位意大利出身的教皇。在这样的压力下枢机主教们只得选择了巴里主教，他是一位曾长期生活在阿维尼翁的意大利人。他成为教皇后称乌尔班六世（Urban VI.），称号中的"Urbs（城市）"是"Rom（罗马）"的同义词，象征了教会与罗马间崭新而紧密的联系。乌尔班六世的统治风格独断专行，这导致枢机主教们以先前选举时受胁迫为借口，要求罢黜教皇。尽管乌尔班六世没有退位，枢机主教们还是选出了一位新的法国教皇——克雷芒七世，他将教廷又迁回阿维尼翁。

1377 年发生了天主教会大分裂，基督教世界随后陷入了长达近 40 年的分裂期，直至 1415 年时情况进一步激化。两位教皇一位在罗马，另一位在阿维尼翁，他们各自委任了枢机主教团，两个枢机主教团也都选出了教皇继任人，因而进一步加剧了分裂。西班牙、葡萄牙、法国、那不勒斯王国和苏格兰支持阿维尼翁的教皇，其他国家则支持罗马的教皇。分裂的局面极大地削弱了教皇和教会的威望。

当时，教会正在经历有史以来最严重的危机。尽管许多人都为终结分裂局面而作出了努力，但没有任何一派能实现统一。索邦学院的神学家提出了一项专制的"既成事实"解决方案。此外，自卜尼法斯八世和腓力四世发生冲突以来，一种理论开始流行——按照该理论，教会的绝对权力应当转移到作为其合法代表的全体主教及所有信徒身上，大公会议应当成为教会的最高权力机构。

1409 年在比萨召开的大公会议将这一理论付诸了实践。两位教皇都被视为异端而遭到废黜，在大公会议的成员中又选出了一位新教皇。然而，被废的教皇并没有服从这一安排，于是在西方基督教世界中有三位教皇同时存在。尽管为了统一教会而进行的最初尝试失败了，但人们依旧相信，只有大公会议能提供解决方法，只是教皇须得认可会议的决定。在皇帝西吉斯蒙德的支持下，康斯坦茨大公会议于1414年至1418年举行。这次会议秉持着自身决策高于教皇权威的原则。会议由各个"国族"组成——意大利、德意志、法兰西、英格兰和西班牙，避免出现意大利人独占优势的局面。每个国族都可以就重要的争议问题为自己说话。罗马和比萨的教皇依照大公会议的意愿退位，阿维尼翁的教皇终被废黜。新当选的教皇马丁五世得到了所有人的认可。他的继任者继续付出不懈努力，重新获得大公会议的领导权，1431年至1449年开展的巴赛尔－费拉拉－佛罗伦萨大公会议一度确立了教皇地位高于大公会议的原则。

天使报喜

细密画艺术得到了进一步的发展。哥特式或安色尔体的装饰字母呈现了一种崭新的艺术风格。这些字母的周围交织着树叶，中间穿插有人像，显示出精湛的工艺技巧。

异端运动

除去分裂问题外，康斯坦茨大公会议还为遏制波希米亚的胡斯运动寻求解决方法。扬·胡斯是布拉格大学的神学教授，他接纳了英格兰人约翰·威克里夫的理论。威克里夫认为，圣经是唯一的、真正的教义，所有其他的、后来的文章都应被抵制。同时，他谴责神职人员和修道院用穷人的募捐积累财富，并否认教皇的征税权。他的追随者被称作罗拉德派，他们放弃物质财富，走遍各地，遵循威克里夫的理论布道。在威克里夫去世后，他们遭到了大规模迫害，逃往波希米亚。

在布拉格，捷克人抵制占据压倒性优势的德意志文化的倾向愈发严重，在大学内部德意志人也遭到攻击。时任布拉格大学校长就是扬·胡斯，他以通俗的语言讲道，广受欢迎。他在布道中主张对神职人员进行改革。胡斯被传唤出席康斯坦茨大公会议，却被早已等候在那儿的神父送入监狱。尽管皇帝曾向他许诺会保证他的安全，然而在1415年他仍难逃火刑。胡斯的被害导致波希米亚爆发了由小型激进团体"塔波尔派"领导的武装人民起义。更为温和的胡斯派"圣杯派"也

格洛斯特大教堂

1540年，格洛斯特本笃会修道院的教堂被升格为大教堂。原教堂中令人印象深刻的罗马式柱子留存了下来，但整个内部结构在14—15世纪发生了根本性的改变。圣坛和小圣堂的线条垂直流畅，是垂直哥特式建筑中极为成功的典范。虽然教堂的内部高度较低，但垂直设计营造出了轻盈和宏伟并存的效果。

加入了起义。尽管受到了暴力镇压，胡斯运动仍无法完全被禁止。在16世纪，胡斯派先后与路德派和加尔文派交好。

神秘主义

这个时代人们的精神生活表现为一种神秘的虔诚。在这个充斥着饥荒和瘟疫的艰难时期，向神秘主义发展的趋势意味着宗教体验趋于内在化。感性变得比理性更为重要。人们能够在冥想中超脱凡尘，与上帝沟通。神秘主义者与罪恶抗争，想要过有道德的生活。

几个世纪以来，神学界不乏虔诚理念的推崇者。在14—15世纪，这一理念经由通俗语言传道，从欧洲的各个思想中心传播开来。在德国，多明我会修士爱克哈特、约翰内斯·陶勒和亨利·苏瑟都是神秘主义的主要代表人物。佛兰德斯的神秘主义者扬·凡·鲁伊斯布鲁克是教堂牧师和修道院院长，他发表了多部用布拉班特方言撰写的作品，其中的代表作为《属灵的配偶》。在英国，神秘主义的虔诚理念也融入了隐修士的生活，匿名作品《不知之云》就是出自他们之手。锡耶纳的凯瑟琳是意大利最为著名的神秘主义者，她曾敦促教皇格列高利十一世结束他在阿维尼翁的"巴比伦囚房生活"，她的著作是早期意大利语的重要作品。

在14世纪末，尼德兰兴起了一场类似神秘主义的宗教运动，即现代虔诚派，创始人是格拉特·格鲁特。他在完成学业之后投身忏悔式布道，放弃了所有物质财富。他的追随者是"共同生活的兄弟姐妹"，他们在格鲁特的要求下组成了平信徒团体，过着近似修道的生活。如此，遵循圣奥古斯丁教规的温德斯海姆修会成立了。

现代虔诚派宣扬个人的虔诚和与上帝的神秘联合。这一思想运动在托马斯·厄·肯培的灵修著作《效法基督》中有所体现。书中描述了上帝对人的爱与上帝的恩典的意义。神秘主义信仰影响了中世纪晚期的基督教，使其倾向于个人的信仰体验。

5. 文化变迁

普遍发展

在欧洲大部分地区，中世纪的文化延续了前一个时代的传统。

建筑艺术中的雕塑基本上都被用作教堂装饰物。造型各异的石像、浮雕和圣经中的场景装点着教堂的正门、柱子和洗礼池。石棺上往往装饰有形似逝者的卧像。

绘画也被当成重要的装饰品，内容以宗教主题为主。哥特式大教堂的内部墙壁和天花板上都有丰富的画作，彩绘玻璃艺术使大幅玻璃窗显得更为生动。

绘画艺术的另一种表现形式是细密画。林堡兄弟为公爵约翰·德·贝里制作了著名

布拉格：皇帝查理四世钦定的首都
卢森堡的查理四世将神圣罗马帝国的首都定在布拉格。照片中的远景是布拉格的城堡区，而近景中的世俗建筑则反映了建筑结构的多样性，以及14世纪波希米亚风格对欧洲建筑的非凡影响力。

施特拉尔松德与汉萨同盟建筑艺术（上）

施特拉尔松德是波罗的海最重要的汉萨同盟城市之一，地位仅次于吕贝克。砖砌的市政厅和圣尼古拉教堂是典型的北欧哥特式建筑。

勃艮第雕塑艺术（下）

勃艮第公爵菲利普二世于1404年去世，同年，勃艮第的雕塑大师克劳斯·斯吕特开始为其建造墓雕。他的侄子克劳斯·德·韦文后来继承了他的事业，于1410年完成了这个作品。

的《贝里公爵的豪华时祷书》（内含日历和日课），里面有多幅极为精美的彩色细密画。

哥特式风格在建筑艺术领域继续得到发展，装饰物愈加奢华。拱形结构和反拱结构如火焰般重重叠叠，这种晚期哥特式风格因此得名"火焰式"。位于斯海尔托亨博斯的圣约翰大教堂采用的就是非常纯粹的火焰式风格。

在英国盛行的晚期哥特式风格则被称为"垂直式"，因为这种风格对建筑垂直度的强调几乎到了夸张的地步。在同一时期，德国的城市中诞生了厅堂式教堂，这类教堂的侧廊与中殿高度相同，如施瓦本格明德的圣十字教堂。后来，伊比利亚半岛也出现了火焰式建筑。葡萄牙国王请了鲁昂的建筑大师来指导大教堂的建设工作。

这个时代的世俗建筑通常以纯粹性与独创性见长。市政厅、医院、布料交易大厅、城门和私人住宅中不乏晚期哥特式风格的杰作，例如法国商人雅克·科尔在布尔日的宅第、瑞士的弗里堡和吕贝克的城门，以及佛罗伦萨旧宫。在布鲁日，许多建于这一时期的美轮美奂的贵族宅邸得以留存下来。

在 15 世纪，欧洲大部分地区都被卷入了百年战争的动荡之中，遭受了瘟疫和粮食危机带来的苦难，然而有两个地区却经历了真正的文化"黄金时代"，那就是意大利北部与尼德兰。

勃艮第艺术

尼德兰的城市经济正处于蓬勃发展期，勃艮第公爵成为整个欧洲最富有的统治者，只有威尼斯共和国能与之抗衡。不断积聚的财富、对奢华生活的沉迷与对高雅品位的追求创造了一种对文化发展极为有利的氛围。菲利普二世及其继任者的宫廷成了文化繁荣的中心。之前的绘画类型只局限于壁画和细密画，而在这时，由于绘画技术的进步（如新兴的油画），使得作品的色彩更为丰富，绘画艺术开始进入登峰造极的境界。这一时期人们可以在木板上作画，作品也易于运输。

早期的尼德兰木版画介于晚期哥特式风格和文艺复兴风格之间，画家对油画技术和色彩构成的掌握堪称完美。这类绘画非常重视细节，这往往营造出很深的空间感。象征手法也很常见——百合花体现了圣母玛利亚的纯洁，玫瑰花则象征着上帝的恩典。画家梅尔基奥尔·布鲁德拉姆和扬·凡·艾克同在第戎的勃艮第宫廷工作，直到菲利普三世（1419—1467）迁居布鲁日。扬·凡·艾克是早期尼德兰画派最著名的画家，同属该流派的还有弗莱马勒、迪里克·鲍茨、罗希尔·范德魏登、汉斯·梅姆林和雨果·凡·德·古斯。

古腾堡圣经

许多通俗语言版本的圣经在 15 世纪问世，其中德语版有 18 部，意大利语版有 16 部，还有加泰罗尼亚语、捷克语和尼德兰语的版本。流传最广的是拉丁文版的圣经，即《圣经武加大译本》。用古腾堡印刷机印出来的圣经也是著名版本之一。

在勃艮第宫廷中，雕塑艺术也步入兴盛期。菲利普二世于 1363 年成为勃艮第公爵，在他统治期间，来自哈勒姆的克劳斯·斯吕特是最著名的雕塑家。第戎附近

乔托的《逃往埃及》

乔托（1267—1337）在佛罗伦萨凭借建筑设计成名之前，就创作了壁画《逃往埃及》。在这幅壁画中，他实现了人物形象和动作的完美统一，并以精细的着色令视觉冲击力得到进一步的加强。

的尚莫尔天主教加尔都西会修道院正门上的雕刻就是出自他之手，他还在此创作了著名的《摩西之泉》和菲利普二世的墓雕。

勃艮第的音乐艺术也凭借着复调弥撒曲和经文歌达到了一个新的高度。纪尧姆·迪费是当时最具名望的音乐家，拥有唱诗班乐长的头衔。许多大教堂附属的歌唱学校都负责教授教堂音乐。

意大利的文艺复兴与人文主义

由于具备发达的城市文化，亚平宁半岛步入了文艺复兴的鼎盛期。托斯卡纳地区风景优美，是文艺复兴的发源地，其中心便是佛罗伦萨。从这里起始，文艺复兴的潮流蔓延至翁布里亚、帕多瓦和威尼斯等地。佛罗伦萨的声望在15世纪达到了顶峰。

意大利仍保留有许多古典时代的遗迹，古希腊与古罗马的艺术成就在当时被认为是人类创造力的完美体现。

文艺复兴时期的哲学被称为人文主义。在中世纪，哲学家将思想的重心聚焦在基督教信仰上。而在文艺复兴时期，他们开始思考人和现实世界。这样的视角变化对科学也产生了影响。神学失去了主导地位，取而代之的是日益增长的对人与自然的兴趣。起初，学者们从语言的角度研究古代作家。但随着阅读的深入，他们对古典时代精神世界的兴趣愈加浓厚。古典时期的思想家将人视为个体，这一观点与中世纪的集体主义思想截然相反。在古典著作的影响下，人被看作是上帝的完美映射：天性善良，尊严至高无上。人文主义者提倡人权自由的思想。

转而关注自然的新兴趋势激发了人们对科学领域的浓厚兴趣和对普及教育的要求，

佛罗伦萨大教堂（建于 1420 年—1436 年）
建筑大师伯鲁涅列斯基首次建造了一个直径 41 米、总高 106 米的无支柱无支撑拱穹顶[1]。

教育不应如先前一般局限于狭窄的学者圈子，而应在印刷术的帮助下惠及大众。

  人文主义诞生于意大利北部，这里是但丁（1265—1321）的故乡。但丁是意大利文学的奠基人，他开创了思想上的新纪元。他在《神曲》中用托斯卡纳语描述了一段穿越彼世的旅途。在《神曲》三部曲中，主人公穿过地狱和炼狱到达天堂，在那儿见到了他心爱的贝阿特丽切。

  继但丁之后，彼特拉克（1304—1374）和薄伽丘（1313—1375）也推动了对古典文化的研究。意大利人文主义者不再仅用拉丁文写作，开始使用意大利文。薄伽丘在黑死病流行时期（1347—1351）写下了著名的《十日谈》。他在书中讲述了七位年轻女性和三位年轻男性是如何躲避在佛罗伦萨肆虐的鼠疫的——他们在菲耶索莱附近的乡村别墅里闭门不出，用音乐、闲谈、舞蹈和故事打发了十天的时间。这部作品的主题是爱与理

---

[1] 据《辞海》，伯鲁涅列斯基主持建造佛罗伦萨大教堂中内径为 42 米的穹窿顶等一系列教堂建筑。
  1420 年为伯鲁涅列斯基主持兴建穹顶的时间。
  佛罗伦萨主教堂在 1296 年动工，1431 年完成穹顶，1470 年完成采光亭，整体竣工。

多那太罗的《大卫》

这座青铜雕塑创作于 1430 年至 1440 年间，建成后被放置在美第奇宫的内院中央。多那太罗的这件杰作对米开朗琪罗产生了深刻的影响。

性。尽管后来遭到了教会的封禁，但丝毫不减作者的受欢迎程度。

城市共和国的王侯贵族和统治者乐于跟艺术家及学者交往。他们以美第奇家族为榜样，创办了学校和学院，马尔西利奥·费奇诺和乔瓦尼·皮科·德拉·米兰多拉等著名的哲学家都曾应邀授课，他们促使人们对希腊哲学重新产生兴趣。由于印刷术的发展（约自 1470 年起），人文主义者的著作得以在整个欧洲传播。

人文主义及其对世界的新认识也为外部空间设计带来了新的美学理念。从这时起，建筑大师运用古典建筑设计的基本原则，如门窗的对称布局、柱结构与穹顶。伯鲁涅列斯基（1377—1446）建造了著名的佛罗伦萨大教堂双层穹顶，创造了空间设计的新典范，这些变革影响深远。

在中世纪，雕塑只是建筑艺术的一部分。到了文艺复兴时期，雕塑成了独立的艺术门类。宗教内容依旧占据重要地位，但开始与一般主题相融合，如希腊与拉丁神话。然而，只有佛罗伦萨的雕塑家吉贝尔蒂（1378—1455）和多那太罗（约 1386—1466）直接受到了伯鲁涅列斯基作品的启发。

文艺复兴时期的绘画摆脱了拜占庭风格的影响，代表画家有弗朗西斯·迪·乔治·马尔蒂尼、佛罗伦萨的奇马步埃和乔托，以及锡耶纳的洛伦泽蒂兄弟。马萨乔和皮耶罗·德拉·弗朗切斯卡将人像置于严格限定的空间之内。佛罗伦萨绘画在 15 世纪达到了艺术巅峰——桑德罗·波提切利更注重人体的动态，而非解剖学意义上的精准度。列奥

桑德罗·波提切利的《春》
波提切利在画中展现了众神花园中永恒的春天。站在画面中央的是维纳斯，左侧是美惠三女神和墨丘利，右侧是全身缀满鲜花的春神芙罗拉。

纳多·达·芬奇不仅是画家和建筑大师，还是数学家。通晓多门学科的他近似于人文主义理念中的博学家。他于1516年前往法国，在接下来的数十年里，文艺复兴的浪潮席卷了欧洲。

在很长一段时间内，14—15世纪被称作是欧洲历史上的黑暗时代，这并非毫无理由。饥荒、战争、人民起义和宗教动乱使这个时代充满着不确定性，但仔细观察后也能发现，这个充满危机的时期也是蕴含希望的时期。在这个时代，近代国家的发展进入起步阶段，个人体验在信仰与人文思想中的重要性得到了重视。15世纪意大利的文艺复兴是文化发展的鼎盛期，也是欧洲巨变的开端。

印刷术使新思想得以广泛传播。欧洲人凭借帆船开辟了新的区域。因此，14和15世纪与其说是历史的秋天（就像许多人认为的那样），不如说是近现代欧洲的春天。

这是1490年前后亨里克斯·马提勒斯·日耳曼努斯在佛罗伦萨担任制图师时所绘的世界地图。

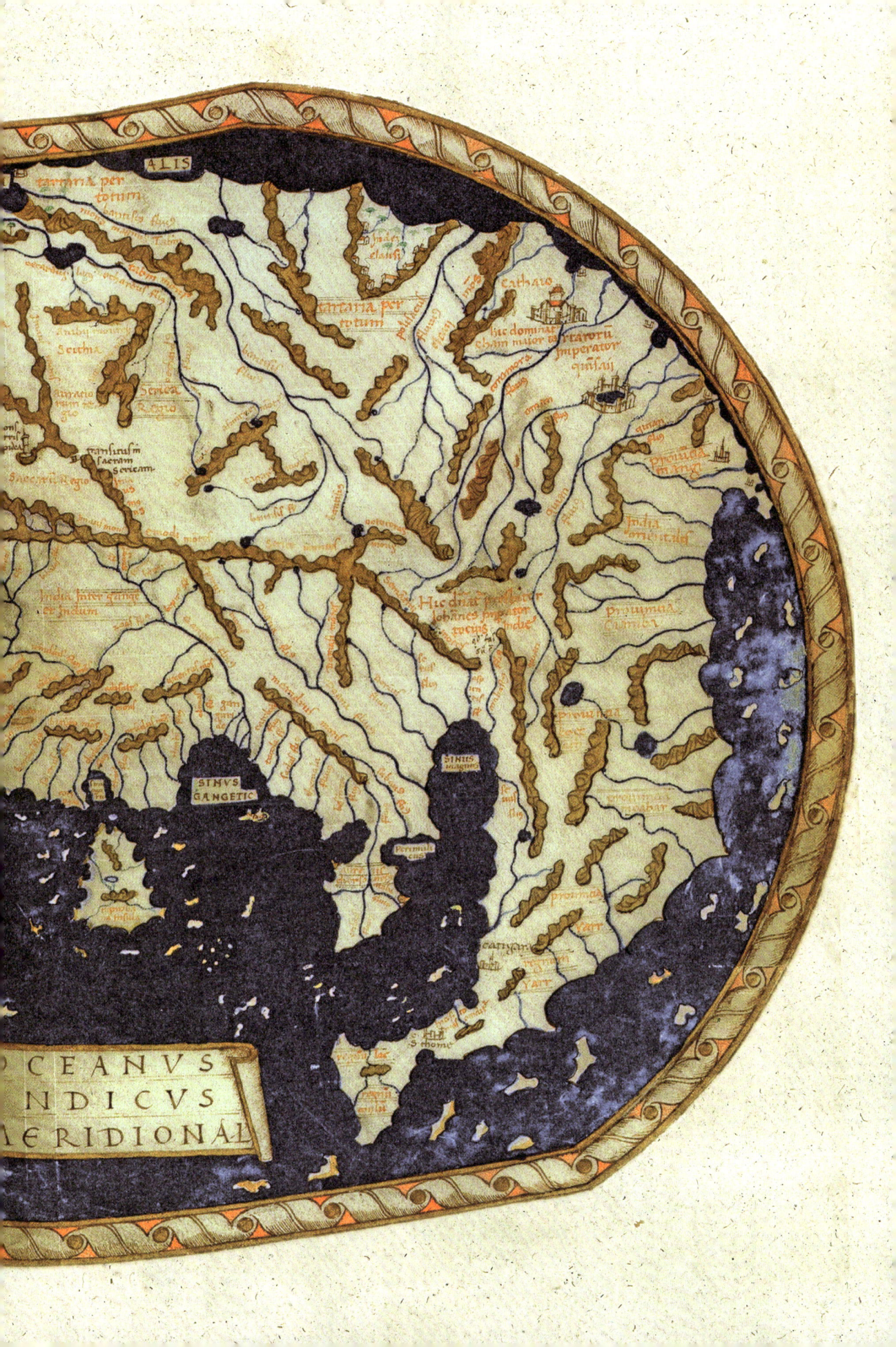

OCEANVS
INDICVS
MERIDIONAL

Chapter 6

与世界相会

| 1400 年 | 1500 年 | 1600 年 | 1700 年 | 1800 年 |

■ 1433 年 吉尔·埃阿尼什环绕博哈多尔角航行
　　■ 1445 年 迪尼什·迪亚士抵达佛得角
　　　■ 1469 年—1474 年 葡萄牙航海家探索几内亚湾
　　　■ 1492 年 克里斯托弗·哥伦布登陆瓜纳哈尼岛
　　　■ 1494 年 《托尔德西里亚斯条约》
　　　■ 1497 年 约翰·卡伯特到达北美海岸
　　　■ 1498 年 瓦斯科·达·伽马开拓通往印度的海路
　　　■ 1499 年 阿美利哥·维斯普奇探索马拉开波湖
　　　　　■ 1519 年—1522 年 斐迪南·麦哲伦和塞巴斯蒂安·德尔·卡诺完成首次环球航行
　　　　　　科尔特斯领导西班牙征服阿兹特克帝国
　　　　　■ 1532 年—1533 年 法兰西斯克·皮泽洛征服印加帝国
　　　　　■ 1534 年—1543 年 雅克·卡蒂亚探索北美洲
　　　　　　■ 1577 年—1580 年 弗朗西斯·德雷克再次完成环球航行
　　　　　　■ 1596 年 威廉·巴伦支探索北极
　　　　　　　■ 1610 年 亨利·哈德逊试图探索北冰洋,远至哈德逊湾
　　　　　　　■ 1616 年 德克·哈托格登陆澳大利亚西海岸
　　维图斯·白令探索亚洲和北美洲的北海岸 1725 年—1741 年
　　路易斯·安托万·德·布干维尔完成法国的首次环球航行 1766 年—1769 年
　　　詹姆斯·库克三度前往太平洋 1768 年—1779 年
　　　　法国航海家拉佩鲁兹探索太平洋 1785 年—1788 年

新大陆的（再）发现

上图展示的是"圣玛丽亚号"的模型，哥伦布曾乘这艘船向西出发，目的地是印度，然而他实际上到达的是美洲"新大陆"。1507年，马丁·瓦尔德泽米勒绘制了世界地图并制作了地球仪。

世界地图的逐渐完善

左侧的地图上显示了通向非洲西海岸附近的加那利群岛和马德拉岛的路线。在航海家亨利王子（1394—1460）的推动下，葡萄牙比西班牙更早掌握海上霸权，成为殖民强国。他的行为同时也拉开了欧洲扩张的序幕。

在地理大发现之前欧洲取得的科学成果引发了人类历史上的革命性变化，这些成果颠覆了传统贸易结构，促使19世纪工业化前的世界经济关系得以建立。

值得注意的是，通过海路启程前往其他大陆的恰恰是欧洲人，而欧洲在海洋上开展活动的时间是晚于阿拉伯、印度和中国的。早在欧洲人付诸行动之前，阿拉伯船队就在印度洋上巡航；中国人也曾扬帆远海，但他们并没有选择对外扩张。从此，世界向欧洲人开放。他们的探索旅程促进了强大的殖民帝国的出现。欧洲语言和文化渗透进了殖民帝国的各个角落。海外贸易削减了地中海地区贸易路线的重要性。经济趋于全球化，这压低了商品价格，有利于资本主义的产生。

这种扩张对殖民地人民、他们的文化以及对他们的存在本身都造成了灾难性的影响。亚洲的情况稍微好些——有着几千年历史的亚洲人民能够抵御欧洲殖民导致的后果，但美洲和非洲的原住民却遭到了致命的打击。

阿兹特克人和印加人拥有辉煌的文明，他们在哥伦布发现新大陆前就生活在中美洲和南美洲，然而，欧洲人的征服和传教士对印第安"异教徒"的敌视摧毁了这样的辉煌文明。奴役和欧洲人带来的疾病使整个民族就此消失。

在中非，由于白人商人在许多地区捕捉黑人，将其运往美国卖给种植园主作奴隶，这些地区的人口锐减。撒哈拉以南非洲至今尚未彻底恢复元气。

1. 欧洲扩张的开始与条件

勇敢的航海家不断探索新的航路，志在完成环球航行——地理大发现时代为欧洲人生活的各个领域带来了翻天覆地的变化。在寻找新地区的过程中，他们通过对海洋的探索，改变了自己一直以来局限于地中海和欧洲大陆的旧世界观。新知识和新技术的运用开阔了欧洲人的视野，壮大了国家的经济实力，促使他们与其他地区的人民在新的基础上建立联系。

欧洲人眼中的外部世界

尽管东方在地理上与欧洲相距甚远，但由于其惊人的财富以及宝石、贵金属，尤其是香料等名贵物产，令欧洲人印象十分深刻。未知的吸引力激起了欧洲人的兴趣，在他们眼中，这些遥远国度的人民生活在奇特的环境中。中世纪的著作借鉴了古典作品——如旁波尼乌斯·梅拉的《世界概述》和老普林尼的《自然史》，书中将真实和虚幻融为一体。有旅行作家声称，恒河源头生活着以小蛇为食的人，他们能够活到400岁，还有一些人生来只有一条腿，却具有惊人的灵活性。根据一封著名的神秘信件，在印度或埃塞俄比亚有一位强大的基督教君王（"祭司王约翰"），据说他拥有难以估量的财宝。在14世纪蒙古帝国衰亡之前，一些传教士和商人曾成功进入过神秘的东方世界，并将经历记录了下来，这些描述激起了欧洲人的冒险之心。

1300年左右成书的《马可·波罗游记》中描述了马可·波罗在蒙古统治者忽必烈的宫廷中的奇妙经历。这本书拥有众多译本，风靡一时。约翰·德·曼德维尔1356年创作的《曼德维尔游记》在销售上也获得了巨大的成功。作者的想象力无穷无尽，他幻想树上长出羔羊或独腿的狗头人。后来的骑士小说继续深入描写传奇世界，激发了读者的想象力。关于"黑暗之海"的恐怖故事则又稍微抑制了人们的好奇心，故事中称有一片沸腾的海洋，那里常年狂风怒号、巨浪滔天。

地理"科学"

在17世纪前，或者说在牛顿和伽利略的时代之前，使用"自然科学"这个概念似乎有些不妥，同样不妥的还有"中世纪自然科学"这一概念，因为当时提出的理论并没有经过实验证明，仅是个别学者基于对自然现象的观察而推测出的结果。例如，中世纪的地理学家便臆断陆地占地球表面积的85%，海洋占15%。亚历山大的学者托勒玫自15世纪起就在欧洲享有盛名，他善于从数学角度分析地球表面问题。但他的理论有局限性，因为他低估了地球的周长。依照他的观

地中海地区地图

地图上显示了海岸线、港口和可能遇到的阻碍。

点,亚洲距欧洲很近,绕过非洲去往印度或中国似乎并不现实,因为托勒玫认为印度洋是内海。犹太制图师亚伯拉罕·克雷斯克斯于1375年在马略卡岛绘制了《加泰罗尼亚地图集》,耶路撒冷依旧被置于世界的中心。尽管如此,这幅地图对世界的构想是接近现实的,它结合了犹太人、阿拉伯人和基督徒积累的地理知识,还有旅者的见闻以及海岸线图。地图上西欧、地中海和黑海的相对位置大体上是正确的,但亚洲的有误,东非则完全没有在地图上体现出来。

海图在14—15世纪就已经存在。在葡萄牙,人们将其称为"roteiros"(路线图),它描绘了船只航行的路线,并附有罗盘标记。有些海图的制作年份可以追溯到13世纪,历史学家对其起源众说纷纭。但无论如何,现代制图学在15世纪初诞生于葡萄牙。制图师海梅·德·马略卡在当时非常活跃,他是著名的葡萄牙制图学派的奠基人。该学派的地图一般绘于羊皮纸上,以细密画为装饰,包含了那个时代的重要发现,尤其是通过观察太阳运行轨迹和恒星位置得出的地理纬度。在16世纪,欧洲没有任何地方能像葡萄牙这样拥有人数如此之多、作品又如此精良的制图师,他们的影响力极大,以至于神圣罗马帝国开设了"葡萄牙-德意志制图学",他们对著名的佛兰德斯学派(1570—1670)的形成大有助益,代表学者有墨卡托、奥特里乌斯和洪迪乌斯。

随着探索旅行的不断深入,愈加精确的

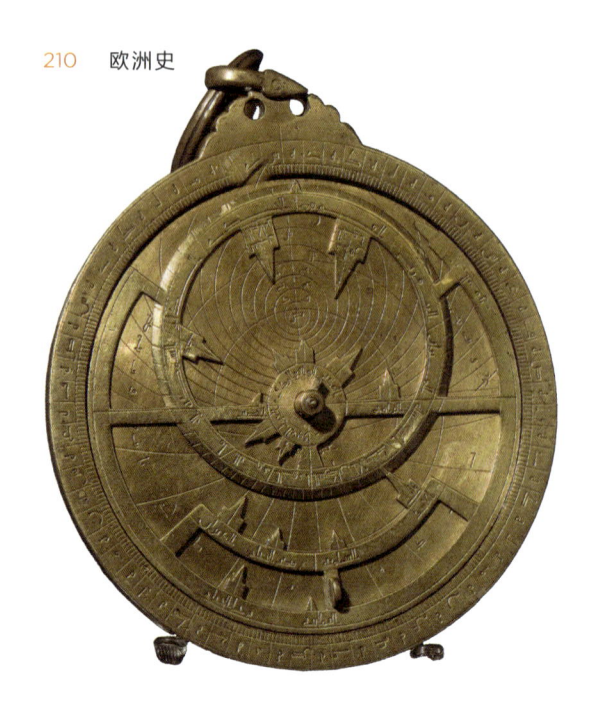

菲利普二世的星盘

阿拉伯航海家在 10 世纪就发明出了星盘，这是一种测量与观察仪器。它展现了一幅极度简化的星图，由一个圆形盘面和一个可旋转圆盘组成。星盘上标注了最重要的几颗恒星，使人们能够通过它确认日出和日落的时间以及星星的位置。

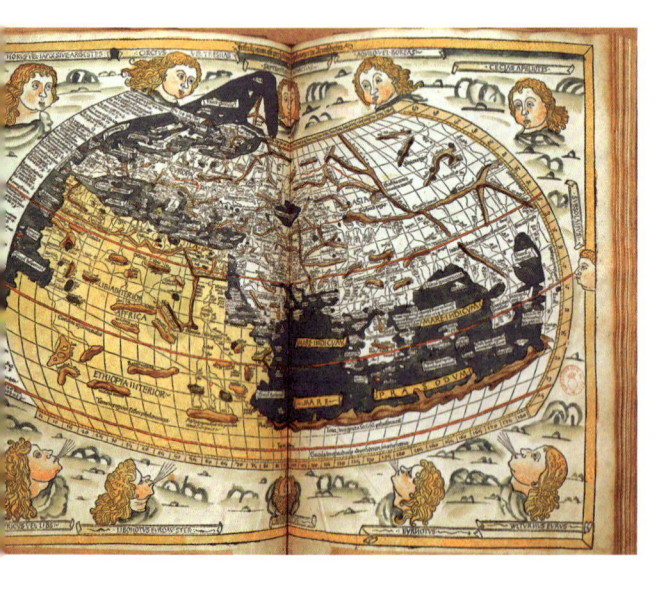

托勒玫的世界地图

亚历山大的学者托勒玫（约 90—168）是古典时期最著名的地理学家，他的研究成果在 15 世纪被"重新发现"。

陆地与海洋的地图得以被绘制出来。然而，欧洲国家往往对信息的来源讳莫如深，甚至故意隐瞒某些关键数据。此外，传授此类知识的人也会受到威胁或惩罚。这些行为阻碍了制图学的发展。直到 18 世纪，地理测量的技术变得更先进之后，更精准的地图才被绘制出来。

技术创新

某些欧洲国家和地区拥有优良的天然港湾，他们的经济发展依赖于海上贸易和渔业，对海洋的探索主要在这些地方发展起来。诺曼人是杰出的航海家，自 10 世纪以来，他们就纵横地中海，成功地掌握了阿拉伯人和基督徒的地理知识和航海技能。而伊比利亚人也从诺曼人那里学会了航海所需的基础知识。

中国人发明了指南针。据推测，是阿拉伯航海家在 12 世纪将指南针带往欧洲，用于他们在地中海的航行。在克里斯托弗·哥伦布的航行中，指南针是最重要的导航工具之一。有了指南针的帮助，人们测算出的数据更为精确，海图的参考性也更强。

要在大西洋上航行，人们必须掌握丰富的航海知识和驾驶技术。与相对平静的河流或内海不同，在季风和洋流的共同作用下，大洋上的气候差异极大且天气瞬息万变，加之海洋本身面积广阔，在海洋上航行所需的知识与沿岸航行截然不同。在数次无果的尝试后，葡萄牙的航海家终于成功绕过了非洲的最南端，"通过经验巩固的知识"变得更丰富了。此外，为了能够每日确认船只在大海上的位置，船长还必须了解"世界力学"，即

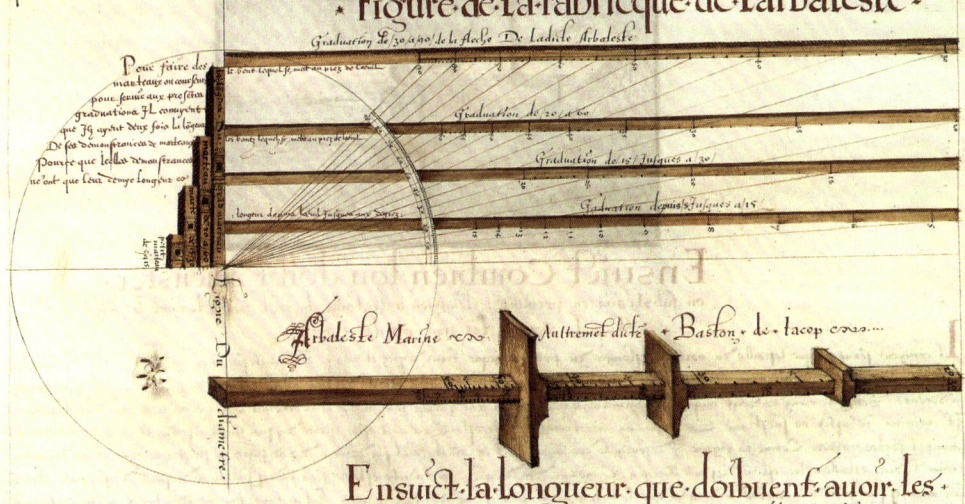

计算地理经度

地理经度的计算方法很简单，人们只需在中午时分通过仪器观察太阳的位置便可得出。

掌握宇宙学的基本概念，并具备一些天文学知识。在回程中，这些船只不得不远离海岸，以避开几内亚湾北部逆向的风和洋流，这还要依赖其他定位辅助工具，它们有时能比罗盘或海图发挥更大的作用。

船长在航行过程中需要密切观察天空和星体的变化，以此给自己定位。这时就需要量角器、象限仪和六分仪等工具的帮助。这也证明了当时的船长显然具备数学和天文学知识。这些知识大部分来自托莱多的阿拉伯学者或在葡萄牙定居的犹太占星家的研究成果。航海仪器很有可能是阿拉伯人带到欧洲的。船长也可以参考航海指南，这些书籍提供的准则和指示使他们能通过观星修正航线。其中一本指南在航海史上颇具盛名，那便是15世纪葡萄牙舵手和占星家合著的《北极星的规则》。这本书标志着天文航海（根据天体判断自身位置）的开始。

此外，横跨大西洋的探索之旅所需的船只也与沿岸航行不同。当时出现了一种全新式样的帆船，被称为"卡拉维尔帆船"，它在很大程度上奠定了葡萄牙探险家在15世纪的领先地位。这种船只的驾驶难度不高，还能够逆风航行，航距极长。船上设有专供船员使用的舱房和充足的载货空间，能够储存长期航行所需的大量食物。卡拉维尔帆船长约30米，宽8米，吃水可达3米。它的船舵被固定在艉柱上，方形主帆使它的航速更快，斜三角帆使它的机动性更强。这种船只的起源并不明确，可能是阿拉伯卡拉卡船的改良版，但造船技术却源自北欧和地中海地区。

在16世纪，人们建造出了更适合远洋航行的船只，这些船只能够容纳更多船员、运载更多货物。

2. 15—16 世纪西班牙人与葡萄牙人的地理大发现

地理大发现指的是欧洲人在全球范围内的扩张，他们于 14—18 世纪开辟了新航道，从而从根本上改变了世界。他们探索通往其他大陆的路线，征服别国的土地，最终建立起强大的殖民帝国，获取了巨额财富。在 15 世纪，西班牙人和葡萄牙人发起了第一拨重要的探索旅行，涌现出了巴尔托洛梅乌·迪亚士、克里斯托弗·哥伦布、瓦斯科·达·伽马和麦哲伦等知名航海家。

扩张的序章

欧洲人向遥远大陆迈进的原因并不仅仅因为葡萄牙的亨利王子的个人倡导，或是哥伦布等冒险家的有勇有谋，而主要在于定居在里斯本和塞维利亚的有财有势的阶层的野心。哥伦布在 1492 年写的日记中明确表明了他真正的动机——那就是单纯的贪婪，使异教徒改信的愿望只被一笔带过。除了这些动机外，其他因素也促使人们选择远航。欧洲在 14 世纪经历的经济萧条于世纪末基本消退——尽管它在特定地区持续到了 15 世纪。人口增长和集合城市的产生触发了新的需求，这反过来促进了经济的繁荣发展。

当时人民的粮食需求无法得到充分满足。解决方法只有大幅增加农场和牧场面积，以及通过新的农业技术手段提高生产率。奥斯

新大陆的宝藏

图为来自西班牙的征服者强迫安的列斯群岛的原住民开采金矿。他们驾驶着船只从非洲出发将人口贩卖至西印度群岛，再载满黄金、香料和宝石返回欧洲。

曼人还封锁了一部分贸易路线，欧洲与黎凡特地区的长途贸易陷入困境——该贸易活动曾在 13—14 世纪促进了意大利城市巨大的经济繁荣。究竟怎样才能阻止东西方贸易陷入瘫痪？怎样才能满足欧洲人对糖和香料的渴求？怎样才能找到足够的原材料并为不断扩大的纺织品生产找到新的市场？此外，贵金属的需求量也在激增——贸易的发展需要更多的金币和银币。地理大发现和殖民行径为克服封建经济危机找到了出路。

来自苏丹和非洲其他地区的黄金被运往

非洲海岸

在上图中,关于非洲内陆地区的信息很少,而非洲西海岸沿岸的所有港口城市都被标注了出来。红字表示该城市是重要的贸易中心。

位于非洲北部的港口,欧洲经济借此复兴。这些黄金不仅被用于铸造钱币、制作首饰或是单纯地被储存起来,它还被用于交换亚洲的物产。黄金在亚洲备受推崇,因为它能够被用在寺庙里、宫殿中和高级贵族的衣饰上。15世纪中叶前后,中欧的白银产量有所增加,但仍不能满足巨大的市场需求。

地中海西部地区人口过剩也是欧洲力求扩张的一个原因。或许还有一个原因在于14—15世纪的战争大大消耗了贵族的财富。

在地理大发现的过程中,宗教的重要性不容忽视。这场运动是以传播基督教的名义甚至是十字军东征的精神进行的,这符合当时的思潮,也与教会的地位息息相关。在地理大发现的初始阶段,方济各会在完成基督教传教使命方面尤其突出。

上述原因尽管解释了欧洲对外扩张的需求所在,但并未阐明为何这一运动是由葡萄牙发起的——当时它只是一个人口在全欧洲人口中所占比例极小的小型国家。

答案可能包括一系列因素:有邻近大西洋的地理优势、拥有航海传统、造船技术发达、政治稳定、特定社会群体占据经济优势,以及具备宗教动机。

大西洋

早在13世纪,阿拉贡王国的航运业就蓬勃开展起来,但直到100年后,马略卡才成为航海与制图技术以及相关活动的重要中心。

大西洋上的航行始于14世纪,首先被发现的是加那利群岛,发现者名不见经传。据推测,来自马略卡、葡萄牙、法兰西、阿拉贡、热那亚、卡斯蒂利亚和英格兰的探险队均抵达过那里。据了解,在1390年,一艘阿拉贡籍的船只在那里停泊,并带回了几名俘虏。后来,卡斯蒂利亚的船只从比斯开湾和安达卢西亚的港口启程,抵御住了暴风雨和洋流的袭击,成功占领了非洲西海岸外的群岛,从而确保了卡斯蒂利亚王室在大西洋上的第一块属地。葡萄牙和法兰西的计划因此落空。

直到亨利王子推动航海探险活动,属于

葡萄牙的探索时代才终于开始了。此人拥有强大的意志力和旺盛的事业心。他在宫廷里召集了来自地中海各地从事不同职业的犹太人、阿拉伯人和基督徒，他知道如何让对方认同他的使命并贡献出全部知识，帮助他实现梦想。亨利王子在萨格里什（葡萄牙南部）开设了一所海员培训学校，专门传授航海、造船和使用航海仪器等实用技能。

葡萄牙的地理大发现始于1418年至1425年对马德拉群岛的占领和殖民。马德拉群岛并非完全不为人知，它早已出现在意大利和加泰罗尼亚的海图上以及一部写于14世纪的手稿中。据推测，从加那利群岛返航的船只往往会在马德拉群岛附近停泊。

历史学家对于亚速尔群岛的发现者到底是谁尚有争议。加泰罗尼亚人加百列·德·瓦尔塞卡的海图显示，迪奥戈·德·锡尔维什于1427年在圣玛丽亚岛和圣米格尔岛升起了葡萄牙国旗。亚速尔群岛西部的弗洛里斯岛和科尔武岛直到1452年才正式被葡萄牙占领。

这些无人居住的岛屿很快便发展为殖民地，也成了葡萄牙王室的农业试验场。谷物、葡萄和甘蔗种植被引入马德拉岛，其中的甘蔗成为当地最显著的收入来源，也是葡萄牙最重要的出口商品之一。亚速尔群岛重要的经济产业则是畜牧业、谷物种植业和渔业。不过，菘蓝（十字花科植物）和地衣的种植对亚速尔群岛的经济同样重要，这两种植物被用于提取染料，供欧洲的手工作坊使用。

与此同时，出于完全不同的目的，葡萄牙开始将手伸向摩洛哥。1415年，休达成为第一座被占领的城市。这座城市具有重要的

非洲艺术

15世纪末，葡萄牙传教士来到了非洲西海岸的贝宁。他们鼓励原住民发展独特的青铜艺术，并以此来讲述自己民族的历史。

战略意义，可以通过它直接控制直布罗陀海峡，从而控制地中海与大西洋间的海上航线。此外，它还是摩洛哥海岸线上的一个重要贸易中心——来自苏丹的载满黄金的商队会在这里结束他们的旅程。休达还拥有广阔的谷物种植区，其收成可以缓解葡萄牙粮食短缺的问题。然而，占领休达和摩洛哥的其他地方还无法满足葡萄牙的欲望，这里的黄金和粮食并不充足，征服行动所需的人力和资金缺口也越来越大。只有最初的战略目标通过此举得以实现，因为葡萄牙现在已经控制了

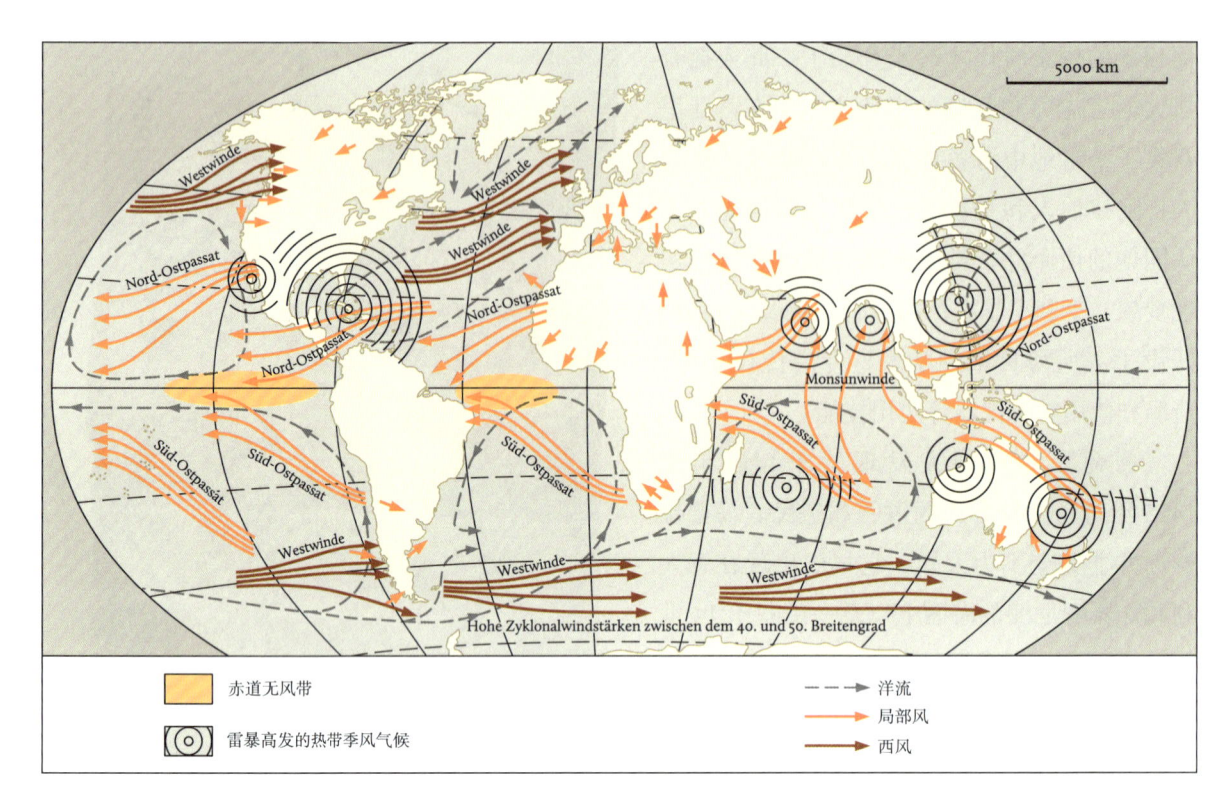

季风与洋流

一个对航运来说非常重要的地区，他们的商船队和捕鱼船队得到了强有力的庇护，先前经常被摩尔海盗侵扰的阿尔加维海岸如今也重回安宁。

16世纪时，葡萄牙国王若昂三世放弃了被阿拉伯帝国包围的孤立要塞。塞巴斯蒂昂是若昂三世之孙，同样身为葡萄牙国王的他梦想再次在北非建立一个基督教帝国。然而，他发起的战争在1578年的马哈赞河之战中以失败告终，他也在此战中去世。北非的葡萄牙殖民帝国开始由盛转衰。

非洲之路

要沿非洲西海岸航行，就必须了解大西洋上的风力与风向。大西洋的北部盛行西风或西南风；赤道以北的热带地区盛行东北风，以南的地区盛行东南风。而在南半球的温带地区，船只会遭遇来自西方的强劲旋风。此外，海员还必须了解洋流，借此寻找合适的航线。葡萄牙人在积累了大量经验之后，才缓慢地沿着非洲海岸向南推进。

1433年，吉尔·埃阿尼什乘着一艘传统帆船"巴尔卡船"穿越了博哈多尔角。至此，他克服了非洲西海岸最困难的障碍之一，此前没有欧洲海员能做到这点。

葡萄牙在此之后开始在这条路线上使用更安全、快速的卡拉维尔帆船。这时，远征队伍接二连三地出发了。1445年，迪尼什·迪亚士到达了佛得角和塞内加尔河口。葡萄牙人认为，他们已经发现了非洲的黄金地区以及传说中的祭司王约翰的藏身之地。

富饶且人口众多的非洲大陆向葡萄牙海员敞开了大门。他们用欧洲的产品换来了黄金、奴隶、胡椒和象牙。15世纪，史学家祖拉拉在他的《发现与征服——几内亚编年史》中提到，前往几内亚的贸易旅行数量正在稳步增加。这也促进了宗主国与殖民地之间更多的联系，使欧洲人对原住民的语言更为了解，也使越来越多的非洲人学习葡萄牙语。通过迪奥戈·戈梅斯和威尼斯商人卡达莫斯托二人，葡萄牙与非洲黄金产量最丰富的地区之一冈比亚建立了贸易联系，商人们乘着吃水浅的卡拉维尔帆船沿冈比亚河逆流而上。葡萄牙人经常在康托尔市场进行贸易，用欧洲商品换取黄金。1460年，即亨利王子去世那年，葡萄牙船只抵达了塞拉利昂。葡萄牙对西非的开发却在此时陷入停顿，主要原因在于葡萄牙扩张政策的改变，重心转移到了对摩洛哥的征服。

到达南半球的海员开辟了新的视野。在赤道地区，船只必须穿过浓雾、暴雨和龙卷风区域，并巧妙避开沿非洲西海岸由南向北的本格拉寒流带来的危险。

在这个时期，私有企业掌握了主动权。葡萄牙国王授予里斯本富商费尔南·戈梅斯对几内亚的独家贸易权。作为回报，戈梅斯承诺每年探索几内亚海岸的100处新地方，圣多美、安诺本与费尔南多波岛就是这样被发现的。

葡萄牙国王若昂二世上台后再度燃起了

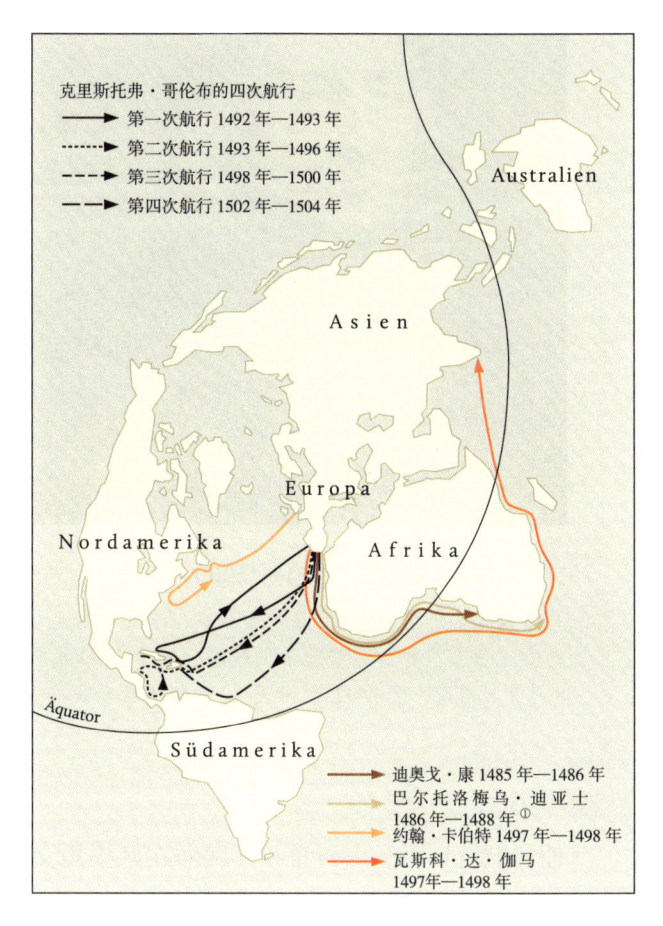

15世纪的地理大发现

扩张欲望，并得到了民众的普遍支持，因为由此产生的贸易收入抵消了巨额的国内消耗。在王室的推动下，像埃尔米纳堡这样的贸易要塞纷纷建立起来，葡萄牙在这里与贝宁王国进行黄金交易。

在1483年，迪奥戈·康来到了刚果河口，与刚果国王建立了友好关系。1487年—1488年，巴尔托洛梅乌·迪亚士终于绕过好望角，成功实现了所有欧洲航海家的梦想。

---

① 据《辞海》，迪亚士于1487—1488年率探险队绕过非洲南端，抵达今南非的伊丽莎白港，返航途中发现好望角。

克里斯托弗·哥伦布（1451—1506）

哥伦布原本想找到通往印度的西航线，卡斯蒂利亚的女王伊莎贝拉为此赞助了三艘船。他于1492年8月3日启航，于1492年10月12日抵达新大陆。

哥伦布登陆瓜纳哈尼岛（圣萨尔瓦多）

这幅版画展现了15世纪末的新大陆。近景是原住民在欢迎哥伦布。

他的航行证明了大西洋和印度洋在好望角交会。而且对科学发展而言此举也意义重大，它提供了地球南北半球风向相反的证据——尽管这个证据较为薄弱。

大约在同一时期，葡萄牙新任国王若昂三世收到了一份报告。有侦查员伪装成阿拉伯商人在东方游历，他向国王提供了有关印度洋上传奇的香料交易与航运的宝贵信息。有了这些知识，葡萄牙就拿到了通向印度的海路的钥匙。

哥伦布发现美洲

克里斯托弗·哥伦布是人类历史上最重要的欧洲人之一。他出生于热那亚，后来在英国待了一段时间，曾参与海洋捕鱼。在这之后，他作为商业代表定居在葡萄牙，与一名出身航海家庭的年轻女性结婚了。

他不知道维京人在10世纪就已登陆北美洲，主要依靠文献资料来规划探索之旅，目的是找到一条通往印度和西潘戈（日本）的东方宝藏的直接海路。他参考了古典和中世纪时代的史料，还有皮埃尔·德埃利的《世界的面貌》等著作，以及佛罗伦萨人保罗·托斯卡内利绘制的世界地图。然而，葡萄牙宇宙志学者委员会认为他的世界概念不切实际。事实上，哥伦布预想的海路确实太短了。他提出的资助请求虽然遭到拒绝，但通过西航线前往印度的基本可能性得到了认可。

哥伦布也向西班牙王室陈述了他的计划，同样没被看好。但西班牙随后攻占了格拉纳达，结束了穆斯林对半岛长达800年的统治。由于西班牙在这之后总体形势发展良好，伊

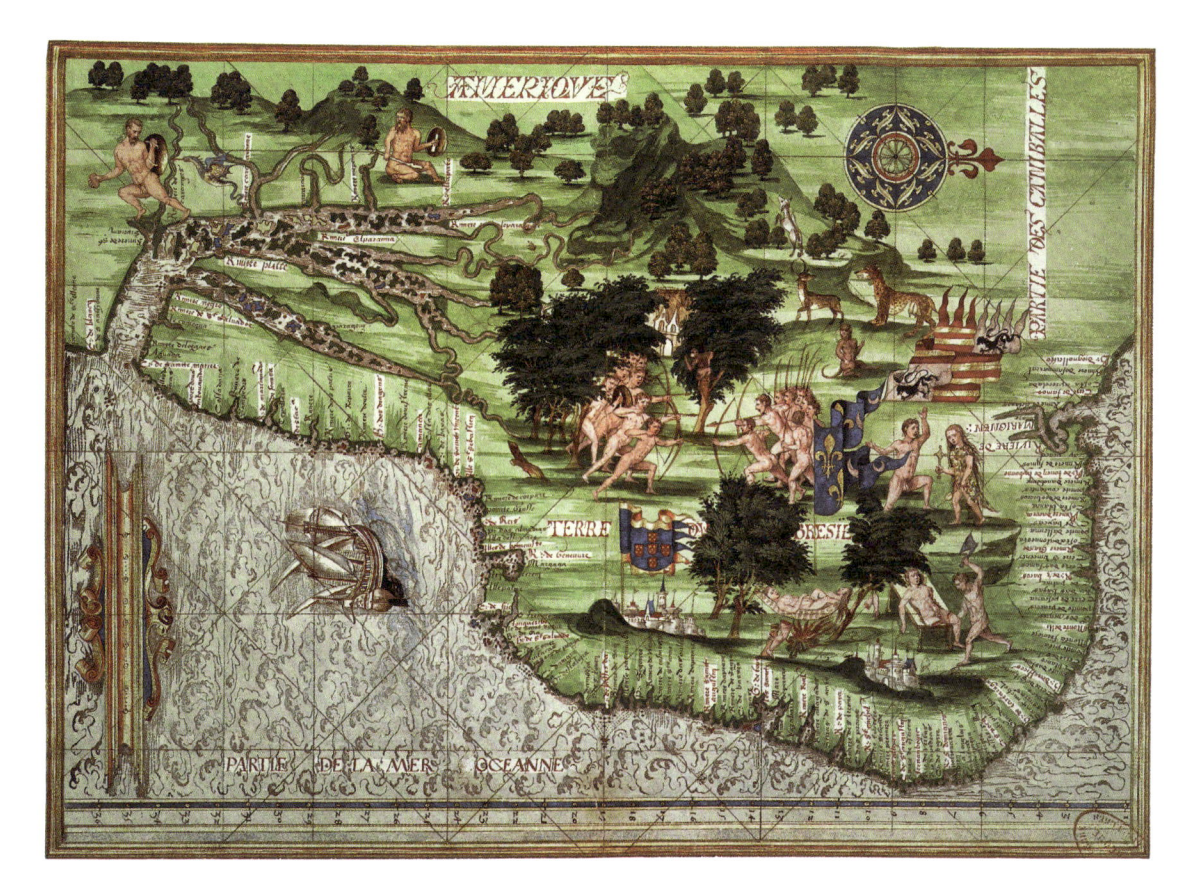

16 世纪的巴西

将这张图逆时针旋转 90 度就能分辨出清晰的巴西海岸线。

莎贝拉女王在海运中看到了积攒巨额财富的机会，她便给予哥伦布一支由三艘卡拉维尔帆船组成的小型船队的最高指挥权。1492 年 8 月，哥伦布从帕洛斯港出发，乘着信风横跨大西洋，靠近美洲大陆。经过 61 天的航行后，他到达了巴哈马群岛的一座岛屿，当地原住民称之为瓜纳哈尼岛，哥伦布为其取名"圣萨尔瓦多（神圣的救世主）"。不久后他到达古巴，他以为自己到的是契丹[①]（中国）。他返回卡斯蒂利亚后受到了热情的接待，并获得了后续航行的委托。

他在第二次航行中抵达了安的列斯群岛。随后，在 1498 年至 1504 年间他又两度远航，发现了特立尼达岛。这之后，他继续向西航行，踏上了中美洲的土地，即如今的洪都拉斯共和国。他找到的海路尽头并不是想象中的亚洲，而是通向他从未意识到的新大陆。

哥伦布的发现导致了卡斯蒂利亚与葡萄牙关系紧张，一直持续到 1494 年《托尔德西里亚斯条约》签订后才有所缓和。条约划分了西班牙和葡萄牙的势力范围，分界线为佛得角群岛以西 370 里格（约合 1176.6 海里）的经线。教皇促成了条约的签订。由于该条约，通往印度的航线实际上仍掌握在葡萄牙手中。直到 1498 年，当瓦斯科·达·伽马发

[①] 此处的契丹（Cathy）指中世纪欧洲国家对中国的称呼，而非契丹民族或是辽国。——译者注

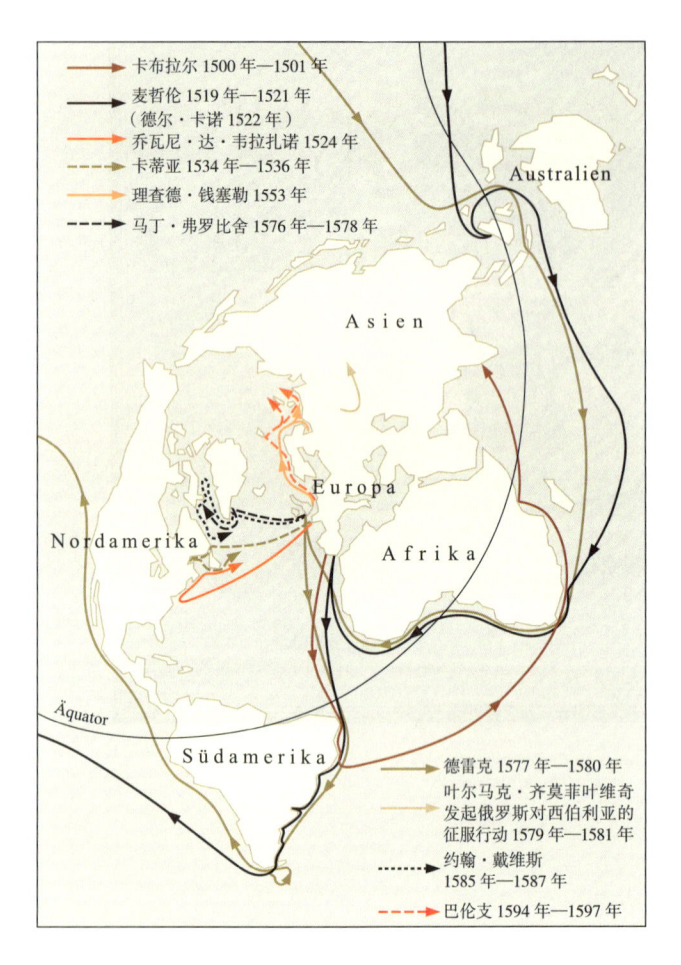

16世纪的地理大发现

图例：
- 卡布拉尔 1500年—1501年
- 麦哲伦 1519年—1521年（德尔·卡诺 1522年）
- 乔瓦尼·达·韦拉扎诺 1524年
- 卡蒂亚 1534年—1536年
- 理查德·钱塞勒 1553年
- 马丁·弗罗比舍 1576年—1578年
- 德雷克 1577年—1580年
- 叶尔马克·齐莫菲叶维奇发起俄罗斯对西伯利亚的征服行动 1579年—1581年
- 约翰·戴维斯 1585年—1587年
- 巴伦支 1594年—1597年

现了这条航线，西班牙人才意识到托斯卡内利的世界地图中的错误，这致使哥伦布认为横跨大西洋前往印度的海路比葡萄牙绕过南非的路线要短。

达·伽马发现通往印度的航线

瓦斯科·达·伽马最终为欧洲扩张的宏大目标作出了巨大贡献。他通过海上航线抵达了印度，找到了通向东方香料和宝藏的安全航道。1497年7月8日，他领着小型船队从里斯本启程，在佛得角群岛短暂停留后，乘着西风绕过好望角。他在印度洋的莫桑比克岛附近休息，后又停靠在马林迪，在一名来自古吉拉特邦的阿拉伯裔引航员的帮助下，他横渡印度洋，直到1498年5月20日在印度的卡利卡特停靠。这座城市的贸易由阿拉伯商人控制，其富有程度给葡萄牙人留下了深刻的印象。达·伽马虽然经历了一系列困难才获得了贸易许可，但他最终满载珍贵的香料回到了里斯本。

佩德罗·阿尔瓦雷斯·卡布拉尔发现了巴西，他的航行受益于通往印度的海上航线的确立。葡萄牙国王曼努埃尔一世给予卡布拉尔由13艘船组成的大型船队的最高指挥权，这支船队代表了葡萄牙在东方的强势主张。1500年3月，船队离开里斯本，沿着瓦斯科·达·伽马发现的路线行驶，但由于想要避开本格拉洋流而向西南偏离过远，他最终于1500年4月22日到达南美洲海岸。卡布拉尔将这片新土地称作"圣十字架之地"，这里就是后来的巴西。

这次探索引发了几个疑问：发现巴西是新发现还是再发现？船队距原定路线偏离过远，这是否有意为之？在《托尔德西里亚斯条约》的谈判中，葡萄牙国王是否知道这些地区的存在？1500年之前的海图似乎就已表明，南大西洋的这片区域存在陆地。

卡布拉尔沿着这片未知的海岸上探索了几英里后，就驶向印度，那里才是葡萄牙海外扩张的真正目标。

麦哲伦完成首次环球航行

葡萄牙人并没有止步于对印度海岸的

阿美利哥·维斯普西

阿美利哥·维斯普西在新大陆进行过四次探险行动。德国制图师马丁·瓦尔德泽米勒认为维斯普西是这块大陆的发现者，他在1507年制作的世界地图中首次将其命名为"阿美利加"。

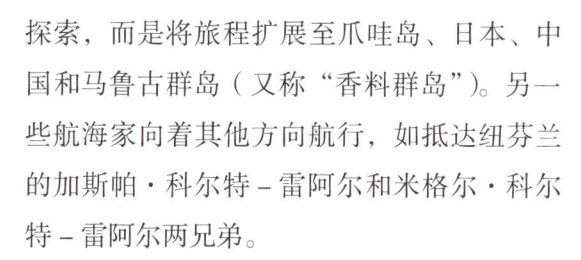

麦哲伦到达太平洋

麦哲伦在南美洲的最南端发现了寻找已久的沟通大西洋与太平洋的西部航道。

探索，而是将旅程扩展至爪哇岛、日本、中国和马鲁古群岛（又称"香料群岛"）。另一些航海家向着其他方向航行，如抵达纽芬兰的加斯帕·科尔特-雷阿尔和米格尔·科尔特-雷阿尔两兄弟。

西班牙人也继续他们对美洲大陆的发现之旅。1499年，阿隆索·德·奥赫达和意大利宇宙志学者阿美利哥·维斯普西航行至马拉开波湖。一年后，罗德里戈·德·巴斯蒂达斯、胡安·德·拉·科萨和瓦斯科·努涅斯·德·巴尔沃亚等人沿着如今的哥伦比亚海岸驶至巴拿马。巴尔沃亚从巴拿马的原住民那里了解到，山的另一侧还有一片大洋。1513年，他将船停泊在科伊巴岛，带着一支小型探险队前往危险的山区。在登上山脊后，他成了第一个看到广阔太平洋的欧洲人。

这证实了阿美利哥·维斯普西极力主张的观点，即所发现的陆地不属于亚洲，而是一个从前无人知晓的"新大陆"。1507年，德国制图师将这片大陆绘制入世界地图，取名"阿美利加"，以纪念阿美利哥·维斯普西的贡献。

要从欧洲通过西部航线到达中国，就必须绕过非洲大陆，跨越太平洋。为西班牙效力的葡萄牙人斐迪南·麦哲伦成功做到了这点。他发现了西部航线后还继续航行，首次完成了环球之旅。麦哲伦是一位经验丰富的航海家，曾参加过佩德罗·卡布拉尔的航海活动，该活动的目的是确保葡萄牙在印度洋的霸主地位。在与葡萄牙王室发生争执后，

巴蒂斯塔·阿格尼斯绘制的世界地图（1543）

这幅《十二风向的世界地图》是巴蒂斯塔·阿格尼斯制作的，图中展示了麦哲伦和德尔·卡诺1519年至1522年间的第一次环球航行，以及从西班牙海港加的斯到秘鲁的路线。

麦哲伦在西班牙定居，并在这里提出了绕过葡萄牙的统治区域前往马鲁古群岛的计划。

1519年9月20日，麦哲伦率五艘船开启了名副其实的奥德赛式征程，他在旅途中经历了一切——滔天巨浪，赤道附近的骇人高温，南半球的寒冷与旋风，甚至是同伴的背叛。经过三个月的航行后，他发现了火地岛与南美大陆间的一条连接大西洋与太平洋的海峡，这条海峡后来被冠以他的名字。穿越太平洋的过程旷日持久，饥饿和维生素C缺乏症令船员数量锐减。

1521年，麦哲伦抵达了马里亚纳群岛和菲律宾，他在与菲律宾原住民的冲突中受了致命伤。西班牙引航员塞巴斯蒂安·德尔·卡诺继任指挥，完成了探索航程。在穿越印度洋并绕过好望角后，他乘着仅剩的一艘船回来了。这次环球航行持续了将近三年。

在麦哲伦的探索之旅后，人们能够更加精准地绘制地球海洋与大陆分布图，也能更加精确地测算地球的形状和周长。

3. 15—18 世纪英国人、法国人与荷兰人的地理大发现

欧洲扩张运动由葡萄牙与西班牙发起，其他历史悠久的航海国家陆续参与其中。然而，它们的行动方式各有不同。热那亚和威尼斯虽然不缺航海技术，但它们更愿意在塞维利亚、里斯本和后来的安特卫普等新兴转运枢纽设立贸易办事处或进行商业投资。英国、荷兰和法国三国则在系统性探索和开发太平洋之前，就试图打破西班牙和葡萄牙的海上统治地位。

反对伊比利亚贸易垄断的斗争（15—17 世纪）

欧洲西北部的人民想要从两个方向探索通往中国的海上航线，其一是走旧大陆的东北海岸，其二是向西北方向。威尼斯人约翰·卡伯特和他的儿子受英国王室委托，开始探索西北方向的航道。然而，他们只在 1497 年到达了北美海岸，为英国占领了从北部的圣劳伦斯河到南部的哈德逊海口的地区。1553 年，理查德·钱塞勒在白海沿岸尝试寻找通往印度和中国的东北航道。1576 年至 1578 年间，马丁·弗罗比舍三度指挥寻找西北航道的探险活动，虽然未能找到航道，但他对绘制北极地区的地图作出了重要贡献。

在这一时期，弗朗西斯·德雷克袭击了葡萄牙商船，夺走了他们运载的香料货物；西班牙的大帆船也难逃他手，从南美运回的金银同样被洗劫一空。1577 年至 1580 年间，德雷克为寻找神秘的澳洲大陆，展开了第二次环球航行。在穿过大西洋并通过麦哲伦海峡后，他在太平洋上沿着南美洲和中美洲海岸向北航行，抵达了被他称为"新阿尔比恩"的地区，即如今的加利福尼亚。在这之后，他向亚洲方向行驶，取道好望角返回英国。

弗朗西斯·德雷克爵士（约 1543—1596）

德雷克是个声名远扬的掠夺者，他驾驶船只环游世界，成功战胜了西班牙人。1587 年，他在加的斯港摧毁了一支西班牙船队；1588 年，他向西班牙"无敌舰队"宣战。

1600年前后的伦敦港

16世纪末,伦敦港成了世界贸易的中心之一。英国的贸易公司相继成立,为大英帝国的形成奠定了基础。

1585年,约翰·戴维斯发现了连通格陵兰岛附近的巴芬湾与大西洋的海峡,以自己的名字命名。1586年—1590年,英国人卡文迪许完成了第三次环球航行。

法国也萌发了对探索之旅的兴趣。布列塔尼和诺曼底渔民很可能从14世纪起就去过加那利群岛,15世纪时他们也曾出现在几内亚海湾附近。1524年,为法国效力的佛罗伦萨人乔瓦尼·达·韦拉扎诺启程寻找西北航道,但他只到达了如今的北卡罗来纳地区,并在这之后沿着北美海岸航行至纽芬兰岛。另一位同样学识渊博的航海家雅克·卡蒂亚在1534年—1541年这段时间内也在寻找相同的航道。他抵达了新斯科舍半岛的布雷顿角,在圣劳伦斯河的安蒂科斯蒂岛登陆,并在探索海湾时发现了如今的加拿大的大部分地区。

在活跃的资产阶级的领导下,尼德兰联省共和国(亦称荷兰共和国)发展成为重要的海上强国、金融中心和文化中心。当时荷兰就有海军,还有装备精良、制造技术复杂的三桅帆船。荷兰船长大多掌握着最先进的航海技术,能看懂著名的荷兰制图学派制作的海图。一度叱咤风云的荷兰东印度公司和西印度公司分别成立于1602年和1621年,这两家公司逐渐控制了曾完全被西班牙和葡萄牙统治的土地,在那里进行各种货物交易。

自16世纪末起,荷兰也越来越重视海上探险。威廉·巴伦支驾驶船只穿行于北极海域,他的同胞科内利斯·德·豪特曼知晓了葡萄牙人一直保密的通往印度的航线,他一路航行至印度尼西亚,为荷兰开辟了通往远东的道路。1616年,荷兰人哈托格沿澳大利亚西海岸航行,而另一位重要的荷兰航海家阿贝尔·塔斯曼到达了新西兰、汤加、斐济及所罗门群岛,由此证明了澳大利亚不属于南极地区。从1620年左右开始,澳大利亚便吸引着荷兰探险家纷纷前来。

英国人亨利·哈德逊踏上了发现之旅,对西伯利亚海岸、北美海岸与后来以他的名字命名的哈德逊湾进行了一番探索。1600年,著名的英国东印度公司成立,它主要从事香料贸易,但同时也买卖其他东方货品。

卡蒂亚完成航行后,法国对利润高的加

一艘荷兰货船

图上的"大肚船"采用平直龙骨底板和向外弯曲的船侧板，专门用于运输货物。它在水线以下的船体比甲板更宽，因为港务费是根据甲板的宽度计算的。为此，荷兰船主想出了尽可能减小甲板宽度的造船方案。

拿大毛皮、渔业产品和木材尤为感兴趣。萨缪尔·德·尚普兰多次前往北美，与当地原住民建立联系。他探索了圣劳伦斯河和新英格兰海岸，建起了贸易站，并在1682年建立了魁北克，开启了加拿大的殖民化进程。1682年，他的同胞拉萨勒成为首位在密西西比河航行的欧洲人，并建立了路易斯安那殖民地。在加勒比地区，法国人占领了由西班牙发现的安的列斯群岛，其中包括瓜德罗普岛、马提尼克岛和海地岛。

在所有这些探索之旅中，海盗活动不容忽视。某些国家认为其中有利可图，默许甚至支持了这种行为。因为它的存在，船只装备得到了改进，整个海上交通也在不断重组。

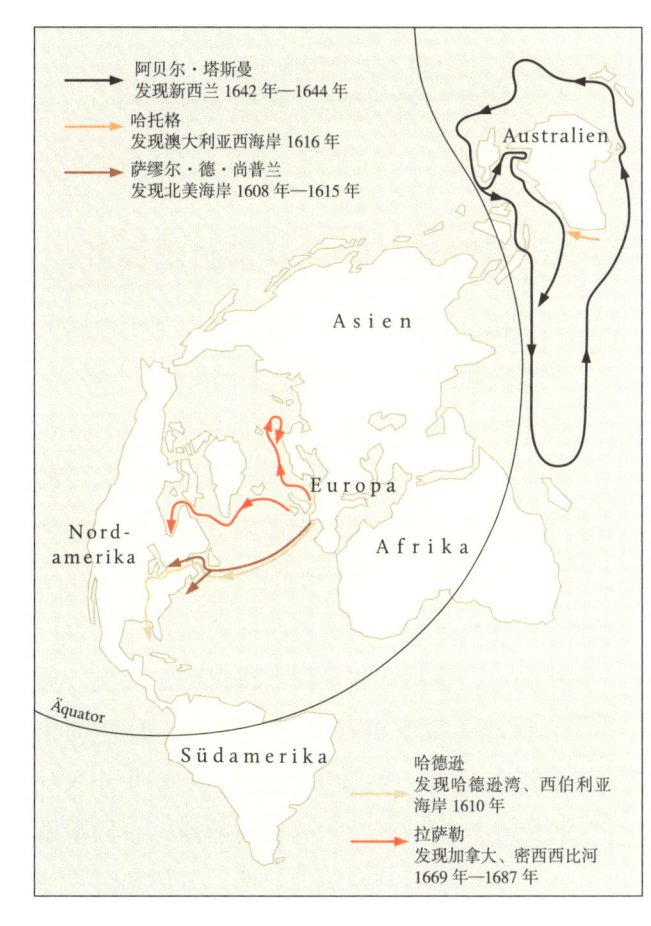

17世纪的地理大发现

阿贝尔·塔斯曼 发现新西兰 1642年—1644年
哈托格 发现澳大利亚西海岸 1616年
萨缪尔·德·尚普兰 发现北美海岸 1608年—1615年
哈德逊 发现哈德逊湾、西伯利亚海岸 1610年
拉萨勒 发现加拿大、密西西比河 1669年—1687年

魁北克

萨缪尔·德·尚普兰于1608年建立了魁北克。这座城市位于圣劳伦斯河口，常常受到英国的袭击。在1763年的《巴黎条约》签订后，魁北克最终归属英国。

18 世纪对太平洋的科学探索

在启蒙时代，欧洲人希望以基于经验的理性去理解宇宙，同时要求普及教育与教养。探索之旅逐渐脱离了最初纯粹的商业目的，科学考察的性质逐渐增强，船只成了漂浮的"实验室"。参加这类探索旅行的学者往往携带研究设备，科考活动主要在太平洋上进行。

导航技术的发展使船只的航行速度得以被测定，观察和测量仪器也得到了改进。英国物理学家罗伯特·胡克在这一时期提出了光波理论，约翰·哈德利也发明了八分仪——这便是光学六分仪的前身，它们帮助人们更精确地测量地理经度。方位象限仪使人们能够确认天体的位置，倾斜仪能够算出北极的方向，而船上的天文钟可以显示本初子午线的准确位置，人们因此能够在大海上准确地确定地理经度。

航行的过程仍然非常艰辛，但相较于第一批探索之旅，海员的生活条件大为改善。例如，人们在这时能够通过吃柠檬、芹菜等蔬果或喝啤酒来避免患上因缺乏维生素而引起的骇人的维生素 C 缺乏症。

杰出的丹麦航海家维图斯·白令在 1725 年—1741 年开展了两次探索，目的在于勘察俄罗斯的北海岸。他带着一批科学家从西伯利亚的鄂霍次克港出发，穿过了美洲与亚洲之间的海峡——这条海峡后来便以他的名字

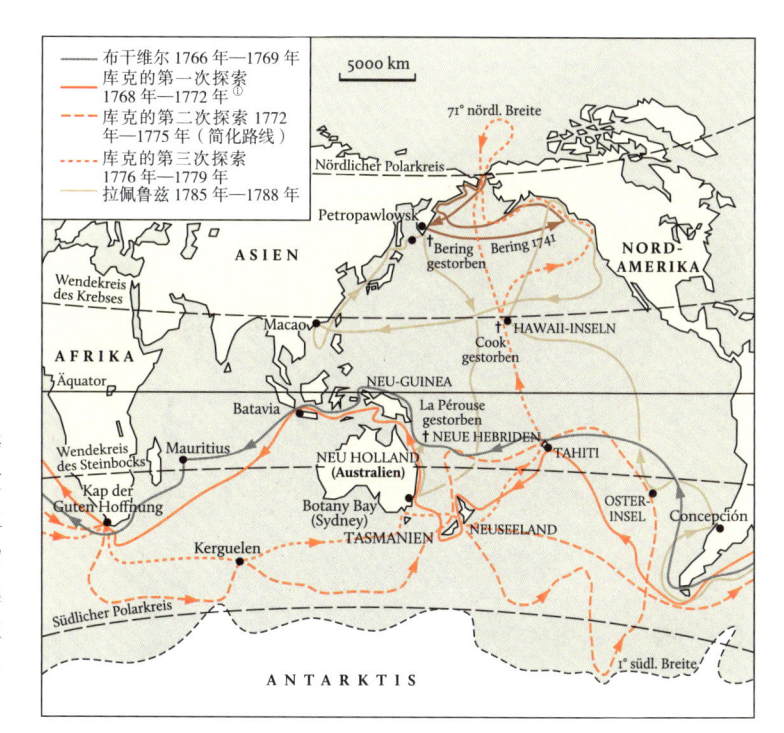

18 世纪的重要航程

鉴于布干维尔、库克、拉佩鲁兹等经验丰富的欧洲航海家领导完成重要的探索航程，人们很容易忽视太平洋岛国居民长期以来一直进行的海上航行。他们杰出的航海技能远超其技术手段。例如，波利尼西亚人早在欧洲人之前就在夏威夷群岛上定居。

命名，即白令海峡。在此过程中绘制出的太平洋海岸地图非常准确，然而该地图却长期被俄罗斯海军收藏在档案里。

英国人詹姆斯·库克试图前往所谓的"南方大陆"，据称这片大陆位于南回归线以南。他于 1768 年至 1775 年间进行了两次航行，曾到达新西兰和澳大利亚东海岸。他还发现了夏威夷群岛和南极圈，并将夏威夷群岛命名为"桑威奇群岛"。与他同行的科学家也取得了重大研究成果，尤其是在植物学领域。

库克的航行使得新西兰和澳大利亚东南海岸直到约克角的区域有了更准确的地图。最后一次探索期间，他在测试西北航道时穿过白令海峡到达了北极地区。海上厚厚的冰层阻止了他继续向前行驶，他不得不返回夏威夷，并计划在第二年夏天再次尝试到达那里。然而他的计划却永远无法实现——不久后他便遭到了原住民的谋杀。

路易斯·安托万·德·布干维尔也是 18 世纪杰出的探险家之一。1766 年至 1769 年间，他带着科学家完成了法国的首次环球航行。当时他受路易十五的委托，奉命探索亚洲和美洲西海岸之间的大洋，并寻找传说中的南方大陆。布干维尔穿过麦哲伦海峡到达太平洋，经过澳大利亚西海岸和北海岸，抵达马鲁古群岛。他还留下了一本环球旅行日记。

1785 年至 1788 年间，法国航海家拉佩鲁兹开展了与法国海军学院的众多科学家一

---

① 据《辞海》，库克第一次航行（1768—1771）从大西洋经南美合恩角入太平洋，对新西兰沿岸及澳大利亚东岸进行详测，证实新西兰并非假想的南大陆的一部分。

复活节岛石像

1786年,拉佩鲁兹登陆了复活节岛。即使在今天,复活节岛的巨型石像也给每个驻足观察的人留下了深刻的印象。这些雕塑胜过了南太平洋上所有的雕塑,是失落文明的独特见证。

起筹备的探索旅行。他在太平洋上穿梭,先后登陆智利、阿拉斯加地区、中国、墨西哥和澳大利亚。但是他的两艘装备精良的船只最终在新赫布里底群岛附近沉没,所有船员失踪,不过他的旅行日记却从西伯利亚的堪察加半岛被人带回了凡尔赛。

18世纪末左右,地理学取得了重大进展:除南极地区外,欧洲人掌握了地球的形状——它的两极略微扁平,并且大致上了解了大陆和海洋的分布情况。此时的内陆地区,尤其是非洲内陆,在这时仍然在很大程度上不为人知。直到19世纪,研究人员才着手去探索非洲。

4. 殖民帝国的形成

巴托洛梅·德·拉斯·卡萨斯（1484—1566）：印第安人的维护者[①]

1502 年，卡萨斯来到新大陆，被授予多明我会神父之职，并于 1544 年成为恰帕斯主教。他维护印第安人的权利，不赞成对他们进行非人道的奴役。卡萨斯被认为是人权的倡导人和先驱者之一。

参与地理大发现的国家建立了庞大的殖民帝国，但有些帝国并不稳固——因为欧洲相较殖民地而言人口稀少，而原住民人口众多，尤其是在中东和远东。

作为跨国家的宗教领袖，教皇致力于提升自己的国际影响力。1493 年，亚历山大六世颁布诏书《在其他之中》，划定了西班牙和葡萄牙的殖民扩张分界线。次年，经过细微的修正后，《托尔德西里亚斯条约》正式认可了这一决定。缔约双方都坚信自己在全球范围内的权力诉求不可侵犯。因此，他们将自身势力范围内的外国商人和航海家视作海盗。然而，法国国王弗朗索瓦一世以自然法质疑教皇的权威及其决定的法律依据。荷兰国际法学者胡果·格劳秀斯在 1608 年发表的《海洋自由论》中提到，根据自然法，公海不属于任何人，法律上不存在对交通和贸易自由的限制。这一理论否定了《闭海论》中海洋不应被所有人涉足的观点，这也正是葡萄牙和西班牙殖民帝国的思想基石。

伊比利亚半岛的教会与国家

西班牙和葡萄牙的殖民活动是由国家负责的，有时个人也发挥了重要作用。

在葡萄牙，航海家亨利王子在封建秩序之下为自己保留了对新发现的土地进行经济开发的权利。从 1474 年起，只有国家能够通过任命必要的官员来行使这一权利。葡萄牙

[①] 一说，巴托洛梅·德·拉斯·卡萨斯 1474 年生于塞维利亚。

16世纪欧洲经济的显著增长。民众对金、银、香料、谷物和奴隶的需求和国家利益的需要促进了这一增长。此外，殖民主义的动力也来自资产阶级与贵族间的竞争，资产阶级凭借海外贸易富裕起来，追求更大的政治影响力，贵族则维持甚至扩大其既有特权。

殖民与宗教密不可分。一方面，基督教的传播并不总是依照福音书中的和平戒律，对殖民地人民的传教往往是在使用暴力和不理解当地文化的情况下进行的。另一方面，天主教会及其传教士在教育、社会救济和文化交流方面发挥了重要作用，耶稣会士主张维护印第安人，这在欧洲的受教育人群中引起了巨大反响。

葡萄牙

葡萄牙依照古希腊人在地中海地区殖民时所用的方法，将发现的岛屿转化为大西洋上的定居型殖民地。马德拉岛和圣多美岛的农业主要由甘蔗种植业和制糖业组成，因为糖在欧洲市场上需求大且利润高。在非洲，葡萄牙人的活动或多或少局限于沿海地区。他们在几内亚湾和非洲东海岸的富庶地区建立了贸易站。在中东和远东，葡萄牙人与占据优势的阿拉伯人争夺贸易霸权。葡萄牙控制了通向红海和波斯湾的通道。葡萄牙人以国家的名义占领了马来半岛，控制了马鲁古群岛，并于16世纪上半叶到达了中国和日本的海岸。果阿（现印度的潘吉姆）成了葡萄牙人在东方重要的定居地，那里发展起了类似欧洲文艺复兴时期的城市生活，这座殖民城市中的庙宇、教堂与宫殿使人印象深刻。

16 世纪西班牙的征服行动

王室的最高代表是驻印度总督、驻远东总督以及驻巴西总督。进出海外领土的货物运输由里斯本的"印度之家"统一管理。国王派遣官员在那里监督海外产品的销售。

在西班牙，王室拥有对新发现土地的绝对权威，依据西班牙法律统治当地原住民。总督监督行政管理，拥有司法审判权。1503年，以印度之家为参考的"交易之家"成立了，该机构控制着西班牙与其海外领土间的所有贸易活动。

西班牙和葡萄牙的殖民活动伴随着15—

葡萄牙国王通过土地赠予将巴西分割成大片土地。法国和荷兰都想要统治这片广袤的土地。为了抵御他们的威胁，并为殖民地建立有效的行政管理，葡萄牙任命了一名总督，其官邸设在巴伊亚。巴西社会是在甘蔗种植业的基础上发展起来的，巴西成了世界最大的甘蔗生产国。这个行业需要大量从非洲强掳来的奴隶。

西班牙

西班牙凭借一支小规模但训练有素的军队和两种令印第安人恐惧的东西——大炮和骑兵，成功征服并统治了拉丁美洲的三大帝国。1519年，埃尔南·科尔特斯在几个印第安部落的支持下战胜了强大的阿兹特克帝国，并占领了帝国首都特诺奇蒂特兰（如今的墨西哥城）。这座城市拥有许多宫殿、庙宇和花园，居民总人口数约为10万。法兰西斯克·皮泽洛征服了拥有传奇宝藏的印加帝国及其首都库斯科。佩德罗·瓦尔迪维亚征服了智利，佩德罗·门多萨于1536年探索了拉普拉塔河地区，并建立了布宜诺斯艾利斯。西班牙征服者完全不了解他们遇到的这些古老的文明，认为当地的神像是异端，毫不留情地将其摧毁，还掠夺了原住民的黄金和珠宝。

美洲大陆上西班牙所属区域的殖民化过程分为几个阶段。西班牙开展的活动种类颇多，从开采金矿、银矿和宝石矿到建立种植园，从引进欧洲或非洲的动植物到引入欧洲的耕作方法。

西班牙在其领土上实行监护征赋制——王室试图通过分配土地和允许雇用原住民劳

西班牙征服者

1519年4月21日，西班牙征服者登陆了现今的韦拉克鲁斯的地界。对阿兹特克人而言，预言应验了，即神明克察尔科亚特尔在征服新土地后将带着披金盔甲的后代归来。

动力来吸引殖民者为其效力，但他们必须同时向这些原住民传播基督教信仰。此外，还存在着一类封闭的印第安人聚居地，即"归化区"，白人能够在必要时随时强迫其居民为自己工作。后来，来自非洲的奴隶取代了印第安原住民。通过这种剥削制度，西班牙不仅给欧洲带回了巨额财富，还在拉丁美洲创

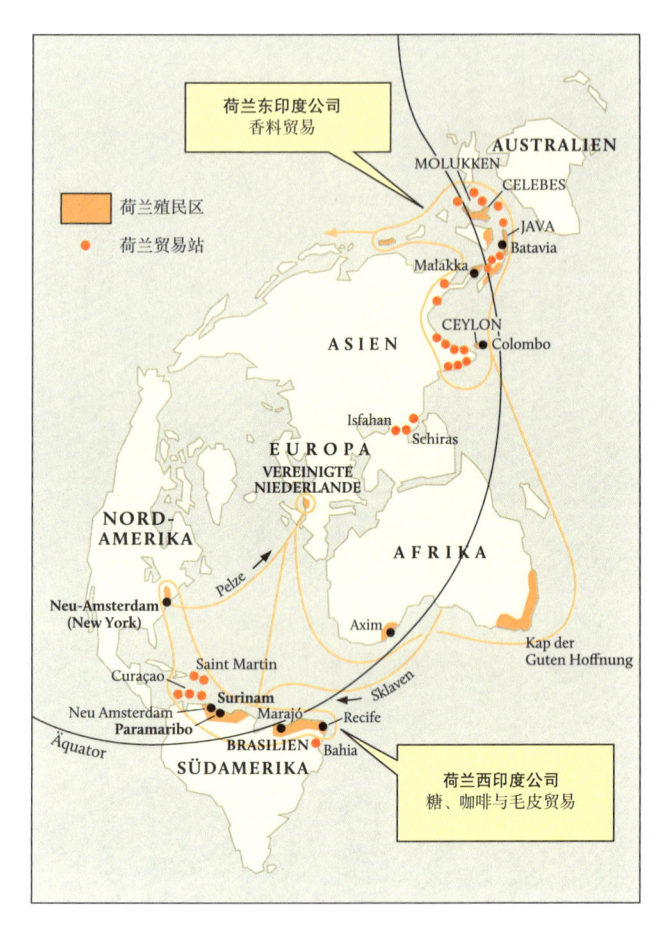

17世纪中叶的荷兰殖民帝国

造了新的西班牙语文化。

欧洲其他国家经济的重要性

在16世纪下半叶以及尤其在17世纪，一些欧洲国家由于资金充足、人口稠密，在欧洲的海外扩张行动中占据了重要地位。英国、法国和荷兰利用伊比利亚半岛经济结构上的弱点和自身政治优势，建立起了自己的殖民帝国。从重商主义的角度来看，殖民地是原材料或产品的供应商，这些产品被用于宗主国消费或售往别国。实行股份制的大型贸易公司以由国家组织的商人联合会的形式，控制了所有海外贸易，并为自己国家成为殖民帝国发挥了决定性的作用，如英国的东印度公司和荷兰的西印度公司。在法国，这些贸易公司也极具影响力，尽管法国王室通过补贴或其他形式的直接资助对商业运转进行了诸多干预。

这一时期，教会在海外的目标也有所改变，不再只注重对原住民传教。尽管如此，大型传教中心仍继续被建立起来。新法兰西（加拿大）的印第安人和因纽特人不仅信奉了基督教，还发展成为法国值得信赖的盟友。因为信仰相同，法国人将他们视为兄弟。

欧洲各个殖民帝国有着共同的特点——殖民地与宗主国间的关系尤其相似：殖民地都设有固定的贸易站，重要战略地区被占领，欧洲殖民者定居地及种植园被建立起来，奴隶常被用于农业，每个殖民地都直接归属王室，殖民地的司法权在很大程度上由宗主国掌握。

荷兰

荷兰的重商主义经济系统运转良好，荷兰公司在海外贸易中起到主导作用，这两点是荷兰殖民政策不可或缺的基础。爪哇岛上的巴达维亚定居点建立于1621年，它成了东方贸易的枢纽，波斯的地毯、印度的棉花、中国的瓷器、日本的铜和马鲁古群岛的香料都是这里常见的交易品。

荷兰在远东拥有广阔的殖民地。它在南美洲和中美洲东海岸的圭亚那和安的列斯群岛设有常驻贸易站。荷属安的列斯群岛的大部分殖民者定居在如今的委内瑞拉北海岸的库拉索岛上，其经济发展水平最为先进，在那里还出现了一个与西属美洲交易的走私点。荷兰在哈德逊河口建立了新阿姆斯特丹，即后来被英国统治的纽约。在非洲，荷兰控制了两个具有战略意义的地区——好望角和几内亚，好望角是往来大西洋与印度洋的船只的停靠点，而几内亚则是奴隶贸易的枢纽。

英国

在英国，海外领土的殖民由莫斯科公司（1555年）、皇家交易所（1568年）、英国东印度公司（1600年）和弗吉尼亚公司（1606年）等大型贸易公司和组织控制，英国王室只负责授予贸易权、签发证书文件和发布基本方针。移民受到了鼓励，未来的殖民者应定居在英属殖民地，尤其是新大陆。1587年，尽管沃尔特·雷利在北美洲建立了一个定居型殖民地，并为纪念女王伊丽莎白一世将其命名为"弗吉尼亚"，但北美地区在17世纪才开始殖民地化。欧洲殖民区域逐渐向西扩展，这样的土地征服还要持续200年。

1620年，英国移民乘坐"五月花号"前往北美洲东海岸并在那里定居。这些移民大多是清教徒，他们因宗教原因遭到迫害。宗教动乱、三十年战争、克伦威尔时期的变革和英国革命都导致了移民潮的产生，此外，还有一些罪犯被流放海外。所有这些引发了从欧洲到北美的大规模移民潮，这促使新的定居型殖民地建立。这些殖民地主要分布在气候温和的地区，而种植型殖民地主要分布在热带地区。大型甘蔗、水稻和棉花种植园需要一大批劳动力来维持运转，这促使了奴隶制的盛行。

清教徒

约100名清教徒由于信仰受到迫害，乘坐"五月花号"离开英国，并于1620年11月21日登陆如今的"新英格兰"的地界。

在印度洋上，英国人在西印度的马拉巴尔海岸和东印度的科罗曼德海岸设立了贸易站，他们占领了马德拉斯和孟加拉，后来还深入了恒河河谷。英国东印度公司保障了英国在亚洲的优势地位，趁着老牌殖民帝国走向衰落，逐步蚕食了其势力范围。

法国

16世纪，雅克·卡蒂亚开启了法国殖民化的序幕，但直到17世纪初，萨缪尔·德·尚普兰才在后来的加拿大的地界建立了新法兰西。黎塞留试图将法国移民留在这个荒无人烟的贫瘠地区，为此创立了百联公司，并赋

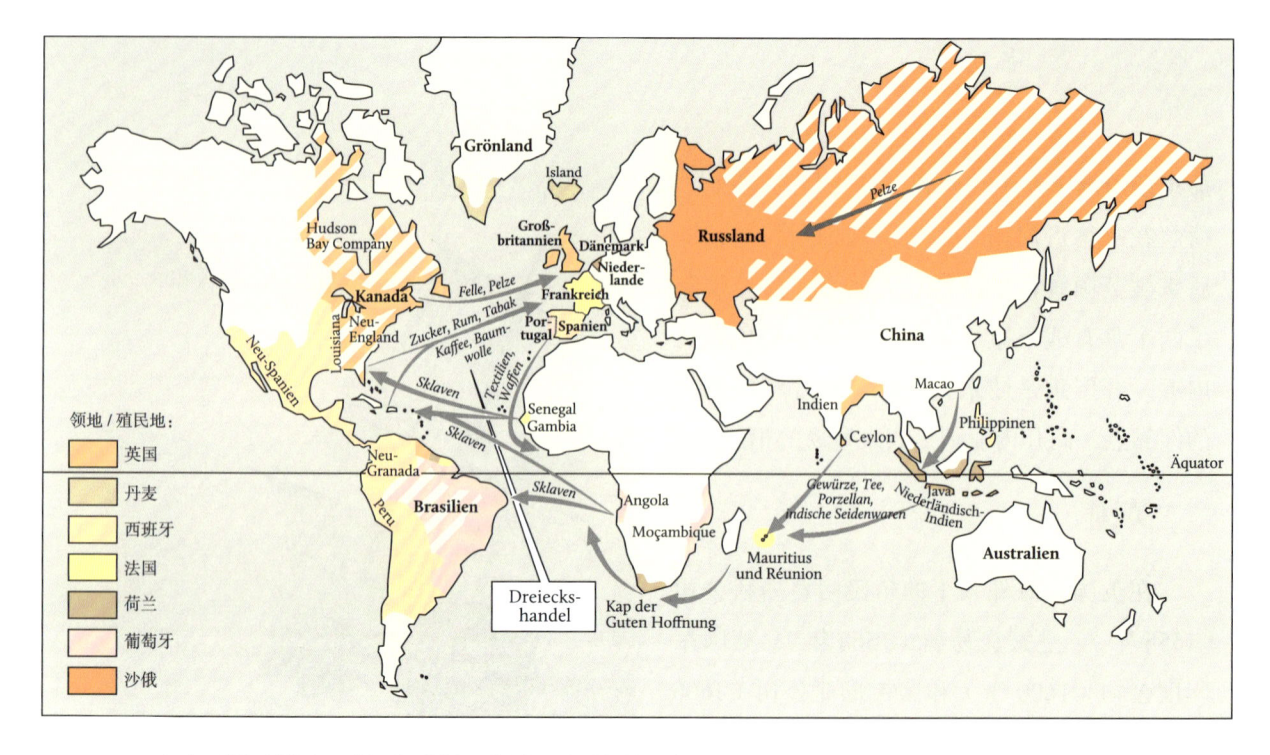

1750 年之后的欧洲殖民帝国与欧洲、非洲及美洲间的三角贸易

予其有利可图的毛皮贸易的垄断权。到了科尔伯特的时代，法国殖民运动的规模达到了新的高度。波罗的海贸易公司、黎凡特公司、塞内加尔公司、法国西印度公司和法国东印度公司等一系列贸易公司诞生了。自 17 世纪下半叶起，法国在海外贸易强国中位列第三。

法国殖民地是依照宗主国的行政制度进行管理的，封建主义制度也在海外盛行。法国人定居在海地、马提尼克岛和瓜德罗普岛，并在那里与宗主国进行贸易，从事与西属领地间的走私生意以及买卖奴隶。他们在路易斯安那种植甘蔗、烟草和用于制作染料的特定经济作物。

印度东海岸的朋迪榭里虽然成了重要的贸易中心，但于 1761 年陷入英国的统治之下。法国在非洲的影响通过摩洛哥扩展到撒哈拉以南非洲，那里建立起了塞内加尔的圣路易殖民地和马达加斯加的多凡堡殖民地。

在 17 世纪英国和荷兰的竞争之后，英国和法国也为夺取全球霸权起了争端，英国致力于维护自己的殖民帝国，而法国深受旧大陆冲突的影响。英法两国在新大陆的殖民地爆发了战争，其影响蔓延至亚洲、非洲和欧洲本身。这两个敌对的强国陷入了七年战争，其他欧洲国家也参与其中。依照 1763 年签订的《巴黎条约》，法国将加拿大、塞内加尔、密西西比河与北美五大湖之间的大片领土以及其在印度的大部分领地转让给英国，英国于是成了世界上最强大的殖民帝国。

扩张的渴望和探索的喜悦并不仅是航海国家的专属。在伊凡四世统治期间，哥萨克首领叶尔马克·齐莫菲叶维奇于 1579 年至 1581 年间征服了西西伯利亚。当人们航行在鄂霍次克海（位于太平洋西北地区）时，广袤大陆的轮廓变得更加清晰。然而，西伯利亚直到 19 世纪才真正得到开发。

5. 全球经济关系

贸易路线转移

世界范围内的经济重心转移为自由企业的发展注入了新的活力。由于16世纪上半叶海外贸易显著增长，最重要的经济中心从地中海沿岸转移到大西洋沿岸。这时，海外贸易集中在里斯本和塞维利亚的港口，这两座城市向安特卫普市场供货，安特卫普市场再向大规模跨国贸易公司供货。在安特卫普，主要商品有非洲的香料、黄金，南美的白银以及欧洲制造商的产品，这些商品供西班牙及葡萄牙属地与海外市场进行交易。

在1500年至1620年间，欧洲的物价平均上涨了3~4倍。价格暴涨的原因有两方

塞维利亚的城市景观

作为大西洋与地中海海路上的枢纽，塞维利亚发展成为西班牙王国最重要的贸易中心之一。这里是哥伦布和阿美利哥·维斯普西探索之旅的起点。

奴隶贸易

"乌木买卖"（黑奴贸易）为欧洲商人和一些非洲统治者带来了财富，却令无数部落遭受灭顶之灾。在十年内，约有 5 万名几内亚原住民被当成奴隶运往西班牙在美洲的殖民地。

面：一方面，贸易不断发展，海外贵金属的涌入使得货币流通量剧增；另一方面，对农产品的需求增加，而这种需求却无法得到满足。与此同时，人民的生活水平提高了，中欧的工商业也得到了发展。企业家获得的利润与收入的增加促进了投资的扩大，从而为经济增长创造了基础。黄金和白银虽然促进了国际贸易的扩张，但也诱使很多欧洲人陷入过度消费，过着入不敷出的生活。鉴于对资金的需求量增加，当时欧洲最重要的金融中心安特卫普的银行便以高利率发放债券和提供信贷业务。

16世纪是一个"黄金时代"，对西班牙而言更是如此，因为大量黄金和白银从南美矿区涌入西班牙。然而，它在17世纪错过了跃升为经济大国的机会。西班牙工商业现代化所需的投资不足，资产阶级更愿意投资土地，而贵族则将金钱挥霍在纯粹的物质享受上。因此，西班牙的贵金属成了欧洲其他国家（如法国、英国、荷兰）的资本来源，为这些国家的经济繁荣作出了贡献。阿姆斯特丹及其周边地区更是一度繁华无匹，在经济、技术和文化方面充满了乐观主义。这也使得17世纪的普遍经济衰退期不易被察觉，西班牙和葡萄牙的情况则更为严重。

因为欧洲的糖消费量不断上升，国际经济关系的基础便以糖贸易为主，同样重要的还有纺织品贸易。当时，欧洲、非洲和美洲间的三角贸易的轮廓越来越清晰：欧洲的货物被运往非洲交换美洲种植园所需的奴隶，奴隶又被运往美洲交换糖、烟草和棉花，而船只满载这些货物再驶回欧洲。非洲原住民的自然资源被肆意掠夺。

在18世纪，伦敦在世界贸易中占据领先地位。英国经济有了根本性的变化，与本国殖民地的经济关系被放在了首位。由于这类殖民贸易，法国和英国的对外贸易额在1700年至1770年间增长了两倍。

越来越多的贵金属被运往欧洲——比如西属南美的白银和葡属巴西的黄金。三角贸易的强度也不断增加。美洲种植园需要越来越多的奴隶，引发的社会问题和人道主义问题持续增加，最终奴隶贸易本身受到了根本性的质疑。这样的世界经济促成了欧洲的霸主地位，并决定性地促进了国家的发展和资产阶级的崛起。同时，依托土地的贵族和欧洲农业经济走向衰落。

农业领域的变化和创新

欧洲的海外扩张也导致了农业的重大变化。殖民地成了新技术的试验田，经济作物和经济动物在各个大陆间来回运输，这对缓解饥荒和增加欧洲人口作出了决定性的贡献。经济作物主要有美洲产的玉米和土豆。菜豆、番茄和南瓜丰富了食物种类，进口商品还有可可、香草、咖啡、茶和香料。欧洲人根本性地改变了美洲的农业，他们引进了马、羊、牛、谷物、葡萄、橄榄树、甘蔗、咖啡、水稻和许多其他种类的动植物。在非洲，欧洲人种植了小麦、木薯、豆类、百香果、红薯、水稻和茶叶。他们还在中国推广原产于美洲的植物，如花生和玉米。玉米是营养价值高的重要主食，玉米的种植与消费是16世纪以来人口增长的原因之一。

6. 文化的碰撞

里斯本的贝伦塔

贝伦塔（1500？）是葡萄牙黄金时代最令人印象深刻的见证之一。这座装饰奢华的晚期哥特式建筑面朝大海，带有南美神庙的建筑元素。

欧洲文化与其殖民地文化的碰撞并不总是以被殖民者的灭亡告终的，有时双方会产生试探性的文化交流，这有助于暂缓殖民地文化的消亡。传教士、殖民者、殖民地官员和商人促进了欧洲文化的传播，这使得一些欧洲语言具有全球范围内的普及性。传教士尤其促进了语言的传播，例如，他们学习当地语言，还出版当地语言的语法书和词典。

科学和技术

欧洲人在许多领域拥有技术优势，并在原住民中传播欧洲技术，这导致原住民的工具被淘汰，而欧洲人则认识到了海外知识的价值并加以利用。瓦斯科·达·伽马在穿过阿拉伯海前往卡利卡特的航行中，得到了一位来自古吉拉特邦的阿拉伯裔引航员的建议，如果没有阿拉伯人、马来人、印度人和其他具备当地航行经验的海员的支持，他不可能这么迅速地到达中国广州。原住民拥有独特的导航技术，如果没有与这些原住民合作，许多探索之旅根本无法实现。这也促进了科学的继续发展——在航海中取得的天文学、数学、植物学和医学领域的丰富知识成果，以及对奴隶制和殖民化态度的彻底转变，在欧洲产生了革命性的影响。在欧洲医学界，有关亚洲和美洲原住民使用药用植物的书籍广为流传。而哥白尼和伽利略的理论由北京的耶稣会传教士翻译为中文出版，再传播到日本，其过程颇为曲折。

艺术

欧洲的与非欧洲的艺术风格融合在一起。欧洲人在殖民地建造了包含文艺复兴、晚期文艺复兴、巴洛克和新巴洛克等风格的教堂、要塞和宫殿。尽管这些建筑从根本上反映了欧洲的艺术理念，但仍有一些本土元素被融入其中。在拉丁美洲和远东，建筑物常常采用殖民地巴洛克风格，这类建筑的规模和奢华装饰象征着殖民统治者的权力。作为对此的回应，18世纪的北美洲发展起了所谓的乔治亚风格，其特点是设计简洁。

基督教传教士向他们庇护的对象展示了欧洲的绘画（如木版画、铜版画）和雕塑，指导本土艺术家的创作，为"旧大陆"艺术技巧和艺术品位的传播发挥了重要作用。因此，非洲、亚洲和美洲的艺术作品中对欧洲元素的借鉴颇为明显。反之，欧洲制造的瓷器和家具采用的丰富主题中也出现了远东艺术创作的元素，中式亭台和花园也出现在欧洲大地上。

新题材的出现丰富了欧洲文学。旅行者记录了遥远国度和其居民的习俗。例如，英国人威廉·丹皮尔于1697年写下了《环球旅行》。他周游了各大洋，并找到了被遗弃在一座岛上四年之久的亚历山大·赛尔科克（1676—1721）。赛尔科克的岛上生活是丹尼尔·笛福的著名小说《鲁宾孙漂流记》的灵感来源，该小说如今被翻译成多种语言出版。法国人路易斯·安托万·德·布干维尔将其身为探险家的经历与科学教育结合，也写下了一部有趣的游记——《环球纪行》。在维也纳，自然奇观学院成立了，该学院出版了众多以探索之旅为主题的书籍，以及自然科学家和学者的著作。记录探索之旅的航海日记也是这些航行和文化碰撞的宝贵见证。葡萄牙诗人路易斯·德·卡蒙斯于1572年创作的《卢济塔尼亚人之歌》体现了欧洲文化和东方体验的相互交融，被认为是欧洲殖民时期最重要的史诗。

历史意义

欧洲人在探索之旅中的扩张运动是人类历史上最重大的事件之一。这场运动伴随着进步与挫折，它引发了民族冲突，并导致了过度暴力，几乎毁灭整个种族的情况并不罕见。为了全世界的进步和所有大陆及不同文化的人民间的和平共处，欧洲的扩张运动只有在道德上、强权政治上和战略上失败了之后，才被重新阐释。冒险家、探索者、传教士和商人中的少数人可能真的认为扩张运动的目的是在全世界传播欧洲的价值观，即平等、自由和人的尊严，但这主要是欧洲殖民国家的刻意美化而已。

加勒比海地区的荷兰建筑（左）
这些房屋主人的收入来源是奴隶贸易，该贸易的主要枢纽是安的列斯群岛。

巴西的巴洛克风格（中）
巴西的历史始于黄金和钻石热，这反映在了巴洛克式别墅与奢华浮夸的教堂上。

安第斯山脉的库斯科大教堂（右）
"库斯科"的字面意思是"世界的肚脐"。这座印加帝国的首都发展成了新发现的南美洲大陆上的一个重要中心。

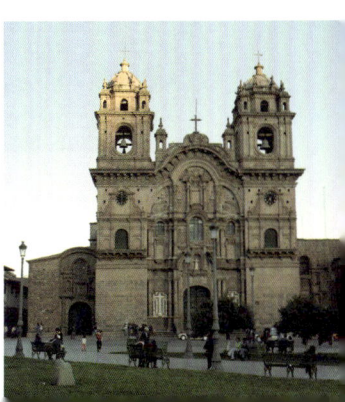

亚伯拉罕·奥特柳斯（1527—1598）绘制的世界地图（1570）

奥特柳斯于1570年在安特卫普出版了他绘制的地图册——《世界概貌》，这被认为是第一部现代地图集，在商业上大获成功。到1612年为止，它被以7种语言印制成42个版本，在整个欧洲销售。据称，奥特

柳斯曾与制图师墨卡托合作，第一次提出了各大陆曾是一个超大陆的假设，这是大陆漂移说和板块构造学说的首例书面记录。

Chapter 7

宗教改革与绝对君主制

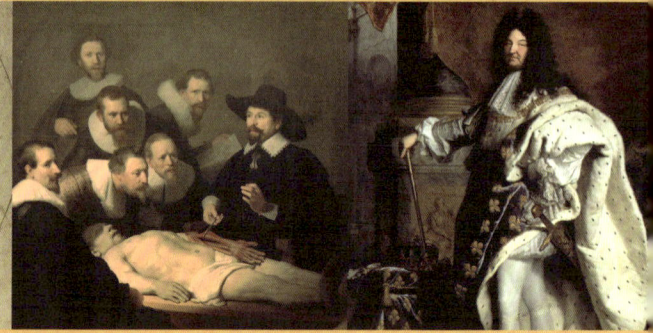

| 1500年 | 1550年 | 1600年 | 1650年 | 1700年 |

- 1517年 马丁·路德发布《九十五条论纲》，反对教会销售赎罪券
- 1519年 查理五世当选为神圣罗马帝国皇帝，路德与罗马天主教决裂
- 1523年 瑞士接受茨温利的宗教改革
- 1529年 查理五世于维也纳击退了奥斯曼帝国的入侵
- 1531年 德意志新教诸侯组成了"施马卡尔登同盟"
- 1534年 亨利八世成为英格兰最高宗教领袖，使英国国教脱离罗马教会
- 1545年 特伦托会议召开
- 1555年 《奥格斯堡宗教和约》签订
- 1566年 荷兰人民发动起义，反抗西班牙国王腓力二世的统治
- 1571年 神圣同盟于勒潘托海战击败奥斯曼帝国海军
- 1572年 圣巴托罗缪之夜
- 1598年 《南特敕令》颁布
- 1618年 三十年战争开始
- 《威斯特发里亚和约》签订，三十年战争结束 1648年
- 英格兰国王查理一世被斩首，奥利弗·克伦威尔出任英吉利共和国之护国公 1649年
- 法国与西班牙签订《比利牛斯条约》 1659年
- 法国枢机兼首席大臣马萨林逝世，路易十四独揽大权 1661年
- 废除《南特敕令》 1685年
- 英国议会颁布《权利法案》 1689年
- 《雷斯威克条约》签订 1697年
- 西班牙国王卡洛斯二世死后无嗣，引发西班牙王位继承战争 1700年

米开朗琪罗《最后的审判》

放弃均衡比例而去追求动态和戏剧效果,预示了文艺复兴与古典艺术的分离。

文艺复兴运动于16世纪走向巅峰。得益于美洲的大规模金银供应,欧洲经济发展良好,这也推动了精神和艺术领域的巨大变革。

人文主义者将人置于所有思考的中心。他们坚信,对于当时的社会环境,他们有进行批判的自由。1517年,马丁·路德于德国发起了宗教改革,这一变革也最终导致了西方教会的分裂。16世纪下半叶,长期的宗教战争将欧洲多个国家卷入了"三十年战争"。想要理解当时高度紧张的局势,我们一方面要考虑到以加尔文为首的激进宗教改革者带来的影响,另一方面还得了解天主教在召开特伦托会议后对宗教改革进行的回击。

不管是学者们思想上发生的巨大转变,还是宗教、社会及政治因素引起的争论和战争,都使得绝对君主制(也可称为"君主专制"或"绝对王权")应运而生,法兰西国王路易十四便是最佳代表。然而,当时的荷兰与英国却摆脱了君主专制的掌控。得益于海外贸易,两国成了新的经济中心。随着《权利法案》在伦敦颁布,英国议会于1689年使宪法高于王权的主张成为现实。

17世纪的人口衰退、连续饥荒及多次战争与瘟疫,使社会矛盾激化。但这一时期也不乏科学上的进步和艺术领域的蓬勃发展,例如巴洛克风格就打破了文艺复兴时期的和谐定律。西班牙和英国见证了其"黄金时代",而法国也迎来了"伟大世纪"。

1. 文艺复兴运动：欧洲师从意大利

金融业的繁荣

随着经济的发展，货币逐渐成为欧洲市场上交易与支付的主要工具。由于有许多不同的货币在市场流通，货币兑换也就成了一门有利可图的生意。

早期资本主义

15世纪下半叶，欧洲缓慢地从上个世纪的经济低迷中恢复过来。这一发展始于德意志与尼德兰地区，拉开了德意志与尼德兰文艺复兴运动的序幕；随着文艺复兴的展开，资本主义的早期商业模式也诞生了。

摆脱了黑死病威胁的欧洲，人口在1500年至1600年的一百年间从7000万增长到了1亿。虽然这一时期人们主要还居住在乡间，城市的重要性却愈发凸显。16世纪初期，部分城市如巴黎和伦敦的居民数已超过20万。16世纪中后期，城市人口的增速已高于人口的平均增速。另一推动经济发展的重要因素则是贵族与富裕市民阶层对奢侈品的需求的增长。纺织业进入巨大变革期，产于弗拉芒的布料不得不与意大利的丝绸、布列塔尼和德意志的亚麻制品展开竞争。

采矿业也在不断发展，尤其是在英格兰和中欧地区。随着炼铁工艺的进步，人们对木炭的使用也有了新的认识。不过，欧洲的经济增长主要与殖民地的扩张密切相关。起初，资本来自商人的财富和蒂罗尔、波希米亚、匈牙利等地的银矿开采。后来，西班牙和葡萄牙的航海家在海外发现了新大陆，这才使早期资本主义得以萌芽。大量的贵金属涌入欧洲，加速了欧洲市场的货币流通。从1530年起，一艘艘货轮满载来自墨西哥和秘鲁的白银抵达欧洲，同时也带来了史无前例的物价攀升。

从此，贸易路线也发生了变化。旧时的商业中心，如北海沿岸、阿尔卑斯山区和罗讷河谷，虽然依旧进行着贸易往来，但是已远不及作为新晋贸易枢纽的大西洋沿岸港口城市重要。因此，作为新商路的目的港，塞维利亚和里斯本成为第一批获益的城市，安特卫普则晋升为欧洲的金融中心。就这样，

宗教改革与绝对君主制　245

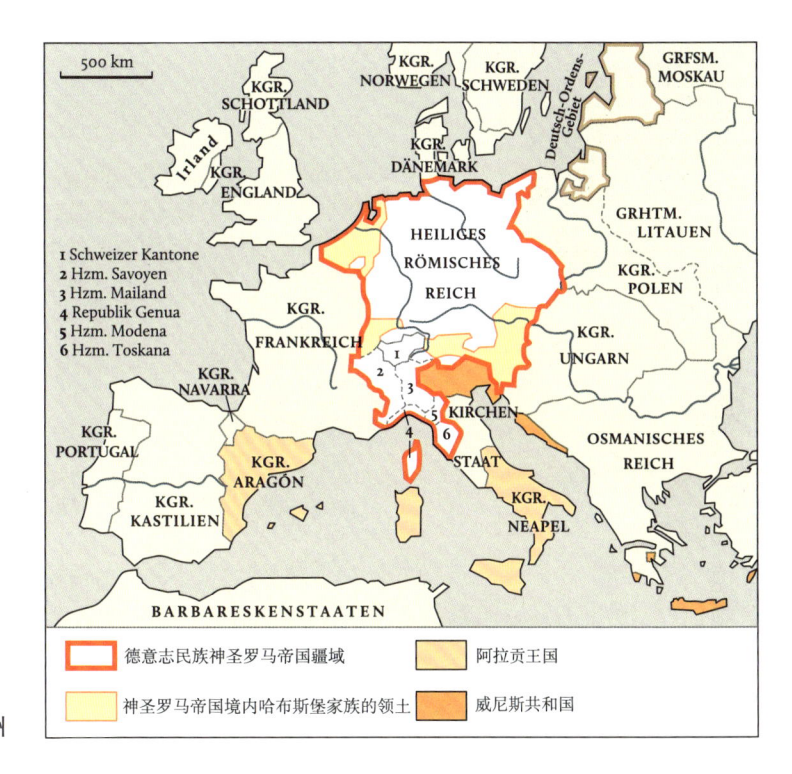

15 世纪末的欧洲

欧洲经济进入了"大西洋时期"。

经商人之手流通的大量资金，为欧洲银行体系的建立提供了有利条件。同时，野心勃勃的各大商家开始在欧洲各地的首府设立分店。那些规模较大的信贷机构也就此细化了转账服务，并扩展了交易范围。早期资本主义已拥有了数种有效的金融工具，如复式簿记和可转换债券；汇票的使用也越来越普遍。

资本交易的兴起大体上与现代国家的诞生并行。银行家如奥格斯堡的富格尔家族向君王们提供贷款，而君王们则能通过关税、国家垄断政策等贸易保护措施越来越多地干预本国经济发展。

查理五世与欧洲

意大利虽富裕但政治上却处于分裂状态，因此成了法国与西班牙垂涎的对象。这两大欧洲强国对意大利的多次进犯，使亚平宁半岛 150 年来都处于动荡不安之中。

1494 年至 1512 年是冲突的第一阶段，起因在于中世纪时安茹－西西里王朝和阿拉贡王朝间的敌对，不过斗争的结果并不如法国所愿。西班牙继续拥有那不勒斯王国的宗主权，法国必须从意大利撤军。1515 年，法国国王弗朗索瓦一世在马里尼亚诺战役大捷后，占领了该城及米兰周边地区。然而好景不长，神圣罗马帝国皇帝查理五世不久后便发兵，威胁到法国的所有边境地区。

1500 年于根特出生的哈布斯堡家族成员查理五世，从母亲"疯女"胡安娜和父亲"美男子"腓力一世那里继承了一个幅员辽阔的帝国。作为一名出生且受教于勃艮第的王

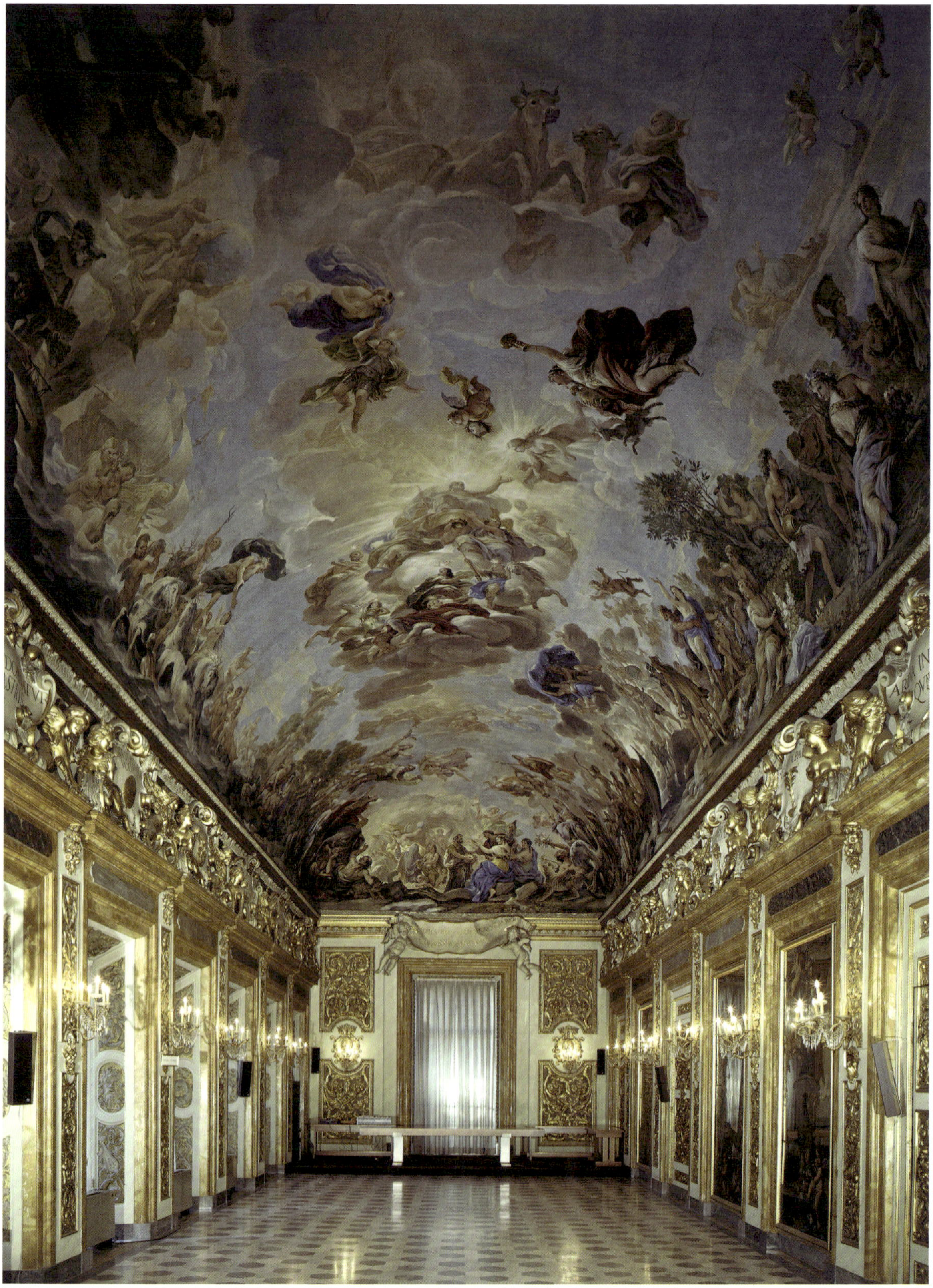

16 世纪的威尼斯港口
16 世纪出现了前所未有的奢靡风气，尤以威尼斯共和国为甚。

商人的财富（左页）
富裕的大财主及银行家——如科西莫·德·美第奇——有资助艺术家创作的风气，催生了 15 世纪以降的艺术繁荣。图为美第奇-里卡迪宫的内景。

子，他继承了父亲的勃艮第自由伯国、勃艮第属尼德兰以及奥地利大公国，后者也成了他日后当选为神圣罗马帝国皇帝的决定性因素。他还从母亲手中接过了西班牙的卡斯蒂利亚王国和阿拉贡王国，还有非洲和意大利（西西里、那不勒斯和撒丁岛）的领地，以及在美洲的大片殖民地，而美洲的殖民地随后在他的统治下还将继续扩张。虽然他的统治中心在勃艮第属尼德兰，但为他的宏伟蓝图的实现提供资金支持的却是卡斯蒂利亚王国和海外的殖民地。

当时的欧洲正面临奥斯曼土耳其帝国的巨大威胁，查理五世坚信自己是基督教诸侯和睦团结的捍卫者，义无反顾地投身于反抗土耳其人入侵的斗争中。他的理念也得到了人文主义者的支持，因为人文主义者追求的正是欧洲精神领域的统一。精神统一的前提正是捍卫基督教，这一原则也使得查理五世的政策及其本人的重要性上升到了全欧洲的高度。之后他也在各个公开场合高调地阐述过他的政治目标，例如在 1521 年的沃尔姆斯议会。7 年之后，在即将得到教皇克雷芒七世加冕之际，他在西班牙枢密院再次重申自己的政治主张。1536 年当着教皇保禄三世的面，

弗朗索瓦一世和查理五世

16世纪上半期,神圣罗马帝国皇帝查理五世和法国国王弗朗索瓦一世互为强敌,图为两军同时进入巴黎。

他又发表著名言论称基督教诸侯应共同承担维护和平的义务,团结一致对抗土耳其人的入侵。他追求的并不是建立一个但丁笔下的"万能君主"的统治王朝,而是一个能维护基督教世界秩序的帝国。

然而,随后的新世纪推崇个人主义思想,与这样的统一世界秩序观念背道而驰,且更受欢迎,于是新教和民族国家兴起。查理五世的规划面临三重阻碍:法国的长期反对、德意志诸侯对独立的追求和土耳其的威胁。

长期的敌对关系也使弗朗索瓦一世坚定了建立现代的法兰西民族国家的信念,摆脱四面受敌的现状。第一次战争于1521年在边境地区爆发。1525年,弗朗索瓦一世的军队于帕维亚被击败。弗朗索瓦一世本人则被囚禁,被迫签订《马德里条约》,交出米兰公国和勃艮第公国所有权。

法国的战败却带来了一系列的结盟上的变动。意大利诸国在教皇克雷芒七世的带领下选择支持法国。在接下来的战争里,罗马被神圣罗马帝国军队洗劫(即"罗马之劫",1527),随后法国和西班牙签订《康布雷协议》(1529),承认西班牙哈布斯堡王朝在意大利的霸主地位,而勃艮第则归属法兰西。

即使是接下来发生的两场战争也无法撼动这一新达成的平衡关系。尽管会给西方基督教世界带来危险,弗朗索瓦一世还是向土耳其人的苏丹苏莱曼大帝(1520—1566)寻求支援,此外,他发兵占领了萨伏依公国,一个地处阿尔卑斯山边界的重要战略地区。

查理五世追求基督教在欧洲的大一统,也是对眼前最大威胁的回应。1453年君士坦丁堡沦陷，土耳其人借此快速攻入东欧。奥斯曼帝国疆域已扩张到色雷斯、保加利亚、塞尔维亚、希腊和阿尔巴尼亚，势力范围覆盖小亚细亚、地中海东部、埃及和北非。苏莱曼于 1521 年拿下贝尔格莱德，五年后又在莫哈奇之役战胜匈牙利军队。如此一来，奥斯曼军队在神圣罗马帝国的防御前线打出了一个突破口，得以继续向维也纳挺进，对帝国构成了直接威胁。在地中海区域，奥斯曼军队更是联合北非的穆斯林，以抗击西班牙。

查理五世于 1529 年在维也纳击退土耳其人时，也成功抑制了奥斯曼帝国向西的扩张。在地中海区域，查理五世虽攻下了突尼斯，却不得不止步于阿尔及尔城门口。在神圣同盟于 1571 年取得勒潘托海战的胜利之前，奥斯曼帝国始终是其 16 世纪无法摆脱的威胁。

土耳其人围攻维也纳

苏莱曼大帝希望征服欧洲，于是在 1529 年包围了维也纳。查理五世的军队虽挡住了土耳其人的入侵，但在 1536 年苏莱曼一世与弗朗索瓦一世却结为同盟。这对神圣罗马帝国而言构成了巨大威胁。

文艺复兴全盛时期

16 世纪早期，罗马赶超佛罗伦萨，成为意大利的艺术中心。为了响应教皇儒略二世

查理五世的帝国疆域以及来自奥斯曼帝国的威胁

拉斐尔《雅典学院》

画中所示的是古希腊的科学家和哲学家们正聚集在古典建筑前交流思想。集会里最引人注目的是位于画面正中的柏拉图和亚里士多德,手持地球仪的托勒玫出现在画面的右边,正在画图的阿基米德位于画面左侧。这幅画展现了文艺复兴时期人们通过思辨探求真理的火热景象。

和利奥十世发出的复兴辉煌时代的号召,众多艺术家移居罗马。

圣彼得大教堂是罗马的代表性建筑物。儒略二世将修筑教堂一事委托给了建筑大师伯拉孟特,此人正是罗马建筑的推崇者。他将这座天主教堂的设计草案视为罗马古典艺术向基督教艺术过渡的象征。1546 年,米开朗琪罗接任建筑指导,其作品也将 16 世纪的雕像艺术推向巅峰。米开朗琪罗 1475 年生于佛罗伦萨,后向美第奇府上居住的艺术家们学艺,逐渐显现出了艺术天赋。他为圣彼得大教堂创作了雕塑《圣殇》,后又为佛罗伦萨献上大卫像。在教皇儒略二世的委托下,他完成了西斯廷教堂的穹顶画《创世纪》。

不过,要论对罗马古典主义的继承,没有谁能比得过拉斐尔。他的画作展现了形体的圆满以及比例的和谐。1508 年起他为梵蒂冈工作,以画作装饰教堂。从这些教堂画中也能看出米开朗琪罗对他的影响。

罗马惨遭洗劫之后,威尼斯成为意大利的新晋艺术中心。那里的贵族常常为艺术家提供庇护和帮助。正是在威尼斯,建筑大师安德烈亚·帕拉弟奥发表了《建筑四书》,其影响力经久不衰。他修建的别墅通常有着一

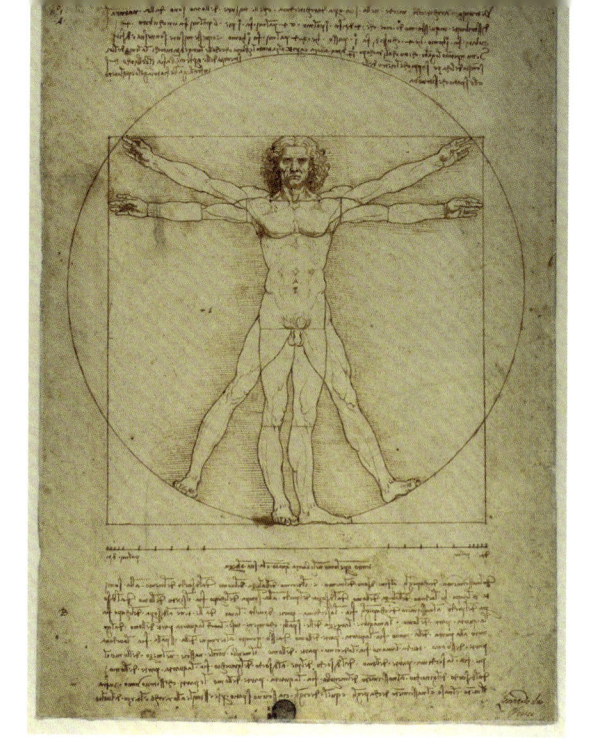

列奥纳多·达·芬奇《维特鲁威人》

这是达·芬奇的科学研究性画作,展示了人体的理想比例。他当时或许是想借此研究解剖学。

圣彼得大教堂

从1506年至1624年,有多位建筑师参与该教堂的建设。直径42米、高123米的穹顶由米开朗琪罗设计、贾科莫·德拉·波尔塔负责施工。卡洛·马尔代诺承担了教堂前正立面的设计与修建,他的手笔颇有今后巴洛克风格的特色。教堂的宗座圣殿则是文艺复兴时期建筑的杰出代表之一。[1]

排排气派的石柱和精美的三角墙,这种风格也影响了后来的英式建筑。在绘画领域,威尼斯同样为后世留下了宝贵艺术遗产。威尼斯画派注重光影与色彩,主要描绘肖像与风景。威尼斯绘画大师提香的作品里最常出现的是神话里的场景,他的人体绘画艺术堪称完美。保罗·委罗内塞擅长矫饰主义绘画,画面中常出现大量人物,风格壮观奢华。丁托列托十分仰慕米开朗琪罗,也把握住了当时的潮流风尚,常用明暗对比来加强其画作的戏剧效果。

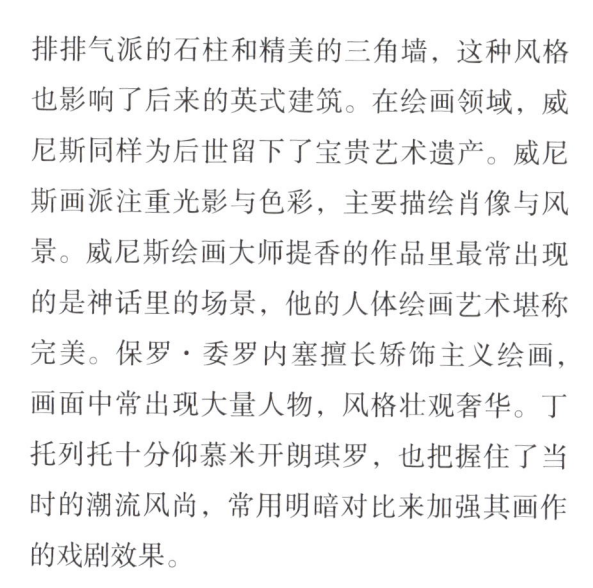

15世纪下半叶起,意大利绘画的不同流派也开始影响着法国艺术的走向。查理八世和路易十二的宫廷艺术家的作品已初显文艺复兴精神,虽然整体上还是以传统的哥特式风格为主。布卢瓦城堡和香波尔城堡就是将时兴的意式艺术元素和对法国艺术家而言意义重大的传统模式融为一体。1520年后,随着弗兰西斯科·普列马提乔和罗索·菲奥伦蒂诺开始为法兰西王室效力,意式风格在法国流行开来。弗朗索瓦一世甚至委托二人装饰他最爱的行宫——枫丹白露宫。

在尼德兰地区,第一批文艺复兴风格的建筑要数安特卫普和莱顿的市政厅,尽管如此,哥特式风格仍占主流。例如这一时期最伟大的画家之一,以展现乡村景象闻名的彼得·勃鲁盖尔就一直坚守尼德兰绘画传统。

在德意志地区,文艺复兴风格一开始也同样不太受关注。罗马天主教的分裂更是延

---

[1] 《辞海》,圣彼得大教堂,建于1506—1626年,穹顶直径约42米,顶高为138米。

提香《酒神的狂欢》

提香将画作中纵情狂饮的背景安排在了安德里亚岛,据说那里有一股能冒出醇美葡萄酒的泉水,岛上的居民长期处于一种醉生梦死的美妙感受之中。

缓了文艺复兴在德意志地区的展开。从阿尔布雷希特·丢勒的作品中虽能明显辨认出意大利的影响,但他仍是慢慢回归传统。卢卡斯·克拉纳赫为后世留下了宗教改革领导人物的肖像。小汉斯·贺尔拜因甚至收到了来自英国国王亨利八世的工作邀请,开创了双人肖像画的先河,也以此给肖像画创作提供了更多可能性,后来安东尼·范戴克创作的肖像画更是堪称完美。

文艺复兴运动抵达英国的道路更为漫长曲折,那里主要是受德意志和弗拉芒画家如小汉斯·贺尔拜因或安东尼斯·莫尔的影响。英式建筑依旧忠于晚期哥特式风格,虽然随后的建筑明显受到了意大利建筑大师帕拉迪奥的影响。

西班牙艺术家于16世纪伊始受到了意大利的影响,创作了一系列重要建筑作品,如圣马科斯教堂以及萨拉曼卡大学的正立面。不过,第一个严格按照古典建筑规则诞生的建筑作品则是腓力二世下令修建的埃斯科里亚尔修道院。在绘画方面,来自克里特的多明尼克·狄奥托可普利——他通常被称为埃尔·格列柯(在西班牙语中意为"希腊人"),成了西班牙绘画的代表人物。他将拜占庭艺术传统与西班牙神秘主义结合起来,善于运用他在威尼斯学到的矫饰主义的绚丽色彩。

中世纪时,欧洲学者毫无批判性地承袭了前人的学说,对自然现象的实践研究十分

香波尔城堡

建于1519年至1538年，原属于法兰西国王弗朗索瓦一世，是卢瓦尔河谷最大的城堡。图中展示的是城堡朝向西北的主立面。

《欧贵兹伯爵的葬礼》

埃尔·格列柯是16世纪最著名的群像画作家之一。他的这幅作品展示了当时西班牙阴暗的信仰桎梏——宗教与生活交织，神圣与世俗一体。

有限，直到15世纪时这种状况才有所改观。虽然古希腊罗马的典籍还在不断地被译成各种语言——人们还在向阿基米德学习物理，向托勒玫学习地理，向希波克拉底学习医学，但人文主义者的求知欲和批判精神让他们开始自主研究自然现象。古典学说的绝对权威越来越受到个人经验的挑战，现代实验性科学就此诞生。达·芬奇就曾解释道，未经个人检验而直接引用古代学说，只是在"回忆"，而不是在理解真理。

在既是天才画家又是杰出科学家的达·芬奇看来，光是从经验出发还不够，还得与数理紧密联系。与此同时，西班牙和葡萄牙的地理大发现也使许多新事物进入了人们的视野。

来自弗拉芒的安德雷亚斯·维萨里，曾就读于鲁汶大学和巴黎大学，23岁时便成为帕多瓦大学的教授，他为解剖学贡献了许多新见解。他的理论全部基于尸体解剖实验，因此长期饱受争议，其本人最后也被异端裁判所判处朝圣流刑。通过运用维萨里的理论，西班牙医师米格尔·塞尔韦特成了第一位描述肺循环的学者。

尼古拉·哥白尼则颠覆了人们长期以来对宇宙的认识。哥白尼生于波兰，先后就读于克拉科夫大学和意大利博洛尼亚大学，在弗龙堡（波兰）居住期间，完成了《天体运行论》。他否定了托勒玫的地心说，认为地球和其他行星是围绕着恒星太阳运行的。不过，哥白尼生前不敢将他的研究成果公之于众，直到1543年临终前，其作品才在纽伦堡发表。

文艺复兴时期的政治学则深受两位杰出的人文主义思想家的影响：意大利人尼科洛·马基雅维利和英国人托马斯·莫尔。这两人提出的国家理念与政治道德观正好相反。马基雅维利在他献给佛罗伦萨大公洛伦佐·德·美第奇的著作《君主论》（1513）

里，讲到如何行使政治权力，主张"政治无道德"的权术思想。在他看来，权力只属于那些懂得操纵它的人。君主需要的"品德"，是既有天赋又懂计谋，必须看清现实，要铲除所有政治道路上的阻碍；一方面懂得用恐惧支配民众，一方面懂得用其决策的成功以及对国家利益的维护使其行为合理化。

三年后，也就是1516年，伊拉斯谟的英国学生托马斯·莫尔构想出了一座名为"乌托邦"的岛屿，岛上的居民不需要财产与金钱，自然也没有战争。他所描述的国家，没有任何物质上的匮乏，人人宽容大度，也不会有宗教纷争。

16世纪末，法国人让·博丹为绝对君主制奠定了思想基础。他在国家政治学著作《共和国六论》中，提出了主权理论和最高权力论。他认为国家主权高于任何法律，若没有主权，一个国家将不复存在，更无法维系其统一。

尼古拉·哥白尼的日心说模型

太阳作为恒星位于宇宙的中心，地球围绕着太阳运行，就像月亮围绕着地球；而群星只是由于地球的自转看起来像是在移动罢了。

2. 信仰分裂

> **鹿特丹的伊拉斯谟批判教皇的世俗强权**
>
> 1524年，正值天主教与新教陷入纷争之际，这位荷兰人文主义思想家伊拉斯谟（1466—1536）完成了论文《论自由意志》。他性格沉稳、博学多识，毕生致力于融合古典学识与福音学说。
>
> 福音书中所说的"我们抛下所有追随您（耶稣基督）"指的可不是教皇国的雕梁画栋、繁华城市、税收收入、港口关税以及审判权。可是所有人都对此趋之若鹜，愿为其抛洒热血；使徒般地保护教会，勇猛地向敌人出击⋯⋯

教皇利奥十世（1475—1521）
利奥十世是洛伦佐·德·美第奇的儿子，于1513年至1521年任教皇。同前任教皇儒略二世一样，他也无法就宗教领域的革新思想作出令人信服的回应。

1517年，马丁·路德引发了一场宗教运动，就此终结了天主教在欧洲的统一局面。

15世纪的欧洲人饱受饥荒、战乱和瘟疫的折磨。对死亡与罪恶的恐惧促使人产生了一种宗教狂热情绪，一种迷信般的虔诚。人们将遗物崇拜与对耶稣基督、圣母玛利亚以及各路圣人的崇拜联系起来。富人通过"赎罪券"寻求庇护，他们向教会慷慨布施，对方便承诺宽恕其罪过。为了掩饰自己信仰上的知识漏洞，信众往往使用祈祷书。因此，这时期的"虔诚"更私人，且带着几丝神秘主义的色彩，托马斯·肯培的作品《师主篇》的成功便是一项有力的证明。然而面对这些异变，教会并未采取有效回应。相反，西方教会大分裂（1378—1417）震惊了世人，给

卢卡斯·克拉纳赫创作的肖像画《马丁·路德》和《腓力·墨兰顿》

1521年颁布的《沃尔姆斯诏书》欲将马丁·路德（1483—1546）逐出神圣罗马帝国，因此路德便创建了属于自己的新教会。他将圣经译成德语，为现代德语的发展作出了重大贡献。腓力·墨兰顿（1497—1560）被誉为"德国的老师"，是另一位欧洲宗教改革的驱动者。

不同思想的发展提供了有利条件，其代表人物有英国的约翰·威克里夫，以及捷克的扬·胡斯。

除了普遍的信仰危机，信众还对罗马教廷的奢侈铺张作风感到不满。只要是教皇的亲友，就算没有神学教育或任职背景，也可以晋升到高级教阶，有时候甚至能花钱买到神职。神父们常常罔顾教区的职责，也不再为教徒提供心灵上的抚慰。

为了消除弊端，人文主义者要求改革教会，也相应地提出了更为深刻的基督教信仰的新形式。鹿特丹的伊拉斯谟主张将宗教行为内在化，即人与上帝间的坦诚对话，宽容对待宗教问题。他希望基督教能更人性化，礼拜时使用通俗化语言，以便信众能更好地理解上帝发出的谕示。法国人勒菲弗·戴塔普勒也提出过相似的建议。在德意志，一些高阶神职人员试图抑制那些打着神学家尼古劳斯·冯·库斯的名号要求改革的苗头。不过在意大利，推崇礼拜革新的司铎祈祷会倒是没遇到什么阻力。在西班牙，许多有改革意向的神学家都依附于希梅内斯主教。

然而，所有这些为改革作出的努力，都随着第五次拉特朗公会议的召开化为乌有。会议由儒略二世于1512年宣布召开，利奥十世作为后继主持。保守与畏惧最终成为会议的主基调，会上否定了所有本来颇具前景的改革方案。会议于1517年结束，也正是在这一年，马丁·路德对罗马天主教进行了公开批判。

路德的宗教改革

多方面的因素刚好让德意志成为反抗天

主教的绝佳地域：
- 虽然查理五世已得到德意志的选帝侯推举，但他必须时刻留意对方野心勃勃的举动，还要想办法打压那些发展迅速的城市，这反过来却削弱了他的权威性；
- 以帝国骑士乌尔里希·冯·胡滕为首的德意志人文主义者号召全德团结一致，对抗教皇及罗马教会的影响力；
- 富有的修道院及生活奢靡的主教们圈地聚财，招致贵族、市民和农民的强烈不满。

正是在这种情形下，马丁·路德迈出了与天主教决裂的关键一步。路德是矿工之子，先是在埃尔福特大学修习了法学，后加入了圣奥古斯丁修道会。1512年，路德作为神学博士，在维滕贝格大学获得了教授职位。

来自灵魂深处的质疑使他意识到，人只有通过真正的信仰才能在上帝面前得称为义，不管行多少善，罪过是不可能被抵消的，善举也不是永恒安乐的保障。

而赎罪券之争则加剧了路德与天主教的分歧。教皇利奥十世决定通过兜售赎罪券为修建圣彼得大教堂集资，教会向购买了赎罪券的信徒做出承诺，其死后要遭受的罪罚将被减轻。

1517年10月31日，路德公布了他用拉丁语写就的《九十五条论纲》——有个极具传奇性的说法称他还将其张贴在了维滕贝格的诸圣堂大门上。路德在论纲里否定了赎罪券的效力，并且痛斥兜售赎罪券的行为是无耻之举。其论点得到了许多贵族和人文主义者的支持。

由于拒绝服从教皇要求他撤回相关言论的命令，路德于1520年被开除教籍。作为报复，他也公开焚毁了宗教诏书。1521年，路德受查理五世之邀参加沃尔姆斯会议，但仍选择忠于其信念，会后他得到了萨克森的选帝侯"智者"腓特烈的庇护。

通过和其他神学家的大量辩论，路德的改革信念变得愈发坚定。1530年，他的学生腓力·墨兰顿对其学说进行了系统整理，并

神圣罗马皇帝查理五世（1500—1558）

查理五世没能阻止路德学说在德意志的扩散，接踵而至的不只是宗教分裂，还有政治上的分歧，因为信奉新教的诸侯已不甘心受到帝国皇帝的操控。

在奥斯堡会议上重申。核心思想如下：

- 因信称义；
- 圣经是上帝启示的唯一来源，信奉者可对其进行个人解读；
- 只有洗礼和圣餐是值得保留的圣礼；
- 废除对圣母玛利亚及众圣人的崇拜；
- 炼狱并不存在；
- 修士不必独身禁欲；
- 修道院不应制定规章制度。

德意志的宗教动乱

1522年，即将失去特权及经济保障的帝国骑士们打着新教的旗号，想趁机占领特里尔教区的领地。地区间的和平状态由此被弗朗茨·冯·西金根率领的帝国骑士打破，次年，多位选帝侯合力组建联合军，将帝国骑士击败。此外，追求基督徒人人平等的农民在1524年至1525年期间揭竿而起反抗地主的剥削，掀起了一阵腥风血雨。路德谴责了农民起义，退于贵族庇护之下。1525年，农民起义被贵族势力镇压。

选帝侯也想通过支持宗教改革获利，他们和路德其实属于利益共同体。许多侯国转向新教，以便共同反抗帝国皇帝，并伺机吞并其领地内天主教教堂的财产。路德本人也支持宗教与世俗权威的联合。萨克森选侯和黑森大公反应迅速，成为改信新教的榜样，随后，条顿骑士团的大团长，也就是勃兰登堡–安斯巴赫的阿尔布雷希特，不顾帝国皇帝和教皇的反对，将教皇名下的骑士团领地世俗化，创建了普鲁士公国。

1526年，查理五世在斯派尔召开帝国议

路德宗

对于路德宗的信徒而言，《圣经》是信仰的唯一参考，圣礼也只有洗礼和圣餐两项。新教的扩张范围主要集中在德意志北部及中部，获得地方统治者的支持至关重要，例如位于画面中间的萨克森选侯。路德位于画面左侧，画面右侧是腓力·墨兰顿，他是路德最忠实的战友，也是路德宗的组织者。

会，试图在会上达成新的共识，即信奉路德宗的诸侯国可以在其领地内自由信奉新教，但不可在其领地之外地区进行任何与新教相关的活动及宣传。然而，当时在帝国议会拥有席位和投票权的支持新教的选帝侯和自由市代表却否决了这一提议，并于1531年共同组建了"施马卡尔登同盟"。与法兰西之间的战争也使查理五世无暇应对新教阵营的发展壮大。

随后，查理五世不顾1544年签订的《克雷皮和约》，向路德宗诸侯开战，并于1547年在米尔贝格取得胜利。新教联盟当时还和法兰西国王亨利二世达成协议，以梅茨、图勒和凡尔登三城换取法方的援助。查理五世后来在因斯布鲁克遭到新教军队的突袭，只得仓皇而逃。

1555年，疲于打宗教战争的帝国皇帝查理五世通过了《奥格斯堡宗教和约》，并为了维护其子腓力和其弟斐迪南而退位。该和约提出了"教随君定"的原则，诸侯国可自由选择信仰，臣民必须追随君王的信仰。和约有60年的有效期，德意志诸侯终于成功令帝国皇帝遂了他们的意愿。

茨温利的学说

与德国宗教改革同时期的还有瑞士的宗教改革。身为牧师的乌尔里希·茨温利（1484—1531）是富有学识的人文主义者，他仰慕柏拉图和伊拉斯谟，认为人人都可理解圣经，反对教会独断的解读。他否认圣餐里基督肉身的存在，同时坚信只有上帝的仁慈才能带来救赎。他于1518年开始在苏黎世传教，并获得了市民阶层和大人物的拥戴。1523年，苏黎世的市政厅通过了他提出的改革方案，巴塞尔和伯尔尼也实施了改革。然而，信仰纷争也激化了瑞士各州间已有的对立。以卢塞恩为首的五个信仰天主教的州组成了"基督教联盟"，并于1531年在卡珀尔战争战胜了"新教联盟"，茨温利不幸在此战中身亡。

乌尔里希·茨温利（1484—1531）
茨温利在苏黎世传教，他的宗教改革思想得到了当地的大力支持。

加尔文主义

16世纪中期，以严苛著称的加尔文主义也深刻影响了宗教改革的进程。法国人约翰·加尔文（1509—1564）在接受了路德的学说后，不得不背井离乡，四处漂泊多年，他从斯特拉斯堡走到巴塞尔再到弗莱堡，在那里他遇到了伊拉斯谟。1536年，受宗教改革支持者威廉·法雷尔之邀，加尔文最终在日内瓦定居。在那里，他用拉丁文发表了代表作《基督教原理》。

和路德不同，加尔文的思想更加冷静理性，他主张：

- 作为信仰唯一来源的圣经必须受到高度重视；

- 洗礼和圣餐是仅有的圣礼，耶稣基督的真身于圣餐时临在只是一种修辞性的说法；
- 礼拜仅由布道、祈祷及唱诗组成。

受路德启发而提出的"预选说"是加尔文主义的中心思想。加尔文同样赞成"因信称义"，不过灵魂的救赎只依上帝的不可预测的意志而定，"他让一部分人获得永远的救赎，而其余的人只能坠入地狱"。然而，预选说主张的"既定的命运"常常被后世曲解为"天选之子必定成功"。

加尔文派不设教阶，神父由信众选举产生。在加尔文任职前，日内瓦的教会就已和市政厅关系密切。两方都视自己为上帝的代表，负责执行上帝的意愿。

加尔文的教会制度给日内瓦带来了"加尔文派的罗马"的美誉。该市由牧师团管理，在牧师团的协助下，加尔文得以实施其严苛的教会制度。所有的世俗享受及娱乐消遣都是罪恶的行为，必须被禁止，此外教会还制定了严格的道德条例。不管是天主教徒还是新教徒，任何违背或反抗制度的人都会被处罚。西班牙医生米格尔·塞尔维特就因此于1553年被绑在火刑架上烧死。

日内瓦学院为教士们提供的系统培训，使加尔文主义不仅在瑞士和英格兰快速传播开来，在意大利和西班牙也渐渐出现了具有影响力的加尔文派团体。法国和尼德兰地区则出现了因加尔文主义的传播而引发的宗教战争。在苏格兰，加尔文派改革家约翰·诺克斯创办的长老会甚至废黜了女王玛丽一世。在匈牙利、波希米亚和波兰，加尔文派也赢

约翰·加尔文的预选说

加尔文在日内瓦大力推行新的教会制度，作为市级牧师团的主席，他也一直严格且坚定地执行所有的规章制度。

我们这里要说的，都是圣经之言：上帝在他永恒不变的预言里早已选定他将拯救的人，其余的人他将任其堕落。从那些天选之人身上我们可以看出，上帝的预选基于其无条件的恩典，跟这个人的祈祷与行善毫无关系。而其余的人将因他们所犯的罪获得永恒的诅咒，堕入地狱！天选之人的外在迹象其一在乎天命，其二在乎成就。

得了许多追随者。

支持加尔文的大多是市民，此外还有一些觊觎天主教财产的贵族。加尔文派提倡发展贸易、追求利益，因此也促进了资本主义的发展。

英国的宗教改革

在英国，宗教改革则是由国王发起的。由于第一任王后"阿拉贡的凯瑟琳"没有诞下男性继承人，亨利八世（1509—1547年在位）要求教皇宣布该段婚姻作废，为迎娶安妮·博林做准备。罗马教廷拒绝了这一请求，因此亨利八世宣布与罗马天主教决裂，虽然他早先也撰文抨击过路德。后来信奉新教的大主教托马斯·克兰麦宣布亨利八世与凯瑟

亨利八世（1491—1547）

由于教皇不同意亨利八世与第一任王后"阿拉贡的凯瑟琳"离婚，亨利八世便宣布跟圣座决裂，并于1534年自任英国国教的最高领袖。他随后陆续又有了五段婚姻，其中两位妻子还被他判了死刑。

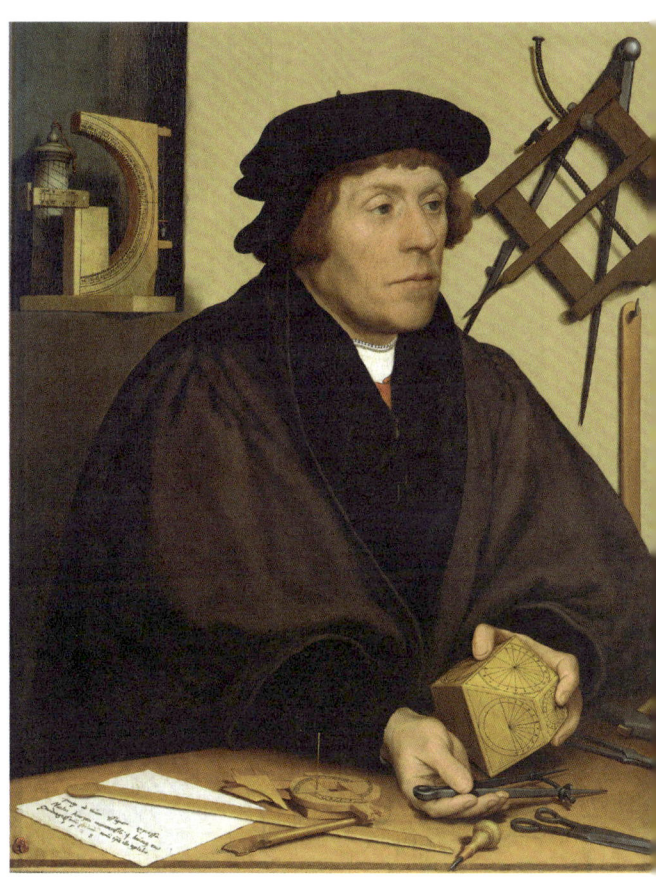

托马斯·莫尔（1478—1535）

托马斯·莫尔曾就读于牛津大学，师从伊拉斯谟。亨利八世任命莫尔为大法官，后来又以叛国罪将其处死——因为莫尔拒绝参与亨利八世的宗教改革。

琳的婚姻无效，基于1534年颁布的《至尊法案》，议会赋予亨利八世建立英国国教的权力，其本人则成为国教的最高领袖。

不管是以托马斯·莫尔为首的天主教反抗势力还是新教徒，都遭到了强力镇压。修道院被解散，财产被查封并分发给了支持新国教的贵族和市民。尽管如此，亨利八世并未摒弃天主教的信仰原则。他认可的仍是旧有的信仰学说，否认新学说的"因信称义"，并且相信善行的力量。在其子爱德华六世的统治下，加尔文主义才在英国传播开来。

然而，随后亨利八世和"阿拉贡的凯瑟琳"的女儿玛丽·都铎登上了王位，她于1554年与西班牙的腓力二世结为夫妻，在位期间大举复辟天主教。不过，玛丽一世的统治也并不长久。

作为亨利八世和安妮·博林的女儿，伊丽莎白一世接替玛丽一世，统治英国直到

英国女王伊丽莎白一世（1533—1603）

伊丽莎白一世既不依仗加尔文派的势力，因为她对主教们的权威存有戒心；也不亲近天主教势力，毕竟对这些人而言，她一直都是亨利八世的私生女。然而，她领导下的英国国教实际上却以加尔文主义为指导思想，礼拜仪式则仍保留天主教的传统。

1603年，在位期间她不仅恢复了英国国教，还使其合法化。由加尔文派于1563年起草的《三十九条信纲》则规范了英国的教会日常，确定洗礼和圣餐为仅存的两项圣礼。不过，天主教的教阶和礼拜仪式被保留下来。亨利八世在宗教改革时没收了大量教会财产，部分贵族和市民从中获利，他们也成了巩固伊丽莎白一世统治的中坚力量。

英国国教不仅遭到了天主教徒的反对，英国的清教徒以及苏格兰的新教徒也拒绝承认伊丽莎白一世王位的合法性，并且要求简化礼拜仪式。英国统治当局一开始放纵了清教徒的反抗，随后便对其进行迫害及关押。部分清教徒移居到了荷兰联合王国，还有一部分则逃往了美洲（1620）。在斯图亚特王朝的两任君主统治期间，清教徒依旧坚定地反抗王权。后来，他们积极参与克伦威尔发起的清教革命，并且支持随后由其建立的共和国（1649—1660）。不过，在此之后斯图亚特王朝复辟，又恢复了英国国教。

3. 反宗教改革和天主教的革新运动

面对新教徒的挑战，天主教一方面否认新教学说，另一方面，在 1545 年至 1563 年举行的特伦托会议期间对自己的教义进行革新。

特伦托会议

早在新教运动的萌芽时期，就已有零星呼吁召开大公会的声音。马丁·路德也曾在 1518 年呼吁召开"反对陈腐教皇"大会，这既符合教会传统，也响应了天主教人文主义者如伊拉斯谟、路易斯·维维斯以及教皇哈德良六世等人的号召。1524 年，皇帝查理五世也开始认为天主教会必须改革。然而，教皇哈德良六世的继任者们由于担心改革将限制其权力，故意一再搁置此事。1542 年，红衣主教卡拉法在几乎所有的天主教国家中重新开设罗马宗教裁判所，统一由圣部管辖，

特伦托会议（1545—1563）
在查理五世的强烈要求下，第十九届天主教大公会议由教皇保禄三世主持，会议目的是反击宗教改革。

宗教裁判所

教皇保禄四世认为，开设宗教裁判所是对抗宗教改革的必要手段。他授权宗教裁判所惩戒所有的异教徒，哪怕仅有初步嫌疑也要"严惩不贷"。这幅早期巴洛克油画描绘了焚毁异教书籍的场景。

以镇压异教徒。一年后，禁书目录委员会成立，该委员会负责检查所有书籍，凡是违背天主教教义的作品一概被列入禁书目录，不得出版发行。直到最后教会改革变得迫在眉睫、无可避免之时，教皇保禄三世才决定前往特伦托召开大公会。会议选址是经过仔细考量的——这里地处蒂罗尔以南，是意大利境内的神圣罗马帝国自由城市。虽然大公会的每场会议都在开诚布公的氛围中展开，新教徒还是拒绝参与其中。

大公会的决议奠定了现代天主教的基础。受到新教质疑的教义反而被天主教特意强化——圣经与教会圣传指向神的启示，应当被视为信仰的试金石；为使灵魂得救，除了信仰，个人还必须有慈悲之心；新教的预选说及"信仰得救"应被否定；七项圣礼作为天主教教义的根基应被保留。

大公会的决议还包括：圣餐由耶稣的身体及血组成；拉丁文写就的"武加大本"为圣经权威版本；会议确认教阶和教皇的绝对权威；教士应坚守禁欲主义，不得敛财；祷告和福音解读必须在主教的监控下进行；主教和教士只能在其所属的重新规划过的教区或堂区居住；精挑细选出的神职人员将在教区接受培训。

耶稣会

在教皇提出的意在巩固天主教的章程下，一些以对抗新教为宗旨的新的宗教团体成立了。在圣十字若望和亚维拉的圣女大德兰的带领下，一股强调人与上帝的直接精神联结的宗教思潮在西班牙出现了。由西班牙贵族依纳爵·罗耀拉在巴黎建立的"耶稣会"成了公教灵修回潮的标志。

耶稣会于1534年8月15日在蒙马特尔的一座小教堂里成立,依纳爵·罗耀拉和六位同道一同来到此地,立下了结盟誓言。随后他们前往罗马,耶稣会于1540年在那里获得了教皇保禄三世的认可。除了传统的三项发愿——神贫、守贞和顺从,耶稣会还表示要绝对服从教皇,希望成为天主教会的有力臂膀,而教皇则是该会的庇护者。

耶稣会纪律严明,严格的新教士见习和进行系统研习是入会的前提。基于其严密的组织性,耶稣会逐渐发展成为教皇手中最重要的反宗教改革利器。没过多久,耶稣会就已在世界各地建起了办事处。1556年创办人逝世时,隶属于耶稣会的传教点就已过百。

在天主教会历经这一新发展的同时,特伦托会议在三位改革派教皇的领导下展开:负责实施会议决策的庇护五世、热心宗教教育的格列高利十三世以及西斯笃五世。他们命人制作了天主教教理、祈祷书和弥撒书,陆续于1564年和1570年间发表。

就这样,天主教会不仅一定程度上抑制了新教的扩张,还成功收复了失地。在波兰,耶稣会大获成功,圣加尼修则对天主教在神圣罗马帝国的复兴产生重大影响。法兰西、波希米亚和匈牙利都坚守罗马天主教。路德名下的新教运动被控制在德意志北部和斯堪的纳维亚地区。加尔文派只在瑞士、荷兰联合王国、英国和神圣罗马帝国西部站稳脚跟。

耶稣会
画里的中心人物是耶稣会的创始人依纳爵·罗耀拉和教皇保禄三世。

4. 宗教战争中的欧洲

腓力二世——天主教的保护伞

在因信仰不同引发的动乱之中,西班牙国王腓力二世(1556—1598)接过了特伦托会议后得以喘息的天主教阵营的领导权。他与亨利二世统治下的法兰西再次开战,却不是出于宗教原因。因为厌恶西班牙在意大利的为所欲为,教皇保禄四世站在法兰西这一边。最后依据《卡托-康布雷齐和约》(1559),法兰西虽重获梅茨、图勒、凡尔登和加来,却不得不舍弃尼德兰、萨伏伊和意大利。西班牙借此夺取欧洲霸权。

但是,1565年到1570年间依旧是问题连连:在尼德兰,新教已站稳脚跟;在安达卢西亚,伊比利亚半岛收复失地运动后留在西班牙的信仰伊斯兰教的摩里斯科人发动起义;原本属于威尼斯的塞浦路斯也被土耳其人占领。虽然由教皇庇护五世、西班牙、威尼斯和热那亚共同组建的"神圣同盟"舰队,在1571年的勒潘托海战中歼灭了奥斯曼帝国的舰队,西班牙的统治却引发了更大的矛盾。

尼德兰起义

腓力二世在尼德兰同样实行专制统治。1565年在布雷达结成"贵族同盟"的尼德兰贵族则主张政治独立和信仰自由,这也在民众中掀起了宗教狂热;出于对经济萧条状况的强烈不满,人们开始毁坏天主教教堂。阿尔瓦公爵,也就是费尔南多·阿尔瓦雷斯·德·托莱多,身为神圣罗马帝国的尼德兰总督,通过暴力镇压来实行恐怖统治。众多嫌疑人被逮捕并处决,其中便有拉莫拉尔·埃格蒙特伯爵。有"沉默者威廉"之称的奥兰治亲王是名坚定的加尔文主义者,在

勒潘托海战
1571年10月7日,神圣联盟通过此战打破了土耳其人的海上不败传奇。

弗拉芒地区的斗争

西班牙统治者持续的武力镇压激起了弗拉芒人民的反抗。

腓力二世（1527—1598）

这位西班牙国王是16世纪下半叶最重要的天主教捍卫者之一。

现状的刺激下领兵起义。在长达几十年的战乱后，17个天主教和新教行省终于在1576年达成《根特协定》。阿尔瓦公爵的继任者亚历桑德罗·法尔内塞擅长外交，他通过"阿拉斯同盟"再次获得了10个尼德兰南部的天主教行省的控制权，还有7个北部的新教行省则通过"乌得勒支同盟"团结起来。以该同盟为基础，荷兰共和国于1581年成立。

出于对尼德兰起义诸省的支持，法兰西和英格兰两国派遣船队向西班牙在美洲的领地发起进攻。1587年，苏格兰女王玛丽一世于英格兰被斩首，腓力二世大怒，继而派兵攻击英格兰。然而，被认为是战无不胜的西班牙舰队，在1588这一年不仅被英格兰舰队

埃斯科里亚尔修道院

该修道院是一处用灰色花岗岩修建的庞大建筑群,位于马德里附近,归西班牙王室所有。除了修道院之外,还包含宫殿建筑,是腓力二世为纪念圣洛伦佐而下令修建的。圣洛伦佐于公元258年殉道,在灰色长方形铁罐里被活活烤死。据说建筑群呈现的宽大长方形便是源起于此。

圣巴托罗缪之夜

法国国王查理九世受母后凯特琳·美第奇怂恿,对胡格诺派教徒发动大屠杀。在"圣巴托罗缪之夜"有3000多名胡格诺派教徒丧生,幸存者则逃往法国西南部的城市。

击败,还遭遇了风暴的袭击,船只无一幸免。1609年,荷兰共和国的独立已为既成事实,尽管如此,西班牙还是拒绝承认它的存在。直到1648年《威斯特发里亚和约》签订,西班牙才接受了荷兰共和国。

法兰西的宗教斗争

弗朗索瓦一世之子亨利二世(1519—1559)试图镇压"胡格诺派",但没有取得成功。胡格诺派是加尔文派在法国,尤其是在法国贵族间的名称，由波旁家族领导。为了打击新教在法国的势力，法国天主教与源自洛林公爵家族的吉斯家族结盟。亨利二世死后，法国王室羸弱，两方势力争夺王位，所用手段极其残忍。1562年至1589年间的宗教纷争造成死伤无数。特别是1572年8月23日晚间至24日凌晨，有3000多名胡格诺派教徒在巴黎惨遭杀害，史称"圣巴托罗缪之夜"，为这一时期法国宗教斗争的血腥之最。

亨利三世（1574—1589）遇刺身亡后，瓦卢瓦王朝也走向末路，波旁家族的亨利不仅是纳瓦尔国王，还是胡格诺派的首领，作为与亨利三世血缘关系最近的男性亲属，他登上了法国的王位。法国天主教派对此提出异议，此时宗教纷争未平，王位继承战又起。

1593年，波旁的亨利宣誓放弃新教信仰，其继承权才被承认，史称亨利四世。5年之后，他签署《南特敕令》，保障了信仰自由，并与西班牙和解。经历漫长的四十年内战之后，宗教宽容政策终于得以在法国实施。

三十年战争

欧洲的宗教战争以及哈布斯堡家庭的权力斗争贯穿了整个16世纪，一直延续到17世纪，这便是三十年战争（1618—1648）的历史背景。究其源头，则为神圣罗马帝国内天主教与新教间的对立，以及权力团体对皇帝最高统治权的挑战。不过，三十年战争终究只是欧洲霸权之争中的一个片段而已。

帝国皇帝斐迪南二世（1619—1637）和巴伐利亚公爵马克西米利安一世均为耶稣会的门徒，他们不遗余力地支持帝国内的反宗教改革运动。作为反击，信奉新教的选帝侯们于1608年组建新教联盟。跟他们唱对台戏的，则是天主教诸侯于1609年在西班牙的支持下成立的天主教联盟。在这一紧张局势下，三十年战争爆发了。

1618年，波希米亚人民开始公然反抗（"布拉格扔出窗外事件"）实行天主教专政的波希米亚国王，即一年后成为神圣罗马帝国皇帝的斐迪南二世。波希米亚人否认其王位的合法性，转而拥戴作为新教联盟首领的普法尔茨选帝侯腓特烈五世。起义曾一度波及摩拉维亚及匈牙利，然而在1620年的白山战

亨利四世（1553—1610）
尽管亨利四世是合法的王位继承人，但要成为法国国王，他必须放弃新教信仰。

残酷的三十年战争（1618—1648）

这场宗教战争同时也是席卷整个欧洲的权力斗争。它加剧了德意志地区的分裂，多个诸侯国各自为政。三十年中烽烟四起，民不聊生。

役中起义军被击溃。

随后，信奉新教的丹麦国王克里斯蒂安四世也介入斗争之中。不过，在1626年的卢特战役中，丹麦于巴伦山麓不敌神圣罗马帝国，在1629年被迫签署《吕贝克条约》。根据该条约，丹麦国王将无权干涉神圣罗马帝国的一切事宜。同年，斐迪南二世发布《归还敕令》，索回已被查收的天主教教产与慈善机构。

法国担心，神圣罗马帝国经此一战会更为强大团结。瑞典国王古斯塔夫·阿道夫反被激起斗志，作为虔诚的新教徒，他愿意与神圣罗马帝国的天主教势力兵戎相见。古斯塔夫·阿道夫战绩彪炳，特别是在1631年的布莱登菲尔德会战中大获全胜后，他便重新燃起占领德意志的野心。然而在1632年，古斯塔夫·阿道夫虽然打赢了吕岑会战，却身负重伤不治身亡。两年后，西班牙的腓力四世遣其兄弟带兵攻占讷德林根。法国以此为由，直接出兵对抗奥地利和西班牙的哈布斯堡家族。

战事最初于法国不利，后来在加泰罗尼亚和葡萄牙（1640）发生的动乱却改变了局势。法国分别于1643年和1648年在法国城市罗克鲁瓦和朗斯击败了西班牙军队。和瑞典盟友一起，法国在神圣罗马帝国境内屡战屡胜。两国于1648年迫使帝国皇帝斐迪南三世签署了《威斯特发里亚和约》。

《威斯特发里亚和约》

1644年，和谈在威斯特发里亚的明斯特及奥斯纳布吕克两市召开，这很快成为引起全欧洲关注的大会，因为它将为欧洲奠定新的政治局面。哈布斯堡王朝原本希望能够打着天主教的旗号，一统全欧洲，而《威斯特发里亚和

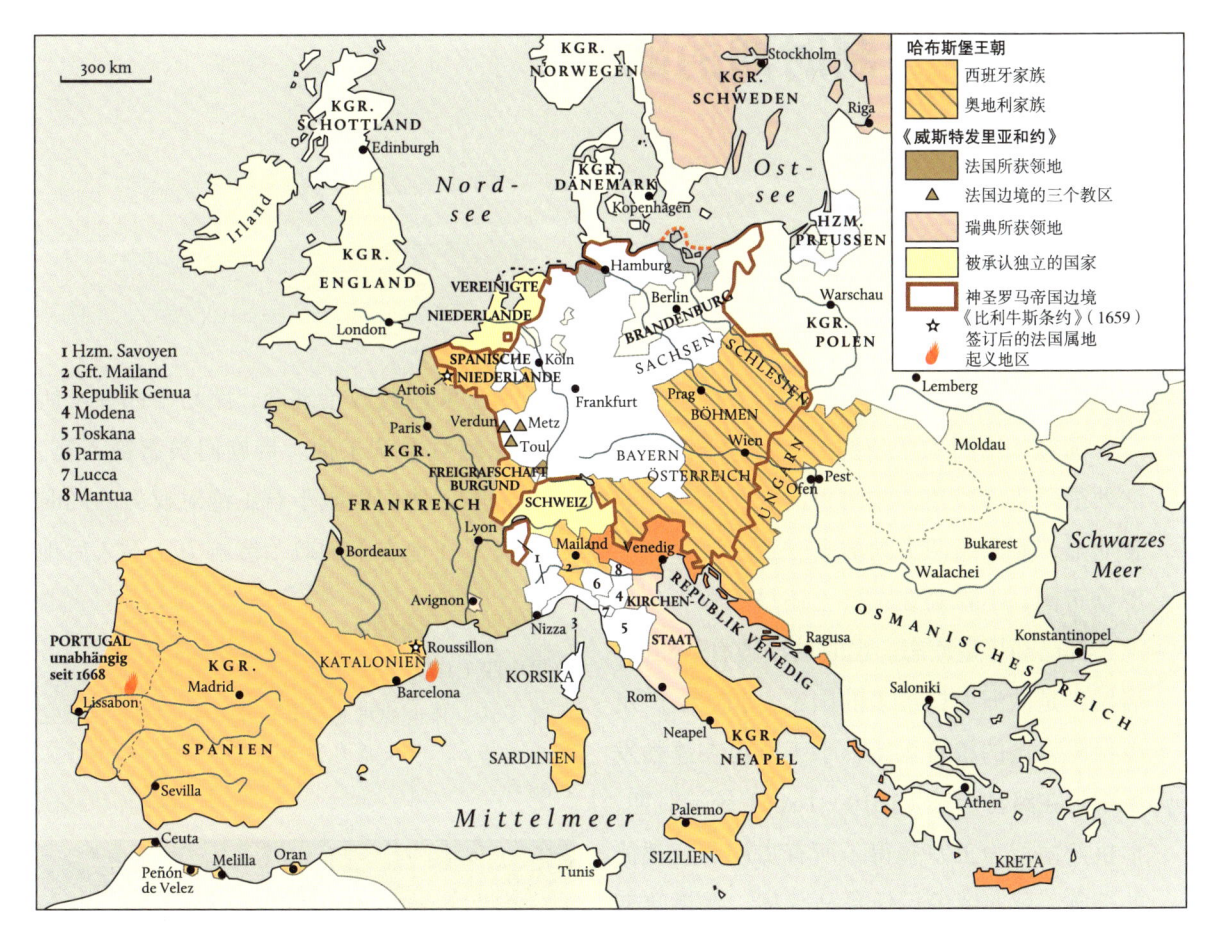

《威斯特发里亚和约》签订后的欧洲

约》的签订则正式宣告其计划失败。取而代之的，是众望所归的各国权力制衡的体系。

德意志分裂成了许多小国和领地，各政治实体有权和帝国境内及境外的国家结盟，可以说是获得了主权。皇帝负责处理帝国事务，但实权被宪法削弱并受到帝国议会的管控，而且法国和瑞典在帝国议会也有代表权。宗教信仰自由的原则得以确立，《奥格斯堡宗教和约》将同样适用于加尔文派的选帝侯。皇帝必须废除《归还敕令》，且通过所有世俗化进程，直到1624年。

荷兰共和国和瑞士邦联的主权独立性得到了正式承认，瑞典占领的神圣罗马帝国的领土（前波美拉尼亚以及奥得河、易北河和威悉河河口）也被认可。勃兰登堡侯国获得后波美拉尼亚以及西边的马格德堡大主教区和哈尔伯施塔特、明登两个教区。法国获得梅茨、图勒和凡尔登三城，还有阿尔萨斯的大部分地区，以及阿尔卑斯山南面的皮内罗洛。最关键的是，哈布斯堡王朝面临的两面夹击的危机被解除了。但最后通过和约确定下来的欧洲均势，却在路易十四统治期间偏向了法国。

5. 绝对君主制时期的欧洲

路易十四

随着《比利牛斯条约》(1659)的签订，法西战争告一段落。法国目前取得的优势非常明显，原来的两大劲敌——西班牙和神圣罗马帝国，不管是在军事上还是在权力角逐上，都已经尽显疲态。当时的法国有1800万居民，是欧洲人口最多的国家，农业生产足以保障全国的粮食供给，手工业也在蓬勃发展中。在路易十三（1610—1643）统治时期，枢机黎塞留为王室赢得了所有贵族和新教徒的拥戴。黎塞留的后任是马萨林，在摄政期间他为年纪尚幼的路易十四（1643—1715年在位）平定了"投石党之乱"。经过一系列的社会动荡之后，人民渴望安稳与和平。先前贵族与市民阶层间的敌对情绪促使权力集于国王一人手中，如今面对同样的敌人又使得这两个阶级开始互相接近。

1661年，马萨林去世，路易十四意欲亲政，独掌大权。他的政治理念在给王位继承人的指示中有所记载，随后由其家庭教师兼宫廷布道师雅克-贝尼涅·博絮埃扩充完善。博絮埃认为君权神授（"诸侯按神的意旨行事，君主是神在人间的代理人"），君权无限（"绝对"），君王至圣。然而，这并不意味着君王可以任意妄为，他须向上帝负责，还要遵守本国法律。

为了实现其政治理念，路易十四要求所有臣民绝对服从于他。贵族们被召唤入宫，服侍君王。他们臣服于君王绝对权力的同时也丧失了在地方上的政治影响力。不久后他

路易十四（1638—1715）
无可否认，伟大的思想栖息于路易的灵魂，使他注定成为伟人。——摘自伏尔泰的《路易十四时代》，1766年

凡尔赛宫

这是围绕路易十三的一座普通狩猎行宫而形成的建筑群,配上法式花园之后,更显宏伟壮丽。工程共花费440吨纯金,历时20年,3.5万人参与修造。"太阳王"路易十四于1682年将宫廷迁往这里。

们还会发现,一些出身市民阶层的人因获路易十四信任,得以身居高位,手握重权,与他们平起平坐。而所有教区和各级议会本就听命于君王,由此便产生了一个有利于君主专制的新社会秩序。无论在何种情况下,路易十四都拥有最终决定权。科贝尔和卢福瓦为他进言献策,是其左膀右臂。科贝尔作为财政大臣,负责管理法国的经济与内政。战争、海军、外交及宫廷行政管理等事务,则由数位国务卿处理。地方上有路易十四派出的收税员,他们要确保君王的政令得以实施。

科贝尔在经济方面也实行绝对专制。他认为,路易十四的政治势力与法国的物质财

雅克-贝尼涅·博絮埃(1627—1704)

博絮埃不仅是莫城主教、法国王太子的家庭教师,还是一名伟大的演说家。他协助了路易十四对抗新教徒。

富紧密相连。因此，他对法国经济进行深入改革，建立起重商主义体系。当时一个国家的经济实力主要体现在其流通货币的数额上，因此人们往往通过限制进口和增加出口等"贸易战"，将邻国的金银引进本国。

为了促进生产，科贝尔设立了手工作坊，挂毯和家具是重点产品。这些作坊直接受国王监管，生产纪律严明。贸易公司也同样由国家设立并受其监管，这为法国在印度、安的列斯群岛和加拿大的殖民扩张打下基础。而法国则通过对殖民地的掠夺保障了原材料的供应。

作为"得到上帝恩赐的国王"，路易十四认为自己是当之无愧的法国教会首领，不过胡格诺教徒却并不承认其君权。1685年，路易十四撤销了《南特敕令》。新教神父不得进行公开祷告，相关教堂和学校也被关闭。有大约20万胡格诺教徒不顾国王的禁令，逃往国外。

绝对君主制下，艺术与科学必须遵守由学院制定的并符合路易十四喜好的古典法则，成了维护君王统治的工具。作为路易十四的寝殿和宫廷所在地，凡尔赛宫便是这一艺术价值观的绝佳表达。

荷兰共和国的自由之战

就在大多数欧洲国王效仿路易十四搞君主专制时，荷兰共和国及大不列颠王国迎来了由议会领导的、与资产阶级密切相关的政府。两国均为贸易大国，市民阶层和商人在身份等级上虽不及贵族，但那些富有商业头脑的人却能通过繁荣的海上贸易致富，以此获得政治影响力，开始争取更多的自由权利。在17世纪的欧洲，伟大的政治家和思想家不是来自荷兰共和国就是来自大不列颠王国，这种情况并不是巧合。

来自代尔夫特的许霍·格劳秀斯可谓是国际法学的鼻祖。他起草了一连串的相互承诺书，认为所有国家都应遵守。英格兰人托马斯·霍布斯对人性持悲观态度（"每个人都是每个人的敌人"），坚信战争会一直存在。他认为为了维护和平，就必须要有强大的中央权威。同为英格兰人的约翰·洛克在1690年出版的《政府论》中批判了君主制。在他看来，为了维护自由，人们必须建立"文明社会"，政府行为不可侵犯个人的天赋人权。洛克的思想对18世纪的政治哲学家有着深刻影响。

战胜西班牙后，荷兰共和国正式成立。然而这并不表示荷兰的7个行省真的融为一体。这个所谓的"共和国"，其实是个较为松散的、有着共同机构的联合体。

但在不久后，人们就意识到了这种政府形式的弊端。施行每项措施之前都必须获得全体同意，繁复的投票表决程序使得中央政府的办事效率低下。一方面，一直由拿骚家族成员担任的、握有陆海两军最高指挥权的执政官，得到贵族、农民、小市民、水手以及坚定的加尔文派教众的支持，希望能建立一个中央君主制的政府。另一方面，荷兰伯国的大议长代表了全共和国内市民阶级的利益，他试图维护各行省的独立自主。执政官与大议长间的矛盾引发了数次政治危机。在战争时期以及外交紧张的情况下，执政官的存在意义重大；而在和平时期，主管行政事

约翰·德·维特（1625—1672）
作为代表市民阶级利益的大议长，他反对奥兰治家族，在1672年被杀害。

宜的大议长则更为关键。

1619年，执政官莫里斯处决了大议长约翰·范·奥尔登巴内费尔特，并代表共和国向西班牙宣战，加入三十年战争。1648年签订的《威斯特发里亚和约》更符合市民阶级和大议长约翰·德·维特（1653—1672）的利益。荷兰共和国开始步入"黄金时代"。自由宽容的社会氛围也吸引了哲学家勒内·笛卡儿，他选择在那里发表著作。经济繁荣发展的同时，文化也取得了飞速的进步，天才如哲学家斯宾诺莎和画家伦勃朗，对此贡献良多。荷兰黄金时代的绘画所偏爱的主题有风景、静物和家庭生活，无不体现着这一时期思想文化领域的高度繁荣。当路易十四于1672年攻打荷兰共和国时，奥兰治家族的追随者罢免了约翰·德·维特，并将行政权力转交给了执政官威廉三世（1650—1702）。

英格兰的两场革命

17世纪在英国发生的两场革命凭借其在社会和宗教方面的影响力，使君主立宪制成功取代了斯图亚特王朝的君主专制。第一场革命发生于查理一世（1625—1649）专制统治的末期，为了实现独裁（1629—1640），查理一世解散了国会。伯爵斯特拉福德和大主教劳德负责执行查理一世的政策，结果引起了苏格兰长老会和英格兰清教徒的强烈不满。1637年，查理一世颁布诏令，逼迫苏格兰人信仰英国国教，导致苏格兰全境爆发起义。为了武力镇压起义，查理一世不得不重新召开早已解散的国会，以筹募资金。然而不管是最初的"短期国会"（1640年4—5月），还是之后的"长期国会"（1640—1653），都一致反对他。最终国会掌控了局势，将劳德和斯特拉福德以叛国罪拿下，并处以火刑。同时，国会通过《大谏章》（1641），撤销了先前国王发布的诏令。查理一世尝试再次获得权力，然而并未成功。政变逐渐演变为内战，奥利弗·克伦威尔统帅下的主要由清教徒组成的国会军，在1644年及1645年两度战胜国王军。

克伦威尔安排查理一世受审，使其被判处死罪，并于1649年被处死。国会宣布成立共和国，克伦威尔作为护国公，为了确保清教徒的戒律被严格遵守，他在共和国实行了11年的独裁统治。克伦威尔死后，民众希望复辟斯图亚特王朝，查理一世之子在1660年被国会请回，登上王位，称查理二世。在其

英格兰的查理一世（1600—1649）

查理一世妄图实行绝对君主制，与国会为敌，由此引发了英国内战。最后，查理一世被处死，君主制被暂时废除。

统治期间颁发了《人身保护令》，这是一项禁止随意拘押公民的重要法令。

第二场革命没有造成杀戮，被称为"光荣革命"。由于詹姆士二世（1685—1688年在位）倾向绝对君主制和天主教，英国人希望奥兰治家族出身的威廉三世能取而代之，因为此人不仅是荷兰共和国的执政官兼詹姆士二世的女婿，还是欧洲最著名的新教捍卫者。威廉三世于1688年11月抵达英格兰，他入主伦敦时，民众欢呼雀跃，高呼"打倒教皇"。詹姆士二世随即逃往法国。在一次类似国会的集会上，威廉三世和妻子玛丽公主（詹姆士二世之女）承认了《权利法案》，随后二人被立为英国的共治双王。纵观欧洲历史，《权利法案》是一部里程碑式的法案，它规定"法律高于君王"，承认人民有向国王请愿的权利，还废除了残酷的刑罚，规定未经议会同意，国王不得征税。数月后《宽容法案》颁布，实现了全国范围内的宗教信仰自由。

路易十四统治时期的欧洲——战争与均势

《威斯特发里亚和约》生效后才不到20年，又有一场持久战在欧洲打响。这次的导火索是路易十四的霸权政治，他欲打破哈布斯堡王朝在欧洲的统治地位。出于对"个人名誉"的高度关注，他号称自己是全欧洲的"仲裁人"。此外，他还利用北方和东北方的开放边境，实行侵略扩张政策。

经济和人口上的优势，使法国拥有宣扬国威的资本，为实现这一目标，路易十四更是加征新税，并命国防大臣勒泰利埃和卢福瓦打造一支战斗力和纪律性超强的常备军。

虽然当时路易十四还年少，但在最初的几次出征中他对外扩张的野心已经表露无遗：1665年入侵西属尼德兰，7年后又突袭荷兰共和国。在此期间他吞并了蒙贝利亚公国、斯特拉斯堡、科尔马、卢森堡的部分地区以及萨尔。

1680年前后，法国在欧洲独领风骚，西班牙的哈布斯堡王朝只得眼睁睁地看着帝国走向没落，而奥地利的哈布斯堡王朝自1661年起，便一直忙于应对土耳其人对东欧的入侵。1683年，土耳其人再次围攻维也纳，被洛林的查理和扬·索别斯基共同击退。帝国军队后分别于摩哈赤（1687）和森塔（1697）击败土耳其人，解放了匈牙利，获得最终胜利。

1689年，欧洲战事又起，法国的扩张步伐显出颓势。信仰天主教的西班牙、信仰新教的英国和荷兰共和国组成奥格斯堡同盟，共同抗击法国，战争从1689年持续到1697年。最后为了结束旷日持久的混战，各国签订《雷斯威克条约》，首次提出了"欧洲均势"的概念。不过，随着西班牙王位继承战的打响，这一美好希冀已经被抛到脑后。战争结束后，《乌得勒支和约》承认路易十四之孙对西班牙王位的继承权。法国虽有些领土损失，但仍保有在欧洲的强势地位。奥地利获得西属尼德兰和西班牙在意大利的领地，与法国势均力敌。英国获得原属西班牙的梅诺卡岛和直布罗陀，还夺走了西班牙的黑奴贸易特权和西属美洲的海上商路，使其海上霸权地位更为稳固。

如此，欧洲各国结成的大同盟终于抑制住了路易十四统治下的法国的称霸势头。

是战争世纪也是"黄金时代"

法国出现的显著的人口增长，从全欧范围来看实属例外。17世纪，欧洲总人数大约为1亿，高出生率与高死亡率并存。战争肯定是导致这一现象的首要原因，此外粮食歉收导致的饥荒，以及大流行病如天花、伤寒、霍乱和鼠疫，也令人口锐减。整个欧洲范围内死于各种流行病的人数和14世纪时相近。

到了17世纪，除了荷兰和英国，所有欧洲国家的经济增长都陷入停滞。1630年后运

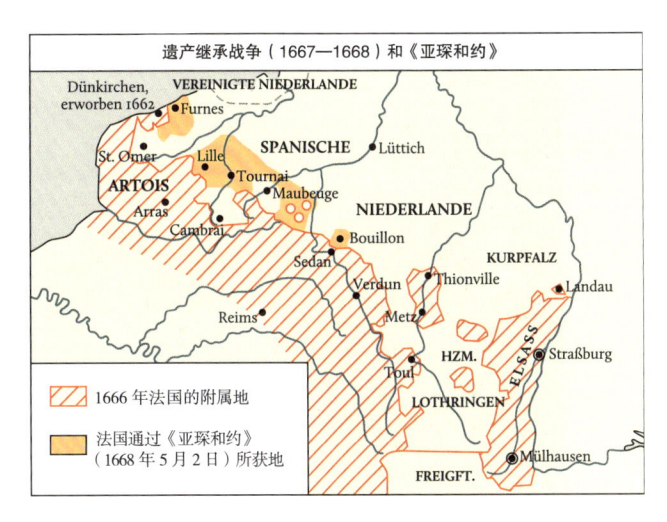

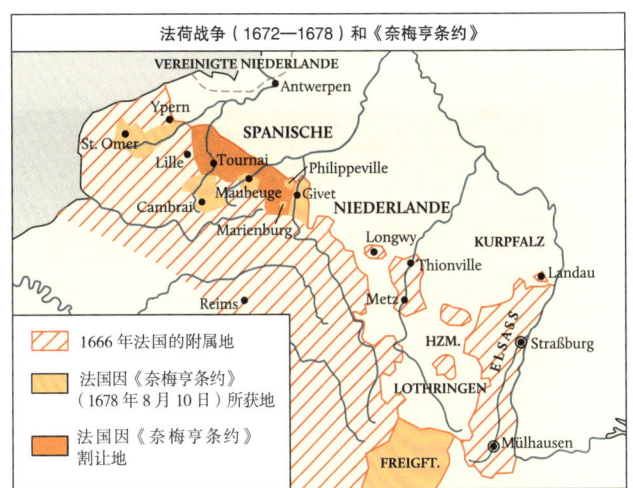

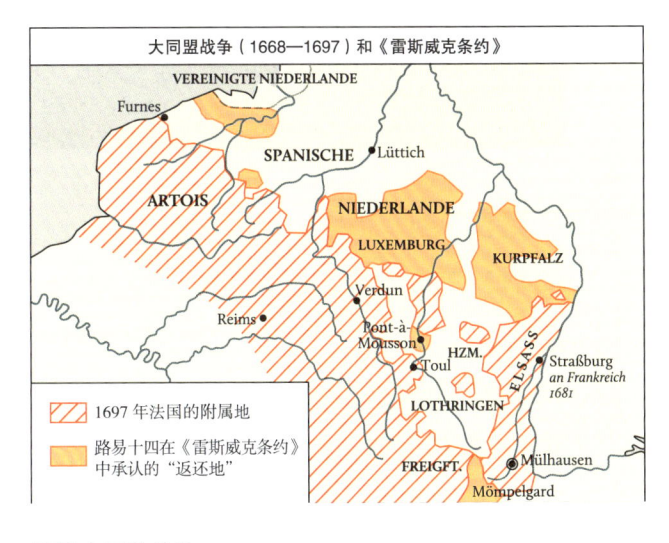

路易十四的战争

纺织行会的董事会

这个董事会更像是一个鉴定羊毛加工品质的委员会。成员必须懂得如何检测布料的质量以及样品的成色。这幅油画展示了17世纪荷兰市民阶级的新式文化。

一户农民家庭

农居通常是一居室，墙上糊着黏土，基本上没有家具。到了晚上全家人就坐在一起聊天或是饮薄酒消遣。

往西班牙的黄金越来越少，到了17世纪中叶近乎为零。资本主义向自由企业制的发展势头减缓，1660年至1680年的欧洲因经济危机进入大萧条时期。

在气候条件不利、生产工具和劳动力缺乏、农产品价格过低等因素的综合作用下，农作物的总产量下降。唯有商业贸易仍长盛不衰，不过其中心从地中海区域转移到了英吉利海峡及北海沿岸。前文曾提及，本世纪的重商主义带来了一种新的经济形势，按这一新形式发展下去，便是工业化。分工式的大规模商品生产，其首要目标便是吸引海外金银流入本国。另外，通过设立国有贸易公司和开启关税保护，国内市场也得到了扶持。

荷兰不仅拥有当时最大的商业舰队，还开设了大型"海上运输公司"，控制着大西洋和印度洋。1600年，荷兰设立了东印度公司[①]，最有利可图的香料贸易被其牢牢把控，借此建立起了一个庞大的殖民帝国。荷兰境内的大型股份公司便可用筹措来的资金去开发广阔的海外市场。1609年成立的阿姆斯特丹银行则帮助荷兰人掌控了资本市场。

英国效仿荷兰，并在1700年前后取而代之成为新的国际海上贸易强国。在大西洋对岸，北美洲的东部海岸以及加拿大地区和安的列斯群岛，英国都建起了殖民地。1600年成立的不列颠东印度公司逐渐在荷兰的势力范围内扩大影响力。1610—1640年，英国的贸易总额扩大了10倍。1694年开业的英格兰银行成为最重要的世界金融机构，英镑成为欧洲最硬的通货。

虽然英国在海外贸易上取得了惊人的成就，但在17世纪的英国国内，总体经济形势却十分严峻，社会矛盾随之激化。饥饿迫使底层人民发动起义，而属于中间阶层的市民则担心会陷入贫困。贵族的收入依旧来自庄园，但必须向国王履行的义务也不少。许多贵族因此离开了乡间的城堡，搬入位于首都的豪宅，图的就是在王室附近生活便利。有些富裕的市民或通过购买贵族头衔、或担任公职、或与贵族通婚，从而获得贵族的社会地位。老牌贵族厌恶这些"无耻的市民"——圣西蒙公爵的说法——

彼得·保罗·鲁本斯《下十字架》
该画是这位弗拉芒画派的大师在安特卫普创作的首批作品之一。通过对角线构图和画中人物的生动表情，鲁本斯将巴洛克绘画的特点与戏剧性和动态融为一体。特伦托会议上批判了"破坏圣像主义"，意欲大力支持宗教艺术。鲁本斯描绘尸体的方式可能是受到了弗拉芒出身的解剖学家安德雷亚斯·维萨里的影响。

因为他们动摇了贵族自古传承下来的政治权力和地位。

大多数欧洲社会都出现了明显的两极化问题，享有特权者占少数，贫穷的小市民则是大多数。工人和企业主为薪水和工作时长争论不已，小农的税后收入则所剩无几。

---
① 《辞海》，荷兰东印度公司1602年由经营马来群岛贸易的几家公司合并组成。

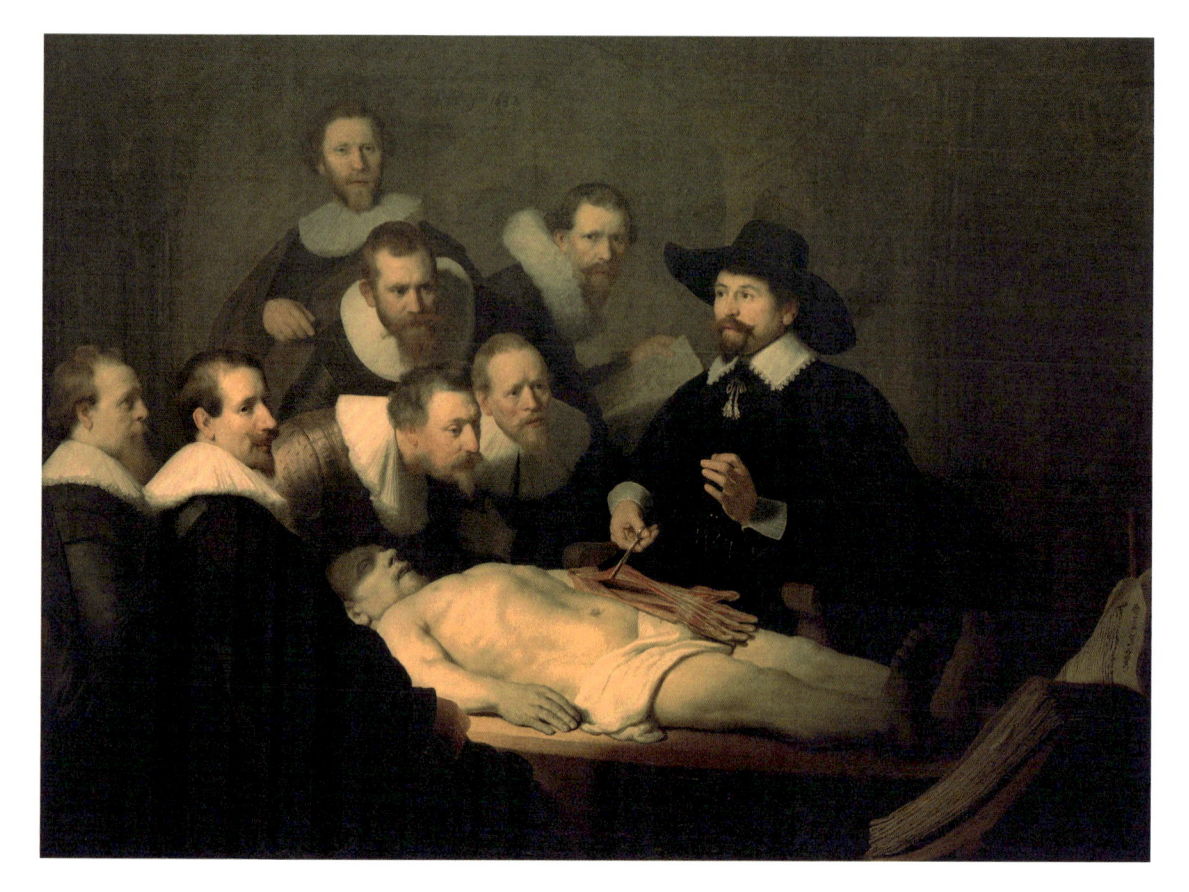

伦勃朗《尼古拉斯·杜尔博士的解剖学课》

1620年后许多庄园主和佃农冲突不断,对于那些身份低微的人而言,生活无疑是难上加难。除了城市底层人民对社会不公的愤怒,农民的绝望情绪也在不断累积。

在法国,国王依靠市民阶级来稳固其君主专制;在荷兰,资产阶级可谓如鱼得水;而在英国,君主立宪制的成功少不了资产阶级的贡献。

巴洛克和古典主义

尽管社会环境不佳,但文艺复兴与启蒙运动勃发的17世纪却孕育了绚烂的精神文化。巴洛克时代的科学觉醒彻底动摇了中世纪的世界观,许多自然科学家因为挑战了经院哲学,而不得不向诸侯和国王寻求庇护。比如约翰内斯·开普勒就在宫廷任职,威廉·哈维是詹姆斯一世的御医,伽利略·伽利雷受托斯卡纳公爵的保护,在比萨大学和帕多瓦大学担任教授。开普勒延续了哥白尼对宇宙的研究,他发现围绕太阳运转的不只有地球,还有其他星球。伽利略用实验证明了哥白尼理论的正确性,并且认为天体运动遵守着数学定律。托里拆利和帕斯卡两人则解开了真空的谜团,发现了气压。

艾萨克·牛顿（1643—1727）发表了他的研究成果，将这场科学革新运动推向高潮。他在牛津大学任教，通过运用由他和莱布尼茨发明的微积分，得出了万有引力定律。医学方面，英国的解剖学和生理学家哈维对血液的体循环和心脏的搏动进行了系统的研究。

还有一个叫弗兰西斯·培根的英国人，认为只有实验才能证明科学理念的正确性。而法国人勒内·笛卡儿只用理性进行哲学思考。他的著作《方法论》因展现了一个由理性主导的世界，而被认为对法国的绝对君主制构成直接威胁。

在16世纪末的意大利，巴洛克艺术诞生了。当时的时代背景促使艺术家们打破所有常规框架，通过极富戏剧性以及表现力强的形象，在对比反差、出人意料和绚烂辉煌中展现对自由的追求。贝尼尼的作品（例如位于罗马的圣彼得广场的柱廊）还有博罗米尼设计的建筑（如圣艾格尼斯教堂）对德意志、奥地利和西班牙的建筑风格有着巨大影响。巴洛克的建筑风格已渗透进天主教反宗教改革的方方面面。

卡拉瓦乔同样受维萨里的解剖学新发现的影响，一反当时传统艺术观念，使绘画艺术进入一个新的境界。西班牙绘画转向自然主义主题，偏爱明暗对照法，委拉斯开兹便是其中的代表性人物。安特卫普出身的杰出画家鲁本斯和他的学生范戴克的作品后来对英国绘画产生了深刻影响。在荷兰，伦勃朗和扬·弗美尔成为最受欢迎的画家。

《圣女大德兰的神魂超拔》
贝尼尼的这座大理石雕像充满了戏剧且感性的神秘主义，象征着反宗教革命的胜利。

17世纪是西班牙的黄金时代，其文学艺术同样进入一个繁荣昌盛的阶段。1615年，塞万提斯发表了《堂吉诃德》这部世界名著。此时英国人正被莎士比亚的才华折服，而低地国家的人民则被彼得·霍夫特的《尼德兰编年史》深深打动。法国则受路易十四的古典主义影响。这时期的法国文学向古希腊看齐，知名作家辈出——喜剧有莫里哀，悲剧有高乃依和拉辛，寓言有拉封丹。到了18世纪，古典主义将席卷整个欧洲。

墨卡托绘制的世界地图

墨卡托（1512—1594）是 16 世纪最著名的地图学家，这张由他绘制的地图出自 1595 年出版的地图册。他将现代知识融入当时的神学世界观，是将对航海而言十分重要的角度和比例准确反映在地图上的第一人。

DIOSA DESCRIPTIO

fautori summo, in veteris amicitię ac familiaritatis memoriā Rumoldus Mercator fieri curabat A°. M.D.Lxxxvii.

启蒙运动与自由思想

| 1700 年 | 1725 年 | 1750 年 | 1775 年 | 1800 年 | 1825 年 |

1700 年—1721 年 北方战争
1701 年—1713/1714 年 西班牙王位继承战
1703 年 彼得大帝建圣彼得堡
1740 年 玛丽亚·特蕾西亚继承神圣罗马帝国，腓特烈二世成为普鲁士国王
1756 年—1763 年 七年战争
1772 年 狄德罗与达朗贝尔完成《百科全书》
1776 年 7 月 4 日 美国独立宣言
1789 年 7 月 14 日 攻占巴士底狱
1789 年 8 月 26 日 通过《人权和公民权宣言》
1792 年 9 月 20 日 瓦尔密战役
1789 年—1794 年 法国大革命
1793 年 1 月 21 日 处死路易十六
1795 年 第三次瓜分波兰
1797 年 《坎波福尔米奥条约》
雾月政变；拿破仑任 "第一执政" 1799 年 11 月 09 日
拿破仑战争 1799 年—1815 年
奥斯特里茨战役 1805 年
俄法战争 1812 年
德意志解放战争 1813 年—1814 年
维也纳会议 1814 年—1815 年

凡尔赛宫的镜厅

《乌得勒支和约》(1713)带来的一段和平时期,正是欧洲人亟需的。一种新的旅游形式——"壮游"开始流行起来。贵族子弟通过壮游探访各地的名胜古迹,必去之处有阿姆斯特丹、巴黎和佛罗伦萨,当然也少不了最重要的罗马。

欧洲的诸侯及统治者虽同享思想、艺术和物质财富,但敌意和矛盾仍旧难免。不断发生的冲突和纠纷使彼此间的分歧更为严重。这段时间内爆发的战争并不是那种全民皆兵、保家卫国的"人民战争",而是由各王室间的家族恩怨引起的局部冲突。战场上的士兵往往是乌合之众,连统一的装备都没有。直到常备军出现后,这种情况才逐渐得到改善。

不过好在变革即将发生。从17世纪起科学有了明显进步,人们开始了解自然的法则,这可谓是启蒙运动的主要思想基础。哲学家们推崇海外新发现地区的生活方式,因为那更符合自然的发展规律。他们认为,人应遵循自然本性。他们批判欧洲的政治和宗教传统,因为这些如今成了人民的枷锁,使人民不再自由。最先开始反抗旧秩序的是那些迁往英属北美地区的移民。

法国大革命紧随其后,这一次拿破仑率领真正的"人民军队"横扫欧陆,传播革命思想,扩大影响力。从此,变革就势不可挡,自由与民主的观念也深深印在了欧洲人的脑海中。

1. 学徒及游历岁月——欧式教育

文化之路

欧洲需要很长一段时间才能从三十年战争的阴影中复苏过来。路易十四统治期间发生的数不尽的冲突矛盾仍在发挥后续影响,而且部分地区的形势依旧紧张,日常生活勉强算是回归正轨。但对于旅游爱好者而言,欧洲大陆再度畅通无阻,贵族子弟纷纷启程进行壮游,在游历中接受教育、积累生活经验。

他们通常会有一名侍从和一名导师相伴,导师负责监督学生的行为举止及辅导学业。这些出身英国、爱尔兰、德国或其他欧洲国家的青年会被家人送到国外生活一到两年,在此期间学习外语,了解不同国度的文化习

维也纳美泉宫
凡尔赛宫建成后,欧洲各国纷纷效仿,哈布斯堡王朝的美泉宫便应运而生。

俗。最重要的还是要在游历中得到各种高雅艺术的熏陶，学习并掌握贵族礼仪。这都是为了有朝一日能得到王室的赏识，不至于在高级社交中出丑。这是当时欧洲贵族子弟教育的精髓，同时也是欧洲文化共同体的某种缩影。

当卢梭警告欧洲各国应结束纷争时，他给出的理由是："这里全是欧洲人。他们有相同的品位，相同的爱好和相同的生活方式。"无论是法国籍、德国籍，还是其他国籍；无论是统治者、哲学家、科学家或艺术家——大家都是欧洲人。

那时的旅行并不轻松。游学的青年可能会遭到拦路抢劫，或是住进不舒适的旅店，或是难以适应外国的饮食，或是感染流行病。不过，他们同时也有大量的导游可供咨询，一般也会带上各式各样的生活用品，让在异乡的日子尽可能好过些。他们通常会前往布鲁日、乌得勒支和其他荷兰城市。在阿姆斯特丹，他们将有机会见到欧洲最大贸易区的艺术珍藏，毕竟那里是当时的世界贸易中心之一。法国和法语几乎就是有文化的代名词。即使是在18世纪末法国爆发大革命的时候，人们对巴黎和凡尔赛依旧是趋之若鹜。

意大利的魅力仍不减当年。游学青年偏爱威尼斯、热那亚和佛罗伦萨，最不可错过的当然是罗马。在那他们会掏出写生簿，记录所见之物，或干脆立起画架作画。他们将淘来的画作和雕塑，以及其他古典时期和文艺复兴的产物，成箱地跨越欧陆寄回家中。直到现在人们仍然可以在一些古老的城堡里欣赏到这些游学"纪念品"。

彼得大帝（1672—1725）
沙皇彼得一世（1682—1725，1721年称皇帝）曾用化名游历荷兰、英国和奥地利，在途中学习造船技术和西欧礼仪。他归国后实行了大量改革，其中一项便是废除贵族的蓄须传统。

虽然俄罗斯和中欧、北欧国家不算是传统游学目的地，但沙皇宫廷、瑞典和丹麦王室里的西欧文化珍藏仍吸引许多人前来。在这条游学线路上，青年们能欣赏到德累斯顿、波兹坦、布拉格、布达佩斯和维也纳等地收藏的艺术珍宝，哈布斯堡家族为了不输给凡尔赛宫而建的美泉宫更是必去之地。而在波兰，作为贵族和王室权力竞争的产物，豪华如王宫的贵族宅邸也十分常见。

俄国沙皇彼得大帝的夏宫由法国建筑师设计，而冬宫则出自一名在法国和奥地利学习过的意大利建筑大师之手。斯德哥尔摩的王宫虽由瑞典建筑师设计，但建筑风格与巴黎的卢浮宫有明显的相似之处。瑞典宫廷还效仿法国宫廷，将自己打造为极其重要的艺术文化中心。

哥本哈根的王室建筑群中，有四座相似的宫殿环绕着王室广场，同样具有鲜明的法国建筑特色。凡尔赛宫的喷泉景观则是由丹麦天文学家奥勒·罗默和水利工程师皮埃尔·德·弗朗辛-格兰美颂共同设计，后者的祖籍为意大利。

共同的欧洲文化

从整体上看，当时的贵族宅邸往往以建筑师帕拉迪奥设计的意式别墅为原型，王室宫殿则以凡尔赛宫为参照；不过，也有贵族宅邸融合了由游学者带回来的多国建筑元素。英国、爱尔兰或波兰的大型宫殿尤其让人联想到意大利的乡间庄园。如今这些奢华建筑通常被改造成博物馆，展出来自欧洲各地的藏品，里面一般还配有提供当代旅游文学和建筑学著作的图书室。

当时效仿凡尔赛宫修建的几何形式的花园是城堡的标准配置，有些甚至还拥有小型动物园。这种审美偏好在18世纪发生了转变，逐渐被崇尚自然的浪漫主义风格取代。近现代的城堡花园有着经过精心布置的"自然"风景——小山、湖泊和植被缺一不可，

维琴查郊外的"圆厅别墅"

16世纪末伟大的意大利建筑师安德烈亚·帕拉迪奥从古罗马建筑中获取灵感，设计了许多有着古典风格的建筑。他的作品受到全欧洲人的喜爱，尤其是维琴查郊外的"圆厅别墅"对17—18世纪的欧洲建筑产生了深远的影响，被各地纷纷效仿。

《乞丐歌剧》

作为一种新的艺术类型，歌剧在当时的欧洲大获成功；在英国、德国、意大利和法国，歌剧均发展出了不同的形式。

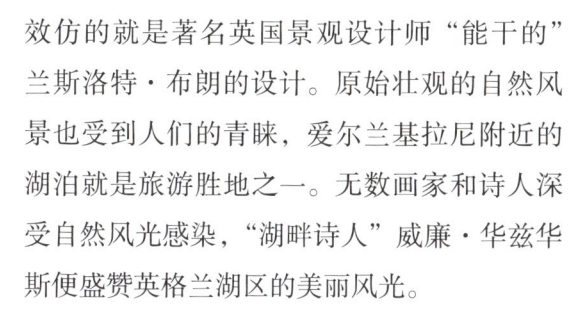

绘画的主题回归自然

效仿的就是著名英国景观设计师"能干的"兰斯洛特·布朗的设计。原始壮观的自然风景也受到人们的青睐，爱尔兰基拉尼附近的湖泊就是旅游胜地之一。无数画家和诗人深受自然风光感染，"湖畔诗人"威廉·华兹华斯便盛赞英格兰湖区的美丽风光。

音乐艺术也有着相似的发展历程。音乐爱好者热衷发掘好的作品，将作曲家和演奏者捧红。这些音乐家大多有着德国背景，不乏王室和贵族资助。例如，格奥尔格·弗里德里希·亨德尔就是在英王乔治二世的授意下从汉诺威搬到伦敦，约瑟夫·海顿则受聘于埃斯特哈齐家族。18世纪的音乐逐渐朝着浪漫主义风格发展，如贝多芬的《田园交响曲》便表达了他对大自然的依恋之情。随着歌剧在社会各阶层的流行，享受音乐不再只是富人的特权。

移民

除了这些或自愿或受父母之命前往欧洲各个文化中心的贵族子弟，不得不提的还有那些出于政治或宗教原因被迫离乡的人。

那时在所有欧洲国家都是教随君定，与君主信仰不同的人难有立足之地。从这点来看，法国的亨利四世算是思想前卫了，他于1598年颁布的《南特敕令》结束了十多年的宗教纷争，让法国的新教徒（"胡格诺派"）获得了信仰自由和公民权利。

然而，路易十四却在1685年撤销了《南特敕令》，大批胡格诺教徒不得不逃离法国。他们聪明能干又志向远大，得到了异国新教徒的热情接纳。一部分人定居在当时的瑞士和荷兰，其中有人后又前往南非。还有将近2万名胡格诺教徒在勃兰登堡-普鲁士安定下来，为当地的经济繁荣作出了贡献。威廉三世和玛丽二世以及他们的妹妹安娜（英格兰和爱尔兰的王位继承人）很快便意识到胡格诺教徒对爱尔兰的意义——如果他们移民爱尔兰，便可增强只占人口少数的爱尔兰新教徒的势力，还有助于发展当地的纺织业。

占人口大多数的爱尔兰天主教徒则受到英国王室的打压，为了维护信仰以及获得更好的教育，进而谋求好的工作，大批爱尔兰人向欧洲内陆国家移民。他们有的加入西班牙或法国的军队，有的在西班牙、西属尼德兰、法国、意大利或其他天主教国家当神父，也有许多爱尔兰移民创建企业，其中不乏成功的商人。

胡格诺教徒背井离乡

尽管路易十四禁止移民，仍有大约 17.3 万名胡格诺教徒为了逃避迫害而离开了法国。有的逃往荷兰或瑞士，大部分人选择了德意志，使柏林的人口翻了一番。

2. 王朝与战争

> **1689 年颁布的《权利法案》**
>
> 臣民有权向国王请愿，国王不得因此逮捕或迫害臣民。
>
> 只有获得议会批准，才能在和平时期建立及保有常备军。
>
> 新教徒有权在法律允许的范围内拥有或携带武器以自卫。
>
> 议会选举应是自由的。
>
> 议会之内演说自由、辩论自由和议事自由，议员不应在议会以外的任何法院或任何地方，因议会上的言论而受到弹劾或讯问。

虽然全欧洲的贵族有着相似的生活方式，但是各国的政府却渐渐出现了翻天覆地的变化。君主制仍是常态，但在如何行使君权方面，各国已有明显不同。

时常被提及的"专制主义"概念，包含多种政府组织形式；但基本上都是君主决定一切，其意愿即法律——因为君主就是上帝在人间的绝对代表。即使在 18 世纪出现了如"个人自由"及"社会契约"等概念，尤其是在英国的《权利法案》中体现得尤为强烈，但对大部分欧洲人而言这些概念还非常陌生。

大家仍旧相信，皇帝和国王秉承上帝的意志，王朝为天选，统治者的地位取决于其在王朝内的继承顺位。基于"君权神授"的理念，君主就是国家的最高代表，也是众民之父。"神定君主"和"君定律法"彰显了君主的绝对权力。

荷兰共和国

在盛行君主专制的欧洲，荷兰共和国却是一个例外。该共和国为七省邦联，荷兰为其中一省，各省接受行省议会的管理。此外，共和国还有一名执政官，握有兵权。执政官通常由奥兰治-拿骚家族的成员担任，后成为奥兰治家族世袭官职。从这点来看，奥兰治家族也在一定程度上实现了君主专制统治。

1688 年，执政官威廉三世登上英国王位，使得荷兰共和国和英国之间的商业竞争关系有所缓和，两国的海上势力也停止互相敌对。威廉五世的亲英政策因有损荷兰资产阶级的利益，引起了"爱国主义者"的反对，最终引发了战争（1780—1784）。这一战削弱了荷兰经济，也使得政治环境更为混乱，这种状况一直持续到 1794 年。后来"爱国主义者"视法国革命军为解放者，欢迎法军占领荷兰。

英国

和其他欧洲国家君主相比，英王的政治权力并不大，但这并不代表英国当时就有如

英国下议院（1710）

英国下议院的500名议员代表大地主和资产阶级利益。商贸是当时政治的重点关注领域，因此他们讨论的议题通常与债券、税收及海关有关。

今意义上的民主政体。英国的上层贵族拥有庞大的地产来保障其财富和政治势力，常常能左右国家政局。国王执政和掌管军队所需的财政资金由议会经过表决确定，而议会就在上层贵族的掌控之中。

英国的国王和大臣事实上并不如其拥趸所想象的那般遵循人民的意志行事。英国的历任统治者从未明确表示过放弃"神授之权"，即便1688年的"光荣革命"之后信仰天主教的国王詹姆士二世被迫退位，信仰新教的威廉三世和玛丽二世继位，情况仍是如此。

激进民主主义者托马斯·潘恩就曾指责英国王室与欧陆其他王室一样无用。潘恩主张大幅度削弱英国国王和国教的权力，因此遭到关押受审的威胁，被迫于18世纪末逃往英属北美地区。不过，这一时期的英王并不算是暴君，其他欧洲国家的君主也可称为"开明的专制者"。

俄罗斯与波兰

1240年，蒙古人占领了俄罗斯，直到14世纪末俄罗斯才摆脱了蒙古国的统治。俄罗斯人成功收复失地少不了逐渐脱离拜占庭的东正教会的支持，以及莫斯科大公的谋略。大公一面支持农奴政策，以便拉拢小地主，制衡波雅尔（即领主，仅次于大公的贵族头衔）；一面向黑海和波罗的海方向扩张领地。不过在很长一段时间内，俄罗斯的这些变化并未引起西欧的注意。

直到 16 世纪中期，俄罗斯向北欧和东欧的扩张触及到了瑞典、立陶宛和波兰的利益，招致对方的反扑，莫斯科于 1611 年被占领。后来入侵者在 1613 年被赶走，罗曼诺夫家族获得沙皇宝座。

在彼得大帝的统治下，俄罗斯一边进行西化，一边巩固和扩张领土。为了确保这些目标得以实现，他计划扩大本国的商品生产，拉拢那些能够提供充足劳动力的贵族。他以先进的欧洲国家为榜样，积极引进外国人才，以便俄罗斯能学习到外国的新技术。那仿照西欧城市建成的新首都圣彼得堡便证明了他的种种野心。

在彼得大帝的继任者之中，女皇叶卡捷琳娜（1762—1796）因政见开明而显得尤为出众。她与伏尔泰保持书信往来，甚至还邀请他来俄罗斯座谈。不过，尽管她乐于吸收新事物和新思想并大力支持文艺发展，却不会去改革作为俄罗斯经济基础的农奴制度；她赋予贵族某些地方上管理的权力，但决不允许他人瓜分她的君权。

自 18 世纪初，波兰便因王室式微而处于俄罗斯的控制之下。究其原因，就是波兰国王为贵族选举出来并接受其监督，制定决策之前必须与贵族商讨。即便是 1791 年 5 月 3

瓜分波兰

日进行了宪法革新，却也无力回天。1795 年，波兰被普鲁士、奥地利及俄罗斯彻底瓜分，接下来的一个多世纪里，地图上再也找不到波兰这个独立国家，世界上最大的犹太社区则位于俄罗斯境内。

哈布斯堡家族的帝国

到了 18 世纪，曾经的德意志神圣罗马帝国只剩下奥地利和几百个讲德语的小国，以及德意志之外的匈牙利、波希米亚和部分意大利地区。维系帝国统治的主要是哈布斯堡家族的名望，而不再是其势力。玛丽亚·特蕾西亚（1740—1780）在和平期间一直致力于优化帝国管理层和发展经济，约瑟夫二世

奥地利的约瑟夫二世（1741—1790）和俄罗斯的叶卡捷琳娜二世（1729—1796）

两位帝王都是"开明的专制者"的代表。他们一方面实施深度社会改革，另一方面又力保自身权力不受损害。

腓特烈大帝写给伏尔泰的信

……如今的德意志就如弗朗索瓦一世统治下的法国。人们翘首以盼，期望黎塞留和马萨林所处的那个天才时代再次降临，那片培养出莱布尼茨的土地能再育英才。

可惜我将无法见证祖国的荣光，但我坚信这一天会到来。您或许会反驳我，说这一切与您无关，或认为我这个预言家当得太轻松，预言的事件遥遥无期。但这就是我预言的风格——十分保险，毕竟没人有机会证明我错了。

但值得庆幸的是，我生活在一个有伏尔泰的时代，这就足够了。伏尔泰万岁！我祝他胃口好、心情好，可千万别忘了无忧宫里的隐者。

再见

1775 年 7 月 24 日

（1780—1790）虽然和母亲一样独裁，且坚持天主教在帝国的统治地位，但他对其他宗教团体持宽容态度。他改农奴制为日薪制，但也因此引发了严重的社会矛盾。

普鲁士一开始是作为神圣罗马帝国的重要组成部分而存在的，但到了后期开始不服奥地利哈布斯堡王朝的统治，甚至于在百年之后将其击败。在腓特烈一世的统治下，原是公国的勃兰登堡-普鲁士晋升为普鲁士王国，其臣民也有信仰自由的权利。其孙腓特烈二世深知教育对国家的益处，下令在全国修建学校。同女皇叶卡捷琳娜一样，腓特烈二世也十分关注同时期的作家，很清楚人民需要一个有为且宽容的政府。腓特烈二世虽为专制君主，但懂得利用手中的权力推行现代化改革——比如在奥德布鲁赫兴修水利，设置新的手工工场，改善银行体系以保障财政，扩建交通网络等。

战事连连

神圣罗马帝国的皇帝查理六世担心他死后女儿不能顺利继承王位，便在 1713 年颁布的《国事诏书》中提出了明确要求：欧洲各君王不得否认特蕾西亚对哈布斯堡家族领地

卡尔十二世（1682—1718）

瑞典国王卡尔十二世（1697—1718 年在位）在波尔塔瓦（1709）败于彼得大帝后，逃往土耳其。后来在挪威围攻哈尔登时阵亡，留下了千疮百孔的瑞典。卡尔十二世虽然具有一定的军事才能，但在政治上却表现得十分平庸。

的继承权。但当特蕾西亚 1740 年继位时，普鲁士的腓特烈二世却兵发西里西亚，此举震惊全欧洲。法国认为当下是打败老对手奥地利的大好时机，便与普鲁士结盟。英国为了制衡法国——当时法国又在北美和印度获得了新的殖民地，而选择支援特蕾西亚。

战争持续了八年之久，腓特烈二世最终成功占领了西里西亚。但就算是在签订《亚琛和约》（1748）之后，特蕾西亚依旧没有放弃寻找盟友，希望有朝一日能夺回西里西亚。在经过漫长的谈判之后，奥地利和法国这对老冤家缔结了盟约。俄罗斯对普鲁士的领土扩张起了疑心，便也向奥地利伸出援手。英国审时度势，旋即与普鲁士结盟。欧洲局势风云突变，史称"逆转同盟"。

新的同盟形成之后，七年战争（1756—1763）爆发。这次普鲁士不仅保住了西里西亚，还证明了自己拥有足以与奥地利抗衡的强大实力。不过，这场战争的最大赢家其实是英国，老对手法国在海外战争中损失惨重，不得不卖掉大部分殖民地。1763 年后，英国在印度和北美拥有主导地位已成不争的事实。

1697 年，年仅 15 岁的卡尔十二世在斯德哥尔摩加冕为王。在竞争对手们看来，这无疑是终结瑞典在波罗的海上霸权的最佳时机。尽管卡尔十二世骁勇善战，极具传奇色彩，但最终还是在北方战争（1700—1721）中落败，瑞典自此由盛转衰。

3. 社会与经济

穷人的生活

18世纪时，就算处在和平时期，绝大多数欧洲人的生活条件还是很糟。城市成为疾病传播的绝佳场所。街道昏暗泥泞，臭气熏天。相比战火纷飞的17世纪，这时人口有了显著增长，城市快要住不下了。有可靠数据表明，18世纪末的欧洲总人口比世纪初增长了50%，不过，不同的时间段以及不同地区的增长速度也不尽相同。在英格兰，人口数量从550万涨到了900万，而法国则是从1800万增至2600万。

好在人们逐渐意识到搞好道路建设、城市安全与公共卫生的必要性。欧洲各地开始拆除肮脏或太过拥挤的居住区，取而代之的是各种大广场，如当今巴黎"孚日广场"的前身"皇家广场"。

整体上来看，大部分欧洲人依旧住在农村，但农业生产已经无法满足逐渐增长的粮食需求。19世纪以及后来那些厌恶工业革命的人们一边咒骂"鬼一般黑的工厂"，一边歌颂田园生活，认为农民都是在清新空气里进行"健康"的工作。殊不知，超长工作时间、饥饿和疾病才是从前的佃农、小农及其子女的日常，一家人往往只能挤在昏暗潮湿的棚屋中过活。

与工业革命相比，农业革命则鲜为人知，但18世纪的农村生活即将因此而改变。休耕地、共同经营的田地和树林因圈地运动逐渐消减，这种现象在英国尤其常见。欧洲各国无法解决人口增长带来的问题，大批农民涌入城市，成为贫困大军中的一员，很多人为了生存不得不乞讨。画家们留下了不少记录世情的画作——有的画着富人的豪宅和一墙之隔的穷人落脚处，有的画着贵族和乞丐在

农民的重担

相比从前，粮食供应不足的问题在18世纪有所改善，但农民仍面临歉收的威胁。越来越多的农民还会在家兼份工，比如做一些纺织活儿，但报酬也很低。总的来说，农民的日子很不好过。

街上相遇。

面对这种人间惨剧，人与人之间的互助十分必要。但这往往出自"基督教的怜悯心"，其实也是保护富裕阶层利益的一种手段——毕竟富人都知道贫困是一种不利于地区安定的因素。当时减轻穷人困苦的社会救助确实不少，众多天主教国家都有"慈悲姐妹会"组织布施，其他教团或经营医院、或以其他方式施善。新教国家如英国和北欧各国，则是通过向富人征税来资助穷人。但这些措施都是治标不治本，有些甚至还略显粗暴，而且往往针对那些"值得"同情的人。像是残疾人就经常被排除在外，因为他们很难通过工作去赚取生活费。得不到救助的人只能自己想办法度日，其中不乏铤而走险者。当时针对违法犯罪行为的刑罚十分残酷，观看公开处刑甚至一度成为城市居民的消遣活动，其中包括犯罪分子被鞭打、被刽子手斩首、被车裂或绞死。

当时儿童的死亡率极高，各个社会阶层的婴儿都会因感染时疫或喂养不当而丧命。穷人的孩子当然更受死神"眷顾"，尤其是那些因意外怀孕而出生的婴儿。从当时孤儿院的数量来看，被遗弃的孩子数量不在少数。食不果腹是孤儿院里孩子的常态，他们还必须遵守严如军规般的行为准则。不过，公共卫生事业倒是在18世纪迈出了向前的第一步，医院数量明显高于从前。其中部分由天主教会经营，更多的则是由私人出于怜悯之心出资兴建。但外科门诊的数量依旧稀少。在讲英语的国家，若理发店配有红白蓝三色柱，则表示此处兼做外科手术。那时人们使

负债人的监狱
因无力偿还债务而全家入狱的情形在当时并不罕见。

用的麻醉药还很危险。医学领域取得的重大成果之一便是天花疫苗的出现。

儿童及学校

英国的领导层意识到，贫穷往往会导致动乱，而学校教育或许可以缓解这一问题。然而无论所处社会阶级高低，当时去上学的孩童还是很少。家境不错的男孩会接受家庭教师的启蒙教育，部分青少年接下来会进入高等学校。当然，如前所述，还有少数年轻人有能力在欧洲各地游学。名门望族的女孩则往往在家师从其母，学习编织和家政管理等事务，同时也会向私人教师学习音乐和舞蹈。

和其他国家相比，普鲁士和苏格兰人民的受教育水平最高。腓特烈大帝继续其父的事业，在欧洲开创了义务教育。先进的普鲁士教育体系已照顾到学生的性格及爱好，秉持因材施教的方针。在苏格兰，所有公立学校均由长老会创办，因为人们相信新教对圣

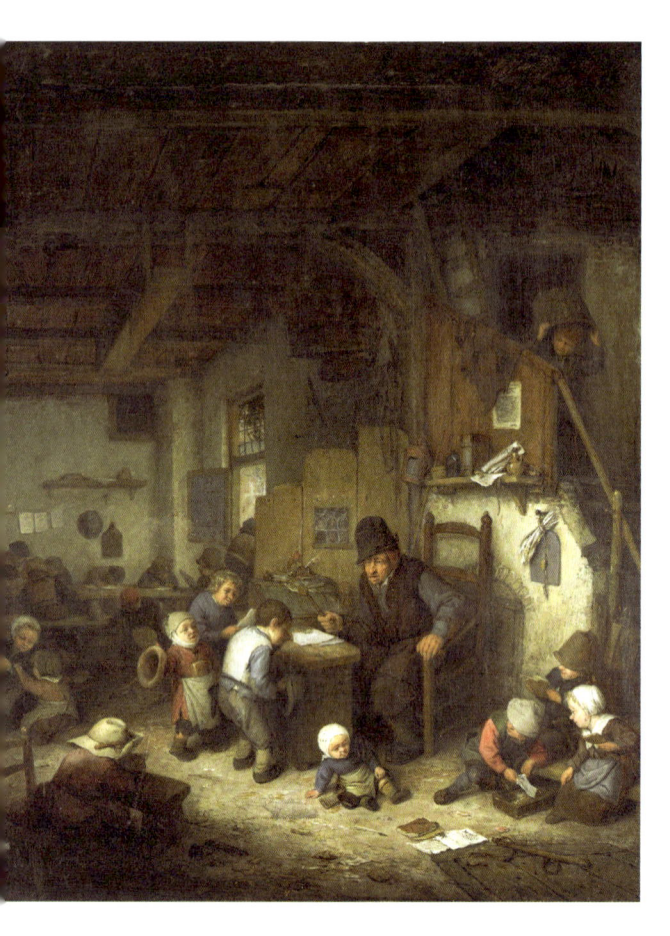

一所18世纪的位于佛兰德斯的学校

欧洲各地的小学基本上都是这样的情形。

经的解读。

法国教士圣若翰·喇沙于1684年创办了"基督学校修士会",让穷人家的孩子也能有学可上。19世纪初爱尔兰也出现了性质相似的教团,帮助穷苦出身的孩子掌握基础算术和读写,其影响甚至逐渐扩散到海外。在英格兰,教会出资创办了许多贫困生学校,自主制定所学课程,并接受社会捐赠。

除了这些正规学校,还有一些条件简陋的私人学堂。这种通常是在私人住宅里腾出一间房作为教室,大部分学童以天为单位交学费,教师的收入很微薄。尽管如此,还是有不少人——尤其是寡妇,靠此维生。

在爱尔兰,"旅行教师"在租赁的房屋内或干脆在露天教学。法国人称这类教学机构为"乡村学校"。教授科目有阅读、书写和基础算术,但最初的几学年里并没有固定的教材,也没有传统意义上的"班级",学生主要通过教师提供的书籍,如小说和宗教论文之类培养阅读能力。一位老师负责给所有学生上课,但根据学生的阅读能力会分配不同的读物,学习经验比较丰富的学生还可担任助教。

儿童读物

过去人们通常认为儿童就是成人的幼年形态,儿童特有的旺盛精力、无边的想象力和好奇心则属于需要严加管教的"不良举止"。但后来人们对此逐渐有了改观,认为针对儿童的教育应当符合他们的天性。大批幼儿和青少年读物的出现就反映了这一观念上的变化。

丹尼尔·笛福的《鲁滨孙漂流记》和乔纳森·斯威夫特的《格列佛游记》原是为成人读者而作,讲的是在陌生奇异世界的探索冒险,出版后不久却成了最受欢迎的青少年读物。家长和教师也因为书中高尚的道德观、对信仰和美德的赞赏以及对异域风情的绝佳描写而对其推崇备至。专供儿童阅读的插图简洁版在欧洲多国发行。笛福的小说甚至是卢梭笔下虚构人物"爱弥儿"的首选教育读物。

启蒙运动与自由思想　　299

在卢梭和众多教育学家的共同努力下，幼儿和青少年读物的需求量越来越大，作家和出版商不得不尽可能快地推出新作。大量儿童读物——尤其是那些在法国首发的作品，被迅速译成多种语言，在全欧范围内出售。

《鲁滨孙漂流记》

丹尼尔·笛福写于1719年的这部作品，一经出版便大获成功。此书向当时的读者证明了：工作创造成就感，孤独感能被克服，而不公平则会破坏人际关系。

《格列佛游记》

乔纳森·斯威夫特既是都柏林圣派翠克大教堂的负责人，也是一位精通讽刺艺术的文学家。他笔下的主人公格列佛为人正直、健谈务实且富有好奇心。在奇妙的旅途中，格列佛遇到了小人——只有六寸高的利立浦特人，还有巨人——身高是他四倍的布罗卜丁奈格人，还去了神奇的国度飞岛国和慧骃国。借着主人公的探险之旅，乔纳森揭露了当时的法律并没有保护人民，而是在压迫人民这一事实。这部充满想象力的讽刺作品，在出版后就立即获得了全欧洲读者的喜爱。

4. 启蒙运动

社会批判

新变革不只出现在教育领域,比如在法国,对国王的不满之情就愈演愈烈。随着社会批评得到的支持越来越多,18世纪下半叶的重要思潮——"启蒙运动"到来了。

启蒙运动思想家们认为,英国和荷兰共和国的政府给整个欧洲做出了表率。他们还对17世纪的哲学家、教育家及政治家约翰·洛克赞善有加,在他们眼中,此人就是英国政治体制的象征。洛克主张,政府必须得到人民的认同。

可实际上,英国的运作模式根本就没有遵照洛克的学说。不管是王室还是政府,都不乐见"被统治者"挑战其领导权威,其所获的"认同",仅仅来自西敏议会里那群极富影响力的精英团体。"通过人民认同"的原则只在英国的殖民地(很快我们就会注意到北美就是这样)或者被吞并的国家,如爱尔兰得到贯彻执行。

启蒙运动时期的大思想家
上图中的女性:玛丽·沃斯通克拉夫特(1759—1797),英国最早的女权主义者之一。
左图:托马斯·潘恩(1737—1809),美国政治学家,其政治思想对美国影响深远。

巴黎植物园

这里原本是国王的草药园，1793年改为国家自然历史博物馆。

启蒙运动思想家们认为，政府的首要任务就是为人民谋福祉，尽可能地不侵犯个人权利，以及保证宗教信仰自由。同时代的很多人将教会视为偏狭和迷信的象征，因此教会也成了遭遇猛烈批评的对象。如伏尔泰便称其为"进步的绊脚石"。

许多统治者甚至通过控制教会（比如奥地利的约瑟夫二世），保障信仰自由的政策能够得到贯彻落实。然而，这时期所谓的"信仰自由"绝不意味着信仰平等。虽然卢梭召开过无神论沙龙，信仰自由后来也被写入了《人权宣言》，但犹太教在很长一段时间内都被排除在"信仰"之外。而且，不管有多少官方说明，新教和天主教间互不承认的"传统"还在延续。

安托万－洛朗·德·拉瓦锡（1743—1794）

拉瓦锡创建了现代化学。在成为国家兵工厂厂长后，他将该机构发展成法国最重要的科研中心之一。

以自然为榜样

启蒙主义者相信，相比宗教，科学更能保证政治昌明。17世纪以来，在培根和牛顿等人打造的知识根基之上，科学快步向前发展。即使约瑟夫·海顿的清唱剧《创世纪》是为了赞美上帝而作，也难掩同时代人对于

乔芙兰夫人的沙龙

欧洲各地都在热烈探讨启蒙主义思想，乔芙兰夫人在巴黎开的沙龙里也不例外。伏尔泰的雕像正处在这幅画的中心位置。

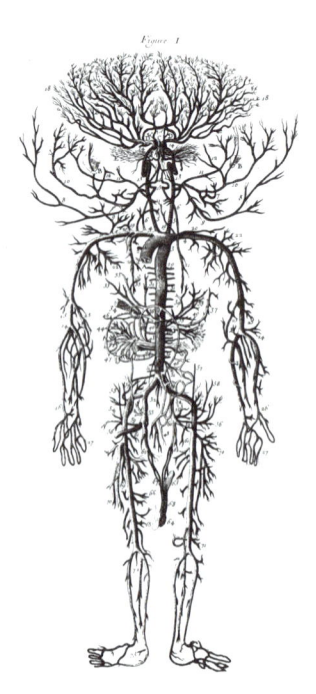

《百科全书》

全套共有 35 册，其中 12 册带有图表和插画。该出版项目由狄德罗和达朗贝尔发起，历时二十多年才最终完成，曾获伏尔泰、孟德斯鸠、卢梭等多位启蒙主义者的支持。

左：1751 年版的标题页
右：解剖学的插图，展示了人体血管的分布情况

自然的崇拜。他们相信，只有自然才能创造完美的世界，出于政治或宗教考量的人为干预应尽可能地减少。人类归根结底也是自然的一部分，应该像海外殖民地里那些"单纯的野人"般自由自在地发挥天性。鲁滨孙和他的土著伙伴"星期五"便符合这一理想。对自然和理性的崇拜之情指引整个科学界走向巨大成功。法国人狄德罗和达朗贝尔原本只打算翻译出版英国人钱伯斯于1728年制作的两册百科全书，而最后结果却是他们编纂了属于自己的《百科全书》——配有插图，足有35册之多。通过和两百多名专家合作，他们在书中收录了那个时代的知识结晶。

各地都在讨论新思想，尤其是在法国——那里是思想碰撞最多的地方，在咖啡馆和贵族沙龙时常能听到激烈的辩论。许多人都认同改革的必要性。然而并不是所有欢迎改革的人都明白，这会威胁到他们的特权。要是谁对现存秩序的批判过激，就会被关进监狱——伏尔泰就在巴士底狱待过一段时间。尽管如此，关于自由的思想仍旧传播开来。卢梭同洛克的看法一致，国王应更多地向人民尽义务，而不仅是统治。不过卢梭的思想又更进一步，他称统治者和被统治者通过"社会契约"捆绑在一起，若统治者不履行义务，臣民可认定契约无效，不再听命于他。

然而，当时的欧洲没有一个国家愿意接受这一主张，包括英国在内。大卫·休谟敢于揭露"英国模式"真实的一面——或许因为他是苏格兰人。当时在苏格兰，启蒙运动的呼声高涨，苏格兰长老会在贝尔法斯特的后人支持启蒙运动的发展，这带动了北爱尔兰其他地区的参与热情。休谟指出，"随处可见诸侯视佃农为个人资产，吹嘘其统治权，想都不想这权力究竟是继承而来，还是靠自身拼搏而得。随处可见臣民认可诸侯权力，觉得自己对其应如对父母一般尽忠守孝"。

虽然启蒙主义者之间也存在不同意见，但旧制度下的诸侯和统治者仍旧感受到了来自洛克、卢梭、伏尔泰和其他启蒙主义者思想的威胁。俄国的叶卡捷琳娜二世、奥地利的约瑟夫二世和普鲁士的腓特烈二世都探究过这些思想，在很多方面也深表赞同，但即便开明如此，他们也难以接受"社会契约论"。不过丹麦国王弗雷德里克六世则积极响应，提出"一切为了人民，绝不剥削人民"。奇怪的是，偏偏在法国，不管是王室还是众臣，都感受不到时代的变迁，或许是因为法国的哲学家们在本国造成的政治影响远不如在他国显眼。毕竟那些认识到改革必要性的人们最终收获的只有失望而已。

5. 从"波士顿倾茶事件"到攻占巴士底狱

北美反英

在18世纪七八十年代,许多欧洲人将目光投向北美。一方面是因为美国大革命的领导者借用的是欧洲思想家的治国理念,另一方面则在于年轻的"美利坚合众国"贯彻实施了启蒙运动的思想。先进的政治理念曾经从欧洲传入北美,而今却是逆流入欧:大西洋彼岸的事件影响着那些一心改革,甚至打算推翻旧制度的欧洲人。

英国在北美驻扎了很多军队,不得不向当地征收高额税款以满足其巨大开销。日益沉重的税收负担使殖民地和宗主国英国政府间的矛盾越来越深。

对殖民地的开拓者们而言,这涉及了原则问题。各殖民地通常是自主管理,各种决策一般通过"集会"制定,而集会则由当地选区选出的代表组成。远在伦敦的议会里没有来自殖民地的代表,却向殖民地下达了新的税收法令。开拓者们认为,这损害了英国人"无代表不纳税"的权利。1773年,有一批来自英国的货船满载东印度公司的茶叶,抵达了波士顿港。一群伪装成印第安人的殖民地开拓者爬上甲板,将货物全抛入海中,史称"波士顿倾茶事件"。此举向北美殖民地的人民发出了起义信号。

1775年5月,来自13个殖民州的代表相聚于费城,其中有出身市民阶层的律师、医生和商人。他们都自诩为爱国人士,称要将殖民地的福祉摆在首位。他们不愿发动战争,但还是授予了乔治·华盛顿"陆军总司令"一职。此外,代表们还决定打破英国的

英属北美殖民地

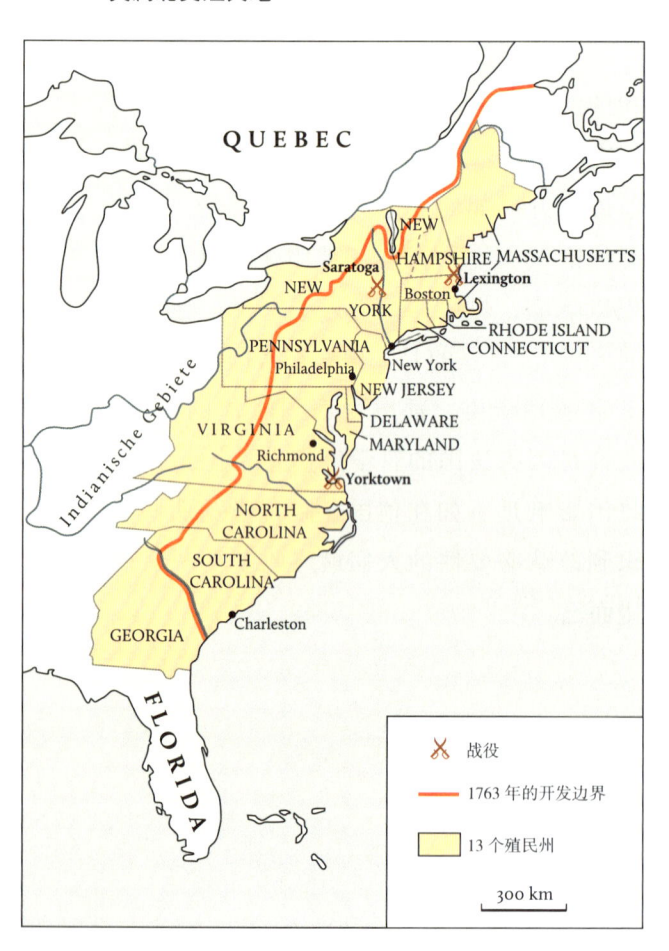

波士顿倾茶事件

英国政府于1773年颁布《茶税法》，激怒了北美的殖民地开拓者。1773年12月16日，一群伪装成印第安人的开拓者控制了停泊在波士顿港的东印度公司货船，将1.8万磅茶叶倒入海中。

签署美国独立宣言

1776年7月4日，来自13个殖民州的代表在费城签署了《独立宣言》，美国自此登上世界舞台。托马斯·杰斐逊是这项重要宣言的起草人之一。

茶叶垄断。

此举招致英国的强烈抗议，派海军封锁了北美东海岸，切断了殖民地货物进出口的通道。殖民地与宗主国之间的矛盾变得越来越大。1776年1月大陆议会宣布，"各殖民地为独立自主之国家，行使国家权力，不再听命于大不列颠王国，与大不列颠之间已经且必须完全处于政治断联状态"。

6个月之后，也就是1776年的7月4日，13块英属北美殖民地的代表签署了《独立宣言》：

"我们视以下真理为不证自明：人人生而平等，人人皆被造物主赋予若干不可剥夺的权利，其中包括生命、自由和追求幸福的权利。"

这些原则源于启蒙主义思想。许多人自愿加入爱国军阵营，其中有法国的拉法耶特侯爵，波兰的柯斯丘什科以及德国的冯·斯图本。作为英国的死对头，法国和西班牙向

第三等级的负担

画面中为一名倒地的农民被贵族和神职人员践踏，这讽刺了第一和第二等级对第三等级的压迫和剥削。贵族和神职人员从不纳税，赚取的钱财却比平民多出好几倍，甚至还能拿到退休金。

新成立的共和国提供了军事援助。在多方压力之下，英国于1783年被迫承认美国独立。

1789年的法国

法国因参与美国的独立战争，令长期存在的国家财政危机愈加严重。而法王路易十六的大臣无视早就该改革的税收制度，只采取了几项保守措施。社会评论家们则趁机呼吁王室和贵族阶级应为法国的危机负责。因为贵族和神职人员根本无须纳税，税收重担全落在农民和手工业者身上。他们虽人数众多，但极为贫穷。不妥的征税方式使国家难以得到足够的收入。

按照中世纪延续下来的封建传统，农民除了向国家缴税之外，还得给地主上供。然而由于持续的通货膨胀，地主的收益越来越少，其旧时特权难以为继。贵族希望改善财政状况，重拾昔日辉煌，反而使国家矛盾进一步激化。和英国的情况不同，法国上层贵族的世界相对封闭，不管是下层贵族还是大资产阶级都没有挤进去的可能。

法国的社会危机早在1789年之前就出现了，但后来发生的两件大事使这一年注定不会平静。一是1787年至1788年粮食歉收，当时的运输能力也不强，造成谷物价格不断攀升，城市底层人民连面包都吃不起了。二是政治危机爆发。面对经济崩坏的情况，优柔寡断的路易十六束手无策。他先后任命过好几个财政大臣，但没有一人能解决眼前的难题。当政府终于打算扩大征税范围、提高收税效率时，却遭到特权阶级的坚决反对。

三级会议

国王最终听取谏言，不顾贵族的愤怒，在凡尔赛宫召开了三级会议。三级会议由贵族、高阶神职人员和第三等级（市民和农民）的代表组成，自1614年以来就一直再没开过。所以，这次召集本身就已有了一定的革命意味。法国的各城各村都在积极选举代表出席该会议，花长时间讨论社会弊端。有识之士纷纷起草陈情书，以便在会议上找机会宣读。尽管这些陈情书反映的是各地不同的问题，却传递着同一个信号——法国迫切需要一场大变革。

贵族和高阶神职人员要求进行分级讨论和投票。第三等级占了法国93%的人口，第三等级的代表团自然规模庞大。他们明白，如果不按人数只根据等级投票的话，自己一方就会优势尽失。于是他们便与低阶神职人员联手,坚持要共同参与。他们的要求被驳回后,代表们聚集在会场附近的网球厅,扬言若不达成目标,就不离开此地。路易十六最后只得妥协,三个等级的代表将共同召开"国民议会"。7月9日,国民议会更名为国民制宪议会。

以罗伯斯庇尔为首的激进派越是要求改革,辩论就越激烈——而贵族只想保持现状。在会议之外,失业、通货膨胀和饥饿导致的愤怒与绝望迫使巴黎人民走上街头示威,并不可避免地出现了暴力行为。

当巴黎人民发现国家派出军队维持秩序时,便怀疑贵族已和国王串通一气否决了改革的要求。正是在1789年7月14日这一天,人们冲进了巴士底狱,放出了里面的囚犯。反叛者的旗帜由巴黎城的代表色(蓝色和红色)和波旁王朝的白色组成。

暴动的快速升级使贵族们惊恐万分,他们成群逃向德国和英国。动荡局势波及农村,有关强盗团伙的谣言四处流传,人心惶惶。有人组织起武装集团以图自保,但也有人借机冲进地主的城堡,毁掉地契。

封建社会的终结

1789年8月4日的夜晚,在人民高涨的情绪中,国民制宪议会隆重宣布旧时代的封

网球厅宣誓
1789年6月20日,国民议会的议员在凡尔赛的网球厅宣称,若不立宪便不离开。

建制度不复存在，陈情书中提出的大部分问题也得到了解决。8月26日，通过了《人权和公民权宣言》，这就是两年后推出的法国宪法的基础。宣言中规定国王为立宪制君主，应受法律制约，不可凌驾于法律之上。地方管理也有调整，从前的行省变为83个省，然后再细分为区和县。每个有权选举国民议会的公民，同样可以参与地方法院法官及政府工作人员的选举。

关于法国天主教的新法令中只保留了教皇的一些无足轻重的权力，并呼吁僧侣和修女解除其对教皇的义务。教会的财产被国家查收并拍卖，教区范围应依所在省的边界而定。主教和神父应由教众直接选举产生，领国家俸禄。但是教皇并不承认这些决议，大部分拒绝向国家宣誓效忠的神父和主教则遭到迫害。国民制宪议会此举实际上偏离了其革命目标——至少让自己的立场变得尴尬。

路易十六起初坚决反对违背其本意的《教士的公民组织法》，但最终仍不得不签字批准。王室于1791年逃出巴黎，去了一处有保皇派的地方，打算接下来去国外避难。但是在法国东部边境瓦雷纳，国王被人认了出来，最终同家人一起被押回巴黎。共和党人将国王的出逃视为其对革命的背叛，有巨大影响力的马拉和罗伯斯庇尔等雅各宾派便趁机向国王本人及王权发起舆论上的攻击。

邻国的介入

国民制宪议会称国王出逃是受了外国势力的诱导（1791年9月）。出于对境外反革命势力的担忧，人民越来越不信任路易十六了。

欧洲诸侯对法国革命的发展，以及对革命给本国人民可能带来的影响而深感不安，但他们又乐于见到曾经的欧陆霸主深陷内忧——暂时还不打算成为其"外患"。1791年

1792年的"九月大屠杀"

民愤难抑导致大暴乱：普奥联军进入法国后，在丹顿、马拉和戴格朗蒂纳等人的煽动下，愤怒的暴民杀害了1200名被关押的贵族和神职人员。

瓦尔密战役

歌德曾评价这场战役:"世界历史从此时此地进入了新纪元。"1792年9月20日,陆军上将凯勒曼带领一支缺少装备、训练也不足的义勇军,最终从普奥联军手下拯救了法国大革命的成果。

8月的《皮尔尼茨宣言》中称,神圣罗马帝国皇帝和普鲁士国王对发动军事行动持保留态度。与其说这有干涉法国内政的嫌疑,更像是对不介入的确认。

战争最终是由深陷革命中的法国发起的。国王试图复辟,而革命者们则认为可以趁机揭发路易十六的恶行,并将其除掉。1792年4月20日,战争打响。谁能想到,这场战役一打便打到了1815年呢?

由于许多贵族出身的军官已逃往国外,总司令拉法耶特的声望又不足以震慑手下,法国军心涣散。面对普鲁士军队在洛林和香槟地区的威胁,国民立法议会于1792年7月10日宣布"祖国陷入危难之中"。为了保卫祖国,也为了保护革命理想,人民组成了义勇军,他们不顾国王反对,高唱着《马赛曲》进入巴黎。此曲后来成为法国的国歌,更为全世界的革命者所传唱。

1792年7月25日,布伦瑞克公爵发布了"宣言"——该文件由军中的法国保皇派领导者孔代亲王起草,表示普鲁士和奥地利将联手帮助法王复辟。但未曾料到这反而将路易十六置于险境,因为法国人都开始谴责国王勾结民族仇敌。最终当年的8月10日便成了法国君主制的末日。巴黎革命军同来自马赛和布雷斯特的义勇军冲进杜乐丽花园,国民立法议会宣布废黜国王。

被围困的共和国

随着国王的下台,1791年确立的君主立宪制也随之失效。由男性普选代表组成的基于选举法成立的国民公会召开了第一次会议(1792年9月21日),宣布共和国成立。接着法军在瓦尔密战役中取胜,将奥普联军逐出法国,守住了大革命成果。在此之前的9月2日至9日这几天里,一群失控的暴民屠

处死路易十六

"路易·卡佩，曾经的路易十六，因密谋侵犯民族自由和国家安全，被判死刑。"他于1793年1月21日上午10点在"革命广场"被刽子手斩首。

杀了一千多名被关押的贵族和教会人员，通过消灭他们眼中的"内部敌人"，也为维护大革命作出了"贡献"。

接下来的几个月，局势利好法国。因新出现的晋升机会和爱国热情的高涨，法军士气大振，转而攻入奥属尼德兰，拿下如今比利时境内的热马普，由此开始了对外征伐。法国将人民独立自主的权利定为社会准则，与旧制度彻底决裂。

对路易十六的审问、判刑和处决不仅惹怒了欧洲所有王室，也令各地王侯恐慌不已，担心革命潮流危害到自身利益。于是绝大部分欧洲国家组成了第一次反法同盟，向法国开战。

1793年春，法国的国内局势再度紧张起来。为了与同盟军对抗，国民公会要征兵30万，却激起法国西部旺达地区人民的不满。法国当下外患未除，更添残酷内战。此外，国民公会内部也出现了党派纷争。一派因大部分成员来自吉伦特区，被称为"吉伦特派"。该派以布里索和韦尼奥为首，希望维护1789年来形成的各项自由原则。另一派则被称为"山岳派"（因议员坐在议会厅的较高位置而得名），主张建立为大众谋福祉的独裁统治，代表人物有马拉、丹顿和罗伯斯庇尔。

山岳派先是指责吉伦特派软弱无能，后又诋毁对方叛国。借由1793年6月2日高涨的革命情绪，山岳派下令逮捕吉伦特派成员，大部分人被扣上莫须有的罪名，死在断头台上。

恐怖统治

救国委员会由国民公会创立，由激进的雅各宾派成员组成的山岳派很快就将其掌握在手中，通过这个部门在法国进行了长达一年的恐怖统治（1793年6月—1794年7月）。

救国委员会成立于国家危难之际，握有特殊职权，是实行恐怖统治的最佳工具。对外，救国委员会必须在各条前线组织抗击外敌；对内，还要镇压旺达地区爆发的内战和其他行省的动乱——波尔多、卡昂、里昂和马赛等地的人民皆因吉伦特派被清算而愤懑不满。对近在眼前的财政危机以及饥荒的阴影，也不能坐视不管。罗伯斯庇尔和其同党便被允许采用一切必要的措施，只为能拯救革命和法国。所有遭到雅各宾派怀疑的人都

马克西米连·罗伯斯庇尔（1758—1794）

当他于1793年发动"恐怖统治"和"美德专制"时，这位"坚定不移者"时年35岁。然而，次年7月28日，他便死在断头台上。直到如今，对于他究竟是理想主义者还是极端分子这一问题，仍无定论。

拿破仑·波拿巴（1769—1821）

拿破仑·波拿巴生于科西嘉岛的阿雅克肖，10岁时进入布列讷堡军校学习，之后就读于巴黎军官学院。1793年，他从英国人手中夺回土伦港，被任命为准将。1795年，督政府任命拿破仑为法国的意大利军团总司令。

被关押了起来，人人都必须佩戴雅各宾派徽章和蓝白红三色帽徽，以表忠心。全国大约有4万人在此期间被处死，不过此数据的可信度未被证实。还有1万人或因欠债或毫无缘由地被监禁。拒绝为国家效忠的神父面临着比以前更为残酷的迫害。大部分雅各宾派就如罗伯斯庇尔一般，对自己行为的正当性坚信不疑。对于许多法国人而言，首要目的是保命，其次是保住社会地位，因此不得不听命于雅各宾派。

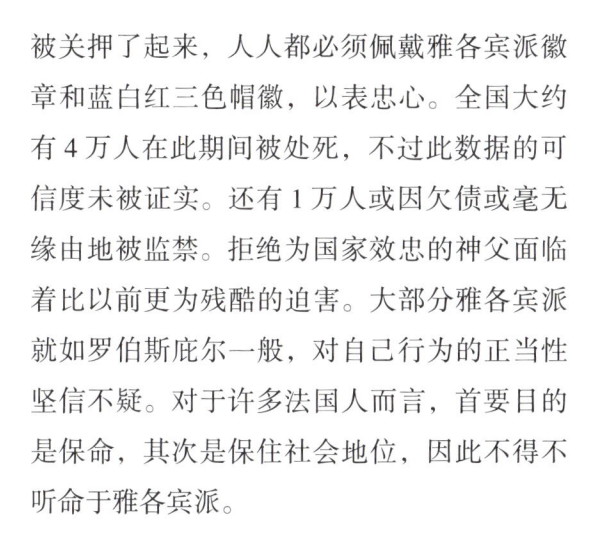

恐怖统治在短时间内起到了效果：1793年末，内战平息；1794年春，法军开始反攻外敌。此时，高压统治手段似乎已经没有什么必要了。然而公开表达这一观点的丹顿却于1794年4月被处死，在他之后还有许多持相同政见者丧生。同年7月，罗伯斯庇尔倒台，在断头台上结束了一生。

走向军事独裁

法国共和历的热月九日（1794年7月27日）这天，罗伯斯庇尔在政变中被捕，雅各宾派的统治宣告结束。国民公会颁布了新宪法，规定新的立法机构为两院制，一院由40岁以上的已婚男士组成，另一院由500名30岁以上的议员组成。后者有立法权，而前者有表决权。但实际上手握国家大权的却是五

阿尔科莱战役

1796年11月15日，拿破仑靠快速行军和高强度进攻拿下阿尔科莱，这一胜利决定了战事的整体走向，两天后奥军投降。

人制的督政府。对于立法机构和督政府之间可能出现的权力矛盾，宪法未作出任何说明。

在这一有利条件下，保皇党再度活跃起来，他们赢得了1797年4月的议员选举，要求停止战争。督政府既担心君主制复辟，又害怕雅各宾派的恐怖统治回归，只得转而依靠年轻有为的将领拿破仑。他不仅在意大利击败了奥地利的军队，还代表法国迫使对方签订了《坎坡福尔米奥条约》。为帮助督政府镇压叛变，拿破仑于1797年9月将手下一名将领派回巴黎。自此军方开始在法国政治中扮演重要角色。

欧陆战场上，法国革命军屡战屡胜。除了靠大量募兵以及提供升迁机会，新的作战指挥方针将战争提升到了保家卫国的层面，使军队士气大振。法国领土扩张至莱茵河西岸，还兼并了萨伏依和尼斯。

战败国同时也被法军"解放"，建立起了法国模式的共和国。荷兰共和国改为巴达维亚共和国（1974），奇萨尔皮尼共和国、利古里亚共和国（1797）分别在米兰和热那亚成立，赫尔维蒂共和国和罗马共和国成立于1798年，帕特诺珀共和国于1799年取代了当时的那不勒斯王国。这些"姊妹共和国"是法国在抗击封建及教会势力、推广大革命思想的过程中，建立起的附属国。然而，法国的革命行军中也伴随着抢掠，许多艺术品被运到巴黎。难道法国人已从解放者变为压迫者了吗？

6. 拿破仑的崛起与跌落

法兰西第一帝国

革命初期，罗伯斯庇尔在国民议会上发表的法国将产生皇帝的预言，在1799年11月9日的"雾月政变"之后成为现实。这位皇帝的名字叫作拿破仑·波拿巴。

在1800年颁布的宪法中，拿破仑被立为"第一执政"，任期10年，在1802年又改为终身制。1804年，法兰西帝国成立。同年12月2日，拿破仑选择不通过教皇，而是以自己为自己加冕的方式成为法国人的皇帝。加冕前的民调显示，共有350万人赞成，2580人反对。

帝国的政治基调早在1800年就已确定。十年的革命动乱之后，法国需要休养生息，大革命的成果将成为国家传统保留下来。不同的政治主张，只要合拿破仑之意，便允许存在——没想到大革命最终为他赢得了个皇冠。

法国人渴望和平。于是，法国与奥地利于1801年在吕内维尔签订和约，与英国于1802年在亚眠签订和约；之前与英国签的和约虽不牢靠，但在当时却巩固了拿破仑在人民心目中的地位。与教皇的矛盾也有所缓和——1801年颁布的《教务专约》宣布天主教为"多数法国人的宗教"。今后神父从国家手中领取俸禄，教会也不再坚持索回已被没收的财产。新教和犹太教分别于1802年和1808年与国家签署协定。

拿破仑——法国人的皇帝

1804年12月2日，拿破仑为自己加冕，成为"法国人的皇帝"。画中拿破仑一世手持不久前生效的《法国民法典》，该法典随后又以《拿破仑法典》之名载入史册。

在行政管理方面，革命成果同样是有条件地被保留下来。1804年生效的《法国民法典》目的在于统一法度，保留了特定的革命原则，如法律面前人人平等，取消了长子继承制，但该法典也强化了父权。

省依旧是最重要的地方行政机关，不过如今省长由中央政府任命。法国再次踏上成为中央集权国家的道路。不过这次，拿破仑为各个重要领域召集了足够多的人才。为了随时监管人民，他还建立起新闻审查制度和秘密警察制度。

在教育领域，拿破仑也同样实行中央集权制，将所有高等学校集结在"帝国大学"这一中央教育机构之下。基础教育工作原本由神职人员履行，但许多神父和教团成员在大革命中遭受迫害，致使基础教育停摆。拿破仑并未打算恢复旧制，而是借机建立了纪律严明的新中学，为将来的政府官员提供基础的人文经典教育。

法国银行（1800）的成立为法国经济注入了生机。中央银行的存在以及拿破仑采取的金银复本位货币制度（1803），使法郎的币值在"一战"之前一直保持稳定。当然，中央银行也因大资产阶级对拿破仑政府的信任而受益。

拿破仑十分乐意展示富足的新生活。他爱奢华，居住的宫殿集凡尔赛和古罗马建筑之长。在加冕时，他佩戴也是古罗马帝王的桂冠。但他也以大革命的继承者而自居，于

1812年的法兰西第一帝国

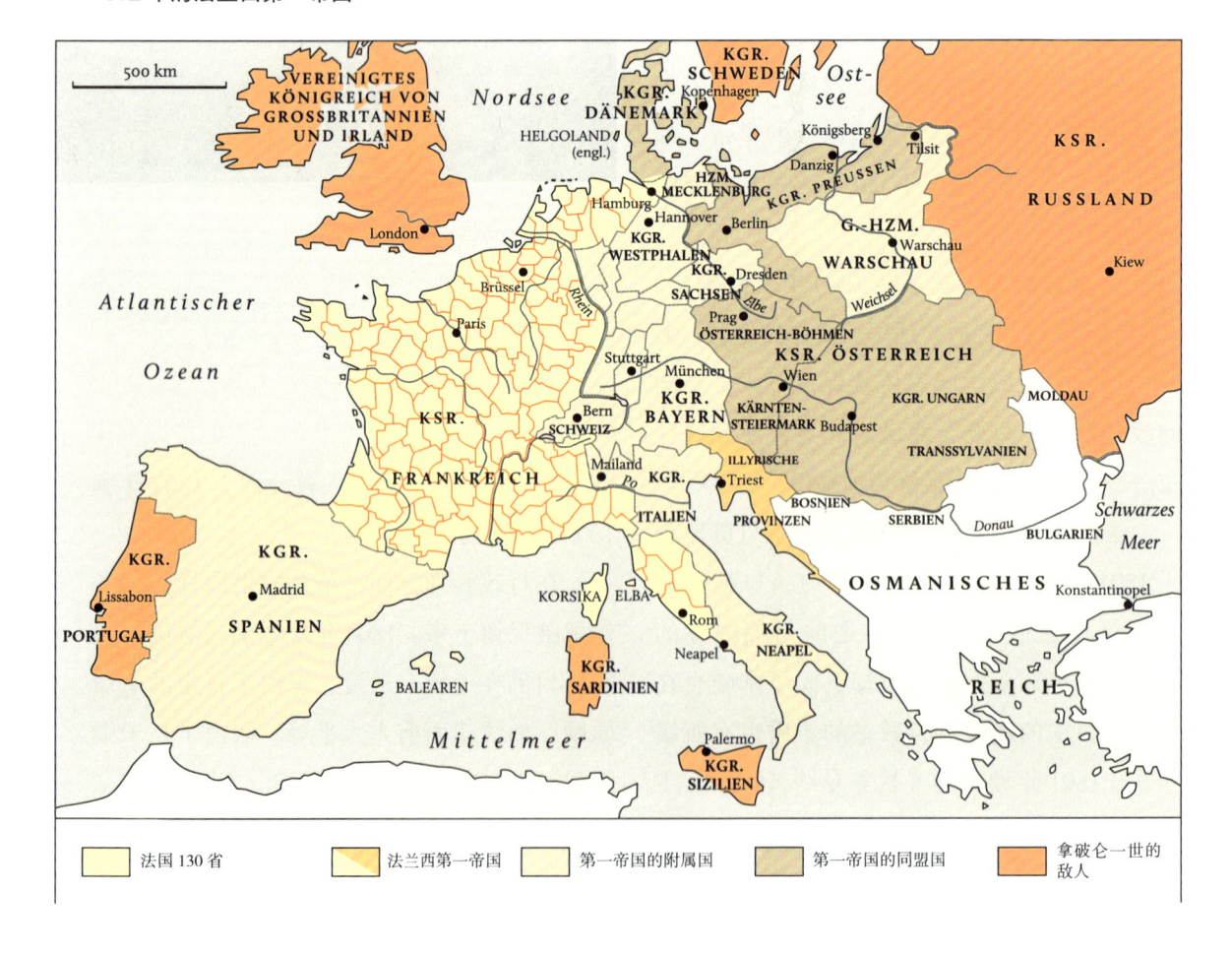

| 法国130省 | 法兰西第一帝国 | 第一帝国的附属国 | 第一帝国的同盟国 | 拿破仑一世的敌人 |

枪杀马德里起义者（1808年5月3日）

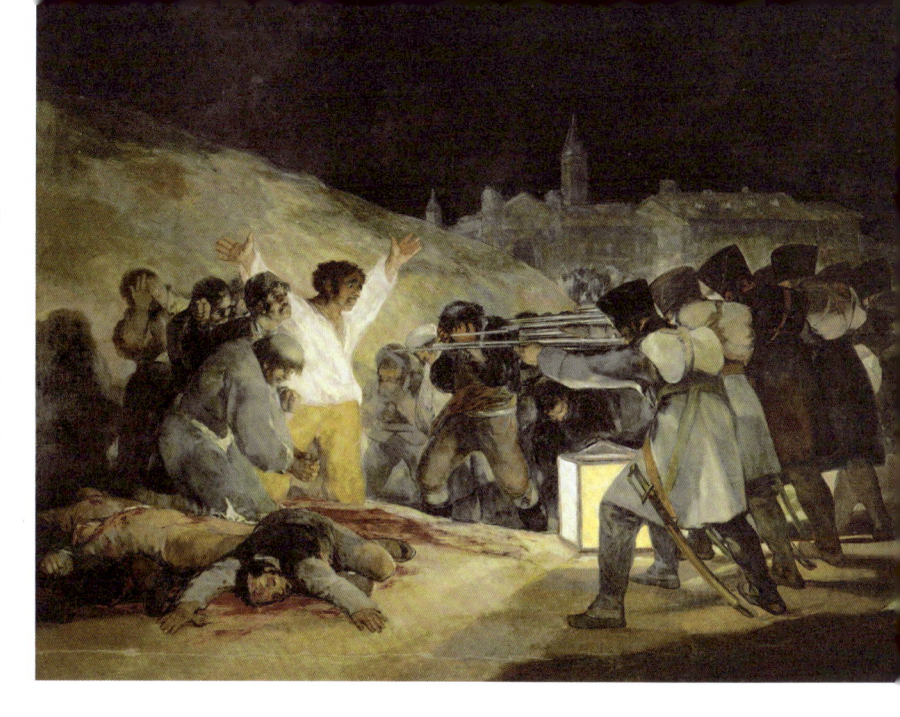

西班牙人民拒绝接受拿破仑的长兄约瑟夫·波拿巴成为西班牙国王。马德里爆发起义，人民与法国占领军展开了激烈的巷战，但最后还是被镇压了下去。法军射杀了所有被捕的西班牙起义者，以示惩戒。这是史上第一次，皇帝遭到的不是军队而是人民的反抗。民族主义曾是法国大革命的动力源泉，如今却成为法国扩张的阻碍。

是将帝国鹰置于三色旗之上。这种复合风格也在古典帝国风的时装潮流和工艺品里有所呈现。就这样，法国再次引领了欧洲时尚，就算是敌国也不得不从。

拿破仑的欧洲

1803年，英国谴责了法国在安的列斯群岛、意大利和瑞士的权力扩张，随后再次向法国宣战。英国虽于1805年10月在特拉法尔加角战胜了法西联合舰队，但其陆军并不强大。因此，英国于反法同盟而言，更像是提供了"精神"支持，而不是"武力"支持。这次反法同盟的参与国有奥地利、普鲁士和俄国。

拿破仑虽率军在奥斯特里茨（1805）、耶拿和奥尔施泰特（1806）、弗里德兰（1807）和华格姆（1809）等地的战役中获胜，但没有强大的海军就打不到英国本土。随后拿破仑向不列颠群岛发起了大陆封锁政策，切断了对方与欧陆的商业联系，可谓是现代贸易战的雏形。此举造成的影响极大，但还不算致命。

1810年至1811年是拿破仑统治欧洲的巅峰时期。单是法国就有130个省，罗马、布鲁塞尔、阿姆斯特丹和汉堡也沦为法国的行省。在意大利，拿破仑称王；在德意志，他创立了依附于他的莱茵邦联（1806），德意志神圣罗马帝国就此分裂消亡。波拿巴家族的成员统治着西班牙、那不勒斯和威斯特法伦王国。欧洲大陆上的大部分国家基本都算是法国的官方盟友，虽然这种关系实际上是靠武力在维系。随着拿破仑霸权的扩张，对法国侵略势力的反抗也愈发激烈。

拿破仑的失败命运已经悄然注定。当他在1808年攻入西班牙时，面对的不仅是西班牙军队，还要应付获英国人和葡萄牙人支持的西班牙全体人民的反抗，法军经常陷入西班牙人民的游击战中难以抽身。在拿破仑于1812年出征俄国时，俄罗斯军民一心抗敌，加上酷寒的天气条件，法军撤退时无比狼狈。

维也纳会议（1814—1815）

为了确立欧洲政治的新局势，欧洲和美国加起来有 15 位国王、200 名诸侯和 126 名外交官参与了 1814 年 9 月至 1815 年 6 月在维也纳举行的会议。会议全程气氛愉快融洽，宴会一场接一场，当时就有人打趣道："会议是跳着舞进行的。"

1813 年，德意志爆发解放战争。次年，巴黎被同盟军占领。拿破仑退位，路易十六之弟路易十八复辟。民族主义的崛起使革命中的法国变得强大，而欧洲他国民族运动的觉醒，又将拿破仑的征途引向失败。

维也纳会议

反法战争结束后，欧洲各大国的代表聚集在维也纳，制定欧陆新秩序。出席会议的有奥地利的梅特涅亲王、英国的卡斯尔雷子爵、普鲁士的哈登堡亲王、法国的外交大臣塔列朗和俄国沙皇亚历山大一世。不久，拿破仑重回法国打断了会议进程，但他随后又在滑铁卢之战（1815 年 6 月 18 日）中败于英普联军，拿破仑百日王朝随之终结。

会议的决议以合法性原则为出发点，但并不是所有的君王都能重获昔日权力。从 1789 年前的几百小国中诞生了当下德意志等 39 个独立自主的国家，集结于德意志邦联之中。这使维也纳与柏林间的对立加深，同时也使在战场上拼搏过的民族主义者大失所望，因为他们并未得到一个所希望的统一的祖国。对法国，欧洲各国都不太放心。曾经的奥属尼德兰和荷兰各省合并为尼德兰联合王国，以便能更好地压制住不安定的法国北部边界。

法国大革命的意义

对欧洲各王室而言,拿破仑是 1789 年至 1815 年间大革命的产物;法国人却认为他背叛了革命的自由理想。但仔细想想,其他人(比如罗伯斯庇尔)不也干了同样的事吗?拿破仑至少实现了大革命的核心目标——长期的内部安定。在他的影响下,1814—1815 年欧洲君主制虽然纷纷复辟,却也无法回到 1789 年之前的老样子。

法国大革命对欧洲的影响重大且深远。革命的新思想迅速发展,为了传播革命理想,法国出征欧洲各国,唤起了各国的爱国主义民族解放运动。比如,这个时期创作的进军歌曲《马赛曲》也成为鼓舞斗志的赞歌。拿破仑的欧洲帝国也可被视为武力统一欧洲的一次尝试,这和启蒙运动时期欧洲思想文化上的统一当然有着本质区别。

大革命消极的一面是由此引发的民族主义,而积极影响则在于法国统一了那些被征服国家的度量衡标准和法律体系。1789 年后的政治讨论,皆以"人民""祖国""民族"和"个人自由"之名展开。随着大革命的深入,旧的社会联结和附属关系被解除,为资本主义的崛起扫清了障碍。

法国占领了伊比利亚半岛,对海外也产生了极大影响,由此引发了第一波去殖民化运动。

1815 年 6 月 18 日的滑铁卢战役
滑铁卢一战,终结了拿破仑时代。

1760 年的世界地图

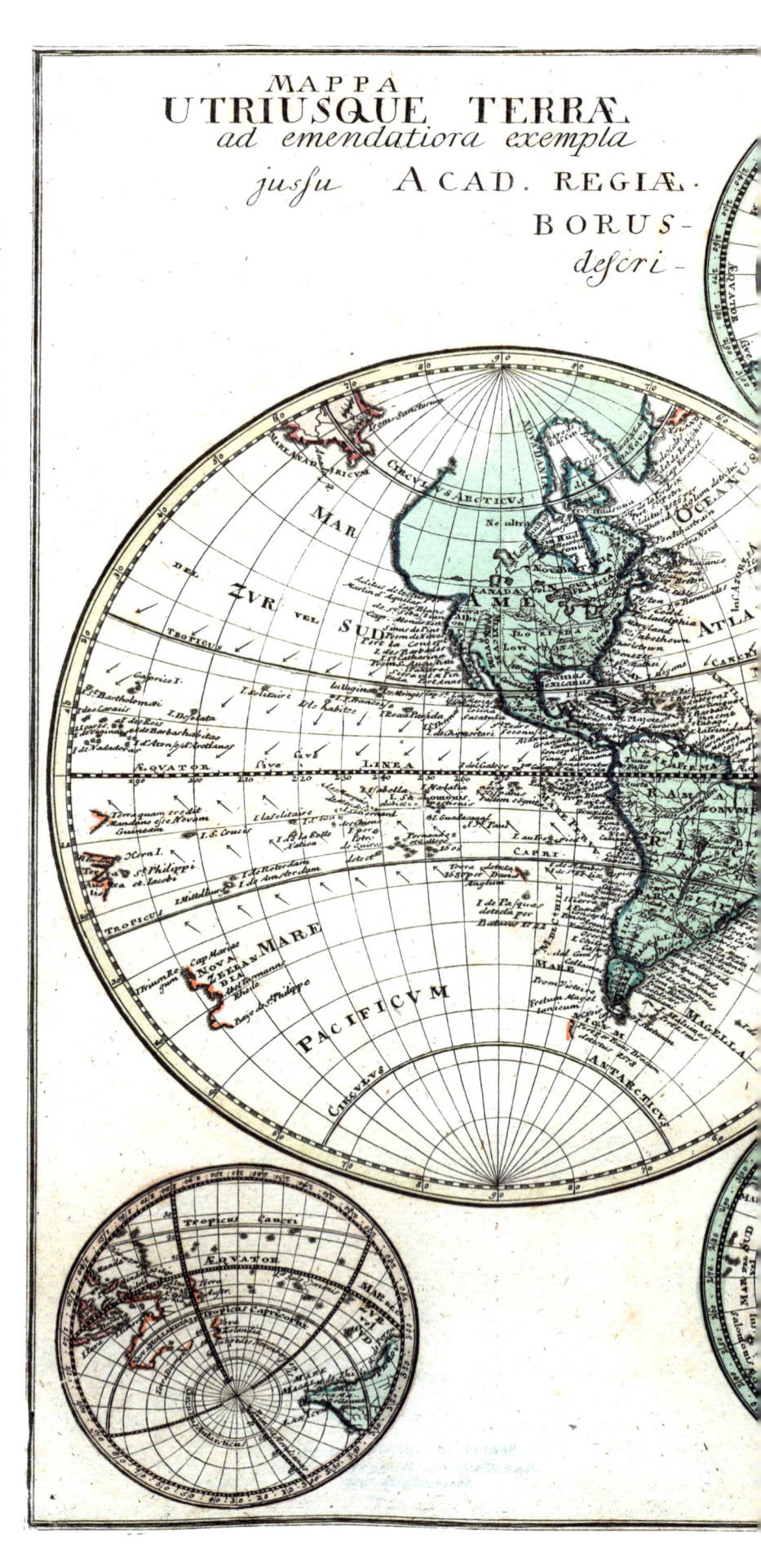

这份《地理地图集》证明了精准科学如代数、几何和地理在 18 世纪的重大意义，伟大的数学家莱昂哈德·欧拉甚至为其作序。该地图集受"科学院"之托，于 1753 年在柏林出版发行，显示了人们对地理有了更为广泛和精确的认识。

GEOGRAPHICA
HEMISPHÆRII
adhuc edita
SCIENT. et ELEG. LITT.
SICÆ.
pta.

I. Globus Generalis

欧洲的现代化

1800 年	1825 年	1850 年	1875 年	1900 年

- 1819 年 《卡尔斯巴德决议》
- 1829 年 路易·布莱叶发明盲文
- 1821 年—1832 年 希腊独立战争
- 1830 年 法国七月革命
- 1831 年 比利时独立
- 1832 年 英国的《改革法案》：加强中产阶级势力
- 1848 年 革命浪潮席卷欧洲
- 1853 年—1856 年 克里米亚战争
- 1861 年 意大利统一
- 1867 年 奥匈二元帝国建立
- 1871 年 德意志帝国建立
- 第一届现代奥林匹克运动会于雅典举办 1896 年
- 第二国际于布鲁塞尔设立"社会党国际局" 1900

《自由引导人民》

这幅画成了1830年革命的象征。画家德拉克洛瓦摒弃了古典风格的绘画，开始关注眼前的政治风云。画中的主角玛丽安娜成为法兰西共和国的国家象征。

19世纪初期，欧洲大部分地区还处于农业社会；而到了19世纪末，就迎来了工业时代。

由于农村人口的爆炸式增长，许多农民迁入城市找工作，使城市人口数量显著提升。对许多欧洲人而言，工业化和城市化来势汹汹、令人不适，但长期来看，也给人们带来了更好的生活条件和不断增长的财富。

工业化运动开始于英国，西欧和中欧国家紧随其后，南欧和东欧的一些欠发达国家最后加入。同样的变化趋势也出现在运输及交通领域。

欧洲政治起初深受民族主义和自由主义的影响。新的民族国家如希腊和罗马尼亚诞生，意大利人和德国人分别统一了自己的国家。

到了19世纪末，更多影响因素出现——政党纷纷登台亮相；女权运动要求改善女性处境；多国开展社会改革，承认国家对政治上及经济上弱势群体的社会义务。也有企业家愿意为"属于他们的"员工提供更好的工作环境，如英国的罗伯特·欧文和阿尔佛莱德·克虏伯。此外，在欧洲的教育、休闲和文化领域也出现了重要的现代化进程。

在19世纪末20世纪初，欧洲的科技和工业优势最为明显，那些建立起殖民帝国的欧洲国家更是握有了世界霸权。

维多利亚（1819—1901）

在她的超长任期内，英国成为欧洲列强之一。虽然英国王室之前威望有失，但在维多利亚女王的带领下，重又焕发荣耀。从1837年登基到1901年辞世，维多利亚作为大不列颠及爱尔兰女王，不仅有举足轻重的政治影响力，也对"维多利亚时代"英国的思想文化产生了深刻影响。

1. 自由主义与民族主义

欧洲的革命者从法国大革命的原则中提炼出了他们的纲领——民族主义和自由主义。人们对大革命的追忆总是和民族自豪感紧密相连，以推翻异族统治和统一国家为目标。自由主义者信奉民主原则，不仅主张人民应当家作主，政府应代表人民，还追求舆论、宗教信仰及媒体自由。而浪漫主义者则赞美伟大的思想，以及受制于民族自由的个人自由。

叛乱与镇压

然而，19世纪的特色却刚好是这些理想的对立面——政治压迫。群众抗议和革命活动皆遭到强力遏制。

拿破仑征欧（正值工业化兴起）之后，许多欧洲国家问题连连，人口快速增长，城市不断扩张，在经济困难的压力下，激进的政治运动不断爆发。不满情绪四处蔓延，有市民因粮食短缺而采取暴力行为，有工人毁坏和他们"抢饭碗"的机器，有学生上街抗议，还有自由主义者游行呼吁进行政治变革。

英国的革命者要求改革选举制。1819年，英国工人在未获得市政府批准的情况下，擅自在曼彻斯特的圣彼得广场举行大型集会，结果遭到武力镇压。这一事件史称"彼得卢屠杀"，促使英国政府加重了对游行示威的处罚。

德国也不乏抗议活动，但民族主义运动起初的追随者有限。1819年出台的《卡尔斯巴德决议》禁止了所有形式的"革命颠覆活动"，并开始进行长期的媒体审查，教授及学生也在政府监控范围内。

西班牙自由主义者于1820年发起的革命本已获得初步胜利，但最终还是屈服于国王费迪南七世的绝对王权。

秘密民族主义政党"烧炭党"在亚平宁半岛活动，致力于民族的解放与统一，主张建立意大利共和国。但烧炭党内缺乏有效组织，其成员在那不勒斯、皮埃蒙特（1820—1821）还有之后在意大利中部及教皇国（1831）发起的武装斗争起到的效果有限，均遭镇压。

维护秩序的方式通常根据抗议的形式而定。比方说，皇家爱尔兰警队在1867年后便配有武器，驻于营地；而英格兰警队则没有武器。

革命与干涉

欧洲国家对待革命的政策不尽相同。英国不愿干涉他国内政，而奥地利和俄罗斯（偶尔还有法国）常向受到革命威胁的其他政府或王室提供军事上的支援。

尽管也有社会动乱和城市化难题，英国却没有爆发革命，成功维护了其政治体制。《1832年改革法案》赋予了约65万男性公民

（基于其资产的）选举权，使议会体系适应国家现代化进程中产生的新需求。当然，要求变革的声音还是有的，英国的宪章运动便主张实现普选，让所有成年男性都参与选举。英国政府真正担心的还是1801年通过《联合法令》并入本国的爱尔兰，因为爱尔兰人强烈反对英国的统治，且逐渐从抗议发展为了民族解放运动，其领军人物丹尼尔·欧康诺在爱尔兰及欧洲的历史中留下了不可磨灭的印迹。

希腊独立战争

1821年，作为东正教徒的希腊人为反抗土耳其穆斯林的统治而发动起义。由希腊爱国商人建立的秘密组织"友谊社"策划了这场起义，易普息兰梯兄弟担任领袖，他试图夺取奥斯曼帝国统治下的位于多瑙河下游的地区。

希腊的独立战争就此打响，此举激励了欧洲各地的自由主义者。英国诗人拜伦赴希腊前线参与战争，但不幸在迈索隆吉翁之战中阵亡，他的牺牲唤起了全欧洲对希腊的同情。一方面出于对获取地中海入海口的渴望，另一方面出于共同的东正教信仰，俄国表示愿意援助希腊抗击土耳其。1827年，土耳其舰队于纳瓦里诺海战中被英法俄联合海军摧毁。两年后希腊独立。1843年，希腊人再度起义，反对来自巴伐利亚维特尔斯巴赫家族的奥托一世的独裁统治。最终建立起了向议会负责的政府，并且通过了限制王权的宪法。

1830—1831年的革命潮流

1830年和1831年，欧洲多国人民因不

希腊革命

画上写有"希腊死于迈索隆吉翁废墟之中"的字样。德拉克洛瓦以此画纪念在1826年4月23日牺牲的希腊人民，他们宁可炸毁城市，也不愿向土耳其人屈服。

满政治现状而发动起义。1830年7月，查理十世试图打破宪法对其权力的制约，引起法国人民的强烈不满。随后，波旁王朝被推翻，议会选举奥尔良公爵路易·菲力浦为国王，采取君主立宪制。

欧洲其他地区的自由主义运动纷纷响应法国的"七月革命"。德意志多国出现暴动（不伦瑞克、汉诺威、萨克森和黑森），人民争取到了保障个人基本权利的宪法和有限的

法国的七月革命

1830年7月28日，学生、曾效力于拿破仑一世的士兵、国民警卫队和市民聚于市政厅之前，齐声高喊建立共和国。

"华沙一切正常"

镇压起义之后，法国外交大臣塞巴斯蒂亚尼于1831年9月16日在议院这样说道。

布鲁塞尔人民起义

1830年9月23日一大早，尼德兰国王军刚进入布鲁塞尔，便卷入激烈斗争之中。通过这次起义，布鲁塞尔人民展示了其民族意识的觉醒。

选举权。亚平宁半岛上，摩德纳、帕尔马和教皇国的起义皆被奥军镇压。在华沙，起义的波兰人民建立起了革命政府，俄国守军仓皇而逃。直到1831年9月，俄军才平息了波兰起义。

1830年，布鲁塞尔人民发动起义，反抗尼德兰国王威廉一世对比利时的统治，这也是现代比利时建国史上最重要的一段。奥地利、俄国和普鲁士因波兰起义而无暇顾及威廉一世。1831年，比利时成为独立国家。又一场比荷战争之后，1839年签订的《伦敦条约》保证了比利时的独立与中立。卢森堡成为独立的大公国，其中立地位由1867年签订的另一份《伦敦条约》确认。

青年欧罗巴

1831年，意大利民族主义者、烧炭党前党员朱塞佩·马志尼在流亡马赛时组建了"青年意大利"，该组织的目标明确，即在亚平宁半岛上建立自由统一的意大利共和国。

"青年意大利"很快便收获了众多追随者，随后，其他欧洲国家也出现了追求民族独立统一的革命团体，如"青年德意志"和"青年波兰"。马志尼将这些团体于1834年联合起来，成立"青年欧罗巴"，希望以基督慈悲之名，打造各共和国间的兄弟友好关系。1840年，民族主义的革命团体"青年爱尔兰"成立。然而，在这革命"兄弟会"里，没有一个团体获得了政治成功，皆如"青年意大利"一般试图发动叛乱而未果。尽管如此，马志尼仍旧是后来欧洲民族及民主运动的偶像。

1848年的革命浪潮

相较于1830年出现的各场起义，1848年的革命浪潮则更为成功。这一时期拥有更多革命诱因。1835年的欧洲经济危机再次引发社会动乱。农作物歉收严重导致多国粮食供应不足（爱尔兰于1845年爆发的饥荒甚至持续了三年之久），瘟疫肆虐，贸易缩减，贫穷和失业成为人民的心头重担，他们将这些问题都怪罪于政府的无能。

当然，点燃各个国家革命的因素各不相同，但它们的共同点就是由信奉自由主义和受过教育的人领导的，这些人对法国大革命充满向往。

1848年2月，"公民国王"路易·菲力浦因反对选举制改革未果，在革命的压力下于巴黎宣布退位。3月，奥地利首相梅特涅逃离维也纳。在意大利各国和其他受奥地利统治的中欧国家，自由主义政府上台执政。当德意志国民议会于法兰克福的圣保罗教堂（1848年5月—1849年5月）召开时，德意志似乎正朝着议会民主制的统一国家前行。

欧洲各地的起义逐渐丧失了最初的激情，大部分都在几个月之内被残酷镇压。在巴黎，资产阶级先是于1848年6月镇压了工人起义，后又于同年年底选举路易·波拿巴（即日后的拿破仑三世）担任总统。在英国，宪章运动解散。由"青年爱尔兰"发起的农民运动也失败了。1849年夏，法军终结了马志尼建立的罗马共和国。奥军再度占领了北意大利的威尼斯共和国和伦巴第。只有撒丁王国在维托里奥·艾曼努尔二世的统治下，仍保有自由主义的宪法。

俄军为助奥地利而攻入匈牙利，匈牙利的革命领导人科苏特·拉约什被迫逃往国外。在德意志，1848年的革命也走向失败。普鲁士国王弗里德里希·威廉四世因奥地利反革命获胜而备受鼓舞，他拒绝了人民代表献上的皇冠，并解散普鲁士国民议会，通过了维护王权的宪法。其他德意志诸侯纷纷效仿他撤销了宪法。在这轮旧势力的反攻倒算中，只有瑞士的民主宪法未被篡改。

到了1849年底，虽然欧洲的政治版图和两年前几乎一样，但民族主义与民主自由的思想仍在继续向前迈进。绝对君主制正在败退，地主贵族的势力逐渐消亡。

欧洲政治新格局

维也纳会议后的四十年间，欧洲各国间的争端都依据会议决议，采取非暴力的方式解决了。然而到了1850年前后，欧洲各国对沙俄的巴尔干政策疑虑重重，奥斯曼帝国在巴尔干的势力也在逐渐削弱，英国和法国都

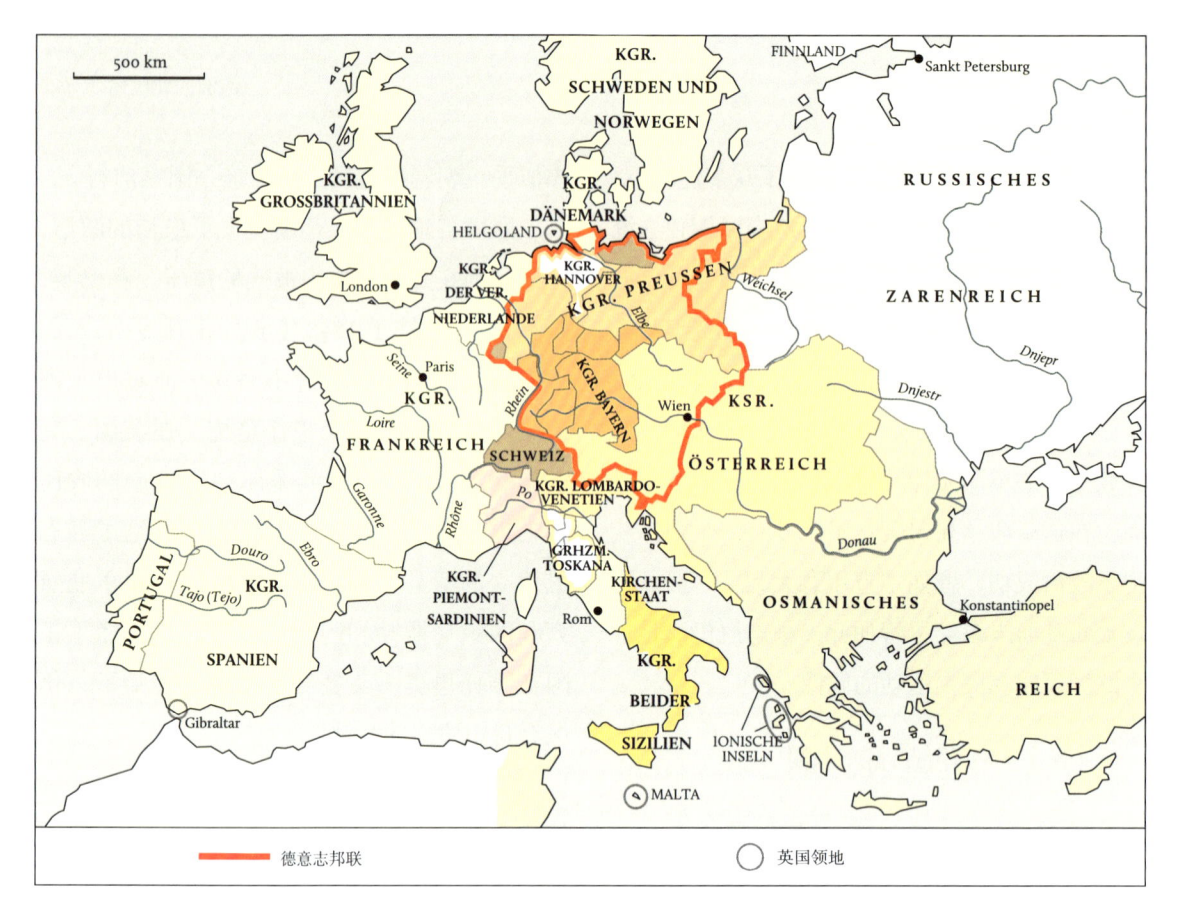

维也纳会议后的欧洲（1814—1815）

不愿看到沙俄控制巴尔干半岛，欧洲列强间难免一场战斗。

克里米亚战争（1853—1856）以沙俄的落败而收场，也在一段时间内对奥斯曼帝国起到了震慑作用，但俄国的威胁依旧存在。在巴尔干半岛曾经的奥斯曼占领区，民族主义情绪高涨；1862年，摩尔达维亚大公国和瓦拉几亚大公国最终合并，罗马尼亚作为一个独立自主的基督教国家诞生了。

在克里米亚战争中，撒丁王国曾派兵支援英法联军，所以卡米洛·奔索也参加了为结束战争而召开的巴黎和谈，不过他的目的主要是探寻意大利统一的可能性。长时间谈判后，奔索和拿破仑三世达成共识，于1858年共同将意大利北部从奥地利的控制中解放出来。作为回报，拿破仑三世将获得尼斯和萨伏依。一年后，法撒联军将奥地利人赶出意大利北部。随后，奔索先让伦巴第和撒丁王国合并，后经全民表决，又加入了托斯卡纳、摩德纳、帕尔马和艾米利亚-罗马涅等地。在奔索的授意下，意大利统一运动先锋、短命的罗马共和国（1848）的创建者朱塞佩·加里波第带领一千名"红衫军"从皮埃蒙特南下，守卫两西西里王国。1861年，奔索统一了教皇国之外的所有意大利国家，意大利王国就此诞生。

德意志地区也迎来了国家统一。1862年，普鲁士国王威廉一世任命奥托·冯·俾斯麦为帝国首相，后者立马建立起了德意志新格局。石勒苏益格和荷尔斯泰因两大公国受控

巴勒莫的加里波第

率军战胜两西西里王国（那不勒斯 - 西西里王国）的武装力量之后，加里波第于1860年5月27日入主巴勒莫，统一意大利指日可待。

镜头前的皇室

拿破仑三世、欧珍妮皇后和皇太子路易·拿破仑。

于丹麦，但其大部分居民为德国人。因为丹麦国王想进一步拉拢石勒苏益格，于是普奥联军于1864年出兵攻打丹麦。战争并未持续多久，丹麦便败下阵来，不得不将两个大公国拱手相让。而普鲁士和奥地利对两个大公国的管理权争论不休，导致1866年两国交战。在关键的克尼格雷茨战役中，普军获胜，同时也意味着两国持续一百多年的德意志霸主之争也终于尘埃落定。奥地利被排除在德意志国家之外，于是将其注意力转投向东南欧和巴尔干半岛。1867年，匈牙利从奥地利帝国独立，随后，奥匈二元帝国成立。在这样一个多民族国家里，斯拉夫人的民族独立追求被抑制。

法国见奥匈帝国和奥斯曼帝国内部疲软，便改变了对民族主义运动的立场。1852年称

德意志帝国于 1871 年 1 月 18 日宣布成立

普鲁士的威廉一世在凡尔赛镜厅成为德意志皇帝。画家安东·冯·维尔纳将身穿白衣的奥托·冯·俾斯麦置于画面正中央，强调了这位帝国宰相对德国统一的重要贡献。

帝的拿破仑三世对意大利统一提供了援助。1866 年后愈发强大的普鲁士使拿破仑三世感到不安。1870 年，因遭俾斯麦挑衅，拿破仑三世向普鲁士宣战。德意志南部的一些国家起初还很犹豫，但随后都向普鲁士提供了援助。

法国战败（1870 年 9 月 2 日）导致法兰西第二帝国灭亡，却促成了意大利和德意志的统一。9 月 20 日，意大利军队占领了教皇所在的罗马，原先由法国驻军保护的教皇，如今只能就范。1871 年 1 月 18 日，威廉一世在凡尔赛宫的镜厅宣布成为德意志皇帝。德国后来未征求法国人民意见便擅自吞并了阿尔萨斯和洛林，更是加深了德法两国间的嫌隙。

19 世纪下半叶，民族国家纷纷在欧洲成立。但民族主义这项历史遗产并不是没有争议性，人们很难去把握一个适当的度，于是就造成了民族间的矛盾。武装之下的和平是这一时期欧洲局势的特点。

2. 人口与城市化

爆炸式的人口增长

19世纪的经济巨变,使欧洲人口增幅达世界之最。1800年前后的欧陆人口(包括俄罗斯在内)大约为1.9亿,一个世纪后则增至2.4亿!当然,不同时间段和地区的人口增长速度也不尽相同。

这次史无前例的人口爆炸早已被学者们注意到,成为许多科学及理论研究的出发点。比如牧师出身的英国政治经济学家托马斯·马尔萨斯,他所著的《人口学原理》是公认的经典。马尔萨斯在观察英国的人口增长情况后预言,如果不因贫穷、疾病、饥荒、战争或生育管控而减少人口的话,最终人口带来的压力必定会远超一国的粮食供应能力。另外,他认为人口增长比粮食产量的增长要快得多;且人口呈几何级数增长,而粮食产量一般是算数级数增长。马尔萨斯的结论就是,最终农业生产将无法满足所有人的粮食需求。他相信这些观点今后会得到证实。

虽然他的理论严谨缜密,但并不符合19世纪的情况。城市化进程、农业及工业领域的产量增长,还有银行体系的完善,不仅能满足不断增长的粮食需求,还能创造更好的生活条件。

不过,马尔萨斯的某些认识确实是正确的。1845年至1847年间,爱尔兰土豆的收成极差,导致了大规模饥荒,许多爱尔兰人死于营养不良,这从反面证实了他的理论。然而,当时的人们普遍认为歉收是由气候不佳所致,没想过这是一场马尔萨斯式的危机。

导致人口增长的因素很多。中欧和西欧得益于进步的公共卫生医疗体系,人口死亡率降低。在英格兰和威尔士,人的平均寿命从1780年的35岁增至1860年的40岁,但在欠发达的东欧国家,人们仍面临着英年早

爱尔兰移民

1845年至1847年的饥荒迫使110万爱尔兰人背井离乡,这占到当时国内人口的七分之一。许多人乘坐轮船前往已成为重要移民对象国的美国。

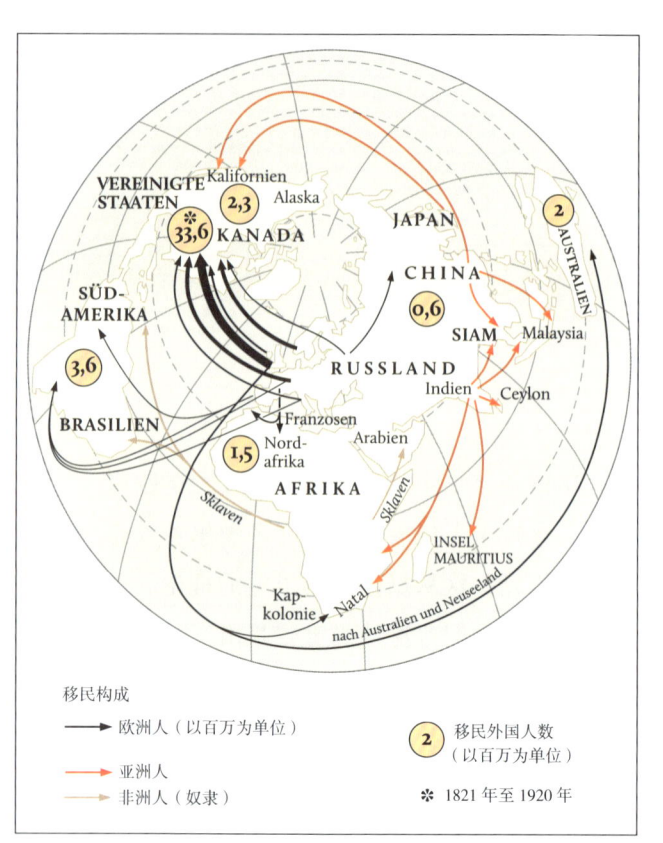

1820 年至 1910 年间的移民潮

移民构成
- 欧洲人（以百万为单位）
- 亚洲人
- 非洲人（奴隶）
- ② 移民外国人数（以百万为单位）
- ✻ 1821 年至 1920 年

伦敦贫民窟

快速发展的城市里出现了愈发严重的两极化现象。伦敦西区为资产阶级集居区，而东区的贫民窟是欧洲 19 世纪最为悲惨之处。

逝的威胁。与此同时，出生率也增长了。因为和以前相比，19 世纪的人普遍结婚更早，有机会生育更多的孩子。只有法国是个例外，1880 年每 1000 名居民只生育了 25 名婴儿。不过从总体上来看，高企的生育率使欧洲各地都增加了大量人口。

移民运动也影响了居民数量。许多农业人口迁到城市或工业区，因为他们能在这些地方找到足以糊口的工作。很多波兰人就因此搬到法国的矿区，或者德国的鲁尔工业区。大量苏格兰技工前往英格兰，还有很多未受过专业培训的爱尔兰人迁入英格兰工业中心，或通过修建街道、铁路及运河等途径维持生计。大部分爱尔兰人则在大饥荒时期逃往美国。许多俄罗斯犹太人因受到迫害而逃往西欧或移民美国。

城市的扩张

虽然在 19 世纪农业仍是主导，但城市化进程已如火如荼。到了该世纪末，英国的城市人口比例为世界之最；10 个英国人中就有 9 个住在城市。相较之下，其他欧洲国家的城市化进程则稍为平缓。在 1900 年前后的法国，农村居民占到总人口的 70% 以上，在西班牙则高达 80%。但城市人口的井喷式增长依旧十分醒目。1880 年，伦敦约有 90 万居民（1900 年为 470 万），巴黎是 60 万（1900 年为 360 万），柏林有 17 万（1900 年为 270 万）。格拉斯哥、维也纳、莫斯科和圣彼得堡也在世纪之交时人口数量突破百万大关，另有 16 座欧洲城市人口超过 50 万。

在英国、比利时、法国和德国的煤铁矿

位于埃森的克虏伯工厂

在19世纪,"克虏伯"这个品牌就等同于德国钢铁和德国军备。世纪之初该企业只有10名员工,而1873年时员工数已超过了7000人。

产区,城市向大都市的转变尤为明显,那是工业化的起始之处。1800年至1900年,曼彻斯特作为英国的纺织中心,居民数量增加了10倍不止。鲁尔区的埃森在1800年前后还只是个僻静的小城,只有4000多人住在那里。到了1900年,该城人口已增至30万,城市发展主要围绕克虏伯工厂而展开。马赛作为法国当时最重要的港口,1820年至1870年人口增长了3倍。黑海边的敖德萨是当时俄罗斯的重要港口之一,在19世纪里,城市人口从6000增至50万。

然而,城市化也使那些早已存在的社会问题变得愈发突出。许多迅速扩张的城市里没有公共卫生设施和自来水供应,甚至连街道保洁都没有。大部分居民生活贫苦,挤在廉价出租屋里过活,传染病暴发的危险因此增大。1844年,恩格斯发表著作《英国工人阶级状况》,曝光了曼彻斯特穷人严酷的生存环境。因此许多同时代人认为,城市摧毁了

柏林贫民区

社会的进步是很多人以贫穷为代价换取的,只有极少数企业主愿为员工提供像样的居所,没有社会地位的工人通常挤住在脏乱的地下室内。

威廉·伦琴（1845—1923）
这位德国物理学家于1895年发现了不可见的未知光线，并将其命名为"X射线"。X射线随即被应用在医学诊断之中。

路易·巴斯德（1822—1895）在实验室
在研究酒精发酵时，巴斯德发现发酵是由微生物作用引起，而加热则可消灭这些生物（"巴氏灭菌法"）。晚年在狂犬病疫苗的研究上卓有贡献。

玛丽·居里（1867—1934）和皮埃尔·居里（1859—1906）
居里夫妇是世纪之交时研究放射性物质及元素的领军人物，先后发现了钋和镭两种元素，和贝可勒尔共获1903年诺贝尔物理学奖。1911年，玛丽·居里又获诺贝尔化学奖。

传统家庭联结，威胁着宗教和社会秩序。有些人甚至视城市为革命叛乱的滋生地。

医疗与公共卫生事业

工业化及科技进步为医学的发展提供了有利条件，治疗和预防儿童致死率极高的传染病如白喉、猩红热、百日咳和伤寒已经成为可能。1796年，英国医生爱德华·詹纳研制出了天花疫苗。法国化学家、微生物学家路易·巴斯德是发明狂犬病疫苗的第一人。英国外科医师、格拉斯哥大学教授约瑟夫·李斯特提出，伤口应使用消毒药品处理，詹姆斯·杨·辛普森于1847年开始使用麻醉剂。德国细菌学家罗伯特·科赫继续巴斯德的研究，证明当时出现的许多传染病皆由细菌感染引起；1882年，他发现了肺结核的病原体。科赫的同事保罗·埃尔利希则发明了化学疗法。1895年，德国物理学家威廉·伦琴发现并命名了"X射线"，医学诊断和外科手术技术因此取得巨大的进步。法国的科研伉俪皮埃尔·居里和玛丽·居里则发现了镭。

公共卫生体系也同样受益于这时期的科学发展。社会改革者和工程师通过修建和改造医院、城市给排水系统，改善了城市的卫生状况，这些革新从根本上改变了许多欧洲人的生活。1830年至1850年间曾在伦敦和巴黎肆虐、1892年还一度在汉堡流行的霍乱，1900年后已经在各大工业城市中绝迹了。

3. 农业革新

农业革命

18—19世纪，更好的轮作方式提高了产量，也使欧洲农业得以快速发展。新型机器投入使用，通过驯养牲畜使其品种变得更优质，施肥方式也得到了改良。人口增长明显提高了城市的粮食需求，使得农民不断提高农田利用率，扩大耕地面积。荷兰和英国率先采用了新的耕作方式，并获得了惊人的产量提升，以至于时人称其为"农业革命"。不过实际上，称其为农业"进步"要更为贴切，毕竟农业上的改变不如工业那般迅猛。尽管如此，农业上的变化也不容小觑。

在英国和欧洲其他一些地区，自中世纪起由村民共同耕作的大面积农田已经很难见到，取而代之的是许多被树篱围起的小片田地，供农民自行认领并耕种（圈地运动）。

新的犁地机和蒸汽脱粒机出现了，传统意义上的农民阶级在英国逐渐消亡，农活更多是由农业工人或农场雇工打理。其他欧洲国家中的大部分农民却必须忍受来自乡县的限制，任凭耕地被过度瓜分。有些农场主甚至前往英国学习新的农业技术，购置牲畜和机器，或者直接向英国同行咨询。农业革新就这样在全欧洲展开。

法国的农业并没有像英国那样发生深刻

新的农业机械

农业工具和器械有了质的进步。第一批蒸汽脱粒机和联合收割机产自美国。农业的机械化虽减轻了农民的工作压力，但同时也使许多人失业。

俄国农民

1861年3月3日，俄国废除农奴制。俄国农民虽获得了法律上的平等地位，但仍无权拥有自己的土地。不管是农村的农业无产阶级还是城里的工业无产阶级，队伍都在不断壮大。

变革。在德国，通过修建运河和铁路，交通条件有所改善，在这之后农民的生活条件才开始变好。

1848年的革命浪潮以及自由主义思想的扩散，使中欧地区的地主也开始惧怕农民发动起义。1850年前后，西欧再也没有地主会强迫农民为自己做工。不过就算在封建制度结束后，普鲁士和波兰的大地主也依旧保有从前的经济地位。

俄国的农奴制于1861年被亚历山大二世废除。农民虽不必再给地主白干活，但他们得到的报酬仍然微薄，且常是实物。

由于工业革命只局限于城市和工业区，世纪之交的欧洲仍是以农业为主导。1900年前后，大部分欧洲人还是生活在农村。

农村变革的后果

农业产量的提高和运输业的发展，改善了欧洲人的饮食条件，从前经常发生的粮食短缺问题也愈发少见。然而，在爱尔兰和俄罗斯仍时不时爆发大饥荒。

农业变革和工业化关系密切。剩余的农产品可供累积资本，继而支持运输业和工业的发展，为新技术的传播作出了贡献。

4. 欧洲的工业化

为何工业化源起西欧？

大规模生产、高度分工、以机械代替人力和畜力等都是工业化的标志。"工业革命"这一概念最初于19世纪初由一位法国人提出，以便表明其所处时代的经济和社会变迁。

即使人们早已了解蒸汽机的原理，然而要将其投入生产，仍缺少必要的经济结构和技术支持。在18世纪，欧洲赶上并超越了那些中世纪以来处于科技领先地位的国家和地

首座铁桥

这座铸铁拱桥建于1778年，位于柯尔布鲁德尔。它的建成标志着英国工业革命的开端。①

火车站——19世纪的科技象征

在19世纪，火车站成为现代化世界的标志。一个流动性加强的世界正在形成。

---

① 一说建于1779年。这座铁桥是世界上第一座用金属制成的，该地也被作为工业革命的象征，工业革命的发源地。

《默西河上微风夜》

这幅画展示了利物浦周边的环境，该城在18世纪发展为重要的工业中心，拥有英国最大的面向大西洋的海港。

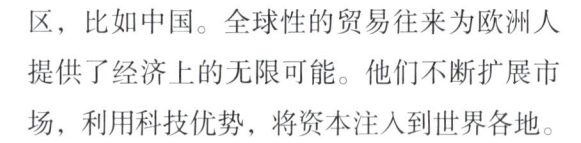

矿业的发展

以前几乎所有工作都依赖人力、畜力或者水力，现在的新兴工业则以煤为能源。为了开采煤矿，形成了越来越多的矿区。

区，比如中国。全球性的贸易往来为欧洲人提供了经济上的无限可能。他们不断扩展市场，利用科技优势，将资本注入到世界各地。

虽然欧洲各国整体上有着相似的工业化历程，但在个别地区仍有明显不同。随着钢铁冶炼技术的发展，工业中心呈密集化态势，因为它们只能建在煤铁产量丰富的区域。欧洲多处工业区都满足这一条件，它们彼此相邻，从而形成了一条纽带——从威尔士到英格兰中北部、巴黎盆地、鲁尔区、西里西亚，再到顿涅茨盆地。不久后人们发现了以蒸汽供能的方法，不过水能仍旧是19世纪工业的主要能源。

工业化的扩张

工业革命的发祥地为英格兰中部地区，那里的发明家们贡献良多。棉纺业得益于织工詹姆斯·哈格里夫斯发明的珍妮纺纱机、理查·阿克莱特的水力纺纱机和塞缪尔·克朗普顿的走锭细纱机。工厂里，蒸汽机轮轰轰作响。詹姆斯·瓦特随后对蒸汽机进行了划时代的改良，提高了它的运行效率。在新的工作形式和严格的工作纪律的共同作用下，机器的使用效率不断提升，也使交货变得更为准时。1850年前后，英国蒸汽机的总产能为120万马力，占到全欧蒸汽动能的一半之多。英国每年冶铁250万吨，为同时期德国的10倍。作为"世界工厂"的英国迎来了一段非凡的经济繁荣期，成为世界上最富有的国家。约有一半的世界市场上都在买卖英国的工业品，其工业产量占世界工业总产量的三分之一。

英国向欧洲大陆上的国家传授科技、贸易和金融知识，是19世纪工业发展的特征。比利时是欧陆首个开展工业革命的国家。比利时同英国一样拥有丰富的矿产资源，因此形成了重要城市群，如纺织中心根特和布鲁日；再加上位于德法之间的有利地理位置，拿破仑之前对英国的大陆封锁政策促成了根特棉纺织业的兴旺。比利时人冶铁用的是国产的矿石和焦炭。1824年，欧洲第一座高炉于列日省附近的煤区建成，这一革新带动了桑布尔-默兹区煤铁钢产业及化学工业的整体腾飞。比利时在

1831年独立之后，煤产量从1830年的200万吨升至1850年的600万吨，投入使用的蒸汽机从354台增至2300台左右。

在法国，最先享受到科技创新成果的是巴黎、里昂等大城市，以及矿业和北部的纺织业。亚麻加工业的工业化发展迅猛，丝绸的产量也在19世纪上半叶翻了两番。19世纪20年代末，法国已实现棉花的机械化加工，煤炭开采量也节节攀升，但由于内需巨大，仍不得不从国外进口煤炭。1850年至1870年，法国的外贸总额增加了3到4倍。

银行及信贷业也发生了巨大变革。佩雷兄弟的动产信贷银行借资助法国铁路建设之机，控制了法国的资本市场。其他银行如法国土地信贷银行和里昂信贷银行也参与了重工业建设。1850年至1870年，法国的煤钢产量涨了2倍，能源创造多了4倍，工厂雇员人数翻倍。虽然1857年至1863年间发生的财政危机使经济增长放缓，但在19世纪中期，法国的大部分阶层都经历了财富的不断累积。

维也纳会议后诞生的德意志邦联是多国的松散联合体，最终于1866年解散。即使邦

1825年9月27日，斯托克顿至达灵顿的铁路开通

1870年，铁轨逐渐被钢轨取代，轨道的承载力变强。多项技术革新让轨道运输迅速成为19世纪最为理想的运输方式。

轧钢厂
画家门采尔用画笔记录了轧钢车间里的重活计。到了19世纪，钢铁产量成为一个国家工业化程度的计量标准之一。

在塞尼斯山修建隧道

里斯本的罗西乌火车站

这种摩尔风格的火车站被视为"科技进步的圣殿"，表达了人们对未来的美好憧憬，也体现了这一时期的民族自豪感。

联内各国的经济政策统一，比如采取同一海关政策，但各国政治上的分裂使全德工业化进程缓慢。1850年之前，只有少数德国城市和地区受到了工业化的影响，其中就有汉堡和不来梅，这两城的港口和造船业比较发达。哈布斯堡王朝统治下的波希米亚发展出了冶铁业，萨克森拥有一些小型的棉纺厂。普鲁士通过西里西亚和莱茵地区，掌控了大量煤产区。鲁尔区就是因出产大量优质煤而闻名，没过多久此地便工厂林立。德国最先建立的工业区位于武珀河谷，早在19世纪初便形成了大规模纺织业和铁器生产，产品主要用于外销。那里交通便利，劳动力及资本充足，企业家也敢于冒险，这些因素有助于工业化平稳向前发展。这些条件鲁尔区也同样拥有，克虏伯家族于1810年在埃森创办的企业趁势在随后的几十年里发展成为重工业的领头羊。

运输与交通

陆路和水路货物运输的迅速发展，是工业及农业领域的变革取得成功的前提。在英国，原材料、工业制品和人员运输最初走的是费时费钱的公路主干道，若采取铁路和船舶运输则更为经济。英国的铁路建设由私人工程商承担，这些企业为数众多，行业竞争激烈，尽管如此，英国在19世纪中期已建有8000公里长的铁路。在长途货运的铁路线周边和运河沿岸，又出现了新的工业区。为了适应前所未有的庞大货物量，必须扩建海港。第一届万国博览会于1851年在伦敦召开时，世界上一半的铁轨都位于英国；而在公海上航行的轮船，也有一半属于英国。

比利时以布鲁塞尔为中心建起了高效便捷的铁路网，从那出发的火车能开往法国、德国、荷兰，以及通向英国的港口。比利时政府首先规划了所有主要路线，然后鼓励私人企业将铁路网补充完善，政府后于1870年重新掌控了全国的铁路交通。安特卫普港口因与桑布尔-默兹煤产区邻近而获利，许多货物在此周转。与此同时，安特卫普也成了重要的国际贸易中心。比利时四通八达的水路也减轻了铁路的负担。

法国的第一批铁道在国家和私企的共同努力下于1830年前后建成。出于政治及管理的考量，以巴黎为中心的铁路网比英国的更为封闭。不过，法国在1850年仅用3200公里铁道便连接起所有地区。第二帝国期间，运河在国有化之后得以扩建。通过电报，各大城市间实现了快捷信息传递。铁路网后来再次扩建，1870年时已达1.92万公里。位于阿尔卑斯山脉西面的塞尼山隧道建成后，法国和意大利之间实现了陆路直通。

德意志邦联下的众多小国也纷纷建起铁路网。1850年之时，德意志的铁路总公里数为法国的两倍。起初，修铁路加深了德意志各国间的分歧，但随着统一趋势明朗化，铁路交通反而起到了加速统一进程的作用。德意志关税联盟的重大决策之一，便是以柏林为中心修建铁路网。1871年成立的德意志帝国，凭借其位于欧洲中心的绝佳地理位置，一跃成为欧洲货物交通的枢纽。可见铁路促进并巩固了德意志帝国的团结统一。

西班牙也建起了以马德里为中心的铁路网，但因其轨距异于邻国，导致西班牙和他国交通连接困难。俄罗斯的铁路轨距也与中欧及西欧不相一致。

19世纪末被发明出来的电信设备，实现了欧洲各国间的直接通信。跨大西洋电缆于1866年首次投入使用；从巴黎开往伊斯坦布尔的东方快车首发于1888年；西伯利亚铁路竣工于1904年。

面对工业化需求，各国开始扩充水运航线。荷兰在鹿特丹和北海运河开辟了通往德国腹地的新水道，之前凭借斯海尔德河免航费而获利的安特卫普因此陷入劣势。基尔和布伦斯比特尔间新建的基尔运河，极大缩短了北海和波罗的海间的水路运行。利物浦和曼彻斯特间的运河，更使得从公海来的船只能够继续驶入英国北部的工业区。

进步的时代？

到了1870年，同作为工业国家的比利时、德国、法国和瑞士几乎已赶上英国。意大利的工业区集中在北方和热那亚附近，因为那里不仅矿产丰富，肥沃的土壤也为农业生产提供了有利条件。斯堪的纳维亚半岛上，金属工业发展起来；挪威向英国学习，创立起纺织业。在葡萄牙和西班牙，农业仍占据主导地位。不过，西班牙的铁路建设和冶铁业的发展，也已使阿斯图里亚斯的煤矿供不应求。哈布斯堡王朝于19世纪末开始大力推行现代化，波希米亚地区成为重点建设对象。

1880年前后，工业国家间合作互利的关系遭到破坏，各国的关税壁垒更是加深了彼此间的敌意。英国工业优势逐渐消失，德国

1889 年巴黎举办万国博览会

这次是巴黎第三次举办万国博览会，同时也为了庆祝法国大革命胜利一百周年。一位评论家曾嘲讽 1889 年落成的、当时世上最高的建筑埃菲尔铁塔是"高大的老妇将可怕的影子投向巴黎"。

1851 年于伦敦举办的首届万国博览会

首届万国博览会极具标志性地在英国召开，维多利亚女王为这场科技和工业的盛典揭幕。

手握欧洲的电子工业霸权，化工制品也领先世界。美国则一边学习欧洲科技，一边成长为旧大陆的强劲对手。

欧洲国家通过建立及扩张殖民地，已于 19 世纪末瓜分了大半个世界。这些工业国家纷纷参加万国博览会，以展示其经济实力。除去欧洲殖民者给原住民带来的诸如医疗条件改善等有限的好处，殖民主义给非洲、亚洲和大洋洲人民带来的只有灾难，其影响一直持续到现在——这些地区的人民及资源仍在不断遭到残酷剥削。

工业化还催生出了科学技术领域的巨大进步。意大利的亚历山德罗·伏特、法国的

安德烈-马里·安培、德国的格奥尔格·欧姆、美国的约瑟·亨利、英国的汉弗里·戴维和迈克尔·法拉第等人为电力领域带来了许多新的发明和创造。19世纪30年代，由这些学者发现的自然定律纷纷被应用于实践。1866年，德国工程学家维尔纳·冯·西门子成功研制出了发电机。为了纪念他在物理电路学上作出的巨大贡献，他的名字成为了电导、电纳和导纳的计量单位。不过，当时电灯仍未普及，工厂也极少使用电力。1890年至1900年，意大利工程师及物理学家古列尔莫·马可尼发明了无线电报，法国的卢米埃尔兄弟发明了电影放映机。世界上首家电影院则于1896年在巴黎开业。

内燃机的研发也有了进展。1859年，法国机械师艾蒂安·勒努瓦制造了第一台实用的内燃机，又于1863年成功利用内燃机驱动车辆。在他之后，奥地利人西格弗里德·马库斯在维也纳的一次展览上展示了他设计的汽车。不过，真正性能稳定的汽车还是出自有"汽车之父"美誉的戈特利布·戴姆勒和卡尔·本茨两位德国人之手。1880年后，更多发明家参与改良了内燃机。

当时就已有学者考虑到了工业化对环境的危害。1827年，法国数学家约瑟夫·傅里叶证实，二氧化碳排放会使大气升温。随后，瑞典学者斯万特·阿伦尼乌斯提出了"温室效应"的说法。20世纪初，已有部分科学家发现了核能的优势和危险，并预言了原子时代的来临。

中产阶级的生活品质有所提高，休闲娱乐越来越重要，且逐渐发展出新行业。在疗

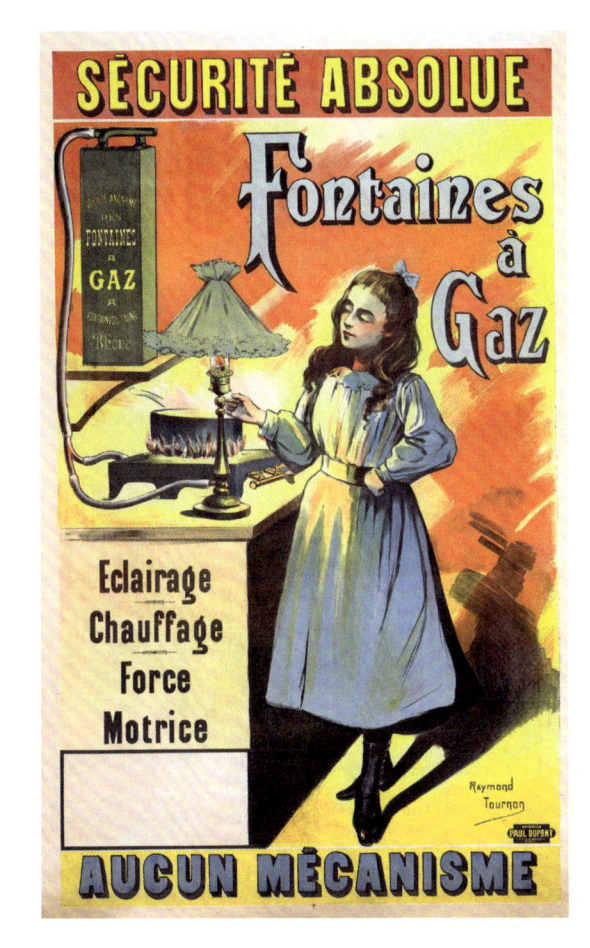

煤气及其重要性

煤气于1879年进入寻常百姓家，用于供热、供能和提供照明，给人们的日常生活带来了极大便利。

养院、温泉浴场和赛马场中度假，已经不是贵族的特权。以玩乐为目的的旅游，在欧洲已成为生活时尚之一。现代旅游业的创始人托马斯·库克于1863年首次推出了瑞士旅游产品，后来他还发明了"旅游兑换券"这一支付形式。

19世纪中期，登山成为一项运动，有人曾分别于1854年和1865年成功登上韦特峰和马特洪峰的顶点。1890年后，早已经被人类掌握的技能——滑雪，正式成为一项运

在巴黎的"布洛涅森林"骑自行车

动。游泳也愈发受欢迎,马修·韦伯在1875年成为横渡英吉利海峡的第一人。自行车得到技术改良后,很快被投入大规模生产。首届环法自行车赛于1903年举行。不过首届赛车比赛早在1894年便已举办,赛段为巴黎至鲁昂;一年后举办的第二届则是从巴黎至波尔多。

体育被细分为不同项目。1894年后,法英两国便一直在争夺橄榄球世界冠军。网球也流行起来,1877年后,温布尔登中央球场每年都会举行网球锦标赛。1876年,第一座滑冰场在伦敦开业,20年后花样滑冰也成了比赛项目。国际足联成立于1904年,很多足球比赛规则都是它制定出来的。20世纪初,各种体育协会已出现在英国、比利时、瑞典、希腊、意大利和德国。

皮埃尔·德·顾拜旦致力于复兴奥林匹克运动。1896年,第一届现代奥林匹克运动会于雅典举办。顾拜旦希望体育能够缓解各国间政治上的敌对情绪。然而,这一希望是不切实际的,因为奥林匹克的各项比赛常常被政治化,或成为宣扬民族声望的途径。

爱德华·马奈（1832—1883）《草地上的早餐》

这幅展示了马奈不循规蹈矩的创作风格。它在1863年首次展出时被视为丑闻。

1896年，雅典——首届现代奥林匹克运动会

皮埃尔·德·顾拜旦在开幕式上讲道："毫无疑问，电报、铁路、电话、科研成果还有会议和展览，比任何条约或外交协定更能促进和平。我希望，体育将为促进和平作出更大的贡献。"

工业化的后果

工业革命深刻改变了欧洲人的生活。

1880—1914年的欧洲，充满了乐观的对现代化的希冀；大多数人相信进步，相信欧洲工业及科技必将征服世界，对未来毫无畏惧。工业化也确实为旧大陆走向世界作出了充分准备。同时，欧洲人通过扩大其经济、文化及外交影响，谋求世界领先地位。在19世纪的最后25年里，欧洲人将世上最后几片"无主之地"——尤其是非洲——占为己有，以扩充他们的殖民帝国。

5. 政治秩序与社会改革

社会民主工党

1869 年，奥古斯特·倍倍尔（图示最下排中间）在爱森纳赫市组织大会，会上创建了继承无产阶级革命思想的德国社会民主工党，其党章和组织很快就成为欧洲各姐妹党的效仿对象，1889 年后，所有革命党汇集于"第二国际"之下。

欧洲政治局势

19 世纪末的大部分欧洲国家，在经历民族主义运动洗礼之后，或转变为君主立宪制，或接受了共和制。在法兰西第三共和国，内阁部长向参议院和国民议会负责，议会代表按男性公民普选制选出，任期为 4 年。国家总统由国民议会和参议院共同选出，任期不可超过 7 年。在意大利王国，只有皮埃蒙特区拥有议会机构，且仅有少数人享有选举权。

英国已成为君主立宪制，国家机构受议会监管。在德意志帝国，宰相和各部长由皇帝任免，只需向皇帝负责，不受议会制约。

长年来，政坛一直是保守派、左翼自由主义和右翼自由主义势力角逐的舞台，而到了 19 世纪末，具有影响力的新党派出现了。在德国，一个天主教政党与中间派一起出现在政治舞台上。在大不列颠联合王国，爱尔兰是长期政治议题。追求自治的爱尔兰独立运动，主张废除《联合法令》，组建爱尔兰人自己的议会。

德国人卡尔·马克思前往伦敦避难，并在那研究资本主义经济，以此为基础发展出了他的科学社会主义学说。1848 年，马克思与恩格斯共同写就《共产党宣言》；1867 年，马克思发表了代表作《资本论》的首卷。国际工人协会（又称"第一国际"，1864—1872）[①] 便深受马克思主义的影响。

社会主义政党在欧洲大陆相继成立。在德国，威廉·李卜克内西和奥古斯特·贝贝尔于 1869 年创立"社会民主工党"，这个政党后来在 1875 年与斐迪南·拉萨尔的"全德工人联合会"合并为"德意志社会主义工人

[①]《辞海》，1876 年 7 月在美国费城召开的第三次代表会议上正式宣布解散。

扩建巴黎

1895年，拿破仑三世命奥斯曼男爵扩建巴黎，贫民区被拆除，巴黎的辐射状街道网络逐渐形成。

党"。后因《社会党人法》被打成非法组织，又于1892年改名为"德国社会民主党"。19世纪80年代末，在比利时、奥地利、匈牙利、波兰、荷兰和俄国，新的政党也纷纷出现。英国"独立工党"于1893年成立，1900年和工会合并。在斯堪的纳维亚半岛上，社会民主党派也因工人运动获得了更多政治影响力。在意大利，社会主义者也同样迎难而上。

巴黎公社于1871年解散后，法国的社会主义政党一直难以成形，空想社会主义已成为过去。信奉人道主义的社会主义者让·饶勒斯试图团结各个社会主义党派，宣扬世界和平的理念。1889年，"第二国际"于巴黎应运而生，其中德国和俄国的社会民主党影响最大。第二国际的成员在大会上讨论工业社会的弊病，将5月1日定为国际劳动节。

工会顶着来自企业主的巨大压力，逐渐成为工人的合法代表。1870年至1900年，工会在多数欧洲国家受到法律认可。1906年，俄国也承认了工会的合法性。大型罢工——如1889年的伦敦码头工人罢工和鲁尔区矿工罢工，更证明了工会的实力不可小觑。英国和德国的工会更在政治上争取实现社会主义。在部分欧洲国家，如意大利和德国，信奉天主教的工人们另外建立了非政治性工会。在英国、法国、德国、荷兰和瑞典，工会和工人党团争取到的政治影响力，使政府不得不听从其主张，为工人提供更好的工作环境。

五层楼里巴黎人的日常

19世纪时巴黎出现了较大的出租房，从其居住分布便可窥见当时的社会状况。一楼的狭小房间租给门房，富有的房东享有二楼的宽敞房间和阳台，三楼住着年轻夫妻及其子女，四楼和五楼租给社会底层人民。

社会改革

为消除工业革命带来的严重后果，如工厂对童工的剥削，在19世纪的最后几十年里，多项社会改革被实施。除俄国和巴尔干诸国，所有欧洲国家都立法规范了工作时长、工作条件和工人安全防护措施。然而，使用童工的现象仍未杜绝，许多人依旧只能靠脏乱且危险的工作糊口，每天工作时长超过10小时。

政府和社会改革者必须面对公共卫生和住房短缺等问题。奥斯曼男爵于19世纪60年代在巴黎大举发展卫生项目，包括污水处理和净水供给。贫民区皆被拆除，大都市巴黎焕然一新。

在英国、法国和德意志帝国，皆有社会进步团体呼吁进行农村改革，成立国家住房监管局，设立城市规划标准。在法国，越来越多的城市建起了经济适用房。德国的许多城市，如汉堡便拆除了贫民区，取而代之的是企业为员工新建的住房区。英国的企业家为员工建起"示范城"。1887年，伦敦东区的归罗斯柴尔德家族所有的建筑里，居住的主要是为躲避迫害而从东欧移民的犹太人。

西欧和北欧国家的住房和欧洲其他国家的大为不同。在英国、比利时和荷兰，独栋住宅是主流，而欧洲其他国家则以多户住宅为主。另外，社会改革并未解决所有难题，许多家庭仍不得不挤在狭小的房屋里，而且微薄的收入难以维持温饱。

在多数欧洲国家，国家机构承担起了脱离贫穷、保障公民社会福利的任务。德意志帝国于1880年后颁布了对后世影响深远的社会立法，其中便有针对疾病的强制保险，以及养老保险和伤残保险。在英国，对高龄员工的保障始于1909年；两年后，伤病保险和失业保险在英格兰成为强制保险。不过，当时的养老金和伤病保险所能提供的保障还相当有限。

女权运动

19世纪依旧是男性为社会主导的时代。女性的义务是结婚生子、管家育儿。女性不具有任何社会权利，宗教和传统都没有女性从事某种职业的范例，也否认女性对男女平等的追求。

然而到了19世纪末，这一固有观念在欧洲各工业国家受到挑战。女性的平均寿命变长，生育次数减少，也不必再花费大量时间去管教孩子。

从司法角度来看，女性的权益也有所改善。19世纪末，英国的已婚女性获得了财产权。配备了打字机和电话的现代化办公室里也为女性提供了新的工作机会。越来越多的女性为参加工作而学习相关技能。1870年，荷兰的首位女医师入职；1903年，法国拥有了首位女律师。教育家玛丽亚·蒙台梭利、物理学家玛丽·居里以及护士兼统计学家弗洛伦丝·南丁格尔是当时职业女性的楷模。

在英国，富裕家庭的女孩可通过1871年创立的女子日制学校信托基金，享有更好的教育。在法国，1884年第一所女子中学在蒙彼利埃开始授课。德意志帝国于1896年首次允许女性参加大学入学考试。苏黎世大学自1867年起招收女学生，巴黎、瑞典和芬兰的大学也纷纷效仿。

为争取女性选举权，许多欧洲国家爆发了女权运动。芬兰和挪威先后于1906年和1913年承认女性有选举权。激进的英国女权主义者（又被称为"妇女参政论者"）成立了女性的政治社会联盟。

伦敦的妇女参政论者

英国女性为追求政治平权和女性普选权而游行示威。尽管已有多人因此被逮捕，这些"铁齿天使"也毫不动摇，终于在1928年达成目标——英国承认了女性普选权。

女性接线员

从苏格兰移民美国的亚历山大·格雷厄姆·贝尔在1876年发明了电话。15年后，负责全世界电话接线的总机网络形成。

6. 19 世纪的文化和艺术

18 世纪末的欧洲不仅发生了政治和社会上的变革，当时不同的哲学流派也孕育出了文艺戏剧和人文学科之中的新思想。黑格尔、叔本华、米勒、托克维尔、马克思和齐克果是这一时期最为著名的哲学家。孔德和杜尔凯姆在社会学方面的研究也起到了推动作用。达尔文的《物种起源》和其进化论思想使《旧约》中的创世说受到质疑，翻开了人类认识领域的新篇章。哲学和社会学家赫伯特·斯宾塞提出应将达尔文主义应用于社会文化领域。人类学和考古学的新发现与新主张，令历史学研究发生了激烈变动。英国史学家亨利·巴克尔和德国史学家利奥波德·冯·兰克主张尽可能客观地表述历史。

浪漫主义与现实主义

18 世纪末 19 世纪初，古典主义和浪漫主义这两条河流交汇。浪漫主义者认为个体的情感与想象力不应受到社会准则的束缚。在歌德和席勒的作品里，威廉·华兹华斯和

浪漫主义的风景画

卡斯帕·弗里德里希创作的风景画不仅描绘了自然景色，更流露出浓烈的情感体验。

"巴黎大皇宫"的玻璃穹顶

巴黎大皇宫为1900年的世界博览会而建，是典型的新艺术运动作品。

济慈的诗歌中，都体现着这一浪漫主义世界观。音乐领域里，古典主义向浪漫主义的过渡在贝多芬的创作历程中尤为明显。他用《第九交响曲》的末章为席勒的《欢乐颂》谱曲。1972年，《欢乐颂》被定为欧盟"盟歌"。

欧洲的民族国家统一运动激励了大量浪漫主义诗人和画家。意大利作曲家朱塞佩·威尔第凭其伟大的歌剧作品，成为意大利统一运动中的英雄人物。小说是19世纪最为流行的文学体裁，英国女作家玛丽·雪莱的《弗兰肯斯坦》被誉为浪漫主义小说的代表作。此外，沃尔特·司各特、亚历山达罗·孟佐尼、阿尔弗雷德·德·维尼、维克多·雨果和乔治·桑皆为浪漫主义小说的代表作家。儒勒·米什莱和托马斯·卡莱尔的史学作品，也颇有浪漫主义倾向。

有些艺术家能欣然接受工业时代，而有些艺术家却梦想着回到理想化的过去世界，比如起源于英国的拉斐尔前派，他们以15世纪的意大利画家前辈拉斐尔为榜样。而将铁、砖石与玻璃结合于建筑中的哥特复兴式是19世纪建筑的主流。

19世纪30年代末，古典主义和浪漫主义间的对立被批判现实生活的现实主义取代。现实主义主张如实描绘现实世界，这一理念体现在查尔斯·狄更斯和本杰明·迪斯雷利

文森特·凡·高（1853—1890）

1888年至1889年，被关进心理治疗所的凡·高用两幅素描和三幅油画描绘了他"在亚尔的卧室"。几个月后，画家在贫穷孤寂中离世。

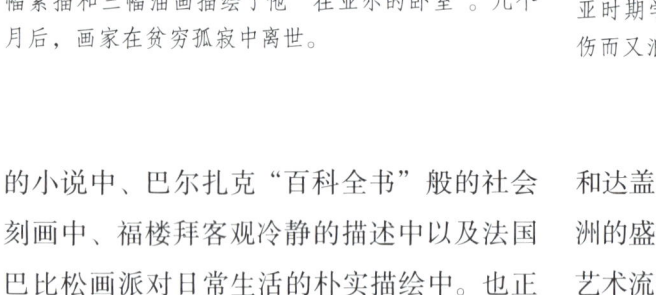

罗赛蒂（1828—1882）《新娘》

与亨特、米莱斯一起创建拉斐尔前派，反维多利亚时期学院派机械呆板的画风，其风格天真、忧伤而又浪漫。

的小说中、巴尔扎克"百科全书"般的社会刻画中、福楼拜客观冷静的描述中以及法国巴比松画派对日常生活的朴实描绘中。也正是在同一时期，现代摄影诞生了。

现实主义的戏剧作品，如易卜生、比昂松、奥古斯特·斯特林堡和契诃夫的著作，带有尖锐的社会批判和强烈的心理共鸣。俄国作家契诃夫的作品中的现实主义心理描写，法国作家左拉的现实主义象征文学和自然主义作品，为这一时期小说创作的巅峰。

印象派、后印象派、未来主义和新艺术运动

自然主义的风景画，由涅普斯、塔尔博特和达盖尔发明的摄影艺术，以及日本版画在欧洲的盛行，都为印象派的诞生做了铺垫。这一艺术流派追求的是描绘一瞬间的光影色彩。

到了19世纪80年代，塞尚、凡·高、高更等画家脱离了印象派，重新追求画作形式、构图和对象的完整统一。随后出现的立体主义画家，注重画中的形状与空间感，将创作对象拆解为不同视角下的多个平面。未来主义则与所有文艺传统决裂，唯独崇拜现代社会的科技力量感。作为独立艺术流派的新艺术运动，起初在许多欧洲国家并不被看好，但其极具异域风情的设计风格，逐渐征服了插画、建筑、雕塑和室内装潢等艺术领域。

莫奈（1840—1926）《日出·印象》

讽刺杂志《喧噪》将莫奈贬为"印象主义者"，并嘲讽道："瞧瞧这堆斑驳的涂料，怕是在花岗岩井壁上作的画吧。噼噼、啪啪、簌簌！如此拙劣，难看至极！"

约翰·平克顿绘制的世界地图（1812）

地图影响着欧洲人的世界观，而世界观反过来也影响着地图制作。从中世纪到现代早期，地图的使命是确定并描绘人与宇宙、自然和上帝间的关系。不过，就算制图有着严谨的科学态度，也依旧展现着当时的社会风气。19世纪初绘制的地图便被广泛用于世界贸易、交通和殖民地管理之中。

约翰·平克顿（1758—1826）不仅从事文学创作，更是伟大的地图学家。他的世界地图便深受时代风气的熏陶。平克顿作为在地图中运用等高线的第一人，赋予了地图三维立体感。

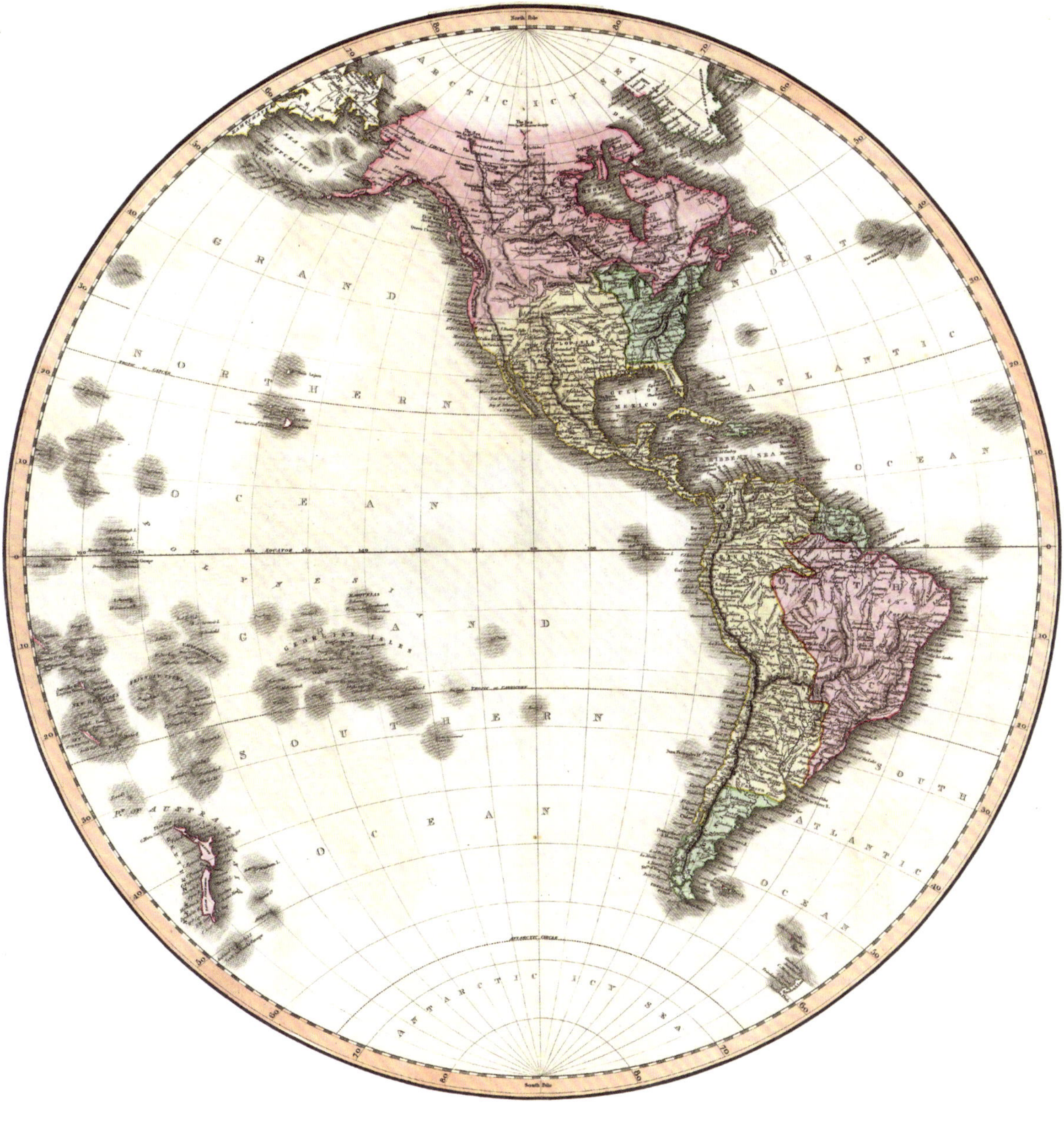

走向自我毁灭

1901 年	首次颁发诺贝尔奖
1904 年	英法之间的谅解协定
1907 年	海牙陆战法规
1912 年—1913 年	巴尔干战争
1914 年—1918 年	第一次世界大战
1917 年	俄国十月革命
1918 年	威尔逊提出"十四点原则"
1919 年	《凡尔赛和约》，国际联盟成立
1922 年	墨索里尼"向罗马进军"
1924 年	列宁的继任者斯大林上台
1925 年	《洛迦诺公约》
1923 年—1929 年	国际形势缓和
1929 年	世界经济大危机
1933 年	希特勒出任总理
1936 年—1939 年	西班牙内战
1938 年	慕尼黑协定
1939 年—1945 年	第二次世界大战
1942 年—1943 年	斯大林格勒战役
1944 年	盟军登陆法国
1945 年	德国和日本无条件投降

20 世纪的大灾难

1914 年至 1918 年间发生的第一次世界大战，法英两国曾誉之为"伟大的战争"，而美国人乔治·F. 凯南却称其为"20 世纪的大灾难"。这场战争燃烧到欧洲大陆之外，造成的影响前所未有。战争中使用了最先进的科学技术，1916 年的凡尔登战役和索姆河战役成为可怕的物质消耗战，是"极端时代"的恐怖前奏。这是德国人奥托·迪克斯设计的三联画，艺术上独具匠心，但同时又令人恐惧。

几十年内，欧洲失去了统治世界的霸主地位。欧洲成为两场战争的发源地，起先只是内部冲突，但后来却都酿成了世界大战。战争使欧洲大陆面临毁灭的边缘，革命浪潮席卷了旧的秩序——尤其是 1917 年俄罗斯爆发的十月革命更是令地覆天翻。政府形式更替，旧的帝国瓦解，新的国家诞生，边界线发生变更，无数的矛盾撕裂了欧洲，日益深刻的经济危机令人震惊，也削弱了这个大陆。越来越多的国家参与决定世界事务。

对于如何走上这条自毁之路，有多种说法。19 世纪的快速进步和变化开启了无尽的想象空间，但也造成了意想不到的局势紧张，而激进的民族主义又加剧了这种内部冲突。此外，在国际争端中，民众和国家对真正的欧洲共性视而不见，几乎都不打算采用和平妥协的方式，而更倾向使用威胁和暴力。最具灾难性的是独裁统治的蔓延，他们无视欧洲的人文主义传统，毫无顾忌，迫使受其影响的民众全力服务于他们的暴力意识形态。这使许多人上当受骗，反对独裁政权的人受到迫害，甚至以难以想象的残忍方式遭遇灭顶之灾。这些极权专制主义正准备征服欧洲和整个世界。

但寻求所有欧洲人都能接受的持久和平努力仍在继续，在平等国家和自由人民的基础上实现欧洲统一的理念也一直存在。

1. 1900 年前后的欧洲

世界的中心

20 世纪初欧洲取得了巨大成就，民众为此感到自豪，人人踌躇满志，憧憬未来，以为自己及自己的生活方式已经超越了世界其他地方的人民。他们自认可以统治他人，有权利和义务为他人带去欧洲文明的"福音"。这也意味着，大多数欧洲人无视或坦然接受了他国人民被剥削和被压迫的事实。

欧洲曾是世界的权力中心，最重要的政治决策都是在伦敦、巴黎、柏林、维也纳或圣彼得堡作出来的。欧洲国家拥有庞大的殖民帝国，他们几乎瓜分了整个非洲和亚洲的大部分地区；他们还拥有强悍且庞大的军队，为其他地方所少有；他们生产出难以计数的商品，进行复杂且频繁的贸易，密集的铁道、河流和公

1900 年巴黎世界博览会
欧洲通过在巴黎举办的世界博览会庆祝进入 20 世纪，这是当时的展馆"电力宫"。

资产阶级和劳工阶层的两极分化

在世纪之交，这两个阶层处于不同的社会规则和生活环境之中。资产阶级家庭往往住着大房子，家中有专门的餐厅、会客厅和休息室，还有仆人供驱使。他们的生活方式在很大程度上引领了时代潮流。与此同时，工人阶级的社会意识也逐渐觉醒，他们的生活条件虽有所改善，但达到资产阶级那样的水准仍是天方夜谭。两者间的裂痕日益加深。

路交织成的网络确保他们的货物和人员可以快速流动。工矿企业集中的地方，就会出现巨大的城市群落，数百万人生活在非常狭小的空间里——譬如比利时、法国北部的列日和里尔、英格兰的西米德兰郡和德国的鲁尔区。科技创新主要来自欧洲（部分来自崭露头角的美国），汽车、飞机、电话、电影、新型药物、化肥和人造染料等产品旋风式地征服了世界各地。1900年左右，科学研究开创性地宣告了原子时代的到来。这是机遇，但也暗藏危险。波兰籍法国化学家和物理学家玛丽·居里发现了放射性元素，这具有划时代的意义。英国人欧内斯特·卢瑟福、德国人马克斯·普朗克和阿尔伯特·爱因斯坦奠定了原子物理学的基础。数年后，丹麦人戴恩·尼尔斯·玻尔对这些研究作了总结。欧洲从未在生活的各个领域经历如此迅速的变化，许多人相信这一进步将永无止境。

"美好年代"

除了工业大都市之外，欧洲的大部分地区仍然以农业为主。当时全欧洲人口约为4.2亿，大多数仍居住在农村，生活方式亘古不变。农民要靠辛勤耕耘，才能从田间刨得足够的收成，几乎没有娱乐生活，一切都按旧式的习俗和传统行事。许多人照旧依附于大农场主和大地主，报酬很少，通常还是以实

鲁尔河畔的工业区景象

巨大的工业区出现在中欧和西欧。这种集约化有利于大公司的发展，工人也建立了工会，寻求改善生活条件。

物支付。光靠土地很难养活越来越多的人，于是大批的农民涌向城市，想在那儿找到工作和获取工资，过上舒适的生活。许多人甚至背井离乡，远渡重洋，到海外发财——尤其是在美国。

日常生活的艰辛使得人们尤为憧憬美好的未来。矿工、手工业者、仆人和其他所有无产者的处境不像数十年前那么糟糕，收入有了成倍增长。但总体而言他们的生活水平仍然很低，使用童工的现象依然存在，工人每天工作 10 小时以上的情况非常普遍，每周休息制也没有得到很好的落实。即便有相关劳动法律的监管以及养老保险、疾病保险等保障措施，但实际起到的作用也是非常有限。无产者的工作环境恶劣，时常伴随有危险。他们居住在逼仄的空间里，微薄的收入通常不能保证全家人的温饱。

此时，在劳工运动中诞生了权力较大的各种组织，他们把战胜资本主义也写在自己的旗帜上。在英国、法国、德国、瑞典和荷兰等欧洲国家里，工会和工人政党具有很大的影响力，迫使政府和雇主不能简单地漠然处之，只有尽可能满足他们的要求，并允诺在紧急情况下向无产者提供更多安全保障，改善劳动条件。工会和工人政党在整个欧洲协同作战，这也增强了劳工运动的政治影响力。1900 年，社会党国际局成立，总部设在布鲁塞尔。

尽管无产者的队伍日益强大，但他们依旧生活在资产阶级的阴影中——那些人还在享受着劳动者创造的繁荣和权力。资产阶级的生活方式被奉为典范，他们的住房条件、衣着打扮、道德修养、娱乐休闲、受教育程度和上进心等，仍然被欣赏和效仿，连那些向资产阶级世界宣战的人也不例外。企业家、公司高管和高级官员像贵族一样发号施令，他们的舒适生活如今仍被视为"美好时光"。法国人将 1890 年至 1914 年间这段平静而愉快的岁月称为"belle époque"（辉煌时代），这个说法在整个欧洲广泛被使用。

欧洲的资本主义制度貌似永恒不变，只有少数人能看到其华丽外表的背后。诗人、哲学家和艺术家敏锐地感觉到暴风雨即将到来。德国哲学家弗里德里希·尼采甚至预言，地球上将会发生前所未有的战争。一种不适、衰退和没落的情绪已悄然而至。

帝国主义

欧洲分化成了穷人与富人、未受教育者与受过教育者、无权者与有权者的阵营，双方隔着难以逾越的障碍。但与各国所有的内部矛盾相比，有一种情绪激荡尤甚，那就是民族主义。民众对自己国家的狂热自豪感和优越感正变得越来越强烈，这加剧了欧洲国家间的紧张局势。

民族意识的激化受到多方面因素的共同影响，这自然与当时的经济和社会问题密不可分。工业国家普遍担忧的是原材料供应不足和销售市场乏力，要想解决这些问题，就要获取和开发更多殖民地，确保势力范围。但是眼睛盯着海外又分散了欧洲国家的注意力，忽视了各民族之间的紧张局势以及对其自身政治制度的质疑。许多人寄希望于壮大国家实力，让每个人过上更好的生活，这就使欧洲列强向遥远大陆扩张的决心更为坚定。如何染指尚未被瓜分的地方，如何控制主要交通线，成为它们最关心的事情。这种通过海外扩张来夺取霸权的思想，如今被我们称为"帝国主义"。

民族主义的高涨，并未动摇整个欧洲的认同感，反而滋养出了一种超越所有其他文化的优越感。此外，人们越来越担心欧洲有朝一日可能会受到来自外部势力，特别是亚洲国家的威胁。

鉴于这种紧张的局势，欧洲列强力图在战争爆发时能获得盟友支持，因此，1882年结成的"同盟国"（德国、奥匈帝国、意大利）和1907年结成的"协约国"（英国、法国、俄国）变得尤为重要。几乎没有国家想要开启战端，但也很少有国家真的会不惜一切代价阻止战争。军事实力毕竟是国际竞争中彰显自己的最佳资本之一，因而德国扩充海军，引发了英国的军备竞赛，军事对立逐步升级。接连发生的一系列事件和挑衅进一

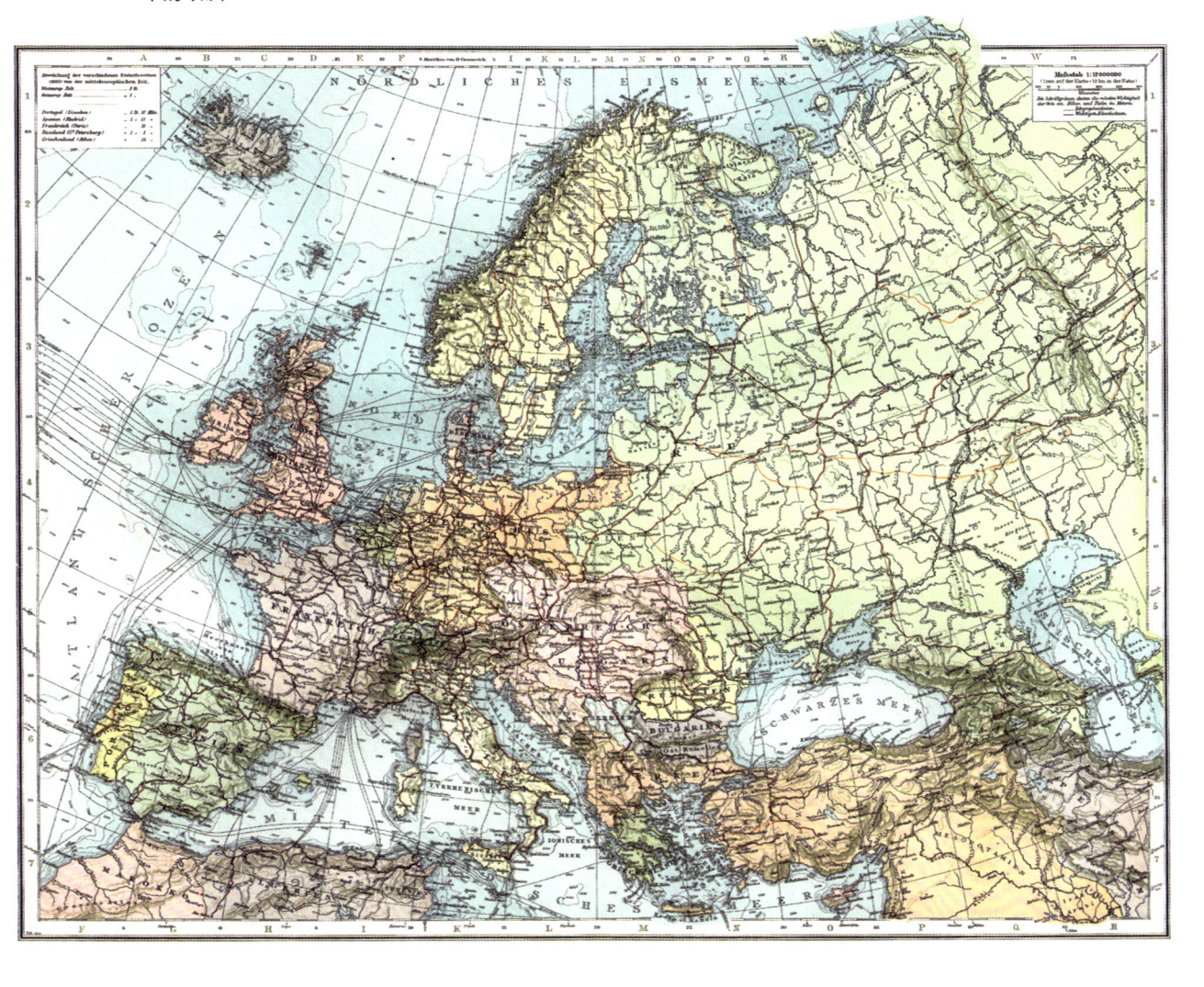

1900 年的欧洲

步加剧了紧张局势，特别是在被称为"欧洲火药桶"的巴尔干地区，民族内部矛盾和大国的不断干涉导致了新的危机。

相比之下，呼吁维护和平却很少得到响应。国际劳工组织曾一而再、再而三地发表相关声明，资产阶级中也涌现了和平主义者。诺贝尔和平奖正是由瑞典实业家和炸药发明者阿尔弗雷德·诺贝尔创立的。1901年第一届诺贝尔和平奖的获得者是亨利·杜南，以此表彰他为成立红十字会所做的贡献。1889年起，世界和平大会开始在欧洲城市举行。在第一次会议上，和平主义者试图起草国际和平纲领。

军备开支日益沉重，因而俄国沙皇提出召开国际会议，限制这一灾难性的竞赛。1899年，26个国家的代表在海牙开会，讨论裁军和维持和平的问题。但是这些大国并没有认真准备削减军备开支，因而未达成最终协议，但也至少在建立仲裁法庭和禁止大规模杀伤性武器（毒气和炸弹等）上取得了一致意见。第二届和平会议在1907年举行，与会各国为可能造成人间悲剧的陆地战争制定了规则。但这丝毫没有阻止战争发生，恰恰相反，人们更倾向于认为《海牙陆战法规》实际上默认了战争存在的合法性。

2. 第一次世界大战（1914—1918）

德国和法国的火车

德国有轨电车的车厢上写着："去巴黎观光吧！"法国的宣传语则是："巴黎—柏林，只要一个来回！"但在称为"20世纪的大灾难"的现代战争中，客运火车却被用来快速运送士兵上战场。在凡尔登、索姆河和马恩河的战场上，成千上万的士兵倒在难以想象的物质消耗战中。

深层的原因和突发事件

1914年6月28日，一名塞尔维亚民族主义者在萨拉热窝街头枪杀了奥匈帝国的皇储夫妇。维也纳方面认为，这次袭击的背后有塞尔维亚的阴谋。7月5日德国表态支持奥匈帝国彻查此事，奥匈帝国于7月23日向塞尔维亚发出最后通牒，要求对方同意奥匈帝国派官员参与调查这起谋杀案，而塞方的答复则含糊其词。7月25日奥匈帝国进行举国动员，7月28日向塞尔维亚宣战。接着，先前承诺支持塞尔维亚的沙俄也在7月29日向奥匈帝国宣战，次日又向德国宣战。德国政府则要求沙俄撤除动员，但未得到答复。这下轮到德国开始动员了——先是8月1日向沙俄宣战，8月3日又向法国宣战。德国军队首先入侵了中立的比利时，英国也于8月

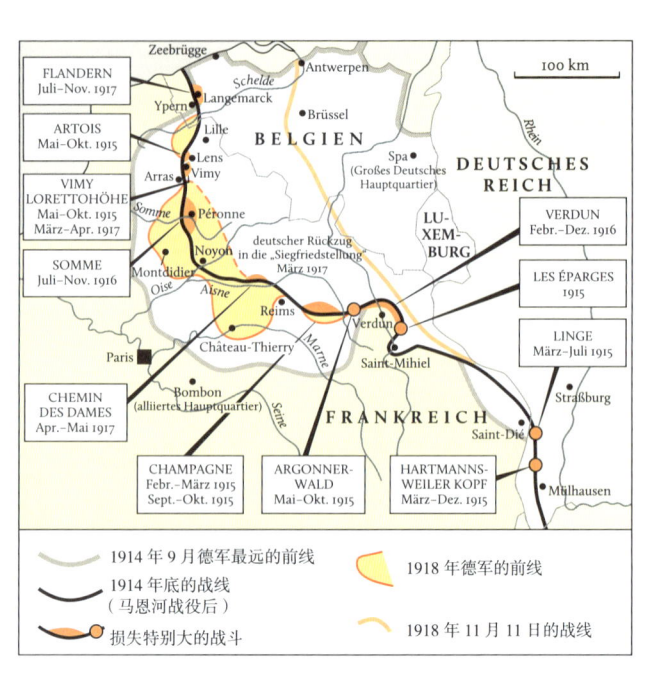

1914—1918 年在法国的战线

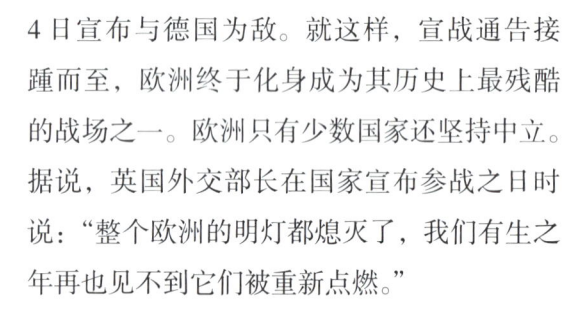

堑壕战

1915 年，各条战线暂时停止交火。战壕和避难所犬牙交错，攻击者很难向前推进。战争消耗了大量的人员和物质，造成巨大的损失，原本应该带来农业收成的土地上却满是死伤者。

4 日宣布与德国为敌。就这样，宣战通告接踵而至，欧洲终于化身成为其历史上最残酷的战场之一。欧洲只有少数国家还坚持中立。据说，英国外交部长在国家宣布参战之日时说："整个欧洲的明灯都熄灭了，我们有生之年再也见不到它们被重新点燃。"

世纪之交以来，欧洲列强之间曾发生过数次严重的危机，但均用外交手段以和平方式解决。政治家们因此相信，也可以用同样的方式应对 1914 年 7 月萨拉热窝事件引发的危机。德国因不愿面对东西两条战线的压力，尝试通过政治途径解决争端，但宣告失败。最终国内采取军事手段的主张占了上风，动用武装力量似乎是不可避免的。事实上，假如位于维也纳、柏林、圣彼得堡、巴黎和伦敦的各国政府当权者真心想要和平的话，这场战争并不一定非要打起来不可。

到底是谁发动的战争，至今依然没有定论。专家们似乎一致认为，当时的政客和军人都准备冒险使用武力。尽管如此，所有参战国的罪责大小仍未确定。交战各方都认为自己的行为是正义的，目标是正当的。采用君主制的多民族国家奥匈帝国希望借此阻止国内的分裂活动并扩大在巴尔干地区的影响力；沙皇俄国则忌惮国内掀起的革命浪潮，力求保住现有制度，又对巴尔干地区同样心存野心——因为俄罗斯人与巴尔干地区人民有共同的斯拉夫血统（即"泛斯拉夫主义"）；德国眼看自己腹背受敌，想要打破包围圈，扩大政治影响力；法国介入是为了试图削弱老对手德国，收复阿尔萨斯-洛林；英国则认为，德国以打造海军舰队为名谋求国际霸权之实，挑战了己方的权威。

欧洲各参战国的民众也被卷入战争的狂热之中，将焦虑、恐惧和不幸的预感都置之不理，几乎没有意识到现代战争的残酷性和破坏性。但他们很快就发现，流血不多、经过短暂交战就能取得胜利的场面，只是幻想罢了。

战争的新规模

1914年8月，德国军队入侵中立的比利时，在伊普尔市周围遇到了国王阿尔贝一世指挥下的军队的顽强抵抗。德军司令部原打算长驱直入，迅速击败法国，然后再来应付沙皇俄国。然而就在几周后的马恩河战役（9月6日—12日）中，法国军队殊死抵抗，德国军队在巴黎郊外停滞不前，难以推进。在东线，德军在8月26日至30日将一支俄国军队围困在坦能堡，并且最后赢得了胜利。然而，德军在战争并没有取得压倒性优势，运动战变成了消耗严重的阵地战，丝毫看不到结束的迹象。

主要战线分布在法国北部、东部以及俄国西部。奥斯曼帝国和保加利亚加入同盟国参战，而意大利和欧洲其他国家在战争过程中逐渐与协约国协同作战。1917年美国也加入对同盟国的战斗，至此，欧洲内部冲突终于酿成了世界大战。

随着战争时间不断拉长，厌战情绪也在日益滋生，几乎没有人认为战争继续下去还有意义。士兵们蹲在战壕里，忍受着夏天的炎热和冬天的寒冷，暴露于豪雨和冰雪之中，还要时刻准备奉命出击或防御敌人的进攻，却看不到具有决定性的战争转折点。交战国的平民百姓也饱受物资短缺和贫困之苦。此外，数以百万计的家庭每天都要为前线的亲人担惊受怕。战争结束时，出现了成千上万的寡妇和孤儿，而且他们还身无分文。

这场战争在三个方面呈现出全新的特点。第一大特点是使用了之前从未使用过的武器，即远程火炮、机关枪、手榴弹、坦克、毒气、潜艇、战斗机和轰炸机。无数的武器和弹药投入比肉搏战更有效，但这也造成死伤人数激增。这就是可怕的物质消耗战——仅仅在1916年的凡尔登战役（别称"凡尔登绞肉机"）中，战斗最激烈的地区就部署了上千门大炮。炮弹在战场横飞，据后来统计每公顷

1916年的凡尔登战役

2月21日	德军发动进攻
2月24日	德军攻打东北部野战防御工事
2月25日	德军进占杜奥蒙堡要塞和哈道蒙野战防御阵地
3月2日	德军占领杜奥蒙村
3月7日	德军控制304高地的大部分地区
5月22日	法军收复杜奥蒙堡要塞
5月23日	德军试图再次夺取杜奥蒙堡要塞，未果
6月2日	德军进占沃堡要塞
6月23日	德军对蒂奥蒙和弗勒里要塞发起进攻
10月24日	法军重新夺回蒂奥蒙和杜奥蒙
11月2日	德军撤离并炸毁沃堡要塞
12月15/16日	法国成功夺取默兹河东岸
阵亡人数：	法军36万
	德军33.5万

无产阶级夺得政权

1917年11月7日,列宁带领布尔什维克夺取了沙皇俄国的政权。根据当时俄国使用的儒略历,那天是10月25日,因此又被称为"十月革命"。列宁的第一项措施是建立临时政府,维护和平是首要目标,但同时也没收了大地主的财产。

土地上落下的弹壳就有50吨之多。在短短几个月内,伊普尔、索姆河和马恩河附近以及其他战线上也发生了激烈的战斗,德法两军共计约70万名士兵在那里丧命。

第二大特点是在远离前线的后方也能感受到战争的存在。各国民众史无前例地卷入战争,为了胜利不惜动用一切手段和力量。女人替代男人在工厂和其他地方工作,保证战争物资的生产不会停顿。但是许多生活所需的商品却极度匮乏,特别是食品,老百姓只能忍饥挨饿。战争不再只是军队的事,它改变了所有人的生活。过去的战争只局限于战场上士兵之间的搏击,而如今整个社会的成员都受到了波及。

第三大特点是作战双方都在宣传上面下了很大功夫。海报、传单和明信片满天飞,目的就是要树立己方的正面形象,丑化敌人。为了加强军民的获胜信念,宣传部门几乎不择手段地嘲笑或抹黑敌人。这种完全由人为制造的仇恨持续了很长时间,许多偏见直到今天都没有被克服。

变化的迹象

随着厌战情绪的蔓延,军中的抱怨言论

增多，哗变也不时发生，前线的士兵开始不听从号令。饱受商品供应不足之苦的各国民众奋起示威抗议。

同时，战争期间长期饱受压制的民族也开始萌发谋求独立的愿望。1916年复活节期间，爱尔兰人民发动起义，但遭到英国当局的残暴镇压。后经过长时期不屈的斗争，终于在1921年成立爱尔兰自由邦，此后又花了数年才逐渐脱离与英国的联系。波兰也试图重建在18世纪末被列强瓜分的民族国家，最终达到了目标。在奥匈帝国内，战场上的颓势使民众感到希望渺茫，要求民族独立的呼声也越来越强烈。

最具有世界历史意义的事件发生在沙皇俄国。在士兵哗变、工人示威和罢工的共同作用下，1917年爆发了"二月革命"。同年，在工人和士兵委员会的支持下，布尔什维克夺得了政权，即"十月革命"。领导者正是革命家弗拉基米尔·伊里奇·乌里扬诺夫（列宁）。在长期流放期间，他进一步发展了马克思和恩格斯的学说，并坚信只有在组织严密、纪律严明的政党领导下，才能取得无产阶级革命的胜利。根据这一原则，列宁和他的战友于儒略历10月25日（公历11月7日）在彼得格勒发动起义，建立了无产阶级专政，没收了大地主的财产，将贸易、银行和工业收归国有。

1918年3月，以失去大片俄国西部领土为代价，布尔什维克新政权与同盟国签署了《布列斯特-立托夫斯克和约》。随后，俄国内部爆发了长达数年的内战，最终红军取得了胜利。在革命年代里，布尔什维克政权时常受到敌人恐怖活动的骚扰和饥饿民众的抗议。1922年，苏维埃社会主义共和国联盟（苏联）在莫斯科宣告成立。莫斯科不仅是年轻共和国的首都，而且是许多国家共产党人组成的联盟——"共产国际"的所在地。共产国际致力于支持世界社会主义革命，在每个国家建立无产阶级专政。在整个欧洲范围内，一些人视共产主义为极大的希望，但也引起了另一些人的恐慌。

同盟国把所谓的"和平条件"强加给当时还弱小的苏俄，但他们在西部战场的溃败也渐显端倪。美国于1917年4月参战，使力量天平终于倒向协约国一方。尽管德军在1918年春天又一次尝试发动进攻，但终因英国人在法国的亚眠突破了防线，德军不得不收缩撤退。

战斗结束

保加利亚在1918年9月、奥斯曼帝国在1918年10月各自宣布投降并签署了停战协议，同盟国败局已定。德国谈判代表最后也在1918年11月11日于贡比涅森林签署了停战协定。枪声终于停止了！在这场为期四年多的战争中，阵亡人数约为800万，受伤人数是其两倍，许多人终身残疾。

第一次世界大战标志着一个时代的结束。从前看似安全、牢不可破的东西，都或多或少地爆发了问题，有的甚至化为乌有。欧洲列强失去了在国际上的霸主地位，被美国和苏联取而代之。

3. 欧洲的战后秩序

和平条约

图为法国总理乔治·克里孟梭（前左）、美国总统伍德罗·威尔逊（中）和英国首相劳合·乔治（最右）正在从凡尔赛宫离开。"三巨头"于1919年6月28日签署了《凡尔赛和约》，希望借此实现持久和平，却无法就实现这一目标的方式和方法达成一致。同年11月20日，美国参议院拒绝批准该和约。

强加的和约

德国、奥匈帝国及其盟国已一败涂地。战争已宣告结束，但是和平应该是什么样子的呢？战胜国对此的看法分歧很大，常常闹矛盾。法国首先要确保自身安全，以防东边的邻国德国再度起势，其次仍怀有独霸欧洲的野心。而英国不主张过度削弱德国，希望保持力量均衡。还有领土、贸易、法律、军事上等一堆议题也亟须得到解决，以期实现各国共同的目标——在欧洲建立能维系持久和平的秩序。

但这事却难以如愿，世界大战引发的民族主义狂热正甚嚣尘上。战胜国想要瓜分胜利果实；战败国元气大伤，没有能力自卫；中立国又缺乏从中协调的能力——经历四年的热战后，各国仍然要度过一段更为漫长、痛苦和互不信任的时期。

1919年1月18日，27个战胜国代表聚集在巴黎郊外的凡尔赛宫镜厅——就是法德战争后宣布德意志帝国成立的同一个房间，连日期都相同（1871年1月18日）——举行和平会议，讨论应该以什么条件要求德意志帝国与协约国达成和约。战胜国各自表达了观点。法国代表乔治·克里孟梭认为，莱茵河应是法德之间的理想边界。这却遭到英国首相劳合·乔治的强烈反对。

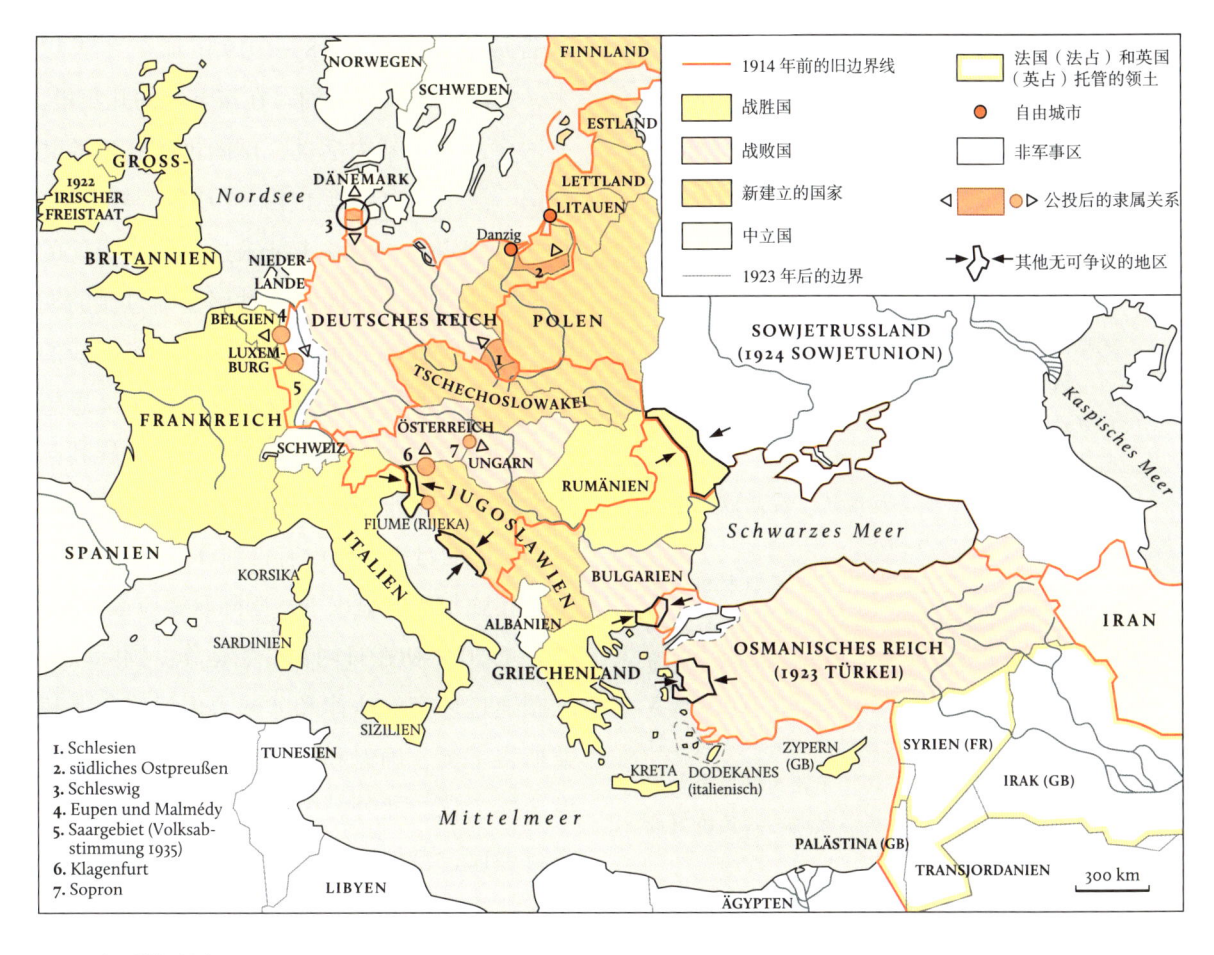

1918 年后的欧洲

　　许多欧洲代表将希望寄托在美国总统伍德罗·威尔逊的身上。他在 1918 年初提出了"十四点原则",其中包括裁军方案和在民族自决权的基础上重组欧洲,重中之重是建立国际联盟,以便和平解决未来国家之间可能发生的冲突。这个公正的建议得到了广泛关注。

　　在经过长达 6 个月的谈判之后,协约国和同盟国于 1919 年 6 月 28 日在凡尔赛宫签署了和约。然而这份和约带来的痛苦和失望却远超其预期效果。它是战胜国经过谈判拟定的,缺少战败国的参与,战败国视其为强加的指令。尤其是在德国,民众普遍认为,他们实际上并不是被外部的敌人打败,而是帝国内部的"反动力量"(如社会主义者、共产主义者和犹太人)出卖了国家,即所谓的"背后一刀"。德国对《凡尔赛和约》的草案感到吃惊,认为条件过于苛刻,极具侮辱性。德国人尤其愤恨的是,他们不得不承认发动战争完全是己方的责任。德国和其他战败国极力想将和约改得对它们有利一些。

> **《国际联盟盟约》的条款（选摘）**
>
> **第8条**：联盟会员国承认为维护和平起见，必须缩减本国军备至保卫国家安全及共同履行国际义务的最低限度。
>
> **第11条**：兹声明，凡战争或战争之威胁，不论其直接影响联盟任一会员国与否，皆为有关联盟全体之事。
>
> **第12条**：联盟会员国约定，倘若彼此之间发生争议，当将此事提交仲裁或依司法途径解决。
>
> **第13条**：联盟会员国约定彼此以完全诚意执行宣告之裁决或判决。
>
> **第16条**：联盟会员国如有不顾本盟约第12条、第13条或第15条所定之规约而发动战争，则据事实应即视为对联盟其他所有会员国有战争行为。其他会员国应立即与之断绝各种商业上或财政上之关系，禁止其人民与之往来，并阻止其他任何一国（不论为联盟会员国或非联盟会员国）之人民与该国之人民有财政上、商业上或个人之往来。

国际联盟就能保证安全吗？

第一次世界大战造成的最严重的影响就是中欧和东欧的版图发生了变化。在民族自决权的基础上，出现了许多新型国家——波兰重生、匈牙利与奥地利分离、罗马尼亚扩大、南斯拉夫和捷克斯洛伐克建立、波罗的海三国和芬兰独立。战胜国意图将这些国家作为屏障，制约逐渐恢复实力的德国，并对苏俄起到警戒线作用。

和约签署了，但战争并未因此停止。德意志帝国瓦解，威廉二世退位，魏玛共和国宣告成立。但自1918—1919年那个冬天以来，国内革命风起云涌，在接下来的几年里，德国多次发生暴力活动，试图推翻新生的共和国。波兰的边界是1919—1920年与苏俄打仗之后划定的，但并未征求过居住在当地的德国人的意见。在向和平秩序逐渐过渡的期间，几乎所有地方都发生了武装冲突。新的平衡仍然很脆弱，主要是因为民族主义思想一再使寻求妥协的努力陷入瘫痪，民族利己主义依然在欧洲盛行。既没有实现普遍裁军，各国人民的自决权也没有得到尊重。

在威尔逊的提议下，国际联盟应运而生，并于1920年初在日内瓦开始运作。国际联盟试图通过现有的法律和非暴力倡议使各方利益取得平衡，确保和平。成员国代表定期出席全体会议。此外，国际联盟理事会也时常举行会议，会议成员由常任理事国和选出来的非常任理事国组成，后者的任期只有三年。常任理事国最初由法国、英国、意大利和日本等列强担任，后来苏联也加入了。日常事务由秘书长领导的秘书处管理。

国际联盟是一个新成立的国际组织，首次提出将欧洲各国和整个世界纳入到一个集体安全体系，但其影响力从一开始就非常有限。虽然美国总统一直致力于建立国际联盟，但美国本身却游离于国际联盟之外，战败国也没有马上被吸纳进来。苏联直到1934年才加入，但没有起到什么作用，与此相对，法国和英国却将国际联盟视为实现自身利益的工具。国际联盟虽然设定了许多新的国际交往准则，但并没有改变欧洲的政治现实。

《凡尔赛和约》划定边界的目的是便于争

得独立的中欧和东欧人民成立国家，但因居住在这一地区的少数民族较为分散，很难划出让所有人都满意的国界线。

未解决的问题

俄国发生了无产阶级革命，德国的君主制垮台，奥匈帝国解体——这些变化引出了一个问题：欧洲国家（无论是老牌帝国还是新兴国家）将选择哪一种政府形式？议会制民主在最初似乎占了主导，但很快就发现它在一些欧洲国家中根本没有生存下去的根基。

战争期间，欧洲许多民族就渴望独立，想建立自己的国家。但是，事实与威尔逊的理想主义观念相反，欧洲地域狭小但民族众多，难以划出令各方势力都满意的疆界。例如，新成立的捷克斯洛伐克就像昔日奥匈帝国的缩微版，依然是一个多民族国家，除了捷克人和斯洛伐克人外，这片土地上还住的有德国人、匈牙利人、乌克兰人和波兰人。南斯拉夫也如此——斯洛文尼亚人、克罗地亚人、塞尔维亚人、波斯尼亚人、马其顿人、意大利人和阿尔巴尼亚人共同生活在一起。波兰东部还居住着许多乌克兰人和白俄罗斯人。散居在各个地区的少数民族经常受到歧视，时常因此发生大大小小的冲突，某一事件或误解就会成为冲突的导火索。

其他悬而未决的问题主要集中在经济和财政方面。战争耗费了大量财力，而且战时经济必须向和平经济转型，然而新划的边界线割裂了原有的经济区。战胜国起初打算让战败国支付战争赔款来弥补这一切，但这种期望最终被证明是画饼充饥。经济并没有快

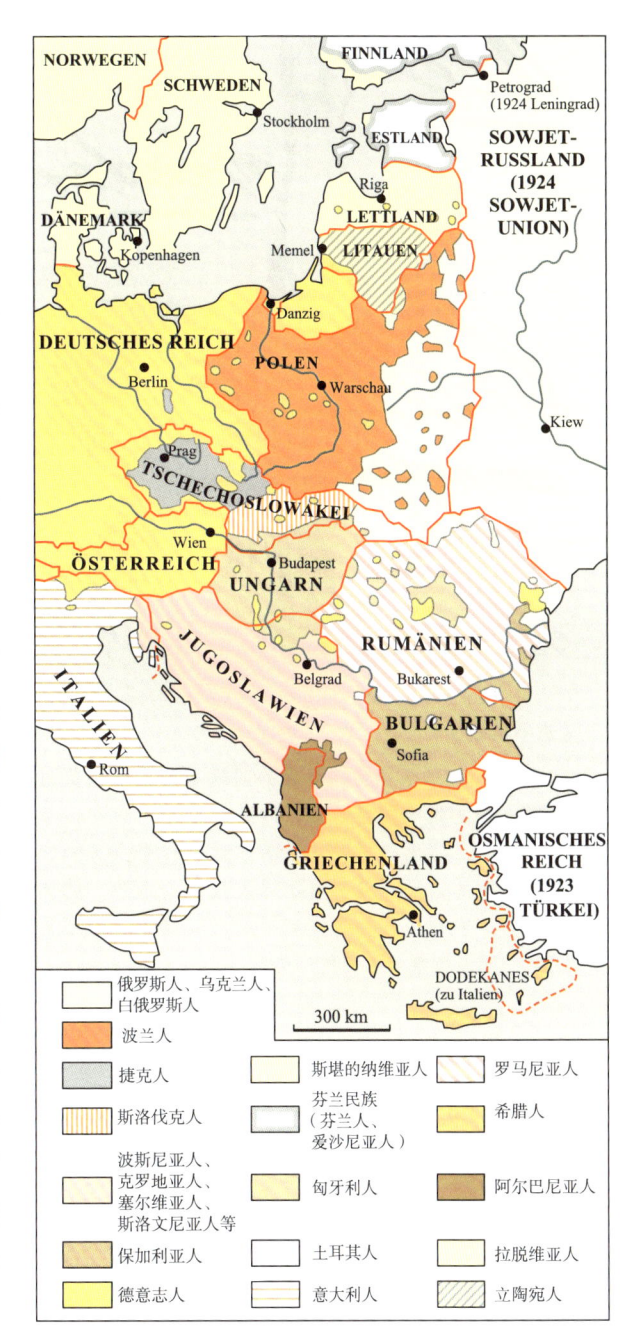

中东欧边境地区的民族

《永不再战》

1919年的和平很脆弱。最大的问题是德国难以支付赔偿。英法战争同盟解体，1923年，以"生产品抵押"为名，法比联军占领了鲁尔区。和平主义者担心，这样的国际局势有再次爆发战争的危险。德国女版画家凯绥·珂勒惠支创作的反战海报《永不再战》一度遍布整个欧洲的广告牌。

速重启，失业和通货膨胀异常严重。

因此，战后秩序一开始就承受着沉重的负担，尤其是法德关系。作为战胜国，法国要确保自身安全，免受东方邻国德国的侵扰，因而它与一些较小的欧洲国家结盟，要求彼此严格遵守《凡尔赛和约》的规定。而为了打破国际孤立，德国也在寻找合作伙伴，因此逐渐向战争的另一个失败者苏俄靠近，以求达成和解。但德国与西欧国家的关系仍然具有决定性意义。1923年，由于德国拖欠战争赔款，法国和比利时军队就占领了鲁尔区。此举在德国人的心中埋下了愤怒和仇恨的种子。

多个欧洲计划

与盛行的民族主义相反的是和平主义。经历了可怕的世界大战以后，和平主义者的人数大幅增加。没有战争的欧洲究竟应该是什么样，人们却各有各的想法。一方认为只有在现有条约的基础上才能巩固和平成果；另一方则认为，废除这些条约才有可能实现和平共处。和平运动组织内部意见不一，很难施展政治影响力。尽管如此，欧洲人民仍然对和平充满渴望。

世界大战推动了欧洲的统一。这样不仅能降低战争爆发的可能性，致力于欧洲统一的先驱们也提到了经济原因——各式各样的海关壁垒极大地阻碍了货物的流通，同时也抑制了畅销商品的大规模生产。许多人还回忆起可追溯到古希腊、罗马帝国和基督教诞生的共同的欧洲根源，以及各国历史上仍然存在的相似之处——尽管现在四分五裂。这种对统一欧洲的热情甚至形成了完整的欧洲设想。丹麦医生克里斯蒂安·赫尔福特就写了一本很受欢迎的书——《新欧洲》。佛兰德斯贵族出身的作家和政治家理查德·尼古拉斯·库登霍夫－卡勒吉伯爵发起的泛欧运

白里安的欧洲联盟计划

欧洲统一是必要的也是迫切的，生死攸关，应该进行积极认真的讨论。……必须与真诚的和有足够缔造和平意愿的其他国家或组织合作，取得在欧洲建立更强团结的共识。

和解的先驱者

阿里斯蒂德·白里安和古斯塔夫·施特雷泽曼经常会面，就修订《凡尔赛和约》进行谈判。他们努力的成果之一就是德国于 1926 年 9 月 8 日加入国际联盟。但在法德两国内，他们提出的和解政策仍然存在争议。这是德国加入国际联盟后的合影：从左到右依次为施特雷泽曼、张伯伦、白里安和德国外交官卡尔·冯·舒伯特。

动，也拥有相当多的追随者。然而在所有这些尝试中，对于实现欧洲统一的方式、哪些民族和国家属于欧洲以及应该如何治理欧洲，都存在不同的想法。但至少有一点是高瞻远瞩——那就是欧洲必须统一，即便成员国各自独立。

20 世纪 20 年代中期，欧洲的政治局势发生了变化。造成这种情况的原因之一就是美国意在追求旧大陆上深远的经济利益，不希望动乱持续下去。美国银行家查尔斯·道威斯制定了一项计划，根据德国的表现调整它今后应付的赔款。欧洲列强之间的关系因此普遍缓和下来。1925 年联军撤出鲁尔区后，比利时、德国、法国、英国、意大利、波兰和捷克斯洛伐克等国在瑞士南部城市洛迦诺签署了《洛迦诺公约》，政治和解达到了顶峰。比利时、法国和德国承认彼此边界不可侵犯，德国莱茵兰地区保持非军事化，各缔约方承诺和平解决所有争端。次年，德国被接纳进入国际联盟。1926 年，法国外长阿里斯蒂德·白里安和德国外长古斯塔夫·施特雷泽曼因努力实现国际和解而获得诺贝尔和平奖。1928 年，美国国务卿弗兰克·B.凯洛格在白里安的支持下提出《非战公约》，有 54 个国家签署了该条约。同年，杨格计划取代了道威斯计划。德国据此可以减少赔款。实际上，从 1932 年起德国就不再支付任何战争赔款。

欧洲各国表面上趋于和解后，白里安又拟定了他的欧洲计划。1930年他提议建立"欧洲联邦同盟"，由欧洲各国政府的代表（除苏联和土耳其外）组成"欧洲会议"，目标是将自《洛迦诺公约》开始实行的国际担保政策扩大到整个欧洲，并建立一个共同的市场。但该计划由于许多政府举棋不定而流产。反对意见表明，《凡尔赛合约》导致的欧洲分裂反映了各国人民的态度——民族主义重又占据上风。民族、政治和意识形态矛盾错综复杂，尽管如此，还是有人希望为开创欧洲合作与团结的新时代做好准备。但他们的想法仍然不够清晰，没有得到欧洲民众和政府的广泛支持。但他们的思想和愿景得以保留，并在1945年后终被采纳。

4. 经济复苏和危机

摩登时代

第一次世界大战后，大规模生产终于得以发展。欧洲工业引入了美国早就开始的流水线作业，首先受益的就是汽车工业，机动车的生产时间从 12.5 小时缩短到 1.5 小时。这种做法降低了生产成本，工人的工资也有了大幅增加。

脆弱的繁荣

随着政治环境趋于平静，经济从 20 世纪 20 年代中期开始缓慢回升，对经济造成威胁的通货膨胀和不断上升的失业率终于暂告停止。工矿企业用上了流水线作业，可以批量生产商品，而且价格比以前低得多。对多数富人而言，汽车已不再是难买到的奢侈品，收音机、电唱机、冰箱、吸尘器、电熨斗等家用电器和中央供暖系统也都进入了普通家庭。工人也从经济发展中受益，平均每天工作时长减少到 8 个小时。政府也为他们提供了公寓，社会保障和福利有所改善。与此同时，工业国家工人运动的政治意义增强了，作风温和的工人政党、社会主义者和社会民主党人也参与了政府工作。欧洲多数居民依旧过着乡间生活。

1914 年之前，艺术家、哲学家和诗人总是流露出一种不满和堕落的情绪。此时，许多人开始意识到旧的欧洲秩序以及随之而来

欧洲各国工业生产的发展

（假设 1929 年为 100）

	1931	1934	1937
德国	72	83	116
法国	89	78	83
英国	84	99	124
意大利	78	80	100
挪威	78	98	130
奥地利	70	70	103
波兰	77	77	109
瑞典	96	110	149
苏联	161	238	424
捷克斯洛伐克	81	67	96
匈牙利	87	99	130

包豪斯

1919年,建筑师沃尔特·格罗皮乌斯在德国创立了包豪斯学校。他努力将艺术、工艺和工业在建筑和设计中结合起来,喜欢尝试新材料。美观和标准化是制造日常用品的重要目标,合理的设计也是其中的一部分,如图中的家具所示。1933年纳粹上台后,学校被迫关闭,但它的影响力依然存在,尤其在美国,因为有不少学员移民到了那里。

的资本主义社会已经在世界大战中走向自我毁灭,一种新的、更好的、更人道的共存生活将取而代之。有人以民族主义的理念唤起群众,承诺一个民族的所有成员都享有平等、安全和进步的机会。

经历了战争和战后一段时间的节衣缩食后,欧洲人民强烈渴望娱乐和消遣,以刺激精神和缓解压力。这一需求在大城市得到了满足,剧院上演了极具争议的作品,贝托尔特·布莱希特的《三便士歌剧》就轰动了整个柏林。电影院里总有新电影上映,根据埃里希·马里亚·雷马克的小说改编的电影《西线无战事》,引起不小反响。柏林的剧场、舞厅和展览会中人头攒动,大型百货公司里的商品琳琅满目,体育赛事也吸引大批观众前去观看。

欧洲人第一次留意到美国人的生活方式。不少人被同化,不愿承认欧洲旧的阶层差异、习惯和品位,情愿接受那些来自大西洋彼岸的美国舶来品,其中包括爵士乐。

那是一个疯狂的年代。各个文化领域和社会阶层都在尝试新鲜事物,艺术家以其不寻常的作品震惊或取悦同时代的人。女性不再满足于母亲和家庭主妇的角色,在社会上越来越引人注目。大众媒体也不断爆出爆炸性新闻。休闲已不再是少数人的特权,而是欧洲更广泛的民众日常生活的一部分。经济复苏给很多人带来了希望。人们把这些年称为"黄金20年代"。

独裁政权上台

金光闪闪的外表下面是整个欧洲到处可见的政治和社会矛盾。在意大利,由于对共产主义的恐惧和对《凡尔赛和约》没有满足意大利全部领土要求的不满,大批工矿主、商人、大地主和军官以支持者的身份站在法西斯主义者一边,天主教会内部也有支持法西斯主义运动的。1922年"向罗马进军"后,"黑衫党"的首领墨索里尼夺取了政权。法西斯主义不仅与共产主义为敌,而且还反对议会制民主,认为这种形式的民主其表现不令人满意。法西斯主义者追求的是在社会上贯彻执行秩序和纪律,从而压制批评意见。他们还宣扬民族主义,以此煽动群众。墨索里尼提出的增加就业计划和实行的部分社会政策,在一段时期内确实也得到了意大利民众

向罗马进军（1922年10月）

法西斯分子将他们的理念从米兰传播到整个意大利，得到了缺乏安全感的中产阶级的支持。墨索里尼向资产阶级示好，他手下的"黑衫党"在街上肆意恐吓百姓。那不勒斯的法西斯分子认为，如果不靠暴力就无法掌权，那他们就向罗马进军。国王维克多·伊曼纽尔三世只得委托其"Duce"（首领，指墨索里尼）组建政府。为了制造声势，墨索里尼还是让他的黑衫党进军罗马，并以该党领袖的身份一直走到罗马城郊。

的广泛认可。意大利法西斯主义成了效仿的样板，欧洲其他国家的法西斯相继冒头。

"经济就是命运。"当时的一位德国政治家曾这样说。他的意思是，如果组织得当，现代经济可以应对所有的政治和社会问题。然而，这句话同时也意味着，如果经济不能顺畅运转，则会给民众和国家带来极大的危险。这种想法是否合理，很快就将见分晓。许多欧洲人的希望和恐惧都因经济问题而起，这种情况是前所未有的。在经济领域，欧洲已经没了优势。第一次世界大战之前，欧洲商品的出口量占世界总量的52.6%，到20世纪20年代末，这一比例降至45.5%。与此同时，非欧洲国家的出口量占比从25%升至40%。重工业在战争期间得到迅猛发展，但在1918年之后却陷入生产过剩的麻烦，欧洲国家之间的贸易往来一度陷入停滞。到处都流传着这样一种观点——每个国家都必须努

1937 年的欧洲政府形式

力实现经济独立，闭关自守，以免受到其他国家的影响。危机已近在眼前。

1929 年 10 月，纽约证券交易所的股票价格暴跌，民众对美国经济的信心同样一落千丈。世界许多地区在经济上与美国的关系十分密切，危机因此迅速扩散。欧洲的经济虽然开始复苏但仍异常脆弱，未能在这场世界性经济危机中幸免于难，几百万欧洲人成为受害者。

纽约股市崩盘对德国造成的影响尤为强烈。美国银行要求德国偿还贷款，给帝国经济的基础来了一招釜底抽薪，光是 1932 年德国就有 600 万人失业。希特勒狡黠地利用了人们悲观且渴望拯救者出现的情绪，给他和他的德意志民族社会主义工人党（纳粹党）带来越来越多的选票。这个自称"领袖①"的人承诺给人们工作和面包，他把德国目前遭遇的困境全都归咎于犹太人、共产党人和"强加（给德国）的《凡尔赛和约》"。他诋毁议会制民主共和国，指责议员们腐败和软弱。只有在他这个"领袖"的领导下，德国才能重获强大和强权。

尽管纳粹党从未在自由选举中获得绝对多数支持，甚至在 1932 年 11 月还失去了大量选票，然而总统保罗·冯·兴登堡还是于 1933 年 1 月任命希特勒为总理。因其他党派意见不统一，最终未能阻止希特勒搞独裁统治。希特勒上台后不久，就对这些党派采取封禁措施，其成员受到迫害。1919 年国民议会选举出的魏玛共和国就此结束使命，取而代之的是"第三帝国"。纳粹分子自认为他们延续了历史上两个帝国的伟大传统，即中世纪的神圣罗马帝国和 1871 年的德意志帝国。

在保加利亚、南斯拉夫、奥地利、波兰、葡萄牙、罗马尼亚、匈牙利等欧洲国家，专制或独裁政府相继上台，视共产主义和议会制民主为心腹大患。在西班牙，弗朗西斯科·佛朗哥将军于 1936 年发动武装叛乱，反对共和国政府。在持续三年的残酷内战中，来自多个国家的志愿兵组成"国际纵队"，手持苏联提供的武器，同共和国战士并肩作战；佛朗哥则得到了墨索里尼和希特勒的大

---

① 在 1934 年 8 月 2 日兴登堡总统去世后，希特勒终于集总统、总理、三军最高统帅的职务于一身，可以被称为"元首"。而此时希特勒还没有坐上第一把交椅，不宜译为"元首"，故此处称其为"领袖"。——译者注

西班牙内战（1936—1939）

1936年7月18日，佛朗哥将军领导的西班牙军队发动叛乱，意图推翻合法政府。残酷的内战持续了三年之久。共和国得到了苏联的支持，但墨索里尼和希特勒给了佛朗哥及其追随者决定性的帮助。佛朗哥一方在1939年取得了最终的胜利。在这场战争中，来自世界各地的成千上万的年轻人作为反法西斯志愿者，胸怀理想主义，组成了"国际纵队"与合法的人民阵线政府并肩作战。

力帮助，巴斯克小镇格尔尼卡就是毁于德国空军之手。最后民族主义者取得了胜利，西班牙内战共造成约50万人死亡。

纳粹独裁统治造成的后果尤其严重。德国是位于欧洲中部的大国，拥有8000万人口，其中一部分人还生活在国境线之外。德国采取的任何具有侵略性的政策对整个欧洲大陆来说都是危险的。德国已率先实现现代化，工业、交通、通讯和行政管理能力位居欧洲前茅。正是基于这种发达的基础建设，纳粹才能顺利开展并加强独裁统治，不遗余力动用所有资源服务于他们的罪恶目标。

独裁统治似乎在整个欧洲无情地蔓延，民主制国家相继失势。即使在长期实行民主的国家，也出现了法西斯分子。然而，在法国、英国和其他一些国家，尽管世界经济危机也给它们带来了严重后果，民主政府依然存在。

5. 战争准备

希特勒统治下的德国

从 1933 年起，对和平的最大威胁来自德国。希特勒及纳粹并不满足于只在国内搞独裁统治，他们声称德国人"没有生存空间"，不得不通过征服别国来获取"生存空间"。他们还按种族将人民分为三六九等——依据一些荒谬的、完全没有科学依据的所谓"理论"，把德国人称为"优等种族"，犹太人则是"劣等种族"。他们曲解了英国生物学家达尔文关于动植物生存方式的看法，将其生搬硬套到人类社会中，主张"适者生存"。早在希特勒于 1924 年出版的《我的奋斗》一书中，他就系统地谈到这些观点和他的野心，但在当时并未引起世人的警惕。

纳粹为了巩固其统治，便使用恐怖手段，殴打和监禁那些公开反对他们的人。希特勒的追随者建立了遍布全国的集中营，在其中遭到酷刑和谋杀的人难以计数，德国很快变成了独裁国家。普通民众的私人生活遭到监控，新闻自由无从谈起，人的基本权利被无情践踏。无论男女老少其私生活都被完整地记录下来。第三帝国终于剥去了伪装，露出极权主义体系的真面目。

纳粹的野蛮行径并不是一开始就显而易见的，因为德国人的日常生活最初变化不大。

> **希特勒在 1928 年的一次演说摘要**
>
> 首先，我国人民必须从既无希望又无秩序的国际主义中解放出来，接受一种有意识的、系统性的狂热民族主义的教育……其次，应该使我国人民摆脱荒谬的议会主义，教导他们与民主的疯狂性斗争，并认识到权威与领导的必要性。第三，应该使人民摆脱对外援的可怜的信心，即所谓的相信民族和解、世界和平、国际联盟与国际团结，我们将打消他们的这些想法。世上只有一种权力，而这种权力来自它自身的力量。

即使在第三帝国之外，也有许多人钦佩希特勒和纳粹，羡慕德国人拥有这样一位有力的领袖。德国独裁政权的支持者忽视了纳粹分子对法律及人性的漠视和践踏。

但是如果仔细观察，就会看到德国的道路将会通向何方，欧洲人要面对什么样的未来。最为明显是纳粹的犹太人政策。早在 1933 年的头几个月，犹太人就不得不辞去所有公职。诺贝尔奖获得者阿尔伯特·爱因斯坦就因犹太血统而成为被迫离开德国的成千上万人中的一个。4 月 1 日，纳粹开始号召人们抵制犹太人开的所有百货公司和商店。1935 年通过的《纽伦堡法令》禁止犹太人与非犹太人通婚。在 1938 年 11 月 9 日至 10 日的"水晶之夜",犹太教堂被焚烧,犹太墓地遭亵渎,犹太公民受到虐待。

即便如此,当时大多数德国人还是自愿追随希特勒。他们对纳粹迫害异己的行为以及伤害犹太同胞的政策视而不见。他们说德国正在重新崛起,人们很快就可以摆脱失业的困局,所有德国人都能够以低廉的价格买到大众汽车,然后在新建的高速公路上开着它去度个假。德国人应该形成一个共同体,志同道合,互相帮助,不落下一个人。极具蛊惑性的宣传使人们相信,他们会过上好日子。由于希特勒一直声称和平才是他的最高目标,民众自然愿意追随他。在1936年柏林举行的奥运会上,希特勒便以一位受欢迎的温和政治家的形象示人。

希特勒的外交政策

事实上,他早就无视《凡尔赛和约》的规定,目标明确地为战争做准备,先是偷偷摸摸,后来便明目张胆地重新武装德国。广播宣传也为民众做好了开战的心理准备。所谓的军事体育竞技就是模拟战斗场景,大街小巷充斥着穿军装的人,时常开展声势浩大的游行,一切公共生活都以军事行动为标准。15~18岁的男青年都在"希特勒青年团"里接受军事训练。

希特勒刚当上总理,就在向将军们发表讲话时宣布,他的目标是建立强大的武装力量,打破《凡尔赛和约》的束缚,增强德国的实力,征服东方以获取"生存空间"。1937年11月,他还在非公开场合宣布了他的战争计划,将发起军事进攻的日期定在1943—

向前!

1937年的巴黎世博会上,苏联馆和德国馆正好面对面。这是位于苏联馆上方的一座双人塑像,充分体现出当时苏联人民朝气蓬勃、意志坚定的精神风貌,具有鲜明的艺术感染力和强烈的时代感,成为社会主义现实主义雕塑艺术的代表作。

1945年的某个时候,因为他预计那时德国的军事力量已有很大的发展。

纳粹统治的最初几年,德国元气未复,根本无力再次发动战争。希特勒尽可能避免激怒欧洲列强,以免它们干涉德国内政。与梵蒂冈、波兰和英国签订协议后,德国开始在国际上站稳脚跟。希特勒还时常发表态度温和的声明，使欧洲人觉得没有必要担忧或恐惧德国的发展。战胜国甚至对《凡尔赛和约》的条款感到内疚，还以为希特勒只是要求平等，而该条约却拒绝了德国人的要求。

希特勒获得了一系列的成功。鉴于这都是在未发一枪的情况下做到的，他在德国人中的声望迅速提升。1933年10月，德国宣布退出国际联盟，理由是该组织没有实现各国军事平等。1935年，90%的萨尔区居民投票赞成重返德国。不久之后，希特勒开始实行义务兵役制，打破了《凡尔赛和约》中的有关规定。一年后，他宣布《洛迦诺公约》无效，让德国士兵进入非军事化的莱茵兰地区。1938年初，奥地利举行公投，选择与德国"合并"。

尽管有蛛丝马迹表明，希特勒的政策将会引起战争，但各国政府却无法步调一致地对待德国。法国全神贯注于国内问题，政府试图与左翼政党结成"人民阵线"，克服全球经济危机造成的后果。英国自身也面临着巨大的国内危机，为了欧洲各方势力维持均衡态势，英国并不反对德国取得强国地位。1936年希特勒纵容墨索里尼发动阿比西尼亚（现为埃塞俄比亚）战争，意大利遂成为德国的盟友。法英意三国为了应对德国重振军事力量等危险而于1935年建立的斯特雷萨阵线就此土崩瓦解。

极少数欧洲政治家已经敏锐地意识到，希特勒的真实目的是统治欧洲大陆，而不是推翻《凡尔赛和约》这么简单。但大多数人在他身上看到的则是早期德国强权政治的回归，并将他与德国皇帝威廉二世相提并论。

许多西欧人还是相信，"第三帝国"就是反对共产主义的堡垒。这就是为什么他们对希特勒的违约行为只表示抗议和遗憾，而并没有采取制裁措施。这些人奉行绥靖政策，认为只要满足德国的愿望，就可以维持和平。

1938年9月，欧洲已走到战争的边缘。希特勒推行"肢解"捷克斯洛伐克的计划，德国军队已在德捷边境集结。为了缓解地区紧张局势，"四大国"德意英法的首脑——希特勒、墨索里尼、张伯伦和达拉第在慕尼黑举行会晤。会上缔结了一项协定，捷克斯洛伐克被迫将德国人聚居的苏台德地区割让出来。欧洲大国的调解尝试再次取得成功，张伯伦声称，和平终于在可预见的未来得到拯救。欧洲民众松了口气，欢呼雀跃。

1935年5月21日，希特勒在德国国会大厦的演讲摘要

三百年来，人民在欧洲大陆上流淌的鲜血与有些事件给人民的结果并不相符。到头来，法国还是法国，德国还是德国，波兰还是波兰，意大利还是意大利。王朝的利己主义、政治激情和爱国思想在流血牺牲中看似以深刻的、国家层面的政治变革方式获得了回报，但在民族关系中只触及了各国人民利益的皮毛，却丝毫没有改变其根本性质。如果这些国家将一小部分牺牲用于更明智的目的，那么取得的成功肯定会更伟大、更持久……

德国希望，以最深刻的意识形态信念为基础来实现和平。德国希望，能进一步从简单的、原始的认识出发去理解和平，即任何战争都不能弥补我们整个欧洲遭受的苦难，相反还加剧了苦难……

慕尼黑和平？

1938年9月30日凌晨3点，张伯伦、达拉第、希特勒和墨索里尼签署了四种语言版本的《慕尼黑协定》及其七项附件。"元首"希特勒获许兼并原属于捷克斯洛伐克的苏台德地区，该地区的居民主要为德国人。

6个月后，德国士兵进军布拉格，希特勒终于如愿"肢解"了捷克斯洛伐克。德国部队第一次侵入德国人口较少的地区。西方列强这才意识到，独裁者是永远喂不饱的。他们这才开始为战争做准备。

反对民主的独裁

那个时候，欧洲作为有凝聚力的整体、作为拥有平等权利的人民和国家的联合体的想法几乎完全消失了。苏联的共产主义和西欧强大的共产党派与正在意大利、德国、西班牙、葡萄牙等国抬头的法西斯主义——这两种不可调和的意识形态相互对峙。与此相对，以英国和法国为首的仍在坚持欧洲传统价值观的国家正处于绝望的境地。1939年，欧洲的命运似乎掌握在独裁政权手中。议会民主制度所倡导的人身自由、思想多元和法律面前人人平等的原则，被视为过时、软弱

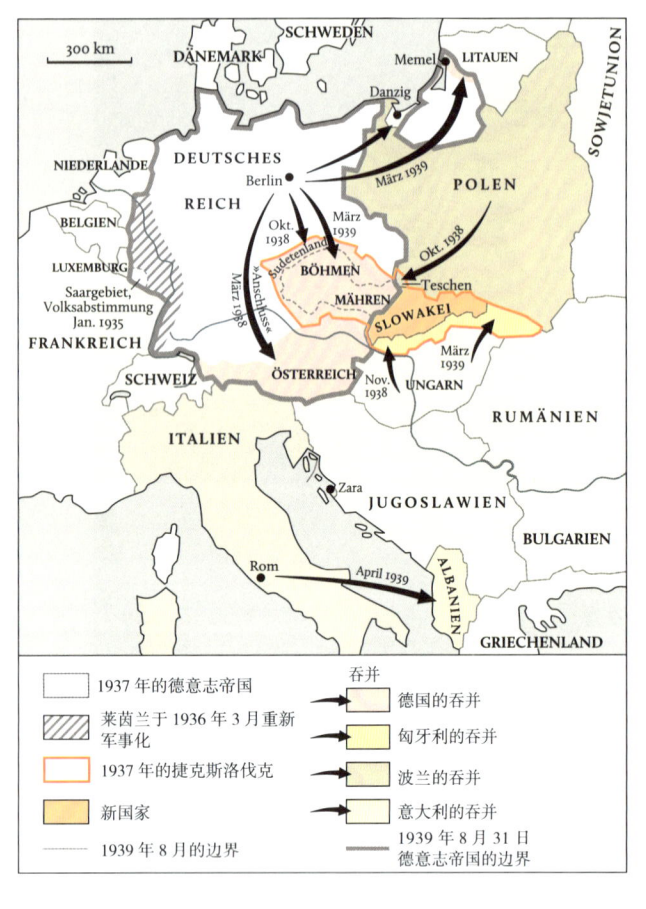

和腐败。独裁政权不是更好地应对了当时的重大危机吗？那些国家里没有出现罢工，据称是有效地解决了失业问题。此外，独裁政权给人的印象是内部稳定、组织有序、实力强大。对于许多欧洲人来说，实现这一目标要付出的代价——如丧失基本权利、无数"反对派"被关进监狱或集中营等，则退居次要地位。

希特勒想要的是战争，他也如愿发动了战争——借口很容易找到。他的下一个打击目标就是波兰。这个国家是1918年重建起来的，但大多数德国人却不承认它的合法性。

1939年德意志帝国的边界

6. 第二次世界大战（1939—1945）

1939年4月，希特勒宣布废除5年前与东部邻国波兰缔结的《德波互不侵犯条约》，并命德国国防军做好袭击波兰的准备——波兰被他选为下一个牺牲品。纳粹的宣传机构同时也在极力渲染在波兰境内居住的德国少数民族水深火热的生活。这一次，法国和英国不再对纳粹采取绥靖政策，表示要保证波兰的独立。

《苏德互不侵犯条约》

这里要专门谈到苏联打算采取的立场。1924年列宁去世后，约瑟夫·斯大林上台。他摒弃了世界革命的理想，宣布在苏联国内建设社会主义，不计成本地追求农业国向工业国的转变，对没有完成工作目标的人采取严厉的惩罚措施，还动用无处不在的秘密警察恐吓人民，让他们畏惧。数以百万计的人在劳动营中被强迫劳动，无数被告在"表演审判"中不得不承认所谓的罪行。"大清洗"甚至波及共产党的高官和红军将领，然而斯大林坦然接受了此举对苏联的削弱。通过一些极端措施，其国内权力得到了巩固；在国际上，苏联的实力也不可小视。

1939年8月末，尽管纳粹和共产主义意识形态之间存在诸多矛盾，德国和苏联还是达成了一项互不侵犯条约。与英法相比，斯

1939年9月，德军占领波兰
在1939年8月签订的《苏德互不侵犯条约》的默许下，短短四周内，德国军队就占领了波兰全境。希特勒对其"闪电战术"非常自满。

大林更愿意与德国签订条约，因为希特勒在一项秘密的附加协议书中允诺，斯大林可以放手对波兰东部和东欧大片地区进行"重组"。通过这种私下结盟的方式，斯大林首先能够确保苏联不会卷入冲突。对希特勒来说，与意识形态死敌达成协议意味着消除了两线作战的风险。

闪电战

最后一次通过政治途径调解失败后，德国于1939年9月1日开始对波兰发动进攻。希

1939年底，苏联悍然进攻芬兰。芬兰人进行了殊死抵抗，最终不敌，只好在1940年3月同意割让相当大一部分领土。

占领波兰后，希特勒故伎重演，提出和平倡议，英法两国却不理不睬。由于他事先做好了准备，还是能够抢得先机。1940年4月，德军占领中立国丹麦和挪威，抢在英法登陆斯堪的纳维亚半岛之前，保证了来自瑞典的铁矿石供应。德军在西线也是节节胜利，他们入侵比利时、卢森堡和荷兰这三个中立国，用飞机和坦克突破了法国的防御。六周后，法国不得不乞求停战。与此同时，意大利也宣布要与德国并肩作战。

1940年夏天，希特勒的势力正处于顶峰，一统欧洲指日可待，他甚至梦想统治全世界。但他还没有打败英国，只是派出战斗机空袭英国各大城市，以此动摇英国民众的反抗决心。新上任的英国首相丘吉尔态度强硬，严词拒绝与纳粹德国议和。最终，希特勒不得不放弃登陆英国的计划。

墨索里尼则显示出他与希特勒迥然不同的行事作风，他于1940年10月下令意大利军队从阿尔巴尼亚入侵希腊，然而最终以失败收场。两个独裁政权分别在希腊和英国手中折戟，尝到了自开战以来军事上的首次失败。

1941年8月，在停靠在美国海岸的一艘战舰上，英国首相丘吉尔与美国总统罗斯福举行会晤，两位政治家达成《大西洋宪章》，拟在民主基础上制定和平秩序。到目前为止仍保持中立的美国声称在道义上站在英国一边，早在该年3月份，美国就给英国送去了战争所必需的物资。

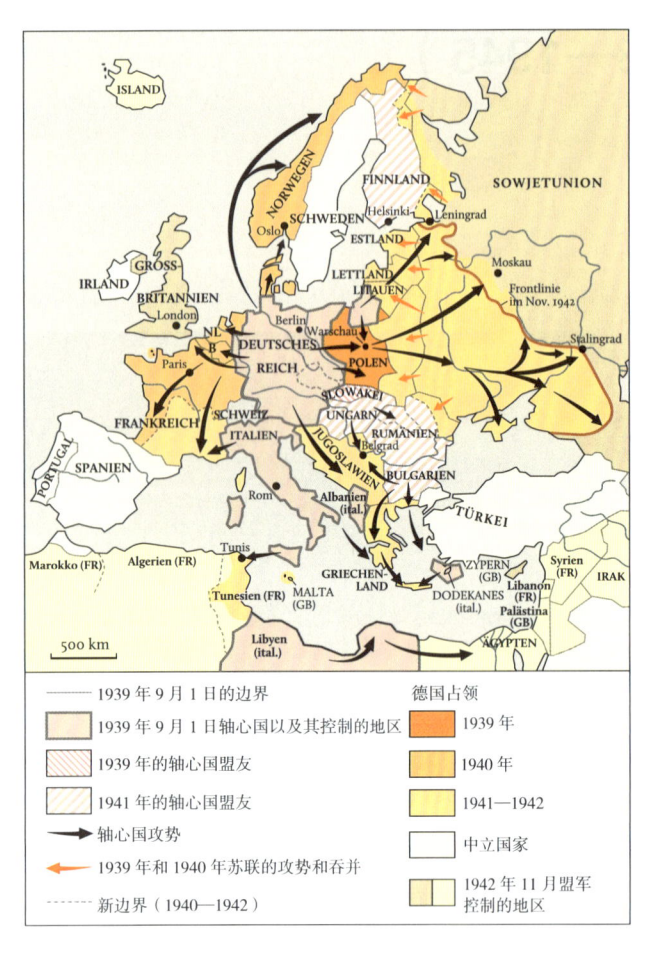

1939—1942年的战争

特勒出兵的借口是波兰士兵"袭击"了两国边界附近位于德国一侧的德国广播电台。实际上电台里的尸体是被人套上波兰军服的德国集中营囚犯。与希特勒的预期相反，英国和法国言出必行，两天后就相继向德国宣战。

通过"闪电战"，德军仅用数周就占领了波兰。正如《苏德互不侵犯条约》中规定的那样，波兰东部被苏联红军占领，西部并入德国。还有部分地区由一位军事长官统治，他的作风独断专行，还声称波兰人是低人一等的种族。

丘吉尔与英国

1940年夏秋两季，德国不断空袭英国。在狂轰滥炸之下，利物浦、考文垂、伦敦等大城市遭到严重破坏，但英国民众还是坚持顽强抵抗。他们怀着爱国主义和冷静的态度，追随首相温斯顿·丘吉尔走向他允诺的胜利——因为除了"热血、辛劳、眼泪和汗水"，他们已无可奉献了。

进攻苏联

同时，希特勒下令对苏联不宣而战。原因有两方面：一方面，由于英国的持续抵抗，德军在西线难以取得决定性的胜利；另一方面，1941年6月22日希特勒撕毁了《苏德互不侵犯条约》。他仍然认为共产主义是主要敌人，并妄图征服东方以获取德国人的"生存空间"——这一直是他"政治使命"的一部分。德军在苏联境内迅速推进，但不可能复制"闪电战"的胜利——像之前袭击波兰和法国，以及1941年春天德军在巴尔干地区做的那样。1941至1942年的那个冬天，德军在莫斯科和列宁格勒城下受阻，苏军的抵抗非常顽强。斯大林称这是一场"伟大的卫国战争"，这更加激发了苏联军队和人民的斗志。

1942年和1943年之交，德国及其盟国的势力范围达到了最大程度。除了中立国葡萄牙、西班牙、爱尔兰、瑞典和瑞士外，整个欧洲都沦为战场。1942年秋，德军已向东推进到伏尔加河，准备攻占斯大林格勒（现

从"1940年6月18日的呼吁"到法国抵抗运动

"我，戴高乐将军，目前在伦敦，向所有法国军官和士兵，以及军事工业的所有工程师和工人发出呼吁：敦促你们与我联系，并且聚集在我周围。无论发生什么，法国抵抗运动的火焰都不能熄灭，也永远不会熄灭。"

名伏尔加格勒）。然而，他们在那里遭遇了苏联红军无比顽强的抵抗。在1943年1月下旬，约有20万名士兵之多的德军却久攻不下，最后被迫投降。德军在斯大林格勒战役中的失败成为第二次世界大战的重要转折。

不过战事在欧洲又拖了两年之久，因为

斯大林格勒保卫战

从 1942 年 8 月开战到 10 月底，德军经过无数次巷战，才勉强占领了这座城市的 90%，但补给没法跟上。苏军于 11 月 19 日开始反攻，5 天后就包围了德军。巷战在温度低于 −40℃ 的情况下仍在继续。德军的救兵在距离斯大林格勒 50 公里处受阻不前，受困的德军企图突围，也告失败。1943 年 1 月 31 日到 2 月 2 日，德军陆续宣布投降。

希特勒及其支持者不惜一切代价要继续打仗。他们进行无孔不入的宣传，竭力鼓吹胜利的必然性，大多数德国人相信他们在军事上仍保有优势。但随着时间的推移，人们心中的疑惑越来越大，特别是平民百姓在地窖和掩体中躲避轰炸的日常经历，令他们难以相信纳粹的宣传报道。

全面战争

此时，从欧洲开始的局部战争已经发展成世界大战。在太平洋那一边，日本试图征服一个大国。为了抗议日本发动突袭和阻止德国统治欧洲，1941 年 12 月美国宣布参战。尽管日本突袭珍珠港的举动给美国造成了严重打击，但美方的军事及物质条件明显更为优越。

从许多方面看，第二次世界大战远比第一次世界大战"更上一个台阶"。武器研发有了长足的进步，士兵使用的自动枪支和大炮的火力更强，大量能够快速行驶的坦克也投入了使用，这就决定了战争的走势。除此之外，空中优势同样是获得胜利不可或缺的。这场世界大战不仅发生在前线，也对后方的平民造成直接伤害，这是头一遭。成群的轰炸机将一个又一个城市夷为平地，摧毁铁路和公路等交通设施。在美国，科学家正在狂热地研发一种具有大规模杀伤性的炸弹。它原本是用来对付德国的，但欧洲战场上的战争已经结束。1945 年 8 月，最早的原子弹被投向日本城市广岛和长崎。

武器、弹药、车辆、制服等战争物资的需求量极大，因此参战国的整个经济都转向了军工生产。为了维持战争机器的运转，原材料供应成为重中之重。为了减少对原材料的依赖，人们努力开发替代品，像是德国就开始从煤炭中提炼汽油。

已经在第一次世界大战中遭到重创的旧社会秩序进一步分崩离析。数百万人或主动或被动地离开故土，有的家园甚至已经被夷为平地。数百万人在空袭中失去了所有财产，一切要从头开始。男人都在前线作战，妇女不得不承担他们的工作。从长远来看，这种在战争中培养的独立性，激励了后来妇女运动的发展。

罪孽

在德国的淫威下，欧洲民众受到压迫和剥削。数百万人被迫为德国的战时经济付出。每一次反抗都遭到占领国残酷而严厉的惩罚，稍微有一点质疑就意味着死亡，人质被枪杀的事件已司空见惯。在东欧，德国的统治造成了最严重的后果——民众不仅要承认德国的霸权，还要清除共产主义，斯拉夫族的"劣等人"成为德国人的奴工。

战争期间，希特勒和他的追随者就在着手"彻底解决犹太人问题"。自1933年起，德国籍犹太人逐渐被剥夺各种权利，遭受羞辱。许多人一有机会就寻求离开这个国家。而在被占领国，犹太人遭到的是死亡威胁——在东欧，他们被"特遣队"有计划地谋杀。1941年9月29日至30日，在基辅附近有33771名犹太人被枪杀，史称"巴比亚尔大屠杀"。这种杀戮方式对纳粹分子来说还是太慢，他们最终找到了一种更为简便、快捷且杀人最多的方法——有毒气体"齐克隆B"。它在多个灭绝营中被广泛使用，如奥斯威辛、贝乌热茨、切姆诺、马伊达内克、索比堡和特雷布林卡。为了抓到犹太人、辛提人、罗姆人和同性恋者等

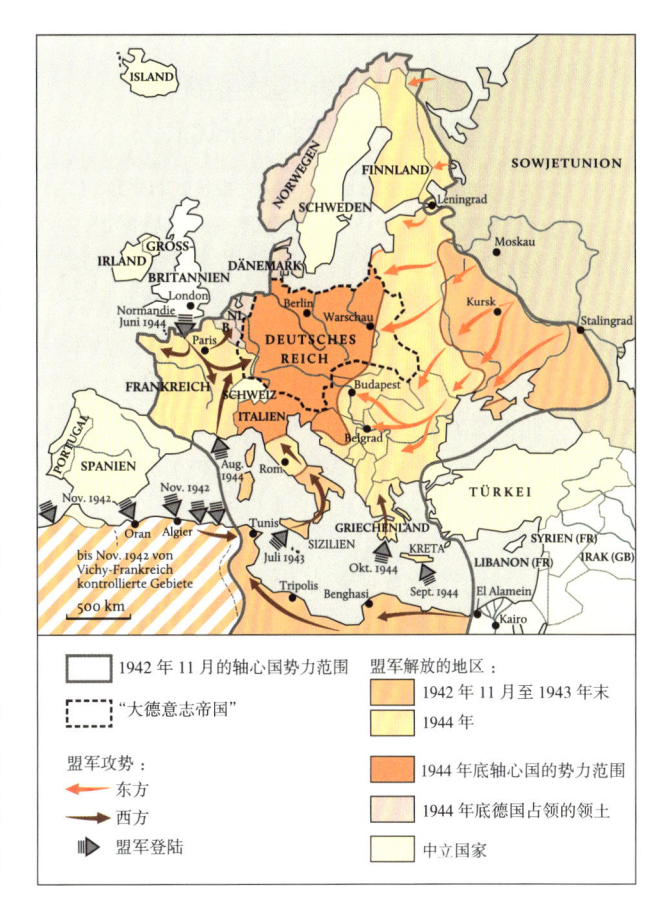

盟军登陆

奥斯威辛-比克瑙灭绝营中的筛选

抵达集中营后，囚犯们被分为两组，强壮的人留下来劳动，而其他人——主要是老人、妇女和儿童，则被送到毒气室杀害。奥斯威辛和特雷布林卡都是这样的灭绝营。

> **奥斯威辛集中营的指挥官**
> **鲁道夫·赫斯谈谋杀犹太人**
>
> 鲁道夫·赫斯是奥斯威辛集中营的指挥官，于1947年在波兰被判处死刑，不久后就上了绞刑架。在关押期间，他写下了回忆录，其中包含纳粹是如何使用毒气室对犹太人进行种族灭绝的内容。赫斯是那种只管执行命令、从不问为什么的人。他只描述了技术流程，对那些被他亲手送入死亡的人却没有表现出任何情感——既无仇恨，也无怜悯。这种绝对的麻木不仁让这份文件读起来更觉得可怕。
>
> 犹太囚犯脱光衣服后便进入毒气室，室内装有淋浴头和自来水管道，仿佛是公共淋浴间。女人们牵着孩子先进去，后面是为数不多的男人……
>
> 所有人全部进去后，门被迅速锁上，待命的"消毒护士"很快打开开关，让毒气从天花板上的小窗流进室内；也有毒气罐被扔在地上，破裂开来，里面的毒气随之喷涌而出……
>
> 气体涌出后半小时，门被打开了，排气装置启动。随后，尸体被搬出密室……
>
> 一支执行特殊任务的小队立即拔掉死者的金牙，剪下女人的头发，然后用电梯把尸体运到地下室。那里的焚尸炉已经被点燃，根据尸体的大小，一个炉子最多可以塞进三具尸体。焚烧的时间长短则依据尸体数量来判断。

纳粹口中所谓的"劣等人"，他们仔细搜捕了占领区，有时甚至得到地方政府的支持。此举激起了人民的反抗，1943年发生在华沙犹太人聚居区的起义，就反映了受害者不想束手就擒、不愿当纳粹牺牲品的强烈意愿。

因种族主义而遭到杀害的确切人数迄今仍是未知。据估计，数量应该在500万~600万。这种用现代技术手段搞种族灭绝的行径，是历史上绝无仅有的反人类罪行。

同流合污还是奋力抵制

在被占领的西方国家，纳粹德国的宣传机构一直在煽动民众对苏联的敌意，把这场侵略战争说成是为了捍卫欧洲文化、反对布尔什维克野蛮行径的正义之举。来自比利时、丹麦、法国等国的志愿者与德国士兵一起作战。他们希望德国胜利，尤其是法国的贝当元帅。但是，大多数人还是不愿冒险，持观望态度。

然而，随着战争时间不断拉长，各种反战活动开始增多。人们结成各种小组搞地下活动——如组织罢工、破坏、暗杀、刺探情报等，反对德国占领军。从1940年起，戴高乐将军开始在伦敦领导"法国抵抗运动"。在东南欧，特别是在希腊和南斯拉夫，游击队针对占领军展开了不屈不挠的斗争。

即使在德国本土，许多人也开始注意到希特勒政府以他们的名义犯下的罪孽。德国各阶层都有人试图反抗纳粹的疯狂行径，但在极权主义政权下这样的行为却异常艰难，甚至有性命之忧。1944年7月20日，德国国防军的高级军官打算暗杀希特勒，但行动最终还是失败了。所有抵抗运动在无意中绘制了"第三帝国"灭亡后欧洲蓝图的雏形。

德国战败

1943年起，战争形势越来越有利于同盟国。美国和英国轮番轰炸德国城市，许多地区成为废墟，伤亡人数难以计量，数百万德军被俘。1943年盟军登陆西西里岛，进入意大利。墨索里尼和他的法西斯走狗靠着德国的支持才苟延残喘下去。1944年6月6日盟军登陆诺曼底，8月15日在法国的地中海一侧海岸登陆。在东部战线，苏军虽然损失惨重，但仍然奋勇向前挺进，1944年底到达了德国边境。此时，苏联士兵对还没来得及逃离的德国人进行了可怕的报复。希特勒的"欧洲堡垒"土崩瓦解了。1944年底，来自西方的盟军也攻入德国领土。希特勒畏罪自杀，苏联军队拿下柏林后，德国于1945年5月9日宣布无条件投降。亚洲战场上的战斗还在持续，直到日本于当年8月15日投降。

德累斯顿废墟上的天使

1945年2月13/14日夜里，举世闻名的"易北河上的佛罗伦萨"——德累斯顿在盟军的轰炸下化为废墟。

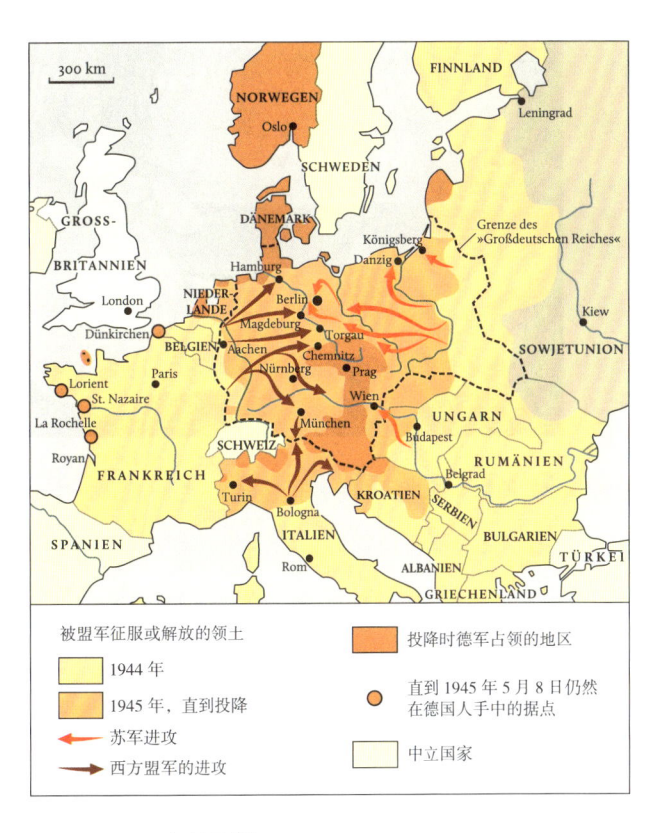

战胜国开始规划战后的国际局势。同盟国在1943年分别召开了卡萨布兰卡会议和德黑兰会议，加上1945年2月的雅尔塔会议，最终将德国划分为四大占领区，波兰的边界向西移动了约150公里。德国的领土缩小了，而苏联的领土扩大了。在彻底打败德国之前，斯大林与丘吉尔、罗斯福之间在意识形态上的分歧尚未公开爆发。与第一次世界大战相比，第二次世界大战是一场更为全面的战争。1914年到1918年的战争只是为重新分配欧洲各国的势力范围，而1939年到1945年的战争则关系到要在欧洲实行民主还是独裁。纳粹德国对苏联发动的进攻正是法西斯主义和共产主义之间生死搏斗的开端。

1945年夏天，第二次世界大战终于结束了。《波茨坦协定》中详细划分了苏、美、英、法在德国的占领区，也规定了在政治和经济上将如何制裁德国。这是同盟国共同拟定的最后一份文件。

1944—1945年的欧洲

疯狂的战争《格尔尼卡》

1937年4月26日,西班牙巴斯克地区的重镇格尔尼卡在德军飞机的野蛮空袭中被彻底摧毁。毕加索以此为创作题材,描绘了战争中的恐怖画面。

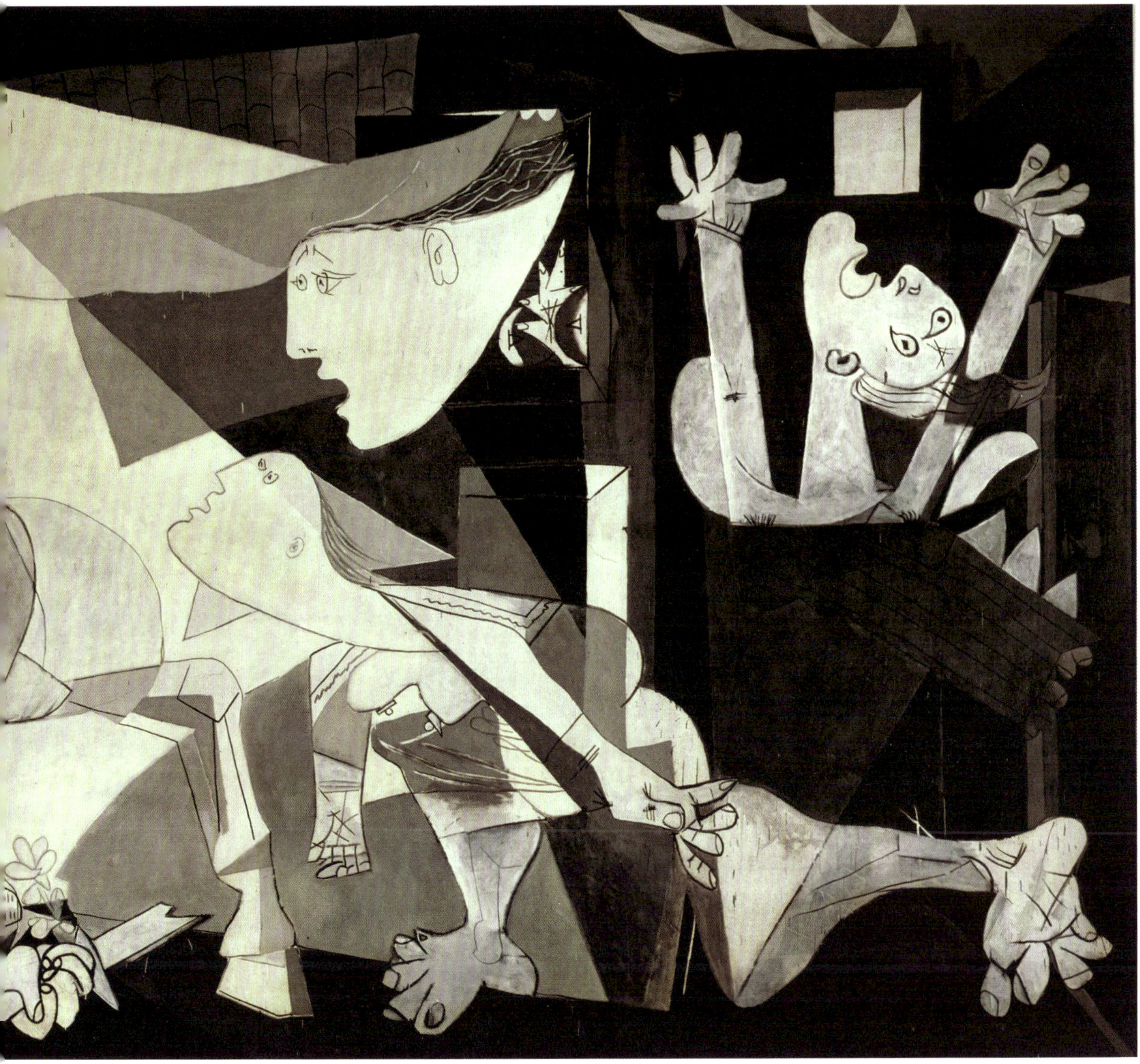

从分裂到开放

1940 年　　1950 年　　1960 年　　1970 年　　1980 年　　1990 年

- 1945 年 5 月 8 日 纳粹德国投降
- 1945 年 6 月 26 日 联合国成立
- 1946 年—1949 年 希腊内战，冷战开始
- 1947 年 6 月 援助欧洲重建的马歇尔计划
- 1947 年 9 月 共产党和工人党情报局成立
- 1949 年 4 月 4 日 北约成立
- 1949 年 9—10 月 德意志联邦共和国和德意志民主共和国分别成立
- 1949 年 5 月 5 日 欧洲委员会成立
- 1951 年 4 月 18 日 《欧洲煤钢共同体条约》
- 1955 年 5 月 14 日 华约成立
- 1956 年 2 月 苏共二十大党代会召开
- 1956 年 10—11 月 波兰暴乱和匈牙利暴乱
- 1957 年 3 月 25 日 《罗马条约》签署
- 1961 年 8 月 13 日 建造柏林墙
- 1968 年 8 月 20 日 华约部队镇压"布拉格之春"
- 葡萄牙推翻独裁统治（"康乃馨革命"） 1974 年 4 月
- 推翻希腊军人统治 1974 年 7 月 23 日
- "欧安会"赫尔辛基最后文件签署 1975 年 8 月 1 日
- 欧洲议会首次直接选举 1979 年 6 月 7/10 日
- 欧共体 12 国签署《单一欧洲法令》 1986 年 2 月
- 1989 年 11 月 9 日 推倒柏林墙

建造柏林墙

1945 年至 1961 年，有 300 万民主德国的公民逃往联邦德国。民主德国难以控制这种人员流失，因此于 1961 年 8 月 12/13 日晚上将西柏林的边界完全封锁。柏林城就这样被一条长 43 公里的城墙分成两半。

从第二次世界大战结束到 20 世纪 80 年代中期，欧洲的局势发展是由两股对立的力量决定的。

第一股力量表现在美国和苏联这两个新兴超级大国争夺世界霸权。他们试图拉拢尽可能多的国家，让他们成为盟友或附庸，从而打破原本在欧洲主导下的全球力量平衡。此举破坏了战争遗留下来的社会结构和本就凋敝的经济，使欧洲各国在政治和经济上不得不依赖他们。

第二股力量是西欧和东欧所抱持的经济、政治和文化一体化的愿望。这个愿望也遭到过抵触，其背后有对急速实现欧洲一体化的担忧——人们害怕在这一过程中失去他们的民族身份。

1945 年，两股力量开始角逐新的世界秩序。此后的二十年里，欧洲列强失去了他们的海外殖民地，但西欧国家国际影响力的减弱却并不影响其自身经济和社会的复苏，他们在 60 年代收获累累硕果。

在 1973 年发生的第一次石油危机中，国际原油价格急剧上涨，进而暴露了资本主义繁荣的脆弱点。但东欧国家遭受的损失更大，这是自 1945 年后苏联强加给他们的"真正社会主义"所造成的经济恶果。面对经济危机，西欧国家更加紧密地抱团取暖，而东欧各国内部却抗议活动不断。苏联新上任的党总书记、后来的总统米哈伊尔·戈尔巴乔夫施行了改革。

团结工会

根据传说，波兰是由一位名叫列赫的农民建立的。巧的是，与团结工会主席列赫·瓦文萨正好同名。这位格但斯克造船厂 37 岁的电工，成为波兰工人的象征。在他的衣领上，别着琴斯托霍瓦黑圣母像。他曾说："没有信仰，我就不能坚持下去，也不可能取得成就。"

1. 被摧毁、分裂和控制的欧洲

被摧毁的城市

这是法国雕塑家奥西·撒丁的作品。他将其献给了鹿特丹市。该市于1940年5月10日被德国空军炸毁。

5000万人沦为牺牲品

1945年9月,第二次世界大战结束。世界历史进程因这场战争而发生了一大转折。欧洲最先挑起暴力,继而承受暴力,最终被这破坏性的暴力搞瘫痪。曾经称霸世界的欧洲没落了,取而代之的是美国和苏联这两个新崛起的世界强国。

从未有过一场战争像第二次世界大战一样造成如此严重的后果,有将近5000万人死于战火。苏联付出的代价最沉重,失去

分裂的欧洲

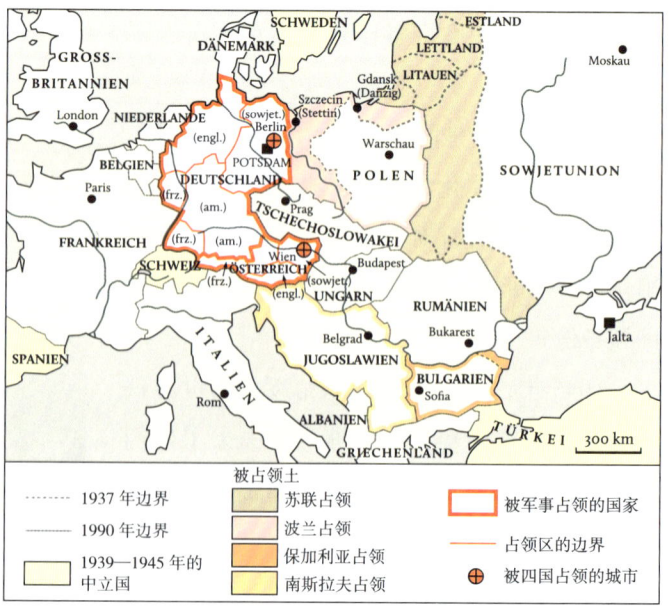

图例	被占领土	
······ 1937年边界	苏联占领	被军事占领的国家
—— 1990年边界	波兰占领	—— 占领区的边界
1939—1945年的中立国	保加利亚占领	⊕ 被四国占领的城市
	南斯拉夫占领	

了 2000 万人，其中一半是平民。波兰有约 600 万人死亡，占全国人口的 20%，其中几乎一半是犹太人——波兰在 1939 年拥有世界上最大的犹太人聚居区。而在发动战争的德国，由于法西斯的凶残和疯狂，本国的死亡人数也达 600 万之多。西欧国家的损失虽然没有这么惨重，但死亡人数也创造了历史之最——法国死了 60 万人，其中包括 35 万平民。所以，战争并没有放过平民，恰恰相反，让他们饱受轰炸、驱逐、饥饿、逃亡和流离失所之苦。

许多城市遭到地毯式轰炸，有的城市完全化为瓦砾和灰烬，如鹿特丹、华沙、考文垂、伦敦、兰斯、汉堡、柏林和德累斯顿。德国境内更是一片狼藉。在法国，每 20 幢房子中就有 1 幢被毁。苏联领土也是疮痍满目。由于战争的破坏，欧洲的经济潜力至少缩减 50%，货币全面崩溃，黄金储备不足，通货膨胀的危机已经迫在眉睫。欧洲的所有传统贸易关系都中断了。

除此之外，战争罪行和反人类罪行也昭然若揭。这些暴行清楚地表明，战争期间人类能有多野蛮。东欧发生了一些战争罪行，例如卡廷森林惨案——1940 年春天，数千名被俘的波兰军官被苏联秘密警察杀害。德苏双方在这场战争中都表现得极其凶残，无论是对待平民还是战俘。在南斯拉夫，德国占领军默许塞尔维亚人和克罗地亚人清算旧账。占领军肆意枪杀人质，盲目袭击平民，捷克斯洛伐克的利迪策村和法国的奥拉多尔村等地甚至惨遭灭村。纳粹及其帮凶残酷地对待反抗者，采取严刑峻法，搞大规模枪杀，大

1945 年 7 月 17 日—8 月 2 日召开的波茨坦会议

苏联领导人约瑟夫·斯大林、罗斯福的继任者美国总统哈里·杜鲁门和 1945 年 7 月底接替温斯顿·丘吉尔的英国首相克莱门特·艾德礼在波茨坦的西席林霍夫宫开会，在最高级别层面上讨论欧洲新秩序和德国的未来命运。最有争议的议题是如何处理德国东部的领土。参加波茨坦会议的西方列强事实上承认以奥得河—尼斯河为界线，并在和平条约中最终确定德国的边界。此外，会议同意从波兰、捷克斯洛伐克和匈牙利有序和人道地"转移"德国人。但波捷匈三国最后实际执行的驱赶政策与这一条完全不符。在此后的一段时间里，在《波茨坦协定》的执行上反复出现争议，因为它包含着东西方对条款的不同解释。

驱逐到苏联

雅尔塔会议上的秘密条款默许强制"遣返"居住在其出生国以外的不同人群，他们被随便地判定为苏联公民。西方没有人知道罗斯福和丘吉尔采取的可怕的默许政策，他们不知不觉地就将两百万男人、女人和孩子送给了苏联。其中有一部分人宁愿自杀也不愿被遣返，更多的人面对纯粹的暴力束手无策。他们中的大多数人后来身陷苏联劳改营（如"古拉格"）的恐怖之中。这些劳改营的存在很少为世人所知，而各国元首及其顾问本该了解这些事情。

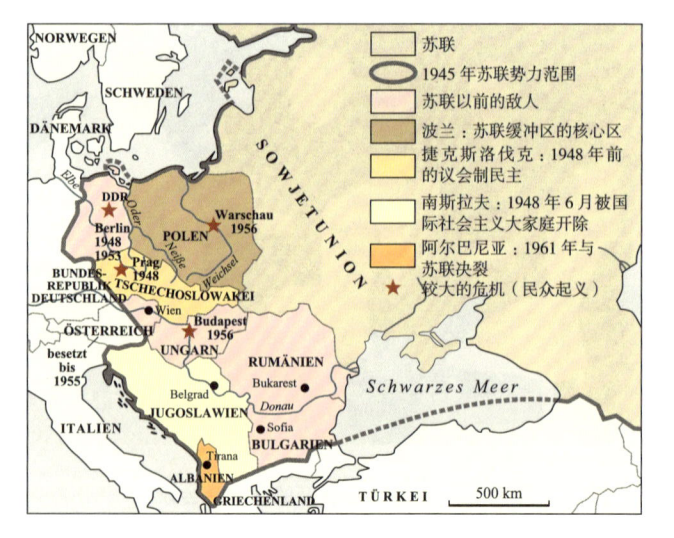

苏联与欧洲人民民主国家

量驱逐平民。

反人类罪行无论在任何地方都是无法被饶恕的大罪。纳粹的极端思想导致1000万人在灭绝营中丧生，其中包括斯拉夫战俘、辛提人和罗姆人，但最多的是犹太人。纳粹配备了大规模杀人设施，在整个欧洲范围内搜捕和系统屠杀犹太人。欧洲的犹太文化遭到毁灭性打击，几乎难以恢复。这些犹太人的命运后来似乎在欧洲大陆之外以另一种方式迎来了转机，特别是在巴勒斯坦——犹太复国主义运动长期以来一直要求在那里建立一个犹太国家。

这一令人难以置信的悲剧缔造者最终被绳之以法，这在历史上也尚属首次。美、苏、英、法这四个战胜国的代表组成了一个国际法庭，在纽伦堡宣判了纳粹德国最重要的12名要员死刑，此外，还判处了大大小小无数起相关案件。这个法庭宣布要与危害人类的纳粹罪犯作长期斗争，此举将不受时间限制。

战争导致数百万人逃离家园，或遭到有组织的驱逐。他们要么在苏军到来前逃离，要么沦为新成立国家的重新安置政策的受害者，其中大约有1000万德国人，以及匈牙利人和苏联境内的少数民族——如被斯大林指控与纳粹德国合作的鞑靼人和车臣人。

与此同时，在西欧和中欧出现了一个共同的身份认同，它克服了以前的民族主义，提倡民主和人权等价值观。

分裂成两大军事集团

战胜国之间的联盟并没有维持多久，数年后就分道扬镳了。然而，此时的欧洲各国并未完全意识到欧洲大陆还有分裂的危险。在西欧国家中，反希特勒政权的抵抗意识变成了改革社会的目标设想，人们要求进行影响深远的经济和社会改革，譬如20世纪30年代法国的"人民阵线"或瑞典的"全民健康政策"。此时，比利时、法国、意大利和英国的左翼政府一旦确定实行经济国有化政策，形势就变得对苏联有利。许多人以为，从反对纳粹政权的共同斗争中产生的团结将持续下去，尤其是东欧似乎可以实现民主生活方式。1946年，欧洲尚未形成两大阵营。然而，在两个新兴超级大国的频繁施压下，欧洲各国很快意识到他们不得不选择依附其中一方。

原先欧洲主要的工业强国（德国、法国、意大利和英国）元气大伤，几乎无能力在战后独立振兴经济，只有依靠外来援助，其政治实力和军事实力持续被削弱。

但法国和英国仍希望恢复以前的大国地位。坐在雅尔塔和波茨坦会议桌旁的英国仅

战后的首要目标：重建欧洲

1944 年到 1945 年战争期间，技术性工程遭到破坏，许多隧道和桥梁无法使用，欧洲经济陷入瘫痪。因此，必须重建基础设施，然后才能开始进一步发展经济。

仅作为美国的分身存在，话语权始终由美苏这两个大国掌握。美国的本土未遭战火，其工业发展又从战争中获得了强大的推动力。按照罗斯福的意愿，美国正准备充当新世界秩序中的主导力量。这一点斯大林在雅尔塔会议上也表示能够接受。但是苏联以其在东欧的军事存在和战胜纳粹的实力而显得雄心勃勃，坚持要与西方列强平起平坐。

早在 1946 年丘吉尔就曾经预言，从波罗的海到的里雅斯特的"铁幕"要落下来了。事实上，欧洲很快出现了对应两个超级大国势力范围的"意识形态地图"。这种事实上的控制很快就发展成法律意义上的统治。

1947 年春，迫于美国的压力，比利时、法国和意大利几乎同时将共产党员开除出政

封锁柏林

1948 年 6 月 12 日，苏联封闭了所有通往柏林的陆上道路，并于 6 月 23 日切断了该市的供电。英国和法国，尤其是美国的反应是架起一座"空中桥梁"。它们在 1948 年 6 月 28 日—1949 年 5 月 12 日这段时间内，共出动 380 架飞机，将 150 万吨货物运到这座城市。

贝尔格莱德会议

在纳赛尔、尼赫鲁和铁托的倡议下，1961年在贝尔格莱德举行第一次不结盟国家和政府首脑会议。25个创始国不属于两个集团中的任何一个，也不想建立第三个集团，而以解散现有的两个集团为目的，作为迈向世界和平的第一步。

府内阁，西欧国家因而受惠于马歇尔的重建计划。而苏联为自己及其卫星国拒绝了美国的援助。

希腊共产党曾是为国家赢得解放的中坚力量。第二次世界大战结束后，在马科斯将军的领导下，他们试图夺取国家政权，这导致了一场从1946年持续到1949年的内战①。效忠于国王的帕帕戈斯将军及其率领的政府军得到英国的支持，但在1947年2月，英国宣布无法再提供资金援助。在这个时候，美国站出来继续为他们提供支持，以遏制共产党。1947年3月12日，美国总统杜鲁门在演讲中称美国应是"自由世界"的领头人，即后来所谓的"杜鲁门主义"。在美国的军事援助下，希腊政府军击败了游击队。

在捷克斯洛伐克，事情几乎朝着相反的方向发展。共产党在1946年的自由选举中获胜，但随后组成的联合政府就是否接受马歇尔计划一事陷入混乱。在经历了为期5天的政府分裂危机之后，1948年2月25日各方斗争平息，总统贝奈斯接受了共产党人哥特瓦尔德领导的新内阁。几乎所有部长都是共产党员，除了外交部长扬·马萨里克。该国西部边境关闭，"布拉格政变"（又称"二月事件"）取得成功。

对欧洲未来走向至关重要的冷战年代里，德国始终是个核心因素。德国最先面临的问题是去纳粹化、边界划分和战争赔款。美、法、英、苏四国在莫斯科开会商讨此事，旧日的盟友显然有不同的打算，会议进入死胡同。苏联希望在国际监督下建立一个中央集权的德国，而法国则期望德国分裂成12个州。英美两国却支持成立联邦政府，以施行统一的外交、经济和金融政策。1947年1月1日起，德国境内的美占区和英占区合并，名为"双占区"。

三个阵营各自负责战败德国的未来。美、英、法三个同盟国在伦敦商议后决定，自1948年6月1日起法国占领区与双占区合并，在该地区创立并发行新的德国马克，即进行"币制改革"。它被认为是联邦德国地区经济快速复苏、创造"经济奇迹"的起点。作为回应，苏联宣布其占领区为独立的经济区，并将整个柏林视为该经济区的一部分，随之开始了对西柏林的封锁。在长达一年的

---

① 《辞海》，1944年希腊流亡政府在雅典屠杀群众，挑起内战。

时间里，美国通过"空中桥梁"向这座城市提供了 95% 的必需品。1949 年 5 月，苏联才撤销封锁。同月，根据在华盛顿缔结的一系列条约，合并后的三国占领区组成了德意志联邦共和国，简称联邦德国。这个新成立的国家有义务接受同盟国控制下的民主政府形式。1949 年 10 月 7 日，苏联宣布由共产党领导的德意志民主共和国成立，简称民主德国。

欧洲大陆的这次分裂促使西欧国家开始寻求美国的军事保护。1947 年英国和法国缔结了《敦刻尔克条约》（又称《英法同盟互助条约》），这两国后来又与比利时、荷兰、卢森堡三国签订了《布鲁塞尔条约》。1949 年 4 月 4 日《北大西洋公约》最终在华盛顿正式落地。除上述提到的五国之外，葡萄牙、意大利、冰岛、挪威、丹麦和加拿大也加入了以美国为首的军事联盟——北大西洋公约组织，简称北约。

西方列强在德国问题上难以取得共识，尤以美国的分歧最为明显。自 1950 年以来，美国向朝鲜战场上派驻了大量兵力，因此敦促德国重新武装起来，以便西欧在紧急情况下能够自卫。在法国前总理兼外长勒内·普列文的提议下，各国决定组建一支由法、意、比、荷、卢等国和联邦德国的武装力量组成的欧洲联合军队，形成欧洲防务共同体。通过这种方式，就出现了不隶属于任何国家军队的德国士兵。与之相应的合约于 1952 年 5 月 27 日签署。但是法国和意大利人民非常抵触这个合约，欧洲防务共同体项目在法国国民议会上以微弱劣势未能通过，最终于 1954 年被取消。

1954 年 10 月 23 日，西欧联盟成立，该联盟由《布鲁塞尔条约》的五个参与国以及联邦德国和意大利组成。联邦德国因此恢复行使国家主权，并重新获得了武装自己的权利。1955 年 5 月，联邦德国加入北约。北约因此拥有了 15 个成员国——希腊和土耳其已于 1952 年宣布加入。作为联邦德国重获武装的回应，1955 年 5 月 14 日，以苏联为首的华沙条约组织（简称"华约"）在莫斯科成立，除南斯拉夫外，欧洲所有的社会主义国家都是该组织的成员国。

欧洲殖民帝国的终结

1955 年，通过"非殖民化运动"，世界历史进入另一个转折点，只有小部分国家和地区还未摆脱殖民统治。刚刚获得独立解放的非洲和亚洲国家的代表齐聚一堂，在印度尼西亚的万隆举行会议，要求在世界范围内加快实现非殖民化。此后不久，美国和苏联也表示不限制联合国接受新的成员国，这一决定大大鼓舞了殖民地人民的解放运动。

第二次世界大战极大地改变了欧洲各国与其殖民地之间的关系。苏联和美国这两个大国对欧洲殖民帝国的态度非常保守。苏联主张各民族自决，从而破坏西欧霸权的基础；而美国支持非殖民化，使殖民地与宗主国断绝关系。还有一种相当情绪化的推理是它们想趁欧洲之危从而拓展各自的势力范围。

非殖民化的主要阶段是 20 世纪 40 年代中期至 60 年代初。从中东到东南亚，亚洲各国先后获得独立，非洲国家直到 70 年代末才基本完成了非殖民化。

面对这种情况，欧洲国家的反应尽管不

自阿尔及利亚归国者在"马赛号"上

1962年3月18日出台的《埃维昂协议》和同年7月3日成立的阿尔及利亚共和国未被所有利益相关方冷静接受。超过80万名出生在阿尔及利亚的法国人害怕遭遇大屠杀,想尽快回到祖国。图为法国的"马赛号"客轮载有约1500名乘客回国的场景。

尽相同,但在这个脱离过程中却没有一个殖民大国能够不使用暴力。

第二次世界大战结束时,阿拉伯世界似乎也已决心摆脱欧洲的枷锁。1945年5月8日,就在德国投降的当天,阿尔及利亚便爆发了民族主义骚乱,但被血腥镇压。这一事件表明,第二次世界大战与非殖民化之间有着密切的联系。中东国家消灭了第一次世界大战结束后统治"托管地"的傀儡政权,同年在开罗成立阿拉伯联盟。而英国从一开始就坚持把法国统治者从黎巴嫩和叙利亚赶走,结果自己却被卷入了巴勒斯坦地区的阿拉伯民族主义和犹太复国主义之间的激烈斗争。1947年,英国人决定撤出该地区,将这场冲突交给联合国解决。一年后,即1948年,以色列国成立。

印度民众在圣雄甘地的领导下以非暴力形式要求独立自主,英国寻求从印度迅速脱身。1945年,以克莱门特·艾德礼为首的工党政府承认,日不落帝国的荣耀只存在记忆中了。1947年8月15日,曾被英国统治的印度一分为二,成为两个独立的国家——印度和巴基斯坦。他们作为新成员加入了作为主权国家联合体的英联邦。

在亚洲东部,一度被日本侵占的原欧洲殖民地也开始逐渐摆脱宗主国的统治。1946年,越南独立同盟(越盟)在胡志明的领导下发动了全国性的反法抗战。1949年,中华人民共和国成立。在中国的支持下,1954年5月,越军在奠边府战役中大败法军。1954年7月的日内瓦会议上,确定了法国应结束在东南亚殖民统治的主张。1956年,美国取代法国在该地区实行霸权主义,试图阻止共产主义向中南半岛推进。

印度尼西亚是个富饶的群岛,自18世纪以来一直统治该地的荷兰认为此处对于维持自己的繁荣不可或缺,并于1947年和1948

年两次试图以武力维持殖民统治。但这一行径遭到国际上的谴责，最终宣告失败。1950年印度尼西亚以独立国家的身份加入联合国。

在马来西亚，英国虽然镇压了共产党领导的起义，但这个新生国家还是在1957年获得独立。

非洲的非殖民化运动由北向南推进。利比亚于1949年脱离意大利的殖民统治。法国的两个被保护国突尼斯和摩洛哥在经历几次危险的军事对峙后，于1956年宣告独立。而阿尔及利亚在政治解放进程中发生了严重的冲突，牵扯到数个非洲国家。1954年11月1日爆发的起义破坏了这个殖民地与宗主国法国之间的密切联系。阿尔及利亚原本是位于北非的三个法国海外省之一，800万阿尔及利亚居民中大约有100万是欧洲人。自1955年起，殖民与反殖民斗争变得越来越暴力，最终演变成战争。1958年，法国第四共和国被阿尔及利亚战争拖垮，戴高乐将军重新掌权。他继续对阿尔及利亚采取军事高压政策，直到1959年才决定给予该国自决权，让其朝独立方向发展，重建与法国的紧密联系。1962年3月18日，《埃维昂协议》签订，法国承认阿尔及利亚独立。随后，在阿尔及利亚居住的法国人成群结队返回法国。

在撒哈拉沙漠以南，那些思想上深受前殖民统治者文化影响的政治家自20世纪50年代起，开始带领他们的人民走向独立。1957年，前英国殖民地"黄金海岸"成为主权国家，更名为"加纳"。1958年，法国加速与位于非洲的殖民地脱离，两年后这些地区纷纷成为独立国家，但大多数仍继续与法国保持着非常密切的联系。

这种转变并非总是一帆风顺，直到1960年，比利时还确信其手中自然资源非常丰富的大殖民地刚果不会这么快就争取独立。但这只是致命的错觉！比利时统治者后来几乎是被迫逃离了这个国家。在他们离开后不久，那里爆发了严重的民族冲突，震惊了整个世界。

非洲大陆上越来越多的殖民地大体上都与其宗主国实现和平脱离，例如罗德西亚。但直到1980年之前，生活在罗德西亚的白人还在阻止英国承认其独立。欧洲最古老的殖民大国葡萄牙也不得不承认，它的所有非洲殖民地（安哥拉、几内亚比绍、莫桑比克）都在发动起义争取独立。然而当时葡萄牙的当权者萨拉查将军仍将这些殖民地视为国家权力的象征，不愿放弃。如何解决这一冲突变得非常棘手，当时大约有20万欧洲人居住在安哥拉，他们在1975年才不得不离开这个国家。葡萄牙殖民地终于全部实现独立。

随着欧洲殖民统治的终结——特别是在非洲，数十万欧洲人离开了这些新独立的国家，回归祖国。但祖国也不知道该如何安置这些人。和他们一起涌入的还有大批非洲移民或难民，他们的未来将与欧洲紧密联系在一起。

1956年的苏伊士运河危机

在阿尔及利亚爆发战争期间，欧洲人还试图借机控制非洲大陆，苏伊士运河危机便首先暴露了第二次世界大战后新的国际势力失衡。

1956年7月26日，埃及总统纳赛尔宣布将英法两国控制下的苏伊士运河公司收归

1956年苏伊士运河上的军舰

英美两国撤销了对建造阿斯旺水坝的援助,埃及总统纳赛尔因此于1956年7月宣布将苏伊士运河收归国有。法国、英国和以色列遂进行军事干涉,但在苏美两国干预下被迫撤军。

国有。法国长期以来一直怀疑埃及在背地里积极支持阿尔及利亚叛军,所以鼓动其英国盟友和以色列搞军事远征,惩罚纳赛尔。10月29日,以色列人袭击了西奈半岛。英法联军成功登陆埃及,但随后却在外交战中惨败。10月30日,美国敦促联合国通过决议,对这两位在第二次世界大战中的盟友表示谴责。11月5日,苏联威胁将对这三个侵略者进行核打击。主宰国际货币市场的美国人让英镑暴跌,石油和汽油也在西欧成为稀缺品。

停火协议达成后,联合国部队取代英法联军进入埃及。这次行动失败导致法国和英国在中东的势力急剧收缩,其军事自由受到限制沦为中等强国。而美国和苏联则在这场危机后变得更加强大。

2. 欧洲重建

1947年起，欧洲分为两个对立阵营：一边是受美国影响的西欧，另一边是受苏联控制的东欧。这一时期的典型国际局势就是所谓的"冷战"，人们不断遭到威胁，担心可能演变成第三次世界大战。双方均拥有原子弹，核战争的危险造就了一种"恫吓的平衡"。

苏联模式

苏联的外交政策出于一种要求绝对安全的心态，其目标是将控制范围扩展到整个东欧。1941年纳粹德国的袭击给苏联人心中留下了严重的创伤，促使他们在西部边界建立起一条由社会主义国家组成的安全地带。他们认为，与资本主义世界的矛盾在根本上是不可调和的。这种立场通过其军事占领东欧的政策以及几项联盟协议的缔结而更为凸显，尤以1955年签署的《华沙条约》为最。这些军事联盟与军政措施相辅相成，使苏联能够最大程度上组织防御，以应对东欧国家担心的"西方袭击"。

共产党政权的建立，决定了东欧40年的命运。其他党派受到打压，难成气候。1947年9月，包括法国和意大利在内的来自9个国家的共产党代表成立了苏联共产党情报局（又名"共产党和工人党情报局"），作为"兄弟党"之间的联络机构，在安德烈·日丹诺

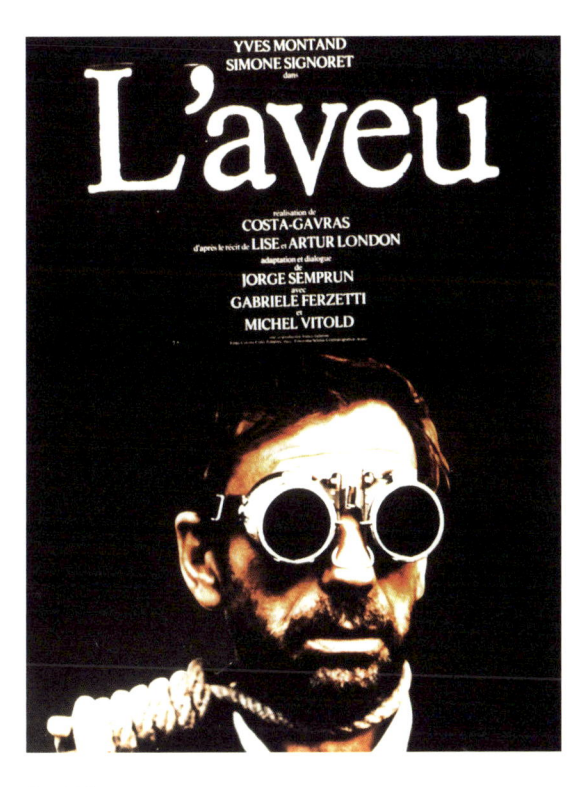

《招供》

这是由希腊裔导演科斯塔-加夫拉斯执导的一部电影，讲述了一个名为亚瑟·伦敦的人在捷克斯洛伐克生活、后来在"大清洗运动"中受害的经历。这部电影于1970年在欧洲电影院上映，然后在整个西方世界中得到传播。主演伊夫·蒙当曾是一名共产党员。

夫的领导下，发展成为正统共产主义的温床。

然而南斯拉夫问题首次动摇了共产主义世界。1945年，在赶走德国占领军后举行的第一次自由选举中，南斯拉夫共产党以较大

优势赢得胜利。因为解放国家有功，铁托元帅在同胞中享有无可争辩的威信。他想在不屈服于苏联的情况下建设南斯拉夫。但是这一独立的愿望激怒了斯大林，他在1948年3月从南斯拉夫撤回了苏联顾问，并指责铁托背叛马克思主义。对斯大林来说，出现任何偏差都是危险的，可能导致其他国家的共产党领导人寻求一条通往社会主义的独立道路。与"铁托主义"的斗争引发了"大清洗运动"，所有涉嫌意图脱离苏联独立的东欧国家的共产党领导人都遭免职。他们中的一些人要么进了监狱，如波兰的瓦迪斯瓦夫·哥穆尔卡；要么像匈牙利的拉伊克·拉斯洛一样被处决；捷克斯洛伐克的鲁道夫·斯兰斯基被指控发表支持犹太复国主义的言论，于1952年被判处死刑。

斯兰斯基是正好碰到枪口上了。直到1948年还支持以色列的苏联现在已经公开反对犹太复国主义，谴责以色列是工人阶级的敌人。苏联的官方宣传带有明显的反犹太主义色彩，"医生阴谋案件"令这场疯狂的煽动达到高潮。一批高级医生被指控谋害苏联高级领导人，日丹诺夫的犹太裔医生就因涉嫌谋杀被判处死刑。直到赫鲁晓夫执政时期，他们才得到平反。

从20世纪30年代开始，斯大林实行了极端的社会改革，当时的文化领域要做到以下三点：1. 教育民众；2. 颂扬斯大林的成就；3. 谴责任何形式的偏离斯大林主义路线的行为。教育意在培育"新人"，学习俄罗斯语言和文化要放在首位。艺术、文学和科学研究均要确立新主题并制定相应标准，例如绘画要以"社会主义现实主义"为主导，凡是背离它的艺术家均被禁止参加展览，还经常遭到迫害。在科学领域，意识形态压力在生物学家李森科的论文中体现得淋漓尽致——他坚持认为人对自然有绝对的控制权，得出了与孟德尔完全相反的结论。孟德尔的遗传学说在苏联被谴责为资产阶级科学的产物。

在东欧的社会主义阵营中，教会必须让位于社会主义无神论。匈牙利的红衣主教明曾蒂被判处无期徒刑，1949年，捷克斯洛伐克的红衣主教贝兰也遭遇了同样的命运。在天主教势力根深蒂固的波兰，"沉默教会"的负责人红衣主教威辛斯基在未经审判的情况下入狱三年（1953—1956）。

政治一体化之后就是经济一体化。1949年1月，经济互助委员会成立，目的是促进苏联与卫星国之间的商品交流和经济合作。在经互会的运作下，这些卫星国失去了经济独立，最终不得不屈从于苏联的计划经济。

集约化趋势出现在各个产业：到20世纪40年代末，农民都要为国家工作，所有私营工业和服务公司都收归国有。在整个卢布区，交易条件由苏联人决定。他们强行推销自己的产品，并以"合理的价格"从卫星国购买原材料和商品。

这一时期发生的两件事改变了苏联的既定发展方针，那就是1953年3月5日斯大林去世和1956年召开的苏联共产党第二十次代表大会。斯大林去世后在所有社会主义国家中都举行了悼念他的活动，但不久之后，第一波批评他的声音就出现了。1953年6月17日，东柏林的工人第一个站出来反抗社会主

赫鲁晓夫在苏共二十大的讲台上

1956年,斯大林的前同事尼基塔·赫鲁晓夫开启了去斯大林化阶段。1956年2月,他向苏联共产党的高官们作秘密报告,揭发了斯大林的罪行。此事很快传遍全世界。这位新任总书记在共产主义统一战线中撕开了一个永远无法被堵上的缺口。

布达佩斯街头的坦克

1956年10月,匈牙利人试图摆脱斯大林主义。反对斯大林主义的共产党人纳吉·伊姆雷未经苏联同意就接管了政府,并宣布匈牙利退出华沙条约组织。但苏联领导人并不接受。1956年11月4日,坦克开进布达佩斯,镇压了人民的反抗。尽管反抗失败了,但这起事件仍是一个历史性的转折点。匈牙利虽然"重归"社会主义阵营,但却是最自由的成员国。

义政权。在苏联,尼基塔·赫鲁晓夫成为政党领袖和国家领导人之后,允许学术界内部先展开批评。那是一个"解冻"的时期,不过文化界还受到国家的严密监控。1957年,作家鲍里斯·帕斯捷尔纳克的小说《日瓦戈医生》在苏联被禁止出版,压力之下他也不得不拒绝接受1959年的诺贝尔文学奖。

1956年2月14日,苏共二十大开幕,赫鲁晓夫采取闭门会议的方式,清算斯大林的罪行以及批判他搞个人崇拜的行为。他的秘密报告最终流入西方新闻界并被披露出来。1956年4月17日,苏联共产党情报局正式解散。人们开始相信开放即将到来。

波兰第一个站出来要求走新的路线。在波兹南,工人带头反对现行的经济和社会政策。为了防止斗争进一步升级,推行斯大林主义的政府领导层被罢免。同年4月才刚刚获得自由的哥穆尔卡于1956年10月出山任总书记。他切实推行土地去集体化,执行谨慎的宽松政治政策以及允许有限的言论自由,天主教会也得以重新开展活动。

匈牙利的局势也发生了戏剧性的转变。受到波兰的鼓舞，一些匈牙利人也想与共产主义决裂。一年前被罢免的反斯大林主义者纳吉·伊姆雷重新上台，1956年10月成立新政府，允许财产私有，天主教会恢复过去的权利，同时宣布匈牙利中立，甚至试图退出华沙条约组织。这迫使莫斯科方面采取行动——1956年11月4日，苏军开着坦克进了布达佩斯，镇压了所有反抗，将纳吉监禁起来并判处死刑。苏联任命亚诺斯·卡达尔为匈牙利新的领导人，推翻了刚开始不久的经济改革。

1961年，仅阿尔巴尼亚一国成功摆脱了苏联的控制。时任领导人是恩维尔·霍查。

还是在1961年，民主德国的领导层决定在柏林建起一堵墙，以防止其公民逃往联邦德国。丘吉尔在40年代初关于欧洲分裂的预言居然成为了令人伤心的现实。

欧洲统一的起步

经济复苏为战后的"欧洲大家庭"奠定了基础。美国深知将旧的欧洲大陆推入第二次世界大战的正是经济上的问题，因此在1944年布雷顿森林会议上美国提出要建立新

马歇尔计划

该计划为所有想获得它的欧洲国家提供为期四年的援助，包括实物和资金，按各自的需要进行分配。美国国会于1948年3月通过了马歇尔计划。它提供的贷款发放到1952年，随后转为按年度支付。但该计划同时也加剧了欧洲的分裂，因为苏联拒绝美国对自身及其卫星国的援助。

丘吉尔谈"欧洲合众国"的构想

摘自温斯顿·丘吉尔于1946年9月19日在苏黎世的演讲：

如果欧洲得以成功统一，3亿~4亿的人口将因共同的遗产而受惠，名利双收。但要做到这一点，欧洲大家庭，或者至少是这个大家庭中最大的一部分，必须自我更新，重新和彼此建立密切的联系，以便它们能够在和平、安全和自由的环境中发展。让我们努力建立一个——我所能告诉你们的——欧洲合众国。朝着这个方向迈出的第一步是组建"欧洲委员会"。为了这一最紧迫任务的成功，法国、德国和英国，以及强大的美国与苏联必须相互和解，我真诚地希望是这样。所有的大问题都会迎刃而解。国家和国家必须成为朋友，携手保护新欧洲，捍卫其生存权和发展权。

《罗马条约》

第二次世界大战后，出现了一场推动欧洲统一的广泛运动。其中重要的一步是1957年3月25日签署的《罗马条约》。联邦德国、比利时、法国、意大利、卢森堡和荷兰联合组成了欧洲经济共同体。

的世界经济体系。作为未来唯一可以兑换成黄金的货币，美元成为西欧的主导货币，同时也推广了美国的经济体系。美国国务卿乔治·马歇尔担心欧洲经济崩溃会导致可怕的后果，1947年6月5日他提出了一项为期四年的全面援助欧洲计划，以阻止共产主义利用经济和社会紧张局势渗透到西欧。此外，中欧的经济统一可以防止新的战争爆发，确保美国经济的自然市场。西欧国家决定接受援助，这就意味着它们已经奠定了重建市场经济的基础。

1948年4月16日，"欧洲经济合作组织"成立，负责将近130亿美元的美国援助分配工作，其中英国得32亿美元，法国得27亿美元，联邦德国得14亿美元。可以说自1948年起，欧洲经济合作组织为欧洲16国的经济和金融合作作出了决定性的贡献。欧洲支付联盟于1950年成立，延续了市场经济的成功。欧洲经济合作组织的后继者是1961年成立的经济合作与发展组织（经合组织）。

然而，欧洲人并不满足于经济上的快速发展，还期望欧洲大陆做到政治统一。想实现这个目标就要联合一切反法西斯主义和反纳粹主义的政治力量，但不包括共产党。1946年，保守的英国政客温斯顿·丘吉尔、法国社会主义者莱昂·布鲁姆、基督教民主党员比利时人保罗·亨利·斯帕克和意大利人德加斯佩里等汇聚在苏黎世开会。当时，丘吉尔就提出了

让·莫内（1888—1979）

这位法国籍的政治经济学家和银行家从 1919 年到 1923 年担任国际联盟副秘书长和不同国家的财务顾问。法国解放后不久，他负责起草了法国经济领域中第一个重大现代化计划（"莫内计划"）。他与罗伯特·舒曼共同提出了《巴黎条约》，建立了"欧洲煤钢共同体"。他也被选为第一任主席（1952—1955）。欧共体的政府首脑们授予他"欧洲荣誉公民"的称号。

1957 年签订的《罗马条约》（摘要）

……坚定的意志为更紧密的欧洲人民联盟奠定基础；

决定共同努力，消除分裂欧洲的障碍，确保各自国家的经济和社会进步；

决心以改善人民的生活条件为基本目标；

认识到需要一致行动，以消除现有障碍，确保持续的经济发展、贸易平衡和公平竞争；

努力通过缩小发达地区与落后地区之间的距离，促进国民经济融合及和谐发展；

希望通过共同的商业政策，为逐步消除国际贸易壁垒作出贡献；

决心通过合并经济力量，维护和巩固和平与自由，并呼吁追求实现同一崇高目标的其他欧洲国家人民加入；

已经决定建立一个欧洲经济共同体……

"欧洲合众国"的概念，他的热情点燃了一场呼吁建立欧洲联邦的运动。后来召开的"海牙大会"就提出希望在民主和放弃民族对抗这两大基础上建立起一个欧洲联盟——正是民族对抗引发了两次世界大战。

法国政府迈出了第一步。1948 年夏天，它邀请《布鲁塞尔条约》的其他四个缔约国（英国、荷兰、比利时和卢森堡）的首脑前往巴黎，建议成立欧洲大会。因为担心该组织具有超国家性质，与国家主权原则相抵触，英国对此持保留态度。1949 年欧洲理事会成立，成员国为来自西欧和北欧的 10 个国家——爱尔兰、比利时、丹麦、法国、荷兰、卢森堡、挪威、瑞典、意大利和英国。他们希望在共同的文化、人文视野和民主国家形式的基础上于政治和社会文化等领域进行深入合作。不久，希腊和土耳其也加入了这个理事会，1951 年联邦德国也正式成为其成员。1950 年 11 月 4 日，欧洲理事会通过了《保护人权和基本自由公约》，该公约被视为欧洲共同法律规范的框架，由设在斯特拉斯堡的"欧洲法院"负责执行。

1948 年至 1949 年，悬而未决的萨尔地区问题横亘在法国和联邦德国之间，这也是建设统一西欧的主要障碍。因为法国的金属加工业需要萨尔地区出产的煤炭作为能源支持，法国人让·莫内就在1949年提出，德国对法国的赔偿可以用广泛的产业合作来代替。1950年5月9日，法国外长罗伯特·舒曼提议两国合作生产和分销煤炭与钢铁。联邦德国总理康拉德·阿登纳同意了这一计划，联邦德国成功借此融入西欧，也没有违背"基本法"中规定的统一原则。

在此之前仅限于经济技术合作框架协议的欧洲各国，开始走上真正一体化之路。法国、联邦德国、比利时、荷兰、卢森堡和意大利六国于1951年4月18日签署了《巴黎条约》，成立"欧洲煤钢共同体"（欧洲煤钢联营）。1952年起，由9人组成的该组织最高委员会常驻卢森堡，成员均独立于国家政府之外，第一任主席是让·莫内。

欧洲煤钢共同体面临着多方面质疑。尽管美国政府和许多参与建设欧洲的高层人物对它给予很高的评价，但它也遭到来自欧洲各国的批评。英国拒绝加入欧洲煤钢共同体，因为它与英联邦成员国合作，英国从根本上反对超国家原则。英国工党也站在保守党一边，长期对欧洲一体化无动于衷。其他国家的社会主义者也公开质疑新条约，在法国和意大利很有影响力的共产党将其视为伤害社会主义阵营的手段，因为它更容易在经济领域承认联邦德国的地位。戴高乐将军领导的政党"法兰西人民联盟"同样不接受任何形式的超国家存在，认为煤钢联盟只是"煤和钢的混乱组合"。煤炭和金属行业的商业协会也对某些国家对这一重点工业领域的干预持怀疑态度。只有从1944年起就进行密切经济合作的比荷卢三国对欧洲煤钢共同体大加赞许。

欧洲经济共同体的艰难诞生

欧洲防务共同体的夭折表明，反对欧洲一体化的力量仍然存在，特别是在法国。让·莫内对缺乏统一调配权感到失望，因此辞去了欧洲煤钢共同体主席的职务。但无论如何，重新启动广泛领域内的合作是必要的。1955年6月在意大利墨西拿举行的会议上，法国、联邦德国、意大利、荷兰、比利时、卢森堡六国决定在布鲁塞尔成立一个专家小组，由比利时外交部长保罗·亨利·斯帕克领衔。与会各方还决定将在共同市场和原子能这两个重要领域展开合作，1957年3月25日在意大利的罗马签署了相关合同。共同市场被认为是一个关税同盟，成员国承诺首先去除彼此之间的关税壁垒，接下来为资本和工人的流动开放边界。欧洲原子能共同体应该先让欧洲国家获得核能，然后在必要时让各国实现核独立。

英国表示拒绝接受欧洲一体化，主张形成一个更广泛的、囊括所有欧洲国家的自由贸易区。但是戴高乐和康拉德·阿登纳拒绝了这个主张，英国只得成立了一个"欧洲自由贸易联盟"，与欧洲经济共同体抗衡。英国、瑞典、丹麦、挪威、奥地利、瑞士和葡萄牙等七国于1959年11月20日在斯德哥尔摩签署了联盟公约[①]，1961年芬兰也加入了进来。

---

① 《辞海》，英国联合丹麦、挪威、葡萄牙、瑞士、瑞典、奥地利于1960年1月签署《建立欧洲自由贸易联盟公约》。

来自欧洲自由贸易联盟的竞争暂时掩盖了共同市场的重要性。虽然关于共同市场的合约于1959年1月1日生效，但是降低关税需要时间，而在其他领域，如农业，几乎更难达成协议。1958年春天重新掌权的戴高乐并未给共同市场的发展设置阻碍。但在他的心目中，欧洲共同体的设想还是属于超国家性质的。法国政府一直对此持保留态度，因为它对任何试图限制其国家主权的事物都"过敏"。1961年，富歇计划提出"祖国的欧洲"议题，被欧洲经济共同体中相对较小的国家荷兰、比利时和卢森堡这三国拒绝，他们只愿接受尽可能全面的欧洲一体化。同年，英国的哈罗德·麦克米伦政府申请加入欧洲经济共同体。对此，戴高乐以法国的名义分别在1963年和1967年两次驳回。在他看来，英国就是美国的"特洛伊木马"，想加入欧洲经济共同体后再从内部摧毁它。

20世纪60年代前期法国抱持的保留态度令欧洲一体化进程前途未卜。1965年，法国甚至公开抵制谈判，通过"空椅子"反对共同农业政策。最终双方于1966年达成妥协，欧共体同意每个成员国都拥有否决权，法国才重新回到会议桌前。

欧洲文化的新起点

战争结束后不久，人们很可能会疑惑，一个遭遇创伤并受外国控制的欧洲能有什么样的文化生活。事实证明，20世纪50年代的欧洲文化表现出了非凡的活力。

过量的美国大众文化输出导致了倒胃口的反应。"美国生活方式"于1943年最先进

可口可乐：代表青春和现代的美国产品

在20世纪50年代，可口可乐成为美国及其繁荣最知名的象征之一。欧洲消费者青睐美国货，他们能理解这张1956年德国海报所暗示的"信息"——喝可口可乐的人既年轻又时髦。

入英国，然后传播到欧洲大陆。虽然欧洲在第二次世界大战期间曾一度与美国断绝了一切联系，但香烟、口香糖、可口可乐等美国产品还是成了第二次世界大战后欧洲人生活方式的代表，电影、爵士乐和后来兴起的摇滚乐同样风靡欧洲。这种"美国化"很快遭到批评，实际上欧洲人对美国大众文化也进行了过滤甄别，并向美国展示了他们的文化偏好。因为种族隔离政策在美国被边缘化的爵士音乐，却在欧洲得到蓬勃发展。欧洲的

评论家们还帮助美国电影导演和作家争得荣誉，比如戛纳电影节的金棕榈奖或是诺贝尔文学奖。

相对于战后其他艺术领域，电影业取得了最大的成功。罗伯托·罗西里尼的《罗马，不设防的城市》（1945）和维托里奥·德西卡的《偷自行车的人》（1948）创立了意大利的新现实主义。这一类型的电影未加修饰地展现普通人的生活，与好莱坞的梦工厂截然不同。在法国，像弗朗索瓦·特吕弗这样的年轻导演开创了新浪潮运动。让-吕克·戈达尔的电影《筋疲力尽》（1960）跳出了传统电影的模式。其他欧洲国家的电影人也为欧洲电影的复兴作出了贡献，如瑞典的英格玛·伯格曼。东欧"解冻"之后，波兰导演安杰伊·瓦伊达在1958年拍摄的电影《灰烬和钻石》也饱受好评。

战后文学不再只面向受过教育的社会阶层，而是面向广大人民群众。那是一个拥有法国哲学家让-保罗·萨特这样具有献身精神的人才的时代，他关于战后问题的论述在全世界广为流传，成为存在主义最重要的代表。与作家兼哲学家阿尔伯特·加缪一样，萨特也创作剧本。戏剧在20世纪50年代正逐渐成为一种极富表现力的艺术形式，发展异常繁荣。在法国，让·维拉尔试图用"国家人民剧院"给古典作品赋予新的含义，而知名剧作家塞缪尔·贝克特、欧仁·尤奈斯库和让·热内则以"新戏剧"来更新戏剧语言。在东欧，民主德国的贝托尔德·布莱希

阿尔伯特·加缪——战后作家和时代见证人

阿尔伯特·加缪（1913—1960），是法国出生的欧洲最著名的战后作家之一。他写剧本、小说和散文，并于1957年获得诺贝尔文学奖。他聚焦于本世纪的悲剧事件，通过对人物的刻画来阐述他对时代问题的看法，富有洞察力。

特于1948年创立了"柏林剧团"。

尽管纽约在当时几乎成为世界文化之都，但大部分前卫作品还是欧洲的画家和音乐家创作的，就像20世纪上半叶那样。英国人弗朗西斯·培根、法国人尼古拉斯·德·斯塔尔和伊夫·克莱因与美国画家一样声名远扬。当代音乐的发源地是法国、意大利和德国，主要代表人物有法国的皮埃尔·布列兹、意大利的路易吉·诺诺和德国的卡尔海因兹·斯托克豪森。

3. 东欧停滞与西欧繁荣

从赫鲁晓夫到勃列日涅夫

尼基塔·赫鲁晓夫曾希望将苏联人民的生活条件提升到可以与美国人媲美的水准，但这在20世纪60年代并没有成为现实。东西方关系中曾出现的解冻苗头最终还是消失了，随着1964年赫鲁晓夫垮台，一切又回归到过去。

20世纪50年代初，苏联似乎可以在所有领域与西方竞争。1957年苏联制造的"斯普特尼克1号"是第一颗成功发射的人造卫星，1961年尤里·加加林成为进入太空的第一人。1962年古巴导弹危机后，巨大的军备开支掏空了苏联的国库，经济体系开始出现裂痕，人民生活水平下降。

曾因赫鲁晓夫的去斯大林化政策而一度被遗忘的列昂尼德·勃列日涅夫于1974年重新掌权，明显地掉头走过去的老路。苏联公民——尤其是相信国家开始"解冻"的知识分子，感到非常失望。1962年，亚历山大·索尔仁尼琴还可以出版描写劳改营生活的小说《伊凡·杰尼索维奇的一天》，但却不能在1970年去领取诺贝尔文学奖。索尔仁尼琴随后便成为一个坚定的持不同政见者。1974年，他的小说《古拉格群岛》在西方赢得一片赞誉声，他也因此成为继列夫·托洛

勃列日涅夫主义

苏联共产党始终致力于确保每一个实行社会主义制度的国家可以根据本国的特点决定自己的社会主义发展道路。……但是，如果敌视社会主义的内部力量或外部势力企图共同影响一个社会主义国家的发展，使之走向资本主义复辟，那么这个国家就会出现严重的危险，甚至危及整个社会主义阵营。这意味着，不仅这个国家人民会受到影响，而且这个问题也成为所有社会主义国家共同面临的问题。

茨基后第二位被驱逐出苏联的苏联公民。

几乎不加掩饰的斯大林主义的回归，让犹太人也遭了大罪。许多苏联犹太人（即"拒绝合作者"）因此移民到以色列。1967年起，他们的移民行动受到了一些阻力。波兰于1968年发起了一场反犹运动，将大批大屠杀幸存者驱逐出境。

在20世纪的六七十年代，东欧各地的不满情绪都在滋长。在捷克斯洛伐克，甚至在国家和党的层面也对现状表示出了不满，最终发展成为"布拉格之春"。改革派共产党人亚历山大·杜布切克成为了党的领袖，带领人民探索"人性化的社会主义"。但是莫斯科方面随后对此进行了残酷的武装干涉，1968年8月20日，华约军队——除罗马尼

"布拉格之春"的结束（1968）

苏联的卫星国之一捷克斯洛伐克再次出现向往民主的改革。这不仅令苏联感到担忧，在波兰和民主德国的统治者眼里也属于一种"自由的细菌"。1968年8月，华约军队占领捷克斯洛伐克，捷克斯洛伐克的"人性化的社会主义"之路宣告终结。

亚外——入侵布拉格，结束了这一社会实验。

除了自由问题之外，对东欧共产党政权不满的人也将目光投向其他事务。1970年8月，波兰格但斯克的工人罢工，抗议生活物资短缺。统一工人党的领袖哥穆尔卡试图镇压罢工运动，但后来被改革者爱德华·盖莱克挤下台。盖莱克对波兰经济动了"大手术"，导致发展严重失衡，令社会局势更加紧张。和匈牙利一样，波兰的经济自由化震动了市民阶层，激发了年轻人模仿西方生活模式的愿望。东南欧国家则与该地区长期存在的问题作斗争，例如自1970年以来在南斯拉夫猖獗的克罗地亚民族主义。在罗马尼亚，所谓的脱苏独立只不过是掩盖了尼古拉·齐奥塞斯库的行为越来越像一个暴君的事实。

东方阵营深深陷入了经济问题和社会政治紧张的旋涡。不知不觉中，它不再是第二次世界大战后那个具有凝聚力的集体。

西欧的消费主义与福利国家

西欧的经济形势则展现出了完全不同的景象——社会重建带来了平均5%的惊人的年经济增长率，出现了前所未有的经济大飞跃。经济奇迹的出现主要仰仗两大支撑，即消费的急剧增加和国家投资的稳步增长。

这些新形势也在国际关系上有所反映。1948年，由23个国家共同签署的《关税及贸易总协定》生效，该协定在自由贸易的基础上规范了国际贸易关系，世界贸易总量开始爆发式增长。美国和日本这两个经济巨人重新着眼于开发国内市场，1973年的出口总额分别仅占其经济总量的7%和13%。与此

"越来越多"

广告和低息消费信贷持续改变了欧洲人的生活方式——可以买得起家用电器了,没有人愿意错过这一机会。在1954年,就有51%的法国家庭购买了冰箱。

相反,欧洲各国因取消了彼此的出口限制而出现经济繁荣,从关税总协定中受益良多。法国的出口份额提升20%,联邦德国为28%,比利时几乎达到50%。西欧各国的经济增长率翻了一番。生产力的增强反映在人们收入的提高上,劳动力的需求量同样也在上涨。20世纪60年代,西欧人民的购买力翻了一番,家庭日常消费重心不断变化,食品所占的比例下降,家用电器等工业消费品所占比例上升。

人们在休闲度假上的消费开辟出了新的市场。数以百万计的欧洲人自驾前往意大利阳光明媚的海岸、法国的蔚蓝海岸或西班牙的布拉瓦海岸消遣。广告业的兴起和繁荣唤醒和扩大了消费。但并不是所有人都能抵挡得了这场消费狂潮,只有中产阶级在经济增长中获得的最多。

就业形势也发生了重大变化。1946年,法国从事农业的人最多,占总人口的36%,从事服务性行业的只有32.5%;而到了1975年,农业人口只占10%,而50.8%的人都在从事服务业。工业从业人员所占比例则较为稳定。经济的飞速发展令中产阶级的人数暴涨,尤其在北欧国家。国家在就业引导方面发挥了核心作用,越来越多的人愿意为政府工作,人们的能力也得到了充分施展。自第二次世界大战之后,西欧各国政府在调节经济发展方面发挥了决定性作用。他们施行导向性政策,以确保充分就业,同时尽量避免经济过热造成通货膨胀和赤字。在英国,国民经济学家和政治经济学家威廉·贝弗里奇爵士在1942年所作的报告中阐明了福利国家的基础,所有西欧国家的政府都参考了这种保障体系。该保障体系足以帮助国民抵御人生中的绝大部分风险,例如疾病、意外事故、失业和退休。此外还有对家庭的补贴、对欠发达地区的国家补助、减免税收和对最贫困人员的补助。此外,国家预算的一个重要部分还要用于科学研究和教育。

在法国和英国,战后的国有化促进了混合经济的发展。而在意大利,高效的公共行政管理本来是法西斯主义的"遗产"。在西班牙和葡萄牙实行过一段时间的军事独裁奠定了国家的首要地位,在经济领域也是如此,国家对金融业、能源和运输业进行全面监管。西欧国家都坚持自由经济主义原则,但同时发展了各自独有的经济体系,经济增长和社会进步并行不悖。联邦德国采用的"莱茵模式"是一种独特的市场经济模式，与美国的自由市场经济模式截然不同。

20世纪70年代初，欧洲人仍然相信国家能保证长期且充分的就业，尽管经济增长自1967年以来一直在放缓。当社会要为人民的福利付出太多时，它的轮子就开始吱嘎作响。

社会变革与教会改革

经济增长并不能解决所有问题。西欧区域发展不平衡的现象持续存在，导致在一个国家内同时存在富裕地区和欠发达地区，例如意大利。消费社会本身造就了边缘群体，如享受不到城市现代化设施的农村居民，以及不符合"年轻"和"富足"标准的老年人和残疾人。除此之外，不断增长的繁荣往往是那些拿低工资的女性和外来移民支撑的。

自19世纪以来，法国就接收了欧洲最大的移民潮，在经济增长阶段又招募了大批外国劳动力。这一"模式"被欧洲其他国家效仿。1973年，法国和联邦德国有10%的工人是外籍。外籍劳工主要来自地中海地区，还有一部分是非洲人和亚洲人，如去法国打工的北非人，去英国打工的印度人和巴基斯坦人。这些外籍劳工的生活条件非常艰苦，一般居住在巴黎等大型工业城市周围的贫民窟。

此外，职业妇女的人数越来越多，几乎占到工人总数的三分之一，但她们的工作环境往往比男性更差，工资也更低。因此，她们一直致力于摆脱男权主义的影响。20世纪上半叶，女性实现了公民权平等，紧接着就要求享受同工同酬的待遇。妇女运动要争取的权利还包括公平离婚、婚前同居、堕胎和使用避孕药等。

经济增长的这些年里，人们也累积了不满情绪。首先是那些出生在战后"婴儿潮"期间的年轻人产生了反抗意识，他们拒绝融入一个由金钱和消费主义主导的社会。来自美国的摇滚音乐在整个欧洲引起了巨大反响。在披头士乐队和滚石乐队等明星乐队的推波助澜下，摇滚乐开始与性解放、拒绝循规蹈矩的思潮联系在一起。年轻一代既不喜欢政党也不喜欢教会，北欧国家的很多年轻人都不愿去教堂。

天主教会试图作出反应。20世纪50年代初，有教士曾想寻求与工人阶级团体建立联系，却遭到来自罗马教廷的指责。1958年教皇约翰二十三世上台，他选择实行开放政策。这位教皇在1962年至1965年召开了第二次梵蒂冈主教会议，试图协调天主教会的观点和传统与现代世界的矛盾。会议的主要议题包括教会如何适应当今世界、寻求与其他宗教派别（如福音派）对话，教会的统一性和普遍性、主教的合议制和平民在教会生活中的作用，还讨论了教士的独身制，以及不再将拉丁语作为礼拜仪式中的必用语言。天主教会终于正式改变了以前对犹太人的态度。但主教会议还是无法改变天主教国家中信徒与教会日益疏远的趋势。反主教会议的传统主义思潮在不久之后便日益明显。

抗议活动

20世纪60年代末期，欧洲青年率先站

1968年5月在巴黎

骚乱始于1968年3月22日巴黎郊区的楠泰尔文学院，接着波及索邦大学，最后成为席卷了全国大学的学生运动。5月10—11日晚，巴黎大学的学生与防暴警察发生严重冲突。5月13日爆发了反对戴高乐的群众游行和法国工人最大规模的罢工。但在接下来的选举中，戴高乐派还是赢得了大多数席位。

伍德斯托克音乐节以及非主流

当时的青年支持嬉皮士的口号："要爱，不要战争。"他们向往非暴力和自由的世界。有40多万名观众和40支乐队参加了1969年8月15—18日在美国纽约州伍德斯托克镇举行的音乐节。

出来表示不满，抗议活动在1968年达到高潮。西欧学生将反对传统道德和传统社会与广泛的政治诉求结合起来。抗议的触发点或借口通常是西欧和美国之间的密切关系，而当时美国正陷入越南战争的泥潭。

在法国，抗议活动由学生发起，后来影响到工厂工人和公司职员，最终形成了1000万人的大罢工，这是欧洲有史以来规模最大的罢工运动。6月，随着戴高乐在选举中获胜，左派的示威活动逐渐减少。只有少数国家躲过了这一波抗议浪潮。

德国和意大利的一部分极左派转入地下，开始搞恐怖活动。1977年，德国极端左翼恐怖组织"红军旅"绑架并杀害了德国雇主联合会主席汉斯-马丁·施莱耶尔、德累斯顿银行董事会主席尤尔根·庞托和德国联邦检察长齐格弗里德·布巴克等人。1978年，意大利极端左翼恐怖组织"红色旅"暗杀了天主教民主党主席兼政府首脑阿尔多·莫罗。

除了这些向资本主义经济秩序和国家制度发起的冲击之外，此时还爆发了一些地区性的动乱。1969年起，以天主教徒为主的北

妇女解放运动

妇女解放运动在欧洲所有国家都很活跃。一开始，女性只要求获得节育和性解放的权利，但有一点如今变得越来越清晰，即大多数女性——包括一部分男性——意识到平等权的定义还存在缺陷，应当尽快纠正。

生态运动

在所有欧洲国家，特别是在联邦德国，20世纪70年代和80年代均出现了反对所谓和平利用核能的示威活动。

爱尔兰民族主义者要求英国政府让北爱尔兰（包括厄尔斯特地区）和爱尔兰共和国（原南爱尔兰）合并，而主要由新教徒组成的联合主义者则拒绝脱离英国。虽然大多数民族主义者和联合主义者仍希望通过合法途径解决分歧，但仍有极端分子如准军事组织"爱尔兰共和军"，他们多年来一直试图采用暴力恐怖方式来实现政治诉求。自1975年以来，西班牙巴斯克地区的地下组织"埃塔"制造了一系列恐怖活动，企图分裂国家。

还有一部分人用非暴力方式表示抗议，他们搞的是"生态运动"。罗马俱乐部在1971年的报告中对不惜一切代价实现经济增长的做法提出了质疑，指出其对环境的破坏性影响。这些思想如种子遇到肥沃的土壤，迅速且广泛地传播开来，但要实现深远的改

第二届梵蒂冈会议（1962—1965）

1962年，在教皇约翰二十三世的主持下，有来自各大洲共2500名教会领袖参加会议。教皇担心天主教会内部产生分裂，主张教会向世界开放，为普世对话创造条件。

变却不能一蹴而就。生态运动令人们将视角转向基本生活条件的转变、城市膨胀和无节制的森林采伐。高度依赖世界其他地区的西欧模式正好在这个节骨眼上陷入了危机，因此西方的经济增长模式遭到广泛批评。

4. 危机和解决方案

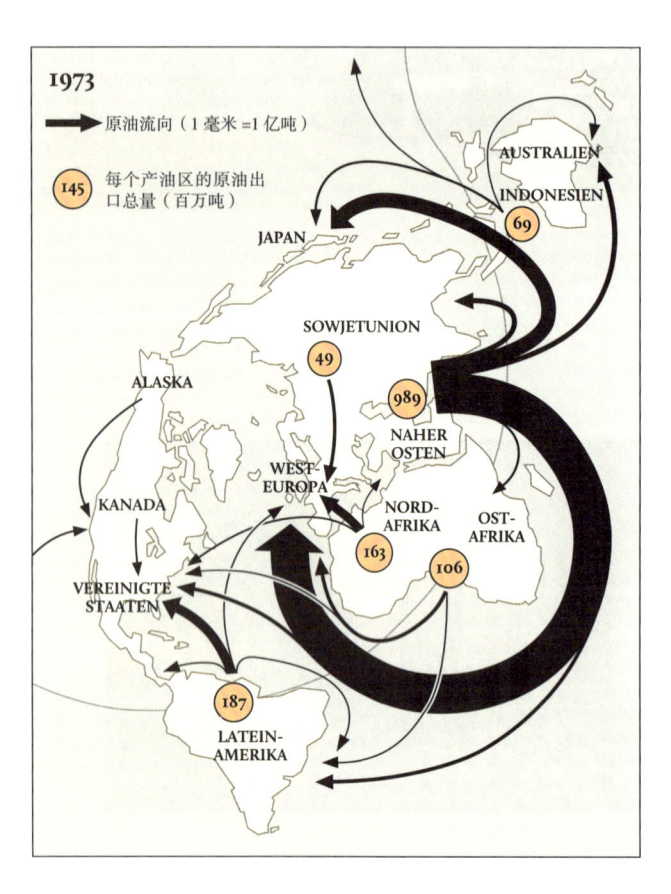

1973年世界石油贸易

1974年的经济危机打断了经济增长的步伐，进口廉价石油的时代宣告结束，西欧经济的弱点逐渐暴露，各国不得不眼看着自己的市场被亚洲新兴的工业化国家及地区夺走。尽管东欧早在70年代就与巨大的经济困难作斗争，但似乎没有取得任何进展。

陷入滞胀

20世纪70年代的经济危机主要是由两方面原因造成的：一是1944年布雷顿森林会议树立的国际货币体系瓦解，二是石油价格在1973年和1979年两度暴涨。自1944年起美元就被视为西欧工业化国家经济的指导货币，因美元贬值，美国于1971年8月15日宣布与金本位制脱钩。这令世界贸易陷入困境，主要货币的价值开始自由浮动，布雷顿森林体系失效。在欧洲货币中，联邦德国发行的马克币值最为稳固，甚至可以与美元一决雌雄。在货币危机最严重的时刻，第一次石油价格暴涨对欧洲的打击尤为严重。在第四次中东战争的影响下，1973年11月，石油输出国组织欧佩克中的阿拉伯成员国声称在3个月内要将石油价格提升4倍，同时将西方资本开设的石油精炼厂和其他工业设施收归国有。1979年伊朗国内爆发革命，欧洲经济又因为油价暴涨而遭到第二次打击。这两次经济危机暴露了西欧大部分钢铁、造船和化工企业设备老旧，缺乏行业竞争力——这一点长期以来一直被低廉的能源价格所掩盖。

通货膨胀开始螺旋式发展，物价涨幅每年超过10%，这带来了显而易见的负面影响。自1973年起，西欧经济陷入"滞胀"——经

从分裂到开放   419

英国煤矿陷入危机

这些煤矿曾经是世界上最赚钱的煤矿之一。但在经济压力之下，玛格丽特·撒切尔领衔的政府决定关闭大量煤矿。1984—1985 年，英国矿工举行罢工表示抗议，时间超过一年半，但最后还是工会输了。不仅在英国，在西欧许多地区从事煤炭开采不再有利可图。

济发展停滞同时伴随物价上涨。公司纷纷倒闭，最先受到冲击的是第一次工业革命后出现的行业，例如纺织业和金属加工业。曾经繁荣热闹的工业区变为"工业荒漠"。法国洛林钢铁业的衰落使当地民众痛心疾首。1984年，英国矿工进行了持续 18 个月的罢工，想保住英格兰约克郡、西米德兰兹郡和诺福克郡的矿区，但未能成功。

在经济增长阶段，失业率微不足道；而在经济衰退阶段，高企的失业率则对身无专长的青年、妇女、产业工人和移民造成了严重打击。1983 年，欧洲共同体内失业总人数达到 1200 万。大多数欧洲国家叫停了宽松的移民政策，少数走投无路的人只好采用偷渡的方式。仇外思潮蔓延，影响越来越大，

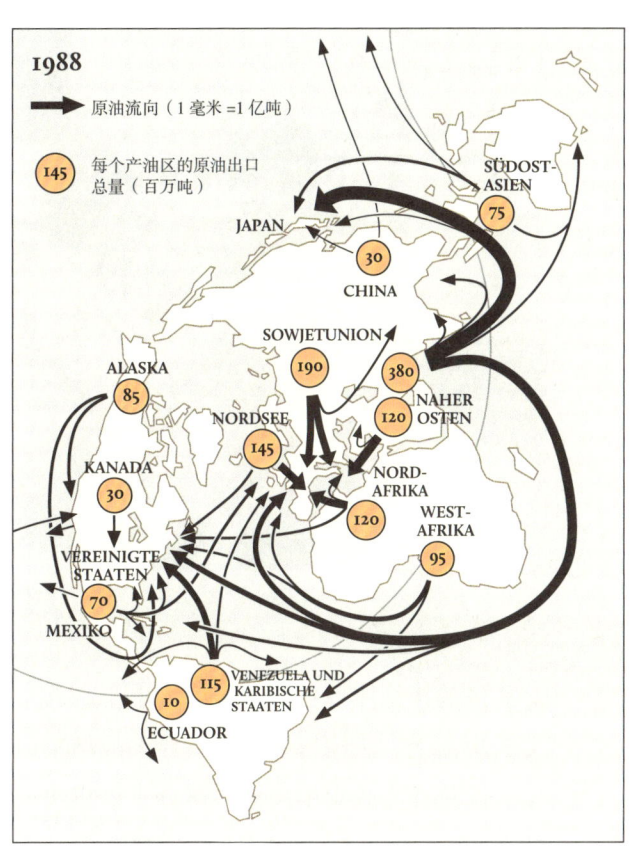

1988 年世界石油贸易

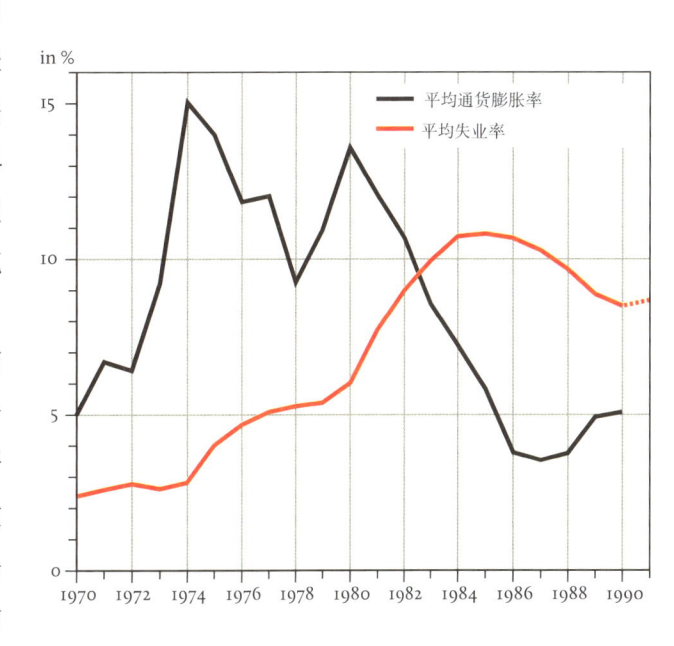

1970—1990 年欧共体国家的通货膨胀率和失业率

康乃馨革命

1974年4月，葡萄牙一些中下级军官组成了"武装部队运动"，在里斯本发起军事政变，史称"康乃馨革命"。有部分民众自发加入。在斯皮诺拉将军的领导下，葡萄牙恢复了公民自由。两年后，进步的军政府让位给社会党人马里奥·苏亚雷斯。1979年，右翼政党赢得了选举。1983年，苏亚雷斯再次掌权。1986年6月1日，葡萄牙加入欧共体。

对移民的拒绝体现在各种形式的出于种族主义的攻击上。法国自第二次世界大战结束以来只躲藏在小政党中的极右翼分子借机组成"国民阵线"，于1986年进入国民议会。

政治改革已成当务之急。在英国，保守党在玛格丽特·撒切尔带领下于1979年在选举中获胜，他们在竞选纲领中承诺剪除工党制造的福利国家的弊端。在联邦德国，自由民主党退出了与社会民主党结成的执政联盟，并把赫尔穆特·科尔推上了总理位置。与此相对，弗朗索瓦·密特朗在1981年的法国总统大选中获胜，组成社会党-共产党内阁，该内阁相信可以使用凯恩斯主义的方法重振经济。然而，两年后法国就开始实施紧缩政策，重又进行艰难的经济结构调整。

欧洲共同体扩大

欧共体该如何应对这种经济、社会和政治方方面面都充满危机的情况？

法国未能阻止关税同盟于1968年7月1日成立——甚至比约定时间提前了一年半。欧共体的当务之急是扩大规模。1973年1月1日，丹麦、爱尔兰和英国三个新成员国加入。戴高乐辞职以后，英国不再担心法国会从中作梗。

自1973年以来，欧洲各国一直在深化各领域的合作，但某些情况下仍免不了出现分歧和冲突。1974年12月9日，在法国总统吉斯卡尔·德斯坦和联邦德国总理赫尔穆特·施密特的共同倡议下，欧洲各国元首和政府首脑同意以"欧洲理事会"的形式将定期会议制度化。1976年以后，欧洲理事会迅速发展成为欧洲政治领域内的一个重要机构。1974年7月，希腊军人政权被推翻。1975年11月西班牙的独裁统治者佛朗哥去世，胡安·卡洛斯国王于1978年举行了全民公投，通过了西班牙新宪法，并于1981年2月成功阻止了佛朗哥的追随者发起的军事政变，西班牙慢慢找到了走向民主的道路。

欧共体又一次面临扩大。对各成员国来说，这意味着一个新的挑战，因为南欧国家的经济发展水平相对较差。1981年1月1日，希腊加入欧共体。但是西班牙和葡萄牙的入盟谈判却很艰难，主要是因为法国的抵制——担心这两国的农产品会对自己造成冲击。尽管如此，欧共体还是在1986年1月1日批准了西班牙和葡萄牙的申请。欧共体总人口数达到3.15亿。

事实证明，共同市场的建成比预期的要困难得多。共同的农业政策令局势持续紧张，英国也没有参加1979年3月13日成立的"欧洲货币体系"。该体系中的成员国所使

欧洲一体化

1948年，"欧洲经济合作组织"成立，总部设在巴黎，1950年又合并了"欧洲支付同盟"。1961年成立的"经济合作与发展组织"取代了前者的地位。从单纯的合作到欧洲共同体的形成要归功于罗伯特·舒曼，他于1950年5月9日提出了关于建立"欧洲煤钢共同体"的计划。这一计划引入了一个独立于各伙伴国政府的"欧洲联合高级委员会"，它是欧洲迈向一体化的第一步。1957年3月25日多国签署《罗马条约》，建立"欧洲经济共同体"和"欧洲原子能共同体"。

图片为1951年4月18日六国外交部长在巴黎签署条约，组建欧洲煤钢共同体。从左至右：保罗·范泽兰（比）、约瑟夫·伯克（卢）、约瑟夫·莫里斯、卡罗·斯福尔扎（意）、罗伯特·舒曼（法）、康拉德·阿登纳（德）、德克·斯蒂克（荷）和扬·范·布林克。

用的货币可以与"欧洲货币单位"共同形成相对稳定的货币体系。除此之外，围绕失业、能源政策和通货膨胀等问题，各方的意见分歧仍然很大。玛格丽特·撒切尔认为英国为欧共体付出得太多，呼吁应减少英国的损失。此举令欧共体在1984年再次陷入严重危机，但是英国财政却因此得到了补偿。

1985年，法国人雅克·德洛尔任欧共体委员会主席，他采取了一系列新举措。1987年《单一欧洲法令》生效。依据这份文件，到1992年为止将会形成由12个欧洲国家组成的真正的内部市场，以应对世界经济新秩序中的挑战。

经济战

正如比利时首相莱奥·廷德曼斯在一份报告中所说的，欧洲遭遇的经济困难与短期的局势动荡无关，而是与全球经济的"气候变化"有关——欧洲能够获得丰富且廉价的能源的时代已一去不复返。在欧洲相对困难的时候世界上的其他工业化国家已经重新洗牌。那么，在一个经济战争不断打响的世界上，如果不采取过度的保护主义，又该如何渡过难关呢？

欧洲的老牌经济体突然感受到来自亚洲新兴工业化国家和地区的竞争，像韩国和中国台湾便拥有训练有素的廉价劳动力，他们的产品生产成本低，价格相对便宜，利于出口。在汽车、相机和电子产品等一些耐用品方面，日本是欧洲的主要竞争对手。而这些地方均奉行贸易保护主义。美国指责欧洲对农业、航空器材和军火等出口商品进行财政

维利·勃兰特在犹太人纪念碑前下跪

自1969年起，联邦德国总理、社会民主党人维利·勃兰特就在政治上大力推行东方政策。从这点出发，联邦德国承认以奥得河—尼斯河线为界，划定波兰和德国之间的国家边界。1970年勃兰特在访问华沙期间，在犹太人纪念碑前下跪致哀，此举被视为和解的象征。

补贴，然而与此同时它自己就对进口产品征收高额关税。

作为对策，欧洲国家选择在人力成本极低的发展中国家开设新厂，比如在巴西开办的大众汽车工厂。要想赢得全球经济战，需要进一步扩大销售市场。1975年，欧共体与非洲、加勒比海沿岸和太平洋地区的近50个国家签署了《洛美协定》，允许他们的工业产品和绝大部分农产品可以免关税和不限量进入欧洲共同体市场，而欧共体成员国向它们

出口时不要求互惠，只享受最惠国待遇。截止到 1991 年，享受这些福利的国家和地区增至 69 个。

欧洲经济危机及其应对方式表明，欧洲必须认真对待来自外部的压力。各国应调整经济政策以适应市场规律，控制通货膨胀，重组竞争力低下的行业，更新生产设备以及服从国际分工。在此期间，联邦德国率先成为欧洲经济在世界范围内的"晴雨表"。这就是为什么它能够逐步向东方阵营开放。

开放与紧缩之间的东欧

1966 年，戴高乐总统宣布法国退出北约军事一体化体系，想借此机会表明法国不受美国所制，对东方阵营持开放态度。他的继任者延续了这一政策。东方阵营仍受勃列日涅夫领导下的苏联控制，看上去如铁板一块，但苏联的外交政策在一定程度上表现出了比过去大得多的开放意愿。最重要的是，美苏关系的缓和改变了两个超级大国在欧洲的影

1979 年，教皇在波兰

1978 年 11 月，克拉科夫大主教当选为历史上第一位波兰出身的教皇，称若望·保禄二世。他与祖国保持着特别密切的联系，同时也是历史上第一位访问共产主义国家的教皇。他支持波兰境内反对雅鲁泽尔斯基政权的抗议活动。

响力，尤其是在德国问题上。

联邦德国的总理维利·勃兰特在任职期间（1969—1974）推行东方政策，使联邦德国与东欧国家的关系更趋缓和。勃兰特承认德国对第二次世界大战及其造成的后果负有历史责任，承认德国与波兰的新边界，尤其是之前一直存在争议的奥得河—尼斯河线。在这种相对宽松的气氛下，美、苏、英、法四个战胜国于1971年9月3日签署《西柏林协定》，旨在促进东西柏林间的交往。维利·勃兰特继续施行东方政策，1972年3月21日与民主德国签署了基本条约，促使西方国家承认德意志民主共和国。1973年，两个德国同时加入联合国。

苏联在勃兰特的东方政策中看到，欧洲各国有可能再次进行全面对话。在苏联的倡议下，1975年8月1日在赫尔辛基召开了欧洲首脑峰会。除阿尔巴尼亚外，所有欧洲国家都参与了，美国和加拿大也列席会议。在这次会议上，各国正式承认战后划定的边界。勃列日涅夫主义得到了彻底贯彻——欧洲保持不变，欧洲大陆永远分裂。

从外交政策的角度来看，这种以不干涉内政、边界不可侵犯和解决双边冲突时放弃使用武力的勃列日涅夫主义原则，显示出了苏联稳定可靠的一面。欧洲各国在经济、科技等领域的理想合作带来了缩小东西方发展差距的希望。《赫尔辛基协定》中提到，思想是自由的，在不同社会制度国家之间旅行应畅通无阻。

在捷克斯洛伐克，知识界起草了"七七宪章"，正是受了《赫尔辛基协定》的启发。

> **1975年8月1日签订的《赫尔辛基协定》摘录**
>
> 参与安全与合作会议的各国认为所有国家都享有维护领土完整的权利……参与国保证不通过直接或间接的武力或武力威胁或用违反国际法的方式，将任何其他参与国的领土作为军事占领的对象。任何此类占领或并入都被视为非法。参与国尊重人权和基本自由，包括思想、良心、宗教和信仰自由。不分种族、性别、语言或宗教，对所有人一视同仁。

在波兰，许多在20世纪60年代相信改革的老知识分子将他们争取更多自由的斗争与工农的不满联系起来。在波兰影响力极大的天主教会在其中起到了重要的调解作用。克拉科夫的大主教卡罗尔·沃伊蒂瓦在1978年10月16日被选为教皇，称若望·保禄二世，1979年6月他对祖国波兰进行了正式访问。他的精神支持对波兰人而言意义深远，他们在东方阵营赢得了前所未有的胜利。1980年2月，格但斯克列宁造船厂工人开始罢工，由列赫·瓦文萨领导的独立自治工会"团结工会"得到政府的承认。团结工会很快提出了政治诉求，得到工人和群众的大力支持。1981年12月13日，救国军事委员会主席雅鲁泽尔斯基宣布波兰进入"战争状态"。团结工会遭到封杀，其活动转入地下。

1982年，列昂尼德·勃列日涅夫去世，当时苏联正面临改革与停滞的选择。他的

> **欧安会的新机构**
>
> 为了巩固我们的关系，加强在各个层面的磋商至关重要。特决定如下：
>
> 各国元首和政府首脑将于1992年在赫尔辛基举行会议，作为欧安会框架内的后续会议。此类会议随后也会继续举行。各国外交部长将定期参加全体会议，至少每年一次。这些会议将是欧安会进程框架内政治协商的重要场所。全体会议将讨论有关欧洲安全与合作的议题，并将作出适当的决定。
>
> 第一次外长会议将在柏林举行。

继任者尤里·安德罗波夫是有名的改革家，却在上任仅15个月后便于1984年去世。康斯坦丁·契尔年科是最后一位执行勃列日涅夫主义的苏联总书记，同样上任仅一年多就在1985年去世了。米哈伊尔·戈尔巴乔夫随后上台执政。欧洲人期待这张新面孔能带来真正的变革，奠定持久和平的基础。

在所有武器系统中，苏美两国部署在欧洲的弹道导弹和巡航导弹对世界安全造成巨大的威胁。从70年代开始，苏联就部署了瞄准西欧的SS-20型中程导弹。美国同样部署"潘兴"导弹作为回应。对可能身陷核战争战场的恐惧刺激了欧洲人，他们进行了一系列态度激烈的和平运动，特别是在联邦德国。但这并没有动摇西方搞军备竞赛的决心。从1985年开始，苏联意识到，螺旋式上涨的军备开支对整个华沙条约组织的军事平衡和经济状况产生了灾难性的破坏。

柏林墙——最鲜明的冷战象征

1961年8月13日至1989年11月9日这28年多来，柏林墙将柏林城一分为二，展示了一个分裂的德国。柏林墙由民主德国政府始建，成为民主德国和联邦德国之间长达1378米的德国内部边界的一部分（一说，德国国内边界总长1381公里。）。逃离民主德国，用官方用语来说就是"非法越境"，是一种犯罪行为，应制止并加以预防。据目前所知，在重兵把守的边境上，至少有一百多人因试图越境而被击毙。柏林墙不仅是最鲜明的冷战象征，在美苏分别领导的西方和东方两大阵营发生冲突时，也不断被人提起。整个西柏林在柏林墙的包围下成为一座"孤岛"。柏林墙的倒塌象征着欧洲分裂的结束和东方阵营的快速演变。铁幕似乎一下子没有了，冷战结束了，难以想象的合作与发展机会呈现在欧洲各国面前。

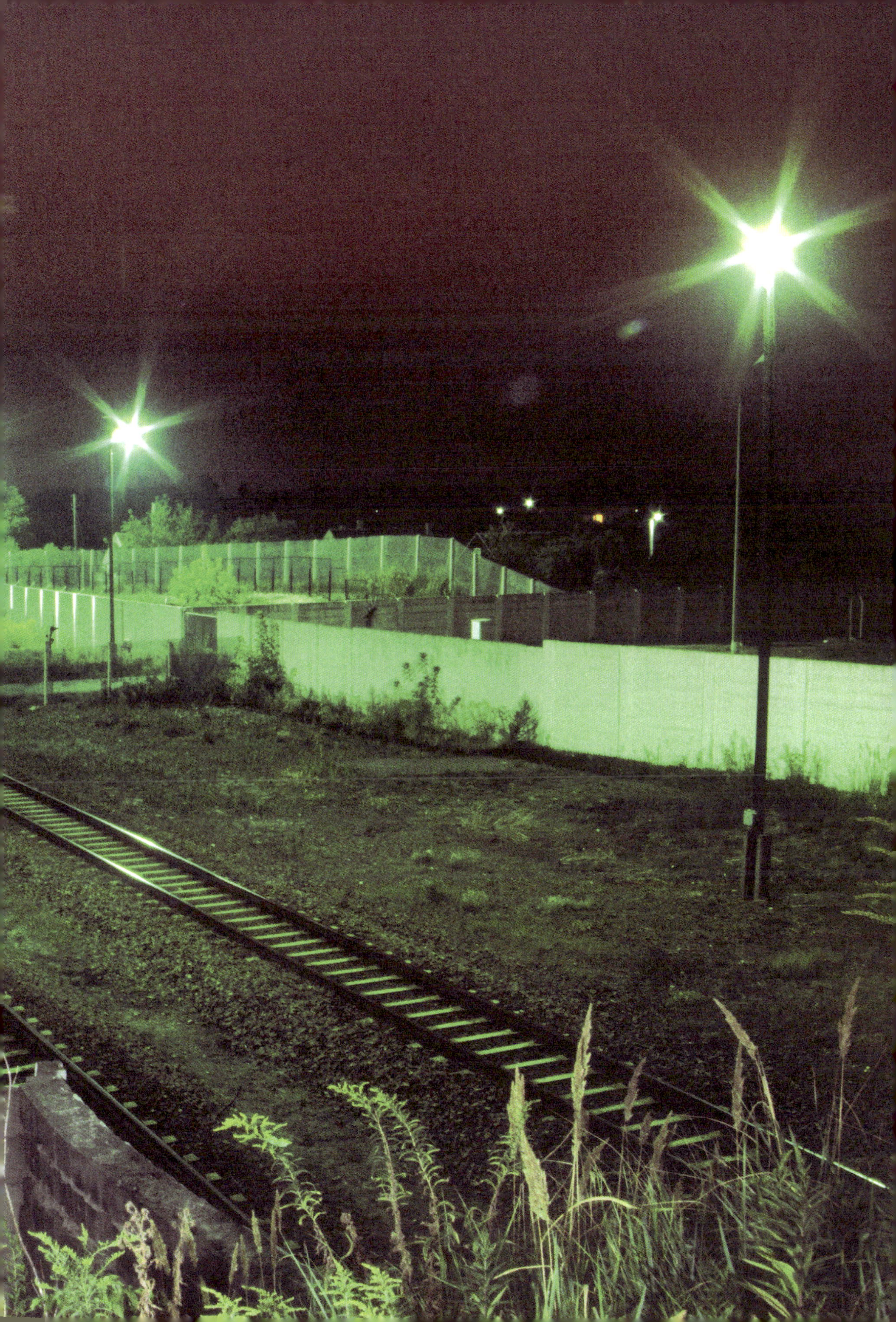

Chapter 12

欧洲的回归、转型与危机

1985 年　　　　1990 年　　　　1995 年　　　　2000 年

- 1986 年 4 月 切尔诺贝利核电站事故
- 1989 年 11 月 9 日 柏林墙开放
- 1990 年 10 月 3 日 德国重新统一
- 1992 年 2 月 7 日 签署《马斯特里赫特条约》
- 1993 年 11 月 1 日 欧洲共同体成为欧盟
- 奥地利、芬兰和瑞典加入欧盟，欧盟成员达到 15 个 1995 年 1 月 1 日
- 《代顿协议》结束波斯尼亚战争 1995 年 11 月 21 日
- 《贝尔法斯特协议》签署 1998 年 5 月 22 日
- 2000 年 12 月 7 日 签署《尼斯条约》
- 2001 年 9 月 11 日 纽约和华盛顿特区发生恐怖袭击
- 2002 年 1 月 1 日 欧元以现金形式发行

2005 年　　　　　　　　　　2010 年　　　　　　　　　　2015 年　　　　　　　　　　2020 年

▪ 2004 年 3 月 11 日 马德里郊区铁路遭到恐怖袭击
　▪ 2004 年 5 月 1 日 欧盟东扩，拥有 25 个成员国
　　　▪ 2005 年 7 月 7 日 伦敦地铁遭到恐怖袭击
　　　　　▪ 2007 年 1 月 1 日 保加利亚和罗马尼亚加入欧盟，欧盟成员达到 27 个
　　　　　▪ 2008 年 9 月 世界国际金融危机
　　　　　　▪ 2009 年 1 月《里斯本条约》生效
　　　　　　　▪ 2010 年—2011 年 欧盟对希腊和爱尔兰提供援助
　　　　　　　　▪ 2011 年 3 月 11 日 日本福岛发生地震、海啸、核灾难
　　　　　　　　　▪ 2013 年 7 月 1 日 克罗地亚加入欧盟，欧盟成员达到 28 个
　　　　　　　　　▪ 2014 年 3 月 克里米亚被俄罗斯吞并
　　　　　　　　　　▪ 2014 年 9 月 5 日 反"伊斯兰国"的国际联盟成立
　　　　　　　　　　　▪ 2015 年 11 月 13 日 巴黎遭到恐怖袭击
第 21 届联合国气候变化大会在巴黎举行，签署《巴黎协定》▪ 2015 年 12 月 12 日
　　　　　　　　欧盟与土耳其达成难民协议 ▪ 2016 年 3 月 18 日
　　　　　　　　　英国公投启动脱欧谈判 ▪ 2016 年 6 月 23 日
埃马纽埃尔·马克龙任法国总统，呼吁采取新的欧洲政策 ▪ 2017 年 5 月

柏林墙倒塌10周年:"谢谢你,戈尔比!"

苏联坦克纪念碑下的墙壁上写着"谢谢你,戈尔比!"的字样。柏林墙的倒塌和德国的统一主要得益于苏联领导人戈尔巴乔夫的新政策。1989年10月,在民主德国成立40周年庆典上,他要求民主德国的国家元首和党的总书记昂纳克进行改革时说:"行动得太晚,就要付出生命的代价。"

1985年至2017年,欧洲所经历的异常剧烈的变化,远胜世界上任何地区。在欧洲内部,东欧的变革程度比西欧更甚。冷战结束,政权更迭,在历史的瞬间猛然推动了欧洲的回归和转变。欧洲大陆还从未有过在如此短的时间内发生如此翻天覆地的变化,这具有深远的历史意义。20世纪80年代末和90年代初期,欧洲一体化和民主化进程加速,与此同时,长期以来以为已经被克服的冲突再次爆发,战争又悄然返回欧洲。哪些国家应该归属欧洲,哪些又不应属于欧洲,依旧悬而未决。统一的欧洲应该努力达到什么目标,该采用邦联制还是联邦制,还是模糊不清。21世纪新出现的气候、人口、宗教、恐怖主义等问题,还亟待出台妥善的解决方案。除了以上这些,欧盟还陷入到自其成立以来的最大的危险之中。金融危机、难民危机和英国退出欧盟——三重危机相互叠加,愈演愈烈。欧盟能否应对以及如何应对这些根本性挑战,将决定它能否在未来世界保持领先地位。欧盟该走向何方?

美苏约定销毁所有中程导弹

1988年6月1日,美国总统罗纳德·里根和苏联领导人米哈伊尔·戈尔巴乔夫在莫斯科交换了《中程导弹条约》(简称《中导条约》)的批准文件,该条约规定两国应逐步销毁以及禁止生产带核弹头的中程导弹。

1. 西欧一体化与东欧革命

欧洲新动力

20世纪70年代的危机过后，欧洲的整体经济于80年代初有了让人意想不到的积极发展，欧洲一体化进程开始加速。没有人再提什么"欧洲硬化症"了，欧洲——主要是西欧，发展成为一个充满活力的大陆。欧共体在80年代进行了第二轮扩张（希腊于1981年加入，西班牙和葡萄牙于1986年加入），将欧洲南部收入麾下。此举有利于这些年轻民主国家的稳定，但也加大了欧共体内部的地区差异。欧共体试图通过各种结构性援助对此进行弥补，然而在80年代的时候，它在欧洲各国民众的心目中的形象并不佳。最为人诟病的一直是农业政策，"黄油山"和"牛奶湖"成为政策失败和销毁粮食的典型，这在仍与饥荒作斗争的世界是一大丑闻。

不过，欧洲的法德"双引擎"明显又恢复了平稳运行。社会党出身的法国总统弗朗索瓦·密特朗和保守的德国总理赫尔穆特·科尔之间依旧存在着分歧，但两个人都非常清楚，欧洲迫切需两国相互妥协。1984年欧共体在法国的枫丹白露召开峰会，法德两国在会上实现和解，为更公平地分配地区内的财政负担铺平了道路。

峰会后成立的一个委员会就体制改革提出了建议。在最终报告中该委员会提出应将共同体转变为政治联盟，创建共同的市场，对外以一个完整的欧洲形象示人。就在几个月前，甚至没有人想到会有这样大胆的突破。在委员会开展工作的同时，欧共体委员会主席雅克·德洛尔——这位用理想、远见和乐观主义感染了那些犹豫不决的欧洲国家的"伟大的欧洲人"，起草了一份关于完善共

弗朗索瓦·密特朗和赫尔穆特·科尔

1984年9月，联邦德国总理赫尔穆特·科尔和法国总统弗朗索瓦·密特朗在昔日的凡尔登战场并肩而行，以示和解。第一次世界大战时两国军队曾在这里发生激烈的战斗。

位于斯特拉斯堡的欧洲议会

1987年生效的《单一欧洲法令》中有关于欧共体会旗、会歌、护照和欧洲日等"欧洲符号"的表述。欧洲议会获得了新的授权，拥有了立法的权力。这是一个更具广泛政治责任和社会责任的政治联盟，在大多数领域都采用了少数服从多数原则。这是自1957年以来欧洲跨出的最大一步，而后是1992年签署的《马斯特里赫特条约》。该法令为塑造欧洲一体化拓展了空间和可能性，除了纯粹的经济和政治项目外，还首次制定了试图拉近各国公民距离的法规。终于，活力和热情取代了软弱和惰性。

同市场的白皮书。他共列出310项措施——在1957年签订的《罗马条约》的基础上进行了补充和扩展，旨在刺激欧洲经济发展，希望能够融合国内和国际两个市场，保证商品、资本、人员和服务的自由流通。委员会报告和白皮书的内容最终成为《单一欧洲法令》的基础，在《罗马条约》签署30周年之际，该法案于1987年7月1日正式生效。与之前一样，还必须克服一些困难——丹麦、希腊和意大利花了很长时间才接受这项法案。但

欧洲统一进程

成员资格 →		1973年 丹麦 英国 爱尔兰	1981年 希腊		1986年 葡萄牙 西班牙		1995年 芬兰 奥地利 瑞典	
合约依据及任务 →	欧洲经济共同体 共同市场和关税同盟 共同农业政策 对外贸易政策 欧洲原子能组织	欧洲经济区 内部市场 环境政策 研究和技术政策 区域政策 外交政策 等等	《马斯特里赫特条约》 共同的外交和安全政策 国内政策和法律政策方面的合作 货币联盟 社会政策 等等	《阿姆斯特丹条约》 将社会政策以及部分国内政策和法律政策纳入欧共体条约 稳定与就业一揽子政策 外交政策 等等	《尼斯条约》 尝试使机构适应更大的欧盟（委员会、欧洲议会、理事会的投票分配）	推出欧元现钞 12个参与国
欧洲安全委员会 煤钢政策								
1951年	1957年	1986年	1992年	1997年	2000—2001年	2002年

欧洲的回归、转型与危机　　433

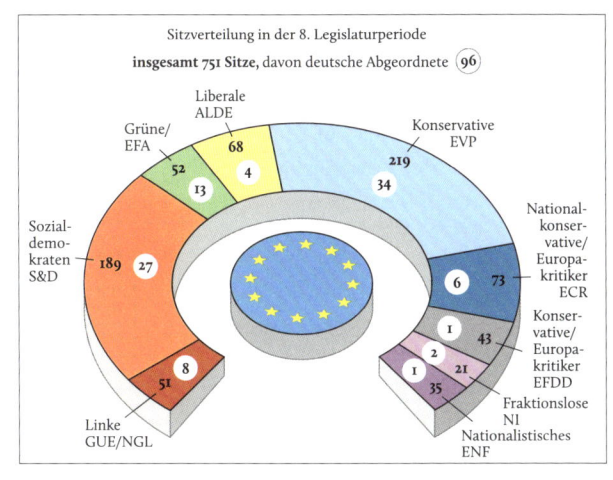

欧洲议会

雅克·德洛尔——"欧洲建筑师"之一

雅克·德洛尔，一名基督徒和坚定的社会主义者，于1985年至1995年担任欧共体委员会主席。他坚定不移地努力推动欧洲一体化，1992年《马斯特里赫特条约》的顺利签订他功不可没。

2002年	哥本哈根峰会 决定2004年增加10个成员国
2004年1月5日	塞浦路斯、捷克、爱沙尼亚、匈牙利、拉脱维亚、立陶宛、马耳他、波兰、斯洛伐克、斯洛文尼亚
2004年10月	在罗马签署新宪法 决定有关土耳其入盟谈判
2005年	与克罗地亚和土耳其展开入盟谈判
2005年3月	法国就欧盟宪法进行公投 反对54.87% 赞同45.13% 选民投票率70%
2005年6月	荷兰就欧盟宪法进行公投 反对61.8% 赞同38.2% 选民投票率62.8%
2007年	罗马尼亚 保加利亚
2007年12月	签署《里斯本条约》 从2014年开始引入双重多数 欧盟议会的更多法规 具有法律约束力的欧盟宪章
2009年1月	《里斯本条约》生效
2012年	欧洲稳定机制 进一步调整经济政策并支持财政薄弱的成员国
2013年	克罗地亚

诺贝尔和平奖获得者、波兰前总统列赫·瓦文萨曾在 20 世纪 80 年代领导团结工会。此人具有非凡的勇气，他和教皇若望·保禄二世以及捷克斯洛伐克前总统瓦茨拉夫·哈维尔均是当时的风云人物。他们三位在东欧和平演变的过程中发挥了重要作用。

这一法案终归是结束了欧洲共同体的永久性危机，使大家终于可以看到开发共同市场和开放内部边界的希望。

东欧剧变

毫无疑问，推动东欧发生革命性改变的最重要的国际政治进程就是苏联的逐步崩溃。1989 年发生的重大转折可以与 1789 年法国大革命的影响相提并论。仅仅几个月之内，看似坚如磐石的权力结构突然像豆腐渣工程一样倒塌。把世界分成两大阵营的标志是柏林勃兰登堡门的关闭，而它的再度开放和柏林墙的倒塌象征着 1989 年的历史转折。冷战期间的两极化全球权力体系已经瓦解，对于欧洲来说，意想不到的改变机会到来了。

除了权力结构的垮台之外，重要人物也对历史进程产生了深远影响——比如米哈伊尔·戈尔巴乔夫。他所坚持的"自由和开放"以及"重塑整个社会"，目的绝对不是摧毁苏联，而是想让其适应新的世界。他试图协调难以相容的东西——比如苏共对权力的垄断与言论自由、计划经济结构与市场经济规律、旧式官员的做派与社会的变化，以及苏联的凝聚力与各成员国的主权平等。想一下子解决这么多的矛盾，就难免力不从心。戈尔巴乔夫最终弄巧成拙，他想坚持民主改革，而这种改革却朝着难以预测的方向发展。最终并未如愿解决矛盾，却使整个东方阵营瞬间瓦解。

东欧各国出现动荡的形式不一，但事实上这些剧变几乎都是在不使用暴力的情况下发生的，这近乎奇迹。在波兰，自 70 年代起反抗的情绪就在酝酿发酵，到 80 年代在团结工会的领导下已经发展成为群众运动。波兰籍教皇若望·保禄二世领导下的天主教会成为抵抗活动的庇护所，从专制到民主能够和平过渡，主要得归功于他。

与波兰一样，匈牙利也是东欧民主化的先驱之一。1989 年 5 月，匈牙利边防部队开始拆除匈奥边境的障碍物和围栏，"铁幕"变得千疮百孔——尤其是对来自民主德国的数万名难民而言。

在捷克斯洛伐克发生的"天鹅绒革命"

周一示威游行

从1989年秋季开始，民主德国公民每周一都在莱比锡市中心进行示威游行，呼吁政府改革、进行自由选举、完善民主制度、要求自由前往西方国家。或许是接到了相关指示，民主德国的安全部队和苏联军队都未对此进行干预。

德国统一之路：民主德国、联邦德国与四大战胜国进行的"2+4"联合谈判

1990年9月12日，六国外长在莫斯科签署了《最终解决德国问题的条约》，对德国统一后对外政策方面进行了具有约束力的规定。三周后，即1990年10月3日，德国正式统一。

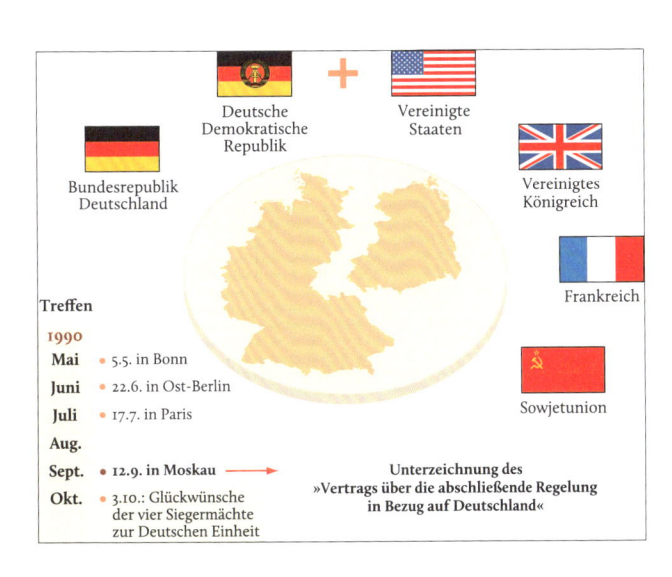

1989 年 11 月 9 日 柏林墙开放

28 年后,柏林墙开放了,落下数十年的铁幕消失了。欧洲又重新燃起希望,东欧和西欧再也不分离。在冷战结束后人们爆发的热情背后,有些国家仍对德国的统一忧心忡忡。

也是在和平的状态下进行的,大规模且持续的群众抗议赶走了不愿改革的共产党领导层。1989 年初被监禁的民权活动家、剧作家瓦茨拉夫·哈维尔于 1989 年 12 月 29 日当选为总统。"天鹅绒革命"的说法最早就是他提出的。从前的反对派很快把持了国家的关键岗位。然而,数年后这个国家就宣告解体,在 1993 年 1 月 1 日分裂为捷克共和国和斯洛伐克共和国。

爱沙尼亚、拉脱维亚和立陶宛这波罗的海三国的情况相对来说就不太妙。它们力求恢复第一次世界大战后的短暂独立,脱离苏联。1989 年 8 月,大约 200 万人手拉手,高唱着爱国歌曲,组成了一堵蔓延数百公里的人墙,横跨塔林、里加和维尔纽斯三地。"歌唱革命"一词因此迅速蹿红。然而抗议活动很快便遭遇挫折。1991 年 1 月,苏联军队介入,出现流血死伤,但最终苏联领导层作出了让步。

在保加利亚和阿尔巴尼亚,动荡持续的时间更长,有一段时间情况非常危急。罗马尼亚国内则出现了一系列血腥暴力事件,幕后黑手是令人生畏的秘密警察。前国家领导人齐奥塞斯库在逃亡时被捕，他和妻子被军事法庭快速审判并定罪，在判决下达的当天——1989年12月25日，被执行死刑。

在不搞结盟政策的南斯拉夫，自1980年铁托去世后，国内局势便动荡不安。较富裕的地区要求更多的自治权，民族和宗教冲突愈演愈烈，巴尔干半岛陷入了多年可怕而残酷的内战。

十多年后，原苏联加盟共和国内又发生了革命性剧变，它们往往以鲜花和颜色命名：2003年格鲁吉亚的"玫瑰革命"、2004年乌克兰的"橙色革命"和2005年吉尔吉斯斯坦的"郁金香革命"。

德国统一

决定性的事件之一便是发生在德国城市莱比锡的周一示威游行，光是1989年10月9日这一天就有15万人走上街头。但如果没有第二次世界大战中四个战胜国的准许，特别是苏联对民主德国的放弃，德意志民族的统一大业也难以实现。

1990年5月5日，在"2+4"谈判框架内的第一次外长会议在德国波恩举行。美国总统乔治·布什和苏联领导人米哈伊尔·戈尔巴乔夫随后也参与了几次首脑峰会。1990年6月7日，华约条约组织宣布东西方意识形态对抗结束。一天后，在英国坦伯利举行的北约外长会议上，北约也向华约国家伸出了"橄榄枝"。7月，北约国家的国家元首和政府首脑发表联合声明，表示冷战已经结束。北约秘书长曼弗雷德·韦尔纳强调，"这场贯穿20世纪的冲突已成为过去，现在我们正从对抗走向合作，前所未有的统一欧洲大陆的机会已经到来。"

1990年7月1日起，民主德国的马克退出流通市场，联邦德国发行的马克成为双方共用的货币。7月23日，民主德国宣布，将于1990年10月3日正式加入德意志联邦共和国。五周后，即1990年8月31日，两德在柏林签署《统一条约》。同时进行的"2+4"谈判于1990年9月12日结束，詹姆斯·贝克、爱德华·谢瓦尔德纳泽、道格拉斯·赫德、罗兰得·杜马斯等四位战胜国的外长和洛塔尔·德梅齐埃、汉斯-迪特里希·根舍两位德国外长在莫斯科签署了《最终解决德国问题条约》。战胜国的权利和责任自此宣告结束，联邦德国拥有对内和对外完全的主权，其边境是"最终"的、不可更改的。一百多年来，困扰欧洲的德国问题终于得到解决。

德国承诺放弃制造和拥有核武器、生物武器以及化学武器，承诺军队人数不超过37万。此外，关于苏联军队撤出德国的方式也以条约的形式作出了规定。1994年8月31日，苏联军队完全撤出德国。德国可以自由选择结盟对象——毫无疑问，这个对象就是北约。在外交政策和国际地位方面，德国的统一是在西方最大限度的条件下完成的，这在20世纪90年代初几乎难以想象。

2. "两个欧洲"的终结与新的世界秩序

德苏伙伴关系条约

1990年11月9日,在柏林墙倒塌仅一年之后,苏联领导人米哈伊尔·戈尔巴乔夫和联邦德国总理赫尔穆特·科尔在波恩签署了一项关于"睦邻友好、伙伴关系与合作"的重大协议。

苏联解体

1990年3月,苏联开始实行总统制,米哈伊尔·戈尔巴乔夫出任第一任总统。他试图通过新的联盟条约拯救这个庞大的帝国。但在1990年的春天,数个结盟共和国提出无论如何都要脱离苏联。戈尔巴乔夫几乎不顾一切地制订一系列新的计划,以维持苏联的原有形式。就在他付诸实施之前,军队中的保守派发动政变,在1991年8月19日将他软禁于克里米亚的度假胜地。

这对1991年6月12日当选为俄罗斯新一任总统的鲍里斯·叶利钦来说是一个大好机会。他冒着生命危险在俄罗斯联邦最高苏维埃所在地"白宫"门前,跳到了"叛乱分子"的装甲车上。政变最终宣告失败,因为苏联的大多数将军拒绝参与这一可能引发内战的冒险行动。戈尔巴乔夫得救了,然而他拯救超级大国的计划却打了水漂。成立于1922年的苏联最终分裂为若干个大大小小的国家,只有俄罗斯维持了原有的规模,占有绝对领先的地位。

代替苏联的是1991年12月成立的独立国家联合体,由俄罗斯、白俄罗斯和乌克兰三国元首共同创立。独联体成立四天后,戈尔巴乔夫宣布辞去苏联总统的职务,存在了69年的苏联于1991年12月26日寿终正寝。1992年,另外8个已独立的前苏联加盟国家加入独联体,一年之后格鲁吉亚也宣布加入。但独联体从未发挥出真正的政治影响力。

俄罗斯是否属于欧洲?在这个问题上,俄罗斯内外很快就出现了相左的看法。戴高乐在60年代谈到对欧洲的看法时称,欧洲是从大西洋沿岸延伸到乌拉尔山的这片地区。米哈伊尔·戈尔巴乔夫在80年代末大肆宣扬要建立"共同的欧洲家园",而鲍里斯·叶利钦则想将俄罗斯"带回欧洲"。一切仍然悬而未决，但至少在叶利钦当政时期，俄罗斯与欧洲的关系是相对稳定的，俄罗斯接受了普世价值观，并以尽可能紧密地融入欧洲为目标。自1996年以来，俄罗斯一直是欧洲委员会的成员。

随着弗拉基米尔·普京轮换担任总统和总理，俄罗斯和欧洲的关系发生了变化。俄罗斯是一个拥有亚洲领土的欧洲大国吗？它能够和欧洲国家形成战略伙伴关系吗？无论如何，欧盟正式成员的资格对俄罗斯来说是越来越遥远。相反，自我提升和自我孤立齐头并进，这位新的领导人让俄罗斯以大国的姿态出现在世人面前。正如他的幕僚长在2007年所言，普京坚持了俄罗斯的独特性，"俄罗斯不属于欧洲，不属于亚洲，也不是欧亚大陆，它就是俄罗斯"。

欧洲该如何应对？

政治地震的出现是没有预告的。在20世纪80年代末，欧共体正忙于完善内部市场以及为经济和货币联盟做准备。随着柏林墙的倒塌，世界政治局势发生了根本性变化。自下而上的革命与世界性的变革结合在一起，出现了前所未有的局面。不管从短期、中期还是长期来看，东方阵营的解体给欧洲共同体带来了全新的任务和前所未有的复杂情况，却没有任何先例可循。随着德国的统一，欧共体首次面临着将其影响范围扩大到前社会主义国家的任务。在尽可能短的时间内完成的德国统一，以及对东中欧国家的谨慎接纳，为深化共同体合作提供了强大动力。

欧洲面临着重塑大陆统一的意外机会，这似乎是整个欧洲的回归。使新成立的国家更靠近共同体的任务无疑要落到欧安会和欧洲委员会的肩上。尤其是几十年来一直处于阴影之中的欧洲委员会，突然间一下子成了焦点，有利于发挥其最大优势。不属于欧共体的国家也可以加入其中，此外它还提供了一个可以协调欧洲法律、发挥欧洲政治实践和政治机制的论坛。这对于东欧各国向民主体制过渡非常重要。而欧安会的主要工作就是在冷战结束后为欧洲建立起一个新的安全结构。

欧共体内部也对变化作出了反应，它提出了援助方案，例如针对波兰和匈牙利的"法尔计划"，后来将援助对象扩展到所有潜在候选国和波罗的海国家。但支持是有条件的，东欧国家在人权、民主化和自由化领域取得的进展是衡量是否对其进行下一步援助的标准。

如今我们知道，欧盟已经成为维持东中欧稳定的中流砥柱，它发挥的作用比之前预想的要大得多。但当时在重新统一的德国的成员资格问题上，必须找到能让所有成员获得安全感的解决方案。尤其是西欧国家——如英国、意大利以及法国——对是否容忍欧洲中部出现一个强大德国持保留态度。德国变得越来越强，欧盟应该拽紧驯服的缰绳。英国首相玛格丽特·撒切尔就提醒大家要警惕"日耳曼霸权"。但大多数欧洲国家并不这样想，它们仍沉浸在获得自由的胜利中。

德法两国在1990年的春天提出了建立欧洲联盟的倡议，这对各伙伴国家而言是一个强有力的信号，这意味着新建立的联邦德国不仅牢牢地扎根于西方，而更进一步希望深化、扩大和永久加强欧洲一体化。这令人们的畏惧化为新的勇气，1990年4月28日在都柏林召开的欧洲委员会对德国的态度表示赞赏，认为这是整个欧洲统一进程的"积极因素"。

此后一段时间内，法国敦促尽快实现货币联盟，而联邦德国追求的则是先实现政治联盟。英国再次对双方的意图持怀疑态度，并在国内通过一项特别投票，表态不会参加货币联盟。规模较小或经济实力较弱的成员国则采取了巧妙的行动——在获得将对它们提供结构性援助的具体承诺后表示同意。

这个新的欧洲体制该如何构建，各方意见不一。在卢森堡担任欧洲委员会轮值主席国期间"三大支柱"的说法被提了出来，该说法将超国家和政府间元素结合在一起。第一个支柱是委员会的职权，即按超国家的形式组织起来；第二个支柱是共同外交和安全政策；第三个支柱是刑事领域警务与司法合作——第二个和第三个支柱就属于各国政府的职责范畴。

马斯特里赫特小镇已成为20世纪50年代以来欧洲最大变化的代名词。1991年12月，欧共体首脑会议在那里举行，与会各国草签了一项条约，并在1992年2月7日交由各国外交部长正式签署。《马斯特里赫特条约》（又称《欧洲联盟条约》）的签订是一个巨大的飞跃。条约中规定最迟在1999年建立货币联盟，规划了共同外交和安全政策以及警务与司法合作，将许多新职责转移到欧盟范围内，并加强了欧盟机构的民主立法权限。

在合约签订时，舆论一片向好。政府首脑们都认为该条约在各自国内获得批准不会有什么问题。但丹麦的公投结果却向条约说"不"，这就像一个晴天霹雳。

这场消极的公投结果成为德国、英国和法国内部对抗情绪的导火索，出现了一个广泛的反马斯特里赫特阵营。包含着民粹主义的失实言论袭向欧共体，出现了自50年代欧洲防务共同体失败以来从未有过的大危机。不仅是条约本身处于风口浪尖，而是人们开始犹豫欧洲作为一个整体要不要再进一步融合下去。

欧洲政治现状再一次明确表明，在具体实施的过程中，没有什么是绝对确定的——巨大的飞跃有可能变成败笔。1992年9月20日法国就《马斯特里赫特条约》进行全民公投，总统弗朗索瓦·密特朗原本希望借利好结果去平息这场讨论，却仅凭51%的赞成票勉强通过，未能克服信任危机。在英国，政府面临分裂的威胁，最终执政党靠着高超的辩论技巧和对国会议员施压，才在1993年批准该条约。在德国，也得先拿到宪法法院的判决才能在议会机构讨论该条约。1993年11月1日《马斯特里赫特条约》终于生效，欧洲联盟宣告成立。但无论是东西方阵营结束冲突时的欣喜若狂，还是在90年代对各方面深入一体化的热情，此刻全都烟消云散。现实已经到来了——对欧洲和平重组的共同承诺与基于国家特殊利益的自私自利之间，斗得不可开交。

欧盟东扩

1991年至1996年期间，欧共体（以及后来的欧盟）与希望加入的10个前东欧社会主义阵营国家——波兰、匈牙利、捷克、斯洛伐克、保加利亚、罗马尼亚、爱沙尼亚、拉脱维亚、斯洛文尼亚和立陶宛，分别签订了协议，这些协议中包含以后要加入欧盟的内容。在1993年6月的哥本哈根峰会上，国家元首和政府首脑共同制定了加盟条件，只要这些年轻的民主国家有能力履行会员义务，就可以考虑将它们纳入欧盟。未来成员国在启动入盟谈判之前必须满足以下标准：

"拥有成员国资格的先决条件是候选国必须政治体制稳定，实行民主和法治，尊重和保护人权，保障少数群体的利益。还需要有一个运作良好的市场经济环境，可以应对来自欧盟内部的竞争和国际市场的压力。候选国必须有能力承担成员国的义务，愿意加入政治联盟以及经济和货币联盟。"

前面提到的10个东欧国家都在两年内申请成为正式会员国。土耳其早在1987年就提交了申请，马耳他和塞浦路斯在1990年提交了申请。欧盟委员会分别在1997年和1999年审核了它们的资质，认为除土耳其外的所有国家都满足了"哥本哈根标准"。鉴于土耳其不能满足政治条件，只给了它候选国的身份。2004年4月16日，爱沙尼亚、拉脱维亚、立陶宛、马耳他、波兰、斯洛伐克、斯洛文尼亚、捷克、匈牙利和塞浦路斯等国在雅典签署加入欧盟条约，并于2004年5月1日正式加入欧盟，欧盟成员国的数量一举从15个增至25个。2007年1月1日，罗马尼亚和保加利亚加入；2013年7月1日，克罗地亚加入。截至2013年底，欧盟拥有28个成员国，总人口约5.12亿，总面积达到440万平方公里，扩张面积超过三分之一，这些都是在很短的时间内实现的。

迅速的扩张带来了一系列问题，这并不令人感到惊讶。甚至在前社会主义阵营国家加入之前，欧盟内部针对此事进行的辩论中就表现出了怀疑的态度。南欧一些经济结构较弱的国家担心会在结构性援助方面与新成员国展开激烈的竞争。还有一些国家认为，欧盟同时接纳这么多新成员会影响到本身的行动力。此外，欧盟内部各国的经济发展水平不同、繁荣差距日益扩大也是不争的事实。但人们对统一的、自由的和民主的欧洲的向往盖过了对这些问题的担忧。

欧盟的贡献国与受援国

2015年的净会费（单位：百万欧元）

贡献国		受援国	
德国	4307	马耳他	32
英国	11521	克罗地亚	227
法国	5523	爱沙尼亚	243
荷兰	3695	爱尔兰	349
意大利	2639	立陶宛	540
瑞典	2200	斯洛文尼亚	579
比利时	1388	拉脱维亚	759
奥地利	851	葡萄牙	981
丹麦	790	保加利亚	2279
芬兰	488	斯洛伐克	3095
卢森堡	94	西班牙	4527
塞浦路斯	23	匈牙利	4637
		希腊	4934
		罗马尼亚	5155
		捷克	5699
		波兰	9483

有吸引力的欧盟

1958 年的六个创始国
比利时
德国
法国
意大利
卢森堡
荷兰

1973 年加入
丹麦
英国
爱尔兰

1981 年加入
希腊

1986 年加入
葡萄牙
西班牙

1995 年加入
芬兰
奥地利
瑞典

2004 年加入
爱沙尼亚
拉脱维亚
立陶宛
马耳他
波兰
斯洛伐克
斯洛文尼亚
捷克共和国
匈牙利
塞浦路斯

2007 年加入
保加利亚
罗马尼亚

2013 年加入
克罗地亚

待加入的候选国：
马其顿
黑山
土耳其
塞尔维亚
阿尔巴尼亚
波斯尼亚和黑塞哥维那

计划 2019 年脱离

截至 2018 年 6 月

欧盟的起源可以追溯到半个多世纪以前。欧洲煤钢共同体在 1951 年成立，成员国有联邦德国、法国、意大利、比利时、荷兰和卢森堡。这六个国家于 1957 年 3 月 25 日签署《罗马条约》，共同成立了欧洲经济共同体。

必须始终将希望放在首位，然后再去讨论一切是如何变得越来越复杂的。迄今为止，欧盟的每一次扩大都在推动欧洲前进，同时又遭遇新的问题。东扩使欧盟发生了深刻的变化，不仅官方语言的数量变多了，伙伴国之间巨大的结构性不平等所带来的各种问题和挑战也大大增加了。除此之外，围绕如何顾全更广泛国家的特殊利益也会发生激烈的争论，其直接体现就是各机构中选票的分配。

无国界的欧洲还是"欧洲堡垒"？

1985 年 6 月 14 日，联邦德国、法国、荷兰、比利时和卢森堡在卢森堡边境小镇申根签署了《关于逐步取消共同边界检查的协定》，又称《申根协定》。根据该协定，五国将逐步取消对共同边界的管制，以便为欧盟公民提供更多的行动自由。但它没有包含任何具体的执行方案。1990 年 6 月出台的《申根实施协议》(又称《申根 II》)才对此进行了完善。但法国和德国一直在拖延执行日期，直到西班牙和葡萄牙加入，该协定才于 1995 年 3 月起正式生效。意大利和奥地利两国也在 1997 年宣布加入该协定。

这个协定到底存在什么隐患呢？除了要求拆除申根区的内部边界外，《申根协定》还包括所谓的"补偿措施"，以保护共同的欧洲外部边界。1997 年，《申根协定》与《阿姆斯特丹条约》合并，成为欧盟的正式文件之一。这就意味着，所有新加入的欧盟成员国迟早都会成为申根区的一部分，只有英国和爱尔兰例外。它们是欧盟成员国，可以共享申根地区的出入境信息系统，但仍保留自己的边境管制。2001 年，《申根协定》在北欧国家生效，其中包括挪威和冰岛这两个非欧盟成员国。2007 年 12 月，欧盟东扩三年后，爱沙尼亚、拉脱维亚、立陶宛、马耳他、波兰、斯洛伐克、斯洛文尼亚、捷克和匈牙利也成为申根国。2008 年又加上了瑞士。保加利亚计划在 2011 年加入该协定。现在问题就很明显了："欧洲无国界"仅指欧盟内部区域，但是外部边界呢？从这点看，欧洲大陆只是将自

欧洲的回归、转型与危机　443

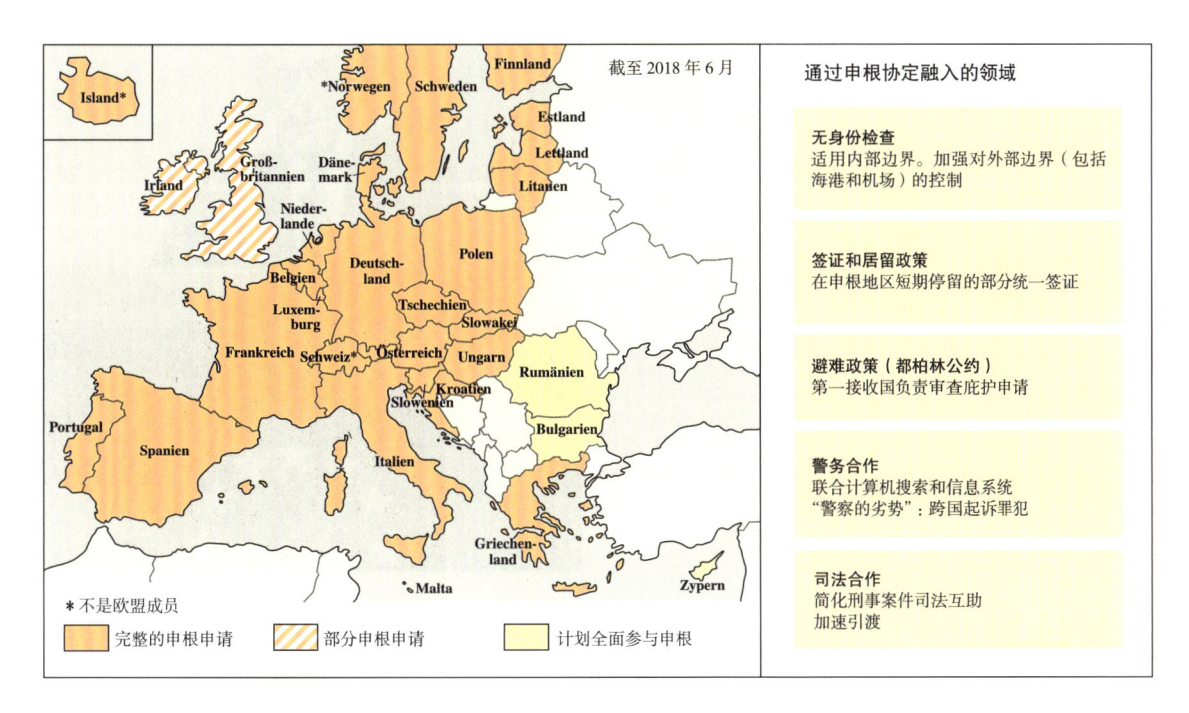

通过申根协定融入的领域
无身份检查 适用内部边界。加强对外部边界（包括海港和机场）的控制
签证和居留政策 在申根地区短期停留的部分统一签证
避难政策（都柏林公约） 第一接收国负责审查庇护申请
警务合作 联合计算机搜索和信息系统 "警察的劣势"：跨国起诉罪犯
司法合作 简化刑事案件司法互助 加速引渡

截至 2018 年 6 月

* 不是欧盟成员

■ 完整的申根申请　▨ 部分申根申请　□ 计划全面参与申根

欧洲无国界
在申根地区自由旅行

已封闭在一个堡垒之内。

在申根区向东扩展的准备阶段，2005 年欧盟边境管理局于华沙成立。《都柏林公约》（2003）和《普吕姆条约》（2005）的相继签订进一步规范了避难的流程以及有关"打击恐怖主义、跨境犯罪和非法移民"的规则。这些补充措施允许在申根区的外部边界实施统一的出入境控制程序，例如在欧洲范围内对难民采取指纹识别措施。

从欧洲以外的角度来看，申根国已经成为全世界移民的首选目的地。由于控制入境的限制措施越来越严格，人们很难拿到签证。

《申根协定》是"多速欧洲"的早期范例，其规定只能在会员国中逐步开始实施。它牵扯到国家主权的核心领域（边境控制、暴力机关、移民监管），因此难以一蹴而就。如果内部安全受到威胁，也允许各国暂时管控其边界，例如在 2006 年德国举办世界杯期间，或者遭遇恐怖袭击之后。

共同的外交和安全政策

欧洲经历了高速发展，一切都在很短的时间内发生变化。各国在 1996 年审议了《马斯特里赫特条约》的可行性，接着又在 1997 年通过了《阿姆斯特丹条约》（1999 年生效），在 2000 年通过了《尼斯条约》，这一系列条约都旨在改革欧盟机构，为即将到来的东扩做好准备。这些条约也涉及到共同的外交和安全政策领域。《马斯特里赫特条约》中欧盟"第二支柱"其职权范围（即外交领域的合作和共同

《欧盟宪法条约》的草案出台

图为 2003 年 7 月 10 日欧洲制宪委员会主席瓦莱里·吉斯卡尔·德斯坦在布鲁塞尔举行的新闻发布会上。2003 年 10 月,欧盟国家元首和政府首脑将开始对条约进行审议,他们有最终决定权。

2017 年(首次寻求避难者)		每 100 万居民
德国	198 255	2402
意大利	126 550	2089
法国	91 070	1359
希腊	57 020	5295
英国	33 310	506
西班牙	30 445	654
瑞典	22 190	2220
奥地利	22 160	2526
荷兰	16 090	942
比利时	14 035	1237
罗马尼亚	4700	239
塞浦路斯	4475	5235
芬兰	4325	786
保加利亚	3470	489
丹麦	3125	544
匈牙利	3115	318
波兰	3005	79
爱尔兰	2910	609
卢森堡	2320	3931
马耳他	1610	3502
斯洛文尼亚	1435	696
捷克	1140	108
葡萄牙	1015	98
克罗地亚	880	212
立陶宛	520	183
拉脱维亚	355	182
爱沙尼亚	180	138
斯洛伐克	150	27

前往欧洲的避难者

2017 年约有 65 万难民因在家乡受到战争和专制政权威胁而逃往欧洲。

北欧

经济增长百分比
- 2015: +3.8
- 2016: +2.5
- 2017: +3.5

物价上涨百分比
- 2015: +0.1
- 2016: +0.3
- 2017: +1.9

失业率(%)
- 2015: 7.6
- 2016: 6.9
- 2017: 6.1

南欧

经济增长百分比
- 2015: +2.9
- 2016: +2.7
- 2017: +3.4

物价上涨百分比
- 2015: −0.4
- 2016: −0.2
- 2017: +1.3

失业率(%)
- 2015: 14.0
- 2016: 12.5
- 2017: 10.9

欧洲经济正以两种速度发展

2015 年至 2017 年,北欧国家的平均经济增长率为 3.3%,而新加入的南欧九国的平均增长率为 3%。此外,南欧国家中超过 10% 的劳动力没有工作,物价水平在三年中有两年呈下降趋势,与北欧国家相比有很大的上升空间。

重建阿富汗是一项漫长而艰巨的任务

图为2002年1月阿富汗妇女在喀布尔西部战争留下的废墟边行走。重建阿富汗需要一项复杂而全面的计划，新建或恢复基础设施必不可少，与此同时，还要担心死灰复燃的塔利班武装组织。

欧盟负责外交和安全政策的高级代表阿什顿男爵夫人

共同外交与安全政策高级代表和对外关系专员这两个职位于2009年合并，称"欧盟外交与安全政策高级代表"，即所谓的"欧盟外长"。第一任是英国人凯瑟琳·玛格丽特·阿什顿。

的安全政策，努力确保和平、人权、民主和对第三国的援助）的扩大已经势在必行。

1997年通过的《阿姆斯特丹条约》中就对此进行了详细规定，包括采取必要措施创造和维护和平。欧盟还设立了"共同外交与安全政策高级代表"一职，由当过北约秘书长的西班牙人哈维尔·索拉纳出任，他在这个职位上工作了十年之久。索拉纳在外交界拥有出色的人脉，是一位优秀的谈判专家，他迅速赋予了这个新职位巨大的国际影响力。这无疑是欧洲之幸。

1998年，在法国圣马洛举行的欧盟领

导人峰会上，法国总统雅克·希拉克和英国首相托尼·布莱尔共同宣布，未来除了在外交政策上合作之外，欧盟还希望在国防领域携手并进（即采取统一的欧洲安全与国防政策）。这两个领域最终在 2009 年通过《里斯本条约》合并起来，统称为"共同安全和国防政策"。

在签订《里斯本条约》之前，欧洲已经通过了类似的共同安全和国防政策，以增强在世界上的影响力。北约本不应该参与竞争，鉴于其技术和人员实力也难以阻止。但欧洲各国在这方面的合作变得更加密集，另一方面也加强了北约的欧洲支柱。欧盟麾下的部队遍布世界各地，如巴尔干半岛、格鲁吉亚、印度尼西亚和刚果等。这表明，欧洲再次成为世界舞台上的主角之一。

融合和解体像孪生姐妹一样总爱同时出现，名誉和耻辱似乎是欧洲身上永久性的标签。在深化合作的同时，也屡屡出现因个别国家拒绝按计划走既定的道路而导致整个项目面临破产的情况。《申根协定》已经在这方面进行了特殊规定，2002 年引入的欧元也没有被所有成员国采用。因此，《阿姆斯特丹条约》中首次引入了以主要法律为基础的灵活性措施，未来允许各成员国以不同的节奏深化合作。就像后来的事实所证明的，这才是一条康庄大道。《里斯本条约》中还包括退出欧盟的规定，这一条款之前并没有什么存在感，但随着 2016 年英国进行脱欧公投，它变得知名起来。

新规定使雄心勃勃的一体化项目继续向前推进，不必担心会因某个成员国的投票否决而宣告失败。他们有权选择是否支持该项目，而不必强行通过。另一方面，此举可能加剧欧洲发展的不平衡。特别是经济实力较弱的成员国就表示担心大国会联合起来冲自己发号施令。在东扩和严重的金融危机后，欧盟内部就已出现的明显结构性差异，这将会在政治层面上更为凸显。

3. 流动的文化和新的时代精神

2001年第54届戛纳电影节

新的中心

20世纪80年代中期,欧洲不仅在经济方面恢复繁荣,在艺术和文化领域也人才辈出。欧洲艺术家,尤其是德国和意大利出身的艺术家,已经走出了美国同行的阴影。绘画和雕塑中的具象回归,文学和电影则偏重史诗叙事。流行音乐拥有了民族特色,例如

"新德国之声"。长期以来一直被现代化进程边缘化的"崇高"美学又回来了,例如视觉艺术家奥拉维尔·埃利亚松在后现代建筑上打造的宏大的灯光造型艺术。冷战越接近尾声,西方对社会主义阵营艺术家的"兴趣"就越高涨,来自东欧的新的、未知的、具有异国风情的东西吸引了来自世界各地的人。1989年之后,艺术和文化中一扫世纪末的萎靡,占主导地位的是乐观向上的情绪。

通往新公民社会的道路摆脱了旧政权的所有自命不凡,开启了欧洲生活方式多元化的时代。不过有一段相当长的时期,东欧在模仿西欧早已司空见惯的生活方式,也出现了"消费美国化"。当年难以满足的旧愿望以及新出现的愿望,现在都有机会实现。90年代在欧洲青年中盛行的嘻哈文化就是在美国模式与地区传统的相互作用下形成并发展起来的。

文化界线发生了变化,新的文化中心在以前所谓的边缘地区出现。布拉格再次受到青睐,连美国的年轻人都为那里的音乐节着迷。柏林很快凭借高品质的视觉艺术展览和音乐盛会取代了马德里,成为世界上最令人兴奋的城市之一。这表明欧洲在前进,它在世界上的文化意义正在变大变强。

新的恐惧和不安情绪也在暗处滋生。与

国家、宗教和家庭相关的旧价值观重新焕发生机。但种族主义也再次露出令人厌恶的鬼脸。在许多国家中都发生了一场新旧文化之战。战后的神话破灭，东中欧国家重新发现了它们的民族历史。苏联这个"造梦大师"如雪片一样融化，模糊的历史事件真相逐渐浮出水面，如《苏德互不侵犯条约》的实际意义，以及对卡廷惨案或斯大林主义迫害的揭露。人们开始思索：在后独裁时代，当所谓的悲情、英雄主义或是崇高形象不再有用时，历史会以什么形象示人？

不同的记忆文化

欧洲各国有着不同的记忆和不同的文化，自1989年以来，关于各自国家历史禁忌的讨论逐步开始了，与此同时，人们也对欧洲大和解时所使用的"咒语"提出了质疑。东西欧之间长达数十年的意识形态斗争虽然已不复存在，但此后欧洲自我概念的精神基础又到底在哪儿？在1989年之前的东西欧冲突期间，欧洲作为一个文化空间、一个交流空间和一个命运共同体被撕裂。现在则要把碎片弥合在一起，这是一项极其艰巨的任务。

欧洲统一了，但过去留下的创伤仍然在流血。波兰和德国就1944年至1945年间发生的逃亡与驱逐争吵不休。波兰指责德国建立"反驱逐中心"的做法是妄图歪曲第二次世界大战的历史。因而许多波兰人认为，在历史问题上他们必须采取一致的态度以捍卫自身的权利。双方争执不下的焦点之一便是：纳粹思想是1945年后德国人逃离与被驱逐的原因，还只是一个"借口"而已？所谓的借口一说，指的是波兰人利用它实现了驱逐德国人的愿望，而德国人则从加害者变成了受害者。当经历过第二次世界大战的一代人去世后，历史将会被怎样书写？柏林有一个大屠杀纪念馆，但是纳粹分子却以匿名形式出现在那里；在反驱逐中心内部，波兰人则被形容成罪犯。第二次世界大战留下了两名受害者——犹太人和德国人。

欧洲人坚持认为清算旧账应该是一项义务，但各个国家的做法仍有很大不同。后革命时代的欧洲拥有一条记忆文化的分水岭，与之相连的便是德国。对于老牌西欧国家来说，关于大屠杀的回忆逐渐变成某种"欧洲重生"的神话；而对于新的欧盟成员国来说，苏联的暴政依然刻骨铭心。第二次世界大战造成的后果就是欧洲仍然分为西欧和东欧，是否将其作为欧洲人的共同回忆之一，似乎还有待商榷。

欧洲身份

但欧洲国家在文化上的融合速度比许多人想象的要快，这要归功于文化领域中得到广泛应用的新型信息和通信技术。传统艺术似乎属于过去的20世纪，数字化和互联网成为新的文化载体，多媒体、庆典活动和电脑游戏纷纷成为主流文化形式。创立于1956年的欧洲电视歌唱大赛就是一个很好的例子，展示了欧洲在新世纪的文化特点，既有全欧化又有民族化——在为歌曲投票的时候，西欧并没有形成意见一致的空间；但在东欧就出现了全国上下一致的投票结果，展现了超越音乐标准的民族联系。

凸显欧洲身份的一个重要政治工具是"欧洲文化之城"（1985—1989）和"欧洲文化之都"的称号。欧洲文化之都的评选由希腊文化部长梅丽娜·默库里于1985年倡议启动，自1999年起每年选出欧盟的一两个城市授予该荣誉称号。1999年是德国魏玛，2001年是葡萄牙波尔图和荷兰鹿特丹，2002年是西班牙萨拉曼卡和比利时布鲁日，2003年是奥地利格拉茨，2005年是爱尔兰科克，2006年是希腊帕特雷，自2007年起扩大到两到三个城市。这并不是一个形式化的评选，而是一个城市文化投资项目，与之相关的活动贯穿整年度，适合所有阶层。文化之都的称号具有非凡的魅力和潜力。2010年，德国的鲁尔地区、匈牙利的佩奇与土耳其的伊斯坦布尔共同成为欧洲文化之都，这三地迅速成为全世界艺术家趋之若鹜的地方。2011年，爱沙尼亚的首都塔林和芬兰的图尔库共享文化之都的称号；2017年获得该荣誉的则是丹麦的奥胡斯和塞浦路斯的帕福斯。如今文化之都的评选已成为最受欢迎的欧洲文化活动之一，甚至引起拉丁美洲和阿拉伯世界的效仿。

自20世纪90年代以来，欧洲的教育领域也发生了根本性的变化——工作形式的变化、人口结构的变化，以及教育趋势的转变，推动了该领域统一标准的确立。1999年6月19日，来自29个欧洲国家的教育部长签署了《博洛尼亚宣言》，为到2010年实现统一的欧洲高等教育体系制定了指导方针，主要目标是实现大学学制的统一。但也有反对的声音出现，因为这是自上而下规定的，并没有听取学生的意见。而且各国政府往往从本国的实际需要出发，并不总是按欧盟的指导方针来改善教育条件。

4. 欧洲内外的新战争

1989年的天翻地覆之后，和平的"黄金时代"却并未到来。值得深思的是，战争被赋予了新的含义，包括在欧洲发生的那些也是。自1991年以来，摇摇欲坠的南斯拉夫爆发了血腥冲突，原来苏联的边缘地区也发生了战争，多个国家遭遇了前所未有的恐怖袭击。在许多观察家看来，2001年发生的针对纽约世贸中心的恐怖袭击标志着一个新时代的开始。因此，我们必须从这儿讲起。

9·11恐怖袭击事件

2001年9月11日遭受恐怖袭击的双子塔被称为"工业文明的珍珠港"，不仅是受害者的数量令人触目惊心，这种毫无人性的自杀式袭击居然在美国本土顺利实现了——美国本土之前从未遭受过来自国外的攻击，因而被定义为对整个北约的挑衅。

阿富汗被认为是恐怖组织"基地"的大本营。这个位于兴都库什山脉的国家，自最后一批苏联驻军在1989年2月15日撤出后，就一直没有消停过。在美国的支持下，塔利班赢得内战，于1996年9月夺取政权。美国认为"9·11事件"的主谋是基地组织的领导人奥萨马·本·拉登，但此人行踪诡秘，遍寻不得。在"9·11事件"发生仅四周后，美英联军就开始对阿富汗实施空袭，随后动用了地面部队。战争很快就结束了，但随之而来的是塔利班与占领军和阿富汗新政府之间长期的游击战。国际安全援助部队被派驻到该地区维护治安，有32个欧洲国家派兵参加，其中也有非欧盟成员国。

纽约世贸中心遭袭

2001年9月11日，在18分钟内，两架被恐怖分子劫持的客机撞向纽约世贸中心"双子塔"，造成3000多人遇难。五角大楼也是袭击目标之一。北约成立52年以来首次遭受如此赤裸裸的挑衅。

欧洲的回归、转型与危机　451

国际恐怖主义的主谋之一奥萨马·本·拉登

美国特工部门一直怀疑他藏匿在巴基斯坦的山区，但始终无法得到他的确切行踪。2011年5月1日，他在伊斯兰堡附近的阿伯塔巴德被美国特种部队击毙。

西班牙和英国接连发生恐怖袭击，警戒级别升至最高级

2004年3月11日，马德里市郊列车上发生了连环爆炸案。2005年7月7日，伦敦的地铁和巴士也遭遇了恐怖分子的自杀式袭击。2005年3月，一个中央数据库被建了起来，上面登记了与恐怖组织有联系的人，国际间反恐合作逐步开启。

"9·11事件"也为欧盟敲响了警钟。袭击发生几天后的2001年9月21日，欧盟成员国的国家元首和政府首脑会聚布鲁塞尔开会，会上发表声明称打击恐怖主义"比以往任何时候都更成为欧洲联盟的优先目标"。当天通过的行动计划以国内政策和跨国司法合作为重点，向国内民众和国际社会展示了坚决的反恐决心。

这份反恐行动计划主要分为四部分。首先是预防——要及时采取措施，防止公民倒向恐怖主义。重点是防止滥用互联网，打击煽动情绪和为恐怖组织招募成员的行为。其次是保护——要保护公民和基础设施免受攻击，减少伤亡。优先考虑在身份证件中加入生物识别数据，改进信息系统，有效保护欧盟的外部边界。再次是追踪——可跨国界对恐怖分子实施追踪，重点加强各成员国政府充分利用欧洲刑警组织及欧洲司法组织的权利，拓展司法裁决的互认范围。最后是应对——通过反恐合作，提高应对恐怖袭击的能力。在这之前，欧洲各国情报机构之间的合作是不可想象的。

在遭受恐怖威胁时，欧盟终于得以在一个以前被认为是民族国家专属的领域内展开了工作。尽管采取了一系列措施，但很明显，如果文明世界想要在打击恐怖主义活动中获胜，就得遵守全人类的基本价值观——对尊严和自由的承诺，就是现代法制国家与极权意识形态的区别。

1994—1996年的第一次车臣战争和

车臣战争

图为1995年1月上旬,俄罗斯武装部队在被摧毁的格罗兹尼市中行进。1996年3月31日,叶利钦总统在莫斯科宣布俄军在车臣的所有军事行动结束。然而,1999年冲突再次爆发,第二次车臣战争开启,战斗一直持续到2009年。

1999—2009年第二次车臣战争,严重影响了俄罗斯在伊斯兰世界的形象。在冲突伊始,车臣分离主义者还没有过多依仗伊斯兰教徒的身份。俄罗斯担心车臣的分裂主义会蔓延到其他地区,当时就有人认为整个国家的命运走向可能与镇压车臣叛军的结果相关。俄罗斯以领土完整受到威胁为由打响了始于1994年12月的第一场战争,当时有将近2.4万名俄罗斯士兵被派往车臣,力求速战速决。但到月底,俄军在格罗兹尼受阻,在经历了极为惨烈的战斗后才拿下这座城市,那里几乎已被战火夷为平地。战争一直持续到1996年才告结束,但车臣的国家机关在那之后也并没有恢复正常运作。1998年春,当地形色色的武装团体就多达19个,彼此关系错综复杂。在第二次车臣战争中,俄罗斯足足出动了10万多名士兵。2009年以后,那儿就不再有战争了,但也谈不上和平。

"9·11事件"发生后,俄罗斯政府强调这属于国际恐怖主义,并自认为是站在打击这一全球威胁的前线。车臣武装分子与国际恐怖主义之间的关系被凸显出来,但同时也模糊了造成冲突的内部政治根源以及由此引发的民族和领土问题。车臣战争是冷战结束之后在世界许多地区爆发的一种独特的军事冲突典型,可称为"小型战争"或"新型战争",主要特点是缺乏传统的前线和腹地,战斗人员与非战斗人员之间的界限模糊。

巴尔干半岛上的战争

南斯拉夫社会主义联邦共和国的解体给1989年的转折蒙上了阴影，也引发了这样一个问题："多民族文化社会"必然要走向解体吗？有国际影响力的美国记者罗伯特·D.卡普兰就是持肯定观点的代表人物。他认为，主体民族与少数民族之间的"古老仇恨"摧毁了这个国家，种族仇恨就是所谓的"巴尔干幽灵"。但这个幽灵并不是造成国家分裂的唯一原因，贫困、不稳定和难以抑制的恐慌情绪都起到了推波助澜的作用。更进一步也可以说，民族关系紧张是南斯拉夫出现国家危机和解体的结果，而不是原因。但是牺牲者的"神话"和关于战争的记忆——尤其是对第二次世界大战的回忆，以及塞尔维亚方面对1389年科索沃战役的解释和斯洛博丹·米洛舍维奇在1989年6月28日于"黑鸟之乡"科索沃进行的演讲等内容主导了公众的认知，正好与这一解释模式相反。

1990年至1991年在南斯拉夫发生的灾难，导致了第二次世界大战结束后欧洲领土上爆发的首场军事冲突。冲突的主要根源之一是民族主义和联邦制之间悬而未决的关系。而且该地区长期处于经济衰退之中，1985年国民的实际收入与6年前相比下降了27%，各地区之间贫富差异也很大。此外，自从1980年铁托去世后，任何民族都不再尊重中央政府的权威，要求改革的呼声越来越高，特别是在斯洛文尼亚和克罗地亚。到了20世纪80年代末，中央政府几乎没有多大的影响力了。斯洛文尼亚是第一个脱离南联盟宣布独立的国家，各加盟共和国紧随其后。新的民族主义扩大到全国各地，导致种族对立逐渐极端化和政治化，国家机构几乎完全陷入瘫痪。对立各方通过电视和广播不遗余力地散播仇恨，唤起了恐惧，也突破了道德界限。

因为南斯拉夫的地缘战略重要性在东西方冲突结束后已经减弱，此时不断升级的暴力冲突令国际社会措手不及。欧洲政界人士正专注于看似更为紧迫的任务，比如筹备马斯特里赫特会议、应对海湾危机和苏联解体的后果。迫于德国的压力，欧洲各国外长于1992年1月宣布承认斯洛文尼亚和克罗地亚独立。但南斯拉夫危机的国际化并没有带来人们所希望的和平，相反，却达到了火上浇油的效果。许多准军事团体与正规武装部队展开战斗，兵民不分。

波斯尼亚和黑塞哥维那社会主义共和国（波黑）的领土位于克罗地亚和塞尔维亚之间，势必受到这两个邻国的影响。波黑于1992年春天宣布独立，在这之前，克罗地亚人、塞尔维亚人和波斯尼亚人聚居在这片土地上，彼此之间维持着一种脆弱的平衡。后来塞尔维亚人宣布成立"波黑塞尔维亚共和国"，一场血腥的内战就此拉开了帷幕。无论是国际威胁还是被派驻当地的联合国蓝盔部队都无法制止这场战争，1995年7月发生的斯雷布雷尼察大屠杀是第二次世界大战以来欧洲大地上出现的最残酷的暴行。美国最终打着北约的旗号实施了空袭，在外来军事干预下塞尔维亚部队被迫撤退。

波黑战争持续了三年半。战争结束的标志是1995年11月21日《代顿协议》的签

南斯拉夫内战：燃烧的杜布罗夫尼克

1991年11月12日，古城杜布罗夫尼克火光冲天。南斯拉夫人民军对这座毗邻亚得里亚海的城市发动猛烈袭击，居民区和历史遗迹均未能在炮火中幸免。

订。各方在协议中承诺会建立区域和平新秩序，国际社会认为南斯拉夫的遗留问题就此解决了，但局势很快变得更糟——因为谈判并未涉及科索沃的归属问题。塞尔维亚总统斯洛博丹·米洛舍维奇自掌权以来，就不断煽动塞尔维亚民族主义者对阿尔巴尼亚人的仇恨。铁托掌权时给予科索沃的自治地位于20世纪90年代初受到冲击，居住在那里的民众不断被骚扰，人权遭到践踏，大规模枪击事件时有发生，地区冲突不断升级。

在所有调解尝试都宣告失败后，北约于1999年3月开始对南斯拉夫联盟共和国的军事设施、基础设施和工业设施进行轰炸，足足持续了78天。大多数欧洲国家都反对在没有联合国授权的情况下对南联盟进行军事干预，但美国依然我行我素。科索沃战争结束后，欧洲人在多国驻科索沃部队的框架内接管了社会恢复与重建工作。

这场战争制造了80万名难民，超过20万人因此失去了生命，城市和文化古迹遭到毁灭性破坏，是第二次世界大战后欧洲出现的最大的人类悲剧。俘虏营、乱葬坑和艰难跋涉的难民的身影，尤其让公众印象深刻。包括"种族大清洗"在内的严重侵犯人权的行为，以及国际社会滞后且乏力的应对措施，无时无刻不在提醒人们要制定新的政策来维护来之不易的和平。欧盟因此修订了共同外交、安全和防务政策，联合国也将维和行动与地区重建紧密结合在一起，实现了根本性的改革。

很快就有人提出疑问：谁该为南斯拉夫发生的悲剧负责？该承担责任的实在太多了。最初联合国和欧洲都表示不愿出手干预，尤其是法国因历史渊源，更是拒绝将事态恶化归咎于塞尔维亚一方。在巴尔干地区问题上，美国比欧洲更会充当好人。国际干预的每一个阶段都是在美国主导下进行的，这一越俎代庖的事实让西欧国家感到非常尴尬。不过此事对美国来说处理起来也相当棘手——主要是军方不愿冒险，许多政客也认为美国在这场战争中"没有赚头"。

罪魁祸首的帽子最终落到塞尔维亚人的头上，他们团结在领袖斯洛博丹·米洛舍维奇周围，而这个人后来被指控为战犯。2001年6月，塞尔维亚新政府将米洛舍维奇引渡到海牙的前南斯拉夫问题国际刑事法庭。该法院是在联合国的倡议下于1993年5月成立的，旨在审判和惩罚南斯拉夫境内严重侵犯人权的罪行。米洛舍维奇于2006年在牢狱中去世，当时还没有对他下达最终判决。

美国式的和平就是通过暴力实现的和平？

巴尔干半岛上连绵的战争无情地揭露了一个越来越难反驳的事实，那就是从军事角度来看，欧洲没有什么话语权。就像是分工好了一样，欧洲注定只可以为多国联合军事行动及后来的维和行动提供支持，但不能主导战争；而美国则躲在安全距离之外，用最先进的军事技术达到自身目的。1991年爆发的海湾战争也清楚地证明了这一点。

凭借高科技和军事优势，美国领导下的多国部队——英法两国派出了大量士兵——在短时间内就使伊拉克屈服。许多加入北约的欧洲国家其军事力量仍以国防为主，没有能力在远离本国领土的地方发动"干预战争"。德国则干脆搬出了"基本法"，表示不会擅自动用军队。

随着小布什当选美国总统，美国的外交政策越来越奉行霸权主义和单边主义，而欧洲的外交政策则更多地偏向民事、多边关系和国际层面。法德两国希望把欧洲打造成一个祥和安宁的区域，但2001年爆发的伊拉克危机令欧洲其他国家——尤其是中欧和东欧国家，不愿意继续跟随法德。波罗的海国家则采用一种巧妙的平衡外交，它们的原则是"加入北约为了生活，加入欧盟为了更好的生活"。在安全政策上，波罗的海国家紧靠北约和美国；但在经济政策方面，则与欧盟国家建立了良好的关系。

对于欧洲来说，伊拉克战争引发了一场前所未有的内部崩溃，在一个生命攸关的问题上的分歧成为整个大陆深深的裂痕。时任美国国防部长的唐纳德·拉姆斯菲尔德有过"老欧洲"和"新欧洲"的提法。他将团结在法国和德国周围那些不愿意掺和战争的国家称为"老欧洲"，它们年老体衰，软弱无能；而支持美国发动伊拉克战争的如英国、西班牙以及年轻的东中欧民主国家则是"新欧洲"，它们年富力强，值得依赖。

5. 货币联盟面临的严峻考验

新的货币

1999 年 1 月 1 日推出的欧元成为 3 亿欧洲人共同使用的货币，然而这只是迈出了欧洲统一万里长征的第一步。在投入使用的头三年，欧元只是一种虚拟货币，仅用于账户管理或是电子支付。欧元现金直到 2002 年 1 月 1 日才开始发行，以不可撤销的固定汇率取代了比利时法郎、德国马克和意大利里拉等单一国家货币。自 2015 年 1 月 1 日起，欧盟 28 个成员国中的 19 个组成了欧元区，欧元纸币和硬币已成为这 19 个国家以及与之相关联的海外属地及岛屿的法定货币。摩纳哥、圣马力诺和梵蒂冈等小国也根据与欧盟签订的正式协议开始使用欧元。安道尔、黑山和科索沃也使用欧元，但没有签订正式的使用协议。欧元的官方符号 € 脱胎于希腊字母 ε（小写），让人联想到欧洲文明的摇篮；E（大

欧元区

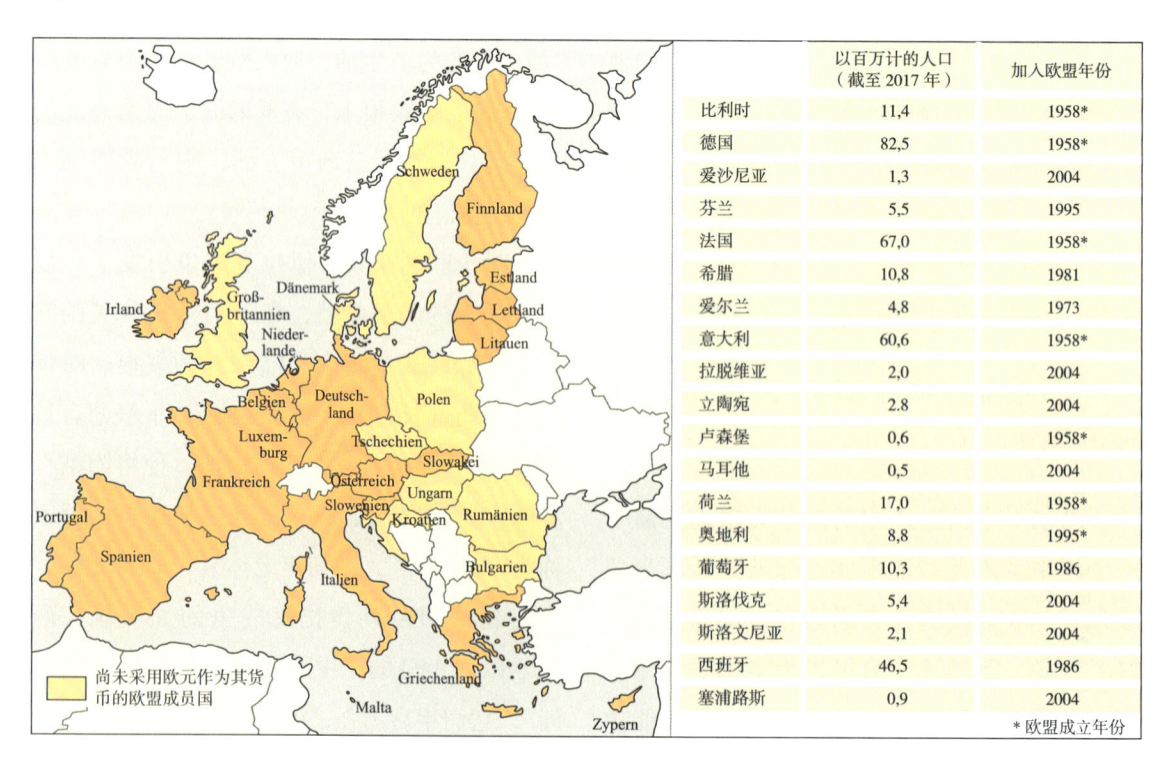

	以百万计的人口（截至 2017 年）	加入欧盟年份
比利时	11,4	1958*
德国	82,5	1958*
爱沙尼亚	1,3	2004
芬兰	5,5	1995
法国	67,0	1958*
希腊	10,8	1981
爱尔兰	4,8	1973
意大利	60,6	1958*
拉脱维亚	2,0	2004
立陶宛	2.8	2004
卢森堡	0,6	1958*
马耳他	0,5	2004
荷兰	17,0	1958*
奥地利	8,8	1995*
葡萄牙	10,3	1986
斯洛伐克	5,4	2004
斯洛文尼亚	2,1	2004
西班牙	46,5	1986
塞浦路斯	0,9	2004

*欧盟成立年份

位于美因河畔法兰克福的欧洲中央银行总部

欧洲中央银行成立于 1998 年，是欧盟的货币管理机构，负责监管欧元的稳定和执行欧盟的货币政策。自 2003 年起，让 - 克洛德·特里谢一直担任欧洲央行行长。2011 年，马里奥·德拉吉成为他的继任者。

写）也是"Europe"（欧洲）这个词的首字母，符号中间两条平行的水平线象征着该货币的稳定性。作为庆祝推出欧元的纪念活动一部分，2002 年 1 月 1 日，位于美因河畔法兰克福的欧洲中央银行大楼脚下立起了 50 米高的欧元纪念碑。

自 1969 年海牙峰会以来，创建货币联盟就是欧共体反复讨论的一个项目。但是维尔纳提出的货币联盟计划在 1970 年搁浅，8 年之后，欧洲货币体系才终于建立起来。该体系稳定了汇率，并引入了通用欧洲货币单位 ECU——当时创造真正货币时机还不成熟。

法国在促成货币联盟一事上非常积极，试图借此对抗德意志联邦银行在西欧货币政策方面的主导地位。

欧盟各国在 1989 年就雅克·德洛尔的一份报告达成共识，将建立货币联盟分成三个阶段。第一阶段的开始时间定于 1990 年 7 月 1 日，东中欧的政治动荡加速了这一进程。

《马斯特里赫特条约》提出了四项"趋同标准"，包含财政的稳定性、价格水平、与其他欧盟国家的汇率和长期名义利率。在德国财政部长西奥多·魏格尔的催促下，《稳定与增长公约》于 1996 年在都柏林通过，该公约

欧洲救援计划

2010年和2011年，希腊爆发债务危机。时任希腊总理乔治·帕潘德里欧向公众解释了政府为什么采取严厉紧缩措施——有两个目的，一是防止希腊破产，二是争取获得欧盟的进一步财政支持。

涵盖欧元发行前后。它允许欧元区国家每年最多增加3%的新债务，总债务最多不超过其国内生产总值的60%——至少理论上是这样。但事实证明，实际操作中有关数据常常被修改或瞒报。

戏剧性的金融危机和主权债务危机

2008年爆发的世界金融危机对欧洲货币联盟来说是非常痛苦且难熬的，它无情地揭露了旧有的弱点和结构性不足。这一切都始于美国房地产泡沫的破灭。投资银行"雷曼兄弟"在2008年9月15日宣布破产——这一天标志着继20世纪30年代"大萧条"后最严重的经济危机的开始。曾经肆无忌惮地进行高风险投机的银行纷纷倒闭，全球经济崩溃，失业率飙升。就股价的变动幅度而言，1987年发生的股市崩盘与之相比简直微不足道。

长期以来，美联储主席艾伦·格林斯潘主张向市场注入大量资金，保持利率在低位运行。当利率难以抑制地不断上升时，房价随之上涨，许多人再也还不起房子的贷款，他们的房子被强制出售。投资银行将房屋抵押贷款用于信用违约互换等金融产品，并在全球范围内不断购买和交易这些复杂且高风险的信用衍生品，操作之频繁甚至于没有一家银行确切知道自己到底持有哪些证券。国际信用评级机构当时对这些金融产品的评价也很高，进一步助长了这种操作行为。当房价下跌时，这些信用保险抵押贷款的买家不得不减计数10亿美元之多。雷曼兄弟公司是信用违约互换市场的大玩家，交易量超过600亿美元。破产之后，它提供的信用违约保险变得一文不值。

雷曼兄弟公司的破产就像是金融危机的加速器，突然间金融市场上的所有参与者都不再信任合作方，银行也不安全了，以至于无法再互相拆借资金，国际银行业濒临崩溃。

美国金融危机

谁能够拯救自己？谁又得到了帮助？2007年4月9日，美国房地产泡沫破裂，随之而来的是全球银行和金融危机，导致个别国家的主权债务急剧增加。金融危机变成了国家危机。银行家得救了，社会也会得救吗？

美国政府向金融业提供了大量支持，以防止其他金融机构像雷曼兄弟一样破产。由于银行在全球范围内相互依存的特性，这场危机波及了许多国家，欧洲"具有系统重要性"的大型银行不得不依靠政府提供的税收救助渡过难关。第二次世界大战之后最严重的经济衰退期即将来临。

在欧洲，这场金融危机迅速演变为欧洲货币危机和主权债务危机。越来越多的欧洲国家的金融业处于流动性边缘，不得不依赖其他国家的担保。尽管各方都表示将团结一致共同抵御危机，但民族利己主义和对立情绪已经有了冒头的趋势，这动摇了整个欧盟内部的凝聚力。开始发行共同货币时所犯的结构性错误现在产生了灾难性的后果。货币统一是在货币联盟国家尚未加入财政联盟的情况下实现的，更不用说此时政治联盟尚未完成。政治文化和民族认同迥异的国家齐聚在欧元区内——既有历来财政运行较好的国家，也有财政运行不良的国家。欧洲中央银行的统一利率在这种多样性面前显得并不公平。尤其是南欧国家不得不承担超出它们能力范围以外的低利率。德国等出口大国是受益者，它们能够增加对经济较弱国家的出口，而这些国家则通过低息贷款为进口融资。此外，一些国家为能够加入欧元区而故

占领运动

由于持续的金融危机，2011年各国都爆发了示威游行。最初在美国，但很快也在欧洲出现。人们走上街头抗议投机交易，怒斥银行业对政治的巨大影响。在意大利这个饱受危机影响的国家，人们高呼："恶心！"

意瞒报了经济数据，这影响了人们对经济局势的判断。

2009年，希腊背负的主权债务实际上已经占到国内生产总值的130%，是欧盟规定的参考值60%的两倍多。多年来，希腊一直隐瞒国家财政的困境。如果进行详细调查的话也不难戳穿这个谎言，但出于政治原因，即希腊是所谓的"欧洲民主的摇篮"，从一开始就有意放宽了对它的审查。国际主要信用评级机构在很短时间内就将希腊的信用评级下调至"垃圾级"，希腊在经济领域看似已经无力回天。这时，货币联盟是否允许让成员国破产（这将涉及将其开除出欧元区）一事就引发了激烈争论。愿意让希腊留下者认为，应该容忍成员国出现债务危机，但要让民众了解他们所处的情况到底有多糟糕。反对希腊留下者则认为，帮助希腊解决债务危机会对其主要国际债权人——如德国和法国的银行造成不良影响，而且投资者的不信任可能会迅速蔓延到其他欧洲国家，就像一场无法控制的雪崩，最终埋葬整个货币联盟项目。

救助计划

2009年5月，欧盟、欧洲中央银行和国

际货币基金组织（即所谓的"三驾马车"）就一项以贷款形式提供的援助计划达成一致，总金额为1100亿欧元。只有在希腊满足所有要求的情况下，才能获得全部援助。这些涉及严格的财政紧缩要求和结构性改革，可能会引发严重的政治和社会动荡。而"市场"这个只追求利润的国际金融魔术师，正是它对欧洲货币联盟和欧元的崩溃进行了投机，才加剧了这场危机。

2009年底过后，其他国家也曝出了可怕的财政赤字。爱尔兰、葡萄牙和西班牙在国内生产总值大幅下降的情况下苦苦支撑。西班牙也经历了巨大的房地产泡沫破裂，该国经济陷入深度衰退，失业率超过20%——创下了欧盟成员国中的新高，情况极其危险。2010年6月，欧盟制定了为期两年的临时救助计划，由欧洲金融稳定机制和欧洲金融稳定基金两部分组成。用于救助的资金，即贷款，是从资本市场上借入的，各成员国按一定比例承担相应的支出。德国负担的最多，占到20%。加上国际货币基金组织提供的2500亿欧元，共计7500亿欧元的贷款额度

希腊在考验欧盟？

希腊主权债务危机向欧盟提出了足以动摇其根本的考验：一个货币联盟应如何应对成员国的破产？在特定条件下启动的援助方案在希腊引发了大规模抗议，国民反对强加给他们的严厉金融政策，进而反对欧盟。

意大利的政治动荡

因改革失败,马泰奥·伦齐于2016年12月7日引咎辞职,黯然离开政府大楼。金融危机给意大利带来了政治困境,生动地说明了正常运转的经济对民主政治而言是何等重要。

金融危机期间欧洲的"影子政府首脑"

欧元还有的救吗?自2011年11月1日起担任欧洲央行行长的马里奥·德拉吉坚定支持欧元,并确认欧洲央行愿意购买政府债券,以重振个别国家的经济。

已经就位。用到该救援方案的第一个国家是爱尔兰,然后是葡萄牙。

在这段时间里,希腊的经济再次大幅萎缩,显然需要第二轮援助。2010年7月在布鲁塞尔举行的欧盟紧急峰会上就此提出了新的援助方案。与此同时,大规模抗议活动一直没有停歇。带有反资本主义性质的全球"占领华尔街运动"如火如荼,例如在2011年的秋季,罗马就有数千人上街游行。在所有爆发危机的国家,愤怒的民众组织起了暴力抗议及和平示威。

他们的愤怒是可以理解的,因为最贫穷的人反而要为数十年来的政府管理不善和腐败买单,他们的收入明显缩水,而亿万富翁(其中有不少是靠航运业发家)早已将资产转移到国外。接连几届政府都不得民心。在2012年5月希腊举行的新大选中,阿莱克西斯·齐普拉斯领导下的左翼激进联盟党战胜了老牌政党。而在意大利,喜剧演员贝佩·格里洛在2009年创立的带有疑欧主义性质的五星运动党也在几年后的议会选举中获胜。一方面,欧洲人担心被希腊等发生经济危机的国家拖入深渊;另一方面,与救援计划相关的紧缩政策又勾起了人们不愉快的回忆。安格拉·默克尔领导的德国政府在坚持紧缩政策方面态度强硬,这引发了希腊民众的不满情绪,称他们有种在第二次世界大战时期被外国控制的感觉。

在这段困难时期,遵守财政纪律的北欧国家与出现经济危机的南欧国家出现了巨大摩擦。社会党出身的法国总统弗朗索瓦·奥朗德抛出了一个重磅问题:是否应该引入"欧元债券"来解决希腊债务问题,即是否应该将部分债务共同化?德国与芬兰、奥地利联合起来,果断表达了拒绝的态度。自2011年秋季以来,希腊重新成为人们关注的焦点,其债务飙升至国内生产总值的170%。虽然希腊政府实施了多项紧缩政策,令人民深陷贫困和苦难，但是国家经济状况也没有得到显著改善。12月，欧洲各国的国家元首和政府首脑在"欧元峰会"上就欧洲稳定机制达成了一致，财政部长们随后于2012年1月签署通过了相关条约。条约中设计了"债务刹车"模式，此外，为了能够及时调整政策，欧盟各国财政部长还约定要比以往更频繁地举行会晤。2013年1月，荷兰财政部长、社会民主党人杰罗恩·迪塞尔布洛姆被来自欧元区的17位同仁推选为欧元集团主席。他坚持要那些爆发经济危机的国家走上艰难的复苏道路，因此在希腊很不受人待见。

由于英国和捷克的不配合，关于欧洲稳定机制的法规无法提升到欧盟法律的级别。尽管如此，德国财政部长仍坚持自己的观点——只有批准财政协议（即满足紧缩要求）的国家，才能使用欧洲稳定机制管理下的资金。然而，法国、意大利和西班牙等国并没有严格遵守这一规定。

有人开玩笑地说，欧洲央行行长马里奥·德拉吉已升任欧洲的"影子政府首脑"。2012年7月，他宣布欧元"不可逆转"，并承诺尽一切可能维护它，并因此获得了一些间接政府融资。为了振兴经济，利率降到了0。美国、英国和日本的中央银行也逐月向本国市场注入巨额资金，以防止经济出现萧条。它们都有一个共同目标：通过慷慨的货币政策争取时间，以便必要的改革来得及生效。

不确定的未来

2018年，危机远未结束。有一些积极的进展，但也面临着难以避免的巨大风险。爱尔兰是被援助国家中的模范，在两年后就退出了援助计划，还实现了4%的经济增长率。保守党政府实施了严格的紧缩政策——增加税收、削减社会福利，以及将退休年龄延迟至68岁，并在基础设施建设上进行了大量投资。改革获取了债权人的信任，但根据官方数据，每12个爱尔兰人中就有1人生活在"持续贫困"中。塞浦路斯花了3年时间对银行业进行了艰难的改革，甚至关闭了该国第二大银行。为了拯救塞浦路斯银行，10万欧元以上的账户余额被强行转换为股票。与普通公民相比，这对百万富翁的影响反而较小，他们早就从这个"避税天堂"撤出了资产。葡萄牙尚未摆脱经济危机，但正在逐步走上正确的轨道，经济出现增长，失业率降至10%。西班牙显然已走上了复苏之路，旅游业蓬勃发展，但劳动力市场仍相当薄弱，许多新创造的就业岗位都不太稳定。希腊的情况略有好转，未来将如何发展仍不清楚。最大的危险发生在意大利，因为该国银行已经陷入困境，积累了欧洲国家中最多的主权债务。马泰奥·伦齐领导下的政府未能推进有效的改革，他随后黯然辞去了总理职务。陷入困境的银行和日渐衰弱的政府之间相依为命的状况令人非常担忧。2018年，一个对欧盟持批评态度的政府上台，令意大利与欧盟的关系变得雪上加霜。最重要的是，如此规模的国家难以通过先前制定的救援计划稳定经济。意大利是20世纪50年代欧共体的创始成员国之一，它不是欧盟的边缘而是欧盟的核心——这才是最让人揪心的。

6. 难民危机造成的分裂局面

世界上最穷的人

20世纪在很大程度上来说是一个人民被武力驱逐出家园、被迫逃难，甚至无家可归的时代。第二次世界大战以及随后发生的大规模驱逐都算在内，欧洲在90年代还经历了前所未有的大规模被迫移民——南斯拉夫分崩离析、巴尔干地区爆发战争，随之而来的就是大规模驱逐和种族清洗，有500万人深受疯狂的新民族主义的危害。千禧年以来，每年还有数以千计的非洲难民试图逃离苦海，来到欧洲寻找新生活，因为偷渡而遇难的事件时有发生。正如世界资本总是流向利润最大的地方，世界上的被剥削者和穷苦民众也被吸引到据说可以过上美好生活的地方。欧洲人忍心拒绝那些世界上最贫穷的人，以保护他们以牺牲南半球——尤其是非洲——为代价建立的繁荣地区吗？保护难民的人权是否就意味着对本地区人民的利益造成侵害？道德在什么时候会不可避免地与务实的政治发生冲突？

2010年开始的"阿拉伯之春"导致非洲北部部分国家崩溃，利比亚受到的影响尤其严重。那儿的走私犯罪团伙纷纷冒头，趁火打劫，敲诈民众，将数千名难民偷渡到附近的意大利兰佩杜萨岛。庞大的难民群体使这个小岛不堪重负，爆发了人道主义危机。仅在2013年上半年，就有3648名难民登上了兰佩杜萨岛，而那里的常住人口也仅有5000人左右。有多少人在偷渡过程中丧生已不可知。包括47个欧洲国家在内的欧洲委员会拟定了一份协议草案，要求意大利政府保证这些已经在兰佩杜萨岛上岸的难民不能移居到其他国家。

根据欧盟法规（《都柏林公约》），接纳难民的第一个国家有义务审核他们是否有权获得庇护。超过90%的难民是通过意大利和希腊进入欧洲的，而这两个国家却在这一问题上孤立无援，无法得到欧洲的支持。

叙利亚内战与德国的特殊道路

但在接下来的两年里叙利亚发生的毁灭性的内战，使欧洲人之前经历的一切都黯然失色，令欧洲面临迄今为止最艰难的内部考验。

先来看看全球数字，才能对这场难民潮的规模有所了解。截至2016年底，全世界有6560万人被迫移民，其中有2250万逃到了国外（通常跨越大陆），4030万是境内流离失所者，还有280万人因政治、宗教或其他原因成为寻求庇护者。此外，至少还有1000万丧失国籍者或因其他原因移民的人——如

终点站是欧盟外部边界

许多欧洲国家都在抵制德国的单方面行动,拒绝接收难民。欧洲边界的压力越来越大,只能通过与土耳其达成有争议的协议来缓解。许多难民的欧洲之旅在位于土耳其—叙利亚边境的难民营戛然而止。图为土耳其加济安泰普省的难民营一角。

气候变化令他们失去了家园。2012年至2016年,难民、境内流离失所者和寻求庇护者的人数增加了45%。来自叙利亚、阿富汗和南苏丹这三个国家的难民占到难民总人数的一半以上。难民危机持续的时间也越来越长,因为没有找到妥善的解决办法,无数难民在难民营中生活多年。2015年夏天,数十万人通过经由叙利亚到土耳其的"巴尔干路线"前往欧洲,途中发生了无法估量的人间悲剧。

2015年8月25日,德国暂停了针对叙利亚人的"都柏林程序",这意味着难民不会被送回他们最初进入欧盟的那个国家。9月4日,德国和奥地利决定接纳成千上万的难民和移民——这些人当时已经到达了并不欢

人们在布拉格街头抗议欧洲"分配难民名额"

捷克、波兰、匈牙利和斯洛伐克对难民流入的抵制尤为强烈。一个孤立的欧洲似乎是东欧国家应对危机的反应。这是对欧洲理念的背叛吗？

迎他们的匈牙利。逃离故土的人数越来越多，数以百万计的人还在路上。2016年3月9日，继斯洛文尼亚、克罗地亚和塞尔维亚关闭边境之后，马其顿也封闭了边境不让难民通过。这实际上等于关闭了陆上的"巴尔干通道"。更多的难民不得不乘坐并不适合远航的小船逃往希腊的莱斯博斯岛。到那时为止，已有100多万人到达了德国和奥地利。2016年3月18日，欧盟和土耳其达成协议，同意将非法抵达希腊的移民遣返至土耳其。作为补偿，每遣返一名叙利亚难民，就允许另一名叙利亚难民合法地从土耳其直接进入欧盟。

德国在难民政策上开辟了一条特殊的道路，遭到了大多数欧洲伙伴国的强烈反对。被冲上希腊沿岸海滩的一具儿童尸体的照片，以及2015年8月下旬在一辆停靠在奥地利边境附近的大卡车上发现71具尸体的事实，在德国社会引起极大反响，促使人们呼吁尽快制定一项不有违道德的政策。德国总理安格拉·默克尔面临着她整个任期内的最大挑战。"我们能做到。"——这是她在2015年8月31日提出的指导性原则，以此证明德国政府作

"我们能做到"

一张富有表现力的自拍：安吉拉·默克尔成为危机中众多难民的希望，德国成为数千人的避难所。但为了迎接挑战，德国需要欧洲邻国的支持。

出的两项决定和她的判断是合理的。首先，德国在原则上启动了针对叙利亚人的避难程序，即使他们几乎总是通过其他国家进入欧盟。这在法律上是可行的，还需要加快进程。然而，不少人将其理解为是德国在"开门迎客"，来欧洲的人越来越多，最终超过了100万。其次，德国与奥地利接壤的边境再次处于管制状态，边境警察只允许寻求庇护者入境。

德国的这些决定是在没有和欧洲其他国家协商的情况下作出的，因此遭到强烈批评。有人指责德国的行为完全没有考虑后果，助

连接中东和欧洲的"巴尔干路线"

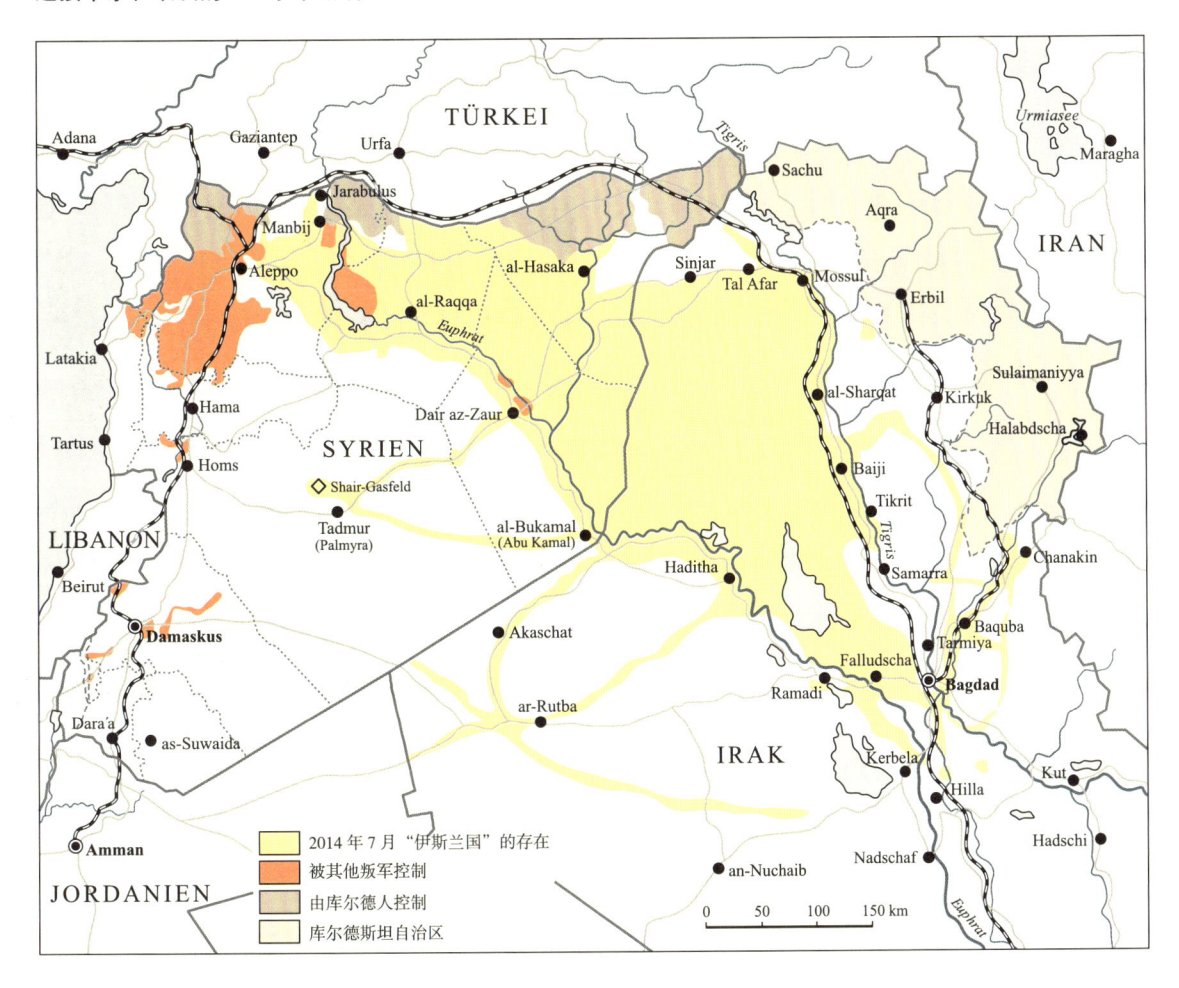

图例：
- 2014年7月"伊斯兰国"的存在
- 被其他叛军控制
- 由库尔德人控制
- 库尔德斯坦自治区

长了移民无序的移动,并在未经协商的情况下对周边国家造成了影响。这种观点并非完全没有根据,但德国政府希望通过接纳难民来赢得时间,争取全欧协商出一致的解决方案。但中东欧国家并未将难民危机视为是对整个欧洲的挑战,而认为这是德国制造的问题。他们认为,德国的决定造成了一种抽吸效应,导致更多人逃往欧洲。

难民危机深深地撕裂欧洲。尤其是波兰、匈牙利、斯洛伐克和捷克,即维谢格拉德集团("V4 国家")的成员聚集一起,反对德国的做法,也拒绝了欧盟推行的难民配额制,要求严控欧盟的外部边界。在匈牙利总理欧尔班·维克托看来,难民危机不是人道主义问题,而是他政治权力游戏的一部分。他的口号是"我们要捍卫作为匈牙利的匈牙利",标志性做法就是在匈牙利—塞尔维亚边境竖立起围栏。在欧洲议会上,他宣称"难民不是欧洲的问题,而是德国的问题"。V4 国家并没有遵守它们对维系欧洲团结的承诺,它们参与欧盟及政策制订的前提是能给它们带来好处,尤其是金钱方面的好处。欧洲理事会主席唐纳德·图斯克也对祖国波兰的表现感到无能为力。他曾反复强调,欧洲作为世界上最大的贸易区,必须对外界保持开放。但这一立场遭到了许多波兰人的反对,右翼政党"法律与公正党"就坚持认为波兰的纳税人不应该为某些欧盟成员国前殖民政策的后果买单。不过像前总理埃娃·科帕奇这样的政客仍然支持接收难民,认为这是"对良知的考验"。80% 的斯洛伐克人强烈反对接收难民,该比例为欧洲最高。这些国家缺乏

临时救援？

2015年，每天都有载有难民的船只抵达意大利和希腊的海岸。他们逃离祖国的战争、暴力和贫困，冒着危险，横渡地中海来到欧洲。新的大陆上等待他们将是什么，仍是个未知数。难民的到来，特别给南欧国家带来了巨大的挑战。欧洲的解决方案是什么？这些解决方案是否存在？是否拥有寻找共同解决方案的意愿？

长期接纳来自其他国家的人并从移民中受益的经验。在多数欧盟国家的内政部长于2015年9月22日开会商议12万名难民的分配名额时，斯洛伐克、捷克、匈牙利和罗马尼亚投了反对票，并说这是"强制的"，宣称将到欧洲法院提起诉讼。为了让不受欢迎的外国人能够尽快离开捷克，捷克人于2015年10月在捷德边境地区朝萨克森方向的交通标志上补上了"通往德国"的阿拉伯文字样。调查数字显示难民确实呈现分布不均的情况。2017年，希腊每百万居民中寻求避难人数为5295人，而排名垫底的波兰和斯洛伐克分别只有79人和27人。

困难之中的援手

应该帮助那些深受战争和暴力之苦的人——这是人性发出的强烈信号。它符合欧洲的价值观，也植根于基督教。德国的"欢迎文化"并不是在哗众取宠（虽然在某种程度上已有点"鼻青脸肿"），但是单靠德国拯救不了世界，欧洲也做不到。但令人注目的是，许多欧洲国家的平民却表现得非常积极，帮助他人的意愿之强烈是欧洲战后历史上前所未有的。瑞典人民在难民问题上展现的善意尤其突出，那里地广人稀，是欧洲最大的可接收国。光是2015年一年时间里，瑞典就接收了16.3万名难民。不过从2016年起，欧盟的难民政策就开始收紧。英国干脆在英吉利海峡一侧筑起了围墙，以防止从法国来的难民进入。芬兰也试图自闭门户。毫无疑问，北欧竖起的这些壁垒都不可避免地将难民负担转移到了南欧。

根据一项在2016年对7个欧盟国家进行的民意调查，可以根据各自对难民问题的看法将欧洲公民分为三类。第一类是"好人"。主要是德国人和意大利人，超过四分之三的人同意分配和接收难民。第二类是"排斥者"，与第一类正好相反。不到一半的英国人（44%）、法国人（46%）和荷兰人（48%）表示欢迎滞留在地中海沿岸的难民，而过半数人却表示拒绝。态度介于两者之间的是第三类"善意的拖延者"，如西

V4 四国接受难民情况

	2015—2017年申请避难的数量	2015—2017年正面通知的数量	2015—2017年未发通知的数量	正面通知与未发通知的比例	通过与申请的比例
捷克	4435	10	1185	1:118.5	1:3.7
匈牙利	209955	45	1200	1:26.7	1:168.6
波兰	29540	190	4740	1:25	1:6
斯洛伐克	635	5	55	1:11	1:10.6
合计	244565	250	7180	1:28.7	1:32.9
欧盟合计	3292340	163340	527490	1:3.2	1:4.8

联合对抗欧洲？

图为维谢格拉德集团总理于2018年1月的合影：波兰的马特乌斯·莫拉维茨基、斯洛伐克的罗伯特·菲科、匈牙利的欧尔班·维克托和捷克的安德烈·巴比斯。他们想要共同抵御欧盟的影响力，同时加强各自的国家实力。这对欧洲的未来意味着什么？

班牙人（67%）和丹麦人（57%）。造成不同态度的决定性因素不单是国家财富，也不只是地理因素，应该说主要是公民责任，也许还有一些历史经验。根据调查，在大多数信奉基督教的国家里，除了未成年人和老人，大多数社会中坚都认为应该多从事一些慈善事业。所处的政治阵营也左右着人们的态度。与传统的左翼选民相比，保守派和右翼政党的支持者对难民持怀疑态度。在所有欧洲国家中，右翼民粹主义和仇外政党往往能从危机中获利，并赢得大选。因为他们善于操纵人们的恐惧心理，刻意把"逃离""避难""移民"与"混乱""寄生虫""入侵"混为一谈。

限制移民

难民危机不仅撕裂了欧洲，还会带来政治后果，也有可能使欧洲陷入道德破产。2017年2月，欧洲理事会再次明确表示，限制移民是当务之急。在决定采取的一揽子措施中，"索菲亚行动"用来加强利比亚海岸警卫队的力量，旨在粉碎蛇头走私贩运人口的网络。按照协议，欧盟应向利比亚提供设备和资金支持，以便封锁从厄立特里亚偷渡的路线。然而，利比亚并不是一个局势稳定的国家，军事权力主要掌握在民兵武装手里，他们是极不可靠的合作伙伴。

在地中海一带，欧盟希望更多军舰能加入海岸警卫局，以保障边境安全。曾在过去数年中执行了数千次救援任务和拯救溺水者行动的非政府组织反而被禁止或限制参与安保活动。欧盟在最初的所谓"热点地区"，即希腊的萨摩斯岛、莱斯博斯岛和希俄斯岛以及意大利的西西里岛等地设立移民接收和登记中心，以便尽可能快地遣返"非法"移民。欧盟与尼日尔和乍得等难民的非洲过境国缔结了"移民伙伴关系"——相当委婉的外交措辞，由这些国家的安全部队阻止难民通过，并在必要时对士兵们进行技能培训。之前与土耳其政府达成难民协议时遇到种种困难，欧盟仍在继续为此努力。此外，一份有争议的"安全第三国"清单也被推出，目的也是遣返移民。

欧盟试图通过这些临时补救措施保护自己，为此付出了大量资金——肮脏的事情让别人去做就可以了。但只要途经非洲的逃难路线没有得到有效封锁（这需要付出更多时间和金钱），只要欧洲的避难政策没有实现更大的公共化（鉴于目前的分歧几乎是不可能实现的），任何基于难民人数下降带来的政治"成果"都是讽刺。有谁为那些在地中海这个欧洲最大的坟墓里淹死的人负责？谁关心那些滞留在北非"恐怖营地"的人？在联合国难民组织看来，那些无疑是非人道的拘留营。

7. 恐怖袭击震惊欧洲

对恐袭的反应

如何保护自己免受进一步袭击，同时还能保障自由？摄像头和更多警察的存在，是否会使公共场所更安全？欧盟必须扪心自问：要安全还是要自由？

旧恐怖与新恐怖的差异

自19世纪以来，恐怖主义在欧洲就并不鲜见。例如长期盘踞在西班牙巴斯克地区的民族分裂主义者，他们结成了地下组织"埃塔"，制造了一系列恐怖活动。20世纪70年代起，一些崇尚极端暴力行为的左翼恐怖分子露头，例如德国的"红军旅"和意大利的"红色旅"。这些小团体常常与国际恐怖主义结成联盟，其暴力行为和谋杀目标主要针对的是知名政治人士或社会精英，以及警察团体。

自9·11恐怖袭击事件以来，国际恐怖主义发生了根本性的变化。无差别恐怖袭击成为新的行为特点，任何人都可能成为受害者。这种恐怖活动的目的就是要达到"广而告之"的效果，令恐怖袭击的场面深深刻在普通人的脑海里，在日常生活中散播恐惧，从而破坏自由社会的稳定。活跃在伊拉克和叙利亚的极端恐怖组织"伊斯兰国"（ISIS）便是奉行这种新型恐怖主义的典型。

欧洲遭袭

来自新型恐怖主义的威胁和袭击事件深刻地改变了欧洲的社会氛围和体制。2004年至2018年发生的一系列暴力恐怖事件，夺去了数百人的生命。欧洲以前从未经历过这样的恐怖浪潮：

- 2004年3月11日于马德里，恐怖分子在通勤列车上发动的炸弹袭击造成191人死亡，约1500人受伤。
- 2005年7月7日于伦敦，4名持有英国护照的自杀式袭击者分别在地铁和公共汽车上引爆炸药，造成56人死亡，约700人受伤。
- 2010年3月29日于莫斯科，2名女性自杀式袭击者携带炸弹袭击了地铁站，造成39人死亡，70多人受伤。
- 2011年1月24日于莫斯科，1名自杀式袭击者在莫斯科多莫杰多沃机场的到达大厅引爆炸弹，造成37人死亡，100多人受伤。这起犯罪活动的幕后黑手是以多库·乌马罗夫为首的车臣叛军。
- 2014年5月24日于布鲁塞尔，1名法国籍恐怖分子在犹太人博物馆内开枪杀害了4人。他很快就被逮捕，自称是"圣战者"，曾在叙利亚参加过战斗。
- 2015年1月7日于巴黎，讽刺杂志《查理周刊》的编辑部和一家犹太超市遭到袭击，共造成17人死亡。2名嫌疑人事后在警方的行动中被击毙，基地组织称对此事件负责。
- 2015年2月14日于哥本哈根，1名22岁的阿拉伯裔男子在一家咖啡馆开枪打死了1名男子。第二天晚上，此人又在犹太教堂前射杀了1名保安，然后被警察击毙。
- 2015年11月13日于巴黎，在法兰西体育场、几家餐馆、巴塔克兰剧院发生了一系列协同袭击，共造成130人死亡，数百人受伤。
- 2016年1月12日于伊斯坦布尔，1名自杀式袭击者在著名旅游景区苏丹艾哈迈德广场上，于一个德国旅游团中引爆炸弹，造成12人死亡。
- 2016年3月22日于布鲁塞尔，自杀式袭击者在比利时首都机场和地铁站引爆数枚炸弹，造成32人死亡。
- 2016年6月28日于伊斯坦布尔，3名自杀式袭击者在阿塔图尔克机场引爆炸弹，造成41人死亡。
- 2016年7月14日于尼斯，1名刺客在海滩大道上开着卡车冲进人群，造成86人死亡。极端组织"伊斯兰国"宣称为该起恐怖袭击事件负责。
- 2016年12月19日于柏林，"伊斯兰国"的追随者驾驶一辆被劫持的卡车冲入圣诞市场，造成13人死亡。几天后，这名24岁的突尼斯人在意大利米兰附近的一个检查站被警察击毙。
- 2017年1月1日于伊斯坦布尔，1名恐怖分子于一家夜总会在7分钟内射杀了39人。"伊斯兰国"称对此次袭击事件负责。土耳其警方逮捕了乌兹别克人阿卜杜勒卡迪尔·马斯哈里波夫。据当局称，此人从藏身在叙利亚拉卡的1名"伊斯兰国"指挥官那里得到了命令。
- 2017年于巴黎，2月3日，1名男子在卢浮宫附近持砍刀冲向军事巡逻队，被当场击毙。3月18日，在奥利机场，又有1名男子试图夺取巡逻女兵的步枪，被当场击毙。
- 2017年3月22日于伦敦，1名袭击者在伦敦市中心的一座桥上故意用汽车撞向人群，还伤害了1名警察。桥上的4名受害者因伤势过重而死亡。安全部队击毙了凶手。

- 2017年4月3日于圣彼得堡,在地铁站内发动的自杀式袭击中有14人丧生。据说是1名出生在吉尔吉斯斯坦的22岁俄罗斯人实施了袭击。据调查人员报告,在爆炸物的残片上发现了他的DNA痕迹。
- 2017年4月7日于斯德哥尔摩,一辆被劫持的卡车驶进购物街,先冲向人群,然后又冲进百货公司,共造成5人死亡,15人受伤。同一天,警方逮捕了1名39岁的乌兹别克人,怀疑他涉嫌制造恐怖袭击。
- 2017年4月20日于巴黎,1名极端分子在巴黎香榭丽舍大街朝一辆警车开枪。1名警察被打死,另外2名警察和1名德国籍路人受伤。警方开枪击毙了袭击者。"伊斯兰国"声称是他们发动的袭击。
- 2017年5月22日于曼彻斯特,1名男子在爱莉安娜·格兰德的流行音乐会结束时引爆了自制的炸弹,造成22人死亡,60人受伤,其中包括许多儿童和青少年。
- 2017年6月3日于伦敦,3名武装分子在伦敦桥上驾驶汽车撞向行人,然后袭击了一个人群聚集的市场大厅,至少造成6人死亡,袭击者被当场击毙。
- 2017年8月17日于巴塞罗那,1名极端分子驾驶一辆送货卡车穿过市中心兰布拉大道,冲向路边人群,造成16人死亡,118人受伤。

针对欧洲的恐怖袭击

欧洲各地发生的袭击事件共造成数百人丧生,让人们的心中蒙上一层阴影。各个国家组织的哀悼活动表明:欧洲人将会站在一起,反对暴力和压迫,共创安全自由的社会环境。

- 2017年8月18日于图尔库,2名妇女在一次持刀袭击中丧生,另外8人受伤。截至2018年夏天,此类持刀袭击案件在英国、法国和俄罗斯多次发生。

安全与自由

袭击的任意性和随机性让人们心中产生恐慌和恐怖的情绪。在互联网的掩护下,"独狼行动"变得更为激进,难以得到有效遏制。在许多国家,恐怖主义一直排在可感知威胁的首位,远比经济问题或自然灾害造成的威胁更严重。某些生活领域发生了变化,经常听到人们无差别地指责穆斯林和阿拉伯组织。总体上,互不信任的气氛在人和人之间蔓延,到穆斯林聚居地度假旅行的人越来越少。

2015年11月13日晚，来自"伊斯兰国"的恐怖分子在巴黎杀害了130人，683人因此受伤。恐怖袭击同时发生在法国首都的5个不同地点。为了悼念遇难者，路人在共和广场献上鲜花和蜡烛。整个法国都沉浸在震惊和悲伤之中。

恐怖袭击事件接二连三地发生，各国和欧盟层面都在寻求遏制方案。法国于2015年进入紧急状态并不断将有效期向后延长，警察可以未经法庭批准就逮捕嫌疑人并搜查房屋；"鉴于安全问题"，大型会议和活动可能随时会被取消，电影院、剧院和餐馆也可能因此被关闭；大型购物中心被强制安装监控，公民的自由不断被限制和压缩。德国呼吁强化安全措施以防范恐怖袭击，例如对所谓的"危险分子"进行视频监控或戴上电子脚镣，以及设立专门的难民的过境区等。

有批评者指出，这不是监视力度不足导致的，问题的关键在于应如何识别出潜在的恐怖分子。限制公民的自由反而对恐怖分子有利，他们正好想借此动摇社会的法治和民主。必须与恐怖分子作意识形态上的斗争，并采取更多的预防措施。互联网也是反对激进主义的战场，要在上面揪出"仇恨传教士"和那些通过网络招募"死士"的人。无论人们如何看待这场反恐斗争，有一点是显而易见的——像欧洲这样的开放社会非常容易遭遇恐怖袭击。

在此期间，欧盟也在潜移默化中有所改变。民族国家的传统责任之一是确保其民众的安全，鉴于恐怖主义及有组织犯罪已形成了国际网络，民族国家很难凭借一己之力独立行事。针对国际恐怖主义，欧盟成员国举行会议，对1992年的《马斯特里赫特条约》、1997年《阿姆斯特丹条约》和2007年《里斯本条约》进行了更新和修改。涉及"内部安全"问题时，欧盟层面的合作明显比过去多得多，可以视为一个快速发展的欧洲一体化进程。这不仅是欧洲刑警组织的工作，除了更好地监控和保护欧盟的外部边界之外，合作范围从监控资本流动、冻结资金到欧洲数据存储系统，以及欧盟范围内的执法和司法机构间的信息传输，无所不包。此外，欧盟和美国于2012年就飞行数据交换达成了一项协议。各自为政或缩在蜗牛壳中都不是对抗国际恐怖主义威胁的恰当方法——因为这些攻击不是针对欧洲个别国家，而是针对整个自由的欧洲。如今各国要做的是在不限制太多公民自由的情况下保证他们的安全，最重要的是不能突破欧洲的法治。

8. 欧洲的全球责任

关于欧洲科技方面的进步，有很多值得报道的地方。1981年以来，先是法国制造的高速列车TGV驰骋在轨道上，德国制造的ICE紧随其后。在汽车工业上欧洲也处于世界领先地位。在飞机制造方面，空中客车公司则成为欧洲国家间合作的成功范例，还有阿丽亚娜系列火箭和欧洲战斗机项目也是这样。欧洲还有一些重量级科学研究实验室，例如位于瑞士日内瓦的欧洲核子研究中心，是粒子物理领域世界上最大的研究中心。英法海底隧道贯穿了英吉利海峡，将法国和英国连接起来，证明了欧洲工程师的卓越。

但21世纪也暴露了影响人类未来的重大问题，尤其是在气候变化方面。毫无疑问，欧洲大陆肩负着全球责任，正是200多年前的工业革命将这个问题扩散到全世界。

气候变化是当前和未来最重要的环境问题。与许多其他挑战相比，它的特殊性在于持续时间长，其影响不仅限于主要引发者的区域环境，而且只能通过全球一致行动加以克服。气候变化一直存在，但我们面对的是新型的气候变化——由工业过程和工业社会日常生活中人为产生的温室气体引发。海平面上升，淡水资源逐渐枯竭，降水模式和总体天气正在变化，极端天气增多。这些都对政治、经济、社会和人们的日常生活产生巨

飞驰的高速列车

TGV、"大力士"和"欧洲之星"等高速列车飞驰在法国、德国、意大利、比利时、英国、卢森堡、西班牙、荷兰和瑞士的土地上。

英法海底隧道

横穿英吉利海峡，成为法国和英国之间的固定通道。

要作出贡献的不仅是大型工业企业

应对气候变化也意味着要重新思考消费模式和社会发展模式，这与每个人密切相关。为了地球家园的可持续发展，我们准备好改变熟悉和舒适的生活方式了吗？这种变化又该如何确保公平？

大影响。气候变化可能会对世界上最不发达的地区产生深刻的影响。

应对气候变化是欧盟能源政策的一个中心主题，它延续了近20年来一直奉行的国际应对气候政策。1992年联合国大会通过了《联合国气候变化框架公约》，堪称国际变化政策的"基本法"。1997年签订的《京都议定书》是该公约的进一步发展。工业化国家保证在第一个承诺期（2008—2012）减少5.2%的温室气体排放量（与1990年相比），随后应执行更加严厉的排放限制措施。《京都议定书》并不是在2012年到期，到期的只是第一轮减排的承诺。欧洲气候外交政策谈判的核心是如何继续执行《京都议定书》。

如果其他工业国和新兴国家也愿意作出重大贡献，欧盟自愿承诺到2020年将其温室气体排放量减少20%，且不排除将这个数字提高到30%的可能。德国已经明显超过《京都议定书》规定的21%目标，到2009年底，其温室气体排放量已经减少了28.7%。欧盟十五国也遵守了《京都议定书》的承诺，到2007年，其排放量比1990年时减少了4.3%。按27个成员国来算的话，甚至减少了9.3%的排放量，而且同时伴随着经济的稳步增长。这清楚地表明，欧盟内部已经实现了增长和排放的脱钩。

相比之下，1990年至2007年间，所有在《京都议定书》上发出承诺的工业化国家其总排放量仅下降了3.9%。在世界范围内，排放趋势也指向一个完全不同的方向：到2006年，全球温室气体的排放总量与1990年相比增加了约24%。除了美国等大型工业化国家外，中国和印度等快速增长的新兴经济体也应该负有一定责任。

欧盟声称在国际应对气候变化政策中发挥着领导作用。2009年12月，《联合国气候变化框架公约》第15届缔约国会议在哥本哈根举行。但来自世界各地的代表未能迅速达成一项能够有效减少全球温室气体排放的协议，只是形成了一份没有法律约束力的最终文件。其中描述的目标是确保全球的平均温度最多在原有基础上升高2℃。

1992年和1995年，由于个别欧盟成员国的抵制，在欧盟范围内征收二氧化碳税的倡议遭到失败。之后，欧盟委员会开始研究并采用20世纪60年代美国经济学家提出的碳排放交易系统的概念。2003年，环境部长理事会和欧洲议会决定测试该系统。欧盟碳排放交易体系是一个总量管制与交易的系统，可以对欧洲工业和发电的二氧化碳排放总量进行测算，最终有针对性地减少排放量。此外，该体系的基本结构为建立长期的全球或跨区域的碳排放交易市场提供了参照。欧盟委员会确实成为欧洲应对气候变化政策的"先锋"，但碳排放交易体系能否成为全球的典范仍有待观察。

2015年12月，第21届联合国气候变化大会上通过的《巴黎协定》取代了《京都议定书》，该协议的签订被誉为是一项突破和巨大的成功。在满足批准的最低要求后，它于2016年11月开始具有法律约束力。在195个缔约国中，必须有55个以上表示同意才能生效——这些国家的二氧化碳排放量加起来占到全球总量的55%以上。10月初欧盟议会投票通过该协定，此举具有划时代的意义。195个国家就应对气候变化政策达成一致，旨在遏制全球气温升高的趋势。与工业化之前的水平相比，平均温差不应高于2℃。这意味着与1990年的水平相比，全球温室气体排放总量必须减少一半。这个任务基本要由工业国来承担。此外，工业国希望每年向气候基金注入1亿美元，以支持发展中国家重建能源供应系统，以及减少与气候变化相关的自然灾害所造成的破坏。

8000万吨塑料

一个塑料瓶完全降解需要450年之久。目前，约有8000万吨塑料在水中泡着。欧盟希望通过禁用某些塑料产品来减少水污染。这会有助于社会反思吗？

世界上从未有过如此多的国家就一项共同政策达成一致。但挫折随之而来：2017年6月，美国总统特朗普质疑气候变化现实，宣布美国将退出《巴黎协定》。理由是该条约对他的国家不公平，损害了美国的工业。无论是美国国内还是世界各地就此进行的抗议活动，都无法使这位总统收回这个错误的决定。

旧技术和新技术

为了遏制气候变化，欧洲再次大力提倡使用核电。1986年4月，乌克兰的切尔诺贝利核电站反应堆发生灾难性核泄漏事故。这让人们觉得，对核电的利用似乎已经到头了。西欧国家——主要是德国，就核能利用展开了激烈的辩论。"红绿联盟"执政期间一度拟废弃核能，但2009年时这一决议又被联盟党和自民党组成的新政府撤销。在2011年3月

西班牙的新能源发电技术

这是安达索尔太阳能电站的一角，位于安达卢西亚的塔贝纳斯沙漠附近。欧洲人正在尝试新能源的多种利用方式。

11日发生的东日本大地震中，日本福岛县的一些核反应堆熔毁并发生核泄漏。有鉴于此，德国联邦议院这才最终决定，到2022年关闭德国所有的核电站。

自1989年起，西班牙的可再生能源的生产增长率高于平均水平，尤其是在风力发电、生物质发电、城市垃圾焚烧和小型水电站建设等方面表现突出。西班牙政府规定，到2010年，可再生能源应占全国能源总消费量的12%，并以诱人的福利政策推动这一目标的实现。

太阳每年向地球输送超过10亿太瓦时的能量，是世界电力总需求的6万倍。因此，每天的太阳光照比任何可再生能源的开发潜力都要大，而且热能的储存成本比电能低得多。西班牙也是欧盟中走在太阳能利用领域前列的国家之一。安达索尔太阳能电站位于安达卢西亚，它的1~3号机组是由德国的太阳能千禧年公司研发的。其中的1号机组拥有欧洲第一部商业化的抛物线槽式集热设备，自2008年12月起一直在供电。2号机组于2009年完工并启动并网发电。太阳能千禧年公司还与德国慕尼黑城市电厂、莱茵电力集团公司、英诺吉公司、莱茵能源集团和北极星太阳能光伏网合作，建造了3号机组。2010年起，安达索尔太阳能电站已为约50万人提供电力，每年可减少45万吨的二氧化碳排放量。

数字时代的欧洲

欧洲中部的美因茨是古腾堡印刷机的诞生地，自1450年投入生产后，这一技术彻底改变了欧洲的文化传播方式，可以说是上个千年里人类历史上最重要的发明之一。

然而，随着互联网的飞速发展，古腾堡时代似乎即将结束。信息传播和交流沟通的新方式是基于数百万台计算机的联网。为了纪念计算机技术最重要的先驱之一——数学家艾伦·图灵（1912—1954），许多人也将其称为"图灵星系"。这种数字化和全球联网也引发了版权和权利管理问题。对于图书行业来说，它在21世纪的头10年重演了很多年前音像行业就经历过的事情——互联网和电子书阅读器等新技术的出现导致版权所有者的权益难以得到保障。在互联网时代，旧的商业模式受到威胁，除了网络盗版之外，知识产权还将会遭到何种形式的侵犯，仍然难以预测。

生活领域的日益数字化正在改变人们的阅读习惯和时间节奏，也改变了人们的一般认知观念和行为模式，同时创造了新的就业领域。它也加速了人们的形成性体验，无论是工作还是休闲，人们的步伐都在加快。从历史上看，数字化所取得的成就可以与工业革命相媲美，它对生活中的各个领域都造成了影响，尤其在知识传播方面。在古腾堡发明印刷机后的头五十年里，世界上的书籍数量大约翻了一番。但在1987年至2007年的短短二十年间，世界上的数据量增长了百倍，增长速度也越来越快。

专家总结的术语"大数据"有两个方面的含义：一是指不断增长的庞大数据；二是指基于信息技术的解决方案和系统可以帮助公司（和社会）应对信息洪流。特别是来自社交网络的非结构化数据占了大数据的很大一部分。与美国相比，欧洲在这一领域并不是先行者。但由于具有跟独裁统治打交道的历史经验，在利用宣传工具影响和操纵民众方面，欧洲人尤其敏感。欧洲对数据保护和数据伦理的争论之多是世界上少见的：什么是自决权和个人权利？外部控制和操纵从哪里开始？会针对个人开启全方位的监视吗？在日常生活中，公民不自觉地就会泄露个人隐私数据，如使用各种在线服务或在"脸书"上发送信息，通过智能手机上安装的软件订购比萨饼等。如果担心信息落入坏人之手，自我审查和一些保护性措施是必不可少的。然而数据既可以令我们的生活更加便利，同样也能被用来刺探和制造选民情绪，操纵市场和民主选举，甚至预测不远的未来。新技术的利用也可能对国际关系产生影响——2014年，爱德华·斯诺登提供的大量文件显示，美国正在窃取和存储欧洲的电子通信，数以百万计的欧洲公民被故意窃听和盗存数据，甚至连国家领导人的手机也未能幸免。美国政府辩称，他们对元数据进行分析是为了查找和追踪恐怖嫌疑人。但并不能排除在政治利益和经济利益的驱使下，有人正借此搞有针对性的间谍活动。

这种对电子通信的毫无顾忌的大规模监视，意味着有系统地侵犯个人隐私和公民自由，对人类共同的价值观提出了挑战。该如何平衡自由与安全并没有简单的答案，欧洲和美国在这个问题上的看法也存在很大分歧。9·11恐怖袭击事件是美国挥之不去的伤痛，许多美国人认为欧洲应该感谢这种监视，并"提醒"对方，德国汉堡曾是恐怖组织的根据地之一。除英国外，欧洲其他国家的安全局和特工部门甚至无法近距离接触全球恐怖活动和犯罪网络——因为缺乏专业知识和资金。简而言之，没有美国人的帮助就不可能建立欧洲安全联盟。这就是为什么欧盟司法专员薇薇安·雷丁称欧洲对数据间谍活动的愤怒是"虚伪的"。

欧洲公民经常问的一个问题就是，在国家的监视下或大型企业的参与下，如何保护个人的自由和独立？这是1789年法国大革命的核心思想，也是现代人权的起点。

9. 欧洲人正逐渐消亡吗

人口变化

自20世纪80年代以来，欧洲人口状况发生了根本性变化。尽管国家间存在差异，但总体来说，以下四项正是导致变化的原因：一是医疗保健的改善和医学的进步令死亡率不断下降，这被称为"治疗革命"，从1995年到2005年，欧洲人的预期寿命多了4年；二是出生率显著下降；第三，欧洲结束了大规模对外移民；第四，它成了一个移民大陆。

出生率下降是一个影响所有现代社会的长期过程，但与其他大洲相比，欧洲受到的冲击最大。家庭功能和结构的变化、妇女的解放、对个性化生活方式的追求、不愿生育和照顾家庭的意愿变强等都是导致出生率下降的因素，这意味着如今的社会结构是按成年人的需求量身定制的。伴随着人类预期寿命的增加，社会开始步入老龄化——青年人占总人口的比例在不断缩小，而老年人口的比例却在增大。这给社会保障体系带来了相当大的压力，也催生了很多问题。尤其是从长远来看，人们可能连养老保险都负担不起了。

欧盟国家的实际情况是怎样的呢？随着柏林墙的倒塌和东欧社会主义同盟的解体，1990年至2000年间欧洲人口的发展变化比第二次世界大战结束以来的变化更为强烈。自1989年以来，已有300万祖籍德国的人从中东欧以及苏联加盟共和国回到德国。欧盟成员国的新生儿出生率均出现大幅下降。1993年，德国东部平均每名妇女只生育0.77个孩子，成为当年"负增长世界纪录"的保持者。儿童数量不断下降和年轻人大量移民，已成为罗马尼亚、保加利亚、爱沙尼亚、拉脱维亚、乌克兰和白俄罗斯等国的两大人口特征。

然而在1960年至2000年间，出生人数跌幅最大的国家却依次是德国、意大利和西班牙。各取1960、1980和2000这三个年份，德国的每千人中新生儿所占人数分别为17.3人、11人和9.2人；意大利的数据是18.1人、11.3人和9.1人，西班牙则是21.7人、15.2人和9.9人。北欧国家的生育率一直都比较低，但并没有出现如此猛烈的下跌。在过去的几十年里，东欧和西欧的人口发展形势趋于一致。即使在深受天主教影响的波兰，出生率也从1960年的22.6‰降至1980年的19.5‰，在世纪之交更是急剧降至10.2‰。苏联的出生率降幅更为明显——人口发展趋势与民族创伤之间显然存在一定的联系。

2010年初，欧盟的总人口为5.011亿，占世界总人口的7%左右。人口发展与上年同期相比波动较大。卢森堡的人口增长了17.2%，而立陶宛人口却下降了6.2%。就总

欧洲的人口变化

法定养老保险是欧洲社会保障体系的核心。有迹象表明，未来养老金待遇将不断降低。2017 年，欧盟 65 岁以上人口数为 9900 万，而在 2001 年，这个数字还只是 7700 万。欧盟老龄人口占就业人口（15—64 岁）的平均比例是 24%，到 2017 年，这一占比升至 30%。未来还将加速上升。

少年和青年变少了

20 岁以下儿童和青少年人数（以百万计）

年份	人数
2001	114.2
2004	111.7
2005	111.1
2009	108.4
2010	108
2011	107.4
2012	106.9
2013	106.5
2014	106.3
2015	106.4
2016	106.6
2017	106.8

体而言，与 2009 年相比，19 个成员国的人口略有增加，而另外 8 个国家的人口则出现减少迹象。低生育率导致社会老龄化，这一趋势在未来可能会显著增强，将给国家的养老体系带来沉重负担。

福利国家的未来

现代福利国家是欧洲的"发明创造"。它是几个世纪以来发展的结果，各国的政策各有特色，起到的共同作用就是为欧洲现代民族国家的出现作出了重大贡献。

西方资本主义社会福利制度可以分为三种形式：自由制度（澳大利亚、加拿大、美国）、社团制度（德国、奥地利、法国）和社会民主制度（丹麦、挪威、瑞典）。如果具体到各个欧洲国家，则能看到四种变体：斯堪的纳维亚国家保护模式——把社会保障看作公民权利之一（丹麦、瑞典、芬兰）；盎格鲁-撒克逊模式——具有互补的、基于需求的护理和公共卫生系统（英国和爱尔兰）；欧洲大陆安全模式——将大部分社会福利与就业状况结合在一起（德国、奥地利、法国、比利时、荷兰、卢森堡）；以及南欧和东欧国家所采取的基本模式，这是一种混合体系，运行效率较低。

如果从更长远的角度来看，欧洲福利国家是一个划时代的成功模式，创造了世界上最发达的福利体系。其存在可能取决于几个因素：首先政府需要有进行社会改革的魄力，这关系到稳定社会保障、减少贫困、融合移民以及减少失业。其次关系到欧盟如何进一步制定与全民福利相辅相成的政策，会出台共同的社会政策吗？再次，始终支持建立福利国家的民间团体也要有发展空间，需要得到政府的支持。最后，欧洲福利国家的模式要想得到普及，还取决于欧洲国家能够在多大程度上公开展示它们的模式，以便其他地区的国家可以学习。

10. 欧盟中的不稳定因素

欧洲联盟对 1989—1990 年发生的全球政治动荡作出了革命性的反应——向中欧和东欧国家开放了怀抱。此举结束了"铁幕"对欧洲大陆的分裂，使某些国家的人民摆脱困境，有机会参与欧洲共同市场，并从中受益。最重要的是，加入欧盟的举动与这些年轻民主国家的艰难起步是相辅相成的，有助于帮助它们巩固新的社会秩序。这是欧洲又一次的觉醒。

为确保候选国也能如期成为正式成员国，在 1993 年欧盟哥本哈根峰会上就明确了加入的标准——"每个欧洲国家，只要尊重并拥护第 2 条所述价值观，都可以申请成为欧盟成员"。然而，制定规则者却没有预见到扩张的终点。1986 年，欧盟拒绝了摩洛哥的入盟申请，理由是该国确确实实不在欧洲。但是土耳其、乌克兰、白俄罗斯和摩尔多瓦呢？它们难道也不属于欧洲吗？还是像地中海联盟框架内的北非国家那样，仅能享受"特权伙伴关系"？

如果回看 20 世纪下半叶的欧洲历史，只有一件事是肯定的：欧洲永远不会停止变动。因此，许多合作模式都在考虑之中：区域组合的欧洲、不同速度的差异化整合、欧洲联盟或联邦国家。欧洲是否会有"终点"，或它应该有"终点"吗？

20 世纪 90 年代以来，欧洲一体化的步伐加快了。最重要的是，它不再局限于建立统一的经济市场，而是越来越多地涉及几乎所有的社会领域。因此欧洲发生的问题比以往任何时候都更加公开地拿出来辩论，不满和分歧总是存在。特别是那些想加入欧盟的东欧国家必须展示出诚意和实力，它们必须在几年内就完成西欧国家曾花费近两代人的时间才完成的工作。这些国家的经济落后，曾深受剧烈的去工业化的打击。社会的许多领域，尤其是社会制度，以近乎残酷的方式被推倒重建。这引发了深刻的动荡，并在很长一段时间内产生持续影响，甚至连国民的小家庭也陷入转型危机——从出生率的下降中可见一斑。

最后，人们不能忘记，东欧国家还得正视独裁政权下出现的受害者、加害者、罪行和赎罪的问题。想要加入西欧国家主导的集团，它们还需填平彼此之间政治和社会的巨大鸿沟。

欧洲的民主和人权应该遵循同样的基本政治原则。市场经济和追求充分就业相结合的同时实现社会正义，是公认的价值观。环境保护的观念也必不可少。消费品交流和人才交流的数量和频率正在稳步增加，整个欧洲处于相互交融和流动之中。大众消费不再

土耳其属于欧洲吗？

德国总理安格拉·默克尔和土耳其总统雷杰普·塔伊普·埃尔多安于 2017 年 2 月 2 日在安卡拉举行会晤后共同出席新闻发布会。在 4 月份有争议的宪法公投过程中，默克尔强调了言论自由、新闻自由和三权分立的重要性。有关土耳其加入欧盟的问题因此变得愈加尖锐。土耳其是否属于欧洲？还是只能拥有"特权伙伴关系"？

是"美国化"或"亚洲化"，而更加"欧洲化"，因为欧洲国家更喜欢彼此。当然，有些趋同是全球化进程所致，但欧洲的趋同最为显著，统一的社会模式已经确立。人们常常忘记，异质性、统一中的多样性以及对其他文化的开放性曾经是欧洲的标志。欧洲历史上所取得的成绩应该归功于这些特质。

欧洲仍然饱受民主缺乏之苦。伟大的欧洲人、资深的欧盟政治家、卢森堡首相让－克洛德·容克在 2002 年说过这样一段话："我们决定一件事，然后静观其变。如果没有人大惊小怪——因为大多数人甚至不知道决定了什么，我们就会一步一步地继续走下去，直到没有回头路。"这种无赖策略与民主对政治意志的理解是完全矛盾的。

这正是我们所担心的。有多少欧洲公民知道，有 60% 的法律不是在民族国家内部讨论决定的，而是在欧盟层面投票通过的？欧盟机构大多数决议只是将将过了批准的红线。谁能向欧盟民众明确表示，为了填补工作岗位空缺和保证社会福利，到 2020 年将需要大约 4500 万外籍劳工？无情地说出这样的事实

欧盟机构组织图

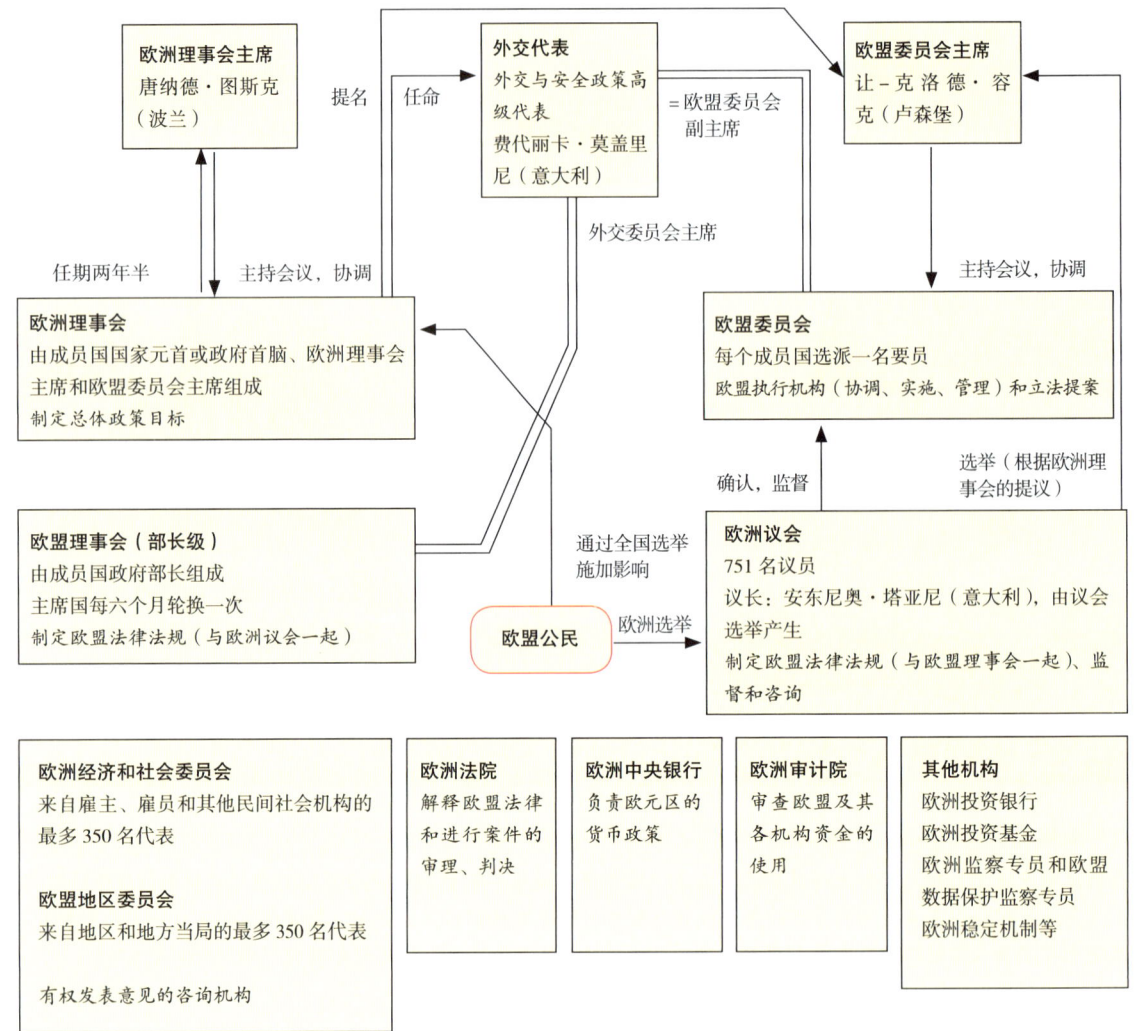

欧洲理事会主席 唐纳德·图斯克（波兰）
- 任期两年半
- 主持会议，协调

外交代表 外交与安全政策高级代表 费代丽卡·莫盖里尼（意大利）
- = 欧盟委员会副主席
- 外交委员会主席
- 提名、任命

欧盟委员会主席 让-克洛德·容克（卢森堡）
- 主持会议，协调

欧洲理事会
- 由成员国国家元首或政府首脑、欧洲理事会主席和欧盟委员会主席组成
- 制定总体政策目标

欧盟委员会
- 每个成员国选派一名要员
- 欧盟执行机构（协调、实施、管理）和立法提案

欧盟理事会（部长级）
- 由成员国政府部长组成
- 主席国每六个月轮换一次
- 制定欧盟法律法规（与欧洲议会一起）

欧盟公民 — 欧洲选举 / 通过全国选举施加影响

欧洲议会
- 751名议员
- 议长：安东尼奥·塔亚尼（意大利），由议会选举产生
- 制定欧盟法律法规（与欧洲理事会一起）、监督和咨询
- 确认，监督 / 选举（根据欧洲理事会的提议）

欧洲经济和社会委员会
- 来自雇主、雇员和其他民间社会机构的最多350名代表

欧盟地区委员会
- 来自地区和地方当局的最多350名代表
- 有权发表意见的咨询机构

欧洲法院
- 解释欧盟法律和进行案件的审理、判决

欧洲中央银行
- 负责欧元区的货币政策

欧洲审计院
- 审查欧盟及其各机构资金的使用

其他机构
- 欧洲投资银行
- 欧洲投资基金
- 欧洲监察专员和欧盟数据保护监察专员
- 欧洲稳定机制等

（数据截至2018年6月）

《里斯本条约》签订之后的欧盟机构（2007年）

是欧洲政治的任务，因为最终必须让欧洲公民相信欧洲统一是正确的。然而只有少数国家做到了，欧洲统一的理念仍被讽刺为所谓的"精英工程"。与世界其他地区相比，欧洲已经形成了一些历史性的特点。在现代欧洲，家庭总被视为是一个亲密的组织单位，家庭成员彼此团结，共同抵御外界的影响。此外，欧洲工作的结构和组织形式也与世界其他地方不同。和其他大陆的居民相比，欧洲人更重视工作的作用，也更明显地将工作和休闲区别开来。

在价值观和宗教方面，差异也很明显。世俗化不是一个普遍的过程，欧洲深受其影响。与世界其他地区相比，欧洲也从输出移民的大陆变成了国外移民向往的归处。此外，欧洲在20世纪取得的最伟大的成就之一就是福利国家的形成，福利体系涵盖了社会的许多领域，成为欧洲模式的核心组成部分，并成为其他国家学习的榜样。如果欧洲的内在多样性是这块大陆的真正特点，那么必须强调的是，这正是跨国公司在这里比其他地方更加发达的原因。空间规模较小的欧洲，不断地与其他大洲进行比较，也不断地向对方学习。

最后要说到暴力。由于两次毁灭性的世界大战将欧洲大陆变成了神魂俱灭的荒原，欧洲人一直在反思战争的意义。

欧洲一体化的历史有什么特点？它的主体并不是某个地理区域或人类集团，而是一个过程，欧洲化的过程。然而，这个过程却在2016年左右停滞不前，甚至一度出现"倒退"。到底发生了什么事情？

难以想象的事情发生了：英国脱欧

2016年6月23日，一场政治地震震动了欧盟：51.8%的英国选民（相当于所有合格选民的37.4%）投票支持英国脱离欧盟。

2010年下议院大选过后，保守党领袖戴维·卡梅伦继续担任英国首相。不仅是他所在的保守党内，国内质疑欧盟的人也明显增多。在2014年的欧洲大选中，反泛欧主义政党英国独立党获得27.5%的选票，成为英伦三岛上的最强势力。而卡梅伦多年来一直在玩弄手腕：一方面称是为英国争得"最佳利益"才会留在改革后的欧盟；另一方面他一再将自身政策失误归咎于布鲁塞尔方面的决定。2015年6月，英国议会通过了一项关于全民公投的法案，问题也问得很直接："英国应该继续留在欧盟还是离开？"英国随后与欧盟进行了为时两年的改革谈判，主要目的是为英国谋求某些特殊权利。卡梅伦曾自信地站在镜头前，称他在布鲁塞尔的表现足以使英国与欧盟达成和解，继续留在欧盟。

在英国历史上，很少有政府首脑会犯如此大的错误。相反的公投结果公布的当天，戴维·卡梅伦宣布辞职，将《欧盟条约》第50条规定的退出申请和谈判的任务留给了继任者特蕾莎·梅。欧盟历史上发生了前所未有的事情——没有扩大而是缩小了，一个成员国宣布退出。这是一个转折点。

英国在1973年才加入欧洲经济共同体，算是相对比较晚的。自此以后，在英国民众中争议一直不断。大多数政治家是从务实的角度看待欧洲统一，而不是将其视为价值共同体，他们关注的只是国家利益。他们也没有按照自己的想法改造欧盟。因此，英国与欧洲一体化之间总是包含着克制和误解。英国反对深化欧盟合作，拒绝作出重要决策，也不加入欧元区和申根区。也就是说，这个国家从未完全接受欧盟。

英国在两次世界大战中都是战胜国，并在第二次世界大战后继续视自己为全球政治中的重要角色。英国人的大国情结并没有得到欧洲大陆国家的强烈共鸣。对于欧盟以共识为导向的性质以及合作中难以言喻的大量妥协，大多数英国人感到无所适从，这与他们的政治风格互相矛盾。岛上的媒体经常指责布鲁塞尔方面是"替罪羊"。当然，对"德

英国脱离欧盟

一直到最后都有人难以接受的事情还是发生了——英国决定离开欧盟。这是欧盟历史上绝无仅有的事情。英国脱欧只是一个令人不安的孤立事件，还是欧盟大家庭分崩离析的开始？

其开始系统地寻求除欧盟之外的其他合作方。总统雷杰普·塔伊普·埃尔多安不愿继续听欧洲喋喋不休的抱怨，转而看到了通过与俄罗斯、伊朗和中国等大国合作，塑造未来主权大国的可能性。埃尔多安计划将土耳其打造成欧洲、亚洲和中东地缘政治交汇处的地区强国。在这一思想的指导下，土耳其很快成为该地区举足轻重的存在。它解决了与俄罗斯的冲突，也能很好地跟中国做生意，还在继续加强在非洲的影响力。土耳其寻求加入成立于2001年的"上海合作组织"，该组织的成员国有中国、俄罗斯、乌兹别克斯坦、哈萨克斯坦、吉尔吉斯斯坦、塔吉克斯坦、印度和巴基斯坦。

在这种情况下，土耳其议会中的大多数人更不愿意为了加入欧盟而让渡某些国家主权。欧盟和土耳其有好长一段时间仍然是两股道上跑的车，双方都应该为这种状况负责。到后来对话越来越像是一场巨大的争吵，很明显，加入欧盟不再是土耳其政府的理想目标。对于土耳其的领导人埃尔多安来说，欧盟成了彻头彻尾的敌人。在难民危机期间，

国的欧洲"的恐惧也起到了不可低估的作用。2009年在德国、西班牙和瑞典进行了一项民意调查，约有60%的人表示加入欧盟对他们的国家有利，其他欧盟成员国的情况也大同小异。但在英国，只有30%的人持这种看法。绝大多数英国人，特别是老年人，他们几乎完全根据国籍身份来定义自己，所谓的欧洲认同感在英国一直很弱。

到2019年，英国退出欧盟已成定局。这将对欧洲和英国产生什么长期影响，目前尚无法完全预见。从本质上讲，英国举行的公投对欧盟的监管模式提出了挑战，无论人们今后采取什么措施扭转这一局势，英国退出欧盟仍然是欧洲一体化的倒退，也将是欧洲成功传说中不光彩的一笔。欧盟中的第二大经济体，也是第二大净贡献国，在加入44年后选择了离开。

从全球范围来看，欧盟的声望和信誉已经遭受了打击。许多人担心英国会成为一个不好的先例，在质疑欧洲一体化的国家身上会出现"多米诺骨牌效应"。力量平衡出现动摇，德国和法国的影响力变强，所谓"德国的欧洲"的说法又开始冒头。特别是欧盟成员国内部和国家之间的分裂危险加大了，有人担心彼此之间的合作会被削弱，新产生的敌意可能四处蔓延。在英国公投期间，从英国人对欧盟及其成员国，尤其是德国的羞辱中就呈现出了这种趋势。

欧盟在英国脱欧谈判中应该采取什么样的立场呢？另一个问题随之浮出水面：英国是要"硬"脱欧还是"软"脱欧？英国要走出去多远——即使只是出于尊严——也应该知道什么是不可逾越的红线。脱欧方式也是英国国内政治辩论的焦点。和英格兰相比，苏格兰的大多居民持亲欧盟的立场，而北爱尔兰因为靠近欧盟成员国爱尔兰，更希望争取对自己有利的条件。

土耳其与欧洲渐行渐远

2005年，土耳其开始与欧盟进行入盟谈判。此举在欧盟各成员国内引起极大争议。支持者表示，在9·11恐怖袭击事件之后，有必要通过接纳土耳其来表明西方和伊斯兰世界不是对立的。而且当下的时机也很合适，土耳其民众于2002年首次选出了一个态度温和的执政党，该党在入盟方面持积极的态度。而反对土耳其加入欧盟的一方认为，不应该被地缘政治因素裹挟，土耳其在历史上从来都不属于西方，彼此的价值观也有天壤之别。光是人口问题就是一个很大的隐患——倘若接纳土耳其，按照该国人口的发展趋势，几年后它就会成为欧盟人口最多的国家。

但是10年之后，土耳其政府已不再把欧盟当回事，而且自第一次世界大战后建立共和国以来，它与欧洲的距离比以往任何时候都要远。这些年来到底发生了什么？

欧盟一再对土耳其表现出冷淡的态度，最终宣布，土耳其现在还不够资格加入欧盟。这种家长式作风和判断并非没有依据——土耳其的基本民主权利状况本就不佳，远未达到哥本哈根的标准。近些年来，土耳其在与欧盟的贸易中受益匪浅，2002年起经济年增长率约为7%。这大大增强了土耳其政府的自信心，加上欧盟方面的有意拖延，导致土耳

欧盟奉承他，因为土耳其是将欧洲与来自叙利亚的难民隔离开来的关键。2016年7月，试图发动政变但未遂的一些土耳其军方人士和外交官逃到欧盟国家寻求庇护，这些国家拒绝了土耳其提出的引渡要求。在这种情况下，土耳其加入欧盟一事已成为不切实际的幻想，入盟谈判正式停止。

欧盟是否还需要土耳其，或土耳其是否还需要欧盟，这个问题目前没有明确的答案。在难民政策方面，欧洲似乎仍要依赖土耳其的配合。根据协议，土耳其应加强边境管控，欧盟则应在2018年之前提供60亿欧元用于改善那些设在土耳其的难民营的生活条件。在经济上，欧洲和土耳其之间的贸易可能会受到严重影响，这显然主要是土耳其该承担的代价——由于缺乏法律保障，欧盟的投资已经在萎缩。在反恐方面，土耳其及其北约伙伴（主要是德国）合作，但它又禁止德国议员访问因吉尔利克空军基地，这导致德国联邦国防军很快撤走，暂时驻扎在约旦。作为北约盟国，土耳其具有重要战略意义，如何利用好这种关系成了北约秘书长挪威人延斯·斯托尔滕贝格的首要任务。

欧洲东部的黎明

有人认为，2004年以后吸收这么多国家加入欧盟有点轻率和仓促，而随后的事实似乎证明这种看法不无道理。新成员的加入并没使欧盟的实力得到增强，反而被削弱了；非但没有促进团结，分裂的病菌反被带进了欧盟。当然新成员中也有模范国家，如立陶宛、拉脱维亚和爱沙尼亚这波罗的海三国。它们的改革大体上是成功的，在某些领域还走在整个欧盟的前沿，如爱沙尼亚的数字化就达到了世界先进水平（这一方面也有欧盟专员的贡献）。克罗地亚也积极进行改革，彻底清算了南斯拉夫战争期间犯下的战争罪行，在2013年被接纳为欧盟第28个成员国。这既是给了整个巴尔干地区发展的机会，也提振了欧盟的士气。2007年加入欧盟的罗马尼亚和保加利亚却令人担心——改革十年的成果仍不尽如人意，腐败现象也没有得到有效遏制。如果有什么能阻止这些国家进一步陷入混乱，那就只有欧盟委员会。

而面对匈牙利时，欧盟委员会似乎很难起到什么作用。2016年以来，和波兰一样，匈牙利在民主方面有所倒退，民族主义有露头的迹象。2010年，保守党青年民主主义者联盟（青民盟）与基督教民主人民党（基民党）结成选举联盟，赢得了匈牙利议会的三分之二多数席位。2014年，凭借新修改的选举法，执政联盟在议会中仍然保持有三分之二的多数优势。尽管在2015年的补选中失败，但该执政联盟还是在2018年的重大选举中获得胜利。

匈牙利总理欧尔班曾说过："民主的不一定是自由的，非自由的也可以是民主的。"这与哥本哈根标准的精神几乎格格不入。更糟糕的是，欧盟委员会和欧洲议会却对此表现出模棱两可的态度，这动摇了人们对欧洲价值观的信任。

一方面，许多东欧国家的人民将欧盟（以及北约）理解为一个政治、社会和军事安全网，另一方面，政治家们则通过辱骂欧盟

连接克里米亚半岛和俄罗斯的克里米亚大桥

弗拉基米尔·普京认为,拿下克里米亚是在捍卫俄罗斯国家利益。他的反对者和欧盟则认为,这明显违反了国际法。会不会因此引发新的东西方冲突?由于欧盟的制裁,欧洲公司被禁止参与克里米亚大桥的建设。尽管如此,这座俄罗斯最长也是欧洲最长的桥梁最终还是建成了。

获得选票——他们成功了,却以牺牲欧洲一体化为代价。在1989年的剧变之后,谁能想到还会有这么一天?

吞并克里米亚

即便在面对民族自私方面的态度摇摆不定,但欧盟各国在过去几年里发生的最大的冲突之一,即2014年的克里米亚事件中站在了同一阵线上。在与乌克兰的军事冲突中,弗拉基米尔·普京领导下的俄罗斯将这个半岛收入囊中,而在乌克兰东部,特别是煤矿所在地顿巴斯,冲突仍在继续。这一行为导致了冷战结束以来最尖锐的东西方对抗局面,所有试图解决危机的外交努力都宣告失败,西方只有诉诸制裁手段。作为第一步,欧盟决定暂停与俄罗斯有关签证便利化的谈判,冻结那些疑似破坏或威胁乌克兰领土完整、主权和独立的俄罗斯人和乌克兰人的资产,限制不受欢迎的人入境,欧盟境内企业被禁止在克里米亚地区开展业务(但时有"漏网之鱼")。俄罗斯再次将自己定义为独立的世界大国,不惜将欧盟作为对手之一。

11. 欧洲将走向何方

"梅塞堡的实用主义"

德国总理安格拉·默克尔和俄罗斯总统弗拉基米尔·普京于8月18日在梅塞堡见面，并进行了长时间的会谈，但事后双方均对会谈内容保持沉默。通过两人友好的姿态可以感知到某种信号——在全球危机面前，各方希望且必须共同努力。乌克兰东部的和平进程停滞不前，叙利亚还在打仗。由于经济压力越来越大，俄罗斯总统正在寻求与欧洲和解，并寄希望于德国总理的斡旋，而德国则期待俄罗斯能释放出危机将得到解决的信号。

德国：温和的主导力量？

从欧元危机到难民危机，德国在欧洲的新政治影响力不容小觑。无论人们承认与否，位于欧洲大陆中部的德国就是欧洲的"心脏"。由于该国曾在欧洲造成的罪恶和悲剧，许多人认为德国必须对欧盟的未来负有责任。也正因为如此，现在的德国仍难以摆脱"纳粹"和"第四帝国"的阴影。从外国的视角来看，德国常常是一个可敬的敌人，或是一个讨厌的朋友。

英国广播公司分别于2013年和2014年进行的一项全球性调查揭示了令人震惊的事实——德国已经成为地球上"最受欢迎的国家"。共有来自25个国家的2.5万人参与了这项调查，结果显示，在联合国193个成员国中，德国是"对国际社会产生最大积极影响的国家"，柏林被认为是"全球最酷的城市"之一。

从纳粹罪犯的老巢、国际社会的众矢之的，到众望所归的"向往之国"，仅仅只过去了70年！这种转变必须要引起人们的注意。朋友和反对者怎么看待这个欧洲的核心，以及如何认定它在欧洲统一中的作用，是至关重要的。能否小看，甚至无视它的实力？而德国是否应该承担起重大责任？以历史为鉴，德国想要取得一众欧洲邻居的信任并不容易。

如果德国人毫无动作，反而会令邻居更为不安。波兰外交部长拉多斯瓦夫·西科尔斯基就在2011年12月说道："我不怎么担心德国成为强国，我更害怕德国无所作为。它已经成为欧洲不可或缺的一部分，必须带领欧洲向前进。"

德国现在凭借经济实力以和平方式成为欧洲的领头羊，反而达成了它在 20 世纪上半叶凭借军事力量两次想达成而没有达成的目的。与此同时，对德国的指责也从未停歇过。在许多国家，尤其是希腊，还有匈牙利和波兰，反德情绪不断高涨，甚至扩大到反对整个欧洲一体化。孤立主义和民粹主义在法国蔓延。英国更是无法容忍其他国家在欧洲大陆君临天下，这也是英国决定脱欧的原因之一。

在与法国的密切合作中，德国领导人利用智慧，谨慎并富有远见地发挥着领导作用。可以将这个角色形容为"仁慈的霸主"——成败取决于如何与他人取得共识。事前进行充分的准备，通过合作和不断协商达成一致，而不是强制推行某个决定。德国必须清楚，它的决定对欧洲其他国家会造成重大影响，例如推行战后最严厉的财政紧缩政策，以及最初在没有达成协议的情况下实施的难民政策。如果德国很穷，就不会吸引那么多难民，他们会在欧盟的边缘停下脚步。德国对这个问题的处理方式及其人道主义政策影响了许多难民途经的国家。"欧洲中心"的说法不仅仅是指德国的地理位置，这也彰显了它的政治地位，迫使它必须充当经纪人和调解人，这并不容易。尽管德国对合作伙伴提出了合理的批评，"出口第一"的德国还是应尽量避免把自己放到"道德第一"的位置上。否则容易刺激伙伴国中的反德情绪，也会损害欧洲的整体利益。

疏远美国

欧洲与大西洋彼岸的伙伴美利坚合众国的关系目前并未处于最佳状态。2014 年，美国总统巴拉克·奥巴马在布鲁塞尔发表了一段义正词严的讲话："欧洲是美国最亲密的伙伴，欧洲是我们对全球承诺的基石。当欧洲和美国站在一起时，世界会更安全、更公平。"欧盟委员会曾与美国政府就数据安全进行谈判，并制定了跨大西洋数据交换的规则。但爱德华·斯诺登曝出的窃听丑闻，使人们的欢喜变成了浮云，对欧美长期的合作伙伴关系提出了考验。欧洲法院在 2015 年宣布，欧美之间签订的《安全港协议》无效——法官认为，美国并没有为欧洲用户的数据提供足够的保护。

共和党人唐纳德·特朗普于 2017 年 1 月成为第 45 任美国总统。在他任职期间，很多事情都被重新评估——从国防安全到经济贸易，再到移民问题。令特朗普愤怒的是，仅美国一国就负担了北约 70% 的国防开支，他要求欧洲国家加大经费投入。为了给欧洲人施加压力，特朗普称北约已经"过时了"。第二次世界大战以来，美国第一次不再是可靠的伙伴了吗？虽然欧盟长期以来一直致力于建立自己的国防联盟，各国军队已经开启了相关合作，但想拥有类似北约的指挥结构和真正的威慑力及防御力，还有很长的路要走。

在贸易方面，新总统打着"美国优先"的旗号，采取贸易保护主义。计划中的跨大西洋自由贸易协定被无限期暂停，特朗普希望与欧盟成员国逐个达成双边协议，但没有成功。特朗普威胁那些在国外生产产品却在美国销售的外国公司——例如汽车制造商宝马，将对它们课以高额的惩罚性关税。不过欧洲一直是美国最重要的出口市场，因此有办法对抗美国的保护主义。2018年双边局势走向恶化，甚至到了要打"贸易战"的程度。美国退出了《巴黎协定》——欧洲人一直视此协定为骄傲，这是一次严重的倒行逆施，因为气候保护只能是一项全球性任务。

一时间，跨大西洋伙伴关系出现了深深的裂痕，欧洲人应该借此机会好好反思自己的价值观和优势，而不是进一步主动破坏关系——毕竟美国总统的任期不会超过两届。

焦虑的瘫痪还是最终的改革？

英国的脱欧之举令欧盟失去了一个重要支撑，但这也可能是欧洲的机会。过去在建立更为高效和民主的欧洲联盟过程中，英国一直就是个障碍。英国是欧盟进一步推进一体化进程的铁杆反对派，现在它退出了。漫长的脱欧谈判从侧面证明了欧盟对其成员国意味着什么——通过共同市场保障劳工权利、消费者权益和实现经济增长。对于欧洲公民来说，这些已经成为理所当然的事情。脱离欧盟之后，担忧和恐惧的情绪开始在英国蔓延，英国人对国民经济的发展前景和全球金融中心之一伦敦的未来忧心忡忡。

英国的退出不会令欧盟"立即死亡"，反而却意外地唤起了人们对欧洲统一的同情，因此欧盟更有可能借此重新焕发青春。2017年，成员国对欧盟的支持率再次大幅上升，新的亲欧情绪滋长，反欧的民粹主义却似乎开始消减。西班牙、荷兰和德国对欧洲一体化的支持率增加了18%；不少东欧国家虽然仍心怀不满，但支持欧盟的呼声也很高；即使在经济陷入困境的希腊，欧盟的支持率也逆势上升，"希腊脱欧"的声音没了市场。据一家美国知名调查机构进行的民意调查，18—34岁的年轻人对欧盟的评价尤其高，这个结果令人感到既震惊又欣慰。欧盟是和年轻一代人共同成长起来的，他们对欧盟的支持率比全年龄段的平均水平高出约四分之一，最高的支持率出现在波兰，为79%，其次是匈牙利和荷兰。当被问及未来是否应该将更多的国家权力转移到欧洲层面时，法国、西班牙和德国三个国家以超过30%的支持率占据前三甲，来自这些国家的另外大约三分之一的人表示应该保持原样，还有三分之一的人则主张加强国家权力。然而，必须强调的是，局势仍然非常混乱，人们的立场摇摆不定。例如，在2018年的意大利议会选举中，那些对欧洲持批评态度的人重新执掌了国家大权。

在唐纳德·特朗普当上美国总统之后，欧美之间出现了严重的分歧，欧洲人普遍认为应该把命运掌握在自己手中。这种认识的出现恰逢其时，因为自20世纪下半叶以来，以西方价值观为基础的主张和平、统一的欧洲形象已经深入人心。虽然由于美国倒行逆施的政策，欧盟在2016—2017年着实吃了一些苦头，但最终这些苦头却可能产生积极的作用，帮助欧盟复苏。生活在这样一个越来越失控、难以适应的世界中，欧洲公民的联系反而更加紧密。在这个国际背景下，欧洲必须显得更加自信，更加独立——因为它代

特朗普和金正恩在新加坡首次会面，握手后会取得什么成果？
在双方通过推特你来我往沟通数次之后，美国总统唐纳德·特朗普与朝鲜领导人金正恩于2018年6月12日举行了会晤。他们希望能为两国关系取得新的突破。这次会面将对欧洲及欧美的关系产生怎样的影响？朝美两国的政治分歧会有改观吗？

表了一个价值共同体，也是一股极其重要的经济力量。

我们的欧洲

欧洲缺乏一种可以激励公民的、类似于"我们的欧洲"的认同感，正是这一现状才令局势如此不稳定。原本应是价值共同体的欧盟，似乎只剩下一个联盟的结构，成员国只顾自己的利益，不再顾全大局。欧盟内部的动荡——无论是欧元危机、乌克兰危机还是难民危机，都指向同一个问题：欧洲的核心究竟是什么？与外界的重大挑战将导致内部更加团结的预期相反，欧盟呈现出一幅相当令人沮丧的景象。最重要的是，它缺乏行动力和决心，以及历史责任感。人们好像完全忘记了，正是在欧元危机期间，欧盟获得了诺贝尔和平奖。欧洲作为1945年后的和平力量，可以如此不负责任吗？欧洲战胜了专制统治，还帮助东欧国家放开脚步走向民主、建设公民社会，可以当这一切都不存在吗？欧洲不正是带领大家走出暴力和专制历史的"火车头"吗？如果这一切都被遗忘，或被嘲

欧洲脉搏：一场拯救欧洲的公民运动（美因河畔的法兰克福，2017 年）

欧洲受到了批评，欧洲一体化遭到了质疑。因此，欧洲各地发起了亲欧倡议，希望让欧盟的理念再次清晰起来："欧洲还活着！"是否需要经历一场危机才能让欧盟的成就重新得到公众的认可？欧盟将以怎样的新形象示人？

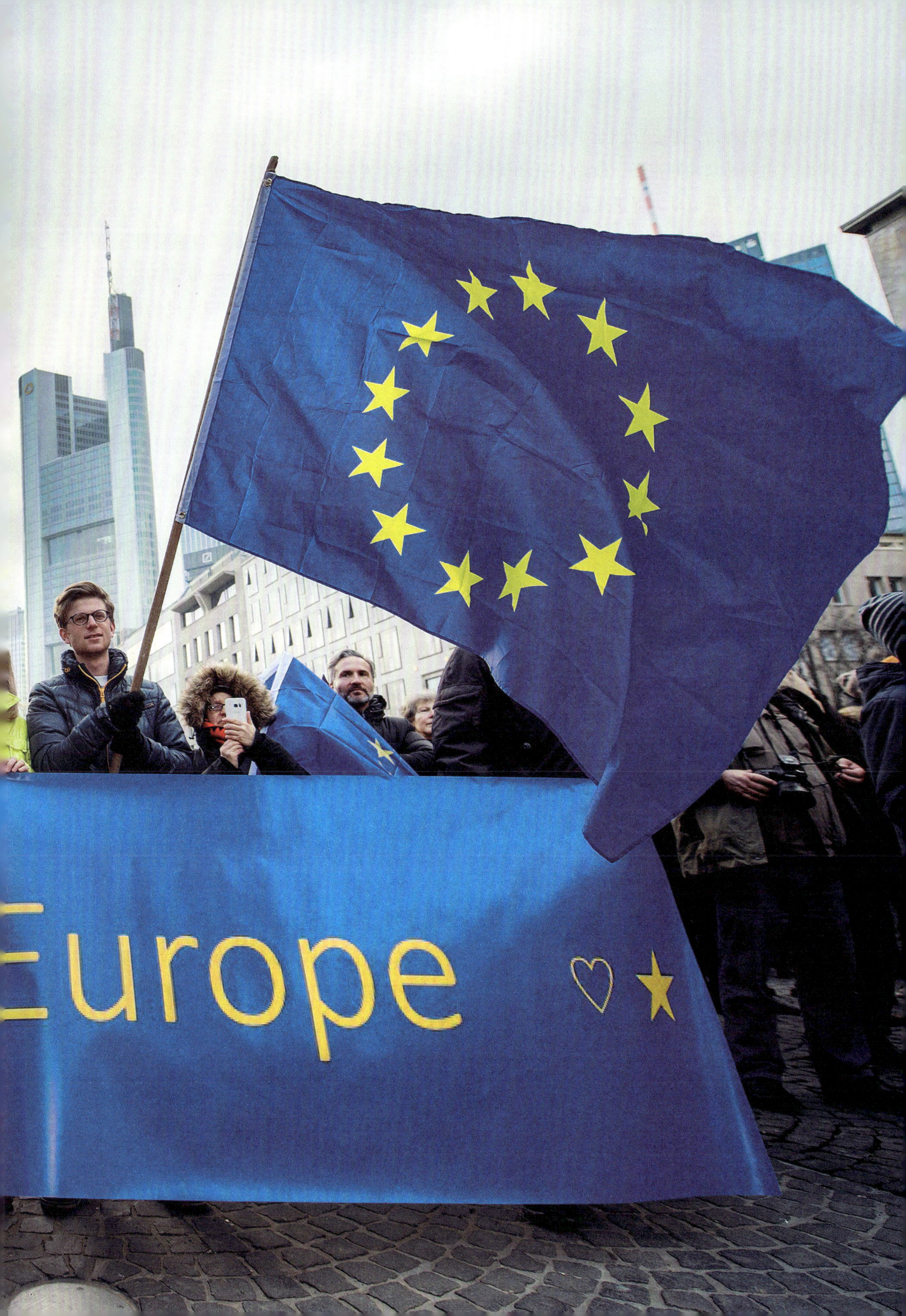
Europe

笑为浪漫的神话，那么欧洲至少还应是一个拥抱自由贸易和共同市场、鼓励人员和资源自由流动和跨境流动、促进生活方式和文化融合的实体。当"伟大的叙事"仍然存在时，我们要不断地问自己对欧洲的新想法、新愿景是什么。不了解过去意味着永远无法赢得未来。欧洲货币联盟原本是一个能够促进和平的项目，却成为了一道屏障，悲观情绪向外蔓延。不断反思自身问题似乎是欧洲危机的解决方案之一，但由民族利己主义者描绘的黑暗图景就一定是真实存在的吗？总体而言，欧洲仍然拥有世界上最大的经济体、最强的对外出口能力、最好的教育和社会福利，能够最大程度地保障人权和公民权利。但有时你也能感受到这种盛世背后流露的疲惫。

欧盟场景

是改革还是瘫痪，这是2017年春季欧盟委员会面临的选择。委员会主席让－克洛德·容克向欧洲议会提交了一份白皮书，提到了对欧盟未来的五种设想。在他看来，英国脱欧之后，欧盟必须翻开新的篇章。他的模式从"继续像以前一样"到"采取更多的联合行动"，一直畅想到2025年的情形。他的设想很清晰，当然也存在问题。

第一种设想是让一切保持原样。但此举伴随着危险，欧盟将在新危机面前无能为力，甚至面临解体。所以这不可能是一个非常严肃的选择。第二种设想是仅关注内部市场。如果成员国不再想就更深层次的政治一体化达成一致，唯一剩下的就是经济共同体，换句话说，就是倒退回欧洲经济共同体的时代。

第三种设想则更具挑战性。他描述了一个按多种速度发展的欧洲（这一想法早在20世纪90年代就已讨论过），可以在国防、内部安全和社会福利政策等领域搞"自愿联盟"。但是，困境也是显而易见的——欧盟的决策将会变得更加复杂和模糊，欧盟公民的权利大小将取决于他们所在的国家属于哪个群体。根据参与领域以及所归属的团体，将会产生"较重要"的国家和"不太重要"的国家。

"更少，但更有效"，这就是第四种设想。欧盟将精力集中于个别领域，例如边境安全和整体防御，而从其他领域退出，将权力下放给各民族国家。这样欧盟就能够在精简过的领域内更快地采取行动。

第五个设想最具前瞻性，寄希望于更多的联合行动。欧盟应该在各个层面获得更多的权力以获取资源和制定决策。欧盟法律的地位变得更高，这就意味着各个国家的政府权力将被进一步削弱。但欧盟真的有这样做的合法的民主基础吗？在这种情况下，不是必须得提前修改很多章程吗？光是设定投票的比例就够让人头疼的了。"更多权力归欧洲"，这说起来容易，而在现有结构的基础上实施起来可能很困难。举一个例子：由于像马耳他这样的小国在欧洲议会中的席位很少，但它们的票数权重却一直在增加。在2014年欧洲选举中，斯洛伐克选民手中的选票价值就是德国选民的9倍。考虑到至今欧盟最强大的机构不是议会或委员会，而是中央银行和欧洲法院，一切都会变得更加复杂。民主没有更加进步，反而还出现了"赤字"。虽然维持现状并不是一个好的选择，但容易看到欧盟将会在哪些情况下陷入困境。从积极的一面来讲，欧盟正处于十字路口，生死存亡取决于改革的成果。

2017年5月7日，当时只有39岁的埃马纽埃尔·马克龙在与国民阵线的玛丽娜·勒庞的对决中，以坚持欧洲政治理念的姿态获得胜利，当选法国新一任总统。他的走马上任被大多数国际评论员誉为"拯救欧洲"之举。舆论认为如果勒庞当选，那么欧盟存在的日子就屈指可数了。现在看来，右翼民粹主义者的落选似乎表明，反欧的民粹主义已经日薄西山。2017年3月，荷兰右翼民粹主义者就失败在先。在奥地利，亲欧盟的亚历山大·范德贝伦于1月成为总统。但进入2018年之后，潮流却再次逆转，在德国、奥地利和意大利，民粹主义政党在全国

欧洲右翼政党

	党派的实力 百分比	党派的名称
比利时	4	弗拉芒联盟
保加利亚	13	爱国者阵线（9%），沃利亚（4%）
丹麦	21	人民党
德国	13	德国选择党
爱沙尼亚	8	爱沙尼亚保守人民党
芬兰	18	芬兰人党
法国	14	国民阵线（13%），法国崛起党（1%）
希腊	11	金色黎明党（7%），独立希腊人（4%）
爱尔兰	—	—
意大利	21	北方联盟（17%），意大利兄弟党（4%）
克罗地亚	—	—
拉脱维亚	17	全国联盟
立陶宛	5	秩序与正义党
卢森堡	7	选择民主改革党
马耳他	—	—
荷兰	14	自由党（13%），民主论坛（1%）
奥地利	26	奥地利自由党
波兰	47	法律与公正党（38%），国民运动（9%）
葡萄牙	—	—
罗马尼亚	—	—
瑞典	13	瑞典民主党
斯洛伐克	17	斯洛伐克民族党（9%），我们的斯洛伐克人民党（8%）
斯洛文尼亚	—	—
西班牙	—	—
捷克	11	自由和直接民主党
匈牙利	69	青年民主主义者联盟（简称青民盟）（50%），更好的匈牙利运动（19%）
英国	13	英国独立党
塞浦路斯	4	全国人民阵线

埃马纽埃尔·马克龙于2017年在法兰克福歌德大学讨论欧洲现状

他会是那个负责重塑欧洲的人吗？当选法国总统后，他没有播放国歌《马赛曲》，而是选择了被称为"欧洲国歌"的《欢乐颂》。他的改革计划推动了关于欧洲未来的大讨论。他能在欧盟中找到支持者吗？他会唱响"欧洲向前进"中的变奏曲吗？

大选中出尽风头。亲欧盟的势力只有打破僵局，提出新想法，才能获胜。尽管经历了种种危机，但自由理想在欧洲依然存在，埃马纽埃尔·马克龙为其注入了新的活力。他的新政党"共和国前进"就代表了一个承诺，欧洲现在也需要"前进"。马克龙呼吁法德两国加强合作，并警告东欧成员国，欧盟不是一个予取予求的自选超市，其成员必须坚定价值观。他还制定了具体的欧洲政策目标，特别是设立欧元区统一预算，旨在促进金融稳定和社会融合。他希望加强欧洲议会的权力，主张用欧洲选举人名单代替国家名单。

因此，欧洲统一实际上又获得了动力。欧洲会积极行动、团结一致、坚定决心，还是只会在全球政治中随波逐流？它的历史遗产、源于启蒙运动的积极价值观、法治和人权，能时刻被铭记在心吗？欧盟机构内部的改革绝不能半途而废，因为争取民心的战斗还远未结束。

欧洲多国最终能用一种声音说话吗？尽管这个多元化的大陆存在各种必要的差异，但会不会出现一个强大的"我们的欧洲"？尽管困难和危机接连出现，但有件事决不能被忘记——1945年后的欧洲是这个世上最伟大的成功。一个曾经充满暴力和血腥的大陆，被铁幕分割后最终归于宁静，人们团结在一起，民族相互和解——这段历史是独一无二的。这个欧洲就是一部自由运动的历史。它是新时代最漂亮的孩子。独裁统治被推翻，具有较高社会标准的自由公民社会占了上风。如果后代要浪费这一遗产，那将是多么愚蠢，甚至是不负责任。

人员自由流动	服务自由流动
取消内部边境管制 协调难民和移民政策 工人的行动自由、欧盟公民的定居权和居住权	有权设立分公司、开放跨境服务 银行和保险服务的自由化 开放运输、邮政、电信和能源市场
货物自由流动	**资本自由流动**
取消边境管制 无关税，无数量限制 协调或相互承认标准和法规 税收协调	欧盟内部和国际的支付和资本流动 投资和存款的自由流动 金融市场一体化 证券交易自由化

欧盟内部市场及其四大自由

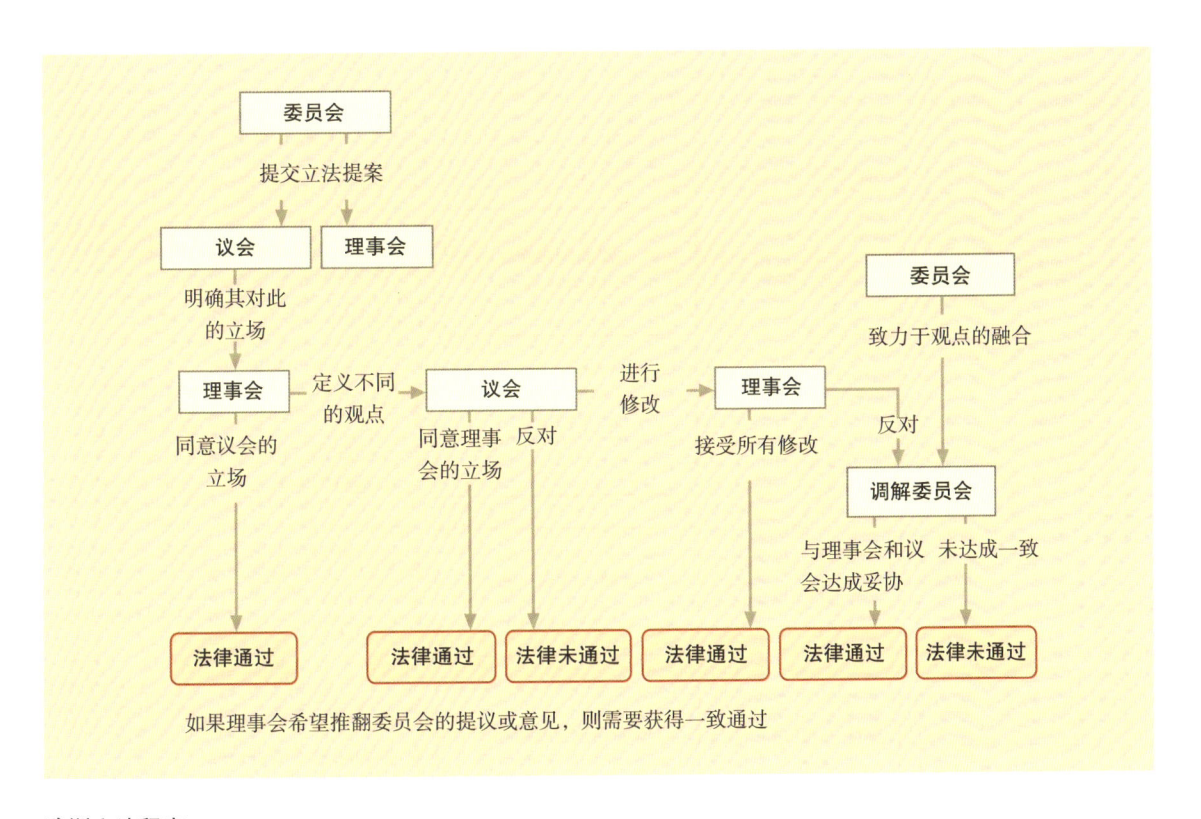

```
                    委员会
                      │
                 提交立法提案
                   ↓      ↓
                  议会    理事会
                   │
              明确其对此
                的立场
                   ↓
                  理事会 ──定义不同的观点──→ 议会 ──进行修改──→ 理事会           委员会
                   │                        │    │              │         致力于观点的融合
              同意议会                  同意理事  反对        接受所有修改      │
                的立场                   会的立场                                反对
                                                                                ↓
                                                                            调解委员会
                                                                    与理事会和议    未达成一致
                                                                    会达成妥协
                   ↓            ↓         ↓           ↓              ↓              ↓
                 法律通过    法律通过  法律未通过   法律通过        法律通过       法律未通过
```

如果理事会希望推翻委员会的提议或意见，则需要获得一致通过

欧洲立法程序

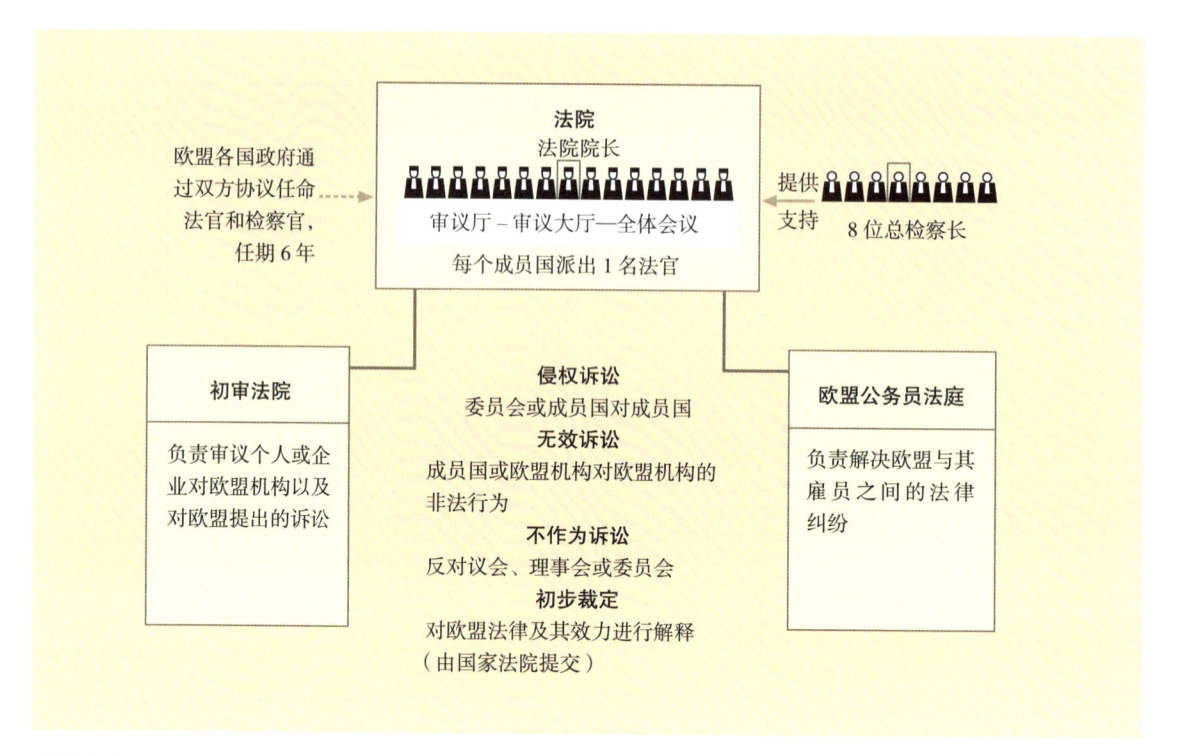

```
                           ┌─────────────────────────────┐
                           │          法院               │
                           │       法院院长              │
  欧盟各国政府通           │ 👥👥👥👥👥👥👥👥👥👥👥    │   提供    👥👥👥👥👥👥👥
  过双方协议任命 ┄┄┄┄┄→ │ 审议厅－审议大厅—全体会议  │ ← 支持    8位总检察长
  法官和检察官，           │  每个成员国派出1名法官      │
  任期6年                  └─────────────────────────────┘
                              │                    │
         ┌────────────────────┤                    ├──────────────────────┐
         ↓                    ↓                    ↓                      ↓
  ┌─────────────┐      侵权诉讼                                    ┌─────────────┐
  │  初审法院   │      委员会或成员国对成员国                      │欧盟公务员法庭│
  │             │      无效诉讼                                    │             │
  │负责审议个人或企│    成员国或欧盟机构对欧盟机构的                  │负责解决欧盟与其│
  │业对欧盟机构以及│    非法行为                                      │雇员之间的法律 │
  │对欧盟提出的诉讼│    不作为诉讼                                    │纠纷           │
  │             │      反对议会、理事会或委员会                    │             │
  │             │      初步裁定                                    │             │
  │             │      对欧盟法律及其效力进行解释                  │             │
  │             │      （由国家法院提交）                          │             │
  └─────────────┘                                                  └─────────────┘
```

欧洲法院

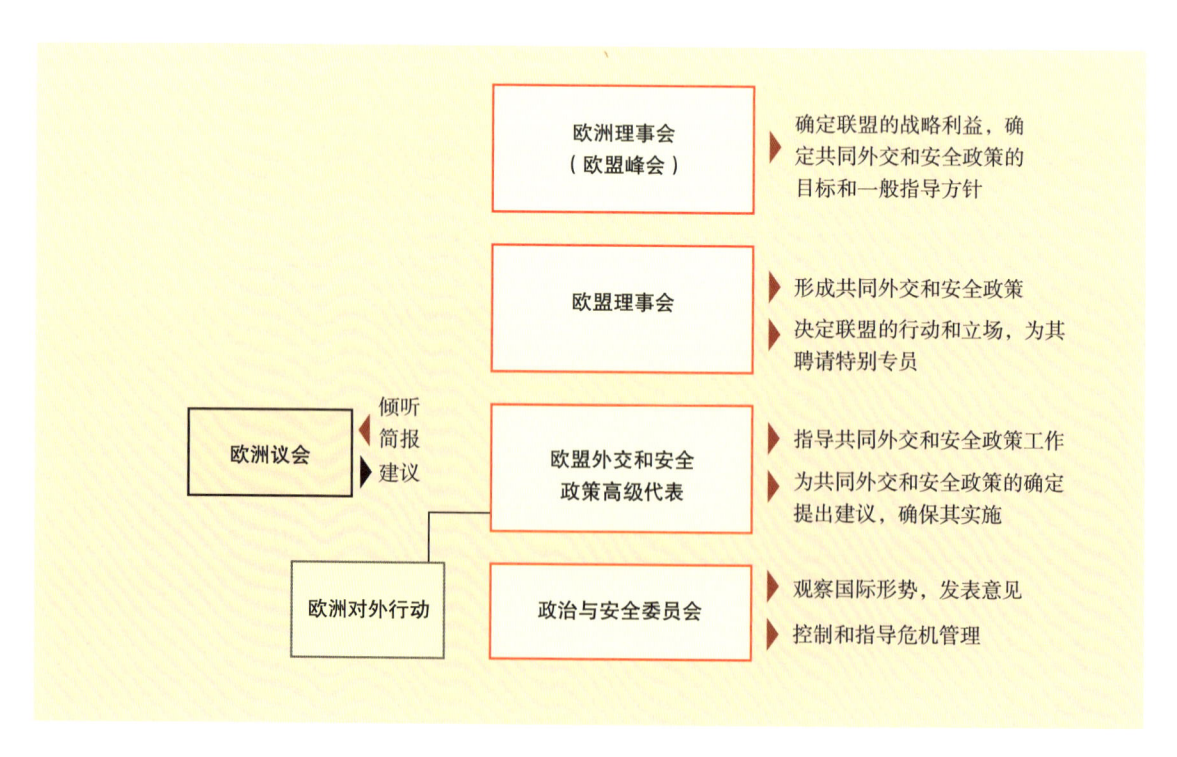

```
                          ┌──────────────────┐   ▶ 确定联盟的战略利益，确
                          │   欧洲理事会     │     定共同外交和安全政策的
                          │  （欧盟峰会）    │     目标和一般指导方针
                          └──────────────────┘

                          ┌──────────────────┐   ▶ 形成共同外交和安全政策
                          │   欧盟理事会     │   ▶ 决定联盟的行动和立场，为其
                          │                  │     聘请特别专员
                          └──────────────────┘

                    倾听   ┌──────────────────┐   ▶ 指导共同外交和安全政策工作
  ┌─────────┐ ◀── 简报    │  欧盟外交和安全  │   ▶ 为共同外交和安全政策的确定
  │ 欧洲议会│     建议    │  政策高级代表    │     提出建议，确保其实施
  └─────────┘             └──────────────────┘
         │
  ┌─────────┐             ┌──────────────────┐   ▶ 观察国际形势，发表意见
  │欧洲对外行动│           │  政治与安全委员会│   ▶ 控制和指导危机管理
  └─────────┘             └──────────────────┘
```

共同外交和安全政策

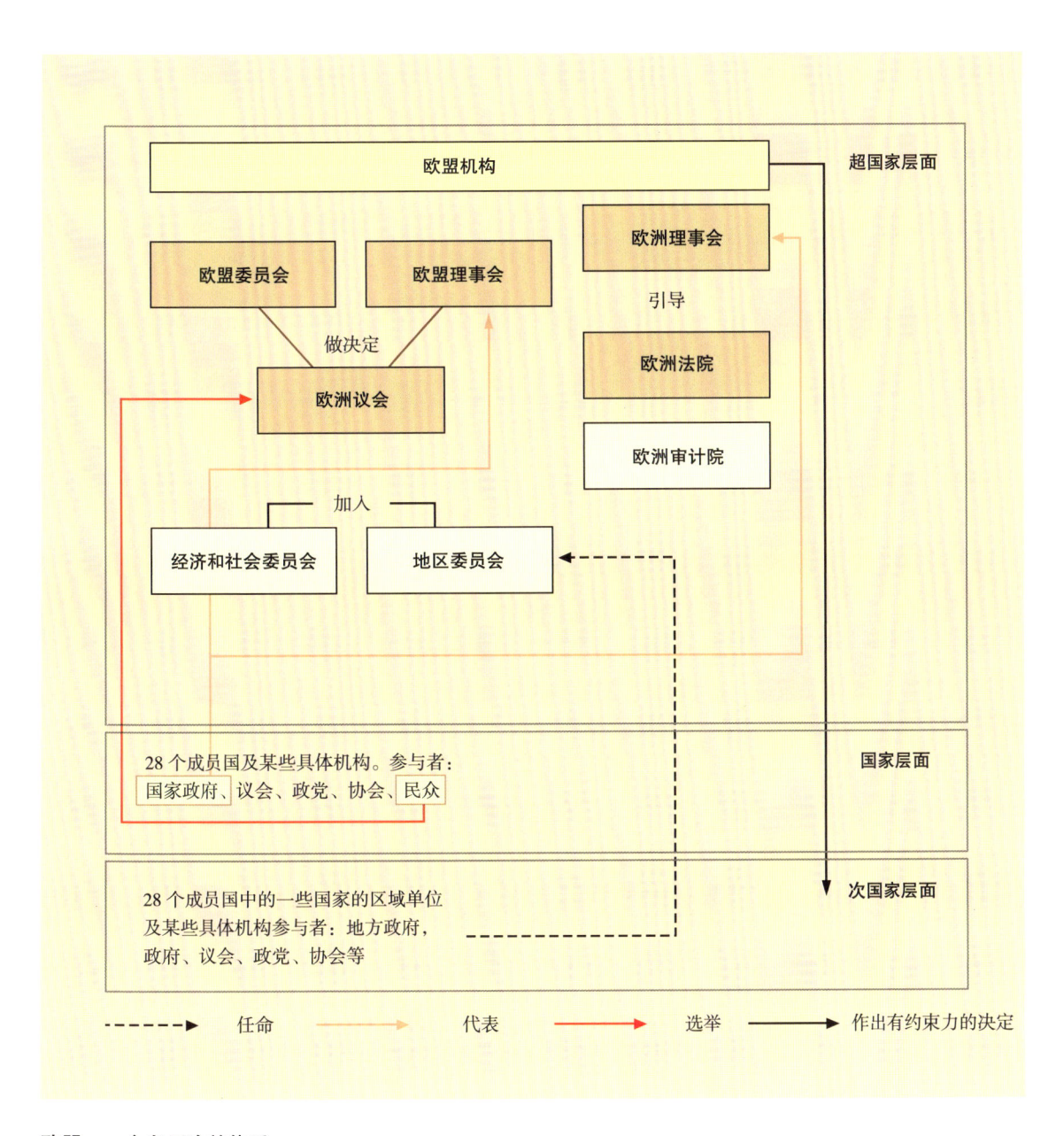

欧盟，一个多层次的体系